国家出版基金项目
NATIONAL PUBLICATION FOUNDATION

中国社会科学院近代史研究所中华民国史研究室

总编 李 新

中华民国史

第六卷

(1926—1928)

杨天石 主编

杨天石 牛大勇 习五一 等著

中 华 书 局

北伐前后的蒋介石。

张作霖。

吴佩孚。

孙传芳。

1926年9月，冯玉祥率部在绥远五原誓师参加国民革命。

北伐军在行军途中。

北伐军总政治部主任邓演达与
苏联顾问铁罗尼在前线。

武昌群众集会欢迎北伐军。

武汉群众集会欢迎国民政府迁至武汉。

1927年2月，北伐军进入汉口英租界。

陈友仁。

1927 年 3 月，国民党二届三中全会在汉口举行。

汪精卫。

李宗仁。

白崇禧。

冯玉祥。

唐生智。

阎锡山。

"四一二"政变后杀害共产党人的现场。

军警逮捕共产党人。

杜月笙。

被杀害的工人纠察队员横尸街头。

1927 年 4 月 28 日，李大钊在北京遇害前。

1927年4月18日，国民政府定都南京典礼。

国民政府定都南京合影。

1927 年 6 月，汪精卫、冯玉祥等在郑州合影。

1927 年 6 月，蒋介石、冯玉祥等在徐州合影。

1927 年 12 月，蒋介石与宋美龄结婚典礼。

1928 年 6 月 4 日，张作霖专车被炸现场。

1928 年 7 月，蒋介石、冯玉祥、阎锡山、李宗仁等在北京西山祭告孙中山。

目　录

前　言

　　本卷所述，大略从 1926 年 5 月北伐先遣队入湘，到 1928 年 6 月北伐军进入京津，时间约两年多。其间，国共两大政治力量由并肩对敌到彼此刀兵相见，盛极一时的北洋军阀由撑持半壁江山到终于覆灭收场。这是风雷激荡、中国人民革命精神空前高扬的时期，也是风云变幻、历史发生重大转折，因而内涵极为丰富、复杂的时期。

　　北伐反映了中国人民争取国家统一、独立、富强的伟大愿望。辛亥革命后，在帝国主义列强的操纵和支持下，中国出现了军阀混战、国家分裂的局面。孙中山为了完成从兴中会开始的未竟之业，备经困顿，屡蹶屡起，不幸赍志而殁。1926 年开始的北伐战争正是这位先行者和许多英烈未竟事业的继续。它的战略目标是消灭吴佩孚、孙传芳、张作霖三大军阀集团和其他小军阀集团。由于它顺应时代潮流，符合人心所向，由国共两党合作进行，并有苏联援助，因此进展迅速。在 8 个月左右的时间内，克两湖，下江西，平定福建、安徽、浙江、江苏，先后击溃吴佩孚、孙传芳两大军阀集团，西南、东南的小军阀们纷纷望风归顺。中国革命出现了前所未有的好形势。

　　然而，北伐又是在相当复杂的矛盾和背景中进行的。

　　打倒列强，打倒军阀，振兴中华，这是国共两党共同的奋斗目标，北伐统一战线正是建立在这一基础上。但是，在中国革命的前途、领导权、方针、政策、思想理论以至北伐的时机等问题上，国民革命阵营内部又存在许多分歧。北伐前夕，发生中山舰事件，反映出国民革命阵营内部争夺领导权的尖锐斗争。共产国际、苏联顾问以退让求团结，支持蒋介石达到了他前此未曾达到的权力高峰，当时的中共中央也接受了这一现实。但是，在北伐开始后，共产国际、苏联顾问、中共中央又感到对蒋介石策略的不当，企图限制和削弱他的权力。为此，双方展开了一系列的斗争。国民政府迁都武汉和国民党二届三中全会的召开标志着国民党左派和中共的胜利，但是，蒋介石已经军权在握，左派和中共的胜利并不巩固。

列强在中国拥有巨大的权益，因此，一直关注着北伐战争的发展和国民革命阵营内部的变化。在中国人民革命运动蓬勃发展的历史条件下，列强逐渐感到，单一的武力镇压未必可行，也未必能取得最佳效果。他们倾向于软硬兼施，怀柔与威胁并用。在次要权益上，可以作出这样、那样的让步；在主要权益上，则竭力加以维护。在他们逐渐看清了国民革命阵营内部存在着"激进"与"温和"两派的分歧后，便企图利用矛盾，施展各种手段，分化、软化中国革命。在这一过程中，英国由于实力下降，不得不逐步后退，日本由于实力上升，日渐发展为侵略中国的头号力量。

群众运动的蓬勃发展是国民革命时期的重要特征。北伐期间，爱国官兵，广大工人、农民、知识分子、工商业者，积极投入反帝、反封建斗争，为战争的胜利提供了根本保证。但是，当时统一战线内部对群众运动的态度却相当复杂。有两种偏向：一种是反对群众运动，部分人并因运动中群众的失序与过火而仇视群众；另一种是全盘肯定群众运动，忽视必要的领导和政策、策略的指引，从而使失序与过火现象不能得到及时而有力的纠正。1927年春，根据共产国际指示，部分地区的农村革命由减租减息突然跃进到重新分配土地。这一跃进引起了社会的巨大震动，扩大和加深了本已存在的各种分歧和裂痕。中国的民族资产阶级在参加国民革命统一战线时本来就是顾虑重重的，当群众运动的烈火越烧越旺的时候，他们便转而向革命阵营中的"温和"派寻求保护。

国民革命阵营的内部矛盾在1927年春演变到了白热化阶段。在列强的诱逼和江浙金融资产阶级的支持下，蒋介石于4月12日在上海发动政变，实行暴力"清党"，随即在南京另立国民政府。接着，武汉汪精卫集团实行"分共"。中共则在南昌发动起义,走上了武装反抗国民党统治的道路。曾经并肩作战的国共两党化为势不两立的仇敌,中国近代历史发生了令人为之扼腕的变化。"清党"和"分共"的结果使国民党失去了大量精英,也失去了工农群众,国民党内的专制与腐化现象与日俱增。

中国共产党积极参加了北伐战争,在群众运动、军队政治工作、部分国民党地方党部中取得了领导权或支配地位,为前期北伐战争的胜利作出了巨大贡献。但是,中共当时正处在幼年时期,还不能制订出正确的战略与策略,在共产国际和苏联的影响下,右的、"左"的错误都有。中国共产党的成长,还需要历史的长期磨炼。

国共两党分裂后,国民党内部经历了宁汉对立与合流等一系列复杂的变化。北方的张作霖集团也粉墨登场,建立安国军政府,成为北洋军阀的末代王朝。1928 年,国民党内部的蒋介石、冯玉祥、阎锡山、李宗仁四大派系获得暂时妥协。同年 4 月,蒋介石发动第二次北伐。日本帝国主义不愿中国顺利统一,悍然出兵济南,蒋介石下令部队忍辱绕道,继续北进。此时,张作霖集团已经成了孤军,被迫接受南京国民政府的"政治解决办法",退出关外。1928 年 6 月,日本侵华激烈分子制造皇姑屯事件,炸死张作霖。同月,北伐军和平进入北京和天津。自 1912 年袁世凯上台开始,长达 16 年的北洋军阀统治终于结束。自此,中国历史即进入国民党一党专政的"党治"时期。

为了写好这一时期的历史,我们尽可能地收集、研究了这一时期各方面、各种类型的公私档案和文献,中国的、日本的、美国的、英国的、前苏联的,只要我们力所能及,都加以收集、利用。我们认为,历史学的任务是记述、揭示历史的客观运动进程,再现历史的本来面貌。在此基础上,解释、分析以至评价历史。真实是历史的生命。客观的史实只能有一个,解释、分析、评价却可能多种多样。写历史要尽量减少主观性,力求最大限度地符合实际。历史学家要为读者,特别是后代的读者、研究者作出正确结论提供必要的条件。基于此,我们将清理、再现历史的本来面貌作为第一任务。我们不指望读者完全同意我们的观点，但是，我们希望本书所阐述的史实能经得起各个时代、各种读者的推敲和质疑。我们的写法是以叙述为主，适当加以分析、评论，有时则只叙事实，不作评论。

历史是复杂的，历史上的政派和人物尤为复杂。中国戏曲常常喜欢将人物脸谱化，忠奸分明，美丑立判。社会生活里也往往有类似现象，扬之则上九天，抑之则入九渊。历史学不能采取这样简单化的处理方法，而要从历史真实出发，写出历史的全部复杂性和多姿多彩的特点。为尊者讳，为亲者讳，为贤者讳，固不足取，对反面势力、反面派别、反面人物所做的好事，视而不见，一概骂倒也不可取。有一说一，有二说二，有好说好，有坏说坏，是为正道。北洋内阁是为军阀处理内政外务、治民理财的机构，本书在指出它的这一特质的同时，也充分肯定它在"修约外交"中的作用。对北洋系人物维护民族利益的言行，本书也如实作了叙述。爱而知其过，憎而知其善，仍然是应该提倡的科学态度。

实事求是，忠于史实，言所当言，既不为权势所屈，利害所动，也不为派别所囿，风向所移，并不是一件容易的事。历史学家写的虽然大都是过去的事，但是，由于种种原因，下笔时总不能不有所避忌。距离现实愈近，这种避忌也就愈多。例如：过去讲共产国际，只讲其正确，不讲其失误，所有的板子都打在陈独秀等人身上。又如，对1927年的南京事件，只讲帝国主义炮轰，不讲此前中国士兵（包括北伐军散兵）对外人在宁机构、人员的抢劫，而在中国军民死伤人数上，又采用当时为了宣传而大大夸张了的数字。如此等等，例子不少。这样的写法，自然很难成为信史。

既要充分掌握史料，又要善于运用。史料常常有片面性，甚至虚假不实，轻信就会走向谬误。因此，我们在写作中，力求参稽、比较各方面的史料，加以淘筛分析，以求去粗取精，去伪存真。譬如报刊，既读革命一方的，也读北洋一方的；既读广州、上海、北京等大城市的，也读东北、四川、河南、陕西等地方的；既读国民党的，也读共产党的；既读中国的，也读外国的。总之，史料掌握得多一点，全面一点，片面性就可能少一点。有些史料，真伪混杂，就更加细心地考订鉴别。1927年，张作霖集团查抄在北京的苏联大使馆，事后将所得文件汇编成书。其中有篇文件，被海外的有些历史学家视为共产国际指使中共制造暴乱和排外事件的铁证，但是，也有的历史学家认为这篇文件可疑。在编写本书过程中，我们已经查明：此文是根据张作霖的指示伪造的，其他文件的翻译虽不可靠，但并非赝品。苏联政府当时否认全部文件的真实性，不过是一种姿态。

　　历史活动的主体是人。文学是人学，历史学也是人学。两种"人学"有共通点，也有相异点。其共通点是都要求"人"有性格，有血肉，其相异点是：文学家可以集中，可以想象，可以夸张，使用典型化的艺术手法，即鲁迅所说的"嘴在浙江，脸在北京，衣服在山西"。只要生活中可能有，而不必求其实有。历史学家则不能像文学家那样自由，他所写的一切，连细节在内，都必须是历史上实有的。历史学家要把人写"活"，只能依靠历史人物自身实有的思想和行为。本书努力这样做了，但远未能将人写"活"。比之中国古代的某些史学名篇来，我们于惶愧之余也有一点困惑，在当时的条件下，古代的历史学家是怎样掌握那些使人物"活"起来的资讯的？

　　"言而无文，行之不远。"中国古代的史书大都讲求文采。我们当然也希望自己的书能写得生动一点、活泼一点。但是，我们主张无一事无来历，而且必须是可靠的来历。我们决不做因文伤真，以文害意的事。我们不敢以想象来填补史料的空白，不敢想当然地猜度人物的心理和行为动机，不敢编造细节来塑造人物，渲染气氛，那种以牺牲真实性来换取可读性的做法，不是严格的历史学的方法。科学和文学有别，不加区分，会造成历史学的灾难。

　　写战争，可以从军事学的角度写，也可以从政治学的角度写。前者着重兵力配备、作战过程和战略战术的运用，后者着重战场内外错综复杂的政治关系和战场上的人物活动。本书企图将这两种写法结合起来，在大的政治背景中表现北伐战争的各主要战役。是否有当，尚祈读者鉴定。

近代以来，中国和世界的关系日益密切，国内政坛的风云变幻常常和国际舞台声息相关。为了深入地揭示这一时期列强和中国革命的关系，我们在研读日本外务省文书、美国国务院档案、英国外交部机要文书和内阁档案上下过较多功夫，因此，本书的相关论述也就多一点，希望它能帮助读者了解这一时期的许多重大外交机密。

唐人贾岛诗云："十年磨一剑。"修史如同磨剑，不能急就。本书从准备资料到定稿付印，已经超过十年。当然，其中插进了各种各样的事情，大部分执笔者在完成初稿后也都离开了编写组，但是，我们用在这本书上的时间仍然是不算很短的。尽管如此，我们仍然有这样那样的遗憾，也一定会存在某些疏漏和讹误。如果我们有机会读到台湾大溪和前苏联的档案，我们是乐意进行一次大的修订的。

本书各人执笔章节如次：

杨天石：前言

        第一章第一节第一目(部分)、第三目；第三节；第四节

           第一目、第二目(部分)、第三目；第五节

          第六节第一目、第二目(部分)

        第二章第一节；第三节第一目(部分)；第四节(部分)

        第三章第六节

        第四章第一节；第三节；第五节第二目(部分)、第三目

          第六节

        第五章第一节至第三节(部分)

牛大勇：第三章第一节至第五节

        第四章第二节；第五节第一目、第二目(部分)

习五一：第二章第二节

        第四章第四节

　　　　第五章第四节

徐　焰:第一章第一节第一目(部分)、第二目;第二节

　　　　第五章第一节至第三节(部分)

周兴旺:第一章第六节第二目(部分)、第三目、第四目

　　　　第二章第三节第一目(部分)、第二目;第四节(部分)

张学继:第五章第一节至第三节(部分)

任建树:第一章第四节第二目(部分)

　　　　第二章第三节第三目、第四目

杨天石拟订纲目,主持全书编写,整理、修改各章初稿,对其中若干章节进行了较大的修改或补充。李新审阅全书。王学庄参加设计过纲目草案。王贤知提供了第五章第六节第六目和第五章第三节第二目的初稿。在编写过程中,得到中国第二历史档案馆、中央档案馆、上海档案馆、全国政协文史资料委员会、国家图书馆、上海图书馆,日本外交史料馆,美国国会图书馆、美国哥伦比亚大学珍本和手稿图书馆、哈佛燕京学社图书馆、胡佛研究所档案馆,以及中国人民银行信托投资公司等机构的大力支持,也得到韦慕庭(C. Martin-Wilbur)、狭间直树、汪荣祖、顾廷龙、方行、万仁元、陈兴唐、陈铁健、李玉贞、薛衔天、杨奎松、吴永清、柴寿安等学者的各种各样的帮助,谨在此致以深深的谢意。

第一章　北伐初期的胜利与东南、西北、西南的形势变化

第一节　北伐的决策与出师

一　南北形势与国民革命阵营内部矛盾的加剧

1926年初,国民革命军统一了广东省。在国民革命的影响和广东国民政府的争取下,以李宗仁、黄绍竑等为首的广西当局表示拥护国民政府,并希望从广东方面得到财政支援。2月间,两广几经磋商,达成统一协议。拥兵近四万的广西军队编入国民革命军,连同广东方面原有的9万军队,使国民革命军的总兵力达到十三万余人。两广的统一和当地工农革命运动的高涨,改变了中国南部的形势,为国民革命军出师北伐创造了后方基地。

同年初,国内其他地区的形势也有了很大变化。五卅运动后,全国革命运动日益高涨,北方的国民军趋向进步,并开始与"联合讨赤"的奉系和直系军阀作战。2月间,国民二军和国民三军在直、鲁、豫失败,退往陕西,但是仍牵制着吴佩孚的部分兵力。4月间,国民军主力撤出京、津,退守察、绥,抵御吴佩孚、张作霖和阎锡山三派的联合进攻。国民军在北方作战,对南方革命形势的发展起了配合作用。

全国各派军阀经过多年混战和内部分化,到1926年初,还有张作霖、吴佩孚、孙传芳三大集团,各自称雄数省。此外,还有些军阀,控制一省或一省内某些地区。

奉系军阀张作霖集团控制东北、山东和京、津地区,拥兵约三十五

万人,内部比较巩固,是这一时期实力最强的军阀集团。其中,山东督办张宗昌和直隶督办褚玉璞的直鲁军则保持一定的独立性。直系军阀吴佩孚集团控制鄂、豫两省和直隶、陕西的一部分,拥兵约二十万人。吴佩孚虽以直系领袖自居,并受西南和东南地区军阀表面上的拥戴,但自第二次直奉战争失败后,这一集团已元气大伤,所部多系地方部队拼凑而成,内部不稳。吴佩孚还在察东、陕西对国民军作战,在南方与国民政府敌对,处于多面受敌的不利境地。直系军阀孙传芳集团控制着苏、浙、皖、赣、闽五省和上海,拥兵约二十万人。由于孙传芳集团从吴佩孚统辖下取得事实上的独立地位不久,控制东南地区的时间仅一年多,其自身基本部队不多,所部多系刚刚依附的东南各省的军阀部队,因而统治地位也很不稳固。

除了上述三大军阀集团外,地方系的各个军阀集团都以保存和扩大自身实力为目的,在国内政治斗争中持观望和投机的态度。自辛亥革命后一直割据山西的阎锡山集团拥兵约十万人。阎锡山既同张作霖、吴佩孚联合进攻国民军,又同国民党保持联系。长期想称霸西南的军阀唐继尧集团割据云南,拥兵约六万。唐继尧虽仍与两广敌对,但因为1925年进攻广西兵败,部属又在积极酝酿倒唐,已不能掀起大的风浪。四川和贵州境内的军阀多达十几个派系,各自拥兵万人到数万人不等。他们对内互相争斗,对外则政治态度游移,大都在吴佩孚和广东国民政府之间伺机投靠。

国内的三大军阀集团和其他中小军阀集团与帝国主义相勾结,长期实行封建割据,相互间又进行着持续不断的战争,使得国内工农业生产遭到严重破坏,人民日益陷入水深火热之中。全国各阶层的人民群众都热烈盼望结束帝国主义支持下的封建军阀的黑暗统治,早日实现国家的统一和国内和平,因而欢迎国民政府的北伐。各军阀集团之间难以调和的矛盾和冲突,也削弱了他们自己的统治,为国民革命军以各个击破的方式打败各军阀集团创造了有利的条件。

尽管总的形势对北伐有利,但是,国民革命阵营内部的矛盾却日渐尖锐。

　　通过中山舰事件和《整理党务案》，蒋介石赶走了当时国民党的左派领袖汪精卫，打击并限制了中国共产党，扩大了个人权力。6月1日，蒋介石被任命为国民党中央党部组织部长，掌握了党权。5日，又被国民政府任命为国民革命军总司令，掌握了至关紧要的军权。其后，蒋介石又陆续取得军人部长、国民政府委员、国民党中央常务委员会主席等职务，升到了此前从未达到过的权力高峰。

　　根据《整理党务案》，谭平山、林伯渠、毛泽东等共产党人退出了国民党中央党部。但蒋介石不以此为满足，又超出国民党二届二中全会决议的范围，进一步提出新的反共要求。5月27日，他在由退出军队的共产党人组成的高级训练班讲话中，宣称革命成功，"必须要有一个党、一个主义来专政"，要求共产党员承认"国民党是国民革命的唯一指挥者"。同时，他要求加入国民党的共产党人退出共产党，以便"集中革命势力"①。6月7日，他在黄埔军校发表演讲称：中国革命是世界革命的一部分，必须受第三国际指导，但他同时声称，只有中国国民党才是领导中国国民革命、统一革命势力的"唯一的党"。他并称：为了"辅助国民党强大起来，小党就不能不暂时牺牲"；因此，他再次要求参加国民党的中共党员，"暂时退出共产党，纯粹做一个中国国民党的党员，免得中国国民党同志的猜忌、猜疑"②。8日，他向鲍罗廷（М. М. Бородин）明确提出："共产分子在本党应不能跨党。"③蒋介石的这些要求，完全违背了孙中山联合共产党的政策。

　　面对蒋介石的进攻，鲍罗廷继续采取以妥协求团结的方针，力劝共产党人接受《整理党务案》。他认为："绝对团结，于革命方有希望。现在四面八方均是敌人，各派一定要联合起来。敌人既推倒之后，方再讨论

---

① 《民国十五年以前之蒋介石先生》第8编2，1937年版，第74—75页。
② 《广州民国日报》，1926年6月26日—30日。
③ 《民国十五年以前之蒋介石先生》第8编2，第79页。

革命的原理。否则先事分裂，必影响于革命前途。"①当时，中共内部虽仍有不同意见，但总体上已经同意鲍罗廷的方针。5 月 23 日，中共广东区委为《整理党务案》发表宣言，认为"为巩固革命基础和为革命前途起见，需要一部分革命利益牺牲"，"如果国民党的领导机关认为此种办法能减去国民党内疑虑与纠纷，而又于国民革命有所裨益，国民党内的共产党员是不宜有所异议的。"②6 月 4 日，中共中央致函国民党中央，强调联合战线的重要，说明现时中国革命势力，实在危险至于极点，两党共同的职能，在于努力巩固革命战线，肃清内部，反抗以至推翻帝国主义军阀的统治。函件表示：《整理党务案》与中共的合作政策并无根本冲突③。

　　在宣布接受《整理党务案》的同时，中共也通过陈独秀致函蒋介石，批驳他的关于中山舰经过事实的讲话，说明共产党并无"倒蒋阴谋"，"我们的革命工作，好像撑破船于大海巨浪之中，乞求友助还来不及，岂有自毁桅舱之理！我们对冯玉祥尚且要爱护，何况蒋介石！"信件反驳蒋介石所称国民党内不能有两个领袖、两个主义的说法，说明国民党是多阶级合作的党，除"共信"之外，应该容忍有多阶级的"别信"④。陈独秀此函算是表达了中共方面的一点微弱的抗议。

　　陈独秀长期对与国民党"党内合作"的形式想不通。7 月 12 日至18 日，中共中央在上海召开扩大会议，陈独秀和彭述之联合向会议提出，共产党员退出国民党，改为党外合作，与国民党左派建立联合阵线。会议否定了陈、彭二人的建议，认为这一主张"和国民党右派及新右派（中派）要求共产派退出国民党的理由是一样的，但会议同意将建议提

---

　　①　《鲍顾问演词》，《广州民国日报》，1926 年 6 月 17 日。

　　②　《对于中国国民党第二次中央全体会议宣言》，《广东区党团研究史料》（1921—1926），广东人民出版社 1983 年版，第 264 页。

　　③　中央档案馆编：《中共中央文件选集》(2)，中共中央党校出版社 1989 年版，第 141—142 页。

　　④　《向导》周报第 157 期。

交共产国际考虑。其后，共产国际坚决拒绝了这一建议①。会议认为，当时国民党有四种力量：共产派；以冯自由为代表的右派；以汪精卫、甘乃光为代表的左派；以蒋介石为代表的中派（新右派）。会议指出了当时国民党右派积极进攻的局势，但认为其原因是此前指导国民党的方式有包办代替等错误，因此提出今后应积极发展国民党左派，扩大左派，与左派密切联合，共同应付中派，公开的反对右派。会议提出：只能扶助左派，而不能代替左派；只能联合左派，控制中派，使之左倾，必要时还要扶助中派。会议同时提出，今后"应当更加加紧在政治上表现自己的独立"，"与资产阶级争国民运动的指导"，"保证无产阶级政党争取国民革命的领导权"②。但是，当时国共两党合作的形式是共产党员以个人身份参加国民党，会议并没有提出在这一形式中取得领导权的具体途径和办法。在整个国民革命期间，中共始终未能正确地解决这一问题。同样，会议也未能明确提出对蒋介石的方针。会议认为，当时的紧要任务在于开展反右斗争，通过斗争，使中派与右派隔离。苏联军事顾问加伦将军（В. К. Блюхер）请周恩来转问上海中央，"在北伐中是帮助蒋介石呢，还是削弱蒋介石？"上海中央的回答居然是："是反对蒋介石，也是不反对蒋介石。"③

　　蒋介石要求跨党共产党员退出共产党的主张受到抵制，因此，他不得不貌似公正地作了某种程度的让步。7月26日，发表《留别本校全体官长学生书》，提出以后共产党员不得批评三民主义，而国民党员亦不得有排斥共产党之态度。他声称与共产党合作的原则不变。无论退出CP，而为纯粹国民党员，或退出国民党，而为纯粹CP，都"一视同仁，

---

① 《革命的兴起——中共与共产国际的冲突》，《彭述之选集》第1卷，香港十月书店1983年版，第73页。

② 《中国共产党与国民党关系决议案》，《中共中央文件选集》(2)，第175—176页。

③ 《关于1924至1926年党对国民党的关系》，《周恩来选集》(上)，人民出版社1980年版，第124页。

无分畛域"①。同年8月,他派邵力子代表国民党赴莫斯科参加共产国际执委会第七次全会,要求国际接纳国民党,同时命邵转达:承认共产国际是"世界革命"的领导,但共产国际应承认国民党是中国革命的领导,中国共产党实际上是"不需要的"。邵并带着给共产国际的一封信,要求共产国际和国民党互派代表②。

以蒋介石为一方,以中共党人为另一方,都针锋相对地提出了领导权问题,但是,蒋介石已经权力在握,而共产党人则还在纸上谈兵。这样,北伐战争的形势就变得分外艰难、复杂起来。

二　叶唐之战与国民革命军先遣队入湘

1926年春,湖南军阀赵恒惕的统治被推翻,为国民政府的北伐创造了十分有利的条件。

早在1924年初国民党第一届全国代表大会结束后,中国共产党党员夏曦就受国民党中央委派,到湖南办理党员登记,于4月间成立国民党湖南省党部,夏曦为委员长。湖南的共产党员加入国民党,并在国民党省党部内起了领导作用。1925年5月,国民党第一次湖南省代表大会在长沙秘密举行,成立以夏曦、李维汉、李荣植三人为常委的省执行委员会。会后,正值"五卅"惨案发生,国民党省党部和中国共产党湘区委员会在全省发动反帝爱国运动,部分掌握了由省内各界团体组成的雪耻会。1925年底,又掀起要求驱逐赵恒惕的运动,使得反帝爱国运动和反对省内赵恒惕反动统治的斗争结合起来。1925年底至1926年初春,在全国革命形势影响和省内革命运动的冲击下,赵恒惕军阀集团

---

①　《民国十五年以前之蒋介石先生》第8编2,第53—54页。

②　列兹尼柯夫:《共产国际与中国共产党》,《国外中国近代史研究》(11),中国社会科学出版社1988年版,第39—340页;邵力子:《出使苏联的回忆》,《文史资料选集》,第60辑,中华书局1979年版,第184—185页。

内部的矛盾骤然激化。

赵恒惕自1923年驱逐谭延闿取得湖南统治大权后，由于自身缺乏基本部队，对省外一向标榜联省自治的中立政策，借以阻南拒北；对省内则依靠几个手握兵权的将领，并在他们中间维持平衡。他把湘军编为4个师，以贺耀组、刘铏、叶开鑫、唐生智分任第一、第二、第三、第四师师长。第一师贺耀组部驻扎在益阳、常德一带；第二师刘铏部驻扎在华容、澧县、慈利一带；第三师叶开鑫部驻扎在湘潭、邵阳一带；第四师唐生智部驻扎在衡阳、郴州一带。除唐生智拥兵三个旅外，其他各师均只有两个旅。他们各自把持驻地的政权、财权，在省内形成几个独立王国。其中，第三师师长兼湘西善后督办叶开鑫比较认真地听命于赵恒惕，第四师师长兼湘南善后督办唐生智利用控制水口锌矿，财源丰厚的有利条件，大力购置武器，扩充军队达两万多人，使第四师成为省防军中人数最多，装备和训练最好的部队。

唐生智实力增强后，滋长了取代赵恒惕的念头；同时，赵恒惕也加紧了对唐生智的防范和限制。唐生智感到，省内群众运动高涨对他驱逐赵恒惕有利，因而在他控制的湘南地区对民众团体的活动采取了一些比较开明的措施。1925年底至1926年1月，中共湘区委员会先后派夏曦和王基永，以国民党省党部的名义秘密与唐生智联络，要求唐在政治上与广东政府一致，和省内人民共同驱赵（恒惕）反吴（佩孚），唐生智表示大体赞成①。与此同时，唐生智命令第四师官兵一律摩顶受戒，皈依佛教，企图以佛教教义加强对部属的控制。他还同南北两方都进行联络。一面私下向吴佩孚表白，不想改变原湖南省当局的政治态度，以求吴不干涉他驱赵；同时又秘密向广东、广西当局表示他倾向革命，希望两广方面予以援助。1925年底，和唐生智关系十分密切的湘军第二师旅长叶琪以省亲之名回到广西。次年1月27日，以唐生智代表的名义出席广西当局和各界民众的集会，会后又赴广州参观，从而使唐生

---

① 李维汉：《回忆与研究》（上），中共党史资料出版社1986年版，第77页。

智倾向广东政府的态度公开化①。

　　1926年2月2日，长沙发生英国人殴打雪耻会纠察队员事件。同月10日，中共湘区委员会通过国民党省党部发动各界成立"湖南人民反英讨吴委员会"，要求驱逐英国领事，通电讨伐吴佩孚，并吁请广东国民政府北伐。3月2日，反英讨吴委员会三千余人在长沙集会，会后举行游行，并到省长公署呈递警告赵恒惕书②。面对这种形势，唐生智认为倒赵时机已到，马上动员全师部队出动。3月6日，致电赵恒惕，声称湘南米贵，给养困难已极，特调所部第十五团移往衡山就食③。3月8日，唐部三个旅分三路自湘南向北推进，前锋直指长沙。

　　自1926年2月起，赵恒惕即多次派人赴衡阳疏通，说明省长任期即将届满，自己无意蝉联，拟帮助唐竞选成功，和平移交。2月下旬，蒋方震应赵恒惕之请，并受吴佩孚之命，前往衡阳，重申前意，并劝止唐和广东的联系。蒋是唐在保定军官学堂读书时的校长。唐生智在他的老师面前信誓旦旦，表示绝不利用外力，扰乱湘政④。3月8日，唐生智出兵后，赵恒惕再次派人到衡阳商谈。唐生智却回答说："要么我来，要么赵去。"毫无通融余地⑤。

　　为了配合唐生智武力倒赵，国民党湖南省党部于3月9日在长沙举行有3万人参加的示威大会，谴责赵恒惕祸湘的罪恶，通过24条要求，其主要内容有：打倒赵恒惕、废除省宪法、取消省议会、组织代表民意的政府、请国民政府北伐、恢复被赵恒惕封闭的一切团体、改良农工

────────

①　《李宗仁回忆录》（上），广西政协文史资料委员会1980年版，第276—284页。

②　《长沙最近之市民游街大会》，《申报》，1926年3月8日。

③　长沙《大公报》，1926年3月9日。

④　《蒋百里述调停湘省赵恒之经过》，《申报》，1926年3月12日。

⑤　唐生智：《从辛亥革命到北伐战争》，《文史资料选辑》第103辑，文史资料出版社1985年版，第73页。

待遇、保障人民集会结社自由等①。会议决定组织湖南人民临时委员会,推举王基永、周以栗、鄢述庭、张唯一、缪伯英等九人为执行委员。最初,赵恒惕企图以强力镇压。3月10日布告称:要"严密缉拿,尽法究办",并恶狠狠地称:"倘竟恃强抵抗,准军警当场格杀。"②但是,赵在长沙只有卫兵2000人,拥赵的湘军第三师的实力远不及唐的第四师,驻湘西的湘军第一、第二师又态度不明,赵恒惕虽有镇压之心,而无屠戮之力。3月11日,他向省议会辞省长职,推举唐生智为内务司长,代理省长职务。13日,赵恒惕离开长沙,经武汉转赴日本。14日,唐部第九旅旅长何键率部抵省。16日,唐生智进入长沙。

　　唐生智进入长沙之初,态度极为谨慎。他邀请湘军师长贺耀组、刘铏、叶开鑫和各旅长到长沙共商湘政,表示自己只是暂来维持省会安宁,不就代省长之职,仍拥护"省宪",一切政务,萧规曹随。3月18日,湖南人民临时委员会及各团体向唐生智请愿,周以栗(中共党员)要唐生智对24条签字表态。唐称:湖南有特殊情形,自难一步登天。但他又表示:要"走完十万八千里路,决不向后转"③。他一面派人赴汉口向吴佩孚解释,驱赵乃迫不得已,自己并无反吴之意;一面又向两广联系,希望必要时能给予支持。

　　吴佩孚虽得到唐生智的解释,但仍然十分担心他倒向广东政府。3月18日,再派蒋方震赴湘,动员唐生智"讨赤讨粤"。唐对他的昔日老师仍然虚与委蛇。22日,蒋电吴报告说:"唐极愿与大帅携手。"④3月25日,长沙各界为大沽口事件及"三一八"惨案游行示威,参加者达四五万人,群众要求立即出兵讨吴,并再次向唐生智请愿。唐表示:"所请各条,将来必促其实行。"⑤同日,刘文岛偕广东政府代表陈铭枢和白崇

①　长沙《大公报》,1926年3月15日。
②　长沙《大公报》,1926年3月11日。
③　长沙《大公报》,1926年3月19日。
④　《申报》,1926年3月26日。
⑤　《申报》,1926年4月1日。

禧到达长沙。陈、白都是唐生智保定军官学堂的同学，二人向唐提出：请湖南政府服从国民政府；在国民政府指挥之下，出兵讨吴；承认国民党在湘自由发展，且须绝对保护人民自由①。陈、白表示：广东革命政府愿意提供支援；保证与唐生智有旧怨的谭延闿的第二军、程潜的第六军不进入湖南。唐生智同意陈、白所提要求，表示服从国民政府。陈铭枢随即电广州报告称：唐生智"对于政府意思，完全接受"，"结果之佳，出于意想之外"②。在这种情况下，唐生智决定采取激烈手段，控制湘局。当晚，唐生智正式宣布就任湖南省代省长之职，还以召开军事会议为名，将赶到长沙的第二师师长刘铏、第二师旅长唐希忭、第二师秘书萧汝霖、第三师旅长刘重威、原省府高级参谋张雄舆逮捕，随后又将刘重威、张雄舆、萧汝霖处决。与此同时，唐生智命令其部下何键旅向驻扎在岳阳的湘军第三师叶开鑫部进攻。叶开鑫迅速率部退向湖北，正式投附吴佩孚。3月27日，何键部占领岳阳。

　　当时，吴佩孚还是庞然大物，唐生智决定以卑词恭礼为缓兵之计。3月29日，致电吴佩孚，说明湘事为湖南内部问题，湘军决不出境③。4月1日，派警察厅长欧阳任等携函赴汉，声称湘省保境息民，决无联粤北伐之事，所有赵恒惕与吴所签各种盟约，一律有效④。当时，吴佩孚正要北上联合张作霖，讨伐冯玉祥，还不想以主力南下，他限唐生智于24小时之内撤退岳州驻军，并于次日派军舰到岳阳示威。唐遵命惟谨。3日，何键旅撤回长沙。其后，吴佩孚的态度愈来愈傲慢，要求唐生智回驻衡阳，让叶开鑫回任湘西督办，恢复赵恒惕出走以前的状态。同月，吴佩孚派谭道南到长沙谈判，逼迫唐生智接受吴的任命，讨伐广东，至少也要发表一项"反赤"通电，表示心迹。唐生智愤然拒绝说："吴

①　《湘省输诚国民政府》，《广州民国日报》，1926年4月14日。

②　《申报》，1926年4月2日。

③　《申报》，1926年3月31日。

④　《申报》，1926年4月8日、9日。

子玉不要小看湖南,他如进攻长沙,我就直取武汉。胜则饮马长江,败亦不住租界!"说毕,掏出手枪,激动地说:"我唐生智的命运,就交给它了。"①至此,谈判完全破裂,吴佩孚遂决意对湖南用兵。他一面接济叶开鑫部,委任叶开鑫为"讨贼联军"湘军总司令,贺耀组为副司令,利用投附他的湘军打头阵;一面又调集自己的部将宋大霈、余荫森、孙建业、王都庆及江西总司令邓如琢的部属唐福山部、陈炯明的旧部粤军谢文炳部,组成"援湘军",以李倬章为总司令,在湘军后面跟进监督,并策应支援。4月19日,叶开鑫通电声讨唐生智。同日,率部进占岳州,并分路向平江、湘阴进攻,吴佩孚派来的军舰数艘也进入洞庭湖助战。4月21日,叶开鑫通电就任讨贼联军湘军总司令,叶唐战争就此开始。

由于叶唐战争不仅是湖南的内争,而是旧北洋军阀势力和广东革命政府支持下的进步力量之间的战争,国共两党在湖南省的组织大力支持倾向革命的唐生智。唐生智就任代理省长后,有限制地允许各进步团体活动。中共湖南区委利用这一有利时机,仅4月份一个月即在27个县建立了农民协会,同时工人运动也得到很大发展,从而为支援唐生智作战和后来支援北伐奠定了有力的基础。4月21日,国民党湖南省党部组织长沙5万市民举行反吴示威大会,夏曦演说,号召全省人民援唐反吴,"一致合作为政府后盾"②。大会推选夏曦、缪伯英(中共湖南区委委员兼妇委书记)、张汉藩、邱维震等十余人组成湖南人民反吴战争委员会。会后,委员会组织讲演队、慰劳队、救护队、工人运输队等支援唐生智部。唐生智在民众团体的支援下也提高了应战的决心。4月23日,唐生智发出对叶开鑫的讨伐令,同时布告省民,声称"誓以身家性命,保此河山,城存与存,城亡与亡"③。他随将所部三个旅投入

----

①　《申报》,1926年4月26日;参见唐生智:《关于北伐前后几件事的回忆》,《湖南文史资料》第6辑,湖南人民出版社1963年版,第106页。

②　长沙《大公报》,1926年4月22日。

③　长沙《大公报》,1926年4月24日。

汨罗江一线,迎击叶开鑫的进攻。

叶唐之战开始时,唐生智部原有的三个旅,加上4月中旬投附唐生智的鄂军混成旅夏斗寅部,总兵力虽号称五万,实际上不足三万人,少于叶开鑫的湘军和吴佩孚的援湘军的总数。这时,驻在湘西的湘军第一、第二师的态度,成为影响双方力量对比的重要因素。对于唐生智控制省政和驱赶叶开鑫的第三师,湘军第一、第二师开始持中立观望态度。叶唐之战开始后,唐生智为拉拢湘军第一师,任命第一师师长贺耀组为湘军总指挥,贺耀组见叶开鑫势力强大,不肯接受,反而组织"护湘军",于4月27日通电讨伐唐生智,并向长沙进兵。与此同时,湘军第二师也驱逐唐生智派来的师长叶琪,由澧县向东推进,参加讨唐。4月25日,唐生智部在湘阴、平江、浏阳一线击退叶开鑫部,但是,湘军第二师和叶开鑫部北撤时留在湘西的第六旅邹鹏振部已经出动,邹鹏振旅并于4月28日攻占宝庆,威胁唐生智的后方衡阳。同时,赣军唐福山部也向湘东醴陵一线进攻。面对三面受敌的不利形势,唐生智于4月30日下令放弃长沙,全军南撤醴陵、湘潭一线。他一面急电广西当局求援,一面派刘文岛为代表赴粤,表示愿加入国民革命军,作为北伐前驱,请求广东国民政府出兵。

5月2日,叶开鑫率"讨贼联军"进占长沙,随即向湘潭、株洲追击。唐生智率军后撤衡阳,并于5月6日向抄袭衡阳的叶开鑫部邹鹏振旅反攻,一举夺回宝庆。唐军撤退时,中共湖南区委派出夏曦、何叔衡、郭亮、王基永、熊亨翰、曾三、曹羽仪、凌炳组成的八人代表团随军南撤,以八人代表团为主组成了中国国民党湖南省党部特别委员会,唐生智本人也参加了特别委员会。特别委员会一面在唐军官兵中进行政治鼓动,一面通过湘南地区的国共两党组织动员民众支援唐军。因此,唐军撤退途中虽有部分倒戈、逃亡,但是基本保全了主力退到湘南。

广东国民政府原则上同意援唐,但对于出兵问题,各军领导人意见并不一致。与唐生智有旧怨的谭延闿、程潜主张暂不出兵,坐观唐生智失败。蒋介石、李济深则主张出兵援唐。李济深并表示愿派第四军独立团先行出发,随后再派出第十、第十二师。5月11日夜,军事委员会开会,蒋介石、谭延闿、朱培德、李济深、程潜、白崇禧等出席,新自广西来粤的李宗仁和湖南请援的代表刘文岛也参加了会议。会议决定出兵入湘①。其后,又陆续任命唐生智为国民革命军前敌总指挥,兼理湖南民政事宜及第八军军长等职。北伐战争的序幕逐渐揭开。

叶唐之战开始后,李宗仁即命第八旅钟祖培部向湘桂边界的黄沙河进发,同时,命令全省动员,各地部队向桂林集中。5月12日,第八旅第十五团尹承纲部赶到衡阳,正值衡山前线吃紧,唐生智马上将该团调往衡山参战,巩固了涟水前线的阵地。吴佩孚得知广东政府出兵援唐后,增派鄂军三个旅入湘作战,并调拨大批枪械弹药支援叶开鑫部。5月20日,唐生智部反攻湘乡、湘潭,叶开鑫调集援军由宁乡向湘乡包抄。23日,唐生智部被迫向衡山、宝庆撤退。叶开鑫部和吴佩孚的援湘军随即再度向衡山一线进攻,遭唐生智部和广西援兵抵抗,双方形成对峙。与此同时,叶开鑫指挥下的原粤军谢文炳部和赣军唐福山部共六个团向唐生智部的右翼攸县、长岭一线包抄进攻。由于当地守军只有六个连,难以抵御,唐生智的湘南交通线面临被切断的严重威胁。29日,叶开鑫部又攻占衡山,向唐生智部的主要基地衡阳推进。

5月20日,正当唐生智亟需援助之际,第四军独立团叶挺部担任广东政府援唐北伐的先遣部队,奉命出动②。

第四军独立团以原大元帅府铁甲车队为基础,1925年11月组建于广东肇庆。起初番号为第四军第十二师第三十四团,全团共有2100人。团长叶挺、团政治指导员吴季严、团参谋长周士第和大部分军官都是共产党员。它虽属第四军建制,在作战上归第四军指挥,但是团内的干部都由中国共产党广东区委调配,并建有中共组织,实际上是中国共

---

① 《广州民国日报》,1926年5月13日。

② 《叶挺同志参战报告》(1926年9月9日),中央档案馆编:《北伐战争(资料选辑)》,中共中央党校出版社1981年版,第1页。

产党领导下的武装力量。该团由于从建团起就实行严格的军事训练和纪律教育,建立政治工作制度,形成了良好的官兵关系并善于做群众工作,具有很强的战斗力。独立团出发途经广州时,中共广东区委书记周恩来召集连以上干部会议,鼓励独立团"饮马长江","武汉见面"①。5月27日,独立团越过南岭,进入湖南。

5月31日,叶挺率独立团进抵湘南永兴。同日,因原粤军谢文炳部已迁回到攸县,唐生智电催独立团赴援。6月1日,独立团改以强行军前进,次日赶到安仁。3日,叶挺率团主力进入渌田、龙家湾前线。该处守军兵力薄弱,在北军六个团的进攻下已丢弃阵地后逃,因此,独立团刚进入阵地,第二、第三营即遭北军包围,激战至天黑,给北军以大量杀伤。北军进攻连连受挫后,发现守军是广东政府的援军,且战斗意志十分顽强,深感震惊,慌忙于午夜撤退。4日拂晓,独立团向逃敌发起猛烈追击,北军仅作了轻微抵抗即逃向茶陵、攸县。5日,独立团在当地农民武装引导支援下占领攸县。

此役为北伐军出师的第一战,第四军独立团凭借旺盛的士气和良好的军事素质,仅以63人伤亡的代价,即取得了胜利。

在衡阳正面战线上,援湘的第七军第八旅钟祖培部会同唐军何键部也于6月1日反击叶开鑫部,在金兰寺一带激战获胜。6月3日,唐军刘兴、周斓部继起反攻。叶部退守涟水以北。

先遣队初战告捷,不仅稳定了唐军湘南战线,也提高了广东方面各军首领出师作战的勇气和信心。

三　北伐出师及其论辩

北伐是孙中山的遗愿。东征结束后,蒋介石即有意于举起北伐旗

---

① 《周士第回忆录》,人民出版社1979年版,第52页。

号,1925 年 12 月 28 日日记云:"预定明年 8 月克复武汉。"①1926 年 1 月 4 日,他在国民政府春酌中发表演说称:敌人"崩溃一天快似一天,本党今年再加努力,可以将军阀一概打倒,直到北京"。② 两天后,他在国民党第二次全国代表大会上作军事报告,声称"我们的政府已经确实有了力量来向外发展了。"③ 4 月 3 日,他向国民党中央提出,以三个月为准备,6 月底出兵北伐④。

苏联在华顾问反对过早行动。还在 1926 年初,苏联军事顾问团就向苏联驻华使馆报告说:"国民党中央缺乏团结和稳定,它的成员中包含着各种各样的成分,经常摇摆不定。"又说:"军队缺乏完善的政治组织,将领们个人仍然拥有很大的权力,在有利的情况下,他们中的部分人可能反叛政府。"⑤ 3 月 25 日,苏共中央政治局决议,广东政府应该竭其全力进行土地改革、财政改革、行政改革和政治改革,动员广大人民参加政治生活,加强自卫能力。决议明确声称:"在现时期,应当着重抛弃任何军事讨伐的念头,一般说来,应当抛弃任何足以惹起帝国主义军事干涉的行动。"⑥鲍罗廷积极贯彻苏共中央的这一决议,他在中共广东区委会议上力陈必须进行充分的准备,以保证北伐的结局有利于革命。5 月 1 日,他和蒋介石进行了一次长达四小时的谈话,对北伐多所争执。但是,蒋介石坚持己见,争论仍然以鲍罗廷的妥协告终。

蒋介石的主张得到部分中国将领的拥护。当年 3 月 18 日,军事委员会即议决进行北伐准备。同月 30 日,冯玉祥的代表马伯援到达广

①　《蒋介石日记类抄·军务》,未刊稿,中国第二历史档案馆藏,下同。

②　《广州民国日报》,1926 年 1 月 7 日。

③　《中国国民党第二次全国代表大会日刊》第 18 号,1926 年 1 月 9 日。

④　《民国十五年以前之蒋介石先生》第 8 编 2,第 4—6 页。

⑤　C. M. Wilbur and J. L. How, *Report on the National Revolution Army and the Kuomintang*, Early 1926, *Missionaries of Revolution*, Harvard University Press, 1989, pp. 613 - 614.

⑥　*Problems of Our Policy with Respect to China and Japan*, *Leon Trotsky on China*, Monad Press, New York, 1976, pp. 107 - 108.

东,表示国民军愿与国民党合作,希望集中革命力量,向长江发展。此事加强了国民政府和国民革命军将领的决心。4月10日,国民政府复函冯玉祥,表示正"积极筹备北伐,期能于相当时期,与贵军会师中原。"①其间,江西方本仁的代表蒋作宾也到达广州,声称国民政府倘能于近期北伐,江西可不劳而获②。16日,政治委员会与军事委员会举行联席会议,任命蒋介石为军事委员会主席,同时议决,由蒋介石、朱培德、李济深三人筹拟北伐准备计划,由宋子文筹办军饷。同月20日,陈铭枢、白崇禧回粤,向军事委员会报告赴湘联络唐生智成功:"将来实行协同出师北伐,当收事半功倍之效。"③这些使原来对北伐持谨慎态度的将领也乐观起来。29日,李济深、陈铭枢催请出兵。5月10日,李宗仁自广西来,参加讨论北伐计划,李宗仁也积极主张迅速出师。29日,李宗仁又面见蒋介石,批评"北伐出师迂缓",而蒋介石则认为李宗仁"不识政治复杂情形"④。当日,军事委员会开会,李宗仁、刘文岛再次强烈要求出师北伐,会议决定先拨给广西军费20万元,命第七军克期出发援湘。

　　尽管北伐大计已决,但国民革命军总司令尚未确定。中山舰事件之后,苏联军事顾问团即决定满足蒋介石追求个人"尊荣"的欲望,协助他取得"比较现实更为伟大之权力与实力",其具体位置即为国民革命军总司令⑤。二届二中全会后,由蒋介石掌握包括军权在内的各种权力的局面已经形成。6月3日,蒋介石与张静江、谭延闿商量总司令人选问题,张、谭二人推蒋,蒋则推谭,谭自然不肯应允。蒋介石再与鲍罗廷商量,鲍力劝蒋介石"勉担艰巨",并称:如蒋不出任,他将辞去总顾问

①　马伯援:《我所知道的国民军与国民党合作史》,第71页。
②　《广州民国日报》,1926年4月9日。
③　《赴湘代表陈铭枢、白崇禧回粤》,《申报》,1926年4月28日。
④　《蒋介石日记类抄·军务》。
⑤　斯切潘诺夫报告,张国忱编:《苏联阴谋文证汇编·广东事项类》,线装本,第36—38页。

一职①。4 日,国民党中央政治委员会及国民政府任命蒋介石为国民革命军总司令。蒋介石奉命后,即着手组建总司令部:参谋长李济深、副参谋长白崇禧、秘书长邵力子、兵站总监俞飞鹏、政治部主任邓演达。其他人员为:参谋处长张定璠、副官处长张治中、秘书处长马文车、参事局长钮永建、政务局长陈公博、审计处长徐桴、军法处长戴任、训练处长严重。

6 月 23 日,蒋介石对总司令部政治部工作人员讲话,提出战事期间,"无论前方后方,通用集中的原则来办理",一切团体组织、言论,都必须受总政治部的指导和监督,"不准他们自由"。同时,他并宣布:"在本党和政府之下,罢工就算是反革命的行动。"②29 日,国民党中央党部召开第 37 次会议,同意蒋介石的要求,决定赋予总司令部以特权,可以监督、检查、支配宣传、印刷、运输机关,指导农会、工会、商会、学生会等各团体。7 月 2 日,公布总司令部组织大纲。大纲规定:凡国民政府下之陆、海、空各军,均归总司令统辖;总司令兼任军事委员会主席;出征动员令下后,即为战事状态,凡国民政府所属军民财政各机关,均须受总司令之指挥,秉其意旨,办理各事③。这样,蒋介石就建立起以他个人为中心的军事独裁体制。

从 1926 年初起,蒋介石就在考虑北伐战略问题。他在 1 月 11 日日记云:"先统一西南,联络东南,然后直出武汉为上乎? 或统一湖南,然后联络西南、东南而后再进规中原为上乎? 抑或先平东南,联络西南而后长驱中原乎? 殊难决定也。"④最初,他倾向于同时攻占湖南和江西,但加伦将军则主张各个击破,先取两湖。6 月 9 日,蒋介石与张静江、

---

①　《蒋介石日记类抄·党政》。

②　《战时工作会议之第三日》,《广州民国日报》,1926 年 6 月 26 日。

③　上海《民国日报》,1926 年 7 月 4 日。

④　《蒋介石日记类抄·军务》。

加伦商谈北伐战略。21日，军事委员会接受加伦提出的北伐计划①。7月1日，蒋介石下达北伐部队动员令，声称"继承先大元帅遗志，欲求贯彻革命主张，保障民众利益，必先打倒一切军阀"。命令宣布其进军计划为"先定三湘，规复武汉，进而与我友军国民军会师，以期统一中国，复兴民族"②。随令颁发《集中湖南计划》，规定以第七军李宗仁部、第八军唐生智部、第四军陈可钰部集中于永丰、衡山、攸县一线，相机进攻长沙，以第二军谭延闿部、第三军朱培德部、第六军程潜部集中于酃县、茶陵、安化，防备江西，以第一军何应钦部集中衡阳，为各方策应。

　　7月4日至6日，根据张静江提议，在广州召开国民党第二届中央执行委员会临时全体会议。会议决定的重要事项有：一、常务委员会主席张静江因足疾请辞，改选蒋介石为常务委员会主席，但在北伐期间，仍由张代理。二、承认蒋介石任党的军事部长，具有指挥各军的全权。三、补选何香凝、彭泽民、于树德、顾孟馀、李济深、王法勤、丁惟汾7人为常务委员。此外，会议讨论并大体通过了《出师宣言》及对全体党员训令等文件。9日，在广州东校场举行总司令就职及北伐誓师典礼。吴稚晖代表国民党中央党部授孙中山遗像、党旗、国旗，谭延闿代表国民政府授印。各界参加者五万余人。据报道，"欢声雷动"，"民众拥护政府，渴望北伐成功之热情，蒸若霞蔚"，"军容甚盛，为民国以来绝无仅有之盛典"③。蒋介石在就职宣言中称："以三事为国人告：第一，必与帝国主义者及其工具为不断之决战，绝无妥协调和之余地；第二，求与全国军人一致对外，共同革命，以期三民主义早日实现。第三，必使我

　　①　切列潘诺夫：《中国国民革命军的北伐》，中国社会科学出版社1981年版，第416—417页；关于军事委员会的开会日期则据《民国十五年以前之蒋介石先生》第8编2，第88页。

　　②　《民国十五年以前之蒋介石先生》第8编3，第1页。

　　③　上海《民国日报》，1926年7月16日。

全军与国民深相结合,以为人民之军队。"①在《告全体将士书》中,蒋介石并称:"如中正有一毫自私自利类于军阀之行径,则凡我将士咸得举发其事实,中正甘受党与政府极严厉之制裁。"这一时期,蒋介石如愿以偿,春风得意。25 日晚参加中央党部欢送宴会后他曾在日记中写道:"演讲略带骄矜之色,戒之!"②7 月 27 日,蒋介石率领总部第二组人员离开广州,赶赴韶关。

尽管北伐已经见之于实际行动,但是,国民革命阵营内部的意见仍然不一致。1926 年 2 月,中共中央北京特别会议曾议决,当时的第一责任是"从各方面准备广东政府的北伐"③。这一时期,由于南方革命阵营暴露出来的诸多问题,有些共产党人主张首先要积聚北伐的实力,不可轻于冒险尝试;陈独秀则主张趁吴佩孚尚未稳固时加以打击,以阻止其南伐。为此,他多次致电致函汪精卫和蒋介石,详陈此计。7 月 7 日,陈独秀在《向导》发表文章,认为北伐只是讨伐北洋军阀的一种军事行动,不能代表中国民族革命的全部意义。他说:北伐"必须是革命的势力向外发展,然后北伐才算是革命的军事行动;若其中夹杂有投机的军人政客个人权位欲的活动,即有相当的成功也是军事投机之胜利,而不是革命的胜利"。文章认为,北伐时机尚未成熟,当前的问题是防御吴佩孚南伐,防御反赤军扰害广东,防御广东内部买办、土豪、官僚、右派响应反赤。文章并批评广东国民政府"因北伐增筹战费,而搜刮及于平民",以及"因北伐而剥夺人民之自由"④。在随后召开的中共中央扩大会议上,陈独秀的主张得到大多数人的支持,通过了相应的决议,认为"国民会议是解决中国政治问题的道路",广东国民政府出兵,只能

---

①　《民国十五年以前之蒋介石先生》第 8 编 3,第 17—18 页。

②　《蒋介石日记类抄·党政》。

③　《国民党工作问题》,《中共中央文件选集》(2),中共中央党校出版社 1989 年版,第 60 页。

④　《论国民政府之北伐》,《向导》第 161 期。

是"防御反赤军攻入湘粤的防御战,而不是真正革命势力充实的彻底北伐"①。

陈独秀的文章引起了部分国民党人的不满,黄埔军校特别党部竟至向国民党中央执行委员会控告,指责该文"有碍革命前途",并禁止同学购阅《向导》。8月13日,张静江根据国民党中央第六次政治会议决议,致函陈独秀,提出北伐是"国民革命的唯一先着",批评陈文对北伐军出师"加以投机权位的恶名",将在民众中造成不良的影响。张函并称:"因北伐而筹款,为此间不得已之办法。"②蒋介石对陈独秀的文章也很反感,他于8月23日日记云:"阅《向导》报,陈独秀有诽议北伐言论,其用意在减少国民党信仰,而增进共产党地位也。"③24日,他致电国民党中央:指责陈独秀"反对本党北伐","中国共产党当负其责";"值此严紧时期,发此言论,显然破坏两党合作之精神。"他要求中共中央负责答复④。9月13日,陈独秀发表答辩文章,说明北伐成熟的标准,一为"在内须有坚固的民众基础","在外须有和敌人对抗的实力"。文章特别提出,孙中山"拥护农工利益、联俄、联共,此革命政策,都几乎推翻了","这样来革命,其结果怎样呢!"⑤

北伐是广大群众和进步人士长期以来的要求,陈独秀对实现这个要求的迫切性估计不足,因而,对北伐未能持鲜明的支持态度,这是一个错误,但是,陈独秀提出仓促北伐的危险则又是有见地的。

①　《中国共产党对于时局的主张》,《向导》第163期;《中央政治报告》,《中共中央文件选集》(2),第165页。
②　《向导》第171期。
③　《蒋介石日记类抄·军务》。
④　《民国十五年以前之蒋介石先生》第8编3,第121页。
⑤　《向导》第171期。

第二节　攻克两湖

一　占领长沙

广东国民政府在委任唐生智为国民革命军第八军军长的同时，又积极给予物质支持，送去军费毫洋 10 万元①。6 月 2 日，唐生智在衡阳宣布就职。所部共辖第二、第三、第四、第五教导师和鄂军第一师，由何键、李品仙、刘兴、周斓、叶琪、夏斗寅分任师长。同时，唐生智还受命统一指挥在湘南作战的第四、第七、第八军的部队。

6 月 15 日，国民革命军第四军第十二师张发奎部自广州出发。其后，各部陆续北上。这时吴佩孚正以主力在南口方面对冯玉祥的国民军作战，对北伐军的实力估计不足，因而他命令叶开鑫的湘军和李倬章的援湘军在湖南暂取守势，确保两湖。叶开鑫部自衡山、渌田作战失利后，即以主力沿涟水、渌水布防，抢修工事，并以部分兵力袭扰北伐军两翼。当时，叶开鑫、李倬章指挥下的各色部队还有十多万人，但是内部派系复杂，湘军各部都力图自保。援湘军和原粤军等部又想乘机占据湘南地盘，统一调度指挥十分困难。而且，北军大都已欠饷数月，其后方又有中共组织领导的工农群众进行袭扰破坏，加之北军抓夫抢粮，造成民众逃避，各部供应困难，军心动摇，士气十分低落。

6 月下旬，北伐军第四、第七、第八军主力已集结到湘南前线。计有第四军第十师陈铭枢部、第十二师张发奎部、独立团叶挺部、第七军第二旅李明瑞部、第七旅胡宗铎部和第八旅钟祖培部，以及第八军的 6 个师，总兵力约六万余人。各军将领因大敌当前，还能够互相协助。第四、第七、第八军训练有素，经初战告捷，士气高涨。湘南地区山峦起

---

① 唐生智：《关于北伐前后几件事的回忆》，《湖南文史资料》第 6 辑，湖南人民出版社 1963 年版，第 107 页。

伏,湘粤间的运输主要靠肩挑人抬,给北伐军的供应造成很大困难。在中共湘粤两省地方组织的领导下,两省的工农群众掀起支援北伐的热潮。广东省港罢工工人组织了数千人的运输队和卫生队,随军行动,湘南各县也发动数万农民挑担运输,终于使北伐军的后勤供应得到保障。和北军比较,北伐军的战斗力已明显占有优势。

为了乘当面之敌内部混乱,吴佩孚主力远在南口之机尽快夺取湖南,唐生智于6月21日提议,不待各军全部到达即发起总攻,第七军军长李宗仁、第四军代军长陈可钰等人表示赞同。经蒋介石同意后,自6月29日起,湘南的北伐军分为左、中、右三路向前沿推进,7月5日发起进攻,主攻目标直指长沙。

攻势开始后,第七军和第八军一部组成的左路军向娄底一线进攻。当时洪水猛涨,涟水江面船只又被北军控制,左路军得到当地民众提供的30艘木船,在火力掩护下强渡成功,于7月6日攻占娄底。以第八军主力组成的中央军向潭市、湘乡一线进攻。因该处地形复杂,又为叶开鑫部的中心防区,中央军何键师进展缓慢。在刘兴师的增援下,终于在7月9日突破敌军防线,占领潭市、湘乡,叶开鑫部纷纷向湘潭、长沙败退。

右路军由第四军组成。7月9日,进攻由赣军唐福山、粤军谢文炳部据守的渌水防线。张发奎率第十二师主力在右翼主攻醴陵,叶挺率独立团在左翼泗汾镇助攻。同日晚,独立团向泗汾桥守敌唐福山部一个团发起突袭,当地农民武装同时袭扰敌阵和后方。经激烈夜战,于10日晨夺取了泗汾桥和泗汾镇。独立团随即向醴陵追击,沿途又击溃敌军两个团。同时,第十二师主力攻占楚东桥。此际,中共湘东地方组织动员的运输队、侦察队、向导队、救护队、疑兵队纷纷参战,株(洲)萍(乡)铁路工人则破坏湘赣交界处的铁路,断绝赣军唐福山部的后援。面对北伐军的正面进攻和工农武装的后方袭扰,醴陵地区的北军迅速陷入混乱,于7月10日下午放弃渌水防线,向东北方向撤逃。叶挺率独立团急追30里,于当日下午占领醴陵。

北伐军突破涟水、渌水防线后，北军主力虽因撤退迅速而未遭歼灭，但其内部已呈土崩瓦解之势。原归附于叶开鑫的贺耀组、邹鹏振、林拔萃等率部退往益阳、常德一带，赣军唐福山部逃回江西萍乡，吴佩孚所派的各部援湘军先行撤到湘东北。叶开鑫率所属部队撤入长沙，也无心据守，溃兵在市内大肆抢劫，造成城内一片混乱。

为了迎接北伐军和保护长沙市民，中共湖南区委领导的湖南省工团联合会迅速组织起一千余人的工人保安队，在市区缉拿溃兵，维护治安，并动员民众欢迎北伐军。这些使叶开鑫部更为惊恐。7月10日夜间，离城北逃。工人保安队控制了市区。11日晨，北伐军第八军第三师李品仙部在工人保安队和市民的欢迎下进入长沙。同日，第八军追击部队在长沙水陆洲将叶开鑫下属的第二旅包围缴械，俘虏旅长刘雪轩以下两千余人。第七、第八军随即分兵向北追击，至7月12日，占领浏阳、宁乡、湘阴、益阳等城。

7月14日，国民党湖南省党部、长沙市党部和长沙工会、农会、教育会和学联的代表赴湘潭迎接北伐军将领入城。16日，国民党湖南省党部在长沙举行欢迎国民革命军北伐大会，有二百多个团体，五万多群众参加。唐生智和第七军第二路指挥胡宗铎等将领也参加了大会。会议高度评价湖南各界人民支援北伐的功绩，胡宗铎说："唯以此次经过情形而论，进驻长沙，并未战争，完全民众力量得到。""叶部之跑，不是打跑的，是民众在其后防，故意恐吓赶走的。"[①]

7月25日，湖南省政府成立，唐生智任主席兼军事厅长，宣布废除赵恒惕主政时期的省宪法，解散省议会。同日，湖南人民讨吴委员会恢复。8月3日，广东国民政府根据唐生智的呈请，任命了省政府的其他成员：民政厅长冯天柱、财政厅长刘岳峙、教育厅长周鳌山、建设厅长邓寿铨、秘书长修承浩。8月16日，国民党第二次全省代表大会在长沙召开。会议通过了扶助工农运动的宣言。在当选的29名执、监委员

---

① 《广州民国日报》，1926年7月30日。

中,有共产党员夏曦、周以栗、易礼容、熊亨瀚、谢觉哉、何叔衡等十余人。

唐生智看到工农运动的巨大威力,想借助中国共产党和工农群众的力量壮大自己的势力,公开表示支持省内工会和农会的活动,并向中国共产党提出进步要求,同时还请中共向第八军派遣政工干部。7月31日,中共中央发出通告,要求各地党组织动员民众,"推动这个北伐,响应这个北伐","使北伐更多具有革命的意义"①。根据通告精神,中共湖南区委利用省内的有利形势,加快开展工农运动。在以郭亮为委员长的全省工团联合会的领导下,湖南省内迅速组织起有十余万工人参加的76个工会联合会。中共湖南区委又继续派出农运特派员深入农村各地,大力组织农民协会。从7月下旬到9月上旬,湘中、湘南和湘北各县农民协会发展迅速,全省农民协会会员达到四十余万人,能够直接领导农民200万以上。

中共湖南区委在开展工农运动时,把支援北伐战争作为重要内容。为了支持北伐军向湖北推进,湖南工团联合会组织五批运送队,供北伐军差遣,安源煤矿和株萍铁路工人也组织有数千人参加的运输队、铁路破坏队和侦察队,随北伐军一起向武汉推进。在北伐军尚未到达的湘北地区,当地农民协会也组织起宣传队、慰劳队、向导队、运输队、暗探队、疑兵队、破坏队等,积极准备迎接北伐军,并对北军的后方进行袭扰破坏。工农群众对北伐的大力支援,为下一期北伐的胜利奠定了基础。

二　长沙会议与汨罗江会战

入湘告捷坚定了广东国民政府首脑们的胜利信心,极大地提高了国民政府和北伐军的声望。原先游移于南北之间的西南各派地方势力,这时的政治态度迅速发生变化。6月下旬,贵州军阀袁祖铭、王天

---

① 中央档案馆编:《中共中央文件选集》(2),第268页。

培派代表赴粤，与国民政府洽谈，声言愿加入北伐。7月27日，袁祖铭致电国民政府，正式表示愿出发湘、鄂，效力党国，讨伐吴贼。随后，接受国民政府委任的左翼军总指挥职务。袁部彭汉章、王天培也分别宣布就任国民革命军第九、第十军军长之职，统归袁祖铭指挥。同月，驻赣南的赣军第四师赖世璜部正式投附国民政府，被编为国民革命军独立第一师；湘军贺耀组部被收编为国民革命军独立第二师。四川军阀刘湘、刘文辉、赖心辉、刘成勋等也派人和国民政府联系，表示愿参加国民革命，并于8月13日通电讨伐吴佩孚。

　　长沙既克，下期作战方略成为国民革命军高级将领思考和辩论的主题。7月16日，第七军第二路指挥官胡宗铎致电蒋介石、李宗仁，分析形势，建议迅速进取武汉，对江西暂取监视态度①。24日，唐生智在长沙召集第四、第七、第八各军将领会议，唐生智、李宗仁主张同时进攻鄂、赣，胡宗铎仍坚持原议。会议通过唐、李主张，随即电告蒋介石，并草拟意见书，派专人送蒋②。

　　7月27日，蒋介石偕苏联顾问加伦和行营参谋长白崇禧等总部人员由广州出发，赶赴北伐前线。8月3日，抵达湘南郴州，一路受到民众和农民协会的热烈欢迎。蒋介石在日记中写道："鞭炮毕剥之声联珠裂帛，各村人民与农会有迎于十里之外者，殊甚可感。农民协会组织尤为发达。将来革命成功，当以湖南为最有成绩"。③ 8月5日，蒋介石与加伦、白崇禧等会议，研究下期作战计划。加伦顾虑到武昌时会遇到帝国主义的阻碍，主张多加兵力，先攻武汉，对江西暂取守势，蒋介石赞成加伦的意见④。会议决定，以第一、第四、第六、第七、第八军担任洞

　　① 陈训正：《国民革命军战史初稿》卷2，沈云龙主编：《近代中国史料丛刊》第79辑，第77页。

　　② 国民革命军总司令部参谋处：《北伐阵中日记》(1926年8月2日)，《近代稗海》第14辑，四川人民出版社1988年版，第45页。

　　③ 《蒋介石日记类抄·军务》，1926年8月3日。

　　④ 《蒋介石日记类抄·军务》，1926年8月5日。

庭湖以东之线,为主攻,以第十军担任洞庭湖以西之线,为助攻,仅以少数兵力监视赣西①。10 日,蒋介石会见来访的李宗仁,觉得李是一位"血心军人",与他结为把兄弟②。12 日,蒋介石抵达长沙,当晚即召开有加伦、白崇禧、唐生智、李宗仁、邓演达、朱培德、陈可钰和黔军袁祖铭的代表等二十多人参加的军事会议,研究下一步行动方案。会上,蒋介石重提攻鄂、攻赣先后问题,征求与会者意见。会议经过反复讨论,决定仍依出师前原定方案进行③。

在长沙期间,蒋介石先后发布进攻训令及《讨吴宣言》、《对外宣言》等文件,号召军民各界"奋我戈矛,挞彼国蠹;牺我生命,救我民生"。同时,要求各国"扶持正义,赞助我国民革命"④。一场与直系军阀的大决战即将开始。

8 月 14 日,蒋介石检阅第七、第八两军。当检阅到第八军时,乘骑受惊乱跑,将蒋介石摔到地下,使蒋非常难堪⑤。15 日,蒋介石又专程到株洲,检阅作为总预备队的第一军第一、第二两师。中山舰事件后,共产党人被排挤,该军取消了政治工作,入湘途中拉夫骚扰,军纪极坏。蒋介石对此烦恼之极,曾于 7 月 26 日致电指挥官王俊等人,要求严肃行军纪律,但并无效果⑥。在株洲,蒋介石作了长时间训话,以至"喉为之哑"。

蒋介石到长沙后即企图掌握湖南各方面的权力,他向唐生智表示:"现在是党权高于一切,政治、军事等都要由党来决定。"⑦当时,唐生智

①　《北伐阵中日记》(1926 年 8 月 6 日),《近代稗海》第 14 辑,第 64 页。

②　《蒋介石日记类抄·军务》,1926 年 8 月 10 日。

③　陈训正:《国民革命军战史初稿》卷 2,第 81—83 页。

④　《民国十五年以前之蒋介石先生》第 8 编 3,第 102、109 页。

⑤　蒋介石日记云:"到湘初次阅兵,有此玩失,未免愧惶也。"见《蒋介石日记类抄·军务》,1926 年 8 月 14 日。

⑥　蒋介石 8 月 10 日日记云:"本军精神堕落已甚,恐难救药。"

⑦　唐生智:《从辛亥革命到北伐战争》,《文史资料选集》总 103 辑,文史资料出版社 1985 年版,第 175 页。

正盛气十足,岂肯向蒋介石低头。自此,蒋唐矛盾日深。后来在武昌攻城战期间,蒋唐之间更闹到不能并立的地步。

唐生智的第八军迅速扩充至六个师,共二十多个团。为了制约唐生智,重振第一军,蒋介石一度向中国共产党和苏联顾问表示,希望维持第一军,维护总司令威信,并招请被迫退出第一军的共产党员回去工作。8月25日,蒋介石出席国民党湖南省第二次代表大会,报告称:"能与帝国主义者对抗的,国内的革命同志只共产党,国外的革命同志只苏俄。所以要想革命早日成功,应联络共产党与苏俄共同奋斗。"①当时,中共中央采取的态度是:"现时对蒋、唐的冲突,不去助长,也不去消灭,只维持其平衡,在这个平衡的维持中,还可迫他们多做点革命工作。"②

根据长沙会议决定,国民革命军总司令部将北伐前线各军编为左翼军、中央军、右翼军和总预备队,仍以唐生智为前敌总指挥,其战斗序列如下:

左翼军:由新归附的黔军编成的第九、第十军组成,袁祖铭任总指挥,受命从湘西常德一带向鄂西宜昌、沙市进攻。

中央军:由第四、第七、第八军组成,唐生智兼任总指挥,全军分左、右两个纵队,受命从湘东北汨罗、平江一线向岳州、蒲圻进攻,然后向武汉推进。

右翼军:由第二、第三军和新归附的赖世璜的独立第一师、第五军的第四十六团组成,朱培德任总指挥,受命警戒江西方面。

总预备队:由第一军的第一、第二师和第六军组成。

进攻开始后,由于孙传芳坐山观虎斗,右翼军8月间未进行战斗。左翼军方面,黔军将领袁祖铭、彭汉章等拥兵观望,只有编为彭部第

---

① 《黄浦潮》周刊第 3 期,1926 年 10 月 17 日。

② 《中央局报告》(1926 年 9 月 20 日),中央档案馆编:《中共中央政治报告选辑》(1922—1926),第 71—72 页。

一师的湘西地方武装贺龙所部作战努力,于8月15日攻占临澧。在汨罗江前线担任主攻的中央军,事实上成为这一阶段作战的主要力量。

北伐军中央军当面之敌为叶开鑫、李倬章指挥下的湘军和护湘军,连同吴佩孚派来的各路援军,总兵力号称10万人。北伐军攻占长沙虽使吴佩孚感到震惊,但是因南口战事紧张,吴佩孚一时难以抽调主力,只调出豫军、鄂军各一部南下增援。北军以汨罗江为第一道防线,以羊楼司、五里牌、云溪为第二防道线,并以汨罗江北岸的平江城作为第一道防线中的核心据点。虽然北军在汨罗江一线经营工事达一月之久,但是因接连战败,又受驻地民众的敌视和袭扰,士气十分沮丧。北军内部派系复杂,相互不能很好联络,无法形成统一有力的指挥,与北伐军相比,已明显居于劣势。

8月19日,北伐军第四、第七、第八军在汨罗江前线向湘北发起总攻。第八军在左翼担任牵制助攻,先行于白水至新市一线强行渡河,以吸引北军。第四、第七军在右翼担任迂回主攻,总攻开始后即分别向平江和牛车铺、桃林方向进击。为了配合北伐军,中共湘区委员会组织大批工农群众参加运输支前,并在敌后开展广泛的破坏活动。

在平江方向,北伐军以第十、第十二师和独立团共一万余人发起攻击,守敌为援湘军第五十旅旅长兼平(江)通(城)防御司令陆沄所部和桂军韩彩凤部,共计6个团,总兵力也有一万余人,第五十旅又系湘北守敌中战斗力最强的部队。8月19日拂晓总攻开始后,第四军第十二师第三十五团缪培南部在平江以南发起正面进攻,因守敌顽强抵抗,未能突破阵地。同日上午,第四军独立团叶挺部得到中共平江地方党组织派遣的民团队引导,突破敌军阵地,迅速迂回到平江城北,第四军第十二师第三十六团黄琪翔部也在农民向导队协助下,突破汨水,和独立团会合,包围平江城。同日中午,叶、黄两部发起进攻,经一小时激战,占领全城。黄琪翔率军直捣敌司令部，敌主将陆沄仓皇自杀①。与此同时，第四军第十师第二十八团蔡廷锴部也在汨水上游的三眼桥渡河，占领平江东北的中洞岭，并夺取了当地敌军兵站。至此，第四军在兵力、火力均不占优势的情况下，凭借顽强的攻击精神和农民武装的协助，仅以一天的时间和官兵173人伤亡的代价，就夺取敌人中心据点，击溃敌人战斗力最强的部队，俘敌一千五百余人。随后，北军残部溃逃途中又被平江农会组织的农民武装杀毙二百余人。平江战斗的胜利，粉碎了北军防线的右翼，形成了包抄汨罗江沿线敌军并予以歼灭的有利态势。

第七军以第一、第二路共四个旅八个团在8月19日发起进攻，于黄塘、浯口市渡过汨水。在进攻中，第七军也得到当地农民武装的大力协助。李宗仁电称："敌人曾在阵地前埋伏地雷甚多，我军得农民引导，悉数将其破坏，故得安全通过。"②第七军渡河后，在第四军的左侧向前推进，经激战后攻占将军山。第四军攻占平江后，北军纷纷后撤，第七军即以第八旅为前锋向堤头方向追击。

第四、第七军突破汨罗江右翼防线后，第八军当面的北军叶开鑫、宋大霈部面临被包围的威胁，慌忙于8月19日晚炸毁汨罗江桥，向岳阳方向退却。20日，北伐军第八军主力在唐生智指挥下渡过汨罗江，沿武（昌）长（沙）铁路向北追击，于当日夜间占领黄沙街，21日占领桃林街。北军的汨罗江防线至此全线崩溃。

汨罗江败后，北军试图在岳州、五里牌、通城一线固守，但是官兵已无斗志，内部更加混乱。北伐军根据预定计划，以右翼第四、第七军向通城、蒲圻追击，准备断敌退路，再会同沿武长铁路追击的第八军，将北军歼灭于黄盖湖以南地区。

---

① 黄琪翔：《大革命洪流中的国民革命军第四军》，《文史资料选辑》第94辑，文史资料出版社1984年版，第2页。

② 《申报》，1926年8月26日。

8月21日,第四军以第十师为先导,向通城、蒲圻发起追击,第七军则向南冲、长安桥追击。与此同时,第八军主力向岳阳发起进攻。叶开鑫的湘军和宋大霈等部援湘军见正面和侧后都受到威胁,慌忙向临湘、蒲圻实行总退却。是时,各路北伐军全线猛追,"血肉相搏,炮声隆隆,四处民众更群起响应,敌军不知虚实,无心恋战,乃弃城而逃"①。

湘鄂边界多崇山峻岭。第四、第七军官兵来自南方,习惯于山区作战,又有当地民众送水送饭和引路,因而前进迅速。北军官兵大都不习惯山区环境,当地民众因历年来受北军烧杀淫掠之祸,到处袭击溃败的北军。北军感到四面受敌,无法组织有效的抵抗。8月22日,北伐军第四军第十师攻占九岭高地和通城,切断北军退往湖北的重要通路。然而,由于北伐军各部在进展中联络困难,第七、第八军将领又急于争先抢功,任意发展,未能和第四军很好协调,结果,第四军因孤立突出,兵力不足,未能封锁通城至羊楼司之间近百里的空隙地带,溃败的北军大部由此逃走,全歼敌人于黄盖湖以南的计划因而未能实现。

8月22日,北伐军第八军占领岳阳,并以一部追击至五里牌、羊楼司。鄂军宋大霈部抢夺火车北逃,一小部分被截阻后投降。未能抢到火车的叶开鑫部湘军一部乘船逃向洞庭湖西的华容、安乡,一部向第八军投降。至8月23日,汨罗江会战基本结束。

在历时五天的汨罗江会战中,北伐军击溃叶开鑫的湘军和吴佩孚的援湘军主力,俘敌七千余人,吴佩孚的势力基本上被逐出湖南,进军湖北的大门由此洞开。

三　汀泗桥、贺胜桥大捷

北伐军取得汨罗江会战的胜利后,前锋直指吴佩孚的统治中心武汉。刚被吴佩孚重新任命为湘军首领的赵恒惕和吴佩孚留守两湖的部

---

① 《湖南民报》,1926年9月6日。

将陈嘉谟、李倬章接连致电吴佩孚,报告败绩,并说:"非帅座亲临,万难挽回。"①吴佩孚和张作霖自 8 月 14 日联合攻占南口,打败国民军后,正围绕着北京政权问题进行势力争夺,得知湖北告急后,吴佩孚被迫于 8 月 21 日离长辛店南下,只在该地设留守司令部,留齐燮元主持北方事务,将北京城让给了张作霖。吴佩孚的精锐刘玉春、陈德麟等部也南调湖北。8 月 25 日,吴佩孚到达汉口,翌日召开将领会议,决定以宋大霈、董政国率前线退军固守汀泗桥一线,以刘玉春等部随后赴援,必要时准备开掘金口大堤,水淹北伐军。同时,吴佩孚又电催孙传芳由江西出兵湖南,攻击北伐军的右翼。

北伐军根据长沙会议确定的直捣武汉的目标,于汨罗江会战胜利后迅速向北进击。8 月 23 日,第四军在通城截获吴佩孚密电,知其已率部南下增援。同日,第四军代军长陈可钰、党代表廖乾五等在通城召集第四军各部指挥官开会,一致认为应乘敌主力未到前抢占天险汀泗桥。会后,叶挺率独立团作为第四军前锋,于 8 月 25 日抢占中伙铺车站,将乘火车向北撤退的敌人一个团截住,俘敌四百余人。蒲圻方面之敌因后路被截断,被迫向尾追的第七、第八军投降。同日晚,第四军主力赶到汀泗桥当面。全军经过七天连续作战,在崎岖山间追击四百多里,官兵已十分疲劳,为了不失战机,全军未经休息即于 8 月 26 日拂晓向汀泗桥发起攻击。

汀泗桥为粤汉铁路上的重镇,距武昌约六十公里,西北端是湖泊,因夏季水涨,其外围南、西、北三面环水,东面又是崇山峻岭,仅有百余米的铁路桥从镇西南的河面上穿过,因而成为武汉以南最险要的门户。当北伐军赶到汀泗桥西南端时,宋大霈、董政国已纠集湘鄂军残部和来援的陈嘉谟的第二十五师一部,共二万多人,占领汀泗桥东北的险要地段,并抢修了工事。宋大霈被吴佩孚任命为总指挥,设司令部于贺胜桥,统一指挥前线守军。

---

① 上海《民国日报》,1926 年 8 月 21 日。

8月26日白昼,北伐军第四军分路进攻汀泗桥正面阵地,因地形险要和敌军火力猛烈,均未得手。傍晚,陈可钰到火线视察,感到正面攻击夺桥困难。当时,敌军援兵很快就要南下,情况紧迫,独立团团长叶挺和第三十六团团长黄琪翔建议夜袭,经陈可钰和第十二师师长张发奎等研究决定:陈可钰率主力利用夜色由正面攻击,张发奎率独立团和炮兵营由东侧迂回,插向敌后重镇古塘角。

当日午夜,黄琪翔率第三十六团一部偷渡过河,迅即以猛烈的冲击,夺取敌中央阵地赤岗亭等处制高点。至27日拂晓,第二十九、第三十团也由正面突入敌军阵地,和反扑之敌反复争夺。此时,独立团由右翼迂回,插入敌军侧后。汀泗桥前线吴军因前后受敌,很快发生混乱,第三十五团乘机于27日上午7时半冲过汀泗桥铁桥,攻入汀泗桥镇街区。吴军各部丢弃阵地,纷纷向北溃逃,其间因混乱拥挤,许多人落水。逃窜不及者则纷纷向北伐军投降。

27日上午9时,叶挺率独立团攻占敌后重镇古塘角,因溃逃的吴军大部已越过该处,沿武(昌)长(沙)铁路北窜,独立团遂跟踪向咸宁方向猛追。张发奎要求独立团追击不得超过15里,叶挺在追击中发现,汀泗桥至咸宁一线地形险要,铁道两旁均为水淹,如不迅速追击,待敌在此狭路上组织防御,将会给攻击造成极大困难。因此,叶挺率独立团冒险前进,在两小时内追击30华里,于上午11时占领咸宁,俘虏城内尚未撤退的吴军。这一见机进取的果敢行动,事后受到陈可钰和友邻部队的赞扬①。

第四军在吴佩孚主力南下前,以万余人的兵力向数量占优势的汀泗桥守军进攻。两日之内,夺占汀泗桥和咸宁,并毙敌千余人,俘敌二千四百余人,缴获大炮4门,步枪三千余支、自身仅伤亡379人。这一

---

① 《叶挺同志参战报告》(1926年9月9日),中央档案馆编:《北伐战争(资料选辑)》,中共中央党校出版社1981年版,第2页;邓演存等:《国民革命军第四军参加北伐战争的回忆》,《广东文史资料》第22辑。

胜利,打开了武汉以南鄂境内最险要的门户,为北伐军在贺胜桥同吴佩孚主力决战创造了有利条件。

第四军在汀泗桥战斗时,第七、第八军也在其后沿武长铁路推进。第七军于 8 月 27 日占领崇阳,28 日占领蒲圻,并前进到咸宁和第四军会合。第八军第二师何键部于 8 月 26 日至 28 日在岳州下游的临湘地区渡过长江,占领新堤。第八军下辖的鄂军第一师夏斗寅部也继何键部之后渡江。当时,吴佩孚集中兵力于武汉以南,长江左岸兵力空虚,吴军在长江中的舰只也撤往武汉附近,因此,第八军渡江部队未遇到有组织的抵抗,顺利由江左湖泊地带向汉阳推进。

北伐军占领汀泗桥、咸宁之后,前锋已接近贺胜桥。贺胜桥西濒黄塘湖,东依遍布蒿草丛林的杨林塘,四周为波状地和小湖沼,不便于作战双方发扬火力,但对攻击精神旺盛、擅长于短兵相接的北伐军是有利的。吴佩孚因汀泗桥天险已失,只得选择贺胜桥作为决战战场。8 月 27 日,吴佩孚亲率其精锐第十二、第十三混成旅、军官团和刘玉春的第八师、陈嘉谟的第二十五师主力,分乘火车赶到贺胜桥,又纠合汀泗桥败退下来的宋大霈、董政国等部,总兵力号称十万人,并配有铁甲列车和野炮、山炮数十门。吴佩孚命所部配置两道防线,根据丛林港汊的地形抢修工事,同时布置刘玉春、陈嘉谟各备大刀队在前线押阵。吴自己乘坐竖着"吴"字大旗的专列巡行督战,"限三日夺回汀泗桥"①。

8 月 27 日,蒋介石到达蒲圻车站。前敌总指挥唐生智建议尽快乘胜进攻武汉三镇,蒋介石表示赞成,随即下令进攻贺胜桥。28 日,唐生智赶到咸宁,要求乘吴军阵地未巩固之前,迅速行动。经与前方将领商讨,最后决定:第四军一部沿武长铁路,一部在铁路左侧,为主攻;第七军在铁路右侧助攻;第一军第二师和第八军第八团为总预备队,确定 8 月 30 日凌晨开始总攻。

总攻开始前,第四、第七军进行了热烈的政治动员。部队因连战连

---

①　上海《民国日报》,1926 年 9 月 3 日。

捷,士气高涨,纷纷求战。中共湖北区委和国民党湖北省党部组织的担架队、运输队,中共湖南区委组织的武长铁路工人交通破坏队等络绎赶到前线。当地农民因连日遭到北军抢掠,愤而为北伐军充当向导。北军虽有吴佩孚本人督战,但败退下来的各军已无斗志,新调来的部队则为北伐军的威势所震慑,十分恐慌;内部的派系又难以协同。因此,第四、第七两军的攻击部队虽然只有二万多人,但战斗力则远优于吴军。

8月29日,第四、第七军攻击部队向贺胜桥敌前展开,吴军也以一部自阵前出击。下午,第七军前卫第八旅钟祖培部进至袁家铺时,与吴军遭遇,吴军依靠铁甲车作掩护反攻。钟部得到第七军第二旅李明瑞部增援,击退吴军。

同日下午,第四军以第十二师和独立团为前卫向横沟桥推进,晚七时,进至吴家湾、大路廖一线,遭到吴军火力阻击,被迫停顿。到午夜时,吴军仍持续猛烈射击。张发奎、叶挺分析敌情,认为久滞不利,决定利用夜色和地形复杂的情况,展开部队,坚决进攻。8月30日拂晓前,第十二师和独立团迎着吴军的密集火力,全线发起冲锋。由于夜暗和通讯设备落后,各部队之间的联络和指挥十分困难,只能各自为战。官兵们以高昂的斗志自行向前方目标猛冲。与此同时,第七军在第四军右侧发起全线冲击。当面的吴军本已十分恐慌,夜暗中又难以协同和指挥,在火力阻击无效并遭到北伐军猛烈冲击后,各部纷纷自行放弃前沿阵地,向后溃逃。至8月30日拂晓,第四、第七军突进到吴军第一线主阵地杨林塘、桃林铺、王本立等地。

吴佩孚见第一线主阵地危急,于8月30日拂晓集中其精锐第十三混成旅、第八师和第二十五师一部,在炮火掩护下全线反扑。突进到北路学校附近的独立团首当其冲,一时三面被围。独立团在叶挺指挥下顽强抗击,顶住了吴军的反攻。第四军指挥官根据独立团当面的敌情,以预备队第十师投入火线。双方在阵前展开了激烈的白刃格斗。第四军官兵以高昂的斗志,很快杀退了吴军,于上午7时许冲破铁路沿线吴军的第一道防线。

吴佩孚见第一道防线被突破,急令刘玉春、陈嘉谟率卫队制止所部后撤,违者格杀勿论。同时,出动铁甲车沿铁路线攻击北伐军。此际,铁路工人组织的交通破坏队冒着吴军炮火,破坏铁路,使吴军铁甲车被迫后退。第四军各部乘势冲击。上午9时,独立团首先抢占杨林塘,随即在第七军出击部队的策应下,直逼吴军第二道防线的主阵地桃林铺。攻击中,独立团第二营营长许继慎身负重伤,仍坚持指挥部队前进。吴佩孚见主阵地受到威胁,命刘玉春率精锐第八师再次反扑。叶挺所率的独立团因冲在最前面,又一次遭到敌优势兵力的三面攻击,但独立团官兵就地防御,顽强地顶住了吴军的反扑。第四军第二十八团在蔡廷锴率领下随即赶来增援,其余各团也向吴军第二道防线发起攻击。同时,李宗仁指挥第七军主力攻击贺胜桥东侧的石南山、余家坪,并以一部插入吴军侧后,攻击南桥。在第四、第七两军的猛烈攻击下,吴军各部无心再战,纷纷向贺胜桥铁桥及其以北地区溃逃。上午10时,吴军第二道防线崩溃。

吴佩孚在贺胜桥铁桥上督战,见各军蜂拥后退,怒不可遏,命督战队、大刀队在桥上截杀。他并手刃退却的旅长、团长十余人,在电线杆上悬首示众。但是各部已不听命,溃兵们纷纷射击督战队、大刀队。一时互相混杀,吴军更形混乱而无法控制。北伐军第四军先锋乘势冲到贺胜桥铁桥边,弹中吴佩孚所乘列车。吴急令开车,向武昌逃跑。此时,数千吴军官兵正拥挤在铁路桥和桥北端一带,火车从人群中碾过,大批官兵被压死或被挤落水淹死,桥上、桥下积尸累累,许多未逃过铁桥的吴军被迫向北伐军投降。第四军随即冲过铁路桥,完全占领了贺胜桥主阵地。

第七军在石南山、余家坪一线的进展较为迟缓,经反复冲击,至30日黄昏仍未攻入余家坪。入夜后,第七军当面吴军因贺胜桥主阵地已失,遂向武昌、金牛镇撤退。同日,作为预备队的第一军第二师和第八军第三、第四师奉命向贺胜桥推进,未及到达,夺桥战斗已经结束。

8月30日下午1时,第四军代军长陈可钰到达贺胜桥,为扩大战果,陈可钰发出追击命令。因第十二师和独立团伤亡较重,暂留贺胜桥休整,以第十师沿铁路线向北追击。同日晚,第十师进抵绛仙桥。

8月31日晨,贺胜桥一带的吴军已全线溃逃。第四军第十师和第七军第二路向武昌追击前进,第七军第一路向金牛镇追击前进。同日晚,第四军第十师进抵武昌城郊的洪山。吴军沿途丢弃枪械弹药,一部逃入武昌城,一部逃过长江,贺胜桥战斗至此结束。此次战斗中,吴军死、伤、被俘和逃散的官兵总计在二万人以上,北伐军仅伤亡830人。

汀泗桥——贺胜桥之战是两湖战场上一次决定性的会战。通过会战,吴佩孚军阀集团受到了致命打击,北伐出师时预定的首先打倒吴佩孚的任务接近完成了。

四　攻克武汉

8月30日,吴佩孚由贺胜桥逃回武汉。31日晚,北伐军第四军进抵武昌城郊,攻取武汉的作战就此开始。

武汉是华中的政治经济中心,拥有全国著名的汉阳兵工厂,是吴佩孚统治华中的重要据点。31日,吴佩孚召集紧急军事会议,决定坚守武汉三镇。吴佩孚任命靳云鹗为“讨贼联军”副总司令,鄂军将领刘佐龙为湖北省省长,陈嘉谟为武汉防御司令,刘玉春为武昌守备军总司令;命陈嘉谟、刘玉春率贺胜桥败退下来的吴军精锐一万多人守卫武昌,刘佐龙率其所部鄂军第二师一万余人守汉阳,高汝桐、宋大霈等部守卫汉阳。同时,在长江和汉水水面布置军舰和炮艇。吴佩孚本人坐镇汉口查家墩司令部。为了加强兵力,吴佩孚并决定放弃保定地区,将驻守当地的田维勤、王为蔚、魏益三各部抽调南下。此外,吴佩孚又电催孙传芳尽快出兵湘鄂。

北伐军第四、第七军主力于9月1日抵达武昌城下,第七军第一旅于9月2日进抵樊口、鄂城,切断武昌守敌与外界的陆路联系。同时,第八军主力由长江左岸逼近汉阳。为配合北伐军,中共湖北区委领导下的武汉工代会发动各行业工人群起策应。铁路、轮船工人破坏和阻碍吴军交通。汉阳兵工厂工人于9月1日开始总罢工。中共湖北区委和国民党湖北省党部还秘密策动湖北地方系将领刘佐龙归顺北伐军，刘佐龙也表示愿在北伐军抵达汉阳时反正。武汉三镇中，只有武昌守军兵力较强。武昌城墙高厚，城内又有蛇山居高临下，宜守不宜攻，因而夺取武昌的任务倍加艰难。

北伐军抵达武昌城下后，城上的吴军一面不断向北伐军射击，一面抢修环城防御工事。9月2日，出师以来一直作为预备队的第一军第二师刘峙部也赶到武昌城下。同日，北伐军前敌总指挥唐生智在武昌城外的余家湾召集李宗仁、陈可钰等将领开会，决定乘吴军防御工事未固和孙传芳援军未到，迅速攻城。当日深夜，第一军第二师、第四军第十师、第七军第二师各奋勇队奉命向城下隐蔽运动，准备用长梯爬城。9月3日凌晨3时左右，第一军第二师在忠孝门附近开始架梯，然而因事先准备不周，从居民中临时征集的梯子大都过短，登梯士兵无法爬上城堞。守城吴军发现北伐军爬城，立即以步、机枪射击并投下大量手榴弹和燃烧物，使第二师官兵在城下伤亡累累。与此同时，第四、第七军隐蔽接近城下的部队也被吴军发现，遭到密集火力的攻击。吴军还以蛇山上的火炮和长江中军舰上的舰炮向武昌城外的北伐军射击。北伐军因掩护火力不足，无法压制吴军。天亮前，暴露在城墙下的攻城部队不得不撤出战斗。

9月3日，蒋介石偕白崇禧、加伦等人乘车到达余家湾，随即至洪山麓视察城墙及城内敌情。蒋介石自恃有惠州攻城的经验，对唐说：明天拂晓，第一军第二师将"带头冲锋"，要求各军"跟着冲上去"①。当日，召集各将领紧急会议，蒋介石未仔细分析敌情和了解攻城的困难，就下令再度强攻，确定由李宗仁、陈可钰担任攻城正、副司令。唐生智对第一军第二师的战斗力已丧失信心，坚决要求蒋介石将该师调赴江

---

①　唐生智：《从辛亥革命到北伐战争》，《文史资料选辑》总103辑，第177页。

西,蒋介石认为唐"以下凌上",是一种不能忍受的"奇辱"。①他训斥刘峙说:"尔等如再不争气,何以立世见人!虽至全军覆没,积尸垒丘,亦非所恤!望奋勇拼死,维持尔等光荣之历史。"②

9月4日晚,第一、第四、第七军仓促准备。各师都挑选奋勇队300至500人,配备云梯、手枪、手榴弹、绳索等,作为攻城部的先导。9月5日凌晨3时,蒋介石颁发第二次攻城计划,指示各将领"肉搏猛冲"③。北伐军炮兵当即向武昌城内和城墙上的吴军阵地开火,攻城士兵齐呼"革命万岁",向城墙下冲击。第四军担负忠孝门、宾阳门、通湘门一线的攻城任务,独立团第一营作为奋勇队进攻宾阳门。该营营长曹渊(共产党员)指挥部队迎着城上吴军的火力,涉过护城河,冲到城脚下,挂梯多具,奋勇攀登。但是吴军火力密集,第一批爬城官兵全部牺牲,后续人员仍前仆后继,爬梯攻城。20分钟内,独立团第一营奋勇队几乎全部覆灭。营长曹渊指挥所剩十余人坚持战斗,也中弹牺牲。同时并肩攻城的第十二师第三十六团黄琪翔部伤亡二百多人,第十师奋勇队伤亡过半,进攻被迫停止。

第七军以第二路的两个旅向中和门、保安门和望山门发起进攻。当地因城外民房靠近城墙,第七军奋勇队大都将云梯架于民房之上,然后登梯爬城。城上的吴军准备了许多炸药包、燃烧罐和手榴弹,这时一齐抛下,城外民房一片火海,第七军奋勇队随即后撤。第一军第二师进攻忠孝门至武胜门一线,其奋勇队虽几次冲到城墙下,都被城上守军的密集火力击退。师长刘峙唯恐其他部队已攻城得手,为抢夺头功,竟通报称,第二师第六团已攻进城内④。第四、第七军得讯后,调动预备队再次进攻,结果又付出许多伤亡。9月5日天亮后,第四军已冲到城墙

---

① 《蒋介石日记类抄·军务》,1926年9月4日。

② 《民国十五年以前之蒋介石先生》第8编4,第14页。

③ 《民国十五年以前之蒋介石先生》第8编4,第15页。

④ 《周士第回忆录》,人民出版社1979年版,第80页。

下的奋勇队在敌军火力下进退不得，只得暂伏于城壕之中待天黑撤出，后续部队因无法再攻，暂时退向安全地带。在城墙下牺牲的官兵遗体，也无法收取。当日上午，蒋介石得到第二师入城消息，信以为真，非常高兴。后从白崇禧处得知，消息不确，"愁急不知所为"①。

北伐军两次攻击武昌失利，伤亡二千余人。9月5日，蒋介石和李宗仁、陈可钰等到前线视察后，也感到硬攻无望。6日，蒋介石和各军将领在洪山召开军事会议，决定以少数兵力在城外对敌保持警戒，主力撤到城外较远的地区集结整顿。

武昌攻城战虽受挫折，但唐生智的第八军却以四个师迅速攻下汉阳、汉口。9月3日，第八军逼近汉阳城郊，守敌刘佐龙召集鄂军第二师营以上军官开会，宣布归顺革命军。5日，鄂军第二师调转炮口，轰击汉阳龟山上的吴军高汝桐师的指挥所，北伐军第八军第一师何键部乘势冲进汉阳城。中共湖北区委领导下的汉阳工人武装也起而响应，解除汉阳兵工厂内吴军的武装，并用厂内的武器向吴军阵地射击。吴佩孚忙令守卫汉口的靳云鹗率兵过汉水向汉阳反扑。不料吴佩孚在汉口查家墩的司令部又遭到刘佐龙部的炮火袭击，吴佩孚惊恐之下，立即乘火车北逃，汉口、汉阳的吴军顿失指挥，陷入混乱。9月6日晨，吴军高汝桐师放弃龟山阵地，渡汉水向汉口逃窜。由于溃兵在浮桥上和渡船上混乱拥挤，上千人溺水淹死。同日，北伐军第八军完全控制汉阳。当晚又强渡汉水，攻入汉口市区，吴军各部纷纷向城外逃走。7日上午，北伐军完全占领租界区以外的整个汉口。长江中的吴军舰船不得不向下游逃遁。至此，武昌城内吴军与外界的联络完全被切断，陷入四面被围的困境。

吴佩孚从汉口逃走时，命令陈嘉谟、刘玉春在武昌固守待援，随后又设司令部于武汉以北的孝感，急调北方援军南下准备反攻。为了不使吴佩孚站稳脚跟，9月8日，唐生智命第八军第三师李品仙部、第四

---

① 《蒋介石日记类抄·军务》，1926年9月5日。

师刘兴部和鄂军第一师夏斗寅部进攻孝感。9日，吴佩孚将司令部移往河南信阳，第八军随之向鄂北追击。14日，第八军进抵广水以北，击退吴军以铁甲车为掩护的反扑，于15日进攻鄂豫两省之间的交通要冲武胜关。经过一天一夜激战，第八军以一千二百余人伤亡的代价，击毙吴军七百多人，俘虏五百多人，缴获铁甲车三列，攻占武胜关、九里关、平靖关、鸡公山一线，吴军残部逃往河南。

北伐军主力向武汉进攻时，北伐军左翼战场上的袁祖铭、彭汉章等黔军将领仍拥兵观望，只有第九军第一师贺龙部作战积极，于9月上旬在湘西慈利、澧县一带击溃湘军叶开鑫、刘铏在当地的部队。9月13日，北伐军左翼贺龙、吕超、杨其昌各师由澧县誓师出发，向鄂西的石首、公安推进。14日，贺龙部击溃吴佩孚属下的鄂军王都庆部，占领公安。9月下旬，贺龙、杨其昌部又在沙市以南击退吴军"长江上游总司令"卢金山所率第二十六师于学忠部和王都庆部的反扑，于28日攻占沙市，卢金山率部退往宜昌。作战中，当地民众积极支援北伐军。贺龙在报告中称：此次作战"竟能以少胜多，固由于士卒猛勇敢战，而农民暗中援助，如报告敌情，向导追击等，收效亦宏"①。左翼北伐军攻占沙市，从西侧掩护了北伐军对武昌的围城战。

9月上旬，北伐军第七军第二路占领鄂东数县，使固守武昌的吴军更为孤立。同月15日，为了迫使守城吴军尽快投降，北伐军发布封锁令，禁绝武昌城内外的一切水陆交通，同时，北伐军还以苏联飞行员驾驶的两架飞机连续向武昌城内吴军营地投弹并散发传单。其间，因北伐军开辟江西战场，第七军和第一军第二师相继调往江西，围城任务由第四军、第八军一部和刘佐龙部编成的第十五军担任。17日，蒋介石任命邓演达为湖北政务委员会主席，陈公博为财政委员会主席；另设湖北临时政务会议，主席由蒋介石自兼，入赣期间，由唐生智代理。同日，蒋介石离开湖北前线，将该省军事交唐生智办理，同时升任陈可钰为攻

---

① 《贺师长进攻荆沙之又讯》，长沙《大公报》，1926年9月29日。

城司令。

在北伐军围困下，自9月中旬起，武昌城内开始出现粮荒，吴军士兵在城内挨家搜掠民粮，各商号存粮也被封作军粮，不许市民购买，武昌市内20万居民大都靠树叶、草根充饥。陈嘉谟、刘玉春却遵照吴佩孚的命令，坚持顽抗。为了保存力量和争取时间，陈、刘二人又通过武昌文华大学的美国人和武昌商会作为中间人，向北伐军交涉，要求暂停攻城，允许守城军领饷20万元后携带武器，整队撤退。北伐军坚持要求守军无条件投降，磋商没有结果。

9月21日，北伐军再度向武昌城发起试探性攻击，吴军的抵抗仍很顽强。北伐军随即挖掘坑道，以爆破攻城。第四军独立团、第二十九团、第三十六团等部在赶到前线的安源矿工和黄埔军校工兵营的协助下，在通湘门、宾阳门和武胜门外多处挖掘坑道。经旬日顽强挖进，至10月1日时，各坑道都已接近城墙。

9月25日，孙传芳军队一部于鄂东黄石港登陆，向大冶前进。刘玉春闻讯后立即组织奋勇队，企图乘机出城，破坏坑道，抢粮，并和孙传芳部取得联系。10月1日清晨，在火炮和机枪掩护下，吴军精壮二千余人分别由通湘门、中和门、望山门冲出，第四军各部当即予以迎击。经过一上午激战，独立团将通湘门冲出的千余名吴军消灭大半，第三十五、第三十六团也将中和门、望山门冲出的吴军大部消灭，残余吴军逃回城内。10月3日，吴军再度冲出城外，仍被击退。5日，进犯大冶的孙传芳部乘舰东逃，武昌守军苦守待援的希望破灭了。这一时期，北伐军的飞机连续轰炸吴军司令部、电台和蛇山炮台，加之城内缺粮，民众反抗日增，吴军军心动摇日甚，各部多自行向北伐军洽谈投降。

10月7日，北伐军攻城司令部向守城吴军提出条件，限于10月10日开城，由第十五军军长刘佐龙收编。对此，守军大都表示同意，但刘玉春却阻止各部接受这一条件。吴军第三师师长吴俊卿等遂单独与北伐军接洽，于10日凌晨4时打开保安门。于是，唐生智、陈可钰指挥第四、第八军各部同时向武昌城发起总攻。攻城部队以一部冲进保安门后,为了不误战机,还从多处城墙用绳梯攀登而入,随即打开中和门、通湘门,后续部队纷纷涌入。守城吴军因惊恐和饥饿,纷纷缴械投降,只有刘玉春率其第八师的部分部队,在蛇山一带继续抵抗。

第四军独立团由通湘门冲入城内后,首先向蛇山发起进攻,第四军主力随后也赶到蛇山脚下。经过一个多小时战斗,独立团首先冲上山顶,吴军纷纷投降。

第四军破城时共俘虏吴军军官 740 人,士兵 9495 人。武昌守城主将陈嘉谟、刘玉春化装潜逃,由于北伐军搜索严密,陈嘉谟在准备出城时被第八师查获,刘玉春被第四军搜出。至此,历时 40 天的武昌攻城战结束。同日,在汉口华商跑马场召开国庆纪念会。会上,宣布武昌克复的消息时,群情沸腾,据郭沫若记载:"十万人以上的群众一时轰动了起来,脱帽,摇旗,挥拳,鼓掌,破命的高呼。那宏大的怒涛,就像要卷成海啸,把那十几万的群众都卷到天空里去。"①次日,邓演达率总司令部行营人员进入武昌,救济灾民。

从北伐出师至攻克武昌,第四军一直担负最艰巨的任务,官兵作战英勇,被人民誉为"铁军"。其独立团和第三十六团战功卓著,团长叶挺、黄琪翔被破格授予少将军衔②。

北伐军占领武汉三镇,极大地推动了两湖地区革命运动的发展。不久,中国革命的政治中心由广州移到武汉。

第三节　江西、福建之战

一　孙传芳出师援赣

江苏、浙江、安徽、江西、福建向为富庶之区,孙传芳于 1925 年 11

---

① 《革命春秋》,人民文学出版社 1979 年版,第 105 页。
② 《第四军叶、黄团长晋升》,《广州民国日报》,1926 年 10 月 12 日。

月成为五省联军总司令后，便提出"保境安民"口号，一以杜外人觊觎，二以迎合东南资产阶级的愿望。还在北伐军入湘前，孙传芳就声明："人不犯我，我绝不犯人"，"如贪婪窃发，抉我藩篱"，"亦惟有率我五省之师旅，以遏制之而已"①。北伐军入湘后，孙传芳又于1926年6月12日召开军事会议，宣布"不加入任何漩涡"②。吴佩孚曾派人到宁，要求孙传芳援湘，但孙企图坐山观虎斗，在两败俱伤后占领两湖，坐收渔人之利。7月27日，孙传芳接见国闻社记者时，以一付悲天悯人的姿态说："循环无已之战争，国人孰不痛心？ 天下无可以杀尽百姓之英雄，是以平日持论，治军必先爱民。"③28日，孙传芳命亲信、时任北洋政府农商总长的杨文恺赴长辛店，向吴佩孚进言，将北方之事完全交给奉方主持，刻日南来，对付湘粤。但吴佩孚正热衷于指挥南口之战，完成包围国民军的计划，无意立即南下。他要求孙特别设法，加强"讨赤军"的团结，对湖南战事"多为帮忙"，"量力予以相当之接济"④。对此，孙传芳的答复是，"无力遥顾湘战"⑤，他仍然要求吴佩孚"督饬各军，迅扫西北之敌"，然后"回师南下，坐镇长江"⑥。当北伐军节节前进之际，孙传芳却在南京优哉游哉地修明礼乐。8月6日，举行投壶新仪，声称："吾国以礼乐为文化之精神，今欲发扬文化，非以修明礼乐不可。"⑦同时，又组织修订礼制会，聘请章太炎、沈彭年、汪东等一批名流为会员，以章太炎为会长。孙传芳称："此次举行投壶典礼，看似迂阔，实则君子礼让之争，足以感人心而易末俗。"⑧

---

① 《孙传芳抵沪后之通电》，《广州民国日报》，1926年5月13日。
② 《孙传芳又开军事会议》，《广州民国日报》，1926年6月26日。
③ 《孙传芳在南京发表之谈话》，《晨报》，1926年8月1日。
④ 《杨文恺将出京赴宁》，《申报》，1926年8月1日。
⑤ 《孙传芳仍持保境安民态度》，《申报》，1926年8月6日。
⑥ 《孙传芳致吴电之真相》，《申报》，1926年8月4日。
⑦ 《孙传芳提倡之投壶新仪》，《申报》，1926年8月2日。
⑧ 《江苏修订礼制会成立纪详》，《申报》，1926年8月12日。

当时，江浙地区正在掀起和平运动。参加这一运动的社会成分很复杂。部分绅商既害怕国民革命军进入东南，也反对孙传芳出师援助吴佩孚。中国国民党、中国共产党在江浙地区的组织及其影响下的进步力量则企图以此牵制孙传芳出兵，争取民众同情①。8月初，苏州、无锡、武进、镇江、淮阴以及上海县的商会会长联名致电孙传芳，对所谓"援湘"准备表示惊疑，要求孙传芳"熟筹全局，慎于一发"②。11日，上海全苏公会召开特别大会，议决七项，其要者为：一、电致孙传芳，赞成"消极的增防"；二、警告北伐军总司令部，请其严饬所部，绝对不得越闽、赣省境一步；三、通电本省及浙、闽、皖、赣四省各团体，共作和平运动；四、通电全国军事当局，请停止战争，共谋国是③。9月8日，全浙公会常务董事会紧急会议，公推蒋尊篯、殷汝骊、沈田莘三人赴宁，向孙传芳请愿。13日，又决定派蒋尊篯、魏炯二人赴汉口，和蒋介石接洽。其后，江苏派出袁观澜、黄炎培、赵正平，福建派出方声涛、史家麟，安徽派出许世英、王龙亭，江西派出徐鹤仙等人，参加和平运动。一时间，各种名目的和平组织纷纷涌现。有一个名为"五省和平祈祷会"的组织，甚至致电张天师，邀请他莅沪"设坛酿醮"。④

进步力量企图以和平运动牵制孙传芳出兵，乖巧的孙传芳则将和平的口号接过来，作为阻拦北伐军的口实。8月11日，他复电各商会，声称："逞能肆态，驰骋角逐，以较一日之胜负，残民、蠹财、溺国，芳虽愚，绝不为也。"他表示："金革之声频惊，不能不稍事整备，俾固疆圉。"⑤9月10日，他在会见全浙公会代表时说："破坏和平，在蒋不在

---

① 张曙时、侯绍裘：《江苏最近政治、党务简单报告》，油印本；韩觉民：《上海特别市党部报告》，油印本。

② 《各商会关于时局通电》，《申报》，1926年8月9日。

③ 《各团体运动和平》，《申报》，1926年8月12日。

④ 《各公团呼吁和平》，《申报》，1926年9月5日。

⑤ 《孙传芳复各商会电》，《申报》，1926年8月13日。

我"，"只须蒋中正将入赣境之部队完全退出，我决不追赶一步"①。20日，会见江苏、上海和平代表时他又进一步提出三项条件：一、撤退入赣党军，停止湘鄂战争；二、组织内阁，各方自由推戴人选，取决多数；三、召集南北和平会议，划分军区，匀配财权②。

尽管孙传芳故作从容，高谈和平，但是，北伐军的进军脚步毕竟不能使他平静，特别使他系念的是势力范围之内的江西。早在7月上旬，就传出他要派安徽混成旅长王普率部援赣。不过，由于江西总司令邓如琢拒绝，王普迄未接到动员命令③。邓虽然是五省联军成员，但始终依违于吴佩孚、孙传芳之间，不愿轻易让别人插足境内。7月31日，孙传芳在南京召开五省军事会议，决定合力对粤。会后，孙传芳即调兵遣将，部署援赣。自8月17日起，谢鸿勋的第四师、杨镇东的第七混成旅、孟昭月的第十混成旅陆续出发。19日，孙传芳通电称：此举纯系防御性质，"我军此后行动，仍本素日宗旨，坚守疆界，禁暴息争"④。20日，谢鸿勋部抵达九江，由邓如琢指定，驻扎赣北修水、铜鼓两县。其后，陆续到达赣境的孙军有卢香亭第二师、周凤歧第三师、郑俊彦第十师、彭德铨第六混成旅等，共五师八旅，约十余万人。月底，孙传芳任命原浙江总司令、第二师师长卢香亭为援赣军总司令，同时下达援赣进攻计划：以皖军王普部为第一军，进攻通山、岳州；以苏军为第二、第三军，进攻平江、浏阳；以邓如琢部进攻醴陵、株洲；同时命闽南周荫人部进攻广东潮州、梅县⑤。9月2日，吴佩孚所派告急使者到宁，孙传芳爽快地表示："即日电令各军火速出发，实行进攻湘、粤。唇亡齿寒，智

①　《全浙公会奔走和平之趋势》，《申报》，1926年9月12日。

②　《南京和平会议消息》，《申报》，1926年9月22日。

③　《何成濬致谭延闿等密函》(1926年8月6日)，中国第二历史档案馆藏，参见《芜湖快信》，《申报》，1926年8月12日。

④　《苏省援赣之先声》，《申报》，1926年8月21日。

⑤　《孙传芳世电》，《申报》，1926年9月19日；参见《民国十五年以前之蒋介石先生》第8编4，第19页。

者皆知。"①

　　部队虽然出发了,但孙传芳仍然在观察风色。他一面和蒋介石的代表频频谈判,一面和张作霖、张宗昌结盟。

　　孙传芳和广东国民政府之间早有联系。1925 年 12 月,孙传芳曾派王季文为代表到粤会见蒋介石②。次年 2 月、5 月,两次派人赴粤与广东国民政府"修好"。7 月,孙传芳派人赴沪,和粤方代表商洽,并致电蒋介石,希望不用北伐字样,不侵犯闽赣③。8 月 12 日,蒋介石致电孙传芳,要求他不受吴佩孚"伪命",并称:"对于全国军人,力求团结","志同道合,直可联为一体",倘孙传芳能"顺应革命潮流",则可代为向政府请求,承认孙传芳为五省总司令④。8 月,孙传芳派人到湘,和蒋介石联系,同时运动唐生智,以湖南地盘为条件,诱使唐"拒绝革命军"⑤。蒋介石估计孙传芳的内部发生变化,指令驻沪代表何成濬和孙传芳接洽,"于此倒吴之时,须要孙有确切表示,或加入国民政府,应有具体条件也"⑥。何成濬与孙传芳原系日本陆军士官学校的同学,二人于 8 月下旬在南京两次会谈。第一次,何成濬提出:一、由广州政府委派孙传芳为东南五省首领,保持五省治安;二、孙传芳与革命军一致动作,革命军自湖南北上,孙军自江西西进,双方夹击湖北,会师武汉。孙传芳提出:国民革命军应停战并退出湖南,"湘交湘人自理,作缓冲地"。对此,何表示:"停战未始不可,但必须吴军退出鄂境,以两湖作缓冲地

　　① 《孙军第一目标在浏阳》,《晨报》,1926 年 9 月 7 日。
　　② 《蒋介石日记类抄・军务》,1926 年 2 月 3 日。
　　③ 《苏粤代表会晤》,《晨报》,1926 年 8 月 1 日。
　　④ 《民国十五年以前之蒋介石先生》第 8 编 3,第 77 页。
　　⑤ 《蒋介石日记类抄・军务》,1926 年 8 月 17 日。
　　⑥ 《蒋介石致何雪竹电》(1926 年 8 月 18 日),台湾《近代中国》第 23 期,1987 年 6 月 30 日版。

方能商议"①。第二次,孙传芳要求北伐军在岳州停止前进,"以和平手段处置国事"。何则要求孙先促吴佩孚下野,"担保吴不复在政治上活动"②。会谈中,孙传芳只表示,"国民党之三民主义,亦表赞同,惟共产主义深所反对"③。对何成濬的具体意见则始终不答复。9月初,蒋又派张群赴宁。孙传芳强烈地表示,不能接受国民政府任命,但又同时声称:愿保持和平与中立。孙的左右手杨文恺则提出办法三条,其内容为:革命军在现下不犯入其辖境;将来与广东国民政府立于对等地位,"商量收拾全局";粤方"须表明非共产"等④。

除代表之间的磋商外,孙传芳、蒋介石等人的函电联系也很频繁。9月6日,孙传芳致电谭延闿、蒋介石等,声称粤军进攻江西萍乡,已命部队后退百里,请粤军亦迅速撤退⑤。7日,再电限24小时退回粤境⑥。蒋介石则提出由原江西军务督办、国民政府新委任的江西宣慰使兼第十一军军长方本仁主持赣政,要求孙传芳撤退驻赣各军。此后,蒋介石一直坚持要孙传芳以此点来表示"诚意",并称:"本军决不扩大战区,即使占领了江西,亦可如前议归还。"⑦谈判一直断若续。

孙传芳和张作霖、张宗昌之间长期存在仇隙,不久前还是生死冤家。他在出兵援赣之际,不能不调整关系,以免后门失火。

9月7日,五省联军训练总监王占元由天津到达南京。王南行的

---

① 《何成濬致谭延闿密函》(1926年9月4日),中国第二历史档案馆藏;《粤蒋代表何成濬之谈话》,《申报》,1926年9月4日;何成濬:《八十回忆》,《近代中国》第23期。

② 《何成濬致谭延闿密函》(1926年9月4日),中国第二历史档案馆藏;《粤蒋代表何成濬之谈话》,《申报》,1926年9月4日;何成濬:《八十回忆》,《近代中国》第23期。

③ 《粤蒋代表何成濬之谈话》,《申报》,1926年9月4日。

④ 《何成濬致谭延闿密函》(1926年9月7日),中国第二历史档案馆藏。

⑤ 《东南局面将有大发展》,《晨报》1926年9月9日。

⑥ 《南京孙传芳通电》,《申报》,1926年9月9日。

⑦ 《蒋介石复张群书》,《申报》,1926年9月12日。

任务是动员孙传芳与张作霖抛却前嫌,合作援吴。8日,孙传芳致电张作霖,表示"备悉我公恳恳关垂之意","今赤焰枭张,势将燎原","愿追随左右,共挽颓局"①。9日,张作霖复电:"东南半壁,全赖我兄支柱","弟但知大局为重,微嫌小隙,早付东流。"②在王占元南行之后,提倡大北洋主义的靳云鹏也于11日接踵而至。靳于8日到奉,参与军事会议,建议张联孙制蒋。当时,张宗昌也在奉,经靳劝说后表示:"馨远若能断然出兵打蒋介石,山东有一兵一卒走入江苏,算我姓张的不够朋友!"③靳、孙会谈结果,孙传芳表示,将亲率13万大军进驻江西。11日,孙传芳致电张宗昌称:"效帅忠勇奋斗,肝胆照人,请联合出兵,共同讨赤","传芳诚意与奉鲁合作,此心可质天日。"④14日,靳云鹏、王占元联翩到济,转达孙传芳的"合作"之意,请奉鲁军速由京汉路进攻武汉,孙方将由赣进攻党军侧面,同时保证孙军在苏鲁交界不驻重兵。当日晚,张宗昌即派潘复等三人为代表赴宁,会见孙传芳,潘复表示:"效帅为直接了当之人,非尔虞我诈者可比","一俟苏鲁妥协,即行出兵。"⑤16日夜,双方协议:江苏徐州、山东兖州双方驻兵不过一旅;遇必要时,鲁军得假道徐州陇海东站入豫,但徐州以南五省势力圈内的军事,鲁方决不干预⑥。

　　经过王占元、靳云鹏的斡旋,苏孙、鲁张、奉张之间的联盟初具雏形。9月19日,张作霖派人赴宁答谢,携带共同出兵计划及解决内阁方案,征求孙传芳意见。同日,杨文恺等赴济,代表孙传芳和张宗昌交换了兰谱⑦。

---

①　《孙传芳联张讨蒋电》,《申报》,1926年9月12日。

②　《奉张电孙表示合作》,《申报》,1926年9月13日。

③　《奉张电孙表示合作》,《申报》,1926年9月17日。

④　《奉鲁苏联合对粤之形势》,《申报》,1926年9月15日。

⑤　《孙传芳出发有待》,《申报》,1926年9月18日。

⑥　《苏鲁合作问题》,《申报》,1926年9月20日。

⑦　《杨文恺、张学良先后抵济》,《申报》,1926年9月22日。

在和张作霖、张宗昌结盟的同时,孙传芳还于9月14日派出密使会见英国驻沪领事,以"中国的安全岌岌可危","英国利益同样受到威胁"为理由,要求英国给以任何形式的合作。密使表示"只要能消灭布尔什维克的威胁",孙传芳准备冒奉军赖在长江一带,以及被指责"向外国人出卖祖国的风险"①。15日,英国公使麻克类(Sir James William Ronald Macleay)向外交部建议,由驻沪领事向孙传芳保证,视孙军与广州军队作战情形,予以"最适当、最有效的援助"。但是,英国政府对沉浮变幻的中国军阀不放心,担心孙传芳的失败会使英国的处境"更为难堪",因此仍持观望态度②。

尽管如此,杨文恺的济南之行,在一定程度上消除了孙传芳的后顾之忧。21日晨,孙传芳乘江新轮赴赣,发表谈话说:"余此次出师,抱定三爱主义,曰爱国,曰爱民,曰爱敌。""誓本此旨,为此次作战主义。大局定后,即以三爱为我党之党纲。"③到九江后,即以江新轮为总部,指挥江西战事。同时命皖军陈调元部驻扎于湖北武穴,准备上窥武汉。

二　国民革命军进军江西

北伐最初的战略是各个击破,集中力量首攻吴佩孚,因此军中有"打倒吴佩孚,妥协孙传芳,不理张作霖"的口号。8月12日,长沙军事会议再度肯定了在攻克武汉后乘胜入赣的方针,决定以第二、第三、第六各军监视江西,防御后方。但会后不久,蒋介石即企图改变这一决定。14日,电告何应钦、赖世璜、谭道源第二期作战计划,对江西暂取

---

①　Foreign Office Archives,Public Records Office,London,405 Series,*Further Correspondence*,*China*,以下简称*FO*,405,Vol. 252A,p. 218.

②　*FO*,405,Vol. 252A,pp. 218‐223.

③　《孙传芳三爱主义》,《晨报》,1926年9月27日。

"攻势防御"①。26 日,再电何应钦,声称"武汉或不日可下",催促赖世璜速占赣州②。27 日,电告程潜,决于 9 月 1 日,对江西实行攻击,先取赣州③。29 日,蒋介石决定亲自指挥江西战事,并于 31 日和加伦商量,加伦当时在攻克武汉后是进取河南还是回兵江西问题上方针未定④,因此有犹豫之意,但蒋介石则决心已下⑤。9 月 2 日,命第二军鲁涤平部、第三军朱培德部、第六军程潜部协同动作,三天后进攻。

这一决策的改变是由多方面的原因造成的。其一是孙传芳出师援赣。孙军谢鸿勋师、杨镇东旅入赣后,即向赣西北的武宁、修水一带进军,其目的在于进扰浏阳、平江、通城等地,威胁国民革命军的侧背,阻止其进取武汉。

其二是和唐生智的矛盾。长沙军事会议后,由唐生智指挥主力第四、第七、第八军夺取武汉的局面已经形成。这一路节节胜利,出现了"武昌指日可下"的形势,蒋介石急于另辟战场并迅速取胜,以提高自己的威望。他 29 日的日记说:"余决心亲督江西之战,以避名位。"⑥正是这一心情的曲折表现。

其三是对共产党人和国民党左派的猜忌。这一方面,他的日记多有记载。8 月 20 日云:"得粤电,知后方有迎汪之谋,代行者亦有此意,或另有他图,以为倒蒋之伏线。"⑦他觉得,自己已经陷入"四面楚歌之境",必须"奋斗自强"⑧。这种情况,也增强了他另图表现的决心。

当时,第二、第三军集中醴陵,第六军集中通城。为了加强力量,蒋

① 《民国十五年以前之蒋介石先生》第 8 编 3,第 89 页。
② 《民国十五年以前之蒋介石先生》第 8 编 3,第 8 编 3,第 130 页。
③ 《民国十五年以前之蒋介石先生》第 8 编 3,第 133 页。
④ 《中央局报告》,《中共中央政治报告选辑》,第 68 页。
⑤ 《蒋介石日记类抄·军务》,1926 年 8 月 31 日。
⑥ 《蒋介石日记类抄·军务》,1926 年 8 月 29 日。
⑦ 《蒋介石日记类抄·军务》,1926 年 8 月 20 日。
⑧ 《蒋介石日记类抄·军务》,1926 年 8 月 23 日。

介石并调第一军第一师至浏阳，为总预备队。9月2日，蒋介石电告程潜，在他本人未入赣以前，第六军暂归朱培德指挥。5日，国民革命军开始进攻。邓如琢本来和孙传芳有矛盾，又新遭父丧，曾于8月20日致电吴佩孚、孙传芳辞职，吴、孙不允，孙并授以第一方面军司令之职，于是邓便"墨绖"出师。他采取诱敌深入策略，节节撤退①。9月6日，国民革命军第二、第三军占领萍乡。7日，赖世璜部及谭道源师收复赣州。11日，第六军占领修水。在胜利的鼓舞下，蒋介石于12日电令朱培德，要求他从速督军，"猛进南昌"②。

由于敌军主力正在樟树布防，与第二、第三军相持，南昌城内只有邓如琢的骑兵团和少数警察部队，不过六百人左右，因此，程潜决定变更原定攻击德安和涂家埠的计划，抢在朱培德之前奇袭南昌。苏联顾问康奇茨（Н. И. Кончиц）劝他等一等，与朱培德协调行动③，但程潜本来和朱培德有矛盾，不愿受其指挥④。他听从总参议杨杰的建议，命令十九师星夜兼程前进，抢先占领南昌⑤。

9月19日，第十九师便衣队二百余人潜入南昌，在工人、学生和省长公署警备队的响应下，向邓如琢的骑兵团发动攻击。同时，第五十六团张轸部爆破惠民门，进入市区。南昌警备司令刘焕臣、省长李定魁闻讯后越墙逃跑。

南昌既克，程潜在凯歌齐奏中跃马入城，受到市民热烈欢迎。22日，召开群众大会庆祝，到会一万余人。当时，正值中秋前两天，市民杀

---

① 参见《孙传芳鱼电》，《申报》，1926年9月9日；《浙中所得卢香亭捷电》，《申报》，1926年9月28日。

② 《民国十五年以前之蒋介石先生》第8编4，第29页。

③ 切列潘诺夫：《中国国民革命军的北伐》，中国社会科学出版社1981年版，第478页。

④ 蒋介石1926年9月5日日记云："少顷，程潜又来辞职，以不愿受益之指挥，且入他人姜菲【斐】耳。"

⑤ 吴宗泰：《国民革命军第六军参加北伐及其解体经过》，《广东文史资料》第31辑，第184页。

猪宰羊,抬着月饼劳军。中秋之夜,政治部派出宣传队,挂起煤油灯在街头演出,南昌城出现了前所未有的动人场景。

继第十九师之后,指挥总预备队的王柏龄也率领部分人员进入南昌,同时向总部报功。朱培德指挥的第二军、第三军本已离南昌不远,因听说南昌已下,便勒兵不前,在原地休息了一天①。

按程潜原计划,当第十九师奇袭南昌之际,王柏龄所率第一军第一师王俊部应向城西南浔铁路上的牛行车站急进,夺取该站,向北警戒。但直至20日晚,第一师仅有两营到达。次日,进攻牛行站,守敌为维持交通线,顽强抵抗。第一师战斗力不强,几乎无法支持,倚靠第六军第十七师、第十九师的支援,至22日才逐渐得手②。

邓如琢获悉南昌失守,即由丰城回师。卢香亭也命郑俊彦率第十师及杨赓和独立旅约两万人,由九江南下驰援③。孙军以优势兵力、火力反扑。王柏龄在进入南昌后,就进入妓院作乐,军中无主④。程潜感到孤城难守,下令撤离南昌。23日晨,在万河一带被邓如琢部包围。经苦战,24日突围,渡过赣江,在万寿宫附近收容残部。其间,王柏龄及一军党代表缪斌不知去向,程潜因失去部队掩护,只好疏散随员,剃须化装,倚靠江西老表的领路,才得以摆脱敌人。事后,白崇禧讥笑程潜的这次遭遇为“曹孟德潼关遇马超”⑤。此次战斗,第六军第十七师、十九师、第一军第一师损失了大部分兵力。

---

　　①　方之中:《回忆北伐——南昌之役》,《天津文史资料》,第14辑,第46页;李世璋:《关于北伐前后的第六军》,《江西文史资料选辑》第2辑,第41页;《中央局报告》(10、11月),《中共中央政治报告选辑》,第108页。

　　②　程潜对蒋介石的报告,见陈训正:《国民革命军战史初稿》卷2,第198页。

　　③　马葆珩:《孙传芳五省联军的形成和消灭》,《北洋军阀史料选辑》(下),中国社会科学出版社1981年版,第309页。

　　④　《李宗仁回忆录》,第28章,第408页;韩梅村:《第一次国内革命战争片断回忆》,《江西文史资料选辑》第2辑,第35页;吴үn泰:《国民革命军第六军参加北伐及其被解体的经过》,《广东文史资料》第31辑,第186页。

　　⑤　《李宗仁回忆录》第28章,第408页。

邓如琢军入城后,闭城大抢三日,任意杀人,以杀取乐。因为学生曾欢迎北伐军入城,所以凡学生装打扮者,均有性命之忧。据记载:"数龄小儿,亦被其砍作多块,满挂街衢"①。

第六军首攻南昌失利,但是第七军李宗仁部、第三军朱培德部却接连在箬溪和万寿宫两地奏捷。

蒋介石于9月19日到达江西萍乡。此前,他虽然早就下了亲自指挥赣战的决心,但还是于9月3日到了武昌城下。在进攻武昌过程中,他的嫡系部队第一军第二师的腐败暴露得更加明显,他本人和趾高气扬的唐生智之间的矛盾也到了不能相容的地步。他于8日日记云:"接孟潇总指挥函,其意不愿余在武昌,甚明也。"14日日记云:"余决离鄂向赣,不再为冯妇矣,否则人格扫地殆尽。"②这样,他终于在17日离开湖北前线。25日,指令李宗仁率第七军由兴国乘虚猛攻九江,断敌归路,并设法与程潜取得联系。但李部遵命进入赣境后,却不知第六军去向。李宗仁感到如继续向九江进军,将处于敌人重重包围中。他决定改变战略,舍弃九江,移师南向,找寻第六军。苏联顾问马迈耶夫(И. К. Мамаев)坚决反对,声言"在苏联,指挥官如擅改作战计划或不听命令,是犯死罪的",但李宗仁执意不变,结果,在箬溪与孙军谢鸿勋部相遇。9月30日,李宗仁下令全军出击,鏖战近一日,谢军全线崩溃。李部俘获二千余人③。谢鸿勋受重伤,不久在上海死去。谢本人是孙传芳的心腹,谢部是孙传芳的精锐,此役为国民革命入赣后的第一个大胜仗。10月3日,第七军乘胜进攻德安。德安位于南浔路中心,是敌人补给要站,有重兵驻守,且构筑有坚固工事,经激战后于当日攻克。

---

① 《平赣右翼军总指挥部政治部行军通讯》,《广州民国日报》,1926年11月9日。

② 《蒋介石日记类钞·军务》。

③ 《李宗仁回忆录》第26、27章,第392—396页。

第三军自第六军退出南昌后,即驻扎于万寿宫附近。朱培德与程潜等会议决定,各军后退,诱敌前进,相机聚歼①。9月30日,孙军第二方面军郑俊彦部一万余人挟南昌战胜余威,向第三军阵地进攻。朱培德以第七师王均部任正面防御,以第八师朱世贵部迂回敌后,攻击侧背,并以预备队第九师作为增援力量,激战至10月2日,占领万寿宫。江西总司令邓如琢由于近在樟树,坐视不救,被孙传芳于10月3日撤职,以郑俊彦继任②。

第七军、第三军先后告捷,蒋介石估计歼灭孙军约过半数,便于10月中旬,以自湖北调来的嫡系第一军第二师刘峙部为主力,会同第二军、第三军,第二次进攻南昌。

第二军原处赣江西岸,与驻守樟树的邓如琢部隔江对峙。9月底,各部陆续渡江。30日,蒋介石亲赴清江督师。10月5日,第一军第二师占领樟树③。6日,占领丰城。9日,第一军第二师与第二军第五、第六两师到达南昌城下,敌军退入城内固守,使守城部队达到五六千人之数。为了使北伐军在城外失去进攻屏障,岳思寅、唐福山、张凤岐等赏洋2万元,命令工兵营在城外纵火,延烧了两天。惠民门、广润门、章江门、德胜门外不少繁华地区成为焦土,名胜滕王阁也在这次大火中被毁。12日晨,各师同时开始攻击,第六师各团并组成了以共产党员为骨干的奋勇队架梯登城④,守军在城上以火力防守,进攻受挫。同日,蒋介石赶到南昌,与白崇禧、鲁涤平会商。南昌城垣坚固,白崇禧反对围城硬攻,但蒋介石求胜心切,亲往北门第二师阵地,决定于夜12时爬城。

当夜,第二师第六团正在作攻城准备之际,敌军敢死队从城下水闸

①　雄鸷:《平赣右翼军总指挥部行军通讯》,《广州民国日报》,1926年11月6日。

②　《本馆要电》,《申报》,1926年10月5日。

③　《第二师刘师长报告》,《北伐阵中日记》,1926年10月8日。

④　萧劲光:《北伐纪实》,《历史研究》1984年第3期,第179页。

中破关而出，袭击攻城部队。时值黑夜，不辨虚实，第六团秩序大乱。蒋介石几次抓住白崇禧的手问："怎么办？怎么办？"白崇禧事先已在赣江上游搭了两座浮桥，便下令全军沿赣江东岸南撤，由浮桥渡江，退往西岸①。蒋介石自感指挥无方，既烦恼，又紧张，"终夜奔走，未遑宁息"②。混战中，团长文志文等阵亡，部队及装备受到很大损失。13日，蒋介石下令撤围。他在日记中写道："因余之疏忽卤莽，致兹失败，罪莫大焉，当自杀以谢党国；且观后效如何。"③在损兵折将的严酷现实面前，蒋介石多少表现了一点自我责备的意思。

蒋介石进攻南昌失利，孙军小胜。10月15日，孙传芳的联军总部参谋处通电称："据俘虏及百姓均称，蒋中正在南昌附近受伤甚重，闻系子弹中其腹部，因而致亡。俄人鲍罗廷、加伦等亦受伤，均抱头鼠窜而去"云云④。紧接着，孙传芳、吴佩孚等纷纷通电庆贺，声称"伫看楼兰将灭，痛饮黄龙"，他们忘记了这条消息只是"俘虏及百姓均称"，并未核实，就匆匆忙忙地宣传起来了。

再攻南昌的失利使蒋介石冷静了下来。10月14日，他通知各军，暂取守势。同时，决定调第四军及贺耀组的独立第二师来赣。

这时，蒋介石的威望更为降低。唐生智多次向苏联顾问铁罗尼（Теруни）表示："蒋介石太累了，他不可能在江西完成任何事情，最好还是休息，假如我来指挥，将不仅夺取江西，南京也不在话下。"⑤10月中旬，加伦亲赴武汉求援，说明江西战场的失败将威胁湖南、广东，北伐甚至可能因此垮台⑥。中国共产党人也极力向各方陈说利害，希望他们

①《李宗仁回忆录》第28章，第409页。
②《蒋介石日记类抄·军务》，1926年10月11日。
③《蒋介石日记类抄·军务》，1926年10月13日。
④《孙军总部捷报》，《晨报》，1926年10月19日。
⑤ Document 44, Wilbur and How: *Documents on Communism、Nationalism、and Soviet Advisers in China*, Columbia University Press, 1956, p. 145.
⑥《张国焘回忆录》，第12篇第1章，现代史料编刊社1980年版，第53页。

放弃目前的小冲突,迅速集中力量消灭孙传芳①。结果圆满。20日,第四军第十二师张发奎部自武昌乘轮东下。蒋介石得到有关消息后"如获至宝"②。

第二次进攻南昌失利之际,第七军又在赣北打了一次胜仗。攻克德安后不久,孙传芳命卢香亭等以重兵反攻。第七军因补给中断,并探悉敌人有包围之势,为避免腹背受敌,于7日退至箬溪休整。孙军第八混成旅旅长颜景宗因此被升为第六方面军司令。10月12日,李宗仁在王家铺一带发现皖军陈调元部。陈部依山布守,第七军自下仰攻,进展艰难。李宗仁考察地形后,改取中央突破,反扑两侧办法,又经第一军第一师增援,于次日攻克王家铺。

第七军入赣后,三战连捷,屡次击败强敌,对于江西战场形势的转变,有很大作用。后来,陈调元曾表示佩服,称之为"钢军"③。

除王家铺之役外,江西战事一时处于沉寂状态。

早在国民革命军第一次进攻南昌失利之后,孙传芳便提出双方于10月3日停战,恢复原状。10月14日,蒋介石复电孙传芳代表葛敬恩、徐培根,要求孙传芳先行确定撤退援赣军队日期,同时邀请江浙和平代表蒋尊簋、史家麟、赵正平、魏炯诸人到前方面商。23日,葛敬恩、魏炯在奉新会见蒋介石,声称孙传芳"可放弃闽赣,惟须保江浙皖,暗中结约,共同对奉。商妥后,即由赣撤兵"④。加伦主张"表面答应,实则准备总攻击"。蒋介石与邓演达商量之后提出:一、浙江归国民革命军;二、江苏、安徽作为孙传芳的势力范围,但应允许国民党自由宣传;三、孙

---

① 《中央局报告》(10月、11月),《中共中央政治报告选辑》,中央党校出版社1981年版,第109页。

② 《民国十五年以前之蒋介石先生》第8编5,第92页。

③ 《白崇禧先生访问记录》下册,台北中研院近代史研究所1985年版,第820页。

④ 《特立同志由汉口来信》,《中央政治通讯》第10期,1926年11月3日。

传芳撤退援赣之兵前一日为停战之期①。28日,蒋尊簋自南昌抵达蒋介石行营所在地高安,表示只要保持孙传芳的五省总司令的头衔,其余皆可商量。蒋介石要求孙传芳首先确定撤兵日期,限于11月1日前答复②。11月1日,蒋介石读到蒋方震复葛敬恩函。当时,蒋方震正在孙传芳军中参赞军事,蒋介石对他的态度极为不满,在日记中写道:"敷衍油滑,是诚军阀走狗不若矣,其人之肉不足食也。"③同日,战事再起。

国民革命军自放弃南昌后,主力集结于南浔路以西地区整顿,同时,白崇禧、加伦、蒋介石等积极制订计划,准备第三次进攻。

鉴于孙军主力集中在南浔路九江、德安、建昌、涂家埠等地,得交通之便,可以及时转移兵力,相互增援,因此,第三次进攻以截断南浔路,歼灭孙军主力为主,而不急于夺取南昌。在兵力配备上则分为三路:右翼军,由第二、第三军等组成,朱培德任指挥。中央军,由第六军组成。左翼军,由第七军及新近调赣的第四军与独立第二师等组成。此外,另设总预备队,由第一军及炮兵团组成,刘峙任指挥。总攻击时间订为11月1日拂晓前。11月2日,第二军第四、第五两师从东、南两面进逼南昌郊区,陈兵城下。

右翼军左纵队以蛟桥为进攻目标。3日,第二军第六师、第三军第七师、第八师等联合攻占该地。4日,攻瀛上、牛行。孙军自乐化来援。5日,第三军左翼阵地动摇,蒋介石命补充第四团、警卫团加入战线,仍感不足,又致函程潜、刘峙,调第二师增援,加伦认为不必要。在加伦的镇定面前,蒋介石"甚惭自信力薄弱"④。果然不出加伦所料,阵地迅速稳固下来。7日,占领瀛上、牛行,切断南昌地区孙军主要退路。

中央军以乐化为进攻目标。11月3日,占领芦坑车站,并将铁道

---

①　《蒋介石日记类抄·军务》,1926年10月23日;参见《蒋介石致张静江、谭延闿电》,《民国十五年以前之蒋介石先生》第8编5,第109、117页。

②　《蒋介石日记类抄·军务》,1926年10月29日。

③　《蒋介石日记类抄·军务》,1926年11月1日。

④　《蒋介石日记类抄·军务》,1926年11月5日。

破坏。4日,蒋介石致电张发奎、李宗仁等,指出涂家埠为敌军主力所在,要求他们迅速南下,与第六军一起夹击孙军。当晚,第六军在总预备队第一、二两师与炮兵团支援下,占领乐化①。5日晚,第六军与南下的第七军联合攻占涂家埠,残敌向鄱阳湖畔的吴城溃退。6日,第二师追击至吴城。

左翼军以德安、涂家埠为进攻目标。11月2日,第七军逼近德安,与孙军第六方面军三千余人发生激战,占领该城。同日,独立第二师贺耀组部在德安北部的马回岭与孙军交火。马回岭驻有重兵,战况激烈。在第四军十二师张发奎部及第七军第一旅增援下,于3日占领马回岭。4日,孙传芳乘决川舰赴武穴,意在促使陈调元进攻武汉,以解九江之危。但陈按兵不动,孙又返航九江②。5日,贺师乘胜北上,占领九江、瑞昌。孙军见败局已定,失去斗志,于6日鼓轮东下,返回南京。周凤歧部不战退回浙江,陈调元、王普部退回安徽。

至此,南浔线及南昌城郊的孙军已全部被击溃,城内仅余唐福山等残部二三千人。他们表示要归方本仁收编,企图迁延时间。11月8日,蒋介石下令攻城,城内残敌投降。革命军入城后,"民众欢腾,往日萧条寂寞景象陡变为热闹市场,男女老幼,拥挤道途,争相瞻仰革命军旗帜之飘摇"③。同日,白崇禧率领由第二、第三、第七各军组成的追击部队,进至滁槎以东的汉口附近,孙军主帅郑俊彦只身逃走,下辖旅长王良田、李彦青、杨赓和请降④。

11月9日,蒋介石进入南昌,江西战役胜利结束。此次战役,歼灭了孙传芳的大部分精锐部队。据朱培德电称:仅7、8、9三日,右翼军即

---

① 《呈报攻克芦坑、李庄、乐化作战经过状况文》,欧振华:《北伐行军日记》,1931年版,第69—70页;《蒋介石致李宗仁、白崇禧电》,《民国十五年以前之蒋介石先生》第8编6,第7页。

② 杨文恺:《孙传芳的一生》,《天津文史资料》第2辑,第91页。

③ 《朱培德电》,《广州民国日报》,1926年12月9日。

④ 《白崇禧先生访问记录》上册,第43—44页;下册,第828—829页。

缴获敌枪三万余支,各种大炮二十余门,机关枪三十余挺,俘获师长唐福山、岳思寅、张凤岐 3 人,团长以下官兵 5 万人。左翼军、中央军在建昌、吴城方面缴枪二万余支,机关枪二十余挺,大炮数门,俘虏 2 万人①。至此,孙传芳的第一、第二、第三方面军歼灭殆尽。但是,国民革命军也损失严重,下级干部牺牲者约占百分之七十五,团长牺牲者占半数,士兵伤亡约 1.5 万人②。

江西之役是国民革命军继两湖之后又一次决定性的胜利,它使湘鄂得到屏障,同时打开了向长江下游进军的大门。

三　福建战场

当国民革命军在赣西北初次与孙传芳军接触时,在福建的周荫人接受孙传芳指示,积极企图进扰粤边。9 月 5 日,周荫人宣布就任五省联军第四方面军总司令。15 日通电称:"即日誓师南下,为国除奸。"③17 日乘舰抵达漳州,召开军事会议,声言陆军将于 23 日攻粤,海军则联合陈炯明由潮汕进攻广州④。当时,国民革命军驻防潮州、梅县一带的军队,仅有第一军第三师谭曙卿部、第十四师冯轶裴部、独立第四师张贞部等,计枪 6000 支,炮 8 门,而周荫人动员的部队则有第一师张毅、第三师李凤翔,第十二师第二十四旅刘俊等部,计枪三万余支,机枪六十余挺,炮二十余门⑤。双方力量悬殊,因此,蒋介石确定作战方案时,力主稳健,要求采取攻势防御,不可急切进攻。9 月 13 日,蒋介石致电何应钦,指示其对周荫人声明:"如闽不派兵侵粤与赣,则闽、粤仍

---

①　《朱培德电》,《广州民国日报》,1926 年 12 月 9 日。

②　《飞同志报告》,中央档案馆编:《北伐战争》,第 34 页。

③　《闽粤军日内开始大战》,《晨报》,1926 年 9 月 18 日。

④　《闽周水陆进攻计划》,《晨报》,1926 年 9 月 22 日。

⑤　《国民革命军东路军战史记略》,汉口武汉印书馆 1930 年版,第 19 页。

敦睦谊。"①但是,何应钦则认为,由于北伐军在鄂、赣节节胜利,周军士气已馁,又多为北方人,不善山战,更兼竭力搜括,闽民恨之入骨,因此,致电蒋介石,详细罗列周军弱点,要求率师入闽作战。何的要求得到蒋介石同意,福建战役于是开始②。

　　周军的南犯计划分三路。东路第一师张毅部由福建漳浦、云霄、平和地区出动,企图进攻广东北部的饶平;中路第十二师第二十四旅刘俊等部由福建永定,经峰市进攻广东松口;西路第三师李凤翔部由汀州、上杭向粤北蕉岭推进。周荫人采取声东击西策略,公开的目标为饶平,而其攻击中心则为松口。在这三路中,西路和国民革命军有联系,国共两党均曾派人去活动。中国共产党所派为李清泉③,国民党所派为孙祥夫④。经过活动,有起义可能。因此,何应钦决定东路由独立第四师张贞部采取攻势防御,而将主力集中于中路。其布置为第三师谭曙卿部驻扎松口,第十四师冯轶裴部及第五十八团驻扎于高陂附近。9月28日,何应钦由汕头到达高陂,设立大本营。30日,至三河坝,与电约输诚的周部李凤翔师曹万顺、杜起云两旅代表协商,得悉敌人的作战计划,作了相应部署。

　　10月5日,周荫人率卫队千余人到达永定,设立司令部,下令全线总攻。6日,周部主力到达闽粤边境的峰市。7日,占领松口,周荫人喜出望外,永定防备因而松懈。何应钦判定永定为薄弱点,决定以主力首先击破该地之敌。8日,曹万顺、杜起云在蕉岭起义,分别就任国民革命军第十七军第一师、第二师师长。由于曹、杜起义,进犯闽粤边境的周军就失去了犄角之势。9日,国民革命军第三师与敌孙云峰部在永

---

　　①　《民国十五年以前之蒋介石先生》第8编4,第32页。

　　②　《国民革命军东路战史纪略》,第21—22页。

　　③　温长添:《国民革命军第十七军在上杭》,《闽西党史资料通讯》第4期。按:李清泉(1884—1959),原名振坤,北伐时改名清泉,三十年代改名木庵,湖南省桂阳县人。1925加入中国共产党,其经历详见《中共党史人物传》第28卷。

　　④　《何应钦将军九五纪事长编》上,台北黎明文化事业公司版,第101—102页。

定城南接触，经激战后，敌退入城内。10 日，敌由峰市来援，第三师几乎不支，何应钦亲率总预备队参战。当地人民由于痛恨周军，自动割电线，破坏交通。周荫人与各部失去联络，于当日下午率亲信十余人越城逃跑。余部竖白旗请降，北伐军入城，俘虏官兵一千四百余人。

永定既克，何应钦决定迂回敌后，歼灭松口之敌。11 日，占领峰市，随即以谭曙卿师为右纵队，冯轶裴师为左纵队，将军队展开于大岭、狗尾岭一带。这样，刘俊部即处于前后被夹击的境地。12 日，开始攻击，右翼先胜，左翼在右翼支援下，继获胜利。13 日拂晓，两翼协同进攻，双方反复冲锋、肉搏，刘俊部逐渐不支。适值国民革命军第八团到达，当即加入火线。同时，第九团于拂晓从松口上游渡河，进击松口附近之敌。刘俊部不得不向松源溃逃，进入福建后又遭到新起义的第十七军堵截。刘俊仅率二百余人逃出，至连城，被民军击毙。刘俊所属的第十二师系袁世凯时期以模范营为基础编成，据说大小十余战中，从未战败，至此全部被歼。

综计永定、松口之役，生擒敌师长李宝珩，击毙击伤敌军官兵千余人，俘敌四千余人，缴枪约四千支，炮十余门。国民革命军伤亡亦达千余人。

由于何应钦将主力集中于中路，东线兵力薄弱。10 月 12 日，张毅部攻占诏安、饶平①。但因周荫人兵败，张毅下令退却。独立第四师张贞部迅速追击，粤东境内肃清。

福建初战告捷。10 月 15 日，蒋介石电任何应钦为东路军总指挥。18 日，指示何应钦乘胜平定闽南。同日，何应钦通电就职，移驻大埔。19 日，蒋介石再电何应钦，告以和加伦研究结果："如我力能胜张毅，则速进取，否则暂守边境，以待赣局发展"，但蒋介石表示，相信以第一军

---

① 《张毅致九江联军总司令部电》，《申报》，1926 年 10 月 16 日；参见阮镇秋：《北洋军阀张毅》，《福建文史资料》第 4 辑，第 71 页。

之力，"必能胜周克闽，新开东南之局"①。20 日，三电何应钦，认为"此刻对闽作战，我已处于主动地位"，要求何"相机处理"②。何应钦接电后，即积极计划，做入闽作战的准备。

兵败如山倒。周荫人逃出永定后，退驻龙岩，所部已不能成军，再退永安。10 月下旬，联络汀州李凤翔师，调集延平等处军队，在湖塘至龙岩的铜鼓山一带掘壕布防。不久，第十七军杜起云师进占龙岩，周荫人率卫队退往延平，重设第四方面军总司令部，企图保守闽北③。11月，致电孙传芳乞援，孙已自身难保，复电称："实难兼顾，倘有余力，决不坐观失机，请固守勿攻，待时再举。"④

李凤翔师因曹、杜两旅起义，元气大伤，退守汀州。下旬，曹部奉何应钦命沿汀江两岸进攻。此际，第十四军赖世璜部因已取得赣南，奉蒋介石命派谢杰师入闽协助作战，也已到达汀州城下。两师协同围攻。29 日，占领汀州，李凤翔部弃城，逃向清流、宁化。

张毅部是唯一未遭严重打击的部队。在退往漳州途中，何应钦派人与张接洽，拟改编张军。张也虚与委蛇，派人与何谈判，且谈且走。到漳州后，确定一面佯守，一面与何谈判，以便争取时间，相机行事⑤。11 月中旬，周荫人拟退往浙江，命张毅退驻福州。19 日，张毅召集各界谈话，声称："漳州余不啻视为第二故乡，决不坐令赤潮侵入。"⑥但会后不久即退往泉州。11 月 8 日，冯轶裴师不战而取漳州。21 日，占领泉州。

张毅继续采取且谈且走策略。11 月 19 日，派总参议许仁寿到同安会见何应钦，要求收编。何应钦提出照党军编制，设党代表及政治部

① 《民国十五年以前之蒋介石先生》第 8 编 5，第 92 页。

② 《民国十五年以前之蒋介石先生》第 8 编 5，第 98 页。

③ 杨廷英等：《周荫人事略》，《福建文史资料》第 9 辑，第 48 页。

④ 《申报》，1926 年 11 月 11 日。

⑤ 阮镇秋：《北洋军阀张毅》，《福建文史资料》第 4 辑，第 72 页。

⑥ 《申报》，1926 年 10 月 29 日。

等6项条件，限22日答复，张以"过苛"为理由拒绝①。下旬，张毅部进抵闽江下游地区，受到海军的截击。

在国民革命军不断取胜，北洋军阀败局已定的情况下，闽系海军不能不考虑出路问题。当时，海军总长杜锡珪避居上海，与海军总司令杨树庄会商之后，决定由杨树庄出面，与广东国民政府驻上海的代表钮永建联系②。在此期间，闽系海军首领、第一舰队司令陈季良也与何应钦信使往还，达成归附革命军的协议。原海军陆战队的团长林志棠、林寿国被何应钦委任为东路军新编第一、第三师长。陈季良一面与福州城防司令李生春联系，表示愿全力确保福州，不许张毅部窜扰，一面出动舰艇及海军陆战队防堵。11月底，张毅部窜抵闽侯地区的乌龙江南岸，受到海军炮击，改由闽清方向北进，在瓜山地区为何应钦尾追部队和海军陆战队包围。12月9日，势蹙请降。张部一万余人被分割改编，张毅本人因纵兵扰民，残杀俘虏，被何应钦软禁，不久解往汕头，因企图逃跑，被枪决。

李生春和周荫人有矛盾，中共福州地委通过国民党福建省临时省党部进行活动，12月2日，李生春表示接受福州保安司令一职。3日，新编独立第三师入城，东路军兵不血刃地收复福州③。

为了消灭闽北敌人，原在江西的第二军第六师戴岳部于11月下旬奉调入闽，占领闽西北的建瓯④。12月初，赖世璜部攻占建阳、顺昌、将乐。在此情况下，周荫人于12月3日致电孙传芳表示："环境受迫，孤军支撑极危，拟赴浙江与戎帅联成一气"⑤。孙传芳也命周"避免冲

①　《张毅亦有与何默契说》，《申报》，1926年11月26日；参见《我军克复福州之经过详情》，《广州民国日报》，1926年12月22日。

②　李世甲：《我在旧海军亲历记》，《福建文史资料》第1辑，第59页。

③　《福州昨晨有党军入城》，《申报》，1926年12月4日。

④　萧劲光：《北伐纪实》，《历史研究》1984年第3期，第80页。

⑤　《本馆要电》，《申报》，1926年12月11日。

突,保全实力,相机撤往浙西"①。周接电后,即率残部经松溪、政和逃入浙境。

　　周荫人督闽期间,福建民军蜂起,聚集各处者近万人。其主要者为闽北指挥卢兴邦部、第二路指挥高义部、第五路司令叶定国部、第二路司令陈国辉部、第一游击司令陈烈臣部、第二游击司令罗伟部、第三游击司令林志民部、第四游击司令林朝冠部、第五游击司令吕渭生部等。国民革命军入闽前后,各地民军纷纷前来联系。为了统一指挥,何应钦要求各路民军各派一人,组成参谋团,悉同动作,协助国民革命军作战,福建战场之所以进展迅速,和这支活跃在敌后的民军不无关系。

　　12 月 14 日,蒋介石电告何应钦:"李生春应根本解决。"②18 日,何应钦进驻福州,随即调集各路民军,编为新编第一军,以谭曙卿为军长。李生春于次年 1 月奉调率部北上,半途被缴械。

第四节　苏、浙等省的自治运动

一　浙江夏超独立

　　1926 年 9 月初,国民党中央根据吴稚晖、钮永建、叶楚伧三人的建议,决定成立江苏特务委员会,以侯绍裘、吴稚晖、何成濬、朱季恂、张静江、叶楚伧、钮永建七人为委员③。其后,钮永建即到上海工作。他商请驻沪全浙公会负责人褚辅成等协助,企图利用浙江省长夏超和上海

　　①　马宝珩:《孙传芳五省联军的形成与消灭》,《北洋军阀史料选辑》(下),中国社会科学出版社 1981 年版,第 313 页。
　　②　《民国十五年以前之蒋介石先生》第 8 编 7,第 35 页。
　　③　《中国国民党中央常务委员会第五十四次会议记录》(1926 年 9 月 4 日),《中国国民党第一、二次全国代表大会会议史料》,江苏古籍出版社 1986 年版,第 658 页。

工人等方面的力量,在东南地区打开局面,截断孙传芳五省联军的后路①。

夏超一向主张"浙人治浙",不满意外省人统治浙江,对孙传芳委派的浙江总司令卢香亭尤为反感,因此,他利用自己长期在浙江警务部门工作的便利,积极扩展警察总队,企图形成一支可以和卢部相抗衡的力量。1926年春,孙传芳拟将夏超调至江苏,此事加深了二人之间的矛盾②,促使夏超向国民党方面找寻出路。他一面派人赴广州联系,要求派军事干部来杭③,一面通过其驻北京代表和国民党北京政治分会洽谈。9月,北京政治分会派许宝驹赴广州报告,同时派马叙伦回杭州进一步协商。马叙伦和夏有旧谊,很快取得信任,作为夏超的代表前往广州,和张静江议定,委夏超为国民革命军第十八军军长,兼理民政事宜④。10月初,马叙伦偕许宝驹返浙,途经上海,和钮永建会商,决定由夏超提供10万元,作为上海起义经费,夏超在杭州发动起义后,即进军上海。中国共产党也支持夏超独立。中共中央主张在北伐军占领两湖后,继续进取河南,长江下游则促使各军阀分头独立,形成纷乱局面,使帝国主义无法一致对付,并使民众得到自由发展的机会⑤。中共中央计划在起义胜利后,由沈钧儒出面组织浙江省政府,沈雁冰为秘书长⑥。

当时,浙江地方武装分三部分:一是夏超的保安队,约八千人,分三个总部,由其亲信吴殿扬、章燮、章培分任团长;一是陈仪的第一师,驻

---

① 杨一民:《北伐期间浙军第一、三师起义和战斗始末》,浙江省政协文史资料未刊稿。

② 宣中华、丁济美:《浙江政治党务报告》,油印件,1926年10月16日。

③ 刘劲持:《夏超独立失败记》,浙江文史资料未刊稿。

④ 《谭延闿报告》,《中央及各省区联席会议记录》(4),油印件;参见《易培基出京抵汉》,《广州民国日报》,1926年12月6日;马叙伦:《我在六十岁以前》。

⑤ 《上海区委主席团会议记录》,许玉芳、卞杏英编著:《上海工人三次武装起义研究》,知识出版社1987年版,第151—152页。

⑥ 茅盾:《我走过的道路》(上),人民文学出版社1981年版,第318页。

防徐州；一是周凤歧的第三师，大部分随孙传芳出征江西，少部分留驻南京与杭州。周凤歧和夏超关系比较密切，在开赴九江前，与夏超有过秘密协议，约定如孙传芳在南浔路不稳，周即通电回浙①。周凤歧开赴九江后，夏超又派人以劳军为名，赴江西与周凤歧商量起义计划及撤军回浙日期②。10月12日，夏超致电周凤歧，声称由于褚辅成的多次斡旋，"与蒋方已无若何隔膜，拟即乘时举事"③。夏超并要周凤歧和陈调元共策进行，同谋倒孙。14日，第三师在南京的留守部队奉周凤歧命离宁回浙，在赣部队也曾计划横渡鄱阳湖东返，但旋即变卦④。其原因，固在于孙传芳监视极严，也在于当时江西战场形势一度不利于北伐军，周凤歧又观望起来。与此同时，陈仪派乃兄陈威到宁，向联军参谋长刘宗纪表明心迹，声称"所部驻徐，为江苏保门户，即为浙江保门户，决不移动。"⑤这样，浙江地方武装的两支主力部队都无法寄以希望了。

　　10月15日，杭州军政当局及省议会、教育会、商会、律师公会等在前省长张暄初（载阳）宅召集会议，决定致电孙传芳，要求允许第一、第三两师刻日开拔回浙，以卫桑梓⑥。当日，中共杭州地委通过杭州学生联合会和杭州总工会，在街上组织突击宣传，高呼"打倒军阀孙传芳"、"拥护北伐军"等口号⑦。16日，浙江各界在省长公署紧急会议，议决浙人治浙，随即将孙传芳在杭卫队及宪兵数百人缴械，资遣出境。同日，夏超宣布就任国民革命军第十八军军长兼民政长职务，并致电张静江、谭延闿，声言"斟酌情形，暂行组织委员会，处理政务"⑧，其人选有

---

　　① 杜伟：《回忆夏超的独立》，《浙江文史资料》第1辑，第45页。

　　② 章培：《我所知道的夏超》，浙江省政协文史资料未刊稿。

　　③ 《陈调元、周凤歧将继夏超而起》，《广州民国日报》，1926年11月11日。

　　④ 樊崧甫：《二十六军成立前的周凤歧》，《浙江文史资料》第7辑，第83页。

　　⑤ 《南京快信》，《申报》，1926年10月24日。

　　⑥ 《浙省各团体致孙传芳电》，《申报》，1926年10月18日。

　　⑦ 江天一：《第一次国共合作时国民党浙江省党部的活动和斗争》，浙江省政协文史资料未刊稿。

　　⑧ 《夏超卒附粤》，《晨报》，1926年10月23日。

张暄初、夏超、周凤歧、蔡元培、戴季陶、朱家骅等。17日,夏超派章燮率第二总部2000人进军苏浙边境的枫泾,准备袭取上海。

孙传芳很快得知夏超独立的消息,立命驻防南京的孟昭月部第八师第十五旅旅长宋梅村为前敌总指挥,率部前往镇压。夏超因已得知周凤歧的在赣部不能如约返浙,留驻杭州的第十团又不愿出战①,先自气馁。他命章燮退守嘉兴,命章培率第三总部前往增援,同时致电淞沪商埠总办丁文江,声称应商民要求,仅派少数保安队在浙境以内巡缉,要求宋军退回龙华,表示浙中绅士已派陈其采赴沪谈判。但丁文江答称,宋梅村系奉"联帅"命令移防,要夏超直接和孙传芳交涉②。在致孙传芳电中,夏超声称此举纯为维持治安,"然轻举妄动,实为惶愧之至"。这一切自然都不能遏阻宋军前进。20日,宋部进占嘉善。21日,双方交火。同日,夏超亲率吴殿扬的第一总部赴前线作战。由于夏部均为警察,缺乏实战经验,战况不利。夏超晕倒咯血,被随从接上火车,驶返杭州。保安队见主帅已离,纷纷溃散。章燮诡称受伤,逃至嘉兴避匿;章培独力难支,于同日下午返杭,夏超要他收拾残部到富阳、桐庐待命,所部仅剩500人。

夏超败退杭州之后,召集紧急会议,说明前线失利情况,意图再举,但与会诸人均劝夏超离杭暂避。夏知大势已去,交出省长印信,请张暄初维持地方秩序,于当夜出走。22日午,宋军进入杭州。

孙传芳当时正在江西与北伐军苦战,夏超独立,宛如刺向身后的一把刀子,其恼怒是可以想见的。20日,孙传芳任命陈仪为浙江省长。22日,通电指责夏超"不忠、不仁、不义",宣布"罪在夏超一人,他无所问"③,但悬赏缉拿者除夏超外,仍有马叙伦、许宝驹、宣中华等人。夏

① 虞元伯:《夏超出兵时的浙军第三师第十团》,《浙江文史资料》第1辑,第91—93辑。

② 《丁夏往来要电》,《申报》,1926年10月22日。

③ 《九江来电》,《申报》,1926年10月24日。

超本拟在富阳一带收拾残兵,未成,即拟赴沪,转道赴日。10月23日,在西湖附近被捕,旋被杀,孙部对外则声言被击毙①。

二 上海自治运动与工人第一次武装起义

江浙和平运动的目的在于阻挠孙传芳出兵江西并援助吴佩孚,自北伐军入赣和孙军交火之后,这一运动已失去意义,继之而起的是自治运动。参加自治运动的社会成分同样复杂,目的也有很大不同。

上海自治运动的酝酿始于1926年9月。当月3日,中共上海区委主席团会议,首次讨论武装起义和市民自治问题。区委书记罗亦农提出,"上海地方非有一次民众暴动不可",我们应提出"人民自治"口号,反对孙传芳的统治。会议决定加紧国民党上海市党部和各团体联合会的工作,建立广大的联合战线,"从虞洽卿一直【到】工人都去联合"②。6日,中共上海区委发表《告上海市民书》,号召人民团结起来,"根本推翻现存的统治","毁弃孙传芳、丁文江的大上海计划,建立上海人民自治的上海"。区委并向上海市民提出了16项斗争要求,如:租界内的居民应一律有平等的参政权;南北市的市政府由民选的自治机关管理;保障市民集会、结社、言论、出版自由;反对一切苛捐杂税等③。此后,中共上海区委即通过汪寿华和国民党上海市党部及虞洽卿等联系,相约在孙传芳江西败绩,不遑回顾之际,即发动工人罢工、商民罢市、学生罢课,树起自治旗帜,从而推翻孙传芳的统治④。由于孙传芳的主力已进军江西,驻防上海的只有步兵1000人,警察2000人和内河小军舰两

---

① 关于夏超之死,诸说歧异,此据章培:《我所知道的夏超》,浙江省政协文史资料未刊稿;参见《九江来电》,《申报》,1926年10月20日。

② 中共上海区委主席团会议记录,原件,上海市档案馆藏。

③ 上海市档案馆编:《上海工人三次武装起义》,上海人民出版社1983年版,第5、7页。

④ 韩觉民:《上海特别市党部报告》,油印件。

艘。这就为上海自治运动和工人武装起义提供了良好的条件。

上海国民党当局和资产阶级头面人物虞洽卿等都支持中共上海区委的计划。

北伐战争的胜利诱发了部分上海资产阶级分子和国民党负责人推翻孙传芳统治，获取政权的要求。虞洽卿自1923年起担任上海总商会会长。1926年7月，总商会改选，亲近孙传芳的傅筱庵（宗耀）当选会长。虞洽卿的上海商埠市政会办被孙传芳取消，南北市保卫团也被解散。因此，虞洽卿极力联络共产党，表现左倾①。

当时，上海国民党当局"主张由国民党取得政权"，国民党特务委员会军事特派员钮永建"要工人帮助他，听他的号令动作"，表示事成后，国民政府"当然保护工人"。中共中央和上海区委多次分析、研究有关情况，制定了《上海自治市的运动计划》。区委认为："资产阶级虽急欲获得政权，却时时动摇与畏缩"，企图坐待孙传芳溃败，乘机以最小限度的暴动取得政权。他们既要利用工人罢工，又不愿工人有武装的组织和暴动。但是，区委又认为：工人"自己的组织和战斗力还不强"，"不便猛烈进到资产阶级之前，更不宜单独行动"，因此，决定"一步步"推动资产阶级前进，以便实现一个"相当意义的资产阶级式的自治政府"。在这个政权之下，达到三项希望："工会组织事实上的存在；一般市民集会、结社、出版、罢工之相当自由；以及反抗租界帝国主义之根据地"。

区委提出，现在"不宜在上海一角之地，即时拿出国民党的旗帜。即以后北伐军主力到达上海，亦不能反对市民自治运动和拒绝商人参加政权"。区委主张："国民党左派和商人合作"，"在中小商人中发展左派的势力，以牵制大商虞和德（即虞洽卿）等将来对帝国主义及奉系军阀过分的妥协。"②区委表示，对此次武装起义并不抱"奢望"，只当作

---

①　《中央政治通讯》第3期，1926年9月15日。

②　以上引文，均见《上海自治市的运动计划》（10月17日），《教育杂志》第2期，油印本，1926年10月25日。

"初步暴动的尝试,不拿政权,得到自由"①。

区委关于上海资产阶级的认识符合实际,主张"国民党左派和商人合作"的意见也正确,但区委的领导权和政权观念却很模糊。相反,钮永建等倒很明确。钮在上海并没有多大实力,不得不承认起义的"根本势力在工人、学生",但特别强调起义"须受党部指挥"。国民党驻沪特派员吴稚晖不赞成区委提出的自治口号,主张用"上海和平维持会"的名义掌握政权。这些,区委都同意,只要求少数工人、学生加入和平维持会即可②。"不拿政权,得到自由",在半封建半殖民地的中国,这不能不说是一大"奢望"。

在筹划起义过程中,钮永建与孙传芳的部下、浙江省长夏超密谋,由夏在适当时机宣布浙江独立,向上海进军;钮在上海组织暴动,里应外合,夺取上海。

10 月 16 日,夏超宣布独立。17 日,派人率保安队 2000 人,由杭州向上海进发。夏超的独立,加快了上海武装起义的准备工作。

夏超向上海进军的当日,上海区委临时主席团决定,提出"上海市民自治"、"上海市民武装自卫"、"组织上海市民自治政府"等口号③。同日,国民党市党部发表宣言,呼吁召集市民会议,"实行市民自治"。上海总工会虽在当年 6 月被淞沪警察厅查封,但仍坚持斗争,召开工会代表会议,表示全市工人为实现自治,"愿为前驱"。全国学联命上海学联统率全体学生"切实参加"自治运动。各马路商界总联合会也表示要"联合上海各有力团体,组织淞沪和平维持会,谋自救之策"④。

18 日,区委召开特别活动分子会议,由罗亦农作武装起义的动员报告。确定起义的主要领导人为罗亦农、赵世炎和李震瀛。20 日,区

① 《上海工人三次武装起义》,第 20、22 页。

② 《上海工人三次武装起义》,第 11、12 页。

③ 《上海区委临时主席团会议记录》,《上海工人三次武装起义研究》,第 175 页。

④ 《申报》,1926 年 10 月 18 日。

委再次发布《告上海市民书》,谴责孙传芳的罪恶统治;批判全浙公会等团体要求孙、蒋"先行停战",是在军阀宰制下的"幻想",是"为孙传芳维持势力的和平运动"。区委指出,上海市民"要得到真正的和平,只有一条路,即是市民自己武装起来","推翻一切军阀政权,建立市民政权。"①

孙传芳不允许后门失火。18日,任第八师第十五旅旅长宋梅村为前敌总指挥,率部迎战夏超;任第七十六混成旅旅长李宝章为驻沪各军总指挥兼淞沪防守司令,率部进驻龙华、松江。22日,孙传芳部占领杭州,夏超独立失败。

夏超的失败使上海武装起义面临着极为不利的形势。23日,区委得到消息,但又得到误传:"九江已克服,叶开鑫部已倒戈"。② 于是,仍决定起义③。当日下午5时,下达动员令,约定以同情革命的一艘军舰开炮作起义的信号。

24日清晨三四点钟,上海工人第一次武装起义开始。但是,军舰却始终没有开炮。闸北区的工人队伍四五十人,因为没有听到炮声,自动解散。浦东区因消息泄露,起义尚未发动时,领导人陶静轩、江元青等六人即被捕。南市区约有三十多人袭击二区警署的一个派出所,但因其他地区的起义均已失败,区委立即通知他们"赶快停止行动"④。至于钮永建的队伍,在徐家汇整队向高昌庙进发时,被警署发觉,立即逃散。埋伏在南洋大学的队伍,也因被发觉而逃跑⑤。总之,这次起义,除了在南市闹了一下,其他各区都没有发动起来。在起义中牺牲的有上海总工会执行委员陶静轩(化名陶鑫元)和南市区工人自卫团指挥奚

①　《上海工人三次武装起义》,第32、33页。

②　克服九江是11月5日,叶归顺国民政府是1927年3月的事。

③　《上海工人三次武装起义》,第32、33、47页。

④　周国强:《回忆上海工人的三次武装起义》,上海人民出版社1959年版,第4页。

⑤　《上海工人三次武装起义》,第34页。

佐尧（化名李左人）等十余人，被捕者百余人。

起义失败后，区委于 24 日、25 日连续召开会议总结。区委认为，起义失败主要有以下三条教训：一、起义时间选择不当。夏超独立后的第一二天，敌人的力量还没有集中，是发动的良好时机，但区委"态度犹移"；待夏失败后，各方面情况都不利时，区委反而"模糊决定"举行起义①。二、过于看重资产阶级力量，过于依赖国民党。"初以虞（洽卿）为中心，后以钮（永建）为中心。"虞在起义前，"革命情绪很浓，结果到暴动将发时"，"不干了"②。钮永建也没有实力，"买空卖空"③。三、没有广泛地进行宣传和发动群众，已经组织起来的工人队伍也缺乏训练。起义前，预计工人队伍有 350 人，国民党方面有千余人，而实际参加起义的，工人不过二百多人，钮永建的队伍也仅一二百人。

区委认为，这次起义"只架了一个势子"，作了一次小小的"尝试"④，但得到了许多经验。其中最重要的一条是认识到今后武装起义和自治运动都应以工人阶级为"主体"，团结其他阶层人士共同进行。区委表示，"要利用这个经验，准备第二次更积极而有计划有组织的暴动"⑤。

上海工人第一次武装起义失败之后，自治运动有过短暂的沉寂，但是，随着孙传芳在江西战场的失败，自治运动再度活跃起来。

北伐军平定江西以后，没有立即东下追击，孙传芳需要重整部队，也无力反扑，交战双方一时处于休战期。中共上海区委鉴于北伐军离上海较远，决定暂不发动起义，即使学生罢课、工人罢工，也只作准备，抓紧恢复经常工作，"做一和平的自治运动"⑥。当时，张宗昌正以援助

① 《上海工人三次武装起义》，第 36 页。
② 《上海工人三次武装起义》，第 53 页。
③ 《上海工人三次武装起义》，第 36 页。
④ 《上海工人三次武装起义》，第 65 页。
⑤ 《上海工人三次武装起义》，第 61 页。
⑥ 《上海工人三次武装起义》，第 89 页。

孙传芳为名,准备派大军南下,乘机扩充地盘。因此,自治运动的任务,较第一次起义时所提出的,又增加了一项:"拒绝奉鲁军南下!"

11月9日,上海区委提出,国民党工作应注重联络市民团体,鼓动与组织中小商人,"要他们都起来要求孙传芳'下野',反对奉鲁军南下,主张自治的通电与宣言,总要使每天报上连续不断的揭载出来,造成全上海极浓厚的自治空气",在此基础上,准备新的武装起义①。同日,国民党上海特别市党部发表《告民众宣言》,号召"合二百万市民之力,本市民自决之精神,以上海市政还诸上海市民,拒绝奉军南下,永远脱离军阀之统治"②。

上海各界响应号召,迅速行动。11月10日,上海各马路商界总联合会举行紧急会议,发表宣言,提出三项要求:1. 划上海区为特别市,永不驻兵,并本主权在民之义,以上海市民组织市民会议,管理上海市政;2. 召集国民会议,解决国是;3. 拒绝奉鲁军南下③。14日,沈钧儒、黄炎培、褚辅成、许世英等五十余人组织皖苏浙三省联合会,通过沈钧儒起草的简章和通电。简章规定,该会"以人民直接负责,速行实现民治为目的"。通电要求:划皖、苏、浙三省为自治区域,一切政治应即由人民分别推举委员,组织委员会参加处理。通电并要求"三省以内军事行动应即日停止"④。该项要求初稿为:"三省军事当局,应即请其停止一切战争行为"⑤,是对当时统治皖、苏、浙三省军阀,而修改稿则包括一切方面,连北伐军的东进也在反对之列了。

三省联合会的成立得到了新苏公会、安徽民治协进会等团体的拥护,但是,它笼统号召停止"三省以内军事行动"的主张也受到了批评。国民党上海特别市党部、安徽、江苏、浙江三省党部联合致函质疑说:

---

① 《中共上海区委通告》(第86号),《上海工人三次武装起义》,第84页。
② 《市党部告上海民众宣言》,《申报》,1926年11月10日。
③ 《各路商联会昨晚开紧急会议》,《申报》,1926年11月11日。
④ 《苏浙皖三省联合会正式成立》,《申报》,1926年11月15日。
⑤ 《皖苏浙三省将组联合会》,《申报》,1926年11月12日。

"党部等固愿北伐军以守株待兔之精神,以俟公等之和平主张得以实现民治,然吴、张之军连袂南下,则未识公等将以何辞反对北伐军之入境?"①上海总工会、上海学联则指出,欲实现民治,"必先除民治之障碍","首当拒绝奉鲁军之南下"②。三省联合会很快接受了这些意见,将自己的行动纳入了各进步团体的共同轨道。

江西战败后,孙传芳于11月18日秘密赴津,参加张作霖召集的蔡园会议,觍颜卑词地向宿敌乞援。会议决定由张宗昌率直鲁军15万人,携带军用票1000万元,南下援孙。三省人民大为震惊,军用票尤使商人闻之失色。23日,三省联合会发表通电,声明孙传芳以后的行动与三省无涉,三省既已声明划为民治区域,"此后主体即为人民,奉、直、鲁首领如有对三省军事行动,即为对人民作战,吾三省人民誓以民意抵抗之"③。28日,三省联合会与上海总工会、商总联会、学联等四百余团体联合召开上海市民反对奉鲁军南下大会,蔡元培慷慨陈词:号召市民起而组织"人民政府"④。蔡元培没有参加三省联合会的筹备工作,后来被推为委员,他表示"责任所在,自当勉任"⑤,勇敢地走到了斗争的第一线。在会上演讲的还有褚辅成、杨杏佛、杨贤江等。会议通过的宣言号召上海人民武装自卫,由工商学各界组织自治政府,宣布上海自治。会后,由总工会纠察队作前导,举行游行示威。当天晚上,上海总工会自动启封。30日,发表公开启事,表示将"率领全沪工友,追随各界之后,参加自治运动"⑥。

五卅运动中,上海曾有工商学联合会的组织。12月3日,上海总

---

① 《各团体致三省联合会函》,《申报》,1926年11月18日。

② 《各团体发表时局意见之昨闻》,《申报》,1926年11月16日;《各团体致三省联合会函》,《申报》,1926年11月18日。

③ 《三省联合会二次委员会》,《申报》,1926年11月24日。

④ 《昨日公共体育场之市民大会》,《申报》,1926年11月29日。

⑤ 《浙皖同乡已推出三省联合会委员》,《申报》,1926年11月22日。

⑥ 《上海总工会公开启事》,《申报》,1926年11月30日。

工会、各马路商界总联合会、全国学生总会、上海学生联合会等团体代表集会，商谈恢复该组织问题，但经过讨论，议决组成上海特别市市民公会①。6日，市民公会成立，选举沈钧儒、王晓籁、林钧、汪寿华等11人为常务委员。中共上海区委旋即在市民公会里建立了党团，以加强领导。12日，召开上海特别市自治运动各团体代表大会。会议提出，如不划上海为特别市，实行市民自治，即以不纳租税相抗②。会议决定由市民公会筹备组织上海特别市政府。蔡元培再次在会上发表了慷慨激昂的演说，他呼吁"有助于市民之军队"起来"驱逐横暴之军阀"③。这实际上是在号召武装起义。

当时，浙江自治正在加紧进行。12月16日，市民公会召开紧急会议，议决：一、致电孙传芳，请其即日解除军职，否则即有严重之对付；二、通告各界，积极筹备罢工、罢学、罢市、罢税；三、公请唐绍仪、褚辅成、王正廷、蔡元培四人向外交及军政各界接洽，筹组淞沪特别市政府④。中国共产党和国民党左派企图以此将自治运动向前推进一步，但是，上海资产阶级主张和平进行，对罢工、罢市态度消极，市民公会开会时经常不足法定人数，无法正常工作。倒是三省联合会由于内部较为一致，仍然相当活跃。12月中旬，孙传芳向外商密购军火，三省联合会即致电驻京各国公使，严正抗议⑤。同月，英国代理公使欧马利（Owen St. Clair O'Malley）在北京公使团会议上提出《英国对华变更案》，拟允许中国海关征收华盛顿会议所规定的"二五附加税"。三省联合会于12日再次致电各国公使，说明中国北方被军阀控制，"断不能与以财政上之便利，以助长动乱"⑥。24日，通电谴责孙传芳镇压浙江自治，号召三

---

① 《各团体讨论恢复工商学会》，《申报》，1926年12月4日。
② 《昨日各团体代表大会纪》，《申报》，1926年12月13日。
③ 《市民代表大会决定上海自治》，上海《民国日报》，1926年12月13日。
④ 《市民公会昨晚之紧急会议》，《申报》，1926年12月17日。
⑤ 《防止孙传芳购军火入口》，上海《民国日报》，1926年12月26日。
⑥ 《三省联合会阻止助军阀款项》，上海《民国日报》，1926年12月23日。

省人民"一致奋起,铲除摧残自治之暴军,以期人民最后之胜利"①。

当自治运动猛烈展开的时候,鲁军南下,接防津浦线,联军驻防阵地收缩,以守沪宁线为主。孙传芳多次命令淞沪戒严司令李宝章、警察厅长严春阳,严加防范民众运动,"提倡自治即是赤化"。于是上海总工会再次被查封。12 月 26 日,孙传芳在上海《申报》刊登启事,指责"沪上有人假借苏、皖、浙三省公团名义,希图破坏三省之安宁,离间芳与三省父老昆季之感情"。启事恶狠狠地宣称:"军法所在,绝不宽贷。"②三省联合会不为所屈,在《申报》、《民国日报》连续登载《启事》,宣称本会"光明磊落,天日俱昭",要求孙传芳明白回答:"所谓有人假借,人系何人? 假借何事?""所谓少数奸人,系何姓氏?"启事并针锋相对地以"否则民意所在、绝不宽贷"作结,末列三省联合会委员 32 人的名字。这一行动表现了蔡元培、沈钧儒等人的凛然正气③。

由于孙传芳不仅以刊登启事相威胁,而且下令缉拿蔡元培等五十余人,"格杀不论"④,因此,蔡元培等不得不暂时走避。1927 年 1 月 8 日,市民公会被孙传芳查封。

在孙传芳的高压下,上海自治运动再度沉寂,但是,地火仍在运行,中国共产党人正在积极准备条件,酝酿新的起义。

三　陈仪自治

浙江自治的酝酿晚于上海,其发动者也和上海明显不同,它是浙江军阀陈仪和各派力量合作的结果。

---

① 《反对孙传芳破坏浙自治》,上海《民国日报》,1926 年 12 月 25 日。

② 《孙传芳启事》,《申报》,1926 年 12 月 26 日。

③ 《皖苏浙三省联合会启事》,《申报》,1926 年 12 月 28 日。

④ 《孙传芳密令拿办团体领袖》,《申报》,1926 年 12 月 25 日;《孙传芳密令逮捕之人员》,《申报》,1926 年 12 月 30 日;《孙传芳通缉令原文》,《申报》,1926 年 12 月 31 日。

夏超独立时，陈仪被孙传芳委任为署理浙江省长。11 月 1 日，到杭接印视事。面对错综复杂的环境，陈仪很为难。当时，有人曾询问陈的施政方针，陈答："为政以静。"①但是，国民革命军正在步步向浙江省境逼近，孙传芳也正调兵遣将，力图加强对浙江的控制，陈仪根本不可能"静"下来。11 月上旬，国民革命军王均、薛岳两师进至浙江常山。12 月 9 日，蒋介石电令何应钦迅速率师入浙。11 日，从江西战场撤退、辗转回浙的周凤歧师在衢州起义，周宣布接受国民革命军第二十六军军长的委任。与此相对，孙传芳于 13 日在南京召开军事会议，将卢香亭、彭德铨、白宝山、冯绍闵、孟昭月、李宝章、王森、李俊义等八个师的兵力约七八万人，集中于宁、沪、杭三角地区，同时命孟昭月、白宝山、冯绍闵等率部入浙。孟昭月的司令部就设在松江，虎视眈眈地注视着杭州的变化。

陈仪到任后，征得孙传芳的同意，逐渐将第一师自徐州调回浙江，分驻于宁波、绍兴等处。他表面上仍然拥戴孙传芳，但暗中却频频和国民革命军联系。早在江西战事初起之际，他就派参谋长葛敬恩偕徐培根赴鄂、赣了解情况，安排退路。10 月 26 日，葛敬恩在江西奉新会见蒋介石，蒋同意陈暂取中立态度，并在致陈的亲笔信中，"勉其道义在国家，忠于个人非道义"②，意在动员陈摆脱对孙传芳的个人关系。11月，陈仪再派陈其采与蒋介石磋商。蒋介石表示："若不表明态度，行见日被侵逼，恐非混沌所能解决。"③12 月，葛敬恩再度赴赣，要求给以"名义"。17 日，蒋介石电任陈仪为第十九军军长，要他和周凤歧的第二十六军"联络一致，共赋同仇"④。但是，陈仪始终没有公开表明立场。他当时的企图是，竭力避免战事，以自治的名义争取撤销孙军在浙

① 《陈仪接浙省长篆》，《申报》，1926 年 11 月 2 日。

② 《蒋介石日记类抄·军务》，1926 年 10 月 26 日；参见葛敬恩：《大革命时期的陈仪》，《陈仪生平及被害内幕》，中国文史出版社 1987 年版，第 8 页。

③ 《民国十五年以前之蒋介石先生》第 8 编 6，第 98 页。

④ 《民国十五年以前之蒋介石先生》第 8 编 7，第 46、52—53 页。

江的司令部,既拒孙,也拒绝革命军。

陈仪的态度受到浙江部分士绅的拥护。12 月 9 日,省议会、杭州总商会分别致电孙传芳、蒋介石、周凤歧。致孙电称:"我公视浙为第二故乡,爱护之忱,定必始终如一,乞筹避免兵戎之策。"致蒋电要他命令革命军"仍驻赣边,以待商榷"。致周电要他"坚阻婉商",阻止革命军入浙①。对上述电报,蒋介石的回答是:"舍加入革命合作,无他途。"孙传芳由于军队战斗力不强,力图利用自治的口号阻挡革命军,因此答复得极为豁达,声称:"但得避免兵祸,芳无不乐从"②。在陈仪向他请示时,他更表示:可以"便宜行事","只要党军不入浙,自治可,独立可,即将联军撤出浙江亦无不可"③。

为了反对孙传芳和奉鲁军南下,在革命军到来之前形成缓冲地区,中国共产党赞成"苏人治苏,浙人治浙"的口号。11 月 30 日,罗亦农在上海区委主席团会议上即提出:"我们要设法使浙江独立。"④因此,浙江自治运动中也有一部分中共影响下的急进团体参加。12 月 9 日,由浙江学生联合会发起,邀集杭州各团体筹组浙江各界联合会,学联代表李庄甫称:"敝会历受军阀政治之压迫,誓愿摆脱此恶劣政治,实行人民自治。"⑤向会议提出的《组织大纲草案》规定,"以联络各界,实行真正人民自治为宗旨"⑥。10 日,推省议会议长沈钧业为联合会主席。13 日,联合会通过致省长函:"无论齐楚,均不迎事。凡为浙江人所反对之军队,一概不得驻入。"函件要求陈仪"俯顺舆情,克日脱离孙氏,宣布自

①　《党军入境后之浙人表示》,《申报》,1926 年 12 月 11 日。

②　《浙局紧张中实行自治运动》,《申报》,1926 年 12 月 14 日。

③　《孙蒋军队迅速集中》,《晨报》,1926 年 12 月 20 日。

④　《上海区委主席团会议记录》(1926 年 11 月 30 日),《上海工人三次武装起义研究》,第 177 页。

⑤　《杭州各界联合会成立》,《申报》,1926 年 12 月 11 日。

⑥　《杭州各界联合会成立》,《申报》,1926 年 12 月 11 日。

治"①。同日,陈仪召集军队长官、法团代表及绅商领袖六十余人紧急会议:陈仪称:"现在衢州方面党军不再前进,则松江方面联军亦可不再进,此时正为浙江人民实行自治之好机会。"他并称:"只要双方军队不来,鄙人以为集全浙人材以谋自治,成绩当有可观。"②会议一致决定实行省自治,同时决定一面派代表赴南昌,请蒋介石退兵,一面请浙江总司令部参谋长冯家骏交卸。

沈钧业当选为联合会主席后,于12日与中国银行行长金石顺、兴业公会会长王钧荣赴沪邀蒋尊簋回省。14日,浙江各界联合会召开成立大会,到会68个团体的代表二百余人,选举蒋尊簋、沈钧业等人为委员。

19日,杭州各界联合会召开紧急会议,通过蒋尊簋草拟的《浙江省政府组织大纲》,选出蒋尊簋、陈仪、周凤歧、蔡元培、褚辅成、黄郛、周承菼、陈其采、张暄初等九人为省务委员会委员,以陈仪兼民政部长,蒋尊簋兼军政部长。会议通过《浙江各界联合会第一次宣言》,提出自治"最低限度"条件六项:一、浙人治浙,组织真正的人民自治政府;二、反对任何军阀假自治美名,从事割据;三、所有政治均须公开,不得再由少数官僚绅士垄断把持;四、浙省现有师旅,均须隶属浙江省自治政府之下,服从指挥;五、人民集会结社、言论出版,绝对自由;六、废除一切苛税杂捐③。它由学联起草,在当时是相当急进的纲领。20日,联合会召开第五次委员会,通过致全国及全省电文两则。致全国通电称:"从此境求自保,民冀相安,以自决之精神,行真正之民治。凡浙省以外问题,任何方面,绝不参加。一俟国是奠定,中央政府足以代表人民利益,即当仍归统治,与全国同胞,共图进步也。"④

正当蒋尊簋、陈仪准备于元旦就职之时,孙传芳急不可耐地下手

①　《浙江各界联合会三次筹备会》,《申报》,1926年12月15日。
②　《孙蒋军队迅速集中》,《晨报》,1926年12月20日。
③　《浙江正式宣布自治》,《申报》,1926年2月21日。
④　《浙江各界联合会通电》,《申报》,1926年12月23日。

了。对浙江自治，他在公开的场合表示宽容，而在暗中却盘马弯弓，准备"鞭指湖杭"①。12月14日，孙传芳任命孟昭月为第三方面军司令官，要他在浙江政情发生变化的时候，"疾调大军，迅往前方迎堵"②。16日，孟昭月在嘉兴就职。22日，浙江代表周承菼抵宁，商请孙传芳撤退嘉兴一带联军，孙传芳信誓旦旦地表示："本人决不破坏浙省自治。"也就在这一天，孟昭月发表通电及布告，指责自治诸人"捏造民意、胁迫士绅，阳托自治之名，阴行攘夺之实"③，表示要"誓本联帅讨赤精神，躬率将士，彻底讨伐"③。随即悍然进军杭州，包围省政府，收缴第一师驻杭部队枪械，陈仪仓猝间无以应付，下令部队不予抵抗。25日，陈仪被押赴南京解释"隔阂"。当时，陈部部分官兵集中绍兴，与孙军对立，孙传芳企图利用陈仪收抚这一部分军队，移驻扬州，因此将其释放。1927年1月6日，陈仪携眷迁居上海。

浙江自治失败前，上海学联曾致函浙江各省联合会，指出孙军徘徊嘉、宜，有直捣杭州之势，希望该会准备实力遏阻，否则，"强暴横来，则壮志未遂，而祸难已将生临"④，真是不幸而言中了。

第五节　国民联军在西北的崛起

一　五原誓师

为了学习革命办法，冯玉祥在李大钊的安排下，于1926年3月16日由山西平地泉启程赴苏。23日，抵达蒙古库伦。4月5日，与鲍罗

---

① 《孙传芳铣电》、《孙蒋军队迅速集中》，《晨报》，1926年10月20日。
② 《孙传芳军实入杭州》，《晨报》，1926年12月24日。
③ 《孙传芳军实入杭州》，《晨报》，1926年12月24日。
③ 《联军大兵开杭记详》，《申报》，1926年12月25日。
④ 《学联会电》，《申报》，1926年12月22日。

廷、于右任会见,详谈国民军与国民党合作问题①。鲍罗廷动员冯玉祥加入国民党,对他说:"公之救国大策,如有优于国民党者,敝等当离国民党以援公;倘竟无之,请公速加入国民党,接受其主义与政策,联合一致,共计革命之大成。"②同月,徐谦到达库伦,也劝冯加入国民党,并随冯赴莫斯科。

5月9日,冯玉祥等到达莫斯科。苏联政府特派曾任加伦参谋长的乌斯曼诺夫(Усманов)为顾问,为冯讲解辩证法唯物论。冯玉祥参观了莫斯科、列宁格勒等地的机关、学校、工厂、兵营,特别留心考察红军中的政治工作制度。其间,还分别会见了苏联外交人民委员齐切林(Г. В. Чичерин)苏联政府主席加里宁(М. И. Калинин)以及伏罗希洛夫(К. Е. Ворошилов)、托洛茨基(Л. Д. Тродкий)、中山大学校长拉狄克(К. Б. Радек)、列宁夫人克鲁普斯卡娅(Н. К. Крупская)等。冯玉祥初步认识到要革命成功,必须有"旗帜鲜明之主义"及"正确革命党为之领导"③。同时,共产国际也委派刘伯坚做冯玉祥的工作,逐渐取得冯的信任。冯要求"介绍 CP 与之谈话"④。中共驻共产国际代表团随即派蔡和森去冯处,向冯及其随行将领作了三天报告。不久,蔡和森又派中山大学中共负责人朱务善等为冯讲解中国革命问题。冯玉祥表示,对"中国 CP 五年来之主张非常满意,对 CP 更深一层的认识"⑤,声称要走十月革命的路,要向苏联共产党和苏联红军学习,建立政治工作机构。后来蔡和森曾写信向李大钊报告,冯玉祥在苏联"进步甚大,颇可乐观"⑥。其间,冯玉祥经徐谦介绍,填写了加入国民党的志愿书,并于随后谕令国民军全军加入国民党。

---

① 《冯玉祥日记》(2),江苏古籍出版社 1992 年版,第 162 页。

② 李泰棻:《国民军史稿》,1930 年版,第 355 页。

③ 《冯玉祥自传》,军事科学出版社 1988 年版,第 89 页。

④ 《冯玉祥回国后之国民军》,《中央政治通讯》第 12 期,1926 年 11 月。

⑤ 《冯玉祥回国后之国民军》,《中央政治通讯》第 12 期,1926 年 11 月。

⑥ 《自莫斯科给守常同志信》,《中央政治通讯》第 10 期,1926 年 11 月 3 日。

6月初,谭延闿、蒋介石致电冯玉祥,邀其赴粤会谈。11日,冯复电提出:武汉为南北枢纽,"裁救国难,军队非速会师武汉不可。"①17日,冯派李鸣钟、刘骥二人为全权代表赴广州接洽。在致蒋介石、谭延闿手札中,冯称:在莫斯科每日考察政治、经济、军事等项,"与平素所服膺之三民主义相印证,愈为佩仰",表示愿"与诸同志联合战线,共同奋斗"②。刘骥抵达广州后,与国民政府商定:冯接受孙中山三民主义,从北方协助北伐;国民政府给予国民军以巨额接济③。同年8月,国民党中央任命冯玉祥为国民军总党代表、国民政府委员、军事委员会委员。

刘骥等的南行使命虽然完成得不错,但北方国民军的处境却日益不佳。7月,奉直联军加紧进攻南口。为了解救被困的国民军,策应广东方面北伐,李大钊决定派于右任赴苏敦促冯玉祥回国。于右任到达莫斯科后,"觉冯思想更进步"④。他向冯转达李大钊的意见并与之商定了具体计划。

冯玉祥归国之前,在克里姆林宫会见了苏共和共产国际主要负责人季诺维也夫(Г. И. Зиновъев),要求提供援助⑤。其后,斯大林(И. В. Сталин)决定为冯提供40万人的军事装备⑥。8月17日,冯玉祥离开莫斯科回国,乌斯曼诺夫、刘伯坚等随行。途中,冯玉祥接受刘伯坚建议,亲笔致函陈独秀,表示对中共的"敬慕",称赞中共的理论"非常正确",主张"极其持平","越想越佩服"。冯玉祥要求中共帮助物色人才,到国民军中办政治画报,并任择两地,开办报馆,作为国民军的

---

①　《冯玉祥致谭延闿、蒋介石电》,中国第二历史档案馆藏。

②　中国第二历史档案馆藏。

③　《谭延闿致蒋介石函》(1926年8月20日),台湾《近代中国》第23期;刘骥:《南行使命》,《文史资料选辑》,第4辑,第64页。

④　《守常政治报告》,《中央政治通讯》第3期,1926年9月15日。

⑤　陈天秩:《共产党对冯玉祥的影响》,《河北文史资料》第12辑。

⑥　毛以亨:《俄蒙回忆录》,香港亚洲出版社1954年版,第200—201页。

宣传机关。信中,冯玉祥并表示,希望中共以后能不断来信,指导工作①。

9月16日,冯玉祥抵达五原。当时,国民军自南口败退已一个多月,境况极为困窘,官兵服装褴褛,面有饥容。除驻甘肃者外,不满五万人;驻五原者,不过四五营人。官兵听说冯玉祥归来,欢欣雀跃。17日,冯玉祥被推为国民联军总司令,下辖第一、第二、第三、第五、第六各军。同日,举行就职誓师授旗典礼,宣布国民军"与国民党结合为一"②。冯玉祥发表了由刘伯坚起草的宣言,自称"走到苏联,看到了世界革命起了万丈高潮",是"没有办法而去,有了办法而来"。宣言并称:"我是生在工人的家庭当中","完全是无产阶级的人",表示将遵奉孙中山遗嘱,实行三民主义,接受国民党第一、二次全国代表大会宣言与决议,进行国民革命③。19日、20日,连续召开军事、政治、经济各项会议,提出三个口号:一、全军政治化、革命化;二、打倒官僚式之军队,建设同志式之军队;三、拔除虚伪恶根。

五原誓师后,冯玉祥任命鹿钟麟为参谋长,何其巩为秘书长,薛笃弼为财政委员会委员长,刘伯坚为政治部副部长,以乌斯曼诺夫为政治军事顾问。同时并选派人员分赴各军成立政治处,担任军内党务、政治、训练、宣传及民众等方面的工作。9月27日,中国国民党国民军联军全军代表大会开幕,成立特别党部,选举方振武、刘伯坚等十一人为执行委员,冯玉祥、徐谦、于右任等五人为监察委员。30日,阅兵,行授旗礼。冯玉祥接过国民党党旗后再次表示忠于孙中山的三民主义。词毕,冯玉祥向众高呼:"同志们,你们辛苦了!"众答:"我们是为革命服务!"据冯玉祥日记记载:"大有气壮山河之概。"其后,冯玉祥接受乌斯曼诺夫的意见,加强了部队的政治思想工作。冯玉祥每天

---

① 《中央政治通讯》第10期,1926年11月3日。

② 《各军将领推冯公电》,《广州民国日报》,1926年10月26日。

③ 蒋鸿遇:《国民军二十年奋斗史初稿》第33章附录。

集合各部讲话，又命政治部编了许多有关三民主义的歌词，教育士兵。刘伯坚每日工作18个小时，为加强部队政治工作作出了突出贡献。10月，制订《国民联军政治工作大纲》39条，提出"把政治工作放在第一重要的事上"，规定军和独立师以上设政治部，要使每个士兵懂得战争的目的，成为"有觉悟的为中国自由独立而奋斗的战士"①。自此，国民军的政治工作逐渐制度化、正规化。同时，冯玉祥并颁布了若干纪律条文，以严明军纪。鹿钟麟、宋哲元亲自带队巡查，防止扰民。方振武部有一士兵吃了百姓的西瓜没有给钱，即被方查实枪毙②。

　　中国共产党始终关心并支持冯玉祥重建国民军的工作。10月18日，李大钊主持制订了《北方区对于西北军中工作的意见》，认为"冯之左倾"是"我们不可放弃的机会"，提议选派"得力的同志"去建立"得力指导机关"③。11月初，中共中央作出《关于国民军工作方针的决议》，共12条，从政治宣传、政策掌握、工作态度、活动方法等多方面，对如何争取冯玉祥，改造国民军提出了细致、具体的意见。9日，又致信刘伯坚，要他十分谨慎地工作。信称："若果我们现时工作不好，可以使以后工作发生不良影响，甚至影响老冯之失望，改变其左倾观念。"④本来，在国民军中工作的共产党员就有一百七八十人。在此前后，中共中央又从北方区委和莫斯科、广州、上海等地抽调了邓希贤(小平)、李林、王炳南、刘志丹、阎揆要等四十余人到国民军中工作。

　　五原誓师标志着国民军的新生，自此摆脱北洋军阀的控制，走上了反帝、反封建的道路。它牵制北方反动势力，呼应广东北伐，大大改变了力量对比，促进了北伐和革命形势的发展。

---

① 《中央政治通讯》第14期，1926年12月15日。
② 冯玉祥：《我的生活》(下)，黑龙江人民出版社1981年版，第500页。
③ 《中央政治通讯》第10期，1926年11月3日。
④ 《中央政治通讯》第11期，1926年11月14日。

二　西安解围与国民联军驻陕总部的成立

南口战败后,国民军退据绥远、包头、五原等地,东零西散,濒于瓦解。五原誓师之后,国民军得到整顿,旧部陆续来归,战斗力大为提高。当时,国民军有两条作战路线。一条是由南口进攻北京,一条是进攻陕西而后东出潼关。由于西安已被刘镇华的镇嵩军包围达 8 个月之久,军民都处于极度的窘困中。粮食吃光,大量市民靠豆饼为生,后来豆饼也成了珍品,市上甚至出现出卖人肉现象。冯玉祥每天都收到求援电。这样,援陕就成为摆在新成立的国民联军面前的最为紧急的任务。其间,李大钊和中共北方区委研究,主张冯部入陕,直扑潼关,一可以阻断吴佩孚败退之路,一可以解西安之围①。中共中央同意李大钊的意见,认为冯部占领陕西后,进可东下河南,与北伐军联为一气,退亦暂可自保②。10 中旬,李大钊派人送去密信,建议出西安会师郑州。这样,冯玉祥遂决定"固甘援陕,联晋图豫",取道甘肃,兵分七路,迅速进解西安之围③。

甘肃原来是国民军刘郁芬所部的地盘。1926 年 4 月南口大战期间,吴佩孚委任陇东镇守使张兆钾、陇南镇守使孔繁锦为援甘总、副司令,命二人进攻兰州。当时,国民军驻甘部队仅有孙良诚的第二师和张维玺的第十三师,总计不过万人。刘郁芬不得不缩短战线,退保兰州,以深沟高垒对付敌军围攻。6 月下旬,吉鸿昌旅自绥远来援,国民军士气为之一壮。8 月 15 日,张维玺奉命反攻,于 19 日占领天水,将孔繁锦逐出甘肃。21 日,孙良诚部率师进攻张兆钾部,于 30 日攻克平凉。

①　《守常政治报告》,《中央政治通讯》第 3 期。
②　《中央局报告》(1926 年 9 月 20 日),《中共中央文件选集》(2),第 330 页。
③　《我的生活》,第 495 页。

陇东、陇南各县,次第收复①。在这一过程中,吉鸿昌旅以其突出的战斗力发挥了重要作用②。

韩复榘、石友三、陈希圣等所部三个师在南口兵败后为阎锡山部商震收编。10月初,冯玉祥即通过商震,向阎锡山表示"合作救国"之意③。10月8日,冯玉祥、刘伯坚亲赴包头,将韩复榘等三个师收回建制。11月18日,离开包头,转进甘肃,解除了阎锡山的戒心。晋军曾参加"讨赤联军",对国民军进行围剿。两军关系的改善消除了冯玉祥入陕的后顾之忧。

西安守城军分三部分:杨虎城的国民三军第三师、李虎臣的国民二军第十师和卫定一的陕西陆军第四师。杨虎城为了团结李、卫两部共同对敌,统一指挥,主动提出一律称为陕军,公推李虎臣为总司令,杨自任副总司令。他在中共西安地委负责人魏野畴的支持和帮助下,领导西安军民坚守城池,顽强抗击镇嵩军。

10月上旬,冯玉祥任命孙良诚为援陕军总指挥,方振武为副总指挥兼第一路司令,以下各路司令依次为弓富魁、孙良诚、马鸿逵、石友三、韩复榘等。孙良诚统率前方各军,由邠州大道,向西安攻击前进,驻天水的张维玺师进取陇县、汧阳(今千阳),掩护大军右翼。11月4日,国民第二、第三军将领在三原召开军事会议,于右任被史可轩(共产党员)等推为陕西国民二、三军联军临时总司令④。同月17日,冯玉祥致电孙良诚,声言"西安之围一日不解,余心便一日不安"。他悬赏10万,要孙"斟酌情形,有机可乘,即猛烈进攻"⑤18日,又致电子右任、邓宝珊,要求"陕中各部,即每人只有二三粒子弹,亦应帮同进攻;虽投石呐

---

①　《刘郁芬之两捷电》,《广州民国日报》,1926年11月11日。
②　《国民军入甘战史》,第23—24页。
③　《阎伯川锡山先生年谱长编初稿》,台湾商务印书馆1990年版,第696页。
④　《于右任通电》,《广州民国日报》,1926年12月17日。
⑤　《冯玉祥军事要电汇编》卷13,上海军学社版。

喊,亦可助威。"①23 日,孙良诚部进抵兴平、醴泉一带,围攻咸阳,敌闻风远遁。援陕军随即兵分三路:方振武为左路,向泾阳进发,攻击西安城北之敌;马鸿逵为右路,向鄠县东北进发,攻击西安城南之敌;孙良诚自任中路,由咸阳进攻长安②。敌集中力量进攻中路,孙良诚部一度处于危急状态,适值刘汝明、孙连仲部开到,分由左右两翼攻击镇嵩军后背十里铺、临潼、蓝田等处。26 日,全线总攻。镇嵩军发现后路被袭,全线动摇,分向潼关、同州、武关一带溃退。27 日,西安围解,蓬头垢面的市民们欣喜若狂,纷纷跪迎国民军。

西安解围后,国民军乘胜前进,12 月 8 日,刘汝明部追出潼关,一直进抵河南阌乡(今灵宝)。

此次西安解围战役,国民联军共俘获镇嵩军 3 万人,缴枪二万余支。

1927 年 1 月 1 日,国民联军驻甘总司令刘郁芬参加国民党,同日组织特别党部。9 日,他通电全国,宣布"自今以后,勉励自矢,与我全国同志一致奋斗,贯彻中山先生之一切主张。"③

西安之围既解,国民军得到了一块发展基地,百废待兴。但是,冯玉祥、于右任之间却产生了矛盾。冯不愿权力分散,对于右任就任国民二、三联军临时总司令不满。因此,西安解围后,于右任隐居耀县药王山④。中共西安地委不愿使冯玉祥成为西北的唯一霸主,想以于右任来制约冯玉祥⑤。12 月 3 日,西安召开市民大会,议决《对陕局宣言》等电文,充分肯定于右任的功绩,认为"靠死不觉悟的军人拥护是错误

---

①　《冯玉祥军事要电汇编》卷 1。

②　《冯玉祥自传》,军事科学出版社 1988 年版,第 97—98 页。

③　《陕西国民日报》,1927 年 1 月 15 日。

④　《宋嘉禾关于西北军事财政给中央的报告》,中央档案馆、陕西档案馆编:《陕西革命历史文件汇集》(1927—1929),1990 年版,第 2 页。

⑤　《中共陕西省委第一次扩大会议的政治报告》,《陕西党史资料选辑》第 1 辑,第 7 页。

的见解,只有民众联合起来拥护才是真正的拥护"。会议致电于右任,要求他速来西安,"治理一切",同时要求冯玉祥迅速来陕,与于右任合作,解决陕局①。同月 22 日,于右任接受拥戴,出任国民联军驻陕总司令,邓宝珊任副司令。魏野畴、史可轩、杨明轩等一批共产党员分别在总司令部里担任重要职务,实际发挥领导作用。驻陕总部设民政、教育、司法、建设等厅,成为事实上的省政权。

于、邓就任后,旋即提出整顿陕西军事政治计划 12 条,包括宣布人民集会、结社、言论、出版自由,扶助并发展工农及各种人民组织,循序废除苛捐杂税、改革法律等内容。计划特别提出"军人不得干预民政"②。1927 年 1 月 21 日,国民党陕西全省代表大会与列宁纪念会同时在由皇城改名的红城举行。会议充满了热烈的革命气氛。于右任报告称:列宁"本人虽死,主义却没有死,而且他的主义将特别的进展到世界。"苏联顾问谢夫林(A. Лапин)以"列宁党的同志"的身份欢迎大会参加者,表示要按照列宁"不要忘记东方革命"的遗嘱进行工作③。刘伯坚代表冯玉祥参加了会议,他提出,单纯军事运动不能成功,必须使士兵政治化、民众化、党化;党的责任在于引导贫苦的落后群众④。同时他宣布,组织中国国民党西北临时政治委员会,直接指导国民联军区域内的党与政治工作。会议选举邓宝珊、史可轩、魏野畴等十三人为执行委员,组成省党部。其中,共产党员十一人。在此前后,共产党人还"包办"了不少机构和国民党县党部。会议特别通过了农民运动报告决议案,规定农民协会有直接参加地方行政,协助政府铲除恶霸、劣绅、土豪、土匪之权,要求各地政府惩办贪官污吏,扶持农民组织的发展,明令保障农民协会及武装团体⑤。会后,陕西各地的工农运动逐渐展开。

---

① 《汉口民国日报》,1927 年 1 月 19 日。
② 《汉口民国日报》,1927 年 3 月 14 日。
③ 《陕西国民日报》,1927 年 1 月 22 日。
④ 《陕西国民日报》,1927 年 1 月 25 日。
⑤ 《陕西国民日报》,1927 年 1 月 29 日。

中共北方区委不同意西安地委的原定策略。还在 12 月 5 日,李大钊即致函魏野畴,指出"国民军此时必须诚意合作","统一于冯玉祥总司令指挥之下","不可号令歧出不相下"①。后来,共产国际代表和在国民军中工作的中共党人也坚持以冯为西北的唯一军事领袖,而以于右任为陕西政治和党的领袖。1 月 26 日,冯玉祥抵达西安,受到军民的盛大欢迎。他在会上目睹"旌旗蔽日,戈矛森严"的盛况,发表演说称:"感激之余,更加十分的胆怯。我们要怎样地战战兢兢,努力我们的责任,为民众谋利益。"②同月 30 日,召开军事会议,取消原来的一、二、三、五各军名目,统一编制,指定防地。1927 年 2 月,制订并公布《国民军管辖区域军政时期临时行政大纲》,规定一切军政设施,对内对外,一切政务,均由联军总司令统一并主持,从而确立了冯玉祥在西北的最高地位③。同月 22 日,冯制订诰诫十条,通令军政人员警惕"数千年专制遗毒及仕进恶习",不可向长官馈送礼物,不可互相请托,不可随便宴会,不可需索财物,企图建立新的机关风气。此后,在共产党人推动和支持下,陕西各项工作蓬蓬勃勃,颇有生气。

1927 年 1 月 28 日,中共中央决定,成立陕甘区委,以耿炳光为书记,魏野畴、李子洲等为委员。3 月 14 日至 17 日,在西安召开陕甘区第一次党代表大会,提出"党到农民中去"的口号。中共陕甘区委认为,西北在政治上、经济上和帝国主义没有直接的利害冲突,也没有树立封建军阀和右派的基础,充满了革命的主力农民,易于开展革命工作,因此,准备造成"革命的西北"④。

3 月初,国民联军驻陕总部召开政务会议,由魏野畴报告,重点研究农民问题。同月,先后颁布保护工人利益的《临时劳动法》,保护人

---

① 《国民二军中工作应注意之事》,《中央政治通讯》第 13 期。

② 《陕西国民日报》,1927 年 1 月 30 日。

③ 《国民军政报》第 1 号。

④ 《宋嘉禾关于西北军事财政给中央的报告》,《陕西革命历史文件汇集》,第 3、10 页。

民,镇压反革命的《新公安法原则》。后来,还制订并通过了《陕西暂行婚姻条例》和《陕西暂行婚姻条例细则》。此外,驻陕总部在铲除贪官污吏、惩办土豪劣绅、禁止缠足、革新吏治、实行强迫教育、推广白话文等方面,也做了不少工作,出现了不少新气象。3月4日,西安全市开展清洁运动。冯玉祥"手推大土车一辆,运输污秽,来往甚忙";于右任"抱长帚一柄,沿街扫除"①。民政厅长因开会迟到、工作拖拉,两次受到公开申斥。

　　为了培养干部,国民联军驻陕总部于3月10日创办中山学院,以刘含初为委员长,刘伯坚、杨明轩、李子洲、薛子良等为委员,设立军事训练、组党、农民运动、妇女运动、教育人员养成等训练班。同月31日,又成立中山军事学校,以史可轩为校长,邓希贤为政治处主任,李林为教务处主任。该校重点培养军事人才和军队政治工作骨干,曾被誉为"第二黄埔"。

　　这一时期,于右任和冯玉祥之间的矛盾继续发展。冯玉祥以国民军西北总党代表和西北临时政治委员会主席的身份主宰一切,于右任虽是国民党元老,但只能屈居冯下,受冯牵扯。3月12日前后,矛盾激化,于右任一度想撒手不干。中共陕甘区委认为必须"维持冯、于合作,使他们本革命的精神合作",经中共劝说,于对冯迁就了事②。

　　尽管于、冯间存在矛盾,但是,这一时期,二人的革命热情都很高。于亲书"一切权力属于党,一切利益归民众"十四个大字,刻石嵌入省党部大门墙壁;又亲录《列宁主义的战术》十八条印成小册子到处送人。冯也经常发表拥护工农利益,进行世界革命的言论,不少话使共产党人也感到"过于激进"③。自3月8日至5月30日,西安共召开大型群众

---

　　①　《陕西国民日报》,1927年3月5日。

　　②　《西安地方目前工作计划》(3月至5月),《陕西革命历史文件汇集》(1927—1929),第16页;《中共陕西省委第一次扩大会议政治报告》,《陕西党史资料》第1辑,第8页。

　　③　《中共陕西省委扩大会议党务报告》,《陕西党史资料》第1辑,第39页。

会议 20 余次,标语满城,连商品包装纸上都印着革命口号。当时,西安尚红,不仅皇城改为红城,钟楼四壁涂以红色,而且影响所及,连警察的帽顶和指挥棍都改为红色。冯玉祥云:"政治化即革命化,革命化即流血化,血色赤,故政治即赤化。"[1]一时之间,几乎使人感到西安成了"赤都第二"。但是,西安也患有那个时期许多地方都存在的通病:轰轰烈烈,却华而不实,完全经不起风雨的吹打。

在西安围城之役中,军民饿死、病死、战死共五万余人。1927 年 3 月 12 日,西安各界在红城举行革命大祭,将死难士兵、人民葬于两个大冢中,与祭者负土成坟,同时决定建立革命亭、革命纪念馆、革命公园以为纪念。

第六节　西南军阀的归附与分化

一　泸州、顺庆起义

国民党四川临时省党部原为西山会议派掌握。1926 年 2 月,国民党中常会批准吴玉章提议,决定进行改组[2]。与此同时,中共中央批准在重庆成立地方委员会,以杨闇公为书记。3 月,吴玉章回到重庆,临时省党部改组工作完成,以杨闇公、李筱亭、邓劼刚为常务委员。在全部执行委员中,除两名左派外,其余均为共产党员。由于该党部在重庆莲花池办公,因此被称为莲花池省党部;西山会议派分子石青阳等另行树帜,成立四川特别临时党部,在中营街总土地办公,被称为总土地省党部。

<hr />

① 《国联总部各级政治代表大会之开幕式》,《陕西国民日报》,1927 年 4 月 19 日。

② 《国民党中常会第一次会议录》,《中国国民党第一、二次全国代表大会会议史料》,江苏古籍出版社 1986 年版,第 464 页。

　　1926 年 4 月,中共重庆地委开始在川军中进行工作。同年 7 月 12
日至 18 日,中共中央在上海召开第三次扩大会议,会议通过的《军事运
动决议案》提出,在民主革命中,中共"应该参加武装的工作,助长进步
的军事势力,摧毁反动的军阀势力,并渐次发展工农的武装势力"①。
会后,吴玉章、刘伯承来到上海,向中共中央汇报,提出发动部分川军起
义,建立左派武装的初步设想。8 月 3 日,中共重庆地委致函中共中
央,报告四川军阀动态和军事工作情况。同月 23 日,中共中央复信重
庆地委,同意发动四川军阀倒戈,借以"分裂军阀的势力","加速军阀政
治之崩坏",但又指出,不可希望过高,过于信赖,应借此机会扩大民众
运动,插入军队中从事政治宣传,在旧军队势力中培养新的力量。中共
中央同时提出:"我们自然很希望川中发生一个左派队伍。"②此际,
重庆地委对川军的策动已有成效。9 月 10 日,地委委员童庸生专程
赴沪,报告中共党员秦汉三、黄慕颜所掌握的武装和袁品文等左倾队
伍的情况,提出争取广东政府的政治力量,集中左倾军队,在顺庆(今南
充)起义的初步计划。中共中央同意这一计划,认为"有造成自己的
一种局面的可能"③。其后,重庆地委即派出三十余人,深入川军
工作。

　　吴玉章、刘伯承在上海向中共中央汇报后,即前往广州。8 月 21
日,吴玉章在国民党中常会上提出,应仿照湖北之例,组织四川特务委
员会,从事支援北伐及策动川军等工作④。吴玉章当时的想法是:在四
川建立自己的军队,或策动一部分川军起义,推动四川军阀易帜,必要
时带领起义军会师武汉,或拉到川、陕、鄂边境,北出西安,接应冯玉祥

　　①　《中共中央文件选集》(2),第 227 页。

　　②　《中央政治通讯》第 2 期,1926 年 9 月 8 日。

　　③　《中央政治通讯》第 3 期,1926 年 9 月 15 日。

　　④　《国民党中常会第五十次会议记录》,《中国国民党第一、二次全国代表大会
会议史料》,第 647 页。

的军队,配合北伐①。同日,政治委员会根据吴玉章函请,任命李筱亭、刘伯承、吴玉章为特务委员会委员②。10月,国民党中央和各省区代表联席会议又根据吴玉章建议,任命刘伯承为国民党中央特派员,全面负责四川的军事运动。

在深入川军进行工作的基础上,杨闇公于9月28日以莲花池省党部名义召开军事会议,确定在顺庆和泸州发动起义。会议推举刘伯承为国民革命军各路总指挥,以黄慕颜为副总指挥兼第一路司令。11月中旬,重庆地委成立了以杨闇公为书记,朱德,刘伯承为委员的军事委员会。军委经多次研究,确定由驻防顺庆、合川的三个旅首先发动,驻防泸州的两个旅响应,到川北汇合,组建成军,策应武汉或西北国民军。其后,刘伯承即前往合川,对黄慕颜部作具体部署,确定于12月5日起义。11月25日,国民党四川省第一次代表大会在重庆开幕,至12月4日闭幕。杨闇公、刘伯承分别在会上作了政治、军事报告。会议选举杨闇公、朱玉阶(朱德)等九人为执行委员,共产党员仍占多数。

就在代表大会进行期间,起义被迫提前爆发。

泸州、顺庆都是军阀赖心辉的地盘,当地驻军有第二混成旅李章甫、第四混成旅袁品文、第十混成旅陈兰亭等部。其中,李章甫是赖心辉的心腹,袁品文积极准备起义,陈兰亭则左倾。赖心辉对袁、陈的情况已经察觉,计划将袁品文旅调防江津,使之与陈兰亭旅隔离,然后分而治之。袁品文了解到这一情况,决心提前发动起义。12月1日,袁品文与陈兰亭合作,借军士训练学校毕业典礼之机,捕杀李章甫,派兵进攻驻泸各部。2日,起义军占领泸州,陈兰亭、袁品文通电就任国民革命军川军第四、第五路司令。

顺庆驻军为第五师何光烈部,下辖秦汉三、杜伯乾等三个旅。秦、杜

---

① 吴玉章:《顺泸起义和杨闇公同志》,《泸顺起义》,四川省社会科学院出版社1986年版,第163页。

② 《第十次政治会议议事录》,油印件。

原拟 12 月 5 日趁何光烈举行例行检阅时将其生擒,但何事前得悉,取消检阅,通知各军官于 12 月 3 日午后到师部紧急会议,企图将秦、杜等一网打尽。当日午后 4 时,秦汉三、杜伯乾率部进攻何光烈的师部,击溃其卫队,于 4 日占领顺庆。何光烈纵火烧城,乘机潜逃。8 日,秦、杜二人宣布就任国民革命军川军第二、第三路司令,宣言赞扬孙中山"确定'联俄'、'容共'、'拥护农工'三大政策"等功绩,表示服从国民政府、中央党部和四川省党部①。

顺庆起义的第二天,秦汉三、杜伯乾即急电莲花池临时省党部报告,同时催促合川黄慕颜部来顺庆汇合。12 月 5 日,黄部起义。其间,刘伯承兼程赶到合川,率领黄部于 9 日到达顺庆,与当地起义部队汇合。10 日,召开誓师大会暨军民联欢会,宣布成立国民革命军川军各路总指挥部,刘伯承就任总指挥,黄慕颜为副指挥。

四川军阀这时虽然正竭力向广州国民政府"输诚",但是,他们无论如何不能容忍川军发生内变。12 月 8 日,邓锡侯命驻广安的川军第一师师长罗泽洲、驻遂宁的边防军总司令李家钰"刻日戡定"。起义军和罗泽洲等部相比,兵力和装备都处于劣势。13 日,刘伯承决定撤出顺庆,东进攻击军阀刘存厚部,按预定计划向川陕边境发展。但是,杨阇公送来密信,声称已严令泸州起义部队火速到顺庆汇合;秦、杜两部又恋乡恋家,力主坚守。15 日,双方激战。李家钰借秦部某连倒戈之机,冲入顺庆。16 日,起义军决定东移。22 日,到达杨森防区的开江,原来八千余人的部队仅剩 2000 人。同月 26 日,莲花池省党部致电杨森,希望杨协助解决粮秣、驻地②。杨森则于次日复电,表示"当益尽力",自此,顺庆、合川起义军即驻防开江。

在顺庆起义军东移的过程中,莲花池省党部曾于 12 月 19 日急电刘文辉、邓锡侯、杨森等,说明秦、杜等部"现为本党系统下之部队",希望倾向革命的部队加以援助,并望各方停止军事行动①。同时,杨闇公急派李嘉仲前往武汉,争取武汉国民政府支持,并向中共中央汇报。当时,武汉国民政府尚未正式迁来,由先期到达的国民党中央执行委员和国民政府委员组成临时联席会议办公。临时联席会议认为四川各军将领都已归附,彼此同属革命旗帜之下,于 29 日致电刘湘等,要求双方相互尊重和平,立即停止军事行动②。同时派吴玉章入川调解。1927 年 1 月 3 日,刘湘回电称,军事行动已经停止,川军"一轨同趋",问题不难解决③。因此,武汉临时联席会议命吴玉章停止入川。

杨森当时正积极表现其进步。12 月 24 日,邀请刘伯承到万县面商,同时邀杨闇公等到万县主持党务,又派人赴武汉请朱德回来工作。1927 年 1 月中旬,中共重庆地委军委会议决定刘伯承去泸州,全权指挥泸州起义军。

泸州起义军始终不肯到顺庆集中。为此,重庆军委派陈毅专程到泸州工作。但是,绿林出身的陈兰亭迷恋当地的盐税收入,不愿离开。袁品文及莲花池省党部多方设法,均无济于事。其间,赖心辉以师长的位置为饵,企图诱使陈兰亭叛变,消灭袁品文部。刘伯承到泸州后,首先撤消原来的第四、第五路联合办事处,成立总指挥部。接着,整编部队,增调政工人员来军工作。同时,刘伯承又大力整顿财政、税收、治安,地方的面貌为之焕然一新。3 月 18 日,在泸州文庙举行纪念巴黎公社大会,刘伯承发表演说,鼓励大家发扬公社精神,将国民革命进行到底。

顺庆、泸州两支起义军虽然都暂时保存下来了,但是,四川军阀仍然虎视眈眈,时刻准备消灭这两支革命力量。

---

①　《国民革命公报夕刊》,1926 年 12 月 27 日。

②　《国民公报》,1927 年 1 月 13 日。

③　《新蜀报》,1927 年 1 月 7 日。

二 四川军阀的归附

四川军阀派系复杂，人数之多，甲于全国。北伐战争初期，川军有7个首领、44个师、30个混成旅、19个独立旅、16个司令、1个汉军统领，号称50万人以上①。其主要代表人物有：杨森、刘湘、赖心辉、邓锡侯、田颂尧、刘文辉、刘成勋、刘存厚等。他们内则互相排挤，钩心斗角；外则趋南附北，有奶便是娘。北伐战争节节胜利之后，除老牌的武备系军阀刘存厚抱残守缺，始终挂着督军行署的招牌，以五色旗偏安于川东绥定（今属达州市）一隅外，其余军阀目睹革命形势的发展，纷纷看风使舵，陆续"左"转，换汤留药地投靠革命。

杨森毕业于四川陆军速成学堂，与刘湘同学，故称速成系。但他与刘湘互争雄长，各不相容。他以万县为中心，据有上至长寿下至巫山的沿江二十多个县，拥有十师兵力，顺流而下可直趋武汉三镇。约在1926年5月间，杨森派秘书到北京，会见李大钊，表示愿参加国民革命②。李大钊决定派彭泽湘赴万县谈判。彭到万县后，与杨森签订协议：国民革命军到达湖南时，杨即出兵进攻鄂西③。同时，杨森又派陈抱一为代表，到广州向国民政府表示，允许国民党在他的军队和辖区工作，并表示愿加入国民革命军④。7月中旬，陈独秀建议朱德到杨森处工作。朱德和杨森是护国军时期的同事，他欣然接受任务。8月11

---

① 上海《民国日报》，1926年7月8日；《四川军阀纷争之原因及其现状》，《广州民国日报》，1926年8月13日。

② 据《国民党四川临时省党部工作报告》称：杨森"妙想天开"，竟"请求加入共产党"，见中共四川党史资料丛书：《泸顺起义》，第32页。

③ 彭泽湘：《自述》，中国革命博物馆编：《党史研究资料》1983年第1期。

④ C. M. WiLbur and J. L. How, *Summary Report by "Seifulin" on Political Developments in Canton in May 1926*, *Missionaries of Revolution*, Harvard University Press, 1989, p. 720.

日,朱德抵达万县,但杨森不听朱德劝告,反于同月15日通电接受吴佩孚委任,就四川省长职。其间,陈毅也受李大钊委派,到万县工作①。

自1926年6月起,英轮在万县等地多次荡沉中国木船。8月29日,英国万流号轮船在四川云阳江面荡沉中国木船3只,杨森部押运饷款的官兵58人及民夫十余人被淹死,银元8.5万元及枪弹等失落江中。事后,万流号逃之夭夭。8月30日,在朱德、陈毅鼓励下,杨森扣留英轮万通号及万县号,要求英商赔偿损失。同时,致电英国驻重庆领事抗议。9月4日,陈毅与中共万县地下组织一起,组织万县英轮惨毙同胞雪耻会,提出不供给英人油盐米炭,不与英人贸易往来等“六不主义”,同时又提出废除一切不平等条约等“六大要求”②。5日,英军实行武力劫轮,遭到杨森部士兵还击,英舰即炮轰万县南津街、李家花园杨森总部及万县中学等处,并发射燃烧弹。朱德指挥杨森部炮兵开炮,英舰被击中起火后逃跑。事后调查,军民死亡604人,伤398人,被毁房屋上千间,财产损失约计2000万元。全国人民纷起抗议,形成强大的反英浪潮。

万县事件为杨森赢得很大荣誉,连中共中央都认为杨“有一点中古时代爱国英雄的感情”③。但是,杨森和国民党方面的联系却不很顺利。彭泽湘在万县和杨森谈妥后,即携带协议书赶赴广东,通过中共广东区委书记陈延年办理。张静江等怀疑是共产党的“把戏”,也怀疑杨森的诚意,准备联合刘湘打击杨森,因此,不予置理④。8月,杨森再派

---

① 陈毅:《早年回忆》,聂元素等编:《陈毅早年的回忆和文稿》,四川人民出版社1981年版,第21页。

② 《万县各界抗英之激昂》,《广州民国日报》,1926年10月1日。

③ 《中共中央听童同志报告后的结论》,《中央政治通讯》第3期,1926年9月15日。

④ 《中共中央听童同志报告后的结论》,《中央政治通讯》第3期,1926年9月15日。

傅振烈(子东)为全权代表前往广州谈判①,也未达成协议。9 月中旬,朱德自万县赴鄂,对邓演达称:杨森"说干就干,颇与革命军相近"。邓演达遂向蒋介石建议,任命杨森为国民革命军第二十军军长兼川鄂边防军司令,以朱德为党代表②。同月 24 日,邓演达派出 20 人的宣传队,随朱德回川,企图对杨森部进行政治改造。

但是,杨森为人投机善变,反复无常,谁给钱和枪弹便投靠谁。8 月 15 日吴佩孚攻下南口之后,杨森认为"粤蒋甚危",同时又得到孙传芳给的百万发子弹,即准备联孙③。8 月下旬,汀泗桥战役打响之后,吴佩孚急电杨森,火速"援鄂"。9 月 7 日,北伐军攻克汉口。14 日,国民革命军第九军第一师贺龙所部占领公安,直逼荆州、沙市。吴系长江上游总司令卢金山一再败北,致电杨森乞援。杨森既历受吴佩孚扶植,又企图攫取鄂西。当时,部分川军将领正倡议组织川康联军,参加北伐,推刘湘、杨森为首。杨森即借此机会,以参加北伐为名,组成援鄂川军总司令部,自任总司令。自 9 月下旬起,陆续派兵沿江东下④。10 月中旬,进抵湖北荆州、沙市,随后又进至监利;与此同时,吴系卢金山、于学忠、关得胜、张福臣等部也由沙洋进至潜江。双方配合,组织川鄂联军,企图偷袭武汉⑤。

在一段时期内,人们摸不清杨森的真实意图。9 月底 10 月初,中共中央分别指示鄂区区委和重庆地委:"对杨森政策须十分谨慎","杨东下究竟和哪一方面合作,须有切实消息。"⑥同月上旬,中共中央致函

---

①　《第十一次政治会议议事录》,油印件。

②　《粤区军事报告》,《中央政治通讯》第 9 期,1926 年 10 月 25 日;参见邓演达:《致杨森函》,《历史档案》1984 年第 1 期;《国民公报》,1926 年 12 月 10 日。

③　《童庸生同志报告川中情形》,《中央政治通讯》第 3 期,1926 年 9 月 15 日。

④　《万方出川部队已开拔》,《新蜀报》,1926 年 9 月 26 日。

⑤　《唐总指挥肃清鄂西总报告》,《广州民国日报》,1926 年 12 月 29 日。

⑥　《中共中央致鄂区信》(1926 年 9 月 27 日);《四川工作》,《中央政治通讯》第 6 期,1926 年 10 月 7 日。

在蒋介石身边的加伦，要他劝蒋，不可对杨"峻拒不纳，逼他无可通融"，只要杨表明态度，即可给予自新之路①。同月15日，杨森在万县致电蒋介石，就任国民革命军第二十军军长兼川鄂边防司令，朱德就任党代表②。但是，一直拖到孙传芳江西兵败，杨森才于11月21日在宜昌通电就职，宣称自此以后，要"以党义为依归，以打倒帝国主义为职志"③。24日，在当地设立川鄂边防司令部。

邓演达向蒋介石推荐杨森，本为牵制鄂西的卢金山、于学忠等吴佩孚余部，杨森在东下前也向北伐军方面表示，要解决卢、于等部，但不久邓演达即发现杨、卢等人之间的暧昧关系。10月19日，邓演达致电卢师谛、朱德，要他们就近催促杨森："扑灭卢、于，否则无以塞人之口。"④但杨森始终与卢、于等部和平共处。11月18日，蒋介石电令唐生智酌留第八军一部防守武胜关，以其余各师，并从第十五军中抽调一师进取鄂西，同时电令袁祖铭率兵协助唐生智。杨森坚决反对北伐军进兵鄂西。11月下旬，杨森先后派曾述孔、朱德去武汉，为卢金山等要求"名义"，企图保存卢金山等部⑤。卢金山也派员向蒋介石"输诚"，表示愿与国民革命军合作，夹击在湖北的刘玉春等残部。武汉方面一面要求杨森等退出荆州、沙市，鄂西行政、财政完全由湖北省政府支配，一面决计向鄂西用兵。

12月6日。唐生智指挥各部队分由长江两岸进攻。7日，卢金山通电，声称愿解甲归农⑥。9日，蒋介石致电唐生智称："只要击破其一

---

① 《中央给加同志信》，《中央政治通讯》第7期，1926年10月13日。

② 《广州民国日报》，1926年11月18日；《中央军事特派员一飞的报告》，《中央政治通讯》第10期。

③ 《新蜀报》，1926年11月25日。

④ 《新蜀报》，1926年10月24日。

⑤ 《新蜀报》，1926年12月16日。

⑥ 《广州民国日报》，1926年12月24日。

点,其余皆不难解决。对杨、卢、袁仍须运用政治方法,以扶助军事之进行。"①在北伐军的锐利攻势下,杨森害怕归路被截断,于 14 日率部逃回万县。15 日,刘佐龙部克复荆、沙。17 日,第十军王天培部与第九军第一师贺龙部克复宜昌。张福臣、何金鳌、魏楷等部相继溃逃万县。21、22 日,王天培部占领秭归、巴东,鄂西肃清②。

杨森于 12 月 19 日返回万县后,即忙于改头换面,命各军更换党军旗帜及符号,并命所辖各县知事,赶制青天白日旗和革命口号标语,张贴大街小巷。21 日,致电莲花池省党部,声称"奉政府令返万,努力革命工作"③。接着,又派人到重庆迎请省党部执行委员杨闇公、邓劼刚赴万县主持党务。24 日,邀刘伯承到万县会面。1927 年 1 月初,多次致电武汉方面,请党代表朱德回万,并增派政工人员,同时撤回驻北京代表刘英④。此后即整编军队,筹设特别党部,规划政治训练,似乎真要弃旧图新了。

杨森的这些做法,蒙住了不少人。武汉临时联席会议命正在万县的刘伯承调查,刘于 1927 年 1 月 9 日回电报告说:"子惠近来认识较明","各事均节节进行"云⑤。

刘湘在四川军阀中,资格最老,所部驻扎重庆,防区狭小,所辖地盘一度仅巴县、璧山县,被讥为"巴璧虎"。他亲近皖系的段祺瑞,对吴佩孚常存不满。1926 年 5 月,吴佩孚任命邓锡侯为四川军务督办、杨森为四川省长、刘存厚为川康督办、袁祖铭为川黔陆军检阅使,对刘湘、刘文辉、赖心辉则未加任命。同年 6 月,准备调刘湘到北京临时执政府任参谋总长,削弱他在四川的势力。在四川内部,邓锡侯与杨森联合,企图迫使刘湘下野。因此,刘湘一度企图反吴,其叔父刘文辉曾加入过国

①　《民国十五年以前之蒋介石先生》第 8 编 7,第 21 页。
②　《王天培克复巴东捷电》,《广州民国日报》,1926 年 12 月 31 日。
③　《新蜀报》,1926 年 12 月 23 日。
④　上海《民国日报》,1927 年 1 月 6 日;《汉口民国日报》,1927 年 1 月 12 日。
⑤　《广州民国日报》,1927 年 2 月 8 日。

民党,刘湘即指使其接近广东国民政府①。

8月初,刘湘与刘文辉及历史上和国民党有过关系的赖心辉一起,派代表张伯常②到长沙,与唐生智商谈合作,同时致函蒋介石,表示愿共同反对吴佩孚,出兵参加北伐③。13日,刘湘、赖心辉、刘文辉、刘成勋联名通电,声讨吴佩孚祸国乱川,坏法乱纪,表示今后北京政府一切措施,均认为无效④。9月6日,刘文辉等又派傅岩为代表到广州,与四川特务委员会驻粤特派员廖划平(共产党员)等会谈,签订六条协定,规定川军将领加入国民党,出兵参加北伐;国民政府则给予川军将领以相当名义,并予以充分的援助与接济⑤。

其后,部分川军将领推刘湘为北伐川军总司令,呼吁出川参战,但并无实际动作⑥。10月21日,蒋介石致电张静江、谭延闿,告以杨森与刘湘等不睦,关于刘湘等人的任命,暂缓发表,看杨森以后态度再定⑦。11月26日,刘湘、赖心辉、刘成勋、刘文辉分别通电就任国民革命军第二十一、二十二、二十三、二十四军军长职。27日,蒋介石任命刘湘、赖心辉、刘成勋、刘文辉为川康绥抚委员会委员,以刘湘为主席⑧。刘湘嫌国民政府给的职务小,没有达到总管四川军民两政的目的,继续沿用北洋政府加委的"川康督办兼四川军务督办"的名义。直到杨森进犯武汉失败,国民政府责成刘湘的驻武汉代表返川查询,国民党四川省党部又以大义及利害相责时,刘湘才于12月17日宣誓就职。

刘湘一度表现得很革命,就职后即召集政治讨论会,讨论军队政治

① 《国民党四川临时省党部工作报告》,《泸顺起义》,第32页。

② 唐生智的保定陆军军官学堂同学,且有私谊。

③ 《广州民国日报》,1926年8月7日、30日

④ 《四川军阀史料》第4辑,第292页。

⑤ 《粤区关于四川军事运动的报告》,《中央政治通讯》第7期,1926年10月13日;参见《川省代表傅岩同志抵粤》,《广州民国日报》,1926年9月8日。

⑥ 《本周国内军事政治概况》,《广州民国日报》,1926年10月6日。

⑦ 《民国十五年以前之蒋介石先生》第8编5,第104页。

⑧ 上海《民国日报》,1926年12月4日。

工作,电邀郭沫若为政治部主任。在莲花池省党部和总土地省党部的对立中,刘湘支持左派省党部,用武力解散右派组织,逮捕了该党部执行委员王岳生等人①。同时解散的还有军人青年团、武士会、国家主义研究会等。不仅如此,刘湘还查封了《长江》、《江洲》、《中山》等右派刊物。莲花池国民党省党部的工作和组织日益发展,而总土地国民党省党部则日形冷落。

刘文辉部驻扎成都、叙府、荣县、乐山等地。他与邓锡侯、田颂尧同为保定军官学校学生,故称保定系。他一面联合邓、田威慑刘湘,一面利用和刘湘的叔侄关系牵制邓、田。邓时任四川清乡督办,所部驻成都及川西、川北各县。他善观风向火色,被称为"水晶猴"。田时任四川西北屯殖军总司令,所部驻绵阳等地,被称为"田冬瓜",两面滚。1927年12月,刘文辉电邀驻潼川的田颂尧到成都,同邓锡侯一起商量,决定成立三部联合办事处,以刘文辉为处长,邓、田二人为副处长。同月27日,联合办事处宣告成立②。

邓锡侯、田颂尧一面酝酿三部联合,一面派原保定军官学堂教员刘鸿逵(介藩)向蒋介石乞求军长职务,因四川特务委员会不同意,拖延未成。12月9日,邓、田再次派人到蒋介石处请求委任③。24日,刘文辉也致电蒋介石称:"我公包举宇内,何所不容?"④

次年1月1日,刘文辉在成都就任第二十四军军长职。邓锡侯、田颂尧也得到了国民政府的委任,于3月1日联名通电,分别就任第二十八、第二十九军军长。自此,保定系联合到一起,刘文辉实力大为增强,其防区以成都为中心,遍及川南、川北、川西,与以重庆为中心,盘踞上、下川东地区的速成系军阀刘湘一起,并立而为左右四川的两大军事

①　《汉口民国日报》,1927年1月21日。

②　《新蜀报》,1927年1月1日。

③　《蒋介石日记类抄·军务》。

④　《新蜀报》,1927年1月6日。

集团。

三　黔系军阀的分化

黔系军阀分兴义系和桐梓系两大势力。1926 年以后,以周西成为首的桐梓系取代以袁祖铭为首的兴义系,统治贵州。

1926 年 5 月,川军杨森部赶走占据重庆的黔军。6 月,袁祖铭率部退至贵阳。贵州省长周西成唯恐出现一山二虎的局面,一面对袁优礼有加,一面解囊相助,送袁 20 万元旅费,送袁部 20 万元军饷①,怂恿袁"问鼎中原"。袁祖铭以投靠吴佩孚起家。他采纳周西成的意见,遂以"吴玉帅有援湘之命,湘人亦自动表示欢迎"为由,于 7 月派主力部队进入湘西②。实际上,袁祖铭离川时,即曾拟定"援湘"办法,派人呈递给吴佩孚,要求吴给予装备补充。但吴对袁已失却信任,批示道:"大江南北,兵至百万,足供讨冯,所请率兵援湘之处,暂勿庸议。"③当时,直军在湖南一败涂地,惯于见风使舵的袁祖铭转而投向国民政府,派代表张其煦到广州"输纳款诚,恳予收容"④。

当袁祖铭还在四川的时候,吴玉章即对袁进行工作。袁派代表到广州谈判⑤,国民政府随即派人联络⑥。北伐开始时,蒋介石对西南军阀的战略主要是:与四川、贵州的军阀合作,以防止唐继尧扰乱后方。

---

①　《王文华、袁祖铭、周西成以及李燊的兴起和覆亡》,《贵州文史资料选辑》第 12 辑,第 117 页。

②　《袁军五路入湘》,《晨报》,1926 年 7 月 24 日;上海《民国日报》,1926 年 8 月 4 日。

③　《国民公报》,1926 年 6 月 25 日。

④　《时事新报》,1927 年 2 月 15 日。

⑤　C. M. WiLBur and J. L. How, *Summary Report by "Seifulin" on Political Developments in Canton in May* 1926, *Missionaries of Revolution*, Harvard University Press, 1989, p. 720.

⑥　《袁祖铭来电》,《广州民国日报》,1926 年 12 月 9 日。

袁部有彭汉章、王天培、何壁辉三个军、李燊师和第六七、第六八等直属旅，号称十万之众①。7月20日，国民政府任命彭汉章、王天培为第九、第十军军长。8月初，彭、王分别在湘西就职，通电讨吴，王自任由荆州、沙市进攻②。同时，国民政府委袁祖铭为左翼军总指挥，率领第九、十两军赴前线作战。然而，黔军始终停留湘西，"中立观望"③。

8月中下旬，吴佩孚南下武汉，布置反攻湖南。袁祖铭即恢复黔军番号，将所部重编为20个师，设五路总指挥，分驻湘西及湖北荆州、沙市地区。同时，派代表与吴佩孚勾结，企图配合吴部直取长沙、岳阳，截断北伐军后路④。10月，又串联杨森、唐继尧，组织川、滇、黔联盟，准备分途进攻湘、粤等地⑤。直至吴佩孚败局已定，袁祖铭才于12月3日在湘西辰州（今沅陵县）就左翼军总指挥职，表示要"驰赴前方，努力工作"⑥。

不仅如此，袁祖铭还在驻地常德开设烟土公司，独霸鸦片特税，拉兵派款，私委官员，引起湖南党政当局不满。12月16日，唐生智电告袁祖铭，要求袁部从速退出湖南，进取湖北荆州、宜昌⑦。袁祖铭非但不听劝告，反而将贵州的部队调入湖南，要求将湘西税收的五分之三划为黔军军费⑧。

袁祖铭的作为迫使唐生智以武力解决。1927年1月30日，第八军教导师师长周斓在常德商业研究社设宴，邀袁祖铭等黔军高级将领联谊，暗中布置武装，将袁祖铭及其参谋长等人诱杀。教导师各团按预

---

① 《吴佩孚经营黔省方略》，《晨报》，1926年8月1日。

② 《王天培大告奋勇》，《广州民国日报》，1926年8月11日。

③ 《最近全国政治形势》，《中央政治通讯》第2期，1926年9月8日。

④ 《湖南文史资料选辑》第10辑，湖南人民出版社1962年版，第60页。

⑤ 《川、滇、黔新联盟》，《晨报》，1926年11月5日。

⑥ 《出师讨贼宣言》，《广州民国日报》，1926年12月30日。

⑦ 《唐生智压迫袁祖铭》，《晨报》，1926年12月29日。

⑧ 长沙《大公报》，1926年12月17日、26日。

定计划突袭市内袁军各部,部分黔军被歼或缴械,部分退向桃源、澧县等地①。

吴佩孚南下武汉时,彭汉章公开"声明附吴"。武汉被北伐军攻克后,彭徘徊于荆州、沙市地区,同吴佩孚、孙传芳"往来不绝,且有异图"②。北伐军攻克武昌后,曾与王天培相偕在鄂西与吴佩孚残部卢金山等作战。2月6日,彭汉章在汉口被捕,押解至长沙受审。8月,唐生智通电申斥黔军祸害湘西的罪行。不久,彭汉章被处死,所部由师长李燊率领,移驻鄂西宜都。

在兴义系中,王天培比较"左倾"。1926年春,吴玉章在袁祖铭军中活动,王天培即接受影响,自此积极主张归附国民党③。9月21日,王天培由湘西进抵鄂西津市,同时派周仲良、阎崇阶为代表驻粤④。此后,曾在国民革命军中打过一些仗。

周西成在礼送袁祖铭部队出境后,即着手解决省内问题。当年,贵州大旱,经济凋敝。周西成一面收编、剿灭各地土匪,稳定社会秩序,一面整理财政。8月7日,下令成立财政厅查案委员会,彻查该厅历年积弊。其后,周西成采取裁并各地局卡,加重鸦片税的征收,加强货币管理等多种措施,财政状况有所好转⑤。同时,注意兴办实业。1926年10月,兴建全省第一座发电厂⑥。1926年以前,贵州交通依靠古驿道和人行小路,周西成主政后成立路政局,兴修公路。此外,并设立矿务局,发展采矿业,兴办造纸厂、造币厂、印刷厂、玻璃厂;架设电话,开办

---

①　长沙《大公报》,1927年2月12日。

②　文公直:《最近三十年中国军事史》第2编,台北文海出版社1971年版,第412页。

③　《吴玉章回忆录》,中国青年出版社1978年版,第136页。

④　《广州民国日报》,1926年10月15日。

⑤　《贵州文史资料选辑》第7辑,第159页。

⑥　张肖梅:《贵州经济》,第12章11节,上海中国国民经济研究所1939年铅印本。

无线电通讯等。至 1926 年底，全省财政收入达到 990 万银元，其中田赋仅 56 万元。

　　周西成虽注意整顿和发展经济，但政治方面却异常保守。7 月 12 日，蒋介石派李仲公赴贵州招抚周西成①。同年 12 月 18 日，周西成在贵阳宣布就任国民革命军第二十五军军长，通电称："敬当整饬师徒，听候驱策。"②但是，周西成尽量不让国民党染指贵州，既不许设省党部，也不设党代表③。同月，国民党中央派遣张道藩、商文立、李益之等到贵州筹办党务。次年春，周西成借口张、李不肯交出密电码，将二人拘捕，严刑逼供，最后将李益之暗杀④。后来，国民党中央续派王度、黄乾坤为贵州省党部筹备委员，再到贵阳，周西成仍然加以阻止，声称："贵州一切未上轨道，地方秩序尚待整顿，若即时筹组党部，麻烦更多。"他表示每人可赠大洋 200 元作旅费，"如无异议，即此结束"⑤。

　　周西成对军队和官吏的控制也极其严格。各营部队直属军部管辖，各师、旅长除一个护卫连外，平时无一定所属部队，有事临时调拨；凡任命局长以上官员，须周西成目测审定。至于高级文武官员，则非桐梓人不用，"有官皆桐梓"的嘲讽流传一时。

四　"二六"政变与唐继尧统治云南的结束

　　滇系唐继尧在西南军阀中势力最大，自称"东大陆主人"，他对国民革命军的迅速推进深感不安，适逢吴佩孚派刘震寰携函来滇，推举其为西南的最高元帅，要求他派兵直下两广，夹击国民革命军。当时，唐继尧也正有此意，便派王九龄、张淮翰等为代表，分别与吴佩孚、孙传芳联

---

①　《民国十五年以前之蒋介石先生》第 8 编 3，第 78 页。

②　《广州民国日报》，1926 年 12 月 18 日。

③　周素园：《贵军陆军史要述》，《贵州文史资料选辑》，第 1 辑。

④　王家烈：《桐梓系军阀统治贵州的回忆》，《贵州文史资料》第 2 辑。

⑤　黄乾坤：《贵州军阀桐梓系》，未刊稿。

络,企图再次颠覆广州国民政府①。8月12日,唐继尧复电吴佩孚,表示对其"讨赤"计划的赞佩,声称愿与吴"相与戮力神州"②。其后,唐即迅速召集会议,讨论行动计划,但当时控制滇军实力的是昆明镇守使龙云、蒙自镇守使胡若愚、昭通镇守使张汝骥和大理镇守使李选廷,他们对1925年进攻广西失败一事记忆犹新,不愿再为唐继尧卖命。唐大失所望。10月,蒋介石通过何应钦与唐继尧的代表王绳祖联系,国民党中央并准备任命唐为国民政府委员,但唐要求给以"总制"的头衔,没有结果③。

多年来,唐继尧一直标榜国家主义和民治主义,特意重金聘请国家主义分子到滇,组织人员编写《国家主义十讲》,创办、出版宣传国家主义的刊物《滇事旬刊》。1926年12月25日,唐继尧借护国运动十周年纪念会之机,成立民治党,声称以国家主义为指导思想,以"内谋统一,外谋独立"相号召,签名入党者有两千多人。他攻击国民党和共产党为"卖国政蠹",企图仿效德国的独裁者俾斯麦(Bismarck)和土耳其的凯末尔(Mustafa Kemal Atatürk)④。

为了保证庞大的军费并满足穷奢极欲的挥霍,唐继尧军阀集团以苛捐杂税、摊派公债、滥发纸币、统运大烟等手段搜括百姓,使得云南民穷财尽,经济萧条。1926年,唐继尧命云南富滇银行增发纸币3860万元,省府借用2940万元,造成币值跌落,金融混乱。为摆脱金融危机,唐继尧又强制发行地方公债。其范围包括盐税、锡税、铜税、茶税、厘金、田赋等,一律以原征数为准,加一倍征收。初定加征两年,以后逐年发还一成,20年还清。这种并非志愿认购的公债,省府文件中也承认实际是预征借款。当预征钱粮课税案提交省议会讨论时,部分议员反

---

① 张若谷、李表东:《1926年"倒唐"回忆录》,《近代史资料》1958年第3期。
② 上海《民国日报》,1926年9月21日。
③ 《民国十五年以前之蒋介石先生》第8编6,第12页。
④ 《民治党成立日省长演说词》,《云南公报》,第1275册,1927年1月20日。

对,但唐继尧强令照办,引起省内各界人士不满。

此时,滇军内部在职位升迁、财源分配方面的矛盾日愈激烈。滇系实力派龙云、胡若愚、张汝骥等人的兵权都被削弱。各级军官的例行收入和空领兵饷等生财门路被唐继尧以明定缺额、点名发饷等方式堵塞,但唐继尧本人则通过亲信,控制金融、税收,随意收支,大烟税、烟酒税均有一部分交进唐继尧的私库。只要是亲戚、同乡,唐继尧不论资历、功绩,大加提拔。这就使非嫡系的军内外官员对唐继尧的不满日趋严重①。

早在1926年春,胡若愚、张汝骥就密谋反唐。二人于夏、秋两季同龙云反复磋商,龙云表示同意。10月3日,云南迤西各界要求联县自治,推举龙云、胡若愚主持军、民两政②。在广西的原滇军将领范石生见形势可为,便一面和龙云、胡若愚的代表秘密接洽,一面发表讨唐宣言,招募兵员,组织定滇军,准备回乡③。当时,蒋介石正专注北伐,劝范"暂时忍耐"④。

1927年初,云南民众反对唐继尧统治的斗争日渐高涨,广州国民政府决定由云南内部力量自行倒唐。以李鑫为书记的中国共产党云南省特别委员会和以李伯东、张若谷等五人为委员的中国国民党云南临时军政委员会相互合作,加紧策动胡若愚、龙云、张汝骥等人。2月6日,士兵索饷,龙云趁机派兵堵截昆明各城门要道,密电胡若愚、张汝骥、李选廷及驻省各军围逼,一面派出代表,到省公署面见唐继尧,提出与国民政府联合等十二项条件。同日,胡若愚、龙云、张汝骥、李选廷四人联名通电,指责唐继尧"全出独裁,势同专利",表示愿"外应潮流,内顺舆情",拥护国民政府。通电邀各界代表至宜良协商善后,改组省政

---

①　谢崇文:《云南"二六政变"的前因后果》,《云南文史资料选集》第2辑。

②　长沙《大公报》,1927年1月19日。

③　《范石生将率川桂黔军攻滇》,《申报》,1927年1月1日;长沙《大公报》,1927年1月7日。

④　《民国十五年以前之蒋介石先生》第8编7,第46页。

府,改良政治①。唐继尧自知大势已去,被迫答应交出政权,改组省政府,查办宵小,解散民治党。史称"二六"政变。

2月28日,四镇守使提出:改省长制为委员制,要有一个民意机构产生委员会;唐继尧不进委员会,但要予以安排。3月5日,有各界团体和有关人士参加的各界联合会,推举唐继尧为省务委员会总裁,胡若愚、龙云、张汝骥、李选廷、王人文、王九龄、周钟岳、马聪、张耀曾为省务委员会委员;顾视高、吴锡钟、尹守善、彭加猷、杨西敏为监察委员会委员。8日,云南省务委员会集体宣誓就职,推举胡若愚为省务委员会主席兼军政厅厅长。唐继尧处于有名无实的地位。他在云南的个人军事独裁统治自此结束②。不久,唐继尧"忧懑吐血","偃卧月余",于5月23日不治身死。

①　《云南省政府省务委员会布告》,《云南公报》第52册。
②　张若谷、李表东:《1926年倒唐回忆录》,《近代史资料》1958年第3期。

第二章　国民政府迁都武汉与北洋军阀以奉系为中心的联合

第一节　国民政府迁都武汉

一　迎汪运动与国民党中央及各省区联席会议

中山舰事件后,汪精卫被迫"请假"离国。此后,国民党左派的力量日渐涣散,蒋介石的权力则不断膨胀。为了抵制并改变这种情况,左派及其影响下的群众迫切希望汪精卫销假回国。5月25日,彭泽民在中常会上提议:汪精卫病仍未愈,本会应去函慰问,热望其早日销假视事①。随后,江苏、安徽、湖北、广西等省党部陆续通电,要求汪精卫归国,主持北伐大计;于右任、经亨颐等并电请中央催促②。7月9日,蒋介石就国民革命军总司令职,党权、政权、军权集于一身,左派的迎汪要求因而更为迫切。8月19日,何香凝在中常会上临时动议,要求国民党中央对各方通电作出答复,并将有关函电转交汪精卫③。次日,吴玉章由沪到粤,何香凝一见面就哭道:"现在是跟北洋军阀决战的最后关头了,可是国民党内部情形这样糟,怎么办?一个人专横跋扈,闹得大

---

① 中国第二历史档案馆编:《中国国民党第一、二次全国代表大会会议史料》,第549页。

② 中国第二历史档案馆编:《中国国民党第一、二次全国代表大会会议史料》,第575、586、590、599、600等页。

③ 《中国国民党第一、二次全国代表大会会议史料》,第635页。

家三心二意,这次战争怎么打下去,国民党怎能不垮台?"①自此,二人即不断联络左派,商量对策。

最初,左派计划在攻克武汉后召开国民党三大或临时代表会议,借以实现迎汪打算。9月4日,中央政治会议举行第十六次会议,决定于10月1日在广州召开中央执行委员会及各省执行委员联席会议。此后,左派即决定开好这次会议,顾孟馀自任联络北方左派,拟派吴玉章到长江一带活动。他们制订的宣传原则是:一、说明本党现状及3月20日事变真相;二、口号为:"巩固左派与CP谅解合作"与"恢复党权,拥汪复职"。中共中央认为"第一项太厉害了",怕刺激蒋,要求"含浑一点"②。

蒋介石对迎汪运动愈来愈疑惧不安。二届二中全会闭幕式上,蒋介石曾经表示:要请汪精卫、胡汉民出来,"尤其是汪先生,我们必须请他赶速销假,主持党务"③。但这不过是故意作出来的高姿态。事实上,他强烈反对汪精卫回国复职。8月20日,他从广东来电中得悉迎汪情况,即武断地认为其目的在"倒蒋"④。21日,中央军校全体党员电请汪精卫销假,中云:"党国无人主持,即黄埔军校同志,亦如孺子之离慈母,彷徨歧路,莫决南针。"⑤这尖锐地刺激了蒋介石的神经,他在日记中写道:"从中必有人操纵,决非大多数之真意,自吾有生以来,郁结愁闷,未有甚于今日也。"⑥由此,他进一步增加了对共产党的憎恨:"他党在内捣乱,必欲使本党纠纷分裂,可切齿也。"⑦但是,这一时期,

①　《吴玉章回忆录》,中国青年出版社1978年版,第136页。
②　《对于国民党十月一日扩大会议的意见》,中央档案馆:《中共中央文件选集》(2),1989年版,第321页。
③　《民国十五年以前之蒋介石先生》第8编2,第71页。
④　《蒋介石日记类抄·军务》,1926年8月20日。
⑤　《广州民国日报》,1926年8月23日。
⑥　《蒋介石日记类抄·军务》,1926年8月25日。
⑦　《蒋介石日记类抄·军务》,1926年8月25日。

他因嫡系部队作战无能和进攻武昌失利,受到唐生智的轻视和排挤,正处于困境,对共产党硬不起来。

9月中旬,蒋介石派胡公冕到上海会见陈独秀,声称汪精卫回来,将被小军阀利用,和他捣乱,分散国民革命势力①。蒋介石这里所指"小军阀",显然包括唐生智在内。蒋介石担心,汪回来,会受到唐生智等人的拥戴,成为他政治上的劲敌。蒋介石要求中共维持他的总司令地位,要挟说:"汪回则彼决不能留。"②同月 16 日,中共中央与共产国际远东局讨论迎汪问题。会议认为:广东政府自中派当权以来,纵容各县知事及驻防军与土豪劣绅所控制的民团相勾结,摧残农会,杀戮农民,包庇工贼,打击左派学生,苛取商民捐税,压抑民众自由,迫切需要从政治上恢复左派的指导权。有三条路可走:一、迫汪倒蒋;二、汪蒋合作;三、使蒋成为左派,执行左派政策。但现正处于北伐期间,采用第一个办法太危险,继蒋而起的李济深、唐生智可能比蒋还右;第三个办法进行起来有很多困难;比较好的是第二个办法③。会后,陈独秀对胡公冕表示,汪回有三种好处。第一,攻下武汉后,国民政府局面扩大,汪回政府增加得力负责之人;第二,新起来的小军阀与蒋之间的冲突,有汪可以和缓一些;第三,张静江在粤的腐败政治,汪回可望整顿。陈独秀并称:中共只是在以下三个条件下赞成汪回。一、汪蒋合作,不是迎汪倒蒋;二、仍维持蒋之军事首领地位,愈加充实、扩大蒋之实力,作更远大之发展;三、不主张推翻整理党务案④。当时,蒋介石邀请共产国际代表吴廷康(维经斯基 Г. Н. Войтинский)赴鄂商谈。9 月 21 日,中共中央与吴廷康会议,研究如何在汪、蒋、唐之间进行权力分配以避免冲

---

① 《中央给广东信》,《中共中央文件选集》(2),第 325 页。
② 《蒋介石最近对于我们的要求》,《中央政治通讯》第 3 号,1926 年 9 月 15 日。
③ 《中央致粤区的信》,《中共中央文件选集》(2),第 314—316 页。
④ 《中央给广东信》,《中共中央文件选集》(2),第 325—326 页。

突①。但吴廷康和张国焘赶到湖北时，蒋介石已经赴江西指挥作战。

在苏联顾问中，蒋介石比较相信加伦，因此中共中央和共产国际的意见常常通过加伦转达。9月27日，加伦劝蒋介石请汪"出任党政"②。两天后，蒋介石接到了汪精卫的来信，其中心意思是解释中山舰事件，"声明前事无嫌"③。10月3日，蒋介石发出迎汪电报，内称："本党使命前途，非兄与弟共同一致，始终无间，则难望有成。兄放弃一切，置弟不顾，累弟独为其难于此。兄可敝屣尊荣，岂能放弃责任与道义乎?"该电表示，特请张静江、李石曾二人前来劝驾，希望汪精卫与之偕来，肩负艰巨④，从电报字面看，确能给人一种情意诚挚的感觉，但是，张静江长期瘫痪，他又怎么能远涉重洋，去向汪精卫"劝驾"呢?

对于蒋介石的意图，张静江心领神会。还在联席会议筹备期间，他就千方百计阻挠迎汪问题的提出。政治会议决定召开中央各省区联席会议之后，曾经成立过一个议案起草委员会，成员为谭延闿、孙科、李济深、甘乃光、徐谦、鲍罗廷、顾孟馀等7人。从9月14日至29日，共开过6次会。其间，左派曾拟提出统一党的领导机关案，将中常会、中政会合并，另选13人组织政治委员会;政治委员会可以包括左、中、右三派，但主席及秘书必须是左派。张静江蛮横地表示，这次大会不能提到主席问题，不能反对蒋做主席，声言"请汪复职"就是"拥汪倒蒋"，"誓以去就争"⑤。会下，他又以"前方战事紧张"为理由，对鲍罗廷说："要蒋先生辞去党政，无异反对中国革命。我们请你做顾问，并不希望你这样

---

① 《中央给广东信》，《中共中央文件选集》(2)，第261—262页。

② 《蒋介石日记类抄·军务》，1926年9月27日。

③ 《蒋介石日记类抄·党政》，1926年9月29日。

④ 《民国十五年以前之蒋介石先生》第8编5，第5页。

⑤ 荣孟源主编:《中国国民党历次代表大会及中央全会资料》，光明日报出版社1985年版，第300页。

做的。"①这样,终于迫使议案起草委员会未能提出该案。

联席会议(全名中央委员、各省、区、各特别市、海外各总支部代表联席会议)于 10 月 15 日开幕,28 日结束,共开会 12 天。出席者中央委员 34 人,各省区党部代表 52 人。由于中共中央会前指示各地组织,务必"多派可靠、赞助汪的代表去出席","实在不得已再派我们同志去"②,因此,会上共产党人占四分之一,左派占四分之一强,另有一些半左派,中派和右派仅占四分之一。会议主要讨论了下列问题。

一、国民政府发展案。9 月 9 日,蒋介石曾致函张静江、谭延闿,中称:"武昌克后,中正即须入赣督战,武汉为政治中心,务请政府常务委员先来主持一切,应付大局,否则迁延日久,政治恐受影响,请勿失机,最好谭主席先来也。"③18 日,再电张、谭,声称:"中正离鄂以后,武汉政治恐不易办,非由政府委员及中央委员先来数人,其权恐不能操之于中央。"④蒋介石的意图是运用党和政府的力量控制唐生智。中共中央看出了这一点,但担心国民政府迁武汉后,"左派群众的影响越少,政策愈右,行动愈右",因此,对之持反对态度⑤。会议讨论这一议案时,谭延闿作了说明,他认为:"现在的主要工作在巩固各省基础,这种工作以首先由广东省实施最为适宜",迁到北方将与奉系发生冲突,"目前无急迁之必要","与其忙于迁移,不如先把各省的基础巩固起来"⑥。会议一致决定国民政府仍暂设于广州。

二、迎汪案。这是会上斗争最激烈的议案。事前徐谦曾要求张静江早日发表蒋介石迎汪电,但张坚持在各议案之后再提出,并称:"汪系

　　① 《陈果夫回忆录》,见吴相湘:《陈果夫的一生》,台北传记文学出版社 1971 年版,第 105 页。

　　② 《中央通告第 17 号》,《中共中央文件选集》(2),第 311 页。

　　③ 《民国十五年以前之蒋介石先生》第 8 编 4,第 22 页。

　　④ 《民国十五年以前之蒋介石先生》第 8 编 4,第 55 页。

　　⑤ 《对于国民党十月一日扩大会的意见》,《中共中央文件选集》(2),第 228 页。

　　⑥ 《中国国民党中央各省联席会议第二次会议录》,油印件。

个人的事，不用过事张皇。"右派并扬言，要提出欢迎胡汉民案以为抵制①。18日，江苏、上海、安徽、浙江等四个党部将该案作为临时动议提出，内称："当此党政发展的时候，蒋介石同志主持军事于外，一切建设政治与党务，非有能提纲挈领如汪同志者主持大计于内，不足巩固革命基础，实现党政真精神。"②该案有山西、山东等25个党部附署，声势浩大，在此情况下，张静江才无可奈何地公布了蒋介石的电报，但又表示，不知何处可以寻汪，受到与会代表的嗤笑③。会议决定推何香凝、彭泽民、张曙时、简琴石、褚民谊五人会同张静江、李石曾即日前往劝驾。随后，江苏代表张曙时提出：此时非汪、蒋合作不可，应表示对汪、蒋同样信任，以免人家挑拨，甘乃光等附议，于是，会议又决定电蒋，"表示竭诚信任与拥护"④。

三、中国国民党最近政纲案。中共中央在与共产国际远东局讨论迎汪问题后，即指示广东区委，"极力向左派表示诚意的合作，与左派共同制定一左派政纲，给左派一行动的标准；同时又使蒋不能反对此政纲，在此政纲之下表示我们仍助蒋。"⑤联席会上通过的《最近政纲》即体现了中共中央的这一意图。《政纲》共105条，涉及政治、外交、经济、教育、行政、军事、妇女待遇、工业家、商人、学校教职员、各机关职员及雇员、农民、工人、军人等多方面的问题，在实际上规定了当时中国人民的内外奋斗目标。如对内提出："实现全国政治上、经济上之统一"，"废除督军、督办等军阀制度，建设民主政府"；对外提出："废除不平等条约"，"重行缔结尊重中国主权之新条约"。在妇女待遇上，规定"妇女在法律上、政治上、经济上、教育上及社会上一切地位与男子有同等权

---

① 《K. M. T. 中央地方联席会议经过情形》，《广东区党·团研究史料》，广东人民出版社1983年版，第466页。

② 《中国国民党中央各省联席会议议事录》第3号。

③ 《中国国民党中央各省联席会议议事录》第3号。

④ 《中国国民党中央各省联席会议议事录》第3号。

⑤ 《中央致粤区的信》，《中共中央文件选集》(2)，第317页。

利"；在农民问题上，规定"减轻佃农田租百分之二十五"，"禁止重利盘剥，最高年利不得超过百分之二十"，"保障农民协会之权力"；在工人问题上，规定"制定劳动法，以保障工人之组织自由及罢工自由，并取缔雇主过甚之剥削"等①。这是一个具有一定民主主义精神而又能为各派所接受的纲领。

四、民团问题案。当时的民团团防局或保卫团大都掌握在土豪劣绅及不法地主手中，成为镇压农民运动，威胁国民政府统治的反动武装。会上通过了甘乃光、毛泽东等提出的《关于民团问题决议案》，规定民团团长须由乡民选举，禁止劣绅包办；不得受理民刑诉讼；已有农民自卫军之地方不得重新设立民团；凡摧残农民之民团政府须解散并惩治之等。这就为改造民团、限制民团权力提供了根据，有利于农民运动的发展。

五、执行本党纪律及肃清反动分子案。第二次全国代表大会时，曾决定向西山会议参加者叶楚伧、邵元冲、石瑛、覃振、傅汝霖、沈定一、茅祖权、林森、张知本等提出警告，责令改正，限期两个月具复中央执行委员会。在联席会议上，左派认为叶、邵二人虽有申明，但已超过期限，并系为到粤做事，不能相信，经共产党人转圜，未予议处②。石瑛等八人因迄无表示，均开除党籍。同时决定"本党统治之地域内，不许西山会议叛党分子居留"③。

六、请办沈鸿慈案。沈鸿慈原为中山大学学生，组织反共团体"司的派"，声言"预备从广州出发，再冲锋到全省全国去"，"打杀了假革命的CP"④。左派学生将沈扭送国民党中央要求惩办，但张静江则认为"案情并不严重"，他把持下的监察委员会则认为沈"反对CP之假革命

---

①　《中央各省区联席会议录》，油印件。

②　《K. M. T. 中央地方联席会议经过情形》，《广东区党、团研究史料》，第647页。

③　《中央各省区联席会议录》，油印件。

④　《中央各省联席会议议事录》第12号。

者则有之,仍未达到反对本党之程度",仅予警告处分。联席会议期间,广州市警察特别党部所属组织纷纷要求惩办沈鸿慈,提案不点名地指责张静江等袒护反革命①。会议要求张静江就沈案作出说明,张委托陈果夫报告。在张曙时、孙科二人责问下,陈表示"自应从严办理"②。结果,会议决定永远开除沈鸿慈的党籍,驱逐出境。

会议最后一天,丁惟汾突然提出,联席会议只是中央委员会的扩大会议,不能变更或推翻中央委员会的决议,"如有此等错误,即是违背总章,违背总章必定是无效的",于是发生会议权能问题的激烈质辩。吴玉章提出:"联席会议决议即须切实实行,只有第三次全国大会方有修正之权",得到通过。

联席会议以左派的胜利结束。中山舰事件后,左派士气不振。此次会上,左派扬眉吐气,屡次向右派进攻,而右派则处于完全无力抵抗的地位。但是,由于未能改组国民党的中央领导机关和权力结构,因而,左派的胜利只能停留在书面上。很快,陈独秀就慨叹:"议决自议决,实际掌握政权的蒋介石,执掌党权的张静江、丁惟汾等浙江派、山东派,均藐视决议案而日行其右倾政策,毫无顾忌③。

二　迁都之争

尽管中央各省区联席会议决定国民政府地点暂不迁移,但蒋介石仍然提出,希望"中央党部移鄂"。10 月 22 日,他致电张静江与谭延闿,力陈理由,说明"武昌既克,局势大变,本党应速谋发展"④。鲍罗廷本来反对迁都,但 10 月底,在武汉的顾问铁罗尼(Теруни)向他写了一

---

① 《警察特别党部会议议事录第八分部提案》。
② 《中央各省联席会议议事录》第 12 号。
③ 《政治报告》,《中共中央文件选集》(2),第 561 页。
④ 《民国十五年以前之蒋介石先生》第 8 编 5,第 105 页。

份报告,陈述对唐生智的忧虑,认为唐"像是一个卖弄风情(武装力量)的女人,谁给她最多,她就将自己出卖给谁"。铁罗尼说:"国民党省执行委员会缺乏力量和正确处理事务的能力。唐生智一个人控制着形势,与他对抗的只有陈公博这个懒虫和邓演达。"铁罗尼提出:"必须有两或三个中央委员到这里来并且建立委员会,否则着手重大事务或树立党的权威都是不可能的。"①与此同时,张国焘也致函在上海的中共中央,说明唐生智"太聪明,野心也大,各方不满其态度",须请粤方速派徐谦来②。这样,鲍罗廷对迁都的态度就发生了变化。这一时期,日本和张作霖的关系紧张,清浦奎吾子爵在北京和李石曾、易培基谈判,询问国民政府能否与日本建立友好的联系,并派代表到日本会商。广东国民政府的领袖们认为,"在这日本同张作霖的严重局势之下,张作霖已不敢动作",因而消除了迁都武汉会与奉系发生冲突的顾虑,并决定派戴季陶使日③。11月16日,鲍罗廷、徐谦、宋子文、孙科、陈友仁、宋庆龄等以调查各省党务、政务为名,自广州启程北上,拟经江西赴武汉,筹备迁都。

蒋介石闻讯,非常兴奋,于11月19日致电张静江、谭延闿,声称:"闻徐、宋、孙、鲍诸同志来赣,甚喜。务请孟余先生速来,中意中央如不速迁武昌,非特政治、党务不能发展,即新得革命根据地亦必难巩固。他并表示,在中央与政府未迁武昌以前,自己不到武汉,因为"此时除提高党权与政府威信外,革命无从着手。如个人赴武昌,必有认人不认党之弊,且自知才短,实不敢负此重任也"④。同日,他接见汉口《自由西报》总编辑美国人史华之(Schwartz)时说:"新国都将设于武昌,且将为中国永久之国都。国民政府由粤迁鄂,虽不能决定期限,但在最近期内

①　Wilbur and How, *Document on Communism Nationalism and Soviet Advisers in China*, Document 44, pp. 413-421.

②　《中央政治通讯》第10期,1926年11月3日。

③　《中共广东区委政治报告》(2),《广东区党团研究史料》,第479—482页。

④　《民国十五年以前之蒋介石先生》第8编6,第60页。

必能实现,鄙人将于两星期内,由赣赴鄂,参与盛典。"①22 日,他派邓演达、张发奎二人飞粤催促。26 日,中央政治会议临时会议决定,重要人员于 12 月 5 日第一批出发。这样,迁都武汉问题就正式确定下来了。

中共中央仍然反对迁都。11 月 9 日,中共中央与共产国际远东局讨论,认为此举系蒋介石反对汪精卫回国的策略,倘政府及中央党部迁至武昌,则不仅汪不能回,左派势必相随赴鄂,使广东成为"左派政权"和"模范省"的计划必将成为泡影②。12 月 4 日,中共中央致函广东区委,批评鲍罗廷"对于前方后方的实际情形都没有看清楚","贸然主张马上迁移"③。次日,在《政治报告》中指示:"万一无法阻止,亦须尽力防止弊害。"④直到次年 1 月,迁都已成事实后,中共中央才决定支持武汉临时联席会议⑤。

鲍罗廷等一行于 12 月 2 日到达南昌。6 日晚在庐山会谈。蒋介石报告党务、政治、军事等各方面的情况。由于缺乏准备,蒋介石自觉"语多支吾","致启人疑"⑥。7 日,继续会谈,讨论外交、财政、军事各方面的问题。其内容,据蒋介石记载:一、对安国军问题,决定消灭孙传芳,联络张作霖;二、工运主缓和,农运主积极进行,以为解决土地问题之张本。蒋介石发言说:"只要农民问题解决,则工人问题亦可连带解决。"会议中,有人提出取消主席制,蒋介石敏感地意识到这是针对自己的,但他却立即表示附议,并进一步提出,请汪精卫回国,得到一致赞同⑦。会议自然也谈到了迁都。这时,蒋介石还是积极主张迁鄂的。

---

① 《革命军日报》,1926 年 12 月 1 日。

② 《对于目前时局的几个重要问题》,《中共中央文件选集》(2),第 444 页。

③ 《中央致粤区信》,《中共中央文件选集》(2),第 471 页。

④ 《中央局报告》,《中共中央政治报告选辑》,第 115 页。

⑤ 《中共中央政治报告》,《中共中央文件选集》(3),第 4 页。

⑥ 《蒋介石日记类抄·党政》,1926 年 12 月 6 日。

⑦ 《蒋介石日记类抄·党政》,1926 年 12 月 7 日;参见《民国十五年以前之蒋介石先生》第 8 编 7,第 18 页。

他在电复朱培德、白崇禧二人时曾说："政府迁鄂，有益无损。"①他并表示，在前方军事布置稍定后也要前赴武汉②。

12月10日，鲍罗廷等到达武昌。当时，在广东的中央党部与国民政府已经停止办公。鲍罗廷等感到，没有中央机关，许多事都无法办理。13日，孙科、徐谦、蒋作宾、柏文蔚、吴玉章、宋庆龄、陈友仁、王法勤、鲍罗廷等举行谈话会。会上，根据鲍罗廷提议，决定在中央执行委员会政治会议未迁到武昌开会之前，由国民党中央执行委员和国民政府委员组织临时联席会议，执行最高职权③。会议推徐谦为主席，叶楚伧为秘书长。其成员除上述各人外，特准湖北政府委员会主席邓演达和湖北省党部常务委员董用威（必武）二人参加。会后，由邓演达致电蒋介石，说明临时联席会议的成立，"系应付革命需要与时局之发展"④。蒋介石迟至20日才复电表示赞成。

从提出迁鄂之议起，蒋介石就兴冲冲地准备去武汉执掌大权。1月24日，他在日记中曾写道："中央党部及政府决于一星期内迁至武昌，喜惧交集。惧者，责任加重，不能兼顾广东根据地；喜者，党务与政治可以从此发展也。"⑤这里所说的"责任加重"，显然是指他自己。现在临时联席会议居然没有他的位置，这使他很不高兴。

武汉临时联席会议成立之日，中共中央在汉口召开特别会议。陈独秀在会上作了政治报告。会议以反对"左稚病"，维护"联合战线"为主题。《政治报告议决案》称：当前"各种危险倾向中最主要的严重的倾向是：一方面民众运动勃起之日益向'左'，一方面军事政权对于民众之勃起而恐怖而日益向'右'。这种'左'右倾倘继续发展下去而距离日

---

① 《民国十五年以前之蒋介石先生》第8编7，第15页。

② 《蒋总司令12月3日复武汉各界团体电》，《广州民国日报》，1926年12月20日。

③ 《通告》，《广州民国日报》，1926年13月17日。

④ 《蒋介石收各方电稿》，抄本。

⑤ 《蒋介石日记类抄·党政》，1926年1月24日。

远,会至破裂联合战线而危及整个的国民革命运动"①。陈独秀认为,当时"左稚病"有六种表现:一、看不起国民党;二、包办国民党;三、包办民众运动;四、否认左派存在;五、误解党的独立;六、应付中小商人的政策不好②。这次会议的中心口号是:"防止党外的右倾,同时反对党内的左倾。"其办法主要是:督促国民党和国民政府实行"武力和民众结合","维持国民党军事首领势力之均衡","改善我们和国民党之关系","扶助左派势力的发展","扶助左派建立以汪精卫为首领的文人政府",确定对于中小商人的政策等③。其中最核心的是扶持和援助国民党左派势力的发展。会议在《关于国民党左派问题的议决案》中提出,我们必须从上、中、下三层"巩固和发展国民党左派势力",其内容为:一、帮助左派的上层领袖在中央、在地方都有结合,有理论,有群众,有力量,有政权,有党权。二、在社会下层中,即手工业工人、店员及农民群众中,发展国民党的组织,使左派领袖有右派的群众,并且要使社会下层的民众团体接近国民党的左派领袖,使他们有党外的左派群众。三、帮助左派造成中层势力,做上层左派和下层群众间之链锁④。

应该承认,支持和扶植左派的想法并不错,问题是:第一,左派必须看准,不能是软弱的动摇不定的左派,或假左派。第二,不能把希望只放在左派身上,必须发展和壮大自己的力量,并有必要的应变准备。

在土地问题上,陈独秀和鲍罗廷有分歧。当时,鲍罗廷主张以对农民问题的态度作为识别真假左派的标准,陈独秀不同意。他认为:"目前中国大多数农民群众所争取的还是减租减息,组织自由,武装自卫,反抗土豪劣绅,反抗苛捐杂税这些问题,而不是根本的土地问题。"中央

---

①　《政治报告议决案》,《中共中央文件选集》(2),第 569 页。
②　陈独秀:《政治报告》,《中共中央文件选集》(2),第 562—565 页。
③　陈独秀:《政治报告》,《中共中央文件选集》(2),第 565—568 页。
④　《中共中央文件选集》(2),第 575—576 页。

特别会议完全接受陈独秀的观点,把土地问题列为"研究室中"的问题。决议规定:"湖南、湖北两省国民党省党部农民部长均应改用国民党左派分子,以免 CP 因包办而孤立。"①

武汉临时联席会议以国民党左派为主,以徐谦为主席,和中共中央特别会议的精神一致,但是,特别会议没有讨论临时联席会议的有关问题,显然,不论是陈独秀,还是鲍罗廷,都没有估计到,由此会引发一场剧烈的争论。

中央党部和国民政府第一批北迁人员为张静江、谭延闿、顾孟馀、何香凝、丁惟汾等。12 月 6 日,张静江等自广州出发。同月 31 日,抵达南昌,本来只准备停留三四天,就西上武汉。但蒋介石却于 1927 年 1 月 3 日,突然召集中央政治会议第六次临时会议,出席有蒋介石、张静江、谭延闿、邓演达、宋子文、林祖涵、朱培德、柏文蔚、何香凝、顾孟馀、陈公博等人。会后通告称:为军事与政治发展便利起见,决定中央党部和国民政府暂驻南昌,待 3 月 1 日在南昌召开二届三中全会,决定驻在地后,再行迁移②。关于这一次会议的情况,陈公博回忆说:"虽说是讨论,但实在没有充分讨论的机会。"③4 日,上项决议在中央常务委员会临时会议上通过,随即在南昌设立中央党部临时办事处。7 日,又在中央政治会议第七次临时会议上决定,成立政治会议武汉分会,以宋庆龄、徐谦、宋子文、孙科、陈友仁、蒋作宾等十三人为分会委员,同时通过组织湖北省政府案,以邓演达等五人组织之。这些做法,实际上取消了临时联席会议"执行最高职权"的地位。

武汉方面接到南昌的通知后,徐谦、孙科曾于 1 月 6 日致电蒋介石等,询问不迁汉理由,要求暂保守秘密,认为"如宣布,民众必起恐谎,武

---

① 《关于湘鄂赣三省农民运动议决案》,《中共中央文件选集》(2),第 580 页。
② 《中央党政府暂设于南昌》,《广州民国日报》,1926 年 1 月 8 日。
③ 《苦笑录》,现代史料编刊社,第 67 页。

汉大局必受影响"①。7日,鲍罗廷也致电蒋介石,要求缓迁南昌②,同日,临时联席会议第十一次会议开会讨论。当时,正值武汉各界人民占领英租界之后,会议认为:"因人民对政府之信用,时局日趋稳定,外交、军事、财政均有希望。最近占领英租界之举,内顺民心,外崇威信,尤须坚持到底。"③会议决议,国民政府地点问题,待中央执行委员会全体会议决定,在未决定之前,武汉政局有维持之必要。会后,陈友仁、宋庆龄、蒋作宾联合致电蒋介石,告以武汉形势,并称:"苟非有军事之急变,不宜变更决议,坐失时机。"④10日,再次开会讨论,陈友仁提出,如果将临时联席会议改为政治分会,对英交涉将立即停顿,"于外交前途殊属不利"。会议决定,仍电请南昌同志莅鄂。

蒋介石对武汉左派的意见置若罔闻。1月12日,蒋介石偕彭泽民、顾孟馀、何香凝以及加伦抵达武汉,与鲍罗廷、徐谦等人晤谈,要求在鄂中央委员和国民政府委员迁赣。武汉给了蒋介石以盛大而热烈的欢迎,一时间,"蒋总司令万岁"的口号响彻云霄。但是,武汉也仍然坚持自己的立场。于是,在人海旗林的群众集会上,或在觥筹交错的宴席中,便免不了出现与气氛迥异的插曲。当晚,在欢宴蒋介石时,鲍罗廷犹豫再三,终于说:革命之所以能迅速发展到武汉,"乃是因为孙中山先生定下了三大政策"。"第一是联俄政策,第二是联共政策,第三是农工政策。"他并说:"以后如果什么事情都归罪到CP,欺压CP,妨碍农民工人的发展,那我可不答应的。"第二天,鲍罗廷与蒋介石进行私人交谈,并且写了一封长信,和孙科一起交给蒋介石,提出迁都武汉的理由。蒋介石以为"很对",但表示须一星期后回南昌开中央政治会议讨论。他

---

① 《徐谦等为政府不迁汉消息暂宜秘密致蒋介石等电》,《中华民国史档案资料汇编》第4辑(上),江苏古籍出版社1986年版,第374页。

② 《鲍顾问来电》,《蒋介石收各方电稿》,1927年1月(上),抄本。

③ 《临时联席会议第十一次会议记录》。

④ 《陈友仁等为不宜变更中执会迁鄂决定致蒋介石等密电》,《中华民国史档案资料汇编》第4辑(上),第375页。

对鲍罗廷昨日晚宴时的讲话耿耿于怀,声色俱厉地要鲍罗廷指明:"哪一个军人是压迫农工? 哪一个领袖是摧残党权?"并说:现在"还有人在世界上说你苏俄是一个赤色的帝国主义者"。他指责鲍罗廷"跋扈横行",声称:"你欺骗中国国民党就是压迫我们中国人民,这样并不是我们放弃总理的联俄政策,完全是你来破坏我们总理联俄政策,就是你来破坏苏俄以平等待我民族的精神。"①鲍罗廷和蒋介石之间的关系本来还过得去,自此,双方就都难以相容了。

15 日,临时联席会议召开第十三次会议,讨论是否成立中央政治会议武汉分会一事。徐谦说明了临时联席会议成立的原因和经过,认为"已无继续之必要"。鲍罗廷提出:"中央机关的权力一定要集中,不能分离,在革命过程中,如同时发生两个对等的权力机关,一定要失败。"②经过讨论,决定临时联席会议"暂时继续进行"。当晚,蒋介石宴请各界代表。各代表发言中,"一致恳切要求中央党部、国民政府立即迁鄂"。蒋介石无法,只能表示:"我当向中央转达,定可使各界希望能够满足。"③

蒋介石在鄂期间,街上已经出现打倒蒋介石的标语。他曾先后会见陈铭枢、何成濬、周佛海、叶楚伧等人,这些人都对武汉群众运动和中共力量的发展不满。蒋对何成濬说:"此间形势不可久留,我去矣,汝亦速去为好。"④1 月 18 日,蒋介石返赣。

事实表明,蒋介石在武汉的允诺是虚假的。返赣途中,他在牯岭与张静江商量,提出驱逐鲍罗廷。21 日、22 日,又与张静江、谭延闿联名致电武汉,以"中央"的名义命令联席会议毋庸继续,立即成立武汉政治分会。武汉方面再次经过讨论,回电表示:"在南昌中央政治会议未开

① 蒋介石:《在庆祝国民政府建都南京欢宴席上的讲演词》,上海《民国日报》,1927 年 5 月 4 日。

② 《临时联席会议第十三次会议记录》。

③ 《蒋总司令昨晚欢宴各界代表纪盛》,《汉口民国日报》,1927 年 1 月 16 日。

④ 何成濬:《八十回忆》,《近代中国》第 23 期,台北 1981 年 6 月 30 日。

会以前,暂不取消。"

　　为了迫使蒋介石同意照原议迁鄂,武汉的左派们决定动员群众的舆论,并施加财政压力。当蒋介石还在武汉的时候,湖北省党部代表大会正在召开。会议发表通电;表示对国民政府暂驻南昌"深滋疑虑",要求蒋介石"根据前议,定鼎鄂渚"①。17 日,发表第二号通告,指示各级党部、各团体共同通电要求②。此后,省总工会、省学联、汉口市商协陆续发表通电;2 月 5 日,湖北省党部、汉口特别市党部又联合呼吁全国各级党部一致电请。与此同时,宋子文则将蒋介石所需军费 1300 万元暂扣不发,急得蒋介石不能不派徐桴到武汉催领。宋子文称:"湖北财富之区,筹款本易,现政府在南昌,一人办事不动。"③徐桴无奈,只好电劝蒋介石:"我军命脉操在宋手,请总座迅电慰勉之,先救目前之急,再图良法,万不可操之过急,致生重大影响。"④4 日,宋子文亲赴江西斡旋。群众的舆论蒋介石可以不理,但军费不能不要。2 月 8 日,南昌国民党中央政治会议第五十八次会议决定,中央党部及国民政府迁至武昌。但是,同时决定,派徐谦赴美,戴传贤赴俄。这一决定貌似公正,而实际上是打向临时联席会议的一根棍子。至于中央全会,则被推迟到"俟东南战事告一段落"以后。

　　在经历了重重风波之后,迁鄂之议再次定下来了。2 月 9 日,宋子文自南昌致电武汉,说是谭延闿等三人数日内即可莅鄂。20 日,南昌各界召开了欢送党、政府迁鄂大会。会后,仍不见人员启程。武汉方面真是望眼欲穿了。21 日,临时联席会议召开扩大会议,决定:一、结束联席会议;二、中央党部及国民政府即日正式开始办公;三、中央执行委

　　①　《省党部代表大会欢迎中央政府迁鄂》,《汉口民国日报》,1927 年 1 月 16日。

　　②　《汉口民国日报》,1927 年 1 月 21 日。

　　③　《徐桴致蒋介石电》(1926 年 1 月 29 日),《蒋介石收各方电稿》,抄本。

　　④　《徐桴致蒋介石电》(1926 年 1 月 31 日),《蒋介石收各方电稿》,抄本。

员会 3 月 1 日以前在武汉召开全体会议①。

迁都之争以武汉国民党左派的胜利而告一段落,但是,谭延闿等还滞留在南昌,风波并未平息。2 月 22 日,南昌方面声明:在党部与政府未迁以前,在武汉不得以中央党部暨国民政府名义另行办公。反应的迅速和强烈预示着更大的风波还在后边。

三　恢复党权运动与国民党二届三中全会

为了改变蒋介石大权独揽的情况,1926 年 10 月,在广州召开的中央各省区联席会议即拟提出恢复党权问题,但由于张静江的抵制,未能成功。迁都之争中,国民党左派对蒋介石的专制跋扈有了进一步的感受,因有恢复党权运动的展开。

徐谦接到蒋介石要求撤销鲍罗廷顾问职务的电报后,非常紧张,立电在宜昌工作的吴玉章回武昌商量,吴玉章表示:"这不是鲍罗廷个人的去留问题,这是蒋介石对中央、对政府的蔑视,我们一定不能让步。"②2 月 9 日,部分在武汉的国民党高级干部集会,决定由徐谦、吴玉章、邓演达、孙科、顾孟馀五人组成行动委员会,"从事党权集中"③。2 月 11 日,《汉口民国日报》发表社论,提出:"整顿党的组织,严肃党的纪律,扩大党的威信,要使我们的党真正能够成为一个最高权力机关。"④13 日,湖北省市两党部召开会议,宛希俨提出,党已经出现了一种"危机","失去民主集中制性质,而且有一种独裁的趋势"⑤。会议通

---

①　《中央党政府电告开扩大联席会议》,《广州民国日报》,1927 年 3 月 1 日;《党政府扩大联席会议纪》,《蒋介石收各方电稿》,抄本,1927 年 3 月 8 日。

②　《吴玉章回忆录》,第 141 页。

③　《陈铭枢致蒋介石密电》,《蒋介石收各方电稿》,抄本;参见《陈铭枢谈第一次国共合作时期武汉的军政大事》,《武汉文史资料》第 4 辑,第 25 页。

④　希俨:《时局进展与吾党目前之责任》。

⑤　《省市两党部昨日党务问题之重要会议》,《汉口民国日报》,1927 年 2 月 14 日。

过"恢复党权,统一党的领导机关"等党务宣传四大要点。14 日,颁布全省民众欢迎中央党部、国民政府委员全体迁鄂口号,其中提出的要求有:"提高党的威权";"打倒党内、党外一切昏庸老朽的反动分子";"反对个人独裁,实现党的民主化";"实行清党运动"等①。15 日,湖北省党部发表《为欢迎谭主席迁鄂告民众》,内称:"如有不受党的指挥,违反党的政治,以及一切不利于党的腐化分子,我们要努力的铲除他;如果有使汪主席不能复职的障碍,我们要尽力的消除他。"②同日,中央宣传委员会召开第九次会议,出席邓演达、顾孟馀、张太雷、叶楚伧等三十余人,由顾孟馀报告党务宣传情形,会议通过《党务宣传要点》:一、巩固党的权威,一切权力属于党;二、统一党的指挥机关,拥护中央执行委员会;三、实现民主政治,扫除封建势力;四、促汪精卫同志销假复职;五、速开中央执行委员会全体会议,解决一切问题;六、以打倒西山会议派的精神,对待一切党内的昏庸老朽的反动分子,然后才能铲除党外的危害本党的官僚市侩;七、军队在党的指挥之下统一起来,准备与奉系的武装决斗③。在此前后,安徽临时省党部代表团、第七军政治部等纷纷发表宣言,呼吁恢复党权,一时舆论沸腾,群情激昂。

在恢复党权运动中,孙科、邓演达、徐谦尤为活跃。孙科曾激愤地对陈公博说:"蒋介石这样把持着党,终有一天要做皇帝了。"④他于 2 月 19 日发表文章,指责二届二中全会变更总章规定,设立常务委员会主席,"差不多在政治上是一国的大总统,在党务上是一党的总理","不知不觉就成为一个迪克推多"⑤。继孙科之后,邓演达也撰文指出:"国

---

① 《全省民众热烈欢迎中央党部国民政府委员全体迁鄂》,《汉口民国日报》,1927 年 2 月 14 日。

② 《汉口民国日报》,1927 年 2 月 15 日。

③ 《中央宣传委员会通过之党务宣传要点》,《汉口民国日报》,1927 年 2 月 16日。

④ 《苦笑录》,第 73 页。

⑤ 《为什么要统一党的指导机关》,《汉口民国日报》,1927 年 2 月 20 日。

民革命的成功,总是工农的力量作主,不应再把政权操到其他反革命人们手上。"①他要求大家认识目前斗争的性质,是封建与民主之争,革命与妥协之争,成功与失败之争。

孙科、邓演达的文章反映出武汉左派们的普遍情绪。2月22日,召开中央常务委员会第七十五次会议,通过于树德提议,决定接受21日扩大联席会议的要求,即日以中央名义通电各地中央委员如期到会,推徐谦、孙科、顾孟馀、宋子文、吴玉章、陈友仁七人为提案委员会委员。23日,发表《中国国民党党务宣传大纲》,不点名地指责张静江以监察委员代理常务委员会主席,主持中央工作,使党的意志无由表现,造成"朕即国家"的状况②。次日,武汉三镇1.5万人集会,拥护恢复党权运动。会议由董必武主持,徐谦讲话提出"一切军事、财政、外交,均须绝对受党的指挥"。台下群情激昂,大呼打倒张静江口号③。下午,续开庆祝中央党部及国民政府在鄂办公及上海大罢工示威大会,到会群众达20万人。

尽管武汉的恢复党权运动如火如荼,左派们也义愤满腔,但是始终没有正面批判蒋介石,并且仍然期望他勒马回头。2月5日,根据邓演达的提议,派陈铭枢、谢晋二人,携带徐谦等26人的联名信件和拟在二届三中全会上讨论的《议案大纲》前往南昌,征求蒋介石的意见,并邀请他到武汉参加会议。函件表示,相信蒋介石"在此军事上屡建奇功之时,定能体现总理建党之意与北伐将士为党效死之决心,使本党威权普及于军事势力所及之地。"④同行者还有蒋介石派到武昌来刺探情况的陈公博。

对武汉左派的恢复党权运动,蒋介石恼怒异常。2月19日,他在

----

① 《现在大家应该注意的是什么》,《汉口民国日报》,1927年2月23日。
② 《汉口民国日报》,1927年2月23日。
③ 《武阳夏党员大会庆祝示威大会之热烈》,《汉口民国日报》,1927年2月26日。
④ 《国民党中央执行委员会致蒋介石书》,《国民军政报》,1927年4月12日。

南昌发表演讲,自称是"本党的忠实党员","总理忠实的信徒","如果中正想成为一个独裁制,把持一切,操纵一切,如果中正有这样要做一个军阀的倾向,岂但本党各同志可加中正以极严厉的处分,中正随时都可以自杀的"。他又说:"我只知道我是革命的,倘使有人要妨碍我的革命,那我就要革他的命。"①两天后,他在南昌再次发表演讲,声称:"现在同中央执行委员会的权限有冲突的","就是现在汉口的联席会议。联席会议是没有根据的,如要提高党权,就要取消汉口的联席会议。"还说:"我以为只有徐谦是独裁制。"讲话中,他一方面表白:"中正是向来援助共产党的。"但又说:"如果今日左派压制右派,那我要制裁左派;共产党员有不对的地方,我有制裁的责任及其权力。"②这些讲话,透露了他心中秘藏的杀机,预示了他将要采取某些行动。26日,南昌中央政治会议致电共产国际,要求撤回鲍罗廷③。但是,这一时期,蒋介石的财政问题还未解决,不具备和武汉左派彻底决裂的条件。因此,在谢晋等人到达南昌后,他的态度不得不作某种"转变"。

在听取陈公博的汇报后,蒋介石即命陈替他起草拥护中央的通电。2月27日,他发表《对党务宣传大纲宣言》,虽然语中含刺:"个人之左右,固须严防;党团之操纵,尤须注意",但还是表示,希望各同志"一致接受"④。28日,致电宋子文、孙科,声称"各同志所拟提案,皆中正夙昔主张,完全同意,深望党中同志共体党之存亡,一致团结"⑤。他要求展期一星期开会。同日,武汉方面召开中央常务委员会第七十八次会议,决定将会议延至3月7日。

3月3日,南昌中央政治会议开会讨论二届三中全会问题。谢晋

①　上海《民国日报》,1927年4月16日。
②　上海《民国日报》,1927年4月16日。
③　《中华民国史事记要》,1927年2月26日。
④　上海《民国日报》,1927年4月23日。
⑤　《蒋介石致宋子文电》,《广州民国日报》,1927年3月15日。

和谭延闿有旧谊,此时谭已为谢晋说动①,何香凝、陈公博等也都主张赴鄂与会。经长时间讨论和诸人苦劝,蒋介石不得不同意全体在赣委员 6 日启程,但第二天,蒋介石随即表示,通电服从中央并非他的"本意"②。他再次要求会议展期,表示谭延闿等五人可以先行,自己须待朱培德去樟树镇检阅军队后一起动身。5 日,在为谭延闿等饯行时,蒋介石慷慨地表示:"党部、政府迁鄂,南昌同志誓拥护到底。"③但又说:"他们能等我,等到 3 月 12 日开会,就相信他们有诚意;假使提前举行,其虚伪可知。"④他终于没有到会。

　　3 月 7 日,谭延闿、李烈钧、何香凝、丁惟汾、陈果夫到达武汉,受到伫立在滂沱大雨中的十万市民的热烈欢迎,随即被接到中央执行委员会第三次全体会议会场。当日到执、监委员 25 人,以孙科为临时主席。首由谭延闿报告南昌方面情况,声称蒋介石、朱培德 11 日可到鄂。要求稍等一两天,"候其亲来则两方意思可以调和"⑤。李烈钧则表示:"希望国民革命早日成功,同志捐除意见。"⑥徐谦报告联席会议的成立经过,说明中山舰事件以来,党出现了迁就军事的不正常现象,他说:"为今之计,须赶紧纠正。此非对人问题,乃改正制度,使革命得最后之胜利而已。"⑦会议就是否等候蒋、朱二人,延期至 11 日召开进行讨论。彭泽民、吴玉章、于树德、毛泽东、恽代英、顾孟馀等认为到会人数已足,不能再延,一致要求当日正式开会。彭泽民说:"现在口号打倒独裁,打

---

　　①　谢宣渠:《国民政府迁都侧记》,《武汉文史资料》第 4 辑,第 46—48 页。

　　②　《苦笑录》,第 75 页。

　　③　《蒋总司令欢送党政府迁鄂》,《广州民国日报》,1927 年 3 月 9 日。

　　④　陈果夫:《十五年至十七年间从事党务工作的回忆》,《陈果夫的一生》,台北版,第 107 页。

　　⑤　《中国国民党第二届中执会第三次全体会议预备会记录》,《中国国民党第一、二次全国代表大会史料》,第 743 页。

　　⑥　《中国国民党第二届中执会第三次全体会议预备会记录》,《中国国民党第一、二次全国代表大会史料》,第 744 页。

　　⑦　《中国国民党第一、二次全国代表大会史料》,第 746 页。

倒个人专政，因蒋、朱又不能来，而再展期开会，岂不犯了个人独裁之嫌吗？"①吴玉章说："革命是共同工作的革命，不能由一二人的意思来指挥，不可使蒋同志因此而生错误。若一展再展，诚属非计。"②谭延闿再次发言，声称："南昌要求展期之理论上固不足，可是事实上亦须顾到。""延闿不愿党有裂痕，南昌之请求，请大家须注意！"③此后，会议就是否已足法定人数进行讨论。谭延闿认为，须中央委员19人出席方可，徐谦则认为到会中央委员16人，已足法定人数。谭称："西山会议不足法定人数，吾人即以此驳斥之，请注意！"谭延闿的话受到吴玉章的强烈反对，他质问说："西山会议，是根本的不对，还是人数的不对？（谭插话：人数亦不对。）今日会议绝对不能与西山会议相提并论。此种说话，甚为妨害彼此感情。"至此，会议气氛已经相当紧张。在主席询问是否付表决时，李烈钧宣布退席，这使会议的气氛更形紧张。休息后，徐谦提议将当日会议作为预备会，孙科提议8日开提案委员会，9日开全体提案审查会，10日开全体会议，得到通过。会议同时选定徐谦、谭延闿、孙科、宋庆龄、顾孟馀五人为主席团，陈其瑗为秘书长。

二届三中全会筹备期间，陈铭枢准备利用第十一军的力量发动政变，逮捕与会的国民党左派和中共党人，但由于邓演达、唐生智防范严密，未敢动手④。6日，陈铭枢声称到外国一换环境，补充革命学识，辞去武汉卫戍司令及第十一军军长职务，潜往南昌。

3月10日，会议正式开幕，詹大悲、经亨颐、谭延闿、恽代英、谢晋、丁惟汾、孙科、周启刚、朱霁青、徐谦、夏曦、宋庆龄、于树德、毛泽东、陈其瑗、王法勤、吴玉章、丁超五、林祖涵、董用威、宋子文、陈友仁、顾孟馀、邓懋修、何香凝、李宗仁、陈公博、彭泽民、江浩、邓演达、许苏魂、王

①　《中国国民党第一、二次全国代表大会史料》，第748页。

②　《中国国民党第一、二次全国代表大会史料》，第748页。

③　《中国国民党第一、二次全国代表大会史料》，第749页。

④　《陈铭枢告四军十一军将士书》，上海《民国日报》，1927年8月9日。

乐平、柏文蔚等 33 人到会,其中中央执行委员 18 人,候补中委 11 人,候补监委 4 人。左派占压倒优势。会议至 17 日闭幕,共通过决议案二十项,宣言及训令三份。

一、充分肯定了"临时联席会议"成立的必要及其工作成绩。会议明确指出,该会"系适合革命利益,应付革命时机,代表中央权力之必要组织",认为它领导群众进攻帝国主义,收回租界,因而大大提高了国民政府的权威①。这就针锋相对地否定了蒋介石对"临时联席会议"的指责。

二、恢复和提高党权,采取了防止个人独裁和军事专政的新的集体领导体制。国民党二届二中全会以后,国民党实行主席制,蒋介石借此集权于一身。此次会上,主席制成为集矢对象。徐谦批评其"只见个人权利,不见党的威权"②。孙科称:"以主席为唯一领袖,并且兼为军事领导,此种封建思想对于党内党外皆有影响,渐次便成独裁制度。"③江苏省党部代表张曙时与安徽、直隶、山西、河南四省党部代表联合提出《请取消主席制度案》,认为"有主席一日,党内就一日不宁,革命前途有很大之危险。"④会议通过的《统一领导机关案》确定不设主席,在中央执行委员会会议前后,由常务委员会"对党务、政治、军事行使最终议决权",同时设立政治委员会、军事委员会。政治委员会由全体常务委员及全体会议选出之执行委员 6 人组成,并指定其中 7 人为主席团,审议政治问题,议决后"交由中央执行委员会指导国民政府执行"⑤。会议通过的《军事委员会组织大纲》规定:军事委员会须由中央委员中的高

---

① 《中国国民党历次代表大会及中央全会资料》,第 316 页。

② 《中国国民党第二届中执会第三次全体会议提案审查委员会速记录》,《中国国民党第一、二次全国代表大会会议史料》,第 756 页。

③ 《中国国民党第二届中执会第三次全体会议速记录》,《中国国民党第一、二次全国代表大会会议史料》,第 809 页。

④ 《中国国民党历次代表大会及中央全会资料》,第 338 页。

⑤ 《中国国民党历次代表大会及中央全会资料》,第 316—317 页。

级军官和不任军职的中央委员两部分人组成,前者9至13人,后者6人,其中7人为主席团;主席团之决议及命令,须有4人签名方能生效;总司令、前敌总指挥、军长等,须军委会提出,由中央委员会任命①。为了防止个人干预外交,会议通过的《统一外交决议案》规定:党员不得擅自变更外交主张或直接与列强接洽任何条件;政府职员不得私自与帝国主义接洽或进行秘密交涉;所有外交人员均由外交部直接任免②。为了防止个人干预财政,会议又通过《统一财政决议案》,规定"集中各省财政管理权于财政部",在正式省政府未成立前,各省财政主管人员由财政部选任,对财政部完全负责;非经财政部许可,各省不得征收新税、改变税率、组织新银行、发行新公债、新钞票③。此外,为了改变蒋介石利用黄埔军校培植私人势力的状况。会议还通过了由彭泽民提出的《关于军事政治学校之决议案》,规定军事政治学校及各分校,均改校长制为委员制④。

三、坚持并重申国民党一大所确定的革命路线和政策,前所未有地提出了农民问题的重要性。

国民党二届二中全会曾决定组织中国国民党与中国共产党联席会议,审查两党党员"妨碍两党合作之行动言论"与"纠纷",一直未能召开。会议通过的《统一革命势力决议案》规定:该项联席会议"须立时开会",但其目的则与前迥然不同,旨在"讨论一般的合作办法","共同指导"农民与工人运动⑤。《决议案》实际上否定了二届二中全会作出的限制,达到了使共产党人参加国民党中央及各种政治组织、民众组织的预期目的⑥。《决议案》表示,本党应第三国际之邀请,应即派代表三人

---

① 《中国国民党历次代表大会及中央全会资料》,第321—324页。
② 《中国国民党历次代表大会及中央全会资料》,第319—320页。
③ 《中国国民党历次代表大会及中央全会资料》,第318—319页。
④ 《中国国民党历次代表大会及中央全会资料》,第326页。
⑤ 《中国国民党历次代表大会及中央全会资料》,第317—318页。
⑥ 《徐谦在武阳夏党员大会上的演说》,《汉口民国日报》,1927年2月26日。

出席第三国际会议，接洽中国革命与世界革命的关系问题。《决议案》甚至提出，应由第三国际派负责同志加入国民政府及省政府。

北伐出师之后，群众运动有了迅猛的发展。会议通过的《对全国人民宣言》提出："要用种种方法继续援助工人、农民和城市一般民众的革命运动及改良他们本身生活的争斗。"《宣言》表示，将设立农政部及劳工部，"实现本党的农工政策"①。在讨论中，孙科说："革命根本问题为农民解放问题。中国人民中百分之七八十为农民，如农民解放运动做不到，国民革命即难成功。"②邓演达说："乡村农民之兴起，参加政治斗争，打碎封建思想，其结果非常伟大。"他热情肯定了湖南、湖北、河南等地农民运动的成绩，认为"如旁观或制止即系自杀"，主张"令农民放胆去做"③。会议除通过《农民问题决议案》外，又通过了《对全国农民宣言》。《农民问题决议案》提出了当时应立即实行的十条事项，如：建立区乡机关、设立土地委员会、在本年内完全实行减租百分之二十五、依法没收贪官污吏、土豪劣绅及一切反革命者的土地财产，明令禁止高利盘剥、赋予区乡自治机关管理粮食出境的权力等④。《对全国农民宣言》指出：中国国民革命的目标在于使农民得到解放，肯定革命"需要一个农村的大变动"，"使土豪劣绅、不法地主及一切反革命派之活动，在农民威力之下，完全消灭"；使农村政权转移到农民手中。《宣言》表示，为保障胜利，农民"应得到武装"，"本党决计拥护农民获得土地之争斗"⑤。《农民问题决议案》与《对全国农民宣言》均由中央农民运动委员会提出，又经会议指定徐谦、恽代英、王法勤、邓演达、吴玉章、詹大悲、顾孟馀、邓懋修、毛泽东组成审查委员会修订，其中不少观点和毛泽东的《湖南农民运动考察报告》相一致，显然有他的手笔在内。

---

①　《中国国民党历次代表大会及中央全会资料》，第 306 页。

②　《中国国民党第一、二次全国代表大会会议史料》，第 830 页。

③　《中国国民党第一、二次全国代表大会会议史料》，第 845 页。

④　《中国国民党历次代表大会及中央全会资料》，第 328—330 页。

⑤　《中国国民党历次代表大会及中央全会资料》，第 308—311 页。

　　为了镇压农村反动势力,会议批准了董用威(必武)代表湖北省党部提出的《湖北省惩治土豪劣绅暂行条例》与《湖北省审判土豪劣绅暂行条例》。

　　四、否定非法选举,打击了右派势力。1926年12月,广东省党部召开代表大会,选举省党部执行委员。在陈果夫操纵下,以中央名义指定若干人加入预选,然后再以政治会议广州分会名义圈定15人,结果,使右派当权。其后的江西省和广州特别市党部选举都存在类似情况,为此,会议不顾陈果夫的抗辩,通过了张曙时等人的提案,指出上述选举"违背总章,应由常务委员会令其从速改选"①。会议并接受暹罗支部控告,批评萧佛成的言论与行为,决定停止其中央委员职权,解除其在暹罗的一切职务。

　　五、改选并组成了新的党、政领导机构,其结果为:

　　常务委员九人:汪精卫、谭延闿、顾孟馀、徐谦、蒋中正、吴玉章、陈公博、孙科、谭平山。

　　中央各部长:组织部部长汪精卫、宣传部部长顾孟馀、农民部部长邓演达、工人部部长陈公博、商民部部长陈其瑗②、妇女部部长何香凝、青年部部长孙科、海外部部长彭泽民。

　　政治委员会:宋子文、宋庆龄、王法勤、林祖涵(伯渠)、陈友仁、邓演达。

　　政治委员会主席团:汪精卫、谭延闿、孙科、顾孟馀、徐谦、谭平山、宋子文。

　　军事委员会:蒋中正、冯玉祥、唐生智、程潜、李宗仁、何应钦、李济深、朱培德、张发奎、谭延闿(以上为军人)、汪精卫、孙科、徐谦、邓演达、顾孟馀、宋子文。

　　军事委员会主席团:汪精卫、徐谦、谭延闿、蒋中正、邓演达、唐生

① 《中国国民党历次代表大会及中央全会资料》,第338—339页。
② 后改选王法勤。

智、程潜。

国民政府委员：汪精卫、谭延闿、于右任、程潜、孙科、李宗仁、黄绍竑、徐谦、蒋中正、宋子文、朱培德、李济深、唐生智、冯玉祥、陈友仁、顾孟馀、谭平山、孔庚、杨树庄、柏文蔚、钮永建、何应钦、彭泽民、经亨颐、宋庆龄、王法勤、吴玉章、陈调元。

国民政府常务委员会：汪精卫、谭延闿、孙科、徐谦、宋子文。

根据上述名单，蒋介石虽然还担任常务委员、军事委员、军事委员会主席团委员、国民政府委员等四项职务，但已从权力高峰上跌落下来，而汪精卫则上升到了前所未有的高度。

3月20日，国民政府委员在武昌举行就职宣誓，誓词为："余敬谨宣誓，余将恪遵总理遗嘱，服从党义，奉行国家法令，忠心并努力于本职，并节省经费。余决不雇用无用人员，不营私舞弊及接受贿赂。如违背誓言，愿受本党最严厉之处罚。"①至此，新的一届国民政府正式成立，二届三中全会似乎功德圆满了。

二届三中全会是国民党左派和中国共产党人的一次空前的胜利。它完成了1926年中央各省区联席会议未能完成的任务，纠正了二届二中全会所作出的许多错误决定，使它成为一大、二大以后国民党史上又一次充满革命热情和气氛的会议。但是，兴高采烈的左派们很快就发现，他们的胜利远不是巩固的，因为蒋介石还掌握着军权。当纸上的宣言和决议与枪杆子发生矛盾的时候，前者显然不能与后者较量。

第二节　北洋军阀以奉系为中心的"联合"

一　杜锡珪、顾维钧内阁的交替

北洋政府内阁生存的关键是必须得到军阀实力派的支持。随着吴

---

① 《国民政府委员前日就职》，《汉口民国日报》，1926年3月22日。

佩孚军事上屡屡败北,势力日衰,替他支撑政局的杜锡珪内阁日益凋零,难以继续。实力雄厚的奉系虽有谋求北洋盟主宝座的意愿,但认为直接出面问鼎中央政权的时机尚未成熟。这种青黄不接的局面促成了顾维钧内阁的产生。

8月中旬,国民革命军渡过汩罗江,进逼湖北。21日,吴佩孚从长辛店匆匆启程回鄂。他命齐燮元代行总司令职权,指挥北方军事;命田维勤等部扫数南下。同日,刚上任两个月的国务总理杜锡珪通电辞职。8月底,北伐军勇克汀泗桥、贺胜桥,吴军溃退武昌,从此一蹶不振。9月4日深夜,张宗昌突然颁布北京戒严令,吴佩孚委派的京畿卫戍司令王怀庆被迫出走,卫戍军被缴械。张作霖指派奉军第十军军长于珍为卫戍司令,直系完全失去控制北京的权力。接着,吴军搜括军饷的重要地区保定、大名也落入直鲁联军手中。张作霖早已垂涎于吴军控制的保定、大名地区。17日,张作霖密令张宗昌、褚玉璞:"时机已至,亟应依照原定计划,相机前进。"①25日,张、褚以援鄂为名,令直鲁军分六路向保定、石家庄一线出兵。吴佩孚派人前往交涉,仅得到维持现状,暂缓增兵的允诺。10月10日,国民革命军攻克武昌,吴军败退河南。三日之后,褚玉璞指挥约四个师兵马开抵保定。保、大地区的行政权、税收权全部转落褚氏囊中。

吴佩孚军事上的惨败加重了杜锡珪内阁的信誉危机。以借债度日的内阁几乎告贷无门。为应付中秋节关,财政总长顾维钧四处奔走,筹措经费。当时,"民九内债"行将期满。海关偿付该项内债的年例为1100万元。北京内阁计划以此款为担保,发行"十五年公债"2500万元。这一计划立刻遭到列强的反对。8月24日,美国驻华公使马慕瑞(J. V. A. MacMurray)致函北京政府外交部,声明"民九内债"还清后的款项,应用以偿还积欠已久的美债,中国政权"无权"利用此款作新内债

---

① 《张作霖致张宗昌电》,辽宁省档案馆编:《奉系军阀密电》第3册,中华书局1987年版,第144页。

的担保①。数日之后,英、法、日公使相继表示抗议。北京内阁无奈,决定缩小公债的金额及用途,改名为"秋节库券"。为此,顾维钧专门宴请银行界巨头,进行推销,但众人因总税务司安格联(Sir F. A. Aglen)不允担保,不肯承募。9月16日,财政部硬着头皮宣布,发行"十五年秋节库券"300万元。该库券一反惯例,没有总税务司提供的保管基金,不经银行承销,而作为现款支付中秋节军政费。历来节关,财政部至少要筹到三四百万现款。但这次除难以兑现的库券外,仅仅筹到现款一百余万。怎样应付各方的索薪索饷,度过节关,成为杜锡珪内阁焦虑的中心。

之后,果然发生了军警闹饷的风波。9月18日,国务院举行特别会议,讨论中秋节军政费分配方案。顾维钧提出,由于所筹现金有限,各机关薪饷只能发现金四至七成不等,不足之额,以国库券凑数。正在磋商之际,京畿宪兵司令王琦率领大批军警到会索饷。他声称,节关已届,京师军警须开饷80万,并坚请财长面洽。持枪荷弹的军警们把国务院围得水泄不通。他们大吵大闹,要支全薪。交通总长张志谭、内务总长张国淦自愿出面斡旋。二张往返周折,巧言相劝,但军警们一口咬定只要现金,不要国库券。僵持到夜深,全体阁员"被困于内阁会议室,饮食俱无"②。顾维钧踌躇再三,勉强应允筹足警饷,阁员们才得以脱身出院。

虎视眈眈的军警们紧随顾维钧回寓,守候财长签发支票。顾维钧请杜锡珪出面疏通,恳求周转时间,但武夫们仍不肯通融,扰攘不休。20日,杜锡珪搬动中国银行副总裁张嘉璈,交通银行副总理卢学溥出面解围,决定由中、交两行开库兑现,当场签发支票75万元、国库券25万元,军警们才悻悻而去。

财政部罗掘到的现款一多半被京师军警强行索去,余额扣除必须

---

① U. S. Dept. of State, *Papers Relating to the Foreign Relations of the United States*, 以下简称 *FRUS*, 1926, Vol. 1, Washington, 1941, p. 959。

② 《顾维钧回忆录》第1分册,中华书局1983年版,第291页。

支付张作霖、吴佩孚、张宗昌三处协饷若干万元，所剩无几。以此分配各行政机关政费，仅敷一二成。连京官的度日费用都难以支付，北洋内阁的财政确已陷入山穷水尽的困境。

这场军警索饷的劫难，使早萌退意的杜锡珪决定立即辞职。他几次三番劝说顾维钧出面收拾残局。顾维钧先派人赴沈阳探问奉系意图。奉系主要谋士杨宇霆、郑谦主张对中央不取虚名，专收实权；对各省得寸进尺。张作霖采纳此议，表示对中央政治仍守盟约，不便过问。顾维钧又派人与吴佩孚商量。吴佩孚正当兵败之余，听说接替人选是与直系素有渊源的顾维钧，自然没有意见。

10月1日，北京政府再次改组，国务院以摄行大总统令特任顾维钧代国务总理。顾维钧对原内阁进行了局部更动，外交部：原总长蔡廷幹"对南方局势的进展甚为敏感"，以入院就医表示决绝①，顾维钧兼任外长。财政部：特任张宗昌保举的潘复署总长，潘复未到任前，派财政次长夏仁虎暂行代理部务②。顾维钧对人说，以潘应付直鲁联军，以夏交涉奉系，"如两无办法，政府亦可告无罪"③。内务部：总长张国淦因节关发薪，大受部员纠缠，坚辞不干，任命顾维钧的密友汤尔和署总长。其余人选未动。当时的北京内阁，各方都视为无足轻重的摆设。只因它维持外交，对内藉以筹饷，所以一息尚存。

顾维钧决定出马接任的重要原因之一是，修约交涉已进入关键时刻，不容政府中断。顾维钧在就职演说中说："现在外交格外困难，既有要案当前"，"不得不勉为支撑一时"④。当时，清政府同比利时、日本、西班牙等国签订的不平等条约先后满期。北京内阁的外交官们试图通过外交谈判的途径，解除不平等条约对中国的束缚。

---

①　《顾维钧回忆录》第1分册，第296页。

②　《政府公报》第3767号，1926年10月7日。

③　魏元晋：《曹锟贿选前后北洋政府财政状况》，广东政协编：《广东文史资料》第28辑，第250页。

④　《申报》1926年10月6日。

在期满各约中,《中比通商条约》首当其冲。该约签署于 1865 年,规定每十年可修改一次。到 1926 年 10 月 27 日,时届第六次十年期满。当年 4 月,北洋政府外交部曾照会比利时政府,声明旧约到期失效,要求缔结平等新约,但交涉一直进行得很不顺利。顾维钧主阁后,于 10 月 17 日召开国务会议,研究对策。与会者一致认为:如果提出废约,可能引起列强"重大反感",促使它们联合干涉。因此,政府应"重在将来新约结果消除一切不平等之内容";修约期间可以实行"临时办法",同时限期订立新约,以免殖民特权无限期延长①。北京政府随即照会比利时政府,要求 6 个月内订立新约,但比利时政府立即拒绝,声称"临时办法"的有效期必须延至新约实行之日。比方声色俱厉地威吓道:如遇不测,比国将以《辛丑条约》及华盛顿会议签字国资格,对华"继续维持旧状"②。10 月 28 日,北京政府外交部提出最后修正案,比方迟迟不予答复,双方交涉告危。其焦点最后集中于是否限期订立新约。比方企图延宕新约订立,继续维持其殖民特权;中方力求限期订立新约,废除比方在华特权。

在北京政府的外交家们苦心竭虑,从事秘密外交的同时,民众的废约运动日益激昂喧腾。率先奋起抗争的是以比利时华侨为首的海外同胞。10 月 20 日,旅居德、荷、奥、比等国的侨民代表 53 人集会比京,决议组织旅欧华侨废除中比条约代表团,召开旅欧华人废约代表大会。代表团呼吁全国同胞"于比约期满之日,即实行示威、抵货,并督促政府执行国定税则,收回法权"③。27 日,中比条约期满,代表团及旅比侨胞在布鲁塞尔举行游行示威。比利时当局派出大队武警,拳棍交加,横加拘捕,但侨胞们前仆后继,英勇抗争。

---

① 《外交部致驻比王公使电》(1926 年 10 月 18 日),《北洋政府档案》,1039,6。

② 《比华使致外交部备忘录》(1926 年 10 月 26 日),《北洋政府档案》,1001(2),1435。

③ 《旅欧华侨废约代表团宣言》(1926 年 10 月 21 日),《广州民国日报》,1926 年 11 月 30 日。

比京爱国侨胞游行的同一日,全国学生总会发表《废除中比商约宣言》,号召全国朝野上下,敌忾同仇,以不妥协之态度,宣告条约无效①。30 日,全国商会联合会议决"旧约须完全作废","新约草案须彻底公开","反对临时协定"②。31 日,上海总工会发表宣言,声明"北京政府与比公使秘密交涉,希图延长","誓不承认"③。一时间,各界民众团体函电交驰,群情激愤。北京、上海、天津、广州等地报纸纷纷发表文章,大量报道、评论民众废约运动,同时抨击北京政府外交方针"一味秘密"④,"软弱无能"⑤,"丧权媚外"⑥,"欺骗国民"⑦。就连以稳重著称的《晨报》也要求北京政府"采取强硬态度",否则"将为国家之罪人"⑧。

在形势逼迫下,北京外交官们的态度渐趋强硬。10 月 30 日,外交部训令驻比公使,对比利时当局镇压侨胞的暴行提出严重抗议。同时针对比方久不置复的延宕策略,议决作最后催促。11 月 4 日,照会经阁议通过,当日送达比使馆。外交部秘书奉命声明:"如一日之内无答复,或答复不能满意,中国当自行宣布条约失效"⑨。翌日,比利时公使特访外长顾维钧,面递拒绝修约的备忘录,宣告"中止"谈判,将争议提交海牙法庭⑩。这样,北京政府就被逼上了梁山。

外交部接到比方备忘录后,立即紧急行动,草拟废约文件。外长顾维钧等通宵达旦,彻夜未眠。6 日上午,内阁开会,经长时间讨论,决定

---

① 《广州民国日报》,1926 年 10 月 28 日。

② 《晨报》,1926 年 10 月 31 日。

③ 《上海总工会废除中比商约宣言》,《申报》1926 年 10 月 31 日。

④ 《一周间国内外大事记要》,《国闻周报》第 3 卷第 42 期,1926 年 10 月 31 日。

⑤ 《大公报》,1926 年 10 月 26 日。

⑥ 《商报》,1926 年 11 月 3 日。

⑦ 《中南晚报》,1926 年 11 月 1 日。

⑧ 《晨报》,1926 年 10 月 25 日、31 日。

⑨ 《时报》,1926 年 11 月 10 日。

⑩ 《比华使致外交部备忘录》(1926 年 11 月 5 日),《北洋政府档案》,1001(2),1435。

以摄行大总统令宣布中比条约"失效"①，并将中比交涉案一系列主要文件公布于众。随后，北京内阁陆续颁布了一批法令，废除比利时在华特权。但是，这些措施基本上是纸上谈兵，摇摇欲坠的北京内阁已无力付诸实施。

废止中比条约成为轰动一时的要闻。自鸦片战争以来，中国官方第一次不顾另一缔约国的危言恫吓，毅然决定废止一项旧的不平等条约，引起了广泛的关注。路透社发自北京的专电报道说："外交界视取消中比条约为中国多年来最重要之事。"②美国驻华公使马慕瑞焦虑不安，主张干涉。他认为，北京政府"实际上开始撕毁条约"，条约所规定的领事裁判权将"如同废纸"。他建议，国务卿以个人身分对中国政府施加影响，"制止"废约运动③。马慕瑞的态度在列强驻华使节中很有代表性，反映了殖民统治者对即将丧失侵略特权的恐惧和恼怒。英国官方则公开表示不满。外交次长蓝普森(M. W. Lampson)在众议院发表演说，声称根据中比条约，"中国政府无提议修改该约之法律上权力"④。日本外相币原虽然拒绝对中国提出强硬的联合抗议，但仍然希望国际联盟能发挥制裁作用⑤。可见，顾维钧废约之举确实触及了列强的痛处。

中比《通商条约》虽然废除了，但是，修订《中日通商行船条约》的谈判却毫无成效。该约签署于1896年，至当年10月19日期满。当月16日，日本驻华公使芳泽谦吉拜访顾维钧，探询中方意向。19日，北京政府举行国务会议，讨论谈判原则。与会者认为：旧约的关税法则、领事裁判权、航权等项条款，未能互惠平等，应于期满失效。双方应依据邦交平等原则，即日商定新约。会议原则通过外交部拟

---

①　《政府公报》第3796号，1926年11月7日。

②　《申报》，1926年11月8日。

③　FRUS, 1926, Vol. 1, pp. 996 - 997.

④　《申报》，1926年11月27日。

⑤　FO, 405, Vol. 252A, p. 148.

定的废除期满旧约的照会。翌日，外交部官员一再润色文稿，力求措辞委婉。

20日，北京政府外交部照会日本驻华公使芳泽，提议"根本改订"两国商约，在六个月修约期内，"如新约不能如期成立，中国政府保留对于旧约表态之应有权利"①。对此，已经取得在华重大经济权益的日本当然不肯轻易让步。29日，芳泽夜访顾维钧，提出质询。11月上旬，北京政府宣布"终止中比条约"，并设立以顾维钧为会长的外交部条约研究会，专门研究修改不平等条约。10日，芳泽照会外交部，声明日本政府同意开始修约谈判，商议改订税率及某些通商条款，但拒绝对条约进行根本修正，否认中国政府的保留权。次日，北京政府将中日双方照会公布于报端，以期唤起公众舆论的声援。

然而，日本政府已将谈判眼光转向南方。11月底，日本内阁派外务省条约局长、关税会议和法权会议的代表佐分利出京南行。12月1日，佐分利在上海邀集国民党上海市党部和江苏省党部、中国学生总会、上海学生联合会及各青年团体代表，征询政见。

面对强国日本的冷遇，北京内阁束手无策，中日修约谈判被搁置一旁。与此同时，中国与西班牙、法国等国的修约交涉均虎头蛇尾，不了了之。

废除中比条约和修约外交是复杂的历史因素交叉影响与相互制约的产物。顾维钧等人不赞成反对帝国主义，不赞成以革命手段废除不平等条约，因而不能从根本上改变中国外交的屡弱地位。从这一点看，他们与国民革命倡导的废约运动有区别。但是，他们的修约活动毕竟曲折地反映了中国人民要求国家独立和民族解放的愿望。在北洋政府残破不堪的困境下，他们折冲樽俎，努力从列强手中收回失去的民族权益。应该承认，这是爱国主义的行为。

---

① 《东方杂志》第23卷第23号，第144页。

二　天津会议与张作霖就任安国军总司令

第二次直奉战争后,奉系的力量迅速扩张,政治野心也随之膨胀。国民革命军开始北伐后,奉系觉得有机可乘,一面暗中和广州国民政府联络,希望假手北伐军打击吴佩孚和孙传芳,一面以"反赤"为名,作出援助姿态,力图抢夺吴、孙二人的地盘。

1926 年 7 月,奉方向国民党北京政治分会的李石曾等人提出:"粤中宜采远交近攻之法,与奉联合。"①同时,谭延闿也派杨丙赴奉联络。1922 年至 1924 年期间,孙中山曾和张作霖、段祺瑞等缔结反直同盟,杨丙到奉后重提旧事,希望建立新的联盟,声称"此番用兵之原因,只全在吴一人"②。8 月 17 日,蒋介石又派蒋作宾赴奉谈判。奉方表示:"绝不援吴","绝不援孙","无论如何,不使孙全部力量对北伐军作战"③。9 月下旬,蒋作宾南归,杨宇霆、张作霖分别致函张静江、蒋介石、谭延闿等人,追述奉粤合作历史,声称"时事益棘,非得海内二三豪杰出而合力挽救,不足以奠国本"④。一时间,奉系与国民党的关系似乎再次热络起来。

奉系联络广州国民政府的话说得虽很甜美,但提出的条件却很苛刻:一、南北将领联合拥戴张作霖为总统,取消国民政府;二、粤、贵、川、黔、湘、鄂、闽、赣、浙、滇十省归粤,苏、皖归奉;三、川、滇由蒋介石自由解决,冯玉祥、吴佩孚由奉方自由解决⑤。这些条件中,取消国民政府,听任奉系解决冯玉祥都是广州国民政府绝对不能接受的。中共中央也

---

①　《陆山致畏公(谭延闿)密函》,中国第二历史档案馆藏。

②　《杨丙致谭延闿密函》,中国第二历史档案馆藏。

③　《蒋作宾致蒋介石函》,革命文献拓影,北伐时期第 5 册,台湾大溪档案。

④　《杨宇霆致张静江等函》,手迹,中国第二历史档案馆藏,台湾大溪档案。

⑤　《中共中央文件选集》(2),第 419、478 页;参见《张静江、谭延闿致蒋介石函》,1926 年 9 月 10 日,革命文献拓影,北伐时期第 5 册,台湾大溪档案。

认为该条件"十分奸险",主张一面拖延时间,一面增兵入赣,迅速解决孙传芳之后再与奉系谈判;后来又建议:1. 在奉系势力之下,各地一切政治设施,奉张均可自由为之,即张要做总统也不反对;2. 奉方如不进攻国民军与国民政府,国民政府也不反奉。3. 江苏、安徽地盘归属问题,视哪方面的军队先取为断。如奉方先取,可以属于奉方①。谈判久拖不决,双方都虚与委蛇,希望争取时间,实现各自的计划。

北伐军攻克武昌后,吴佩孚已一蹶不振。11 月初,孙传芳又在江西大败,狼狈逃回南京。在吴、孙都遭到沉重打击的情况下,张作霖于 11 月 11 日入关,抵达天津,邀请北洋各派代表聚会津门,商讨对策。13 日,张宗昌应召到津,谒见张作霖,提出"援孙"、"援吴"应当双管齐下。14 日,张宗昌、褚玉璞、张学良、韩麟春、吴俊陞、汤玉麟等奉鲁系将领及吴佩孚、孙传芳、阎锡山等人的代表出席,到会者二百余人。张作霖主持会议,声称"北赤虽灭,南赤未除",我辈"仔肩尚未能尽卸"②。15 日,奉鲁要人二十余人在蔡园举行秘密会议。会议决定:南方军事,直鲁联军援孙,奉军援吴,但出兵之前应征得吴、孙同意;西北军事,协同阎锡山,箝制冯玉祥军队在甘、陕的活动;中央政局,仍采取不干涉主义。会议表明,奉系对待时局的方针仍是先军事,后政治,而其军事重心,自国民军从华北败退后,已转向南方。虽然张宗昌等人对南下扩张地盘早已跃跃欲试,可是张作霖感到,北伐军气势逼人,奉鲁军不宜与吴、孙残部硬撞,自伤元气。他采纳杨宇霆等人的建议,以联合抗敌为号召,兼并北洋各派。因此,天津会议的关键议题之一是争取吴、孙对奉鲁军南下的赞同。

吴佩孚在天津的代表有三四人之多,但张作霖觉得他们不足以决定大事,于是,一面致电吴佩孚,要求迅速派全权代表来津,一面集中主

　　① 《中共中央文件选集》(2),第 408、419—420 页;参见《张静江、谭延闿致蒋介石函》,1926 年 9 月 10 日,革命文献拓影,北伐时期第 5 册,台湾大溪档案。

　　② 《晨报》,1926 年 11 月 16 日。

要精力,规劝孙传芳的代表杨文恺。杨文恺携有孙传芳的亲笔信,经过济南时首先拜会张宗昌,表示"请效帅同心合力,加以援助"①。到津后,立即拜见张作霖,说明孙传芳实力尚存,"目下所需,首在饷械,不在兵力";倘若反攻无效,再请予以实力援助②。可见,杨文恺的使命是借饷不借兵。天津会议开始后,奉鲁系将领气焰嚣张,杨文恺见此,知道奉鲁军南下已如箭在弦上,不敢再拦,便以讨论南下手续为题进行商谈,同时,密电孙传芳,请速择高策。

18日晚,孙传芳轻车简从,微服抵津,立召杨文恺同赴蔡园,拜见张作霖。当时,张宗昌等人也在座。张作霖与孙素未谋面,张宗昌与孙虽曾互换兰谱,也始终没有见过。孙传芳的突然到来,一座皆惊。一年前,孙传芳曾在江南发动反奉战争,对此,孙传芳首先表示歉意,向张作霖深鞠一躬,表示"对不起大帅"③。接着陈述说:"党军势日猖獗,星星之火,已成燎原。此次北上,一方面系当面负荆,自承贻误大局有负诸公之罪;一方面请诸公彻底解决,尽力对南。"他表示,愿督率士卒,与党军决一死战④。在讨论军事部署计划时,孙传芳婉言提出:苏、浙、闽、皖尚有大兵二十余万,希望奉鲁在饷械上予以充分接济,以便反攻⑤。孙的意见遭到张宗昌的强烈反对,张称:"敌已升堂,若待其入室,则事不可为。鲁军因合作关系,义难坐视,应出兵援助,戡定长江。"⑥孙传芳见势难再挡,退步答道:"如果鲁军决定仗义南下,本人当率所部,暂退回浙,庶鲁军可以事权统一。"⑦这时,张作霖转圜说:"鲁军南下,系

①　《晨报》,1926年11月15日、18日。

②　《晨报》,1926年11月15日、18日。

③　杨文恺:《孙传芳反奉联奉始末》,全国政协编:《文史资料选辑》第35辑,第111页。

④　《晨报》,1926年11月21日。

⑤　《申报》,1926年11月24日。

⑥　《申报》,1926年11月24日。

⑦　《申报》,1926年11月24日。

善意之援助","只能担任后方应援,不能为苏军担任前线。否则鲁军宁可不动,以免误会。"①孙传芳解释说:"本人对于鲁军南下十分谅解。惟因军权上指挥统一起见,故请鲁军到苏独当一面,本人率部在浙江独当一面,以收协攻之效。"②此议正中张宗昌下怀,他提议就此表决。但张作霖不愿当场拍板。拦阻说:"效坤勿性急!大举动员,尚应从长商议。鲁军南下,地理不熟,只能担任二线,第一线仍请苏军任之。"③最后,张作霖劝孙立即返回南京,迅速布置,奉鲁大军将随之南下。孙传芳告辞后,奉鲁首领连夜开会,商议出兵办法。张作霖电召杨宇霆来津,参与最后决策。

　　20日,再次在蔡家花园召开军事会议。孙传芳又一次当众引咎自责,声称本人决不回任,将浙江委托陈仪、江苏委托卢香亭,安徽委托陈调元,"此后东南大计,悉听雨、效两帅主持。"④张作霖假惺惺地拍案起立说:"吾辈同心讨赤,系道义结合,岂肯利人之危,图得地盘!"⑤张宗昌也随声附和。接着,孙传芳提议,"联合讨赤"不能群龙无首,应推举张作霖为北洋首领。张作霖故作谦虚,但众将领一致拥护。会议决定,公推张作霖为全国讨赤联合军总司令,吴佩孚、孙传芳、张宗昌、阎锡山为副总司令,决议先派人征求吴、阎的意见,再发通电。关于奉鲁军南下问题,会议决定:津浦线,由张宗昌、褚玉璞担任,张宗昌率队行先南下,赴宁坐镇,布置作战上一切计划,鲁军一二日内即行发动;京汉线,请吴军从速向前反攻,奉军由韩麟春统率,陆续南下援助;海路方面,渤海舰队、东北舰队当同时出动,将来须封锁海口,断绝国民革命军外援⑥。

---

① 《申报》,1926年11月24日。

② 《申报》,1926年11月24日。

③ 《申报》,1926年11月24日。

④ 《新闻报》,1926年11月25日、26日。

⑤ 《新闻报》,1926年11月25日、26日。

⑥ 《顺天时报》,1926年11月22日。

　　至此,天津会议暂告段落,张宗昌于 22 日回济南调兵南下,孙传芳借口养病,留滞津门。此次,他亲自北上乞援,拥奉为主,被奉鲁将领夸为"能屈能伸,识时务之俊杰。"①其实,他也有难言的苦衷。孙传芳败回南京后,曾邀请段祺瑞、吴佩孚的代表到南京聚会,企图策动"段、吴、孙三角联合,共同抵御国民革命军"②。会议上,段、吴代表相互攻讦,结果不欢而散。这样,他才不得已掉转头来乞怜于奉系。

　　正当张宗昌得意洋洋调兵遣将之际,杨宇霆应召到津。他认为,南下出兵必须十分审慎。其理由:第一,仅由津浦路出兵,孤军深入皖、赣,侧翼有被袭之虞,非同时由京汉路进兵不可。然而,吴佩孚对奉军假道京汉线尚无赞同表示。吴系大将靳云鹗、田维勤等态度更为暧昧。如果强行由京汉线南下,恐怕引起意外。第二,即使能由京汉线进兵,京汉、津浦两路相距太远,战线过长,以现在奉鲁军的兵力、财力,难敷分配。因此,以休养兵力、相机进取为上策。第三,奉鲁军进取过急,东南联军将领为自身利害计,可能有意外变化。第四,阎锡山骑墙已是众人皆知,奉方应有相当的防备③。25 日、26 日,各方接连在蔡园会商。张作霖、孙传芳一致同意杨宇霆意见,决定鲁军负责保守安徽及长江北岸,孙传芳克日回宁,严守苏、浙两省。深夜,张作霖急电张宗昌,南下鲁军以浦口为止,切勿渡江,并命他迅速来津,指授方略。27 日,鲁军前锋渡江,开到南京下关。28 日,又遵命撤回浦口。这样,孙传芳不仅保全了苏、浙两省,而且暂时保全了皖南,为说服皖军南撤,留下了缓冲余地。奉系主要谋士杨宇霆的参与,重新调整了孙传芳与奉鲁军的关系。孙传芳对联合作战的积极性顿时高涨。他决定积极进行捧张作霖为北洋盟主的效忠活动,以换取奉系对自己的真心援助。

---

　　① 《新闻报》,1926 年 11 月 26 日。

　　② 杨文恺:《孙传芳反奉联奉始末》,全国政协编:《文史资料选辑》第 35 辑,第 110 页。

　　③ 《晨报》,1926 年 11 月 28 日。

29 日,张宗昌返回天津后,蔡园会议继续召开。关于联军名称问题,杨宇霆认为,"讨赤"二字,范围太狭,建议改称"安国"①。张作霖、孙传芳、张宗昌都表示赞同。于是,由孙传芳草拟推戴电稿,分电各省。奉鲁将领及孙传芳的部将纷纷复电赞成,但是,吴佩孚及部下各将领,除寇英杰派代表星夜赴津签名外,均置之不理。张作霖见此,有些犹豫。孙传芳、张宗昌二人交口劝进,张作霖便点头应允。30 日晚,孙传芳领衔通电,推戴张作霖为安国军总司令。该电声称:"赤逆披猖","邪说横行","仗义讨贼","自非有统一指挥之谋,难收提纲挈领之效"云云②。电报上列名的还有:吴俊陞、张宗昌、阎锡山、商震、寇英杰、陈调元、张作相、卢香亭、韩麟春、高维岳、周荫人、陈仪、褚玉璞、刘镇华共16 人。被列名的将领并非全是竭诚的推戴者。以投机善变著称的阎锡山,正在盘算押宝的方位。商震、陈调元、陈仪等人也都各有打算。

12 月 1 日,张作霖在蔡园举行就职仪式。他身穿礼服,向天跪祷,由郑谦宣读"告天文",随即启用印信,任命孙传芳、张宗昌为安国军副司令。并于当日发表就职通电称:"凡有敢于危害我国家安宁者,愿与同人共诛之,以全我安国军保安国家之夙志"③。通篇没有"讨赤"字样,显然采纳了杨宇霆的建议。但是,张宗昌、孙传芳并不把杨宇霆的主张奉为神明,张宗昌返回济南后,在就职通电中就说,"当克日兴师,协力讨赤"④。孙传芳也在南京就职演说中发誓:"虽有一兵一卒,亦当讨赤到底!"⑤数日之后,张作霖也感到自己的就职通电语义含糊,便于6 日发表宣言,声称:"吾人不爱国则已,若爱国则非崇信圣道不可;吾人不爱身家则已,若爱身家则非灭绝赤化不可"⑥。一时成为军阀们的

---

① 《新闻报》,1926 年 12 月 6 日。
② 《晨报》,1926 年 12 月 2 日。
③ 《北洋政府档案》,1039,8。
④ 《北洋政府档案》,1039,8。
⑤ 《时事新报》,1926 年 12 月 6 日。
⑥ 《世界日报》,1926 年 12 月 8 日。

"名言"。

　　安国军是军事联盟,可张作霖却摆出了一副问鼎政府元首宝座的架势。12月10日,安国军总部发表总司令部组织机构和人事名单,杨宇霆为总参谋长,下设三厅八处。这个庞大的机构,俨然像是只待挂出招牌的军政府。

　　张作霖认为,若要再高升一步,应当争取列强的支持。于是派出代表与英、法、美等国驻华使节频频接触。16日、17日,安国军总司令部的外交处长吴晋接连访问美国驻华公使马慕瑞。吴表示:张作霖不赞成民族主义者撕毁条约的企图。"他认为,根据现实条件不应该完全废弃外国人在华特权",仅须作某些修改。张作霖希望"列强以公道、诚恳的精神对待他"①。然而,尽管这位安国军总司令极力向帝国主义邀宠,但是,列强对其统治能力却越来越表示怀疑。就连一向支持奉系的日本也认为,"奉天派卤莽无谋,只知扩张势力",财政穷窘,政治腐败,危机四伏②。因此,列强公使团仅对张作霖就任安国军总司令表示了有限的善意。

　　张作霖在争取列强垂青的同时,尽力拉拢圆滑世故的阎锡山和高自标榜的吴佩孚,以便真正造成北洋各派"共戴一尊"的局面。12月8日,张作霖宣布特任阎锡山为安国军副司令③,阎锡山表面上声称愿追随张作霖,复电表示:"俟令文奉到后,即行就职。"④实际上,自此即无下文。

　　对于吴佩孚,张作霖没敢贸然请他屈就副司令,而是特派张景惠为专使,前往郑州商谈。奉方提出三种方案,请吴佩孚择一而行:一、统兵反攻武汉;二、出兵援助陕甘;三、赴京主持中央政局。吴佩孚表示:反攻武汉,自己任前敌总司令,请张作霖担任后方总司令;援陕军事应责

　　①　　*FRUS*,1926,Vol.1,pp.685‑686.

　　②　　《关于奉天派进入江北的对策文件》(1926年11月26日),《关于中国时局的对策文件之二》(秘密)1926年底。均见《日本外务省档案》,S16153。

　　③　　《世界日报》,1926年12月10日。

　　④　　《申报》,1926年12月13日。

成阎锡山出兵;北京政局听凭奉系主持①。但是,吴佩孚仍然拒绝奉军染指河南。12月9日,他致电张作霖,祝贺他荣升,表示自当竭力之所及始终合作,丝毫没有归顺安国军麾下之意②。张作霖无奈,只好暂时听任吴佩孚独扛"讨贼联军"的旗帜。

其实,吴佩孚"讨贼联军总司令"的头衔早已徒有虚名。与天津蔡园会议同时,吴佩孚也在郑州召开军事会议。除嫡系将领王为蔚和主张联奉的寇英杰等人外,盘踞河南的主要实力派靳云鹗、魏益三等人均借故不肯出席。当时,河南境内已四分五裂,各派拥兵割据,心怀异志。头号实力派靳云鹗与魏益三串通一气,早在九十月间就与北伐军秘密联络。11月间,武汉方面两次派代表到信阳谈判,因靳云鹗坚持以索取有利地盘为归顺条件,未能达成协议。其后,靳云鹗又与陈调元暗通声气,企图组织第三势力,相约"取同一步调","对付南北双方",共同抗拒奉鲁军南下③。当时,靳云鹗想进一步占据河南全省。但是,在没有与国民革命军达成正式协议并取得饷械援助之前,他不敢过早地行动。所以在表面上,仍与吴佩孚、张作霖虚与委蛇。整个河南,战云越来越密,终将导致硝烟再起。

通过天津会议,北洋将领在"安国军"旗号下实现了一定程度的"联合",张作霖登上盟主宝座,向着夺取国家最高权力前进了一大步,但是,这一"联合"并不巩固,由于内外的各种矛盾和困难,张作霖升任大总统的"好梦"一时还难以实现。

三　奉鲁军南下与吴佩孚集团的分化

天津会议使北洋军阀中两个主要实力派——奉鲁军与孙传芳联军

---

① 《新闻报》,1926年12月12日。

② 《吴佩孚致张作霖电》,《世界日报》,1926年12月11日。

③ 《北京政治分会关于军事、政治、外交之最近报告书》,《中华民国史档案资料汇编》第4辑,第1000页。

实现了联合。从此,北洋军阀纠集在安国军的旗帜下,开始了覆灭前的最后挣扎。

为实施天津会议的南下方针,筹措军费成为北京政府的首要政务。秉承张作霖、张宗昌的旨意,北京政府财政部先后决定印发奉天军票、直鲁军票各 1000 万①。以贪婪残暴著称的直鲁联军司令张宗昌,趁机在直隶、山东两省横征暴敛。在直隶:一、发行善后公债 1000 万元,其中长期 600 万元,由各县摊派,短期 400 万元,由各银行、公司、盐商分担;二、举办第六次公债 600 万元,向各县派销;三、预征明年钱粮 400万元;四、按亩抽"讨赤"特捐 400 万元;五、令开滦公司代筹军费 100 万元。以上五项,共达 2500 万元②。在山东更是征税机关,林立如麻;催租之吏,不绝于途。仅在丁、漕两项中就附征"讨赤特捐"1600 余万元③。同时,强行向各县摊派盐税国库善后公债 2000 万元④。这样穷凶极恶地搜刮民财,在北洋诸军阀中也不多见。

按照天津会议议定的军事部署,奉鲁军兵分两路。东沿津浦,西顺京汉,向中原、江南扩展。津浦一线,在天津会议期间已经出动的直鲁联军,暂以浦口为限,继续南下。由于孙传芳的合作,直鲁联军主力约六万余人顺利开抵皖北。

直鲁军南下,引起了江南各阶层人民的强烈抗议。当天津会议中有关消息刚一传出,江浙各团体便纷纷集会、通电反对。孙传芳于一片抗议声中返回南京,宣布就职后,立即召集苏、浙军政要人会议,再三强调与奉鲁军合作的必要性,下令浙、皖、苏三省各筹款 50 万,资助奉鲁军。他并且颁布军令十三条,规定凡阻止奉鲁军南下者,以"赤党"论罪⑤。

---

① 《申报》,1926 年 11 月 27 日、12 月 9 日。
② 《商报》,1926 年 12 月 6 日。
③ 《向导》第 177 期,第 1840 页。
④ 《申报》,1926 年 11 月 30 日。
⑤ 《申报》,1926 年 12 月 6 日。

最令孙传芳感到焦虑不安的是安徽总司令陈调元。陈惯于看风转舵，素以倒戈将军著称。奉鲁军南下，安徽首当其冲；北伐军东进，安徽也是必争之地。面对南北大军压境的局势，他不得不力谋自保。11月23日，陈调元致电张宗昌，表示"听候驱策，一致对敌"①。同时，又派参议唐养吾携带亲笔信赴九江向北伐军输诚②。孙传芳为控制皖军，电召陈调元到南京参与军事会议。陈不敢不来，但绝口否认正在与北伐军联络，声称愿与北洋派合作，并命蚌埠皖军向芜湖撤退，以示欢迎奉鲁军诚意。

就在孙传芳千方百计牢笼陈调元之时，浙江自治运动正紧锣密鼓，发动在即。孙传芳感到江南时局日趋紧迫，自己顾此失彼，力难从心，便邀请张宗昌速至南京，商议对策。12月18日，张宗昌抵宁，与孙传芳共同召集军事会议。陈调元、卢香亭、许琨等将领出席。经过数日磋商，决定陈调元部开往皖南，截断北伐军在赣、浙两省的联络线；直鲁军由皖北进驻芜湖、安庆；孙传芳以全力对付浙江。张宗昌还贪心不足地要索沪宁路，被孙传芳拒绝③。尽管张宗昌口头上天天叫嚷进攻北伐军，实际上只等孙传芳失败，乘机抢占江浙，坐收渔人之利④。

在津浦线上，直鲁军南下一帆风顺。而在京汉线上，奉军主力的进展却遭到阻碍。

战争时期风云多变，天津会议接近尾声时，西北战局急转直下。国民军胜利解围西安，刘镇华的镇嵩军全线溃退。12月3日，国民军越过潼关，进入豫西。国民军向中原挺进的消息使奉系首领大为震惊。6日，再次在蔡园举行军事会议。奉军将领一致认为，时局严重，万难坐视，决定将驻守保、大地区的褚玉璞军全部调往徐州，在北京一带的奉

① 《陈调元致张宗昌电》，《新闻报》，1926年11月24日。
② 《时事新报》，1926年11月28日。
③ 《晨报》，1926年12月23日；《申报》，1926年12月23日、25日。
④ 《北京政治分会报告书》，《中华民国史档案资料汇编》第4辑，第1011—1012页。

军即行南下,相机入豫①。南下奉军以荣臻部为先锋,以于珍部为续进,任命韩麟春为总指挥。自8日起,驻扎在京畿地区的奉军精锐第三、第四军团相继开拔,源源不断地沿京汉线南下。

吴佩孚仍然拒绝奉军入豫。12月6日,他致电奉方说:"奉军入豫增援,将领主张尚不一致,当再事疏通,借图圆满。前敌虽紧迫,尚堪支持,勿劳过虑"②。张作霖为尽量避免与吴军冲突,决定奉军暂缓入豫,改派于珍任总指挥,将重兵集结于直隶、河南交界的磁州。至此,直隶全境都被奉军占领。

吴佩孚退守河南后,四面受敌,特别是豫西,警报频传。豫西安危关系中州全局,吴佩孚不得不在郑州召集会议,与寇英杰、齐燮元、王为蔚、田维勤等商议援陕问题。12月14日,吴佩孚下令,派田维勤为援陕总司令,命他率领王维城、王为蔚等部火速西援;同时责成靳云鹗、魏益三等防守豫南③。命令发布后,各军皆置若罔闻。当月6日,靳云鹗公开发表《上吴佩孚书》,大谈"饥军不能应战"的种种内幕④。此时,连吴佩孚的嫡系王维城、王为蔚两部也声称,必须发放军饷才能开拔。一向刚愎自用的吴佩孚决定采取断然措施,整顿军纪。25日,他在郑州总部再次召集寇英杰、田维勤、王为蔚等将领密议,下令免去靳云鹗本兼各职,派寇英杰、田维勤、王为蔚等率部,星夜驰赴信阳明港一带,包围靳部,迫其缴械⑤。28日,吴佩孚宣布其罪名是:"使总前敌,时将两月,进取无闻","故鸣穷困,诉诸途人,足懈军心"⑥。但是,最令吴佩孚愤怒难容的还是靳云鹗与北伐军关系日密,正谋划归顺南方。24日,

---

① 《申报》,1926年12月11日。

② 《吴佩孚致张景惠电》,《申报》,1926年12月10日。

③ 《世界日报》,1926年12月17日。

④ 《靳云鹗上吴佩孚书》(1926年11月7日),《大公报》,1926年12月6日。

⑤ 《世界日报》,1926年12月29日。

⑥ 《吴佩孚再免靳云鹗职通电》,《大公报》,1926年12月30日。

吴佩孚致电齐燮元说:"豫南靳军甘图附逆"①,这才是吴佩孚下决心解决靳部的真正原因。

早在 11 月中旬,靳云鹗就对左右说:"消极而言保存,积极而谋发展,皆有与党方携手之必要。"②此后,他一面优礼唐生智派来的代表,一面派代表去汉口,磋商条件,准备在适当时候抗奉反吴。12 月 5 日,李大钊致函中共中央,认为国民政府的当务之急是"收纳靳、田、魏等,使之北拒奉,东拒鲁,西向潼关与国民军携手。"③李大钊建议,中共中央去函汉口方面,推进此项工作。

然而,靳云鹗此时还不愿意以本人的名义公开反对吴佩孚。他接到免职通电后,于 12 月 29 日复电称,愿遵令交卸,归省老母,"从此优游事外"④。但是,这不过是表面文章。背地里,靳云鹗指令心腹猛将第十四师师长高汝桐等人密谋反抗。30 日,高部第二十七旅旅长刘培绪率先发难,通电河南全省,号召"共举义旗",驱除吴佩孚、寇英杰⑤。其后,第十师任应岐所部第十九旅发动突然袭击,一度攻占郾城。面对反叛四起的局势,与寇英杰同赴豫南,执行缴械任务的田维勤中途告辞,表示中立。企图借机扩充军权的寇英杰反倒陷入困境,被迫退避襄城。

一波未平,一波又起。1927 年 1 月 14 日,与靳云鹗相从甚密的魏益三致电吴佩孚,要求与北伐军"暂为议和"⑥。吴佩孚连夜召开紧急会议,决定令王维城部南下,协助田维勤等部,解决魏益三。魏益三则公然调兵遣将,站在靳云鹗一边,与吴军相抗。

---

① 《吴佩孚致齐燮元电》,《晨报》,1926 年 12 月 31 日。

② 《北京政治分会报告书》,《中华民国史档案资料汇编》第 4 辑,第 1000—1001 页。

③ 《守同志来信》,《中央政治通讯》第 14 期,1926 年 12 月 15 日。

④ 《靳云鹗解职通电》,《益世报》,1926 年 12 月 31 日。

⑤ 《刘培绪讨吴通电》,《汉口民国日报》,1927 年 1 月 10 日。

⑥ 《晨报》,1927 年 1 月 19 日。

吴佩孚对靳云鹗、魏益三大动干戈，加速了靳、魏向北伐军的靠拢。靳云鹗通电卸职后，便秘密潜往武汉，要求"接济饷械"，以便联合魏益三，"肃清吴佩孚"，"直捣幽燕"①。随后又赶赴南昌，与蒋介石密谈驱吴反奉计划。北伐开始后，蒋介石一直对策反北洋将领十分热衷，曾任命靳云鹗为国民革命军第二十七军军长兼豫鄂边防督办，任命魏益三为第三十军军长。靳云鹗志在取得河南，不愿困守豫鄂边境，因此只受命，不任职。吴、靳冲突爆发后，形势急转直下，靳部师长任应岐于1月10日正式通电，宣布就任国民革命军第十二军军长职，公开标榜愿"追随蒋总司令""讨灭国贼"②。靳云鹗返回豫南后，加紧同魏益三、任应岐、高汝桐等人密谋策划。不过，表面上仍只是声讨寇英杰，并无一字攻讦吴佩孚。

这时，整个河南已处在风雨飘摇之中，大小军阀拥兵自重，各找出路，官吏幕僚纷纷准备逃亡。吴佩孚的高级幕僚杨云史有感时诗云："西风摇落日，吹角闭孤城。举国催筹饷，诸侯但拥兵。乱山围客梦，残月带鸡声。道路皆归计，萧萧我北征。"③确实，赫赫一时的吴佩孚的势力已经分崩离析，离末日不远了。

四　顾维钧内阁的改组

顾维钧内阁是以杜锡珪内阁代理者的身份出现的，在没有取得北洋军阀主要实力派奉系的切实承认之前，它难以安居其位。顾维钧"兼代"国务总理仅一个月，便于11月9日致电张作霖、吴佩孚、孙传芳、阎

---

① 《汉口民国日报》，1927年1月16日。

② 《任应岐致蒋介石、唐生智、邓演达、鲍罗廷等电》(1927年1月16日)，《汉口民国日报》，1927年1月21日。

③ 谭志清：《我所知道的靳云鹏和靳云鹗》，全国政协编：《文史资料选辑》第35辑，第244页。

锡山、张宗昌等，表示难以支撑，愿即引退，请各方"共发宏谟，早戡国是"①。11 月 28 日，顾维钧内阁全体阁员联名通电总辞职。19 天之后，再次通电辞职②，这一时期，北洋政权更形衰败，连装饰门面的内阁会议都难以凑集。

由于吴佩孚已明确表示，中央政权听凭奉方主持，因此，张作霖认为，组建新内阁责无旁贷。12 月 22 日，蔡园会议决定，以安国军总司令名义任命靳云鹏为内阁总理，内阁成员以奉鲁系为主干。张作霖之所以选中"儿女亲家"靳云鹏，除了靳与奉系素有渊源外，主要是想利用他拉拢其弟靳云鹗。靳云鹏提出，以北方各将领联电公推的形式产生内阁，而不由安国军总司令直接任命。张作霖对此也不反对，因此，靳云鹏兴致勃勃地拟定就职宣言，列举《施政大纲》十六条③。他声称："苟能出山，则当彻底的发挥国家主义。"④

不料平地起波澜。12 月 27 日，张作霖由天津抵达北京时，得知靳云鹗已被吴佩孚免职，利用靳氏兄弟牵制吴佩孚的计划成为泡影。他一时"心乱如麻"，电召杨宇霆入京，讨论改组内阁问题⑤。杨认为，目前时局的关键仍在军事而不在政治，主张"继续维持顾内阁"，"以表巩固与吴佩孚方面提携之意"⑥。张作霖的想法与杨宇霆不同，他属意于梁士诒，希望由梁出任内阁总理。然而，梁始终不肯出任。他向张作霖

---

①　《顾维钧致张作霖、吴佩孚、孙传芳、阎锡山、张宗昌电》，《顺天时报》，1926年 11 月 10 日。

②　《顾维钧内阁全体阁员辞职电》(1926 年 12 月 17 日)，《晨报》，1926 年 12 月 19 日。

③　《新闻报》，1926 年 12 月 23 日。

④　《大公报》，1926 年 12 月 24 日。

⑤　《北京政治分会报告书》，《中华民国史档案资料汇编》第 4 辑，第 1019—1020 页。

⑥　《杨宇霆接见日本记者谈话》(1927 年 1 月 7 日)，《顺天时报》，1927 年 1 月 8 日。

献策说："若事机未臻纯熟，袖手且处旁观，亦未尝非制胜之道。"①最后，奉系决定采纳杨宇霆的建议。1月7日，张作霖通电表示维持顾维钧内阁，并且劝顾："缺席阁员，补充足额，积欠政费，设法通筹"②。8日，吴佩孚致电赞成。这样，顾维钧内阁得以蝉联。

奄奄待毙的内阁出现了一丝生机。顾维钧经杨宇霆再三劝驾，开始张罗改组。他认为，北洋各实力派均应派代表入阁，以便协调政局。他首先请奉方推荐阁员，奉方表示无此必要，请他自行接洽。此时，署理陆军总长蒋雁行来电辞职，顾维钧认为，陆军总长本为奉系代表张景惠，决定请张复职。最令人头痛的是财政总长一席。张宗昌的赌友潘复觉得筹款实在艰难，要求转任交通总长。顾维钧只好另觅财长。他先同罗文幹商议。罗文幹认为"筹款毫无把握，且年关在即，尤觉不易"，因此坚决不干③。顾维钧再向其密友汤尔和求援，经再三敦劝，汤勉强应允。汤尔和调任后，内务总长出缺，顾维钧请阎锡山的代表田应璜补缺。不料，田以年老体弱为辞，坚决拒绝。顾维钧知道不可强求，便改派胡维德。其余五席原封不动，即：外交总长顾维钧、海军总长杜锡珪、司法总长罗文幹、教育总长任可澄、农商总长杨文恺。七拼八凑，新内阁班子总算凑齐。

1月12日，停顿了一个月之久的内阁终于重新开议。顾维钧以国务院摄行大总统名义，一连发布了五道命令："准免"颜惠庆内阁阁员职；"准免"杜锡珪、顾维钧两届代阁阁员职；"特任"顾维钧新内阁阁员职；"准免"顾维钧"兼代国务总理"职；"特任"顾维钧"兼署国务总理"④。从法律上讲，原顾内阁系代理杜内阁，杜内阁又系代理颜内阁，而颜内阁是依据曹锟时期的宪法复职的。对曾副署过讨伐奉系命令的

---

① 《梁士诒致张作霖电》，凤冈及门弟子编：《三水梁燕孙先生年谱》下册，第504页。

② 《张作霖致各方电》，《益世报》（北京），1927年1月9日。

③ 《顺天时报》，1927年1月13日。

④ 《大总统令》，《政府公报》第3855号，1927年1月13日。

颜内阁，张作霖一直心怀芥蒂。顾维钧改组内阁时，罗文幹主张彻底撇开颜内阁法统，奉系自然乐从。毁阁、造阁的命令同时发表，可见阁员们期望建造一个新壁垒，能得到奉系的真心支持，使此届内阁长寿。

其实，在奉系首脑心目中，支持顾维钧内阁改组只是权宜之计，一旦时机成熟，便自己登台执政。为培植奉系的政治势力，杨宇霆提出："新旧交通系及银行界宜为一致团结，标榜主义，共助安国，其余不妨多延陪客，以示宽大。因南方有主义，得多助，北方亦应站在拥护国权与资本线上，俾使资产界助我"[1]。这一意见深受张作霖称许。1月20日，张作霖以安国军总司令的名义致函国务院：表示为"礼罗耆硕，集思广益"，"赞助政府挈领提纲"，特设立外交、财政、政治三个讨论会，聘孙宝琦、陆宗舆为外交讨论会正副会长，曹汝霖、叶恭绰为财政讨论会正副会长，梁士诒、曾毓隽为政治讨论会正副会长[2]。三会共聘委员65人，"由杨宇霆、赵欣伯等多次商议，开列名单，请张作霖圈定"[3]。所罗致的人员，以新旧交通系、安福系为骨干，其他分子从金融老板、外交名流到民党右派，五光十色，莫不齐全。多数人愿意为奉系捧场，少数委员，如：京津银行巨子张嘉璈、外交名流王宠惠等人，事先并未与闻，事后也不到会。三个讨论会的设立主要是为了"拉拢各方"，并不切实议事[4]。

实际上，为奉系办理外交和筹措军饷的政府机关还是顾维钧内阁。内阁改组的当天，便以大总统令的名义宣布：自1927年2月1日起，征收华盛顿条约附加税，即普通进口货"按值百抽二点五"，奢侈品"按值百抽五"[5]。北京内阁不再等待遥遥无期的关税会议的批准，独自决定开征附加税，此事引起了列强的争议。当时，美国正在酝酿赞同英国的建议，提议由列强驻华公使联合声明："立即无条件允许征收华盛顿条

①　《申报》，1927年1月24日。

②　《安国军总司令部致国务院函》，《益世报》（北京），1927年1月21日。

③　《新闻报》，1927年1月24日。

④　《时事新报》，1927年2月6日。

⑤　《政府公报》第3855号，1927年1月13日。

约附加税"①。但是,日本政府强烈反对此议。1月24日,它警告美国政府:"此声明将意味着华盛顿条约的废弃"。"日本政府反对未经华盛顿条约规定的谈判,便同意中国实施附加税的提议"②。

1月31日,就在列强为协调政策,勾心斗角之际,北京内阁宣布将总税司安格联免职,改派易纨士(A. H. F. Edwards)代理③。这道突如其来的罢免令,是由于安格联拒绝通过海关,为北京政府征收附加税所引起的。南方国民政府成功地征收新关税后,北京政府便开始筹划在其控制区内,征收华盛顿条约附加税。他们认为,"时机已至",既然英、美愿后退一步,日本也未必肯孤军抵抗④。至于征收办法,顾维钧内阁认为,如果设立专职机构,容易被地方各省控制,不如通过外国人管理的海关统一征收⑤。但是,一向专横的安格联坚持认为,"海关不能征收未经条约列强批准的外贸税"⑥。他向财政总长再三声明,除非包括日本在内的所有列强一致批准,否则,"无论政府决定采取什么行动,海关都必须独立孤行"⑦。其后,他竟离京南下,与武汉政府频频接洽。当他在汉口收到北京内阁征收附加税的指令后,立即回电表示"不能从命"⑧。对于安格联这种倨傲固执的态度,顾维钧内阁"极为愤慨"。他们认为,作为中国政府的雇员,安格联"无权使自己处于可以对政府施加压力的地位上"⑨,当时,张作霖急于用附加税增补庞大的军费开支,赞同顾维钧内阁采取强硬手段。他对日本公使芳泽解释说,征收附加

---

① FRUS,1927,Vol. 2,p. 374.

② FRUS,1927,Vol. 2,pp. 377 - 378.

③ 《大总统令》,《政府公报》第 3874 号,1927 年 2 月 1 日。

④ 凤冈及门弟子编:《三水梁燕孙先生年谱》下册,第 496 页。

⑤ Stanley F. Wright,*China's Struggle for Tariff Autonomy*, *1843 - 1930*, Shanghai,1938,p. 618.

⑥ FO,405,Vol. 253,pp. 10 - 11.

⑦ FO,405,,Vol. 253,pp. 10 - 11.

⑧ FO,405,,Vol. 252A,p. 447.

⑨ 《顾维钧回忆录》第 1 分册,第 306 页。

税是"为讨伐南方"，因财政困难而采取的"万不得已之手段"①，在政治讨论会开幕式上，他并当众表示："安格联为中国官吏，不服从命令，故我赞成将安免职"②。就这样，赫赫有名的总税务司安格联被革职了。

安格联免职令的发表扳倒了一位操纵金融、左右财政的洋巨人，是总税务司任用外国人以来的头一次。《晨报》评述说："安格联向有太上财政总长之称，既握海关全权，又负保管内外债之责，操纵金融，左右财政，历来当局，无不仰其鼻息。而安格联之允诺，可以生死内阁；安格联之言动，又可以高低公债。虽安之滥用职权有以致此，而官僚、财阀迷信外人，实为主因。举国人心之愤慨，已非一日。此次当局毅然罢免，无不痛快！"③

罢免安格联的命令使列强驻华公使大为震惊。英国公使蓝普森闻讯后，四处奔波，先后拜访顾维钧、张作霖和税务处新任督办罗文幹，极力迫使北京内阁收回成命，但毫无成效。于是，他便转而怂恿列强公使联合行动。

2月4日，列强公使与匆忙赶回北京的安格联一起商议对策。安格联再次重申不能奉命的理由，同时强调说，1月21日，他在汉口通知国民政府外交部长陈友仁，已经收到北京政府征收附加税的严令，后者当即警告说：如果海关遵命征收，那么国民政府"将视其为战争法案，并将竭尽全力摧毁海关机构"④。与会公使一致认为，"海关机构的完整濒于危险"⑤。根据英国公使的建议，会议决定向北京内阁递交联合抗议照会。7日，荷兰公使欧登科（W. J. Oudendijk）以领袖公使身份与英、美、日、法、意使节联袂拜访顾维钧。照会称：未经所有列强的一致批准，命令总税务司执行征收附加税，"将对海关机构的存在和职能构

---

① 《申报》，1927年1月19日。
② 《新闻报》，1927年2月8日。
③ 《晨报》，1927年2月8日。
④ *FRUS*，1927，Vol. 2，p. 458；*FO*，405，Vol. 252A，p. 447
⑤ *FO*，405，Vol. 252A，p. 465.

成威胁，从而影响所有外国商业贸易，并损害中国契约债务的担保"①。起初，顾维钧态度强硬，答复说："中央政府能处理这种行政琐事，不必大惊小怪。"但他得知安格联所称国民党人的态度后表示说，北京政府极愿维持必不可少的海关，内阁将重新考虑全部问题②。

在英国公使策动列强联合干预的同时，英籍总税务司把持下的海关继续抗命。易纨士不仅迟迟不肯出马接管新职，而且以总税务司主任秘书的名义，威胁财政窘困的北京政府。他致函税务处宣称："如果南方口岸停止向中央金库付款，在北方控制下的口岸将拖欠外债达550多万海关两。"③

迫使北京内阁重新考虑的另一个巨大压力来自国内金融界。罢免安格联的命令公布后，各项公债暴跌，靠经营公债发财的银行家们如坐针毡。中国银行副总裁张嘉璈等立即拜访顾维钧，声称这个"前所未闻的行动，在全国金融市场，特别在上海，孕育着严重的后果"。他警告顾维钧："中国银行界的意见是，如果政府不准备有效地应付局势，最好是辞职。"④同时，上海银行钱业公会也致电北京，要求内阁"收回成命"⑤。

在内外交加的强力压迫下，北京内阁意识到，为了自身的生存，必须从速解决这场危机。顾维钧与罗文幹商议后，决定请王宠惠出面斡旋。2月8日，王宠惠以政府调停人身份拜访英国公使，表示："虽然内阁确实不能撤回罢免安格联的命令，但是它渴望找到办法，摆脱它造成的使海关难以继续其职能的困境。"⑥英国公使欣然接受调停。因为他一直担心，持续不决的僵局可能会激怒北京内阁，导致它任命一个非英

① *FRUS*，1927，Vol. 2，pp. 459 - 460.
② *FRUS*，1927，Vol，2，p，461.
③ *FO*，405，Vol. 252A，p. 448.
④ 《顾维钧回忆录》第 1 分册，第 307 页。
⑤ 《顺天时报》，1927 年 2 月 12 日。
⑥ *FRUS*，1927，Vol. 2，p，462.

籍的总税务司。在蓝普森的安排下,安格联直接参与谈判。经过一番讨价还价,2月9日,双方达成协议:"政府不强迫海关执行征收附加税的命令。"①同时,以税务处名义致函安格联,嘉奖其任职期内的"劳绩",准假回国,一年内仍予以总税务司待遇②。于是,安格联向易纨士移交工作。在第二天召开的关税会议上,顾维钧报告说:"目下外交、内政因此事转多纠纷,不得不变通办理。"③会议决定另立征收附加税处,附设于海关内,由海关与财政部会同办理④。

2月11日,安格联正式将海关总税务司职权转交易纨士。一场来势汹汹的危机,轻描淡写地结束。

维护现存海关制度是双方根本利益所在。对于列强,海关是其控制中国经济命脉的关键之一,进可操纵财政金融,干预政治,退可确保条约赔款,强索各项债务。对于北京政府,关余是其苟延残喘的主要财源之一。双方都不希望破坏海关的现状。北京内阁在颁布罢免令的时候,就特别声明:"所有以关税作抵之借款、赔款,应各依原条约合同照旧履行",各项"国债券还本付息事宜","继续原案,妥慎负责办理"⑤。这一训令意在向中外宣告,此次人事变动决不伤害现存海关制度。当它发现这场海关危机有可能成为南方革命势力摧毁现存海关制度的导火索时,便动手掐灭了自己点燃的火头。

五　奉吴河南战争

1927年初,酝酿已久的奉吴河南战争终于爆发。

---

①　*FRUS*,1927,Vol. 2,p. 462.

② 　*FO*,405,Vol. 252A,p. 468.

③ 　《顺天时报》,1927年2月12日。

④ 　《海关进口附加税征收章程》,《政府公报》第3890号,1927年2月19日。

⑤ 　《大总统训令第一号》(1927年1月31日),《政府公报》第3874号,1927年2月1日。

以南下抗击北伐军为名夺取河南,是奉系的既定方针。1月26日,张作霖在北京召集奉鲁军高级将领密议,决定分兵两路南进,一路派褚玉璞由陇海线进攻开封,一路派张学良、韩麟春为"援鄂军"总、副司令,沿京汉线渡河,攻打郑州。命令下达后,奉鲁军相继开拔。5日,鲁军先锋孙殿英率第三十五师开进河南东部的归德(今商丘)。6日,奉军前锋荣臻率第十七军进占河南北部的彰德。战争的序幕由此揭开。

奉军主力兵进河南,企图实现三个战略目的。第一,与沿津浦路南下的张宗昌部队互相策应。第二,牵制国民革命军东进,减轻东南战场上孙传芳部队的压力。第三,避免河南落入国民军手中。2月8日,在奉鲁军两路进入河南后,张作霖通告称:吴佩孚自任反攻之责,但时过半年,豫军尚未进展一步,以致北伐军势焰日张,他不能坐视这种情况,已命部队分途前进,"誓收武汉,进取粤湘"云云①。同时,他又致电河南主要将领寇英杰、米振标、田维勤、靳云鹗等人,声明此行"专为讨赤",所有河南将士,只要宗旨相同,就一视同仁,"从前地位军号,一仍其旧,并望协同动作"②。

张作霖又打又拉的策略加速了吴佩孚军队的分化。一向亲奉的寇英杰率先归顺,为沿陇海线西进的直鲁联军敞开了豫东大门。2月初,寇英杰以迎母回鲁扫墓为名,轻车简从,抵达徐州,先后会见褚玉璞、张学良,表示欢迎奉鲁军入豫,愿率师前驱③。其后,又转途入京,拜会张作霖,恭维奉军入豫,帮助吴佩孚"讨赤","实属大义昭然"④。在寇英杰的影响下,驻军归德的豫东镇守使郭振才,占据开封的河南军务帮办米振标,先后通电宣布与奉方"合作"。张作霖随即任命米振标为第十

---

① 《张作霖致孙传芳、阎锡山等电》,《顺天时报》,1927年2月10日。

② 《张作霖致寇英杰、米振标、田维勤、靳云鹗等电》,《顺天时报》,1927年2月10日。

③ 《晨报》,1927年2月13日。

④ 《世界日报》,1927年2月20日。

八军军长、郭振才为暂编第一师师长。2月14日,鲁军先锋部队未经一战,抵达开封。

　　正当鲁军在侧翼战场顺利伸展之时,正面战场上的奉军主力也已将战线推至黄河北岸。奉军入豫后,在彰德收编了齐燮元的部队,又在新乡缴了王为蔚军的械。2月13日,奉军完全占领河南省黄河以北地区。14日,齐燮元在郑州通电下野,宣布自行开除讨贼联军副司令职责,"决不复问国政"①。

　　为了捍卫自己的地盘,靳云鹗等被迫抉择,以武力抗拒奉军的兼并。2月12日,魏益三领衔通电,公推靳云鹗为河南保卫军总司令,统帅各军反奉②。在推戴电上列名的有:骑墙观望的田维勤、吴氏嫡系王维城、靳军猛将高汝桐等九人。靳云鹗自己也陆续通电,指责奉军"此次出动京汉,名曰合作讨赤,实则野心勃勃"。他声称:"河南为联军根据之地","岂得被他人攫占"!③

　　靳云鹗的抗奉得到了北伐军的支持。蒋介石任命靳为河南方面北伐军总指挥④。同时,武汉国民政府也大张旗鼓地号召河南各界人民支持豫军的反奉战争,先后拨款数十万元⑤。

　　靳云鹗在积极运动豫军将领联合抗奉的同时,极力疏通自己与吴佩孚之间的僵局。他密电吴佩孚,表示愿继续拥戴,建议吴与国民军捐弃前嫌,和北伐军订立两不相犯的条约,同时联合晋阎、皖陈,开创新局面,中兴直系⑥。此时,吴佩孚虽坐镇郑州,但手下可用之兵已不多。他要求张作霖速令奉军停止前进,警告说:奉军入豫,若"以威力行之",

①　《齐燮元通电》,《北洋政府档案》,1039,10。
②　《魏益三、田维勤、王维城等通电》,《大公报》,1927年3月3日。
③　《靳云鹗通电》,《顺天时报》,1927年2月18日。
④　《广州民国日报》,1927年2月15日。
⑤　《大公报》,1927年2月28日。
⑥　《顺天时报》,1927年3月14日。

恐"救鄂未及,糜豫先成;讨赤未逞,绝友先见"①。张作霖自然不听这一套。吴佩孚于无可如何之中,不得不听任靳云鹗出面,组织抗奉的"新局面"。

2月15日,靳云鹗就任河南保卫军总司令。19日,通电谴责张作霖"破坏统一,蔑视中枢,谋复帝制,密约卖国,蹂躏民权,摧残同胞"等六大罪状,正式向奉军宣战②。列名的有:河南保卫军副司令米振标、田维勤、魏益三,镇嵩军总司令刘镇华,建国军总司令樊钟秀,军长王为蔚、庞炳勋、陈文钊、梁寿恺、王维城、于学忠、任应岐、贺国光、陈德麟、贾万兴、张治公、柴云陞、王振等26名将领。除铁杆降将寇英杰等人外,河南各路首领均列名其间。就连宣布接受奉方委任的米振标也榜上有名。张牙舞爪的奉军使河南将领人人自危,靳云鹗反奉既得到吴佩孚的首肯,又得到北伐军的支持,因此,能在短短数日之内,将一向矛盾重重、号令难一的河南将领连为一体。

正当靳云鹗树起河南保卫军旗帜之际,北伐军利用军阀内讧,长驱直入,开进杭州。2月20日,张作霖召集张宗昌、张学良、韩麟春等人密议,决定奉军专负解决河南之责,直鲁军集中津浦线,全力南下,援助宁沪③。会后,奉军武汉卿旅进驻开封,接管陇海线战事,鲁军孙殿英部奉命由汴赴徐南下。2月27日,奉系首脑再次聚会,商议入豫军事部署。与会将领一致主张迅速进军,由京汉、陇海两路双管齐下。同时,调吉林、黑龙江两省军队入关策应④。

为了抗御奉军渡河,深入河南腹地,靳云鹗率师北上,将嫡系高汝桐、任应岐等部布防于荥泽、郑州、新郑一带,意在与奉军相拼⑤。他公

---

①　《吴佩孚致张作霖电》(1927年2月10日),《新闻报》,1927年2月16日。

②　《靳云鹗等致张作霖电》,《汉口民国日报》,1927年2月23日。

③　《顺天时报》,1927年2月22日。

④　《晨报》,1927年2月28日。

⑤　《益世报》(北京),1927年2月28日。

开表示:"生死存亡,在此一举。"①

正是这种危亡感推动吴佩孚与靳云鹗站在一起。2月25日,吴佩孚在郑州召开军事会议,决定以靳云鹗任北路,守京汉线,巩固黄河;田维勤任东路,由陇海路进展;王为蔚任后方,策应两路;魏益三任南路,维持信、郑间交通;张治公任西路,严守陕洛②。3月1日深夜,靳云鹗微服抵郑,在吴佩孚面前声泪俱下,慷慨陈词,表示"愿以一死报大帅",但他声称"行军在统一指挥,目下我军兵械既弱,若再不能团结,前途实鲜乐观"③。在吴佩孚的准许下,靳云鹗改编河南直系各军为16个军,自己仍任河南保卫军总司令,以魏益三为副司令,王为蔚、田维勤、张治公等分任各军军长。这样,就形成了吴佩孚全军与奉军决战的态势。

奉军在军事行动之前,首先以电报展开政治攻势。2月17日,张学良率先领衔声讨靳云鹗"负恩叛上,纵敌误国"④。20日,褚玉璞接着指责靳云鹗"阴结赤党","盘踞中州,翻令赤贼猖炽,屠毒长江"⑤。3月3日,奉系老将张景惠、张作相、吴俊陞联名警告吴佩孚,"勿袒靳云鹗,以妨合作"⑥。6日,张宗昌又单独电劝靳云鹗"悬崖勒马"⑦。一时间,电报满天飞,大有先礼后兵之势。其实,奉军迟迟末动,主要是想争取阎锡山协同作战。为此,前敌主将韩麟春亲赴太原游说,但阎已看准方向,准备择机易帜。因此,韩麟春游说无效。3月5日,他复电张作霖说:"冯玉祥、蒋介石、靳云鹗、阎锡山共同一气。奉军此时若入豫,晋军将由娘子关冲出,断我归路。必须分前队一部守石家庄,以防晋

①　《晨报》,1927年3月2日。

②　《晨报》,1927年2月27日。

③　《时事新报》,1927年3月14日。

④　《张学良等通电》,《顺天时报》,1927年2月23日。

⑤　《褚玉璞通电》,《北洋政府档案》,1039,10。

⑥　《张景惠、张作相、吴俊陞致吴佩孚电》,《顺天时报》,1927年3月5日。

⑦　《张宗昌致靳云鹗电》,《顺天时报》,1927年3月9日。

军。"①韩麟春使命的失败,标志着奉、吴、阎"三角讨赤联盟"的完全崩溃。

　　争取盟军的计划落空后,奉军只好单独作战。3月5日,张学良奉命抵达卫辉,召集前线军事会议,研究渡河作战方案,决定兵分三路:东路为荣臻第十七军,自阳武渡河,进攻阳桥、惠济桥一带;西路为赵恩臻第十一军,自修武渡河,进攻虎牢关;中路为于珍第十军,在黄河铁桥北岸集结,相机渡河,直扑郑州②。7日,下达总攻令,张学良亲临前敌指挥。东路因米振标的合作,进展顺利,中路、西路均遭到吴军的抗击。中路战事尤为激烈。战斗打响之前,驻守黄河铁桥的吴氏嫡系王为蔚军,奉命将铁桥拆毁,并在南岸构筑工事,严阵以待。7日,于珍指挥中路大军搭浮桥抢渡,被吴军的猛烈炮火击退。张学良立即调上重炮部队,狂轰吴军阵地。两天过去了,只闻奉军炮声隆隆,不闻吴军回击枪响。张学良推测吴军已后撤,下令于10日晚乘夜色偷渡。奉军渡至中流时,突然南岸枪炮齐鸣。在探照灯扫射下,居高临下的吴军炮无虚发,打得奉军舟洞人溺,损兵折将达3000人。11日晚,天色突变,狂风暴雪铺天盖地而来。张学良再次下令冲锋渡河。军至半渡,吴军故伎重演,奉军再次溃败,死伤又达3000人③。

　　败报传回北京,张作霖等人决定,中路暂缓急进,集中兵力向东路发展④。于珍以前敌总指挥身份,率军驰往东路。3月11日,东路奉军自阳武渡河,冒雪挺进,13日攻占中牟,威胁郑州。黄河铁桥北岸的吴军担心后路被断,弃阵撤退。14日,中路奉军在张学良、韩麟春的指挥下,乘势渡河,向郑州追击⑤。16日,西路顺利渡河。在三路大军合围的形势下,郑州无险可守,吴军只能弃城出走。17日,荣臻第十七军

①　《韩麟春致张作霖电》,《申报》,1927年3月8日。

②　《晨报》,1927年3月8日。

③　《新闻报》,1927年3月21日;《晨报》,1927年3月12日、13日。

④　《晨报》,1927年3月12日。

⑤　《张学良、韩麟春通电》,《北洋政府档案》,1039,11。

占领郑州。吴佩孚逃往巩县,靳云鹗率部退往新郑。

正当奉军摆酒庆功之际,靳云鹗开始集结队伍反攻。

3月16日,正当奉军围攻郑州之际,已经投降奉军的米振标所部突然由前方自行撤退。张学良急令驻开封的三个混成旅火速赴前线应敌。奉军当即与靳军主力高汝桐、任应岐两师接火,激战约6个小时,靳军诈败。奉军穷追不舍,至白沙车站附近,误入靳军所设的地雷阵。奉军二名旅长、三名团长当场阵亡,士兵损失达两千余人。靳军乘机回戈反攻。奉军纷纷溃退,行至开封车站,侦探报称,魏益三军绕道由朱仙镇攻来。正在此际,米振标的毅军又在中牟响应河南保卫军。在靳军、魏军、毅军的合围进攻下,奉军残部沿陇海线退往归德。战斗中,于珍负伤。17日,靳军完全占领开封①。

东路反攻获胜后,靳云鹗力主乘势反攻郑州,魏益三则坚持不能孤军行动,必须配合北伐军,共同作战②。双方未能达成一致意见。靳云鹗决定独自率军反攻。他下令以高汝桐为前敌第一路指挥,任应岐为第二路指挥,全军连夜出发,于20日开始总攻。

郑州反攻战前后持续五天。双方在郑州以南小李庄车站东西一带激战。靳军数次突破,逼近郑州,都被奉军拼力击退,双方均伤亡惨重。24日拂晓,靳军再次发动凌厉攻势。前敌总指挥高汝桐亲率敢死队,乘装甲车三辆,从正面冲锋,同时命步兵自两翼出击。奉军亦以铁甲车出战。因车行太猛,无意之中车前挂钩将靳军铁车挂上,一时无法拆开。双方都开足马力猛曳。奉方急中生智,对靳军铁车开炮,平射贯入,洞穿三车,靳军机车被毁。奉军将车拉回。靳军中锋失利,两翼接

---

① 《申报》,1927年4月8日;《新中州报》,1927年3月18日;《晨报》,1927年3月18日。

② 魏益三:《我由反奉到投冯投吴投蒋的经过》,全国政协编:《文史资料选辑》第51辑,第250页。

连败退①。事后，奉军开车检查，方知高汝桐亲自在车内指挥，已中弹身亡，参谋长沈其昌等人奄奄待毙。张学良对此十分感慨，特地为高召开追悼会，致挽联云："陷胸断胠是男儿，死非其所，痛矣；沐雨栉风先士卒，事不得人，惜哉！"②

高汝桐是靳云鹗所倚重的心腹勇将。高阵亡后，靳军群龙无首，全线溃退。奉军乘胜追击，连克重镇。其后，靳云鹗又组织过几次反攻，但都没打出声色。奉军渐次控制河南干线。3月26日，于珍部在直鲁军的配合下，复克开封，打通陇海线。31日，荣臻部占领许昌。4月中旬，南下奉军抵达漯河，与入豫的北伐军对峙。

奉吴河南战争是北洋军阀史上最后一次较具规模的混战。战争的挑动者奉系打着"讨赤"的旗帜，兼并异己，争夺地盘；战争的另一方，河南直系将领的状况虽较复杂，但仍未能脱出军阀的窠臼。保卫军主将靳云鹗基本上是一个唯利是图的旧式军阀，对于北伐军委任的军职，只肯暗中受命，不肯公开就职。直到最后被迫与奉军决战时，为争取国民政府的援助，才宣称"彻底改革，厉行民治"，"以三民主义为信条"③。然而，这只不过是一种政治姿态。实际上，靳云鹗从未实施过任何改革，依然横征暴敛，欺压民众。这也是河南保卫军不可能以弱胜强的根本原因。

河南战争加速了北洋军阀的崩溃。吴佩孚的直系残余自此土崩瓦解，从军阀的行列中消亡；奉系虽然依靠自己的优势兵力和利用吴军裂隙，取得了胜利，但是也受到了重创。战争的结局使奉、吴、阎"三角讨赤联盟"解体，奉系成了孤家寡人，同时使南北之间的缓冲地带消失，奉系必须与北伐军刀枪相见了。

----

① 《张学良、韩麟春通电》，《北洋政府档案》，1039，11；《顺天时报》，1927年4月11日；《益世报》（北京），1927年3月31日。

② 《益世报》（北京），1927年3月31日。

③ 《靳云鹗通电》（1927年3月6日），《汉口民国日报》，1927年3月8日。

第三节　北伐军东下与工人占领上海

一　东进决策与占领浙江

按照北伐出师前的决策,打下武汉之后,本应北上河南,与国民军会师。对于长江下游地区,中共中央为避免和英帝国主义发生剧烈冲突,主张使该地区"成为纷乱局面,各军阀分头独立,帝国主义无法为一致的对付",使北伐军能专力于向北发展①。1926 年 9 月 20 日,中共中央提出,守住武胜关以南,不轻易与孙传芳开衅,也不轻易进入河南,而以主要力量统一西南,准备进攻奉系之军力②。11 月 8 日,蒋介石与加伦商量向长江下游进军问题,加伦认为:"如果现在继续向安徽、江苏前进,这事现在不是时候,并且危险。"加伦建议:利用夏超、周凤歧占领浙江,使江苏、安徽成为缓冲地③。11 月 9 日,中共中央与远东局讨论,决定改变攻克江西后不再东下的意见,主张完全消灭孙传芳的势力,"至于前进至浙江、安徽为止,抑直到江苏,则应视北伐军的实力及奉军南下的迟速而定"④。但是,这以后,中共中央的主张仍然动摇不定。

1927 年 1 月 1 日至 7 日,国民革命军总司令部在南昌召开军务善后会议。会上,蒋介石提出向长江下游进军问题。邓演达认为此举是蒋介石"欲在东南别开局面的政治问题",因此持反对态度。加伦也表示:"用兵东南实在毫无把握,我也不知怎样计划才好!"⑤但由于蒋介

①　《上海区委主席团会议记录》,《上海工人三次武装起义研究》,知识出版社版,第 150 页。

②　《中央局报告》,《中共中央文件选集》(2),第 336—337 页。

③　《加同志报告》,《北伐战争(资料选辑)》,第 28—29 页。

④　《对于目前时局的几个问题》,《中共中央文件选集》(2),第 441 页。

⑤　陈铭枢:《我为什么要打倒共产党》,《中央》半月刊,1927 年 6 月 15 日。

石的坚持,会议决定对河南吴佩孚部暂取守势,对浙江、江苏、安徽的孙传芳等部取攻势。会议同时决定将北伐军分编为东路军、中路军和西路军三个作战序列。

东路军:总指挥何应钦,前敌总指挥白崇禧,下辖第一、第十四、第十七、第十九、第二十六等军,分为六个纵队,分由闽、赣入浙。以主力进至浙西,一部集中浙南,进取上海,夹攻南京。

中路军:总指挥由蒋介石兼任,下分江右军、江左军两路。江右军:总指挥程潜,下辖第二、第六军及独立第二师等三个纵队,由赣东北进取南京(第六军由赣东入浙西,协助东路军);江左军:总指挥李宗仁,下辖第七、第十、第三十三军三个纵队,由鄂东北进取安庆、合肥,侧击津浦路敌军。

西路军:总指挥唐生智,下辖第四、第八、第十一、第十五军等四个纵队,主力集中于鄂北及京汉路南段,一路集中于鄂东北,牵制河南方面敌军。

另以第三军为总预备队,主力集中于南昌,一部集中于九江附近,留守江西,策应全局,指挥官为该军军长朱培德。

首先告捷的是东路军。

东路军的作战部署是:在浙西,以主力由钱塘江西岸向杭州及余杭之敌进攻;另以一部在浙东由处州、温州方面消灭闽军周荫人残部。

还在1926年12月中旬,起义不久的第二十六军周凤歧部即奉命由衢州向富阳推进,以掩护东路军主力进入浙江。同月29日,孟昭月因镇压陈仪自治有功,被孙传芳任命为浙江总司令。他一面率领3个师向富阳逼进,一面派兵越过钱塘江,进攻第十九军陈仪余部;自福建败退浙江的周荫人则率领残部从处州进驻金华策应。当时,国民革命军东路军主力尚在福建,在优势敌军进攻下,周凤歧部作战失利。1927年1月5日,被迫放弃富阳,退至龙游、衢州。同月,第十九军余部与周荫人等部作战不利,于14日在宁波附近突围,辗转向温州集结。

衢州位于钱塘江上游,扼浙、赣、闽、皖四省交通要枢,是浙江通向闽、赣两省的门户。1927 年 1 月中旬,孟昭月等部分三路向兰溪、龙游、衢州方向推进,企图围攻第二十六军周凤歧部。孟昭月亲到严州(今建德)督战。为此,东路军入浙部队不得不电请总司令部迅速增援。

何应钦接获浙中作战失利、敌军乘势西进的报告后,即电示东路军前敌总指挥白崇禧,告以须待 2 月初旬,肃清福建残敌后才能进军浙西,在不得已时,可退守浙、赣边境仙霞岭之线,在江山、常山一带择要固守,待本部主力到达后,再采取攻势,以免为敌各个击破。当时,白崇禧已进抵江西横峰县南的河口镇,接电后即令前方各部集中龙游、衢州之间,后续的第四、第二十一师集中于常山附近。同时复电何应钦,请速率在闽各部队进兵浙江①。

1 月 20 日,白崇禧到达衢州,召集在浙各将领会议。与会者一致认为:敌军节节进迫,已深入金华、兰溪、龙游地区,衢州无险可守,为使东路军安全集中,必须占领严州以西地区。如久处衢州附近,坐等闽中部队到达,不免坐失良机;而且,众多部队云集,给养负担日益沉重,也非久计。会议期间,蒋介石来电告知:皖南陈调元、王普已表示与我合作,侧背威胁减轻,尽可全力对付当面之敌②。蒋介石还表示:衢州为战略要点,战守由白崇禧自决③。

为此,东路军前敌指挥部决定:不待由闽入浙部队集结,即转守为攻,分兵三路,以一部沿衢江南岸,而以主力沿衢江北岸,攻击金华、兰溪方面的敌军,将其主力包围于兰溪、寿昌地区间消灭,进而占领浦江、严州。

1 月 27 日,进攻开始。中路第一军刘峙部第二师占领衢江南岸的龙游。29 日拂晓,三路同时动作。右路第二十六军周凤歧部攻占汤

① 《北伐战史》(二),台湾中华大典编印会 1967 年版,第 618—622 页。
② 《北伐简史》,台湾正中书局 1968 年版,第 105 页。
③ 《白崇禧先生访问记录》,第 50 页。

溪;中路第一军在付出重大伤亡后占领衢江北岸的洋埠、游埠;左路第二军鲁涤平部则在永昌、诸葛、寿昌之间与敌军形成胶着状态。2月1日,中路军先遣部队占领兰溪。2日,周凤歧部占领金华。同日,白崇禧亲率第一、第二、第二十一师增援左路军,守敌退却。3日,各军相继占领浦江、严州、淳化、桐庐等地,向杭州推进。

孟昭月由兰溪败退杭州后,整饬部队以谋反攻,孟本人亲至富阳督战。11日,分两路向东路军反击,一路进攻桐庐,一路进攻诸暨。经五昼夜激战,孟昭月部误以为内部反戈相向,故"向后崩溃,自相践踏"①,纷纷向富阳方向溃逃。16日,中路军击败孟昭月部,进占富阳。与此同时,左路鲁涤平部进占临安、余杭,右路周凤歧部占领诸暨、萧山。此役俘虏敌军八千多人,并缴获大量军用品②。

富阳、余杭、诸暨等地相继被东路军占领,杭州失却了保护屏障。孟昭月从前线逃回后,勒索钱款三百余万元。17日晨,同周荫人、孙传芳的总参议王葳桐、代理浙江省长蔡朴率万余人仓促撤离杭州,退往松江、嘉兴一带③。18日,东路军克复杭州④。

浙江战事紧张进行之时,何应钦指挥东路军第四、第五、第六3个纵队由福建进入浙江,分左、中、右三路向江山、处州(今丽水市)、温州进兵。第四纵队于2月17日抵达江山。第五纵队于17日进抵金华,继续向诸暨推进,协同第二十六军占领绍兴。第六纵队于2月12日进抵温州,随后,又到达台州、奉化。21日,占领浙东水陆交通中心宁波⑤。

至此,浙西、浙东之敌基本上被消灭。东路军仅用了约二十天时

---

①　《东方杂志》第25卷第15号。

②　陈训正:《国民革命军战史初稿》卷2,第381页。

③　国闻周报社辑:《一周间国内外大事述评》,第857页,上海出版有限公司印行。

④　《白崇禧电告收复杭州详情》,《广州民国日报》,1927年2月26日。

⑤　陈训正:《国民革命军战史初稿》卷2,第382—384页。

间,即占领整个浙江。孟昭月等部主力的被打垮,使孙传芳联合奉、鲁,以浙江为基地实行反攻的计划彻底粉碎,为北伐军进攻江苏、安徽,夺取上海、南京创造了有利条件。

1926 年 12 月,国民党中央政治会议即已议决于浙江设立临时政治会议,并任命张静江、周凤歧、韩宝华、陈其采、经亨颐、宣中华、蒋梦麟、蔡元培、褚辅成、戴任、马叙伦等 11 人为委员,以张静江为主席。张时任中央常务委员会主席,未到任前,由蔡元培代理①。1927 年 1 月 3 日,浙江临时政治会议在宁波成立,因孙军进袭宁波而暂时疏散。东路军克复杭州后,各委员陆续抵达。3 月 1 日,通电各界,宣布浙江临时政治会议开始执行职权②。

二　收复安徽与攻克南京

东路军占领浙江后,孙传芳以其残部二万余人部署于松江、青浦及吴兴、宜兴一带,企图守住江苏,与国民革命军作最后较量。奉军、直鲁军为确保上海、南京,也兼程南下,增援孙传芳。张学良亲率奉军到徐州,以为策应。2 月 23 日,张宗昌抵达南京,与孙传芳商定:孙部担任松江前线防务,直鲁军以 3 万兵力进驻南京、镇江、常州一带,防守沪宁线西段,协同孙军扼守淞沪,并设安国军苏鲁联军总司令部于南京③;张宗昌另命直鲁军第五路总指挥兼第八军军长、渤海舰队司令毕庶澄率舰队到上海,以增强防卫力量。

2 月 25 日晚,孙传芳、张宗昌在苏鲁联军会议上决定:孙军已苦战数旬,士卒劳苦不堪,即日起调回后方休整,由直鲁军担负淞沪前线防

---

① 《东方杂志》第 24 卷第 9 号,第 89 页。
② 《东方杂志》第 24 卷第 9 号,第 89 页。
③ 《晨报》,1927 年 2 月 24 日、25 日。

务①。27 日,孙传芳、张宗昌同赴松江前线视察,商讨苏、鲁军反攻事宜②。

　　当时,孙军内部已呈严重不稳和分裂状态:第十五师师长刘宝题于 2 月 20 日在徽州起义,就国民革命军新编第三军军长兼江右军第四纵队指挥官职;第六师师长陈调元、第三旅旅长王普在皖南加紧同北伐军联系③,上海防守司令、第九师师长李宝章派员赴杭州输诚,接受第十八军军长的委任;驻沪海军宣布与孙传芳脱离关系,正式加入国民革命军④。这种情况,说明孙传芳军阀集团已经处于日暮途穷的境地。

　　东路军总指挥何应钦于 2 月 23 日到达杭州。同日,北伐军占领嘉兴。25 日,召开军事会议,白崇禧以及苏联军事顾问切列潘诺夫(А. И. Черепанов)等人出席。与会者认为,苏、鲁军云集沪宁线,恃铁路运输之便,可以东西照应,因此应首先截断沪宁线,使其首尾不能相顾,并造成北伐军东可攻上海、西可袭南京的有利态势。基于上述分析,会议决定:一、以白崇禧所属第一、二、三各纵队沿沪杭路,攻取上海;二、以何应钦所属第四、五、六各纵队及拨归东路军指挥的中路军第二军,自浙江长兴进入江苏,进攻沪宁线上的常州、丹阳,然后以一部东攻无锡、苏州,以主力西向,与江右军会攻南京⑤。

　　3 月 10 日,何应钦赴浙、皖边境的泗安督师。孙军郑俊彦、白宝山部在江苏宜兴、溧阳等地布防。16 日,东路军第四纵队冯轶裴部占领溧阳。17 日,第五纵队赖世璜部攻克宜兴。21 日,占领常州,切断沪宁线,同日,何应钦命赖部东攻无锡、苏州,会合白崇禧所部进攻上海;命冯轶裴等部西攻南京。

　　当东路军节节胜利之际,中路军也势如破竹,顺利进展。

①　《晨报》,1927 年 2 月 28 日;《北洋军阀史料选辑》(下),第 314 页。
②　《东方杂志》第 24 卷第 8 号,第 109 页。
③　欧振华:《北伐行军日记》,光东印务局 1931 年版,第 104 页。
④　《东方杂志》第 24 卷第 8 号,第 107 页。
⑤　陈训正:《国民革命军战史初稿》卷 2,第 385 页。

2月中旬,中路军江左、江右两军同时东进,分别向皖南、皖西进军,其战略目标是:夺取安庆,攻略芜湖、合肥,会攻南京。

江右军按原计划分为三个纵队。第一纵队指挥官由程潜兼任,下辖第六军的第九、第十七、第十九各师;第二纵队指挥官为鲁涤平,下辖第四、第五、第六各师,暂归东路军指挥,由赣东攻击浙江,会攻沪宁线。第三纵队指挥官贺耀组,下辖独立第二师。

江左军也分三个纵队。分别由李宗仁、王天培、刘佐龙兼任指挥官。

2月15日,江右军第一纵队、第三纵队分别自九江和景德镇出发。20日,江右军推进至安徽至德(今并入东至县)祁门一线。同日,江左军的第七军自鄂东抵达皖西的太湖。两路军队都取得了初战的胜利。

陈调元和孙传芳貌合神离。安徽名义上属于五省联军统治,而实际上自成体系①。孙传芳在江西战败后,陈调元即向北伐军方面谋求出路。1926年11月24日,陈调元密派代表到南昌与蒋介石接洽②。1月27日,第十五师师长刘宝题向革命军输诚。革命军入皖后,刘即于2月20日在徽州率部起义,被任命为新编第三军军长兼江右军第四纵队指挥官。安徽形势的变化引起张宗昌的惶恐和不安。2月28日,张与孙传芳商定:孙军撤往江北,以后前线军事由直鲁军负责;命第二方面军总司令郑俊彦为安徽总司令(未到任前由直鲁军第七军军长许琨代理),以加强该省军事防务③。3月1日,张宗昌、孙传芳因陈调元、王普两军态度不明,将陈在浦口、蚌埠的部队缴械。4日,陈调元、王普、叶开鑫相继易帜,宣布加入国民革命军,分别就任第三十七军军长兼北路总指挥、第二十七军军长及新编第五军军长等职,至此,长江北

---

①　《安徽省政治及党务报告》,油印件,1926年10月。

②　《民国十五年以前之蒋介石先生》第8编6,第88页。

③　《东方杂志》第24卷第9号,第90页。

岸重镇安庆及皖南大片地区不战而定①。

　　芜湖、当涂系皖南交通枢纽，通往南京的要道。3月6日，程潜指挥第一、第三纵队由水陆两路进攻芜湖。当日下午4时许，前锋抵达芜湖附近，直鲁军未敢阻击，即向当涂方向撤退，江右军占领芜湖②。15日凌晨，程潜继续指挥第一、第三纵队进攻当涂，直鲁军第四军第五师孙宗先部三个旅八千余人扼河防守。16日，程部水陆并进，迅速肃清当涂外围据点。17日，直鲁军败退，江右军占领当涂，打开了进入江苏的大门。

　　与此同时，由李宗仁指挥的江左军也推进到皖中，控制津浦南段及合肥、六安、蚌埠等城市。

　　这样，东路军、中路军从苏南、皖南、皖北方向直接威胁南京，形成三面包围之势。当时，张宗昌正在徐州、蚌埠间指挥作战，坐镇南京的孙传芳见形势危急，将其总部移往扬州，由第六军军长褚玉璞指挥直鲁军十万余人及白俄兵一团守卫南京③。

　　东路军和江右军共同担任会攻南京的任务。3月20日，程潜命令所部发起总攻。21日，贺耀组部攻克秣陵关、陶吴镇；第一、第二纵队分别攻占江宁镇与龙都镇。22日，第二纵队攻占淳化镇。同日，东路军占领镇江④。至此，南京外围各重要据点的敌军基本肃清，兵临石头城下。

　　23日，程潜率江右军各纵队乘胜围攻南京城。第二纵队第四师进迫中山门、光华门；第三纵队击溃将军山、牛首山、韩府山之敌后，向武定门、通济门进攻。第一纵队占领雨花台后乘胜进逼中华门⑤。褚玉璞眼见面临全军覆没的危险，不敢再行抵抗，决定放弃南京。当日中午

　　①　《蒋作宾回忆录》，台湾传记文学出版社1967年版，第44—45页。

　　②　《北伐战史》（二），第648—649页。

　　③　《北伐行军日记》，第110页。

　　④　文公直：《最近三十年中国军事史》（下），太平洋书店1930年版，第299页。

　　⑤　《北伐行军日记》，第109—110页。

时分，直鲁军由下关抢渡，撤往浦口，遭到北伐军截击，死伤甚多。由于混乱拥挤不堪，许多官兵堕水溺毙。直鲁军大刀队在溃退时，沿途砍杀居民，将头挂在电线杆上，惨不忍睹①。同日午后 6 时，第六军第十九师突破中华门，冲入南京。次日晨，程潜指挥第二、第三纵队占领南京全城，俘虏直鲁军四千余人，缴获步枪三万余支，大炮、机枪约百门、挺②。

南京攻克后，国民党中央政治会议于 24 日通过吴玉章、林伯渠的提议，成立江苏省政务委员会，推举李富春、侯绍裘、张曙时、李隆建、江董琴、顾顺章等 11 人为委员。

三　上海工人第二次武装起义

1927 年 1 月上旬，北伐军制订出对长江下游的作战方针。东路军由赣东、闽北进入浙江，攻打沪、杭；中路军由长江两岸进攻皖南、皖西，而后会师南京。中共上海区委为配合北伐军，于 2 月 16 日开始，积极准备以工人为主体的第二次起义，健全和充实职工运动委员会、学生委员会、妇女委员会和军事委员会等组织，以加强对工运和民众运动的领导。17 日，北伐军进逼杭州，守敌望风披靡，弃城而逃。捷报传来，上海人民精神振奋，斗志昂扬。租界当局和防守司令部加强戒备，从下午 6 时起实行戒严，节日期间民众燃放鞭炮也被禁止。

2 月 18 日，上海总工会发布《为总同盟罢工的通告》：宣布经代表大会决定，于 19 日起，举行总同盟罢工，援助北伐军，打倒孙传芳。《通告》宣称："此次总同盟罢工，全系政治性质，而非经济斗争，故在此次行动中，绝对不能有经济要求之提出，同时我们的目标是对付军阀，而非

---

① 《革命军占领南京之详情》，《广州民国日报》，1927 年 4 月 4 日。

② 《第六军进攻南京经过情形》，《广州民国日报》，1927 年 4 月 14 日；《北伐行军日记》，第 110 页。

对付资本家,即希将此意通告全体工友为要。"①19 日,下达总同盟罢工令,要求全市工人在"令到之时,即刻行动,须有秩序、有组织的听候总工会指挥,无复工命令不得复工"②。同日,总工会又发布《总罢工宣言》,提出反对帝国主义;消灭军阀势力;建立保护人民利益的政府;承认工会有代表工人权利等 17 项最低限度的总要求。

19 日晨 6 时起,总同盟罢工开始。当天罢工人数约 15 万以上。20 日,增至 27.5 万余人。21 日,增至 35 万人。22 日又增加万余人。罢工人数达到 36 万人以上。

据施英(赵世炎)记载:"罢工实现后,仅仅在六小时以内,繁华富丽的上海,顿变为死气沉沉的区域。全市电车停驶,轮船不开,邮局闭门,繁盛的百货公司停止贸易,一切大的制造厂停止工作,工场与作坊的汽笛回声唤不进一个工人入厂,只令马路上的巡捕与军警打起寒噤来。统治阶级由恐怖而愤怒了,于是屠杀的政策开始。"③上海防守司令布告:"遇有煽惑罢工或阻止上工以及扰乱地方秩序者,一律格杀勿论。"④华界和租界到处军警密布,李宝章的大刀队沿街梭巡,任意搜查行人,滥捕滥杀,将被斩决者悬首于电线杆上,或暴尸于地。浦东小贩口呼"卖饼",兵士误听为"打败兵",即用刺刀乱刺。这时的上海,一面是以工人为主力的广大市民,为争取民主自由,奋不顾身,流血牺牲在所不辞;一面是封建军阀疯狂挣扎,杀人如麻。光明与黑暗两种势力又一次在十里洋场展开了激烈的生死搏斗。

这次总同盟罢工并未由中共上海区委正式决定,而是上海总工会自行宣布的,也没有把这次罢工作为"暴动的开始"⑤。因此,罢工开始以后,没有指明这就是"人民夺取政权的革命行动,没有把这种思想在

---

① 《上海工人三次武装起义》,上海人民出版社 1983 年版,第 123 页。

② 施英:《上海同盟罢工的记录》,《向导》第 189 期。

③ 施英:《上海同盟罢工的记录》,《向导》第 189 期。

④ 《申报》,1927 年 2 月 19 日。

⑤ 《上海工人三次武装起义》,第 154 页。

民众中做广大的宣传,甚至于工人群众都不知道这次罢工是什么意义"①。有整整两天,手无寸铁的工人、学生在街头横遭屠杀。工人死伤达百余人。

屠杀激起了工人的愤怒。在罢工的第三天(21 日),工人区里的工人自发地同军警展开搏斗。也就在这一天,区委才决定"积极准备广大的群众的市民暴动"②。暴动的主要领导人是罗亦农、赵世炎,中共中央军事委员周恩来也参加了暴动的领导工作。起义的时间约定为 22 日晚 6 时,由海军先开炮,浦东工人上船拿取枪械,然后攻打兵工厂。正午 12 时,区委宣布市民临时革命委员会成立,由汪寿华、罗亦农、钮永建、杨杏佛、虞洽卿、王晓籁等 11 人组成,其中共产党员四名,占总数的百分之三十六强。

22 日下午 5 时 50 分,停泊在高昌庙江边的建康、建威两炮舰开炮 20 余响,但因准备不周,没有几人去舰上拿取武器。在闸北和南市区,工人纠察队同军警发生了零星的战斗。

区委在发动罢工时,号召全市罢市,但遭到商界的拒绝。小商人害怕,大商人虞洽卿"一方面表示勇敢,一方面不满意"把他的名字列入革命委员会公布于报端③。国民党党部也没有力量,至于三省联合会的那些知名人士这时已躲的躲,逃的逃,不见踪影。只有工人单枪匹马,孤军作战。然而,工人本身的组织与团结也不够,罢工后有许多工人回家去了,而敌人的力量却非常强大。总之,各种迹象表明,第二次武装起义不可能取得胜利。

23 日,中共中央与上海区委召开联席会议,决定立即停止暴动,由总工会下令复工。复工宣言明确地指出"现在的复工,非因退让而复工,是为准备更大的争斗而复工!"山雨欲来风满楼,1927 年初的上海

---

① 《上海工人三次武装起义》,第 131 页。
② 《上海工人三次武装起义》,第 132 页。
③ 《上海工人三次武装起义》,第 210 页。

滩越来越骚动不安,"更大的争斗"即将呼啸而起。

四　上海工人第三次起义的胜利与市政府的诞生

　　当上海工人总同盟罢工的时候,东路军节节前进,于 2 月 23 日占领嘉兴,先头部队抵达松江附近。张宗昌和孙传芳急令直鲁联军第八军军长兼渤海舰队司令毕庶澄率部南下,驻防沪宁线。毕氏的陆战队因受到北洋政府海军总司令杨树庄驻沪舰只的阻挠,未能到达上海。3 月初,驻防安徽的联军将领陈调元、王普等倒向国民政府,安庆、芜湖一带归入北伐军范围,联军内部瓦解,致使直鲁联军不能大批南下。9 月,张宗昌、孙传芳共同委任毕庶澄为淞沪防守司令,李宝章部让防,开往江北通州。其后,因铁路工人罢工,毕氏在沪宁线上的部队首尾不能呼应,防务相当虚弱。

　　此间,帝国主义国家不断增派军舰来沪。到3月中旬,黄浦江停泊外舰多达 39 艘,官兵 8200 余人①,随时准备登陆,以加强租界的殖民统治。

　　中共中央和上海区委联席会议于下令复工,结束第二次起义的同时,决定"扩大武装组织,准备暴动","扩大并充实市民公会,并宣传市民政权"。尤其重要的是这次会议成立了由陈独秀、周恩来、罗亦农、赵世炎、何松林(汪寿华)等八人组成的特别委员会(也称特务委员会),以周恩来为首的五人军事委员会和以尹宽为首的五人宣传委员会②。中共中央和上海区委决心再接再厉,借助于北伐军进军上海的声势,发动大规模的武装起义,推翻军阀统治,建立市民政权。因此,第三次起义依然沿用了响应北伐军这一口号。

　　当时,中共中央和上海区委对蒋介石等都保持着警惕。罗亦农认

---

①　《申报》,1927 年 3 月 18 日。

②　《上海工人三次武装起义》,第 136、137 页。

为：“北伐军一来，江浙两省必有绝大反赤局面。”①蒋介石、白崇禧“一定要特别联合所有大资产阶级、银行买办、流氓、政客等攻击 CP”②。因此，怎样防止将来的“反赤局面”，怎样对付“已成为反动势力的中心”的蒋介石，是共产党人在推翻封建军阀政权时所面临着的另一严峻课题。上海区委认为，现在如果公开倒蒋，蒋必益发反对 CP③，因此，应“不使这个争斗简单成为 CP 与 KMT 的争斗，无论在任何争斗中都要拉出左派，与左派联合进行”；而且共产党要“勇敢的立在主体地位，使左派来帮助我们，不是要左派为主体，我们去助他”。现在“只能在口头上宣传”反蒋，“文字上不能明提蒋介石名字”④。陈独秀认为，“将来上海的局面，必为右派与民众争斗剧烈之地，我们要能拿住中小商人，为将来争斗时之具”⑤。总之，共产党希望尽力团结争取中、小资产阶级，实行武装起义，建立由共产党领导的市民政权，使北伐军一踏进上海，便面临着既成的革命局面，从而遏止蒋介石的反动。可见第三次武装起义和自治运动，含有互相矛盾的双重任务，即既响应北伐军，又防止蒋介石、白崇禧所率领的北伐军反赤。后一任务隐蔽在前者中，统一于当前的推翻孙传芳统治这一中心任务。

　　特别委员会是第三次起义和市民自治运动的最高决策机关。从 2 月 24 日至 3 月 30 日，它先后召开了 31 次会议，及时地汇总、分析上海党务、工运、青运、工人纠察队、国民党党务、资产阶级、帮会、军阀部队的兵力部署和对敌策反工作等各方面的情况，并迅速地制订出政策和策略，然后分头贯彻。

　　26 日晚 8 时，陈独秀在特别委员会会议上对第三次起义和市民自治运动提出了纲领性的意见。他说：现在“要集中口号工作”，“群众的

---

① 《中共上海区委会议记录》，1927 年 2 月 9 日。
② 《民校（指国民党）扩大党团会议记录》，1927 年 3 月 9 日。
③ 《中共上海区委会议记录》，1927 年 2 月 9 日。
④ 《上海工人三次武装起义》，第 120、122 页。
⑤ 《上海工人三次武装起义》，第 301 页。

夺取武装"和"群众的开代表大会"具有同等意义。陈独秀认为:"市民代表会议,要各地方各区域都成立,成为一种权力,上海市政府即建筑在许多小政府上面。"陈独秀还针对上次总同盟罢工开始后未迅速转入武装起义的缺点,指出应该"为夺取武装,为开代表大会而罢工"。一旦开始起义,"无论是警察的、兵士的【枪】,一支二支都夺取"。根据这些意见,特别委员会经过讨论,作出了相应的决议①。

关于市民政府问题,陈独秀在28日的特别委员会上又指出:"北伐军来后,最重要的问题,即为市政府问题。我们要群众的,而他们必是领袖的。我们要选举的,而他们要委任的。此为重要争点,我们应赶快做代表的选举工作……预先选好,然后与他们讨论名单,结果就成为民选政府。"②陈独秀并提出,在市民代表会议里,"起码一半工人代表"。周恩来提出:"各产总都要派代表,且组织党团。"③中国共产党决心要在市民政权中争得它的领导地位。有关市民代表大会的组织法及市政府委员的人选,都是由共产党提出初步方案,与有关方面协商确定的。

在拟定市民代表会议组织法时,区委与上海国民党当局发生了争论。国民党人士认为"现为军政时期,人民未训练","主张以市、省党部为市、省议会,不必再有代表大会"④。即使选举代表,也应"以区域为单位"进行,反对以职业为单位的选举法。他们惟恐"工人人数之众多,将来必难制胜"。共产党主张市民代表会议必须以"工人阶级为主体",是"国民革命的苏维埃";"代表与民众应有直接的关系","无立法与行政的划分。革命的民众应该是随时自己立法,自己执行"⑤。两种不同意见,反映出了国共两党对市民政权领导权的争夺。经过反复协商、讨论,由于共产党的方案已在着手实行,国民党的一些负责人才勉强同

① 《上海工人三次武装起义》,第191、192页。
② 《上海工人三次武装起义》,第227页。
③ 《特别委员会会议记录》,1927年3月8日。
④ 《上海工人三次武装起义》,第300、304页。
⑤ 《上海工人三次武装起义》,第327、328页。

意了。

3月7日，上海特别市市民公会召开各团体代表大会，制订市民代表大会组织法。市代会分市、区两级组织。无论市或区代表均须由各工厂、各手工业工会、各店员大会、各农会、各商店、各学校、各自由职业团体直接选出。"非职业团体，均不得选派代表"。市代表会议的职权为：议决特别市市制；选举市执行委员；议决市捐税、预算、决算等事项。市执行委员选出常务委员，组织常务委员会，"总揽全市政务：执行市代表会议议决案，并分局办事"。区代表会议的职权为：选举区执行委员会，"议决本区一切应兴应革事件"。区执行委员会选出区常务委员，组织区常务委员会，处理全区事务①。

12日，上海市临时市民代表大会召开成立大会，到会二百余团体，代表三百余人，推举孟心史、汪寿华、林钧等为大会主席。大会首先议决："凡贪官污吏、土豪劣绅、工贼学阀、洋奴土贩以及曾效忠于帝国主义者与一切反革命分子均无选举权与被选举权。"然后选出执行委员31人，其中共产党员11人。大会宣言称：本会"受国民政府之节制，建设民选市政府"。"本会之责任，即在执行全市市民之意旨，接收上海政权"。本会对于反革命分子必"为民除害，决不宽容"②。

在市代会召开前后，南市区、浦东区、沪东区等也相继召开了区代表会议。

市代会的成立，不啻是对现政权的否定。但市代会若成为真正的政权机关，就必须用暴力推翻旧政权，并有雄厚的武装作支柱。因此，在广泛宣传市代会的同时，上海区委还在夜以继日，或公开或秘密地准备武装起义。

这些工作有：

加强工会组织建设，充实各级工会的领导力量，为武装起义奠定坚

---

① 《申报》，1927年3月8日。

② 《申报》，1927年3月12日

实的阶级基础。区委将全市产业工会划分为 17 个产总,加强统一领导。到 3 月中旬,有组织工人又增加 10 万人,新工会可成立 150 个。

建立上海总工会纠察委员会,统一领导纠察队的扩充和训练工作,教育队员明确起义的政治目的;训练队员应具备的条件,如随机应变、坚守任务、态度镇静、动作敏捷等;掌握巷战技术,如怎样联络、冲锋、缴械;懂得各种武器的使用及效力等等。到第三次起义之前夕,纠察队员发展到约五千名。

秘密购置枪械弹药。

联络商界保卫团和帮会势力,争取他们的同情与支持。

各区制定详细的巷战计划。

建立宣传队,进行广泛的宣传。区委通过四百个演讲队①、《区委每日通讯》和总工会机关报《平民日报》秘密地或公开地向工人、市民讲解革命形势,宣传党的任务和政策。

迅速地发展共产党员,壮大党的队伍。自 1 月 10 日到 3 月 14 日,上海市共产党员从 3075 名猛增至 4400 名②。

改组国民党省、市党部,大力发展国民党员,壮大左派队伍。

千头万绪、繁重异常的起义准备工作,都是在周恩来、罗亦农、赵世炎、汪寿华等分工领导下进行的。5 日,周恩来向特别委员会汇报,武装起义的"各方面动作,已预备好,集中力量在闸北","随时随地夺取武装"。但究竟哪一天起义,对此,特别委员十分慎重,多次讨论。最后,由陈独秀归纳了三条:"一,松江下;二、苏州下;三、麦根路(今汇丰路)与北站兵向苏州撤退。三条有一条就决定发动。"武装起义由特务会议指挥,紧急时,由罗亦农、周恩来、何松林、陈独秀指挥③。

---

① 据 1927 年 2 月 29 日和 3 月 6 日《区委每日通讯》所载数字统计。

② 《中共中央、区委联席会议记录》(1927 年 1 月 10 日);《特别委员会会议记录》(1927 年 3 月 15 日)。

③ 《上海工人三次武装起义》,第 281—282 页。

19 日午后 1 时,北伐军进逼松江,武装起义时机成熟。与此同时,共产党人也越发感到北伐军来后可能出现的危险局面。陈独秀说:"将来上海武力是蒋介石【的】,民众是 CP【的】……现在我们只有工人群众,尚有许多小资产阶级及国民党等很多群众未发展。我们如果有很大多数的民众对他示威,他也或许能够让步。所以我们在这一礼拜以内要特别发展国民党员",以便"将来对付右倾军阀,可用党员大会来解决"①。罗亦农在活动分子会议上明确指出:我们要"坚决起来做民众政权的运动,能拉住民众自己的力量,与武汉的民众遥为应援,共同合作,未始不可以抵制右倾力量的开展"。又称:我们在民众政权中,"应完全取得领导的地位,丝毫不能退让,以为革命成功之保障"②。

同日下午 3 时,罗亦农召集各部委、产总负责人联席会议,下达第三次武装起义预备动员令。起义的总口号是:罢工罢市;响应北伐军;建立上海市民革命政权;打倒一切反动派等。

20 日晚,北伐军占领近郊龙华镇,奉令停止前进,期待直鲁军投降。

同日午夜十二时,上海总工会主席团召集特别紧急会议,一致决议于 21 日正午 12 时开始总罢工。各工会"因准备之长久,宣传之普遍,工友之觉悟",在接到命令以后,于短暂的 3 小时内便实现了全市总同盟罢工,参加工人不下 80 万。各商店也同时休业③。

工人罢工以后,立即拥向街头,租界里的工人迅速进入华界。武装工人在前,徒手工人随后,按既定的作战方案,勇猛地冲向各敌占据点。伟大的上海工人第三次武装起义爆发了!

起义在 7 个区同时举行。南市区:以法商电车公司和铁路工人为主,以救火会的钟声为信号,首先打下警察厅,再攻南火车站,然后集中

---

① 《特别委员会会议记录》,1927 年 3 月 17 日。
② 《上海工人三次武装起义》,第 319、322、323 页。
③ 《申报》,1927 年 3 月 22 日。

力量攻打兵工厂,缴获了大批枪械弹药。虹口区:首先由电力、纺织与金属工人发难,夺得警署及枪械,继而镇压捣乱的流氓。浦东区:各厂工人群起响应,先扑攻残害工人的第三警察署,然后扫除游巡队,收缴由前线溃败下来的鲁军枪械。吴淞区:由铁路工人、铁工厂工人和纱厂工人围攻溃逃的毕庶澄败兵。在沪东区、沪西区、闸北区,也都以工人的队伍为主,他们首先攻打的也是各区的警察署。

在巷战中,市民积极支援工人。或直接参加战斗,或主动借木板、砖头、布袋,与工人一起构筑街垒。小饼店店员做馒头供应工人。当天晚上,7个区的警察署都被工人拿下,俘获2000名警察。这时,只有闸北区的敌人尚在负隅顽抗。于是沪东、沪西工人纠察队纷纷向闸北集中,进行支援。

闸北区的敌人是正规军,武器配备齐全,有机枪、大炮、装甲车,还有一支精于作战技术的白俄雇佣军,伙同军阀部队固守北火车站、商务印书馆俱乐部、和天通庵车站三个据点。北火车站的南面是公共租界,由帝国主义军队把守,工人无法从正面进攻。附近的民房也被敌人烧毁,工人在进攻时没法得到掩护。这时,周恩来将总指挥部迁到闸北第五警察署的所在地,亲临火线指挥。他针对三个据点采用不同的战术。对北火车站,暂取守势;对商务俱乐部,围而不打;先解决天通庵的敌人。22日下午4时,工人先后攻克天通庵和商务俱乐部,然后集中全力,猛攻火车站。到下午6时,终于拿下了火车站,约二千名鲁军逃入租界,后被缴械遣散。经过28小时的激烈巷战,上海工人全部占领华界地区,赢得了武装起义的胜利。川沙、南汇、奉贤三县的起义也同时取得胜利。

22日上午9时,当闸北巷战正在激烈进行的时候,第二次市民代表大会开会,"出席代表非常拥挤","到会团体千余,代表四千余人,公推王晓籁、汪寿华、林钧三人为主席团"。会上由临时执行委员会推举白崇禧、杨杏佛、虞洽卿、罗亦农、汪寿华等19人为市政府委员,组成上海特别市临时市政府。汪寿华在会上提议"请北伐军火速来沪,剿灭直鲁溃军"。当日下午 2 时，上海市民召开欢迎北伐军大会，到会 50 万人，公推代表赴龙华，请白崇禧火速派出部队①。白崇禧按兵不动，第一军第一师师长薛岳自动请缨，但当薛岳部队到达闸北时，巷战已接近尾声。

23 日，市政府委员召开第一次会议，选出钮永建、白崇禧、杨杏佛、王晓籁、汪寿华五人为常务委员，同时发布第一道命令：除武装工人纠察队外，24 日上午 10 时全沪工友一律复工。

上海市临时市政府在巷战中诞生，是上海工人用鲜血和生命换来的。因此在这个政权机关里不能不反映工人阶级的地位。十九名市政府委员中有九名是共产党员。它是工人阶级、小资产阶级与民族资产阶级（包括它的上层）的联合政权。

第三次武装起义的胜利及市政府的诞生，都是在北伐军兵临城下、直鲁军败北已成定局的形势下取得的。这种情况，一方面为武装起义提供了极为有利的条件；另一方面却使资产阶级的态度发生变化。在第一、二次起义时，资产阶级还比较积极，他们有夺取政权的热情。但北伐军越逼近上海，他们的态度便越冷淡，认为大局已定，犯不着再去冒起义的风险。钮永建称："松江已下，这样暴动就无对象"，"不要徒然牺牲"②。中小商人的团体各马路商界总联合会议董也表示"不需要夺取政权"③。南市商会告诫称："商家应守镇静态度，处此时局，任何政治行动，概不加入。"④有些人"不敢【做】市代表"⑤，认为如果要做代表，也得"俟党军来后做，否则恐引起误会"⑥。他们认为市民代表会议"是 CP 的"，"北伐军来时要解散的"。因此，有的当上了代表，也觉着

---

① 《申报》，1927 年 2 月 23 日。

② 《上海工人三次武装起义》，第 279 页。

③ 《各党团会议记录》，1927 年 2 月 25 日。

④ 《申报》，1927 年 3 月 6 日。

⑤ 《各部产总联席会议记录》，1927 年 3 月 2 日。

⑥ 《各党团会议记录》，1927 年 3 月 3 日。

是共产党把他"抬举出来的"①，心里既高兴，又害怕，不晓得将来究竟是祸还是福。共产党既然决心发动武装起义，而且所推翻的是封建军阀政权，所以资产阶级也就附合共产党的主张，但他们三心二意，左顾右盼，不时地把视线转向北伐军。

起义胜利以后，工会拥有一支两千四百多人的武装纠察队，这使资产阶级不禁毛骨悚然。在起义胜利后的第二天，上海总商会、南市商会、闸北商会及银钱公会等举行联席会议，棉纺业巨子荣宗敬在会上说"工人手中一有枪械，闻者寒心，务须收回枪械，以维治安"。与会者一致赞成②。武装起义的胜利，使上海工人阶级与资产阶级之间的固有的矛盾突出了。于是，资产阶级对市政府采取拆台手法。他们的代表人物虞洽卿和国民党人士钮永建、杨杏佛等先后有七人声明辞去市政府委员或执行委员的职务。

26 日下午，蒋介石来到上海。沪上商界表示对蒋氏"一致拥戴"，"希望蒋氏对于商业有维持方法；而商界当与合作到底"，要求蒋氏实现关税自主和取消厘金。至于劳资问题，"惟求商界与总工会平等待遇，免受压迫"③。总之，资产阶级把他们对外对内的要求都寄希望于蒋介石。共产党在发动起义和筹组市政府的过程中，曾试图拉住资产阶级，而现在资产阶级却完全倒向了蒋介石一边。

29 日，临时市政府召开成立大会，市政府委员举行就职典礼。当到会代表正在讨论"召集盛大之代表大会，欢迎蒋总司令案"的时候，收到了蒋介石的一封信，内称："在此军事期内，一切行政处处与军事政治统系攸关，若不审慎于前，难免纠纷于后。中正为完成政治统系及确定市政制度计……务望暂缓办公。"④蒋介石的恐吓和资产阶级的拆台，

---

①　《特别委员会议记录》，1927 年 3 月 15 日、16 日。
②　《荣家企业史料》（上册），第 192、193 页。
③　上海市档案馆编：《一九二七年的上海商业联合会》，上海人民出版社 1983 年版，第 48、71 页。
④　《申报》，1927 年 3 月 30 日。

使市政府各委员"不能实行职权"①，市政府完全瘫痪，动弹不得。

　　武汉国民政府虽然承认上海市政府的合法性，但不过是道义上的支持而已。武汉国民党中央通电蒋介石及各军事长官，如有希图解散上海工人纠察队者，即以反革命论，但鞭长莫及，无济于事。上海工人面对强大的帝国主义势力和乔装打扮的"友军"，内有资产阶级叛离，外无农民群众援助，又一次地陷入孤立的困境。上海工人用生命换来的市政府，当它还在摇篮里的时候，便面临着被扼杀的命运。中共中央和上海区委的领导人认为："在此时期，决难避免冲突。"我们"严取防守态度，无论他们怎样进攻，我们决不投降与退却"②。工人纠察队孤守在湖州会馆，严阵以待，面对着一支更为强大的武装势力。

　　历史前进的步伐，有时缓慢呆滞；有时迅疾猛烈；有时迂回曲折。1927 年上半年的中国政局正处于变幻多端、扑朔迷离之际。为时不久，上海就发生了血腥的"四一二"政变。

第四节　各地群众运动的高涨

　　北伐期间，群众运动以空前的规模和水平发展起来。它有力地支援了北伐战争；反过来，北伐战争的胜利又大大推动了全国群众运动的高涨。

一　农民运动

　　国民革命期间，中国共产党和国民党左派都认为农民问题是中国革命的重要问题。

　　北伐战争开始时，占农村人口百分之七十五的贫、雇、佃农，只占有

---

　　①　《时事新报》，1927 年 4 月 4 日。
　　②　《上海工人三次武装起义》，第 449 页。

耕地的百分之六；占农村人口百分之十一的中农，占有耕地的百分之十三；仅占农村人口百分之十四的地主、富农，却占去农村耕地的百分之八十一①。封建地主凭借土地，残酷剥削农民。田租额极为苛重，全国各地都不少于百分之五十，有的地方竟达到百分之七十或八十。遇到灾荒，农民往往全部收获还不够交租。同时，农民还受着庞杂的捐税剥夺。1926年时，河南省钱粮已征到1929年，陕西征到1931年，四川省竟征到1933年②。加之兵灾频繁，军阀除直接酿成战争，祸害百姓外，更滥发军用票、金库券以至勒种鸦片，加以剥削，压得农民透不过气来。

发动农民革命，必须首先改变极不合理的租佃制度，减轻农民所受的剥削。

1926年1月，中国国民党在广州召开第二次全国代表大会，大会根据中共建议，通过《农民运动决议案》，提出"严禁对农民之高利贷"、"规定最高租额及最低谷价"等意见③。大会还决定在农民部成立中央农民运动委员会，作为指导全国农民运动的领导机构，以毛泽东、林伯渠、谭植棠、阮啸仙、罗绮园、萧楚女等九人为委员。同年7月，中共中央四届三次扩大会议提出，要"团结佃农、雇农、自耕农与中小地主，使不积极作恶的大地主中立，只攻击极反动的大地主，如成为劣绅土豪者"。会议制定的《农民运动议决案》提出："限定最高租额，农民所得至少要占收获百分之五十"；"限制专利盘剥，每月利息最高不能过二分五厘"④。8月17日，在中共领导下，广东省农民协会扩大会议在广州召开，议决目前农民最低限度的要求为：经济方面，田租至少减去原额的

---

① 《第一次国内革命战争时期的农民运动》，人民出版社1953年版，第3—4页。

② 《第一次国内革命战争时期的农民运动资料》，人民出版社1983年版，第14页。

③ 《政治周报》，第6、7期合刊。

④ 《中共中央文件选集》(2)，第143页。

百分之二十五,杂捐苛税均须废除,规定借贷利率不得超过二分,废除佃业一切不平等契约。政治方面,乡长由乡民大会公举;县长暂由政府指派,但人民有撤换权;凡已有农民自卫军的地方,不能再有别的武装团体成立。

广东国民政府对发展农民运动持积极态度。9 月 7 日,发表对农民运动第三次宣言,保证国民革命成功之后,“当遵先总理之遗嘱,设法解决土地问题,务使农民能自由使用田土,同时政府当援助农民奋斗,使其能减低借贷之利率,以免除不合法之盘剥。政府复当援助农民反对贪官污吏,参加乡村统治权,以改善农民之政治状况”①。10 月 15 日至 28 日,在广州召开的国民党中央与各省党部联席会议通过的《最近政纲》中,对农民经济斗争中最急切需要解决的问题作出了明确规定,共 22 款。主要有:减轻佃农田租 25%,统一土地税则,废除苛例;遇饥荒时免付田租,禁止先收租;禁止重利盘剥,利息不得超过 20%;“禁止预征钱粮”、“禁止包佃制”。《政纲》并规定农民有设立农民协会的自由,保障农会的权力、农会有组织农民自卫军的自由等②。1926 年底至 1927 年初,湖南、江西、湖北、广东等省农民代表大会和省政府,先后都通过了减租问题的决议案,或颁布了减租条例。

为了加强对全国农民运动的领导,中国共产党于 11 月在上海成立中央农民运动委员会,由毛泽东、阮啸仙、彭湃等七人组成,毛泽东任书记。毛泽东到任后,即主持制定《目前农运计划》,强调除广东外,应以湖南、湖北、江西、河南四省为重点,同时在安徽、浙江、陕西等七省展开,并建议在武汉设立农委办事处。此后,农民运动以更大的规模、更快的速度发展起来。

农民运动的迅速发展,迫切需要大批干部到农村去开展工作。

---

① 《第一次国内革命战争时期农民运动资料》,第 42 页。

② 《中国国民党中央执行委员会各省区代表联席会议宣言及决议案》,国民革命军总司令部 1927 年印行。

1924年7月至1925年12月,在广州开办过五届农民运动讲习所,1926年5月至9月,又在广州番禺学宫开办第六届农民运动讲习所,以毛泽东为所长。国民党中央农民部每月提供五千余元办学经费。

第六届农讲所学员共327人,来自全国20个省区,大多是农民运动的积极分子和有志于农民运动的进步青年学生。教员23人,其中16人是共产党员。毛泽东讲授《帝国主义》、《中国民族革命运动史》、《社会问题与社会主义》;恽代英讲授《中国史概要》;彭湃讲授《海丰及东江农民运动状况》;李立三讲授《中国职工运动》;国民党人陈其瑗、陈公博、甘乃光也在所里任教。此外,瞿秋白、陈延年、林伯渠、吴玉章、郭沫若、谭平山、汪精卫、何香凝等都先后到所作过报告。为了开展调查研究,农讲所将全体学员按省区分成13个研究会,引导学员研究各地农村的政治、经济、军事等方面的情况。毛泽东非常重视学员写的材料,选出一部分编进《农民问题丛刊》,出版发行。在序言中,他指出:"农民问题乃国民革命的中心问题;农民不起来参加并拥护国民革命,国民革命不会成功;农民运动不赶速地做起来,农民问题不会解决;农民问题不在现在的革命运动中得到相当的解决,农民不会拥护这个革命。"[①]他主持农讲所期间,共编辑出版了52种《农民问题丛刊》。此外,在黄埔军校师生的帮助下,学员们受到严格的军事训练;还在萧楚女等人带领下前往韶关、海丰等农村参观。这些学员毕业回省后,绝大多数成为当地农民运动的骨干。

北伐军攻占武汉后,毛泽东又倡议在武昌举办农民运动讲习所。国民党湖北省党部积极支持这一倡议,并联络湖南、江西两省省党部,提议联合开办湘鄂赣农民运动讲习所[②]。国民党中央党部在武汉办公后,决定将它扩大为中国国民党中央农民运动讲习所,以邓演达、毛泽

---

① 《国民革命与农民运动》,《毛泽东文集》第1卷,人民出版社1993年版,第37页。

② 《汉口民国日报》,1927年2月13日。

东、陈克文三人为常务委员,周以栗为教务主任。该所共招收900多名学员。此外,各地、各省也办过不少农运讲习班。其中举办最早、影响较大的是广西东兰农民运动讲习所,由中央农民部特派员韦拔群、陈伯民开办,完全按中央农讲所的模式教学,为右江十几个县培养了近六百名既有农运经验,又懂农运理论的骨干,使东兰农运成为广西农民运动的先锋队。

这一时期,还专门培养了一部分农运武装人员。1926年11月至1927年4月,中共在广东开办北江农军学校,培养出农民武装斗争干部259人,毕业后担任乡、区、县的农民自卫军干部。4月1日,湖北省农民自卫军养成所在武昌设立。同月,湖南省农民协会和省总工会合办工农自卫军干部训练队,学员达300人。

通过上述农讲所等培养出来的学员,迅速成为农民运动的骨干力量。据统计,1927年3月,仅湖北省就有2106名农运特派员在全省41个县工作,领导各级农协的建设。

随着北伐战争的胜利,许多省份的农民运动以前所未有的速度发展了起来。

据不完全统计,北伐战争前,广东农民协会会员为64万余人,到1926年9月,增加到83万人。

北伐军占领武汉后,湖北农运迅速发展。1926年12月末,已成立和正在成立的县农协组织34个,会员28.7万人。1927年3月4日至22日,在武昌召开了湖北全省第一次农民代表大会。出席代表1841人,代表36个县农协的有组织的农民81万余人。会议通过了铲除封建势力等议案,全省农运形成高潮。到5月前,全省69个县中,组织农协的有54个县,会员总数250万人以上,平均每天增加5000人。

河南虽然还处在军阀统治下,农民运动也在暗暗发展。1926年4月18日至20日,河南省农民代表大会在省会开封秘密召开,正式成立省农民协会,会员人数约27万人,参加农民自卫军的约10万人。1927年3月15日至21日,在武昌又召开了河南全省武装农民代表大会,出席 69 人,代表 45 个县 40 万武装农民。4 月底,有组织的农民发展到 100 万人。当时,红枪会正在直、鲁、豫等省发展,中国共产党四届三中全会专门为此作出《对于红枪会运动决议案》,指出要团结、争取他们,共同反抗军阀。

据 1926 年 10 月国民党江西省党部农民部报告,江西十多个县有农民协会的组织,全省农协会员在 6000 人以上。1927 年 2 月 20 日至 28 日,在南昌召开江西省第一次农民代表大会,出席 54 个县的农民代表 141 人,正式成立江西省农民协会。方志敏等人当选为负责人。大会通过 26 项决议,提出各县农协与县政府、县党部和民众团体共同组织审判土豪劣绅的特别法庭;组织农民自卫军;"田租减少百分之二十五","地主不得任意收回租地"。6 月,全省农会会员发展到38.2 万人。

湖南省农民运动发展最为迅猛。1926 年 11 月,全省 75 个县中已有 58 个县建立农民协会,下属 463 个区农会,6867 个乡农会,会员人数达 136.7 万余人。同年 12 月,在长沙召开第一次全省农民代表大会,出席代表 170 人,宣布成立湖南省农民协会。中共湖南区委向大会提出了湖南农民目前最低限度的 28 项要求。毛泽东在会上再次强调指出,国民革命的中心问题是农民问题,无论是打倒帝国主义、军阀、土豪劣绅,或是发展商业和教育事业,都要靠农民问题的解决。

到 1927 年 3 月底,全国已有 5 个省成立了省农民协会,在武汉成立了全国农民协会临时执行委员会。农会组织遍及粤、湘、鄂、赣、豫、陕、皖、川、浙、闽、苏、直、鲁、桂、热、察、绥等 17 个省,有组织的农民达 915 万人。有 200 多个县成立了县农民协会。3 月 28 日,国民党中央农民运动委员会召开扩大会议,讨论中央农民部计划,决议组织全国农民协会。邓演达在会上报告,再次提出"中国革命,即是农民革命",并重申要武装农民,他说:"农民能够打倒劣绅,各县农民便都要武装起来。"[①]30 日,邓演达在武昌主持召开湘、赣、鄂、豫 4 省农

---

① 《汉口民国日报》,1927 年 4 月 5 日、6 日。

协执委联席会议，决定成立中华全国农民协会临时执行委员会，推举邓演达、彭湃、方志敏、毛泽东、谭平山、张发奎、孙科、谭延闿、徐谦、唐生智、易礼容、陆沉、萧人鹄等13人为临时执行委员会；谭延闿、谭平山、毛泽东、邓演达、陆沉等5人为常务委员。毛泽东并被选为临时执行委员会总干事兼组织部长，主持全国农协临时执委会工作。

各地农会成立后，农运如火如荼，一场翻天覆地的农村革命在湖南等地掀起。

首先，各地农会积极支持北伐。这一方面，蒋介石、李宗仁和不少国民党军官都有好感。

农会的主要任务是领导农民起来打击土豪劣绅、不法地主。根据其罪行大小，分别采取清算、罚款、捐款、小质问、大示威（吃大户）、强迫劳动、审问、戴高帽游乡、打屁股、送入县监狱、驱逐、没收、枪毙等办法惩治。1926年12月22日，湖南旅省各界反土豪劣绅大联合向省党部、省政府请愿，要求用革命手段肃清土豪劣绅及一切反动派。次年1月4日，成立由谢觉哉、易礼容等人组成的湖南审判土豪劣绅特别法庭。28日，省党部通过《湖南省惩治土豪劣绅暂行条例》。自此，惩治土豪劣绅运动遂普遍展开。在运动中，由农民与各界督促政府枪毙的土豪劣绅有宁乡杨致泽，岳阳周嘉淦，华容傅道南、孙伯助，浏阳邱少瑞；由农民围住县政府，强迫县长交人，直接枪毙的有湘潭晏容秋；被公审枪毙的有长沙叶德辉、黄道生、俞诰庆、徐国梁，湘潭张茂钦，浏阳杨凤韶、萧绍荣；公审后被农民用梭镖刺死的有常德杨仲达；被农民直接打死的有宁乡刘昭，湘潭汤峻岩。这一时期被处决的土豪劣绅还有华阳县张柞荫，汉寿县梅实，省议员周嘉淦、夏炎，长沙县保产党头目朱葆生，衡山县非法组织假农会、杀害民众的反动分子单化民、单姬南等。原赵恒惕省政府的军务司长、杀害湖南劳工领袖黄爱、庞人铨的主谋李佑文也于4月5日被判处死刑。据调查，常德地区土豪劣绅被镇压的18人，游斗的134人，关押的7人，罚款、罚粮的118人，被以其他形式斗争的 39 人,约占当地地主豪绅总数的 82%①。慑于农民的强大声势,土豪劣绅们纷纷外逃,没有逃的则只能在乡里向农民投降。据国民党中央农民部报告,"在湖南湘乡、衡山、湘潭等县,农民已完全获得胜利,一切乡村政治都归到农民手里"②。

经济上,以减租减息为主要内容。湖北省第一次农民代表大会规定实行二五减租;湖南衡阳的田租减到五成以下③。桂阳农民由交租六成减为五成④。醴陵、浏阳、永兴等县实行二五减息运动,年利由七八分减到四五分。湖北黄冈规定利息不得超过 2%。农会势力强盛的地方,不仅旧债要减息,甚至连原本也不能追还。浏阳、岳阳等县的减押运动,攸县、醴陵、宜章、安乡等县的减税运动也取得了成绩。此外,湖南各地还普遍地开展了平粜和阻禁谷米运动,以解决荒月贫农缺粮和粮价暴涨的问题⑤。各地农会建立了平粜局或平粜委员会,规定本乡谷米外运,必须有区、县农会命令,还在码头、车站等交通要道设专人检查,严禁地主将谷米运往他乡,搞粮食投机,牟取暴利。为了解决贫苦农民的吃饭问题,有的地方组织"民食委员会",实行粮食平粜,以乡为单位调查谷米数量,按人口和年龄分配粮食。有的地方则开仓没收地主豪绅的粮食、封门没收其财产。湖北黄冈县就分了大地主刘维贞的 3 万担谷。

为了斗争需要,各地农会普遍成立了农民自卫军。湖北省农协在全省有枪两千多支,但更多是以刀、矛、梭标等武装起来的梭标队。在很短的时间内,各县形成了制造梭标的热潮。1926 年冬,仅湖南湘乡就有梭标 10 万支。1927 年 4 月中旬,湖南省农民协会通令各县成立

---

① 常德县农民运动调查办公室:《常德农民运动史略》,油印本,1980 年版。
② 《全国农民运动现状报告》,油印本,1927 年 3 月。
③ 《湖南的农民运动》,《向导》周报第 181 期。
④ 《桂阳县农民运动报告》,《湖南全省第一次工农代表大会日刊》,第 10 期。
⑤ 《湘乡县农民运动纪略》,第 28—30 页;《浏阳农民运动史纪略》油印本,第 47 页;《长沙县、省会近郊区农民运动史略》,第 18—20 页。

农民自卫军,湘潭、平江、岳阳、宁乡、邵阳、汝城以及长沙远郊农会,纷纷夺取地主武装团防局的枪支,组织起数百以至上千的农民武装。衡山县农民纠察队达到2万人,有枪五百余支。农会力量强大的县份,如湘中、湘东各县,已经摧垮了封建统治。县衙里的公事,都取决于县长和以农会为主体的群众团体联席会议,县长唯农会意见是听①。凡破坏农会的行为,均予以严厉制裁。湘潭县马家河有几个劣绅勾结起来,收买打手,冲击农会,绑架干部。马家河区农会立即组织一两万会员进驻他们的宅院,收缴武器,打开谷仓,分给农民。劣绅们不得不赔礼认罪,用红绸扎轿,将绑架的农会干部送回。醴陵有个大土豪易萃轩,原来是个"乡里王",农会势盛时,拼命巴结农会,送谷送猪,还送了一块"革故鼎新"的金字匾。

在文化方面,许多地方办起农校和夜校,免费吸收农民学习。同时破除迷信、禁止赌博。妇女们摆脱了"三从四德"等旧思想的束缚,放足、剪发、争取婚姻自由,有的还走出家门,参加农会。

有些地方的农会还建立了农民银行,并发行货币。1927年1月,湖南济阳县东郊左港、高坪等六个区的农民协会联合设立浏东平民银行,发行临时兑换券12万元。湖北成立了许多信用合作社,发行流通小票,信用很好。孝感县农会成立饥民借贷所,使农民免受高利盘剥。

农会的发展激起了反动派的强烈仇恨。不少地方的农民被残害。湖南安化县一地被杀戮的农民就有200人之多②。1927年2月23日,湖北阳新县土豪劣绅勾结红枪会,包围县城,搜杀农会会员及工会干部,用煤油活活烧死省农会特派员成子英等九人,将县党部抢劫一空,造成阳新惨案。2月底,湖南湘阴县土豪劣绅煽动六百多名农民围攻县农会,残杀农会会员。其后,各地陆续出现枪杀农会干部、捣毁农会和打死农民的事件。地主豪绅、国民党右派还成立了许多反动组织,从

---

① 《湘乡县农民运动纪略》,第26页;《浏阳农民运动史纪略》油印本,第42页。

② 罗难:《农民运动与反宣传》,《战士》第31期。

事破坏活动。国民党湖南省党部农民部长刘岳峙,暗地组织"左社",与农民运动抗衡。

农民运动得到了中共和国民党左派的支持与保护。1926年8月,湖南省党部召开全省第二次代表大会,讨论宁乡县土豪劣绅杨致泽、刘昭等人破坏农协、杀戮农会委员等问题,要求政府严惩土豪劣绅,并发表宣言表示:"吾湘全体同志均须下一决心,无论在政治上经济上教育上,均须拥护农民利益。凡摧残农民者,即以反革命论。"省党部、长沙市党部查封"左社",将刘岳峙等开除出国民党,省政府并通告缉拿左社分子。3月15日,在国民党二届三中全会上,丁超然报告阳新惨案详细情况后,会议决定由邓演达、吴玉章、毛泽东会同省党部、农民协会等共同处理。会议同时批准湖北省党部呈报的《湖北省惩治土豪劣绅暂行条例草案》和《湖北省审判土豪劣绅委员会暂行条例草案》,由省党部函请省政务委员会即予公布,通令各县县长、司法委员一律遵照办理。解决阳新惨案委员会根据广大群众的强烈要求,处决了首犯朱仲炘等反动分子①。

为了批驳反对派的各种议论,中共湖南区委机关刊物《战士》发表过一批文章。毛泽东经过32天的调查,于1927年3月发表《湖南农民运动考察报告》。他满腔热情地讴歌正在三湘大地上开展着的农民运动,认为它是"广大的农民群众起来完成他们历史的使命","乃乡村的民主势力起来打翻乡村的封建势力","乃国民革命的真正目标"。他说:"宗法封建性的土豪劣绅,不法地主阶级,乃几千年专制政治的基础,帝国主义、军阀、贪官污吏的墙脚。农民在几个月内挥动他们的铁锄,挖去了这个墙脚,这是四十年乃至几千年未曾成就过的奇勋",是"好得很",完全不是什么"糟得很"②。这就有力地肯定了农民运动的正义性与合理性,保护了广大农民的革命热情。但是,这篇文章完全否

---

① 《解决阳新惨案委员会第一次会议记录》,油印件,1927年3月16日。
② 《战士》第35、36期合刊。

认农民运动中有"过份"问题,全盘肯定农民在乡村中的各种作法,将"踏烂鞋皮的、挟烂伞子的、打闲的、穿绿长褂子的、赌钱打牌四业不居的",一律视为"革命先锋"①,强调矫枉必须过正,必须造成短时期的恐怖现象,未能从无产阶级的战略高度,指出掌握政策和策略的重要性,这就影响了农民运动中存在问题的及时纠正②。

当时有一种说法:"有土必豪,无绅不劣。"有的地方把凡拥有50亩者一律当作土豪,将穿长衫者视为劣绅③;处分又常常不经过必要的法律程序和审核,而是诉诸群众的情绪。所谓"土豪劣绅往往不问姓名,就被戴上高帽子游街。也有当场经群众审判后立即枪决的"④。据统计,到4月中旬,湖南农民直接枪毙的土豪劣绅约在30人以上⑤。有些人,虽有劣迹,但学术上有贡献,以不杀为宜,例如袁世凯时期湖南的筹安会会长叶德辉等。有的地方,对北伐军军官家属、亲戚的土地和财产,也不加区分地没收,对他们同样实行逮捕、游街。即使普通士兵寄回家的少数钱款,也往往被农协没收。许多农民协会还以"不交租不还债来代替减租减息"⑥。

农协在改革社会风俗中禁赌、禁鸦片,这是完全正确的。国民党中央农民部报告说:"湖南、湖北、江西三省,凡有农民协会之地,鸦片与赌博均行绝迹;江西赣县、大庚等县并禁绝娼妓。"⑦但是,不少地方,禁止唱花鼓戏,禁煮酒熬糖,限制喂养猪畜鸡鸭,禁杀牛,禁止吃笋、海带、南粉,禁买南货斋果,禁止请春客,禁止"蛋糕席"——一种并不丰盛的宴

---

① 《战士》第35、36期合刊。

② 参见李维汉:《回忆与研究》,中共党史资料出版社1986年版,第101—102页。

③ 参见李维汉:《回忆与研究》,中共党史资料出版社1986年版,第101—102页。

④ 胡愈之:《早年同茅盾在一起的日子里》,《人民日报》,1981年4月25日。

⑤ 李维汉:《湖南革命的出路》,《战士》第41期。

⑥ 《第一次国内革命战争时期的农民运动》,第232页。

⑦ 《全国农民运动现状报告》,油印件,1926年3月。

席。某地有家娶媳妇,用了"蛋糕席",农民们涌进去,把席面"搅得屎烂"。这些,就都反映出小生产者的狭隘性。此外,农协在反对迷信的斗争中也有过分行为,如围攻、拆毁设在乡镇的福音堂,勒令教士当众悔过;砸佛像和祖宗牌位,往素食的斋公口里灌肉等。这些问题的存在,不利于农民运动的健康发展,也不利于争取社会广大人士的同情和支持。

1927年初,共产国际第七次全会关于开展土地革命的精神传到中国,中共部分领导人接受共产国际决议,从主张减租减息跃进到主张立即解决土地问题。国民党左派中也有部分人受到影响。同年3月,孙科在湖北全省第一次农民代表大会上说:"中国土地全在百分之五的少数人手里,我们统统拿回来,公公道道的分配。"[1]同月10日,国民党二届三中全会通过《农民问题决议案》和《对农民宣言》,认为"贫农对于土地的要求,已甚迫切"。27日,国民党中央农民运动委员会召开扩大会议,邓演达明确提出"要解决农民所急需解决的土地问题"[2]。4月2日,国民党中央土地委员会开始工作。

在北伐战争胜利发展的形势下,湖南、湖北、江西等地农民逐渐不满足于减租减息。1927年3月,在湖北省农民第一次代表大会上,汉川、黄梅、黄安等县农民代表要求解决土地问题,罗田、阳新等县农民代表赞同。中共湖北区委表示支持。会议强调指出:"现在横在农民协会面前的有两个问题,其中之一是土地不受地主支配。"[3]大会宣言指出:当前的任务是:"充分发挥农民协会作为乡村政权的职能;没收分配地主的土地给农民;大力武装农民。"4月3日,中共湖南区委发表宣言称:"农村中革命斗争的发展,已将土地问题列入议事程序的第一

---

①　《农民协会代表大会重要演说词》,《汉口民国日报》,1927年3月7日。

②　《汉口民国日报》,1927年4月2日。

③　《汉口民国日报》,1927年6月22日。

项。"①同月 10 日,国民党湖南省党部发表《告全省农民书》,指出农运的目的不仅在打倒土豪劣绅、地主,尤在打倒他们所赖以生存的封建制度;不在减租减息,而在解决土地问题②。随后召开的国民党长沙市党部执委会建议省党部,将所有土地没收归公,分配给农民③。从此,农民运动迅速进入要求分配地主土地的斗争阶段。

四五月间,湖南农民运动首先行动。长沙霞凝乡农民以人口为标准,每个成年男子可分得产 8 石谷的好田,未成年的依年龄大小给予产谷 4 至 6 石的土地。浏阳则以平均每人分 6 石谷田为标准④。湘潭、醴陵等县也有类似情况发生⑤。此外还有其他几种斗争方法:一是平均佃权,由佃农互相将租种的田亩平均耕种,不准有耕多耕少之别。二是清丈田亩,农会清查地主为多收租虚报的田地面积,改照实际面积纳租。三是插标占田,将田地耕种权重新分配。如益阳、衡阳、衡山、长沙、湘潭、湘乡、醴陵,都有此类做法。

湖北农民提出土地问题虽早,但斗争规模不及湖南。黄安县城关区牌坊店农会"分种良田",没收了大地主李严谋的 9 石良田。黄梅县蔡山农会烧毁地主的田契债约。其他有的地方干脆不付租息。黄冈等县有的地主向农会献出全部土地,乞求保全生命。省农会规定,已没收或自愿交来的土地,由原佃耕种,向政府交纳百分之二十五的租税。

此外,赣西一带的农民也开始行动⑥。

上述情况表明,部分地区的农民运动已进入了新阶段,即土地革命阶段。

---

①　《中国共产党湖南区为召集省民会议之宣言》,《战士》第 39 期。

②　《湖南农民运动资料选编》,人民出版社版 1988 年版,第 256 页

③　《湖南农民运动资料选编》,人民出版社版 1988 年版,第 725—726 页。

④　《浏阳农民运动史纪略》,油印本,第 54 页。

⑤　《湖南的土地问题》,《中国农民》第 2 卷第 1 期,1927 年 6 月。

⑥　《国民党中央执行委员会政治委员会第二十次会议速记录》,《中国国民党第一、二次全国代表大会会议史料》,第 1148 页。

农民运动的发展深刻地震撼着中国社会各阶层，土地革命的发展更空前地加强了震撼的力度，前所未有地激化了本已存在的各种社会矛盾。要顺利地推进土地革命，不仅需要革命阵营内部思想上的一致和细致的政策、策略和干部的准备，而且必须有巩固的政权和强大的武装力量作保证。当时，中国共产党内部存在分歧，国民党内部在要不要实行土地革命和如何实行土地革命，何时实行土地革命等问题上都存在着分歧。在这样一个时刻将农民运动推进到土地革命阶段，必然会遇到一系列难以解决的矛盾。

国民党左派和中派支持农民减租斗争，赞成以和平的方式实行孙中山所主张的"耕者有其田"，一般不赞成对地主进行人身斗争，更不赞成以斗争方式夺取地主的土地；国民党右派则仇恨农民运动和土地革命。随着农民运动的激烈化和土地革命的发展，国民党中越来越多的人站到了右派一边，国民革命阵营的分裂已不可避免。

二　工人运动

五卅运动以后，工人运动迅速发展。1926年上半年，全国已有699个工会组织，会员达124万余人。

为准备北伐战争，进一步发动群众，5月1日，中华全国总工会在广州召开第三次全国劳动大会。刘少奇、苏兆征分别作了《一年来中国职工运动的发展》和关于省港大罢工的报告。会议总结五卅运动以来的经验，通过了《中国职工运动总策略》等决议案。会议提出"拥护革命军北伐"和"拥护国民政府"两个口号，并专门起草请愿书，代表全国工人阶级向国民政府请愿北伐[1]。会议同时提出，政治上争取最低限度的如集会、结社、言论、出版等自由权；经济上要求最低限度的工资和最高限度的工作时间的规定。会议还选举产生了以苏兆征为委员长、刘

---

① 《中国工会历次代表大会文献》，工人出版社1984年版，第147页。

少奇为秘书长的新的执行委员会。7月25日，中华全国总工会发表《对国民政府出师宣言》，号召全国工人"站在一切民众之前，引导一切民众援助国民革命军使之得到胜利"。

广东工人带头响应号召。省港罢工委员会成立北伐运输队特别委员会，动员3000名工人组成运输队、宣传队和卫生队；广州铁路工人组成工程队、电讯队；中华全国铁路总工会饬令粤汉、广三、广九、株萍铁路工人联合组成北伐交通队。10月10日，省港罢工委员会发表《停止封锁宣言》，表示为"尽全力援助北伐，求得最后胜利与获得人民胜利"，决定停止对香港的封锁。11日，罢工委员会和广州国民政府在广州海关附近共设一个征税机关，以所征"二五附税"作为结束罢工的费用。至此，坚持达16个月之久的省港大罢工结束。

北伐军进入湖南后，拥有十多万会员的湖南省工团联合会发动全省工人大力支援北伐军，组织三千余工人分批随军出发，供北伐军差遣。湖南省工团联合会委员长郭亮致书北伐军称："敝会率领所属工会工友参加讨吴工作，以尽工人阶级应尽之责任。值此战争正烈，输送重要，特组织大批运送队，以备军需。"运送队并带有宣传品，沿途散布①。北伐军在湖南境内几次大的战役，都得到了工人群众的援助。长沙战役中，一千多工人臂带"工人保安团"或"国民革命军"的袖章，在郭亮的指挥下，用炸弹、斧子、大刀、梭标和溃军丢落的枪支守卫城内外重要街道、路口，维持秩序，使长沙城区免受蹂躏，并且缴获了五千七百多条枪②。铁路工人则四处拆毁铁轨、割电线、阻截敌军列车、破坏北洋军的行动。安源矿工和水口山矿工成批参军。围攻武昌时，安源工人组成"工兵大队"，日夜不停地挖地道，一直挖到城脚下。

北伐军进入湖北后，继续得到工人的有组织的援助。湖北工人纷

---

① 《中国工会历史文献》，工人出版社1958年版，第279页。
② 参见湖南总工会等编印：《湖南工运史料选编》第2册，1984年版，第218页。

纷组织运输队、铁路破坏队、随军爆破队和武装纠察队。北伐军进攻武汉时,汉阳兵工厂全体工人实行总罢工,不为吴佩孚制造枪炮。汉阳克复后工人们立即复工,为北伐军生产。

北伐军所至之处,工人获得了集会、结社的自由。受军阀赵恒惕、叶开鑫摧残的安源路矿工人俱乐部、水口山工人俱乐部和新化锡矿山工会先后恢复。8月26日,湖南省工团联合会改组为湖南全省总工会①。12月1日,在长沙召开湖南全省第一次工人代表大会,出席代表175人,代表会员32.6万人。1927年初,又发展到四十多万人,仅长沙市就有工会一百三十多个。

武汉总工会成立于9月14日。10月10日,国民革命军攻克武昌的同一天,湖北全省工团联合会改组为湖北全省总工会②。12月12日,武汉总工会开办工人运动讲习所,训练工会干部。1927年元旦,召开湖北全省第一次工人代表大会,当时工会会员发展到三十多万,工会组织由北伐前的12个发展到340多个(一说200个)。

北伐军占领江西后,南昌总工会筹备处和73个行业大会迅速成立,发展会员四万多人。11月,赣州总工会成立。1927年元旦,南昌总工会成立。2月23日,江西省第一次工人代表大会在南昌举行,成立江西省总工会。

为了适应北伐节节胜利的形势,刘少奇、李立三奉全国总工会之命,于9月17日在武汉成立办事处。1927年2月3日,中华全国总工会迁到武汉。20日,召开执行委员会扩大会议,通过《全国工人阶级目前行动总纲》等文件。会议选举李立三为代理委员长,秘书长由刘少奇连任,组织部长、宣传部长分别为袁大石、邓中夏③。到1927年二三月,

---

① 《中国工运史料》总第16期,第166页。
② 《中国工运史料》总第18期,第14页。
③ 《湖南民报》,1927年3月20日。

全国总工会会员已由北伐战争前的 120 万人增加到二百多万人①。

各地工人群众在工会的领导下，开始了新的政治、经济斗争。

1926 年"五卅"运动一周年纪念时，上海工人、学生 6 万人举行政治集会和示威游行。6 月 27 日，淞沪警察厅以"调停工潮不力"为借口，悍然封闭上海总工会。次日，上海总工会发表紧急启事，宣称"本会为上海 30 万工人托命所在，责任重大"，"仍本我工人阶级谋福利之初衷继续奋斗"②。7 月 11 日，上海总工会召开第三次全体代表大会，决定向市政当局要求启封总工会，同时提出有集会、结社、言论、出版自由等最低限度总要求 11 项。会议选举李立三为委员长，宋林（汪寿华）等为常务委员。8 月 4 日，日轮万里丸水手殴杀中国小贩陈阿堂，引起公愤。18 日，上海总工会发表宣言，号召各工人区举行追悼大会，抵制日货。中共上海区委主席团随即决定组织特别委员会加以领导。同日，上海纱厂总工会发布罢工令，13 家日厂相继罢工。9 月 7 日为《辛丑条约》签订日，当天，上海总工会联络全国学生总会、上海各界妇女联合会等各团体召开市民大会，纪念国耻，要求取消一切不平等条约③。通过这些活动，上海工人得到了锻炼，为三次武装起义打下坚实的基础。

对万县惨案，四川工人反应尤为强烈。9 月 9 日，重庆总工会代表所属 38 个工会及 11 万工人发表通电，呼吁全国工人及同胞奋起抗争。28 日，重庆为英人工作的工人二千余人全体罢工。10 月 20 日，成都受雇于外侨的工人六百余人声明："不能再给仇人做工，立即自行解雇。"④次日，公布《罢工公约》，宣称："罢英国人的工，如我们向英国人安设大炮。"⑤

①　《中国工运史料》总第 18 期，第 72 页。

②　上海《民国日报》，1926 年 6 月 28 日。

③　上海《民国日报》，1926 年 9 月 8 日。

④　《四川教育公报》第 10 期，1926 年 10 月。

⑤　中共四川省委党史工作委员会主编：《万县九五惨案》，四川社会科学出版社1986 年版，第 172 页。

在北伐军占领区,工人运动的规模、次数都大为增加。自 1926 年 8 月下旬湖南全省总工会成立至 12 月中旬,湖南工人参加政治运动 235 次,参加人数三十三万余人①。9 月 25 日,长沙工人和各界人士三万余人为万县惨案举行集会,通过对英经济绝交办法 5 条:一、不买英国货;二、不坐英国船;三、不为英人做工;四、不供给英国人粮食;五、不供给英国人制造原料。10 月 19 日,中华全国总工会发表通电,号召全国人民“一致奋起,共为反英之运动”②。1927 年 1 月 3 日,汉口各界人民集会庆祝北伐胜利和国民政府北迁,遭到英水兵袭击,死伤三十余人。6 日,英兵又在九江枪杀中国工人。此举激起中国人民极大愤慨,两地工人和各界人民团结一致,掀起收回汉口、九江英租界的斗争。16 日,为声援汉口、九江人民,湖南工人联合各界,组织湖南人民对英罢工委员会,扩大对英经济绝交。2 月 9 日,英国水兵在长沙登陆行凶,追击在河岸值勤的工会纠察队,打伤 8 人。湖南总工会立即组织 10 万人进行反英示威。28 日,为了反对英帝国主义增兵中国,全国有 7 个省、二百多万工人,响应全总号召,在同一时间举行了一小时罢工。其他一些省份也举行了盛大的反英示威运动。

在斗争中,湖南、湖北、江西等省组成了工人纠察队。湖南省工会规定纠察纵队的任务为:“巩固工会、保障工人利益,培植武装自卫之精神。”③纠察队下辖三个大队,分驻长沙、益阳等地。此外,并成立了一支女工纠察队。武汉工人纠察队最早的负责人为朱菊和,其后为蒋先云、项英、李立三等。在吴玉章、林祖涵、邓演达等人支持下,国民政府军事委员拨出部分枪支交付纠察队使用。至 1927 年四五月间,武汉工人纠察队有队员五千余人,枪两千余支。

除工人纠察队外,湖南、湖北还成立了劳动童子团,吸收 12 至 16

---

① 《湖南工运史料选编》,第 2 册,第 622 页。

② 《工人之路》特号,1926 年 10 月 20 日。

③ 《纠察队组织大纲》,《湖南工运史料选编》第 2 册,第 391 页。

岁的男女青年工人、学徒、艺徒及工人子女参加,其宗旨为"教导劳动儿童,予以劳动阶级的知识及各种游技,养成团结生活的习惯,训练勇敢奋斗的精神,替劳动阶级服务"①。其口号为"准备起来,一致团结,努力工作,勇敢向前"。1927年夏斗寅叛变时,武汉市内军队都调往前线作战,劳动童子团参加维护市内治安,每天出动400名左右团员在街道站岗警卫。北伐军进攻河南时运回伤病员五千余人,童子团员承担了看护任务。

上海是我国工人运动中心。上海工人不仅走在政治斗争的前列,而且也走在经济斗争的前列。据不完全统计,1926年6至9月,上海工人为了要求增加工资和抗议资本家虐待工人,举行夏季罢工133次,参加人数达21.3万人次。这些罢工主要是经济斗争。7月11日,上海总工会第三次代表大会提出的最低总要求11条中,即包括每月工资不得低于15元,每日工作不得超过10小时,不得打骂工人,滥罚工资等内容。但是,由于当时上海还处在北洋军阀统治下,这些罢工只有部分得到胜利。

在湖南、湖北、江西等北伐军占领地区,工人经济斗争取得胜利的情况较多:1926年8月下旬至12月中旬,湖南工人举行经济罢工108次,获得胜利的工人147,090人,工资增加百分之二十到五十②。同年10月以后,武汉地区爆发罢工三百余次,参加者数十万人,持续数月之久。湖北省总工会会同国民党省党部、总商会等组成湖北省解决劳资问题临时委员会,与汉口劳资仲裁委员会等一起,共同调解了110起劳资纠纷。结果,废除了资本家随意打骂、开除工人的权利;每日工作时间减少到8—10小时;每人平均月工资增加5元,部分人增长一倍左右③。

---

① 《劳动童子团的组织大纲》,《第一次国内革命战争时的工人运动》,人民出版社1954年版,第341页。

② 《湖南工运史料选编》第2册,第622页。

③ 参见《中国共产党湖北历史大事记》,湖北人民出版社1992年版,第59页。

北伐战争时期，工人运动也出现了某些错误倾向。如湖南、湖北地区的有些工会和工人纠察队擅自抓人，拘捕厂主、店主，随便断绝交通，擅自封店，以武力解决劳资纠纷，甚至封闭涉外企业①。在经济上提出过分要求，如"提出使企业倒闭的要求，工资加到骇人的程度，自动缩短工时到每日四小时以下"等②。在不能如愿时，有的地区和行业即举行罢工。武汉地区由于频繁地举行大规模的集会和游行，有的月份开工只有十四五日。还有些工人，不遵守必要的厂纪店规，不服从资方的正当管理，相互斗殴。

1927年1月初，在李立三、刘少奇主持下，湖北省总工会召开第一次代表大会，开始注意解决工人运动中的过"左"倾向。2月6日，中共湖南区委通告称："工人的经济要求，不能超过现在商人（包括厂主、店主等）的经济能力所能担负的范围"，"须知不顾客观的情势而一意孤行，则商人必被逼而反动，工人更有失业之虞。"③其后，武汉店员工会和湖北省总工会相继作出了整饬纪律的规定，反对轻率罢工，自由行动，任意打人抓人、绑人游街等现象④。

工人经济上的过急、过高的要求，工厂开工的严重不足，加上其他方面的原因，使生产额大幅度下降。根据国民党中央工人部1927年3月的调查，申新纱厂生产额比1926年9月降低百分之三十，第一纱厂降低百分之五十五。商业的凋敝则更甚。据1926年6月统计，营业额与过去相比为一比十五⑤。为纠正偏差，1927年2月下旬，中华全国总工会执

① 参见1926年11月14日湖南《战士周报》第24期；《汉口民国日报》，1927年5月3日；刘少奇：《关于大革命历史教训中的一个问题》，《党史研究资料》（2），四川人民出版社1981年版，第314页。

② 刘少奇：《关于大革命历史教训中的一个问题》。

③ 《湖南工运史料选编》，第2册，第464—465页。

④ 《汉口民国日报》，1927年2月8日、3月9日。

⑤ 《国民党中央执行委员会政治委员会第二十九次会议速记录》，《中国国民党第一、二次全国代表大会会议史料》，第1249页。

委扩大会议通过并颁布的《全国工人阶级目前行动总纲》，未将国民政府管辖地区和北洋军阀统治地区加以区别，在工资、工时、工会、罢工、劳资等方面提出同样要求，影响了武汉地区工人运动偏差的纠正①。

三　妇女运动

国民党中央妇女部成立后，至 1927 年 3 月上旬，广东、广西、湖南、湖北、四川、浙江等 19 个省、特别区、特别市陆续成立了妇女部，妇女运动逐渐展开。

（一）动员广大妇女支持并投入北伐战争。1926 年 7 月，在国民党中央妇女部领导下组成北伐女子救护队和北伐女子宣传队，随军转战湖南、湖北、江西等地。她们受过政治训练，"对于工作颇肯努力，深得军士之信仰"②。同月，国民党广西省党部妇女部组织的女子北伐工作队，被编为国民革命军第七军政治部妇女宣传队，从桂林出发，一直北上到安徽。国民部湖南省党部组织的"行动委员会"，下辖 50 个宣传队、14 个慰劳队，有许多妇女参加。武汉中央政治军事学校先后招收 210 名女生，成立女生队，宿舍门前写着"斧钺纲常"四个大字，表达了女兵们与封建礼教决裂的信念。武汉民众收回英租界时，中央军校女兵和湖北省总工会女工纠察队上街演讲、演出，散发传单，湖北省妇女协会徐全直带人划木船驶向停泊的英国兵舰，将英文抗议传单撒到军舰上。上海工人第三次武装起义中，商务印书馆的女工和纱厂女工积极担当侦察、运送军火，宣传、救护等任务。"即十余岁之女童工，亦直立街心，高呼口号，以壮声威"③。

---

① 《中国工会历史文献（1）》（1921.1—1927.7），工人出版社1958年版，第364—365页。

② 《中央妇女部妇女运动报告》（1926年5月15日至1927年3月10日），油印件。

③ 《申报》，1927年3月22日。

（二）培养妇女干部。1926 年 9 月，根据中共广东区委书记陈延年的意见，区委妇委书记蔡畅和妇委委员邓颖超联合向何香凝建议，并经国民党中央批准，以中央党部妇女部的名义，在广州开办妇女运动讲习所。9 月 15 日，讲习所开学。国民党中央妇女部部长何香凝兼任所长，蔡畅为教务主任，主持日常工作。恽代英、邓中夏、彭湃、周恩来、邓颖超、谭平山、陈其瑗以及鲍罗廷夫人都曾到所讲课。全所学员一百多人，来自全国各地，以广东籍学员最多。除学习革命理论和妇女运动常识，交流工作经验外，学员还积极参加社会革命斗争，援助当地妇女运动。10 月 11 日，国民党广东省党部妇女部也与中山大学特别党部共同开办妇女运动人员训练所，邓颖超担任所长。招收学员 60 人，白天在原单位工作，晚间学习，3 个月毕业。周恩来、何香凝、恽代英、萧楚女、邓颖超、陈其瑗先后到所作报告或授课①。同月，广州市妇女部举办妇女运动养成所。1927 年 2 月，国民党中央党部在汉口开办国民党妇女党务训练班，招收学员一百多人。以宋庆龄为主任，刘清扬主持日常工作。该班宗旨是使妇女"了解革命意义及世界趋势，养成革命实用妇女人材，备充各机关及党部工作职员之用"②。此外，李大钊领导下的国民党北京特别市党部，于1926年9月在北京由郭隆真、张挹兰主持创办了缦云女校，该校实际是国共两党团结各界妇女、培养妇女干部的学校。

（三）建立和发展妇女组织。北伐战争中，妇女组织得到迅速发展。广东女界联合会由女校、女团体、女工会等六十多个单位组成。其中，广东妇女解放协会有分会三十多个，会员五千余人，以农妇居多，其次为女工③。其他如车衣、解丝、火柴、电话局等行业，都有专门的女工

---

① 《妇女部妇女运动报告》，油印件，1926 年 10 月；《广州民国日报》，1926 年 9 月 27 日、30 日，10 月 14 日。

② 《汉口民国日报》，1927年1月11日。

③ 《中共中央妇女委员会工作报告》(1926 年 7 月——1927 年 2 月)，《中国妇女运动历史资料》(1921—1927)，人民出版社 1986 年版，第 697 页；参见邓颖超：《关于妇女运动的报告》，《中国妇女运动历史资料》，第 510 页。

会;解丝女工会有会员万余人。湖南有五十多个县成立女界联合会。1926 年 12 月,湖南劳动妇女大会开幕,到会团体 35 个,二千余人。次年 1 月 26 日,湖南全省妇女第一次代表大会开幕。两次会议都要求加强劳动妇女工作,建立各阶级妇女的联合战线,为完成国民革命尽责。湖北有妇女协会 236 个,会员 8.7 万余人。3 月 8 日,湖北全省妇女第一次代表大会在武昌举行,53 个县和各机关团体的代表五百余人出席会议。蔡畅作了《中国妇女运动状况》的报告。共产国际妇女部代表向大会授旗,旗上写着"妇女不能解放,则革命不能成功"①。其他如四川、广西、福建、浙江、河南、江西、山东、北京等省、市,也都有各界妇女联合会、妇女解放协会、女界联合会、妇女之友社一类组织,但人数不多。这从一个侧面反映出中国妇女解放运动的艰难。

(四)提出妇女解放要求。1927 年 3 月 8 日,广州 4 万多名妇女集会,日本、苏联、美国等国妇女代表参加了大会。会后列队向国民党广东省党部及政治分会请愿,要求迅速制定男女平等法律及妇女劳动法、保障女子享有财产继承权和受教育权,实行一夫一妻制,婚姻自由,禁止童养媳制等。同日,武汉各界 20 万人在汉口举行纪念会,有 10 万妇女参加。会议提出湖北妇女总要求 13 项,要求国民政府制定男女平等法律,根据结婚、离婚绝对自由的原则制订婚姻法,保护被压迫而逃婚的妇女,以及从严禁止买卖人口、蓄婢纳妾,废除娼妓,严令各地官吏禁止缠足等。会议又提出湖北劳动妇女目前总要求 13 项,如:男女工资平等,产假两个月,在工厂附近设儿童寄养所,给妇女哺乳时间,设立农村妇女补习学校等②。会后,群众到国民党中央党部、国民政府等处请愿,都得到满意答复。当时,中国不少妇女,尤其是农村妇女还饱受缠足之苦,因此,湖北省妇协把发动放足、剪发,作为妇女解放的一项内容。同日召开的湖北省第一次妇女代表大会特别通过了放足决议。3

---

① 《汉口民国日报》,1927 年 3 月 9 日。

② 《汉口民国日报》,1927 年 3 月 9 日、10 日。

月 23 日,湖北省政务委员会公布《取缔女子缠足条例》,命令各县县长同各县党部妇女部、妇协,在三个月内劝导妇女放足,15 岁以下要立即放足。其后,成立了全省放足委员会,开展大规模的放足运动。武汉市接受放足者每天不下千余人,至当年 5 月,放足妇女已达十分之九。

帮助受婚姻迫害的妇女争取婚姻自由,是这一时期妇女解放斗争的重要内容。湖南浏阳全吉区女界联合会支持一个 17 岁的女孩子解除了同 60 岁丈夫的婚姻关系。湖北省妇协明文宣布取消"敬节堂"。在西安妇女协进会的推动下,陕西制订《暂行婚姻条例》和《暂行婚姻条例细则》,规定结婚由男女双方自行决定,有配偶的男女双方均不得再行结婚,妇女受虐待或受重大侮辱者可提出离婚,离婚后女方可以收回自己的财产。

这一时期的妇女运动,已超出以往女权运动和女子参政运动的水平,形成具有一定群众规模的妇女解放运动。广大妇女第一次有组织有领导地投入反帝反封建的革命斗争;运动的主体由女学生向女工和农村妇女发展;以劳动妇女为主体的妇女组织广泛成立。这些,都是此前运动中不曾出现或很少出现过的情况。一些资产阶级、小资产阶级的妇女团体也被团结到革命洪流之中,如上海女权运动同盟会,广东女界联合会等团体等。但是,这一时期,始终未能建立全国性的妇女组织。1925 年 4 月在北京成立的全国各界妇女联合会已经停顿,各地妇女组织名目不一,各树一帜。1926 年 6 月,中共中央妇女部为统一全国妇女运动,曾提出召集全国妇女团体联席会(全国妇女代表大会),组织中国妇女运动(或团体)联盟。同月,由上海各界妇女联合会出面倡议,但因基督教妇女团体抵制和右派反对,会议一直未能开成①。

---

① 《中共中央妇女部通告》第 16、22 号,《中国妇女运动历史资料》(1921—1927),第 486—490 页。

四　学生运动、商民运动、华侨运动

"五卅"运动后,学生运动发展迅速。至 1926 年 6 月止,全国已有 16 省成立学联,所属市县学联 320 多个,刊行《中国学生》、《上海学生》、《北京学生》、《湖北学生》等刊物 30 多种。当年 7 月 23 日,中华全国学生第八届代表大会在广州召开,到会 17 省代表 54 人。会议通过《统一学生运动决议案》等文件,号召广大青年学生积极参加民众运动,完成中国学生在中国民族解放运动与自身解放运动的历史使命。会议同时通过《拥护国民政府并赞助北伐决议案》。7 月 26 日,全国学联通电拥护国民政府北伐。

国民党第二次全国代表大会之后,国民党中央成立青年部,甘乃光、邵元冲先后出任部长。1926 年 7 月 19 日,丁惟汾继任。出版机关刊物《革命青年》。为了加强对各地学生组织的领导,青年部会同国民党中央组织部订立学生会党团组织条例,8 月 28 日,经国民党中央常务委员会第五十二次会议通过。此后,国民党中央青年部陆续指派人员到广州、上海、北京、南京、武昌等地,指挥当地学生会党团工作①。各地学生会陆续建立国民党党团组织。不过,正像其他群众运动一样,各地学生运动实际仍由中共领导。

万县惨案发生后,全国学生总会与上海学联分别通电抗议,要求国民政府"严重抗争",根本取消英国在华权利;同时号召全国人民对英实行经济绝交②。9 月 12 日,四川全省学生联合会总会发出紧急通告,呼吁各地各界开展收回航权运动,坚持对英经济绝交③。18 日,重庆学界和各界十余万人一起举行水陆游行示威大会,提出惩凶、赔款等 6

①　《中央青年部过去之工作及今后进行计划》,油印件,1926 年 10 月。

②　《向导》第 173、174 期合刊。

③　《国民公报》,1926 年 9 月 12 日。

项要求。9月28日，全国学生总会根据中共中央部署，向各地学生联合会发出通知：动员全国商人、劳动者、学生于10月5日一律休业，举行大规模示威；自10月5日至12日为反英运动周，反对英帝国主义的炮舰政策，厉行抵制英货①。同月3日，上海各团体代表18人在全国学生总会开会，筹组万县惨案后援会。孙传芳出动军警包围会场，以"现值军事戒严期内"为由逮捕与会代表及新闻记者。10月5日，悍然封闭全国学生总会在上海的会所，但"学总"不畏强暴，仍然积极进行活动，领导青年运动的开展。

　　在皖、苏、浙三省自治运动中，东南地区的学生也英勇地站在斗争前列。自11月8日起，上海学生每天出动250个宣传队上街演讲，散发传单，反对孙传芳的统治，号召上海人民组织市政府。5天之内，共散发传单70万份。17日，上海学生联合会致函上海皖苏浙三省联合会，要求农工商学各界一致行动，逼迫孙传芳交出三省的军政与民政。26日，再次在全市进行大规模演讲，反对奉鲁军南下。12月9日，杭州市学生联合会邀请杭州各界领袖讨论江浙时局，决议组织杭州各界联合会，以实现人民自治之宗旨。1927年1月26日，上海学联发表宣言，代表4万名上海学生，提出了争取集会、结社、言论、出版、信仰自由，争取参加爱国运动自由等28项要求②。2月20日，上海大夏大学学生陈骏、陈亮等在沪西演讲，被大刀队逮捕，英勇就义。第三次武装起义时，复旦大学等校组织纠察队，和工人纠察队共同进攻闸北。

　　武汉、九江人民收回英租界的斗争得到了全国学生的积极支持。全国学生总会派出代表与上海总商会、总工会、三省联合会等团体接洽。主张"全国联合，一致厉行排货救亡之策"③。不久，该会又致电英

---

　　①　《中共中央通知——钟字第19号》，《万县惨案》，四川省社会科学院出版社1986年版，第29页；《全国学生总会通告》，《向导》第173、174期合刊。

　　②　《教育杂志》，第19卷第1期。

　　③　《汉口民国日报》，1927年1月16日。

国自由党、工党及英国民众，表示在英国未改变其侵略政策之前，中国人民为求生存，"自当继续采取合理手段，厉行经济绝交"①。

北京学生总会在"三一八"惨案后被北洋政府武力解散，但各校学生代表不屈不挠，积极图谋恢复。1927年3月12日，成立北京学生联合会。为了适应斗争需要，全国学生总会应各地学生联合会请求，于1927年3月迁到武汉。4月1日，各团体在湖北省党部开会，庆祝该会在武昌开始办公，到会各界代表二千余人，唐鉴委员在演说中声称，中国革命以农工为主力，学生运动须与农工及被压迫民众相结合，方有成效，他勉励学生"到农村中去"、"到军队中去"。

国民革命期间，有不少青年学生报考黄埔军校，参加军队或投身工农运动。在武汉创办的中央农民运动讲习所，第一期招收学员810人，其中青年学生约四百人。在广东工农运动中活跃的风云人物阮啸仙、刘尔崧、周文雍等都是学生出身。有不少人，还为国民革命献出了生命。

商民运动是国民革命期间新起的一项群众运动。

1924年11月，国民党中央将实业部改为商民部，着手开展商民运动，但由于缺乏正确的策略，进展缓慢。1926年1月18日，国民党第二次全国代表大会通过《商民运动决议案》八条。其中指出："商民为国民之一份子，而商民受帝国主义与军阀直接之压迫较深，故商民实有参加国民革命之需要与可能。"②同年7月，中共中央第一个商民运动决议案曾特别指出："我们商人运动之对象，正是中小商人的群众，他们是民族运动的联合战线中一重要成份。"③自此，商民运动逐渐受到重视。

国民党在各重要省市党部设有商民部，并在商民中发展党员。据1926年的统计，汉口有商民党员600人，北京有商民党员二千余人，占

①　《汉口民国日报》，1927年1月25日。
②　《中国国民党历次会议宣言决议案汇编》（第一分册），第77页。
③　《中共中央文件选集》（1926），第219页。

党员数的百分之十五①。随着国民革命形势的发展,广东、广西、湖南、湖北等地陆续成立商民协会。国民党中央党部商民部并出版《商民运动》旬刊。

　　中国民族资产阶级参加反帝爱国运动有一定积极性。8月20日,上海日本纱厂工人因日人惨杀小贩陈阿堂案,全体罢工,呼吁各界声援。上海各马路商界总联合会起而响应,致函公共租界工部局:声明此案"非特辱我国体,抑且藐视人道。鄙会等膺市民付托之重,不得不严与交涉,以求公理之伸"②。9月4日,英舰驶入广州省河,并在西堤码头强行登陆,激起广东各界强烈愤慨。6日,决议组织扩大对英经济绝交委员会。14日,广州总商会、广州市商民协会、广州市市商会、广东商会联合会会同广东农工商学联合会共同布告,不买英货。22日,召开广州商民大会,决定在上述四商会基础上,成立广东商界扩大对英经济绝交委员会③。

　　万县惨案也在商民中激起了强烈波澜。9月7日,重庆匹纱绸缎同业公会及糖帮业全体为万县惨案致电上海同业,要求"严禁购运仇货"④。次日,重庆商民协会召开联席会议,决定加入万县惨案四川国民雪耻会,实行对英经济绝交。19日,上海各马路商界总联合会电请北京政府外交总长就万县惨案向英政府提出抗议,要求:一、惩办凶手;二、赔偿损失;三、保障将来无野蛮举动;四、向吾国政府道歉⑤。10月4日,南京商会致电北京政府国务院,要求"放胆力争",表示"愿为后盾"⑥。

　　①　《汉口特别市党部党务报告》,油印件,1926年10月;《商民部工作报告》(1926年2月1日至10月15日),油印件。

　　②　《时报》,1926年8月21日。

　　③　《广州民国日报》,1926年9月23日、10月4日;《商民部工作报告》(1926年2月1日至10月15日),油印件。

　　④　《国民公报》,1926年9月10日。

　　⑤　上海《民国日报》,1926年9月20日。

　　⑥　《申报》,1926年10月4日。

对于废除不平等条约，商民们普遍表示赞成。9月11日，全国商会联合会在北京召开临时会议，议决对与各国签订的商约，凡期满者，一律声明无效。会议并推派代表，分头研究中法、中俄、中美、中日、中荷、中英、中比各条约①。16日，江浙丝绸机织联合会、中华国货维持会、上海夏布公会等21个商人团体集会，要求北京政府迅速照会日本等国，废除旧约，另订平等新约②。11月13日，全国商会联合会在北京召开第五届评议会第六十一次例会时，就比利时在重订新约问题上的蛮横态度，通电国际法庭，请求维持公理。会议并致电各省区总商会、商联会事务所及上海21个公团，要求一致声明，如比利时仍固执不悟，则应与其经济绝交。电报并提请国人注意日本对于中国修约照会的恶劣态度③。

广大商民不仅对外争取民族平等，反对帝国主义侵略，还积极参加反对北洋军阀的斗争。12月12日，上海商民同工界、学界一起，举行上海特别市自治运动各团体大会，反对奉鲁军南下，要求"自治"，成立特别市④。当时，孙传芳征用招商局商轮9艘，其中江永轮被毁，招商局要求发还船只，赔偿损失，孙传芳不予理睬。1927年2月2日，招商局以全部停航的办法表示抗议⑤。当孙传芳命上海防守司令李宝章镇压工人、学生时，华界商人便举行局部罢市，表示反对。

上海市党部商民部积极在商民中工作。当时，上海总商会会长傅筱庵与孙传芳关系密切，支持孙的统治。上海市党部商民部联络各马路商界总联合会等商民组织，计划打倒上海总商会，另行成立"左派的商联组织"。1927年3月23日，虞洽卿、王一亭、吴蕴斋等联合总商会

---

① 上海《民国日报》，1926年9月16日。
② 上海《民国日报》，1926年9月19日。
③ 《时报》，1926年11月18日。
④ 《时报》，1926年12月11日、13日。
⑤ 《东方杂志》第24卷第3号。

以外的 19 个团体，成立亲国民党的上海商业联合会，但该会不久即倒向蒋介石一边。

中国民族资产阶级是具有两重性的阶级。一方面，他们不仅具有反帝、反封建的积极性，而且在发展生产、活跃经济、促进产品流通方面具有积极作用，是革命统一战线的必要组成部分；另一方面，他们又具有严重的妥协性，并和工人阶级之间存在着剥削和被剥削的矛盾。如何正确掌握团结和斗争之间的关系，这在国民革命时期是一个比较难以处理的问题。1926 年 10 月 20 日，广州总商会、广东全省商会联合会、广州市商会、广州市商民协会召开代表会议，联合致函国民党中央和各省区联席会议，反映当时广州工人运动中存在的"左"的倾向，提出 8 条改进劳资关系的意见。内称："近来工人运动对于商民资本阶级动辄宣传打倒，引起劳资间之冲突及仇恨，以致两方情感被其离间。"函件要求"设法促进劳资协作，使工商联合，一致救国，以图发展"①。同月，陈其瑗、简琴石向会议提出《商民运动提案》，重申"我们应打倒者是买办阶级及帝国主义之走狗的资本家。中小商人同是被压迫阶级，应受本党保护"②。该案有孙科、毛泽东、邓泽如等联署。10 月 23 日，毛泽东提出"重订适合一般商人利益之商会法"，得到通过③。会议在《最近政纲决议案》中并规定："设劳资仲裁委员会，以调处雇主与雇工间之冲突。"同年 11 月，上海资本家荣宗敬联合同业，致函汉口劳资仲裁委员会，批评汉口工人增加薪资、减少工作之后，"服务未见勤奋，出品未见优良"，希望委员会能使工人"勿趋极端，为实业家稍留余地"，从而出现"劳资两利"的局面④。但是，这一问题在以后并未能很好解决。随着工农运动的日益发展，中国民族资产阶级的政治态度逐渐发生

---

① 油印件。
② 油印件。
③ 《联席会议议事录》第 8 号，油印件。
④ 《纺织时报》，1926 年 12 月 13 日。

变化。

北伐战争也得到了素有爱国传统的海外华侨的积极支持。

国民党中央设有海外部，专门从事华侨运动。1926 年 9 月，广东国民政府设立侨务委员会，以李禄超为主席。同年 10 月，国民党各省区代表联席会议在《最近政纲决议案》中特别提出：一、设法使华侨在居留地得受平等待遇；二、华侨子女归国求学，须予以相当便利；三、华侨回国兴办实业，务须予以特别保护。

祖国关怀华侨，华侨支持祖国。

国民革命军誓师的第二天，华侨协会召集驻广东各华侨团体，成立华侨北伐后援会，确定该会的主要任务为：筹款接济北伐军饷；宣传北伐意义；慰劳前敌将士。日本、古巴、墨西哥等地的华侨闻风响应，到当年 9 月，共成立后援会达 524 个，会员约一百万人。

7 月 24 日，国民政府首先收到了澳大利亚普扶地区华侨社团汇寄的第一笔捐款。其后，华侨中的富绅巨贾、店员、教师以至小贩、车夫，都踊跃捐输。到 1926 年底，北伐军共收到海外华侨捐款一百余万元。各地华侨还捐献了大量军用物资，如枪支弹药和救护物品等。越南西贡几个华侨集资捐购一辆铁甲车，支援北伐军。暹罗华侨陈公侠，将鸦片战争以来列强侵略中国的种种事实汇成《帝国主义与中国》一书，并在报上连载。许多华侨还毅然返回祖国，入伍从征，建立华侨炸弹敢死队、北伐军海外工作团、华侨特别宣传队等组织。曾参加第一次世界大战的李海涛担任叶挺独立团第八连连长，在攻取武昌战役中率部冲锋在前，不幸牺牲。

为培养海外党务活动骨干和华侨运动的积极分子，国民党中常会第六十五次会议还通过了海外部建议，决定在广州开办中国国民党党立华侨运动讲习所①。讲习所所长由国民党海外部部长彭泽民担任，

----

① 《广州民国日报》，1926 年 10 月 14 日。

中共党员张航声任教务主任，教员大部分来自农讲所。当年 12 月开学，共招收学员 70 多人。学员除学习革命理论知识外，还到广东省华侨协会去听取各地开展华侨工作的经验，研究海外华侨工作的有关问题。他们还经常去华侨团体进行宣传，激励华侨的爱国主义思想，支援北伐战争。

第三章　列强分化中国革命与蒋介石发动政变

第一节　二十年代列强的对华政策趋向

一　列强角逐的新格局

第一次世界大战使帝国主义侵华阵容发生重大变化。沙俄已被本国人民推翻。德、奥等国丧失了从前攫取的权益,被挤出争霸中国的竞赛。法国是第一次世界大战的主要战场,损失惨重,在列强的侵华角逐中已力不从心。意大利的经济和军事实力有限。只有日本实力猛增,后来居上,且占地利之便,遂与英、美在远东形成鼎足之势。它们既争夺又联合,力谋在激烈的矛盾冲突中协调行动,结成联合战线,以对付中国革命,建立侵华"新秩序"。

英国经过第一次世界大战,实力地位下降。巨额的战费开支严重地削弱了它的财政力量,在远东的传统势力范围又遭到美国和日本的渗透,丧失了原有优势。但英国仍是仅次于美国的强国,在世界市场上保持着广泛而牢固的财政金融网络,掌握丰富资源,并且拥有一支世界上最强大的海军。中国国民革命所要实现的一切对外目标,如废除不平等条约、关税自主、取消领事裁判权、撤退外国驻华海陆军、收回外国租界和租借地、恢复海关管理权、撤消会审公廨等等,几乎都与英国侵华特权有关。因此,国民革命兴起之初,英国本能地采取支持北洋军阀,敌视广州阵营,镇压人民革命的政策。可是,事与愿违,铁血镇压非但未能扑灭国民革命,反而激发中国人民的更强烈的反抗,使英国在华利益受到更沉重的打击。华南是英国利益最集中的地区,保全这些利益的唯一现实的办法是同当地政权沟通关系。而南方阵营已露端倪的裂痕,令英国当局产生新的希望。1926年1月,在英国政府的对华政策大讨论中,素持强硬方针的驻华公使麻克类认为:"我们最聪明的方针就是就此住手,静观其发展,以期中国即将来临的事件导致广州的布尔什维克势力削弱,更温和的党派在那里占优势。"①这种意见体现了英国对华政策的新动向。

美国在第一次世界大战中获利最多而损失最小,从负债累累一跃而为世界最大的债权国。它控制着世界百分之四十以上的黄金储备,取代英国,成为新的世界金融中心。它还拥有一支在大战中迅速成长起来的海陆军。随着实力的增长,美国开始谋求世界霸权,并力图在对华外交中发挥主导作用。

战后美、日两国在远东和中国的争夺十分激烈。美国力图在门户开放、机会均等的条件下,凭藉经济优势完整地控制中国。英、美两国在中国的竞争虽然也很激烈,但它们之间互相利用的需要更多一些。英国需要美国援助以实现经济复兴,美国向世界扩张也需要英国财政金融网络的大力协助。面对日本在东亚咄咄逼人的扩张势头,英、美都感到自身利益受到威胁,必须予以遏制。于是,美国纠集列强召开华盛顿会议,拆散英日同盟,以国际公约的形式确认了中国的门户开放原则,暂时抑制了日本独霸中国的野心,恢复了若干帝国主义国家协同侵华的局面。美国在华既得利益比英、日少得多,没有独占性势力范围和租界地,所以其对华政策便从长远的扩张利益出发,除在一定限度内用武力维护其重要权益外,其政策重心一般放在政治诱导、经济渗透、文化传播等方面。国民革命高潮涌现后,美国统治阶层普遍认为,不宜出面实行武力镇压,而应尽量用"温和"的方式加以消弭。1927年1月4日,即中国民众冲占汉口英租界的第二天,美国众议院外交委员会主席

---

① *FO*, 371, Vol. 11621, F513/1/10, Appendix 10.

波特(Stephen G. Porter)提出一项议案,力主美国应援助和鼓励中国建立一个巩固的政权,能够有效地统治全国各地。议案特别提出,为了防止四亿中国人民放弃传统的中庸之道,转而崇尚暴力,"实有必要消除中国人民方面现存的误解和不满的根源"。议案吁请美国总统采取"独立于其他列强的行动",立即同有权代表全体人民发言的中国政府谈判,商订"平等互惠"的新条约①。这项议案在美国众议院以42票反对、262票赞成的压倒优势获得通过,充分显示了美国对华政策的政治动机。

日本抓住欧美列强陷入世界大战而无暇东顾的"天佑良机",加紧侵华,妄图独占中国、称霸东亚。它不仅激起了中国人民一浪高过一浪的反日运动,也同英、美侵华利益发生抵牾。日本由于在贸易、资源和国际信贷等方面要仰仗美、英的扶持,不得不在华盛顿会议上妥协,接受了否定其在华独占地位的九国公约,退出在山东的大部分的权益。20年代,日本经济发生慢性萧条,阶级矛盾十分尖锐,关东大地震又给日本造成严重灾难。为了解决经济困难和社会危机,日本资产阶级迫切需要有良好的对外经济关系。在国内外形势的推动下,日本藩阀官僚政治暂趋衰落,"政党政治"繁荣一时。某些政党内阁力图用和平方式扩大国外市场,缓和同英、美的紧张关系,也缓解中国人民的反日斗争。于是,它们暂时收敛日本军国主义一贯奉行的武力征服中国的政策,实行与欧美各国协调,推行经济扩张与政治怀柔并重的对华政策。这一政策因其得力推行者而被称为"币原外交"。

1924年6月至1927年4月,币原喜重郎第一次担任日本外务大臣时,正值中国国民革命潮流高涨。他一再宣称日本对华方针是:第一,尊重中国主权和领土保全,对其内争严守绝对不干涉主义;第二,期望两国共存共荣,经济提携;第三,对中国国民的合理愿望持同情与善

---

① U. S. Dept. of State: *Papers Relating to the Foreign Relations of the United States*(以下简称 *FRUS*),1927, Vol. 2, Washington, 1942. pp. 341 - 343.

意,协力助其实现;第四,对中国现状尽量持忍耐与宽容态度,同时尽量用合理手段维护日本正当且重要的权益①。"币原外交"的实质是,尽可能用较为隐蔽的"软性"手段瓦解中国革命,保障日本在华经济权益的顺利扩张。

这一时期,军部势力仍在日本对外关系中扮演着重要角色,他们有时同外务省协调行动,有时则自行其是。在后一种情况下,外务省往往只能追随军方的行动。例如在1924年秋第二次直奉战争和1925年底郭松龄反奉战争中,币原不仅不能约束日本军事当局的武装干涉,而且还要出面为其进行掩饰和辩解。因此,国民革命时期的日本对华政策,存在着"双重外交"。这是日本军事封建帝国主义在一定时期特有的现象。

二　列强对华政策的经济动因

列强对华政策的原动力是其经济利益。

经过世界大战和整个20年代的角逐,各国在华投资此消彼长,变动显著。从1914至1930年,英国对华投资增长70.5%,其数额在各国对华投资总额中所占比例从31.3%,略升为33.2%,但其座次却从对华投资大国的第一位降到第二位。这一时期日本的对华投资增长388.3%,从原来的第四位跃居首位,在各国对华投资总额中所占比例,从12.8%升至38.8%,来势凶猛。美国对华投资增长183.6%,速度超过英国而逊于日本,但所占比例并不大,仅从4.6%升至8%,在对华投资大国中的座次,因俄、德出缺而从第六晋至第四。法国这时期的对华投资始终多于美国,但已呈停滞之势。德国因战败,元气大伤。(参见本书附录表一、表二)

---

①　日本外务省:《日本外交年表和主要文书(1840—1945)》,下册,东京原书房1979年版,第91页。

值得注意的是,列强对华投资的比例与增长速度虽能表明它们在中国的经济地位,却不足以说明中国在它们的对外扩张中的重要性。判断中国在某一强国的海外经济利益中所处的地位,主要应依据该国的在华利益在其海外全部经济利益中所占的比重。如果从这个角度观察一下,就会发现列强间有一个非常显著的差别:美、英、法等国在世界其他地区拥有巨大的投资利益,而日本则不然。

20 年代,美国对华投资仅占其海外投资总额的 1％左右。这对美国来说,当然是很小的一个份额。而且这份投资有相当一部分用于传教布道和开办医院、学校等,注重在思想文化领域播下久远的影响。1914—1930 年,美国海外投资增长 330％,而同期对华投资额仅增长 183.6％。两相比较,中国投资场所在美国对外经济扩张中的地位相对降低了[①]。

英、法两国 20 年代的对华投资总额在其海外投资总额中约占 5％—6％左右[②]。比重不算大,但政府借款在其对华投资中占了相当份额,企业投资也多为铁路、矿山、工厂等难以转移的不动产[③]。这些特点决定了英、法两国政府同中国统治集团的关系比较密切,中国作为一个投资场所,对英、法两国具有一定的重要性。

只有一个国家的在华投资对该国具有至关紧要的意义,这就是日本。日本在华投资占其海外投资总额的 90％左右,其中仅在中国东北的投资即占 70％。它还控制了中国近一半的煤、铁矿产量,这是其现代工业迫切需要而其本土又极为缺乏的资源。这部分投资的丧失,对于日本尤如人之断血。尽管这时的日本仍是资本主义世界中的一大债

---

①　U. S. Dept. of Commerce, Bureau of the Census, *Historical Statistics of the U. S*, Washington, 1975, p. 869;《东方杂志》第 24 卷第 7 号,第 28—33 页。

②　高平叔、丁雨山:《外人在华投资之过去与现在》,重庆中华书局 1944 年版,第 15—16 页。

③　G. Clark, *Economic Rivalries in China*, Yale University, Press, 1932, pp. 18, 45, 66。

务国,但它对中国的投资、借款额却在突飞猛涨,1927 年在华投资总额便已高达 25 亿日元。因此,人们将之喻为倾家荡产、孤注一掷的投资①。这种状况,导致日本对中国革命风暴的承受力十分脆弱。

国民革命兴起后,英国及其殖民地香港所受的打击最为沉重,对华贸易迅速下降。日本对华贸易反而乘机扩大,挤占了英国在华南和长江流域的部分市场,成为中国商品市场上最大的外国盘剥者。英国本土对华贸易额虽小,但若将其附属地印度和香港计算在内,仍能紧追日本之后,遥遥领先于其他国家。美国对华贸易发展平稳,没有大起大落,在中国贸易市场上占居第三位,但其贸易额同英、日两国相比,尚有相当差距。这是它在列强干涉中国革命时总不愿打头阵的重要原因。法国、意大利等国在中国的贸易利益同英、日、美三强相比,差距更大,它们在对华政策上也往往追随三强行动。(参见附录表三)

这一时期,中国在英国海外商品市场上的地位具有相对的重要性。20 年代,除 1925 年和 1926 年因中国民众抵制英货而情况特殊外,中国一般都能排进英货输出对象国的前十名。棉纺品是英国最大的出口货,中国在其输出对象国中占第二位;钢铁是英国第二大宗出口货,中国居第十位上下;机器为英国第三大宗出口货,中国居第六位上下。毛纺品是英国第四大宗出口货,中国居第四位上下②。这说明,中国是英国轻纺工业的重要市场之一,在其重工业品的海外市场中,也有一定地位。但是,英货在出口总额逐年增长的同时,对华出口额却呈下降趋势,从一个侧面反映出英国此时已失去在华经济扩张的势头。(参见附录表四)同时,英国的主要商品市场是欧洲和美洲,而在亚洲的主要市场是印度及缅甸,中国市场对英国商品输出的重要性毕竟是相对的和

①　雷麦:《外人在华投资》中译本,商务印书馆 1960 年版,第 335—336 页;高平叔、丁雨山:《外人在华投资之过去与现在》,重庆中华书局 1944 年版,第 15—16 页。

②　FO,405,Vol.253,p.91;B. R. Mitchell,ed.,*Abstract of British Historical Statistics*,Cambridge University Press,1962,p.305.

有限的。因此,当英国在华利益受到中国革命风暴的猛烈袭击时,劳师远征的武装干涉究竟效益如何? 应控制在什么程度上才值得? 能否找到比简单的"炮舰政策"更好的手段来应付这场危机? 这些都是英国统治者不得不苦心谋算的问题。

1922—1926 年间,美国对华出口额仅占其对外出口总额的 3％左右。(参见附录表四)在美国的各项出口货中,只有香烟一项大部倾销中国。但香烟在美货出口额中所占的比重微不足道,对美国经济的影响不大。此外比较值得留意的便是石油。这期间,美国对华出口额略有增长,但其对外出口总额增长更大,四年间增长 25％,因此使对华出口额在其对外出口总额中所占比例逐年下降。这说明,美国虽然继续对华扩大商品输出,但中国市场对美国商品的相对地位却在下降。据美国官方统计,20 年代美国对华进出口额仅占其同期进出口总额的2.9％,不及美国对日本进出口额的一半,在美国对亚洲的进出口额中也只占六分之一①。结合上述美国投资情况来看,这一时期,美国在中国的既得经济利益并不大,中国尚未成为美国的重要投资场所和商品市场。但是,美国将中国视为潜在的广阔扩张领域,比较注意在精神文化方面施加影响,美国已拥有世界上最雄厚的经济实力,自信只要能维持门户开放、机会均等的原则,就能最终取代英、日而在中国称霸。由于美国在华既得利益小,长远野心大,当它面对汹涌的国民革命高潮时,自然感到武装镇压弊多利少,得不偿失,而设法分化革命,诱导中国资产阶级及其政治代表走上反共道路,才是其最佳选择。

日本对华贸易情况与英、美等国大不相同。它的各项主要出口货都以 50％—99％的高比例向中国倾销。对华出口约占这一时期日本出口总额的 30％。国民革命兴起时,日本对华贸易正呈扶摇直上之势。(参见附录表四)据当时日本官方统计,1925 年,日货对香港和东北以外的中国地区的输出额达到战后的最高水平,约为 4.6 亿日元,

---

① *Historical Statistics of the U. S.*,pp. 903,906.

1926 年仍保持在 4.2 亿日元的高水平上①。值得注意的是,日本在对外贸易连年入超的情况下,对华贸易却始终出超②。这意味着中国市场对日本财政和国际收支平衡具有举足轻重的意义。另一方面,20 年代日本外贸对美国的依赖性很大,出口货约 40％以上输往美国,进口货 25％—32％来自美国,所以日美贸易关系十分密切③。"币原外交"正体现了日本资产阶级在稳定环境下既要对中国进行经济扩张,又要取得美国支持与配合的需要,是日本在侵略中国与敦睦美国之间寻求平衡的结果。然而,由于中国在日本"称霸亚洲,争雄世界"的全球战略中的重要地位,日本军国主义势力可以观望于一时,终不能坐视太久。当北伐战争迫近日本利益范围,迅速加剧其经济危机时,日本帝国主义终于抛弃以"不干涉"相标榜的"软弱外交",再次走上以强硬手段干涉中国内政,进而武力征服中国的老路。

第二节　北伐战争发动前列强对华政策的调整

一　"五卅"惨案后列强对华政策的新动向

英、日帝国主义制造的"五卅"惨案,激发了中华民族的普遍觉醒。"废除一切不平等条约","推翻帝国主义在中国的一切特权",成为全国人民共同的斗争纲领。在中国革命日益高涨的形势下,英、日、美等国

---

① 日本商工省商务局贸易课:《本邦及本邦海外重要相手国贸易统计》,1927年 9 月;日本国际政治学会太平洋战争原因研究部:《太平洋战争への道》,第 1 卷,朝日新闻社 1963 年版,第 44 页。

② 日本东亚研究所:《列国对华投资与中国国际收支》,东京 1941 年 10 月版,第 238 页。

③ Nobuya Bamba, *Japanese Diplomacy in a Dilemma*, Minerva Press, 1985, pp. 381‐386.

纷纷调整其对华政策,以图缓解中国人民的革命情绪,迎合中国资产阶级的某些民族要求,稳定北洋军阀"中央政府"的统治秩序,从而维护其在华利益。

在政策调整过程中,列强目标相同,但手法各异。

美国政府于 1925 年 7 月抢先提出"准许中国完全关税自主"、"逐步放弃治外法权"两项主张,吁请各国响应北京政府的要求,速派代表召开拖延已久的中国关税特别会议,同时组织考察治外法权问题委员会。除兑现华盛顿条约的诺言,批准中国对进口货征收 2.5% 的关税附加税以外,还应制定允许中国关税自主的方案,提出逐步废除治外法权的建议①。美国国务卿凯洛格(Frank B. Kellogg)称:"我相信这类行动会比任何事情都更能有效地缓和中国人的仇外情绪。""当然,我不打算说立即宣布无条件放弃协定关税和治外法权对于我们是明智之举。但是,我们各强国若不愿作出适当让步,就会处于被迫让步的境地。"②列强对此心领神会,两会遂于 1925 年 10 月 26 日及 1926 年 1 月 12 日先后在北京举行。

日本在"五卅"惨案后采取了回避锋芒、甩开英国、争先脱身的方针,诱使北京政府同日本单独解决上海事件。6 月 20 日,日方先赔偿伤亡工人 1 万美元。7 月 25 日,又付给日厂罢工工人每人 10 美元补偿损失,解雇了两名民愤很大的日本职员,允许以后按照北京政府颁布的条例,在日本人开办的工厂里建立工会等③。于是,日本纱厂的罢工宣告解决,中国人民的斗争矛头集中到英国身上。英国对日本此举深感不满,但也无可奈何。

接着,日本又在关税问题上争取主动。关税特别会议刚一开幕,日本代表团就按照币原外相精心策划的方案,率先声明,对中国关税自主

---

①　*FRUS*,1925,Vol. 1,p. 767 - 768.

②　*FRUS*,1925,Vol. 1,p. 849.

③　Nobuya Bamba, *Japanese Diplomacy in a Dilemma*,p. 244.

问题愿马上予以"友好的考虑"①。币原本人透露,日本担心的是:中国青年一代目前普遍要求恢复关税自主权,此次会议若不能打开解决这一问题的通道,段祺瑞政府将遭到国内舆论反对,迅速垮台,文武官员无人能继其后,中国必将陷于无政府状态。这对中国和各国都有害,"故目前以中国政局的安定最为紧要"②。基于上述考虑,关税会议终于在11月19日作出决议:"承认中国享受关税自主之权利","允许中国国定关税定率条例于1929年1月1日发生效力。"③

　　英国由于制造了一系列侵华暴行而成为中国人民的主要斗争对象,尤其是以省港大罢工为核心的华南排货运动,严重打击了英国利益,迫使英政府不得不考虑新对策。1925年8月,英国外交部驳回了伦敦"中国协会"④关于武装封锁广州的建议,指出此举将促使整个中国一致反英,排货将进一步扩大⑤。英国政府还向上海公共租界当局施加压力,促其交还会审公廨,允许华人董事加入工部局。公共租界当局接受了这一建议。1926年一二月间,英外交部围绕对中国革命的政策问题组织了一次讨论。驻华使领馆官员、海陆军指挥官、港英当局纷纷献策,提供了使用武力、国际封锁、援助反共军阀、向苏俄施加压力、怀柔等五种可供选择的方案。论证结果认为:前两种方案后患无穷,适得其反,而且难于取得其他列强的支持;第三种方案的困难是:找不到英国中意的"铁腕人物";第四种方案不会有什么成效;只有最后一招怀柔,似乎切实可行并富于"建设性"⑥。英国对华政策的主要设计者,远东司高级官员蓝普森和外交副大臣韦尔斯利(Victor Wellesley)极力

---

①　《日本外交年表和主要文书(1840—1945)》,下册,第76页。
②　《日本外交年表和主要文书(1840—1945)》,下册,第82页。
③　北京政府外交部编:《外交公报》第54期,专件,第17—18页。
④　中国协会是英国资产阶级对华利益集团的组织,1889年成立于伦敦。
⑤　*FO*,371,Vol. 10947,F4053/194/10.
⑥　W. R. Louis, *British Strategy in the Far East*, *1919 - 1939*,Clarendor Press, Oxford,1971,pp. 129 - 130.

赞成怀柔政策。韦尔斯利宣称："我们应做之事就是用同情来俘虏国民运动，努力将其引上正路。"①英国驻华公使麻克类也反对一切拟议中的行动，支持对广州继续忍耐，等待反共情绪发展和国民党"温和派"得势。于是，英国外交部就倾向于采取软化、分化政策，待机观变的方针了②。

　　这一时期，英国在关税会议上的态度也有所改变，它主张承认北京政权已无力统治全国的现实，同意中国立即征收二五附加税和"关余地方化"（即由各口岸海关征税后将关余直接交给控制该口岸的地方当局支配），企图以此保全由英人操纵的海关机构，促使各地裁撤不利于英国贸易的厘金和地方税，换取广州政府解决省港罢工。1925 年 12 月 31 日，英外交部将这一新立场通知其关税会议代表③。次年 5 月 28 日，又照会美国政府，说明"英国最关心的是关税会议的某些行动应给中国公众留下良好印象，使反外情绪及由此派生的现存反英情绪不再增长"。因此，"应立即准予征收附加税"，否则，"可能造成非常危险的形势"④。

　　列强在试图软化中国革命的同时，并未放弃以武力保护基本权益的原则。例如日本对于在东北、华北的既得权益，始终采取强硬手段加以保护。1926 年春，冯玉祥国民军封锁大沽口，以抵抗奉鲁军进攻，日本军舰带头挑衅，日、英、美、法、意等八国公使一同提出以武力为后盾的最后通牒。在华南，英、美军舰到处游弋，不时威胁和干涉中国人民的反帝运动。

　　帝国主义的这些手段并不能瓦解中国人民的革命斗争，也不能巩固北洋军阀的反动统治。1926 年春，段祺瑞政府垮台，张作霖、吴佩孚明争暗斗，互相倾轧，一时无法建立强有力的"中央政府"。同时，南方

---

①　*FO*,371,Vol. 第 11620,F119/1/10.

②　*FO*,405,Vol. 250,pp. 188 - 200；*FO*,371,Vol. 11620,F378/1/10；Vol. 11621, F513/11/10.

③　*FO*,371,Vol. 10925,F6117/2/10；*FO*,405,Vol. 248,p. 459.

④　*FRUS*,1926,Vol. 1,Washington,1941,pp. 755、757.

国民革命势力却日渐强盛,广州国民政府的权威在不断增强。在这种形势下,列强,尤其是在华南有较大利益的英、美两国,对革命阵营内部的分歧越来越感兴趣,并企图加以利用。

二　对南方国民革命阵营的窥测

国共合作以后,列强根据国民党人对反帝和联共的不同态度,将他们大致划分为左、右两派,通常称前者为"激进派"或"极端派",后者为"温和派"或"稳健派"。列强认为,国共合作的基础是民族主义,而不是社会主义,国民党与苏俄结盟是一种实用主义的联姻,因而国民革命阵营存在着裂痕①。

日本在广东的利益相对少些,因此对这里的政局不多插手。它一面标榜"绝对不干涉"甚至"同情"国民革命,一面抓住广东民众排斥英货之机,大量倾销日货,挤占英国市场。但是,它也对国民党内的"温和派"予以一定关注。1926 年 2 月,日本外务省已看出国民党"温和派"将来有可能支配全中国,特意告诫陆军省,约束土肥原等人勾结北洋军阀的活动:"帝国军人无论如何不可有同我对华不干涉政策背道而驰的举动。"②在此之前,陆军省已派佐佐木到一常驻广州,窥探军政情况。佐佐木很快就同蒋介石建立了个人联系。他在北伐战争期间,力主日本政府支持蒋介石集团,并著书宣扬革命阵营的内部矛盾和蒋介石的真面目③。

---

①　*FO*, 371, Vol. 10279, F387/387/10, F1074G/387/10, F2390/387/10; *Records of the Department of State Relating to Internal Affairs of China*, *1910 - 1929*, National Archives, Microfilm Publication, Microcopy NO. 329(以下简称 RDS, NA,M329),893. 00/7388,893. 00/7400,893. 00/7416.

②　《木村致陆军函》(1926 年 2 月 12 日),《日本外务省档案》,S16153。

③　《冈本致田中电》(绝密,1928 年 5 月 12 日),《日本外务省档案》,S16153;佐佐木到一:《南方革命势力の实相と其の批判》,北京,极东新信社 1927 年 3 月版。

英国对华南革命阵线内部的动态一向十分关心。1925年7月广州国民政府成立后,英国外交部即认为其权力结构呈三元制衡状态,即以汪精卫为首的政府,蒋介石为首的军事当局,中国共产党领导的省港罢工委员会①。1925年11月,西山会议派出现,公开要求蒋介石反共。这种情况给了英国政府以希望,开始考虑蒋介石成为"温和力量"的可能性,期望他能恢复广东全省的秩序,严厉对付省港罢工委员会,甚至"清除俄国势力"②。

1926年初,英国外交部在研讨对付中国革命的政策时,曾有过同蒋介石谈判解决省港罢工的设想。为此,特意询问驻北京公使麻克类,有无可能通过谈判或京沪国民党右派的影响,使蒋介石同共产党人分裂;又询问驻广州总领事杰弥逊(James William Jamieson),是否仍然存在蒋介石镇压罢工委员会和共产派的机会。英国外交部所得答复都不乐观。不过,杰弥逊还是提到:"蒋可能不久就会出于自己的意志同布尔什维克争吵。"③中山舰事件发生前夕,英国情报机关便已侦悉,广州不久可能发生军事政变④。事变发生后,英、美政府很快判明这场政变的反共性质,深感欢欣鼓舞。英国外交大臣张伯伦(Austen Chamberlain)公开宣称:蒋介石已采取反措施,镇压"布尔什维克的阴谋",政变将促使排货告终⑤。美国驻广州总领事詹金斯(Douglas Jenkins)认为:"蒋不再要俄国顾问了","政府中的温和派看来支持蒋,他们似乎期

①　*FO*, 371, Vol. 10949, F5013/194/10; Vol. 10950, F5564/194/10; FO, 405, Vol. 148, p, 576.

②　*FO*, 405, Vol. 250, pp. 253 - 256; FO, 371, Vol. 11620, F67/1/10, F241/1/10, F395/1/10, F403/1/10, F408/1/10; Vol. 11621, F513/1/10.

③　*FO*, 405, Vol. 250, pp. 235 - 236; *FO*, 371, Vol. 11620, F67/1/10, F241/1/10, F395/1/10, F403/1/10, F408/1/10; Vol. 11621, F531/1/10.

④　Canton: *Events and Current Rumours*, March 3, 5, 13, 1926, 广东省档案馆藏:《粤海关档案全宗》, 1587/52。

⑤　*Parliamentary Debates*, Vol. 193, pp. 1645 - 1646; *The Times*(London), March 26, 1926, p. 13.

望采取更保守的政策"①。

　　然而,广州的形势并未如列强想象的那样急转直下。蒋介石出于种种考虑,没有立即同苏俄、中国共产党决裂,也没有抛弃国民革命的旗帜。他先打击左派以取得右派的支持,又利用左派的妥协来抑制右派。帝国主义虽难免有些失望,但通过这次事变,对国共统一战线中的深刻裂痕和蒋介石的特性,毕竟有了进一步的了解。从中山舰事件至北伐前夕,美国当局对蒋介石的基本立场和两面策略,判断大体准确,情报比较灵通。而英国当局则感到对革命营垒的情况若明若暗,蒋介石的真正面目时隐时显。

　　美国总领事詹金斯4月7日向国务院报告:"现已证明,政府中的保守派尚未强大到像人们想象的那样,足以轻而易举地处置俄国人和共产党人的地步","蒋介石已发觉,自己的部队出乎意料地倾向于过激,蒋将军不得不首先处置军内,然后才能支持政府再次发动反俄国人的政变"。这位多情的外交官甚至担心蒋介石再次行动的准备时间过长,使共产党人得以重新组织自己的力量②。4月14日,他在致马慕瑞公使的公函中再度表示了这种忧虑,同时又满怀希望地宣称:"从美国人的观点看来,如果国民党内的温和派一旦获得完全统治,整个形势将大为改善。"③

　　詹金斯对国民党"温和派"和蒋介石寄以厚望是有根据的。当时,蒋介石等正在谋划进一步排斥共产党人的方案,同美国官方有密切联系的"记者"索柯尔斯基(George Ephraim Sokolsky)④来到广州,企图拜会蒋介石。蒋连忙托人秘密点拨这位冒失的记者:蒋本人目前不宜

---

　　①　*FRUS*,1926,Vol. 1,p. 701.

　　②　*RDS*,NA,M329,893. 00/7400.

　　③　*FRUS*,1926,Vol. 1,p. 705.

　　④　美籍犹太人,中国通。此次访穗前,曾与美国驻沪总领事馆磋商,到穗后即与詹金斯取得联系。美驻华公使、参赞同年南下广州考察,往返途经上海时,都曾移樽就教于索氏。

接见外国记者，因为这会造成他"正在同帝国主义勾结"的印象。不过，两个月内他将平定本地局势，届时一定"很高兴地请索柯尔斯基来会见他"① 这份宝贵情报立即从美国驻广州总领事的案头同时飞向北京美国公使馆和大洋彼岸的白宫。美国官方还探悉：国民党将于5月份召集特别会议，"那时将提出从国民党中驱逐共产派的问题"②。直至6月初传出吴铁城被拘，伍朝枢离粤的消息后，美国官员仍认为："蒋中正就是广州的政府，他既不能容忍温和派，也不能容忍激进派的干涉和反对"；"目前蒋中正与共产派和俄国人携手共事，但可以相信，这仅仅是因为他需要俄国人提供的军火和金钱"③。美国还注意到"温和分子"张静江的崛起，获悉他出任国民党领袖是由于蒋介石的影响，蒋希望张静江采取同自己的计划和思想一致的政策④。

这一时期美国最为关注的是国民党二届二中全会。会议开幕前两天，为蒋介石和温和派效力的美国人柯亨（Morris Cohen）⑤ 向詹金斯交底："有一切理由希望，温和派在即将来临的同共产派和极端激进派的斗争中获胜。"⑥ 5月15日，全会刚一召开，美国海军当局便将当日情况逐级报往华盛顿。电文强调："温和派得到蒋介石和军队将领的支持，已通过严斥党内共产派的议案。虽然将有人事变动，但政府现行政策不会改变。"⑦ 詹金斯随后将蒋介石的《整理党务案》逐款报知美国政府，兴高采烈地欢呼"蒋中正将军似已完全控制了局

---

① *RDS*，NA，M329，893.00/7403.

② *RDS*，NA，M329，893.00/7403.

③ *RDS*，NA，M329，893.00/7522.

④ *RDS*，NA，M329，893.00/7473.

⑤ 美籍犹太人（一说加拿大人），曾为孙中山工作。孙中山去世后，他为孙科、蒋介石、孔祥熙等奔走效劳。见 *RDS*，NA，M329，893.00/7713，893.00/8427，893.00/8502，893.00/7465，893.00/7416.

⑥ RDS，NA，M329，893，00/7465.

⑦ RDS，NA，M329，893，00/7409.

势"。"共产党人表面上似有妥协，因而未遭驱逐。但是，如果国民党切实贯彻蒋将军议决案中的具体条件，两党便简直不能继续和睦共事"①。5月下旬，詹金斯建议美国政府对蒋介石和温和派"稍加鼓励"，"伴以多少慷慨一点的财政和军火援助"，使其同共产党人彻底决裂②。

当年春，广东部分地区出现过群众自发占据美国教会机构情况。詹金斯曾于4月向美国政府提议，若想有效地干预，就应尖锐警告，必要时甚至以武力胁迫国民政府，出面反对共产派和激进分子所"煽动"的此类行为③。马慕瑞公使对此颇感踌躇，他觉得难以判断的是，靠强化炮舰政策能不能使广州派"醒悟过来"？会不会反而激怒广大民众，致使美国武力保护伞外的侨民受到危害？因此他没有力主使用武力，而是建议派公使馆参赞麦耶（Ferdinand L. Mayer）前往广州考察，一面与当地美国官员磋商，为美国政府提供参考意见，一面相机劝告广州政府的官员们改善对美国人的态度④。国务卿凯洛格批准麦耶立即南下，并叮嘱："如果难题仅涉及外国人开办的医院或学校，则应从更广阔的角度考虑在此类问题上使用武力所可能引起的后果。"⑤这表明美国决策者对实行武装干涉持比较谨慎的态度，担心此举会影响复杂微妙的中国政局，不利于美国。

麦耶于6月11日到达广州，很快探知，蒋介石等只是"在同供给他们武器弹药和经费的那些人做游戏"，因而十分愿意同蒋一晤，但经试探后，马上意识到这种要求"未必合适"，遂放弃同蒋直接联系的打算，转而同国民政府各要员广泛接触。谈话中，他时而追述"美国对中国从

---

① 见 RDS, NA, M329, 893.00/7469.
② 见 RDS, NA, M329, 893.00/7473.
③ 见 RDS, NA, M329, 893.00/7407.
④ RDS, NA, M329, 893.00/7403, 893.00/7407.
⑤ RDS, NA, M329, 893.00/7407.

未间断过的同情态度",时而倾诉传教团体的慈善动机,又将话锋一转,指向两广人民"袭击"美国教会机构的事件,表示"难以理解广州政权为什么会容许这种事态的存在"。詹金斯则称:"最重要的是广东当局与美国官方之间的气氛应该是最友好性质的。"当国民政府代理外交部长陈友仁表示希望和解后,麦耶指责广州政府被罢工工人"操纵",别有用心地询问:究竟是广州当局控制罢工工人还是相反?陈友仁希望美国暂持忍耐态度。麦耶不失时机地示意:"忍耐是有明确限度的。"美公使称赞麦耶的这些活动,"其价值在于给广州政权造成印象,必须或至少更愿意考虑美国的权益"①。

6月17日,麦耶取道香港北返,五天后出现于小城汕头。驻扎当地的何应钦立即倩人求见。麦耶听说他是"蒋介石将军的亲密战友和朋友",欣然赴约。何应钦向麦耶表白:"国民党不是'赤党',没有同苏俄人牢不可破地连在一起","虽然共产主义可能是政治家们的玩物,但它在军队中的势力小得很"。他并举蒋介石清除黄埔军校留下的121名共产党员为证。麦耶则表示,尽管非常乐于倾听何将军及广州各位官员表示的对美友好感情,"但坦率地说,我们想要的是具体成果,是这些感情的实际运用"②。

麦耶在汕头还了解到,国民党所说的废除条约并不意味着立即全部废约,而只是要求列强方面采取步骤,用相当长的一段时期完成对华条约关系的调整,尤其希望美国能带头。麦耶表示,美国目前正与其他列强一道,按实际情况部分地调整条约关系,要待中国出现一个"负责任的中央政府"以后,才能作根本性调整。他又针对国民党接受苏俄援助一事警告说:"玩火是危险的!"麦耶由于发现可以同何应钦"相当坦率地谈话并产生良好的效果",遂介绍何同美国驻汕头副领事张伯伦

---

① *RDS*,NA,893.00/7413.

② *RDS*,NA,M329,893.00/7413.

(Culver Bryant Chamberlain)建立了"私人关系"①。

麦耶离开汕头之后到了上海,由索柯尔斯基牵线,会见王正廷和伍朝枢。伍向美国乞援,麦耶含蓄地答道:"我们政策的既定部分是不站在任何政党或派系一边,但是当然另有一些援助中国人民的合法办法。"②

美国决策当局显然不愿意操之过急,揠苗助长。他们继续观察革命营垒的内部矛盾以至整个中国政局的发展,要待"尘埃落定"之后,再对确能统治全国的政权承担明确的义务。美国对蒋介石和温和派的政策是,既不号召他们放弃反帝、反军阀的旗帜,也不公开表示对其反共事业的支持与期望,而试图通过各种迂回的途径同他们联系,不露声色地推动他们反共。北伐前夕,美国驻华公使马慕瑞称:"蒋介石将军几乎使自己成为那里的独裁者,并当上激进集团的领袖","尽管苏维埃政府及其政治原则不可爱也不可信,倒也不难诱使蒋将军和国民军首领接受其援助,因为那个政府乐于施舍。受益者当然自信能在自己所希望的任何时候摆脱苏维埃的桎梏"③。

相比之下,英国表现出较多的困惑和反复。

英国外交部在中山舰事件后期望蒋介石彻底反共,但并不相信蒋的实际意图是驱逐共产党人。3月底,关于蒋介石政变真相及其意义的情报和传闻纷纭而至,各执一说,外交部只能认为广州的形势仍像以往一样模糊不清④。4月中旬,外交部承认,"广州形势仍很混沌,不像我们最近估计的那么乐观","据信广州共产派与温和派势力的冲突近在眉睫"⑤。5月间,英国新任驻广州代总领事白利安(J. F. Brenan)、香

① 　RDS,NA,893. 00/7713.

② 　RDS,NA,893. 00/7713.

③ 　RDS,NA,M329,893. 00/7513.

④ 　FO,405,Vol. 251,p. 119;FO,371,Vol. 11623,F1312/1/10;Vol. 11624,F1397/1/10;Vol. 11625,F1874/1/10,F2097/1/10.

⑤ 　FO,405,Vol,251,pp. 17,34.

港总督金文泰(C. Clementi)先后多次向国内报告广州情况,但英国政府只能判断"蒋介石将军打算当广州的铁腕人物",其他均不甚了了①。

7月初,为了准备参加即将举行的解决省港罢工和排货问题的正式谈判,英国外交部全面分析了广州阵营内"温和派"和"极左——共产派"的情况,认为在对外,特别是对英关系方面,两派都是强硬的民族主义者,都严厉谴责帝国主义和不平等条约,但温和派私下里或许准备接受"公道的、渐进的让步措施"。英国外交部认定:"在变幻不定的政治局势中,蒋介石的影响是最有力、最卓绝的因素。""我们如果希望他们打发俄国人走路,也许不得不准备为广州办点事。""例如,过去当广州有所请求时,我们曾拒绝由香港向广州提供帮助。但将来如果广州派要求技术性借款,我们应重新考虑我们的态度"②。

大量事实表明,北伐战争前夕,列强虽然在认识的深浅程度上有差异,但是都已知悉国民革命阵营内客观存在的深刻裂痕,并注意到蒋介石集团的崛起及其政治立场。如何利用温和派与激进派的斗争来达到自己的目的,已成为列强探索的问题。

第三节　省港罢工的谈判与收束

一　中英省港罢工谈判及其中断

持久的罢工和排货沉重地打击了英帝国主义。经济上,据英国官方估计,1925年的对华贸易额比1924年减少21％,香港对大陆的贸易额减少近23％;同期英国和香港对华贸易商品价值合计损失32％③。

---

① 　*FO*,405,Vol,251,pp. 121,146.

② 　*FO*,405,Vol. 252A,pp. 17 - 18.

③ 　*The Times*(London),Nov. 8,1926,p. 13. ;C. F. Remer,*A Study of Chinese Boycotts*,Baltimore,1933,p. 111.

政治上,数万有组织的罢工工人对香港构成直接的威胁,英国在东方殖民地、半殖民地的统治权威发生动摇。因此,英国和香港政府把解决罢工和排货列为对华政策的首要目标,希望通过谈判化解这场风暴。

罢工和排货提高了广东国民政府的外交地位,促进了广东革命根据地的建设和巩固,因此,广东国民政府中的左派支持罢工,对罢工工人有好感。但是,罢工对广东的经济也有不利影响,长期资助罢工工人更成为广东财政一大负担。左派又觉得,罢工委员会是"第二政府",纠察队是"第二武装",加之右派拨弄,政府与工人间渐生鸿沟。当时,国民政府正准备北伐,担心英国借机制造事端,进行武装干涉,骚扰后方,因此,希望以谈判解决罢工。

罢工委员会鉴于五卅怒潮已趋低落,省港罢工呈孤军奋斗之势,罢工工人生活困苦,斗争环境日趋险恶。长期封锁香港,排斥英货,固然重惩了英帝国主义,然而对广东经济也有不利影响。商人贸易不自由,农产品销路堵塞,工人与农民、商人的关系渐趋紧张,与国民政府的矛盾也日趋表面化,加上为了全力支持北伐,罢工委员会也愿通过谈判,在一定胜利条件下结束罢工。

港英当局首先伸出触角。从 1925 年 9 月开始,香港的中国商人代表即在港英当局指使下往返奔波于省港之间,谋求谈判解决。广东四商会也于 11 月派代表团赴港接洽。罢工委员会当时的立场是,政治条件可另觅途径去争取,只要香港当局解决经济条件即可复工[①]。港英当局的对策却是,不接受罢工委员会的任何条件,也不同罢工委员会磋商,只要求同广州政府谈判,以图借广州政府之手压迫罢工组织,平息工潮,解除封锁[②]。当时的广州市长伍朝枢迫于罢工工人的强大压力,答复港商代表称:香港政府须与罢工工人磋商,广州政府只能"居间调

---

① 邓中夏:《中国职工运动简史》,人民出版社 1953 年版,第 250 页。

② 《工人之路》第 218 期,1926 年 1 月 31 日。

停"①。尽管如此,广州国民政府同港英当局间的"非正式磋商"却从此开始明来暗往地进行起来。

12月间,港督金文泰委托廖仲恺的妹夫、香港名医杜应坤往见汪精卫,转交一封邀请信,请汪派高级官员赴港一晤。汪精卫立即派宋子文去香港。12月19日,宋子文与金文泰初步会商。次日,港督又派代表陪宋返粤,继续同国民政府磋谈。港方完全回避政治条件,在经济条件方面,则回避罢工赔款问题,拒绝恢复罢工工人原在香港的工作,而向国民政府抛出"借款"诱饵,声称愿意帮助国民政府兴办对省港贸易有利的实业,使组织在革命旗帜下的罢工工人分散就业②。国民政府在此诱惑下,立场有所松动,表示欢迎借款,也可代工人组织磋商政治条件,但香港方面仍应考虑赔款问题;若能补偿罢工者工资,广州政府可劝工人放弃复职的要求;若港方能答应赔款、复职两项要求,广州政府可劝工人早日结束罢工③。当时英国殖民部给香港的300万英镑借款尚未生效,香港中国商人怵于年关清账,愿以30万元赔款换取事态了结。12月30日,8名华商代表经香港政府允许,到广州同罢工委员会讨论赔款事宜。伍朝枢却通知港商代表:有关沙基惨案的政治要求极为重要,必须由香港政府与罢工委员会直接谈判此事。香港政府坚持原来的立场,港商代表无功而返,谈判中断④。

此后,省港罢工委员会加紧排斥英货,严查一切入口货物。港英当局也进行反扑。经过一番密谋,粤海关英籍税务司卑路(F. Hayley Bell)借口罢工纠察队扣留数只未经海关查验的货艇,使他不能执行职务,悍然于1926年2月22日命令海关停止验货起卸。卑路采取这种强硬的行动,目的之一是迫使广州政府干预罢工工人的活动。这一着

----

① 《工人之路》第216、217期,1926年1月29日、30日。

② FO,405,Vol.251,pp.57-69.

③ 《工人之路》第216、217期;FO,405,Vol.251,pp.57-69.

④ 《工人之路》第216、217、218期;FO,405,Vol.250,pp.186-187,415;Vol.252A,p.19.

果然奏效。国民党左派大骂罢工工人不对,国民政府财政部发布通告,不许工人干涉海关职权。纠察队遵令将扣留的船货交还海关。卑路遂于 26 日开关①。

封关事件使国民党要人深感震动,决心加快谈判进度,早日了却罢工排货这桩心病。2 月 23 日,汪精卫致函香港政府代表周寿臣等人,邀请他们到澳门与广东省交涉员傅秉常秘密会谈。3 月 2 日,双方代表会面。傅秉常表示,汪先生派他来,是为了"努力消除一切误会,找到解决当前工潮的办法"。他承认,若听任罢工纠察队走向极端,对广州是很危险的。广州政府在自己希望的时候一定能控制住罢工者,但不想对他们过于严厉,因为这是建立在爱国主义基础上的全国性运动。傅还暗示,港方若肯付出适当赔偿,广州政府将放弃政治要求。周寿臣却声明:香港当局从未在原则上同意赔款,香港华商现在也未必还肯拿出钱来。傅再度退让,表示虽要求赔款,但对此不抱多大期望。他要求港府提供"铁路借款",声称"香港对广州修建铁路、公路的实际援助,将导致友好关系的重建,无疑比香港付给罢工者财政赔偿要好"。他还透露,罢工工人的全部条件都是自己拟定的,广州政府事先并不知情。港方代表认为这一点值得重视,在以后的谈判中对罢工委员会的要求概不理会。傅还透露了罢委会面临的经济困境,保证只要港方提供数额适当的金钱,汪精卫就能够平息罢工风潮。傅并称:汪精卫愿意在广州会见参加此次会谈的香港政府代表,"以便亲自同他们彻底讨论,能以何种方式协助达成满意的解决。"港方则表示非常感谢傅的"友好行为"②。

经过这次秘密接触后,汪精卫与港督金文泰之间信使往返,频频磋商。这时省港大罢工进入最困难的阶段:英国对香港的贸易贷款已发

---

① 邓中夏:《一年来省港罢工的经过》,省港罢工委员会宣传部编:《省港罢工概观》,1926 年 8 月 31 日出版;FO,405,Vol. 251,p. 5.

② FO,405,Vol,251,pp. 57 - 68.

生效力,"输血"后的香港经济开始稳定,商人们顺利度过了年关。随着"五卅"运动的退潮,英国在华北、华中的贸易状况有所改善,在华南也找到了许多同广东贸易的秘密渠道。港商不再愿付罢工赔款。罢工委员会在香港发动二次罢工,未能取得预期的效果,在卑路事件中又受到压抑。香港当局一面不时施放武装干涉的空气,一面顽固地坚持苛刻的谈判条件,如:不以罢工组织为对手,不赔款,借款的前提条件是完全取消排货运动和罢工委员会,由港方控制和监督借款的用途,以确保其用于兴办实业,而不分给罢工工人①。汪精卫一再妥协,终于决定将罢工委员会撇在一边,答应由国民政府出面,直接同香港当局举行正式谈判②。

3月20日,即发生中山舰事件的同日,港督密使携函到达广州,会见当时正卧病在床的汪精卫。22日,国民党中央政治会议讨论港督来函,并由汪精卫签署了回函。汪托来使捎去口信说:"正式谈判应在广州举行","罢工结束时工人应获赔偿"③。24日,金文泰为中山舰事件的发生所鼓舞,急电伦敦,力陈现在正是取代俄国影响的机会,请求授权讨论借款。英政府迅即回电,授权他在广州政府结束拒货和担保用途的前提下,从香港资金中拨款,援助广州市政改良。香港当局内定借款数额为一千万元左右。

省港罢工委员会坚持以获得适当赔偿为收束罢工排货的最低条件,发起广东工、农、商、学联合运动,促使革命气氛再度高涨④。在这种形势下,广州政府既不能向英方彻底屈服,又担心在正式谈判中争执不下而公开破裂,便一再要求先进行"非正式磋商"。4月上旬,港督代

---

① *FO*, 405, Vol. 251, p. 61; Vol. 252A, p. 19.

② *FO*, 405, Vol. 251, p. 71.

③ *FO*, 405, Vol. 251, pp, 69, 121 - 124; *FO*, 405, Vol. 252A, pp. 13, 19 - 21, 69, 174; *RDS*, NA, M329, 893. 00/7489.

④ 《一年来省港罢工的经过》; *FO*, 405, Vol. 251, 69; *RDS*, NA, M329, 893. 00/7439, 893. 00/7473.

表明确表示，香港当局不仅不同罢工委员会谈判，不付赔款或罢工费用，而且也不允许香港英、华商人作出这类赔偿①。由于在赔偿问题上毫无妥协余地，省港间的正式谈判只得无限期推迟。

此后一段时间内，英国政府和香港当局一直期待着国民党温和派在广州进一步得势。英国外交部认为，最终解决的前景"将取决于温和派与共产派之间政治斗争的发展，似乎可以清楚地看出，前者真诚地希望取得解决"②。金文泰甚至相信，一旦国民党二届二中全会圆满成功，共产派罢工委员会将不复存在，排货运动会自行停止③。当然，广州形势的变化并未使他们如愿。由于温和派一时受到抑制，港英当局不得不重新考虑下一步对策。

正在这时，前广东交涉员、省港谈判的重要人物傅秉常于6月2日逃往香港，向港英当局透露：蒋介石本人希望一举解决省港间的纠葛，但共产党人不赞成在未取得胜利的情况下收束。尽管现在许多右派已经离开广州，但国民政府仍可能尽量设法，解决这场纠葛，因其持续时间太久，给政府造成极大麻烦和开销。傅并称：蒋介石独到的策略是，先巩固自己的军事地位，以便能够最终在全中国实行他所信奉的政策。只是因为需要苏俄的援助，蒋才同鲍罗廷妥协，但"蒋介石或迟或早会同共产党人分裂"④。港英当局了解上述内情后，更加不肯让步，坚持诱迫国民政府收束省港罢工。

陈友仁于1926年5月底就任国民政府代理外交部长。6月4日、5日，他分别通知白利安和金文泰，表示准备与英国和香港当局公开谈判罢工事件，请英方派出全权代表。陈向白利安强调，罢工排货的起因在于英国屠杀中国人民的暴行，必须以赔款作为解决前提。白利安避

---

① *FO*, 405, Vol. 251, pp. 17, 69.
② *FO*, 405, Vol. 251, p. 17.
③ *FO*, 405, Vol. 251, p. 53; Vol. 252A, p. 22.
④ *FO*, 405, Vol. 252A, pp. 73-76.

而不谈赔款,却表示香港政府愿为广州建设省港互利的项目提供1000万元借款,条件比一般情况宽大,但将以分期付款和监督的办法来保障其用途。陈友仁提出,若以借款取代罢工赔偿费,则将用于军事项目,而且不能接受外国监督。双方未达成一致意见①。

英国驻北京公使麻克类反对同正在积极准备北伐的国民政府谈判,认为这将损害吴佩孚等北洋将领的利益。参赞欧马利却认为,从解救英国在华南的利益出发,"与广东谈判是最迫切、最紧要之事,不应服从华北、华中变幻不定的形势"。金文泰指出,吴佩孚、张作霖的表现很令人失望,而广州政权的支配者是蒋介石。谈判很可能出于蒋的要求,蒋需要钱,也需要解除广州工人纠察队对其基地的威胁。因此,金文泰主张立即与广州方面正式谈判②。英国决策部门也将解救英国利益和分化革命阵营作为主要考虑,期望"随着排货的解决,英国与华南的关系将得到全面而显著的改善","罢工组织被解散","保守、温和分子们得到加强,俄国的影响相应地减少"③。6月11日,张伯伦下令参加谈判。他授权英方代表酌情提出三项反要求,以拒绝广州方面为沙基惨案遇难者和罢工者提出的赔偿要求,但他同意向国民政府提供实业借款。17日,张伯伦训令驻华使领官员:"解决排货必须是我国政策的首要目标。"④

谈判开始前后,广东工人和各界民众连续集会,表达实现罢工要求和支持、监督政府外交的意思。6月19日,罢工委员会宣布:罢工工人将团结一致,以反对英帝国主义,直到罢工工人提出的解决条件为港府接受为止。22日,农工商学联合会决定,支持罢工到底⑤。罢工领导

---

① *FO*,405,Vol.252A,p.13.

② *FO*,405,Vol,252A,pp.23,25,71-73,77-79.

③ *FO*,405,Vol,252A,p.20.

④ *FO*,405,Vol.252A,pp.20,28-29,31.

⑤ Canton:*Events and Curret Rumours*,June 18,21,22,23,1926. 广东省档案馆藏:《粤海关档案全宗》,1587/52。

者之一、著名共产党人邓中夏多次发表文章和演说,批驳英方的各种狡辩和谬论,为国民政府谈判代表提供论据①。舆论界也广泛认为,应以沙基惨案五项条件和省港罢工各项条件为解决问题的根据,不容修改②。正是由于共产党人和民众的多方支持,国民政府代表才能在谈判桌前,以较为坚定的立场同强悍的英帝国主义相周旋。

7月15日,国民政府与英港政府的正式谈判在广州举行。国民政府全权代表为陈友仁和财政部长宋子文、国民党中央宣传部长顾孟馀。英港政府全权代表为白利安、香港律政司凯普(J. H. Kemp)、华民政务司哈利法克斯(E. R. Halifax)。16日,陈友仁宣读了一份关于排斥英货运动原由的意见书,指出排货是华南人民有组织的爱国运动,其直接原因是沙基惨案,间接原因是"五卅"惨案,两案皆为英国参与制造。香港政府先对广东实行封锁,尤为激起和延长对英杯葛的有力辅因。19日,英方代表书面答复,为"五卅"惨案和沙基惨案辩护,并称香港先行封锁广东是"自卫政策"。当日,陈友仁邀白利安到另一房间进行"私人谈话",要求香港政府从财政上帮助广州政府解除"失业者"负担。白利安称,无论是以赔偿罢工者的形式,还是以可充军费的自由资金形式,香港绝不会付一分钱。中方若坚持这种要求,香港政府宁愿同排货对抗到底。但他表示:为使广州政府能够在人民面前不显得完全失败,并为恢复省港友好关系,香港当局可借款帮助广州的建设性项目。陈友仁则重申,拒付赔款将使解决难以实现③。

7月21日,第四次会议,陈友仁逐条驳斥英国代表19日的答复意见书,提议由两方协力分任:一、为使沙基惨案不致重演,整顿沙面海陆军,限制英舰停泊内河;二、赔偿惨案受害者;三、筹款解决"失业"问题。

① 《省港罢工中之中英谈判》;参见《广州评论》第2、3期合刊。
② Canton:*Events and Current Rumours*,July 17,1926.
③ 高承元编:《广州武汉时期革命外交文献》,神州国光社1930年版,第1—13页;FO,405,Vol. 252A,pp. 173-174.

英方声称：只有中方采取充分措施保证外国居民安全，英方才能变更防卫措施。同时明确拒绝后两项要求，并暗示保留赔偿英方损失的反要求。中方表示：排货是沙基惨案的直接产物，既然英方不承认先射击的责任，则应进行国际调查。在此之前，由国民政府与香港政府共同借款给"失业"工人。将来如英方在国际法庭胜诉，香港政府负担的借款由国民政府偿还；中方胜诉，则国民政府负担的借款，由香港政府偿还。英方代表反对这种办法，口头提出以港方实业借款换取立即结束排货的反建议。双方均以考虑为由推至下次再议①。

7月23日，第五次会议。中方就国际调查沙基惨案责任问题提出详细意见书。英代表以种种借口进行刁难，遭到中方代表驳斥。英方代表表示须向政府请示。随后英代表团提出借款意见书，声称愿为开辟黄埔商埠、接通粤汉、广九铁路或其他省港互利的用途提供约一千万元借款。条件是此后广州政府所辖地区应完全停止排斥英货及其他反英活动，并须雇用英籍总工程师及总管账各一人，以保证这笔款项的"正当支销"与偿还。中方代表也以请示为由，未置可否。谈判至此宣告无限期休会②。

列强根本不把广东政权放在眼里。国民党人在广东建立政权以来，没有同外国开过平等的正式会议。只是因为省港大罢工和排斥英货运动的发生与坚持，英港政府才不得不派同等权责、同等数目的代表同国民政府平起平坐地进行谈判。

为了使谈判早日成功，国民政府作了许多让步。它放弃了从前提出的英方为沙基惨案道歉、惩办有关长官、撤退兵舰、交还沙面等要求；也不再坚持罢工工人历次所提各项条件，仅要求赔偿惨案受害者和限制英舰；至于罢工赔款，则表示愿谋变通办法筹集。然而，英国政府仍

---

①　邓中夏：《省港罢工中之中英谈判》，省港罢工委员会宣传部1926年7月印行；FO，405，Vol. 252A，pp. 81-82.

②　《省港罢工中之中英谈判》；FO，405，Vol. 252A，pp. 81-82，193-194.

不愿改变立场,省港谈判陷于中断。

谈判中断后,罢工委员会加紧排斥英货、封锁香港的斗争,新补充2000名纠察队员,在各海口要道增岗加哨,严密盘查往来船货,严厉处置走私违法活动。工人群众并上书国民党中央,说明罢工及一年来的奋斗,都是为民族求解放,前途不外乎三端:"一、其将不念先烈沉冤,无条件屈服耶? 二、抑不但屈服,且进而接受其实业借款条件耶? 三、或不甘屈服而继续奋斗,以求最后胜利耶?"①对于这么尖锐的问题,国民党中央没有正面答复。

二　英国的胁迫与罢工排货的收束

省港谈判中断后,英国在华工商业利益集团开始向政府施加压力。1926 年 8 月初,伦敦中国协会向外交部转呈一份英国在华工商巨头会议的报告,指出中国市场的复兴,是解决英国面临的贸易衰退和失业问题的重要出路。英国应与日、美联合行动,使用武力或武力威胁,维护在华根本利益。"英国各界宁肯面对中国公众舆论暂时仇视的后果,也不愿对极端派实行和解政策"②。

英国外务副大臣、对华政策的主要制订者韦尔斯利认为,当国民革命在共产党人的全力支持下迅猛兴起之际,采取简单的炮舰政策是极其危险的。英国没有足够的陆海军力量对付如此众多的中国民众,若与列强联合行动,将自己的意志强加于中国,或许可收一时之效,但终将引起致命恶果。正确的政策是暂时观望,寻得修订条约的时机和方法。只有在两种情况下可以使用武力:一、英国人生命面临紧迫危险;

---

① 《国民党第二届中央执行委员会常务委员会第四十九次会议录》,1926 年 8 月 17 日,《中国国民党第一、二次全国代表大会会议史料》,第 638 页。

② *FO*,405,Vol. 252A,pp. 86 - 93.

二、保卫英国利益①。

广州和香港的英国官员就在这种方针的指导下,寻找解决排货运动的新途径。他们通过前一阶段的接触和窥测,看准了国民政府同罢工工人之间的分歧,摸透了国民党人怕乱、怕民众运动的心理,于是决心以军事行动直接遏制罢工工人,胁迫国民政府收束罢工排货运动。

这种策略,在 6 月下旬梧州事件中已经预演并取得成效。当时,英国驻华南的西江舰队司令费慈(J. U. P. Fitzgerald)率三艘英舰溯江而上,"查处"一英人被害事件。途经广西梧州,索要引水员,遭到工会抵制。费慈向梧州当局施行恫吓。梧州当局遵照广西政府指示,说服工会允许英舰雇人引水。工会又要求加倍付薪,费慈便向广西省政府主席及梧州交涉员发出最后通牒。广西及梧州当局接受了费慈的条件,但因引水工人未如期到舰,费慈竟于 6 月 24 日封锁梧州港,直至引水工人到舰才罢休。

8 月中旬,港督金文泰召集驻港英军将领,研讨武力解决省港罢工的行动方案,并进行了实地考察。英方顾虑没有足够兵力进行大规模的对华战争,也没有把握取得其他列强的合作,如果武力行动激起全国规模的反英排货运动,英国得不偿失。因此,英方决定尽可能控制冲突的规模,以有限的武装行动,实现"解决排货"这一主要目标。

港英陆军当局提出可用 100 人突袭罢工委员会总部,但如果国民政府将此举视为战争行动,出动政府军对沙面实行反击,香港英军将难以应付。费慈则根据梧州事件的经验,提出可依次实行的五条行动方案。其中,第一是扣押并毁坏一切罢工纠察船和其他罢工者使用的船只;第二是将炮舰停靠于罢工检查站和罢工委员会总部,使罢工组织陷于瘫痪。费慈认为,实行这两条方案,不须登陆作战,甚至可能不费一枪一弹,便可破坏排货运动。如果行动时向有关方面说明,这完全是针

---

① *FO*,405,Vol. 252A,pp. 162 - 167.

对罢工者采取的,效果更佳①。白利安向英国使馆和政府力荐这两个方案,并提出补充意见:一、设法说明我方只攻击罢工委员会,不攻击广州政府;后者出于对北伐战事的考虑,可能除提出抗议、诉诸报端之外,不会采取其他行动;二、采取只打击罢工委员会的行动,会得到广州商人们的支持,其他列强也无异议;三、广州政府正与吴佩孚、孙传芳作战,北方发生反英报复的可能性很小;四、可从香港派一两艘空船到广州进行非法贸易,诱使纠察队干涉,英国便可以此为借口,采取上述"报复行动"②。

借口终于有了。8月28日晨,英人利利克拉(Lilicrap)、美国人班伯理(J. W. Banbury)及一个白俄雇员驾汽艇从广州岸边偷运中国乘客上港轮,为纠察队截击,被迫折回海关。利利克拉逃走,班伯理和白俄被押往罢工委员会,经交涉后旋即获释。英方闻讯,立即派两艘炮舰开抵现场,夺回被纠察队扣押的汽艇,纠察队退避。港英当局不甘罢休,要借此机会实施费慈方案。

几乎与此同时,吴佩孚的下属川军杨森部因英轮万流号荡沉中国木船,致使数十名中国士兵和乘客及大笔饷银没入江中,遂在万县扣押另外两艘英轮万通号、万县号,监困英舰科克查夫(Cocksharer)号。

英国政府立即批准在广州和万县分别采取武力行动,挽救英国的侵略权益。8月31日和9月1日,伦敦连续电令驻华南海军,扣押并毁坏一切纠察船和罢工排货用船,避免陆地作战,尽可能争取美国海军合作③。9月3日,又令万县方面英国官员自行处理局势,可将使用武力作为最后手段④。

为了收到分化效果,英国官员特意在行动之前向广州政府说明,英

---

① 　FO,405,Vol. 252A,pp. 233,235.
② 　FO,405,Vol. 252A,pp. 233.
③ 　FO,405,Vol. 252A,pp. 189 - 190,199 - 200.
④ 　FO,405,Vol. 252A,pp. 214 - 215.

方将要采取的行动完全是针对罢工纠察队的。8月28日，白利安赴陈友仁的晚宴，于觥筹交错之间表示：不理解国民政府为什么不设法谋求英国的同情和支持，打消敌意。他警告说：纠察队在省河里操船弄枪，太放肆了。鉴于今晨发生的事件，英方不能再容忍，将以炮舰制止这类事情。如果英方不得不采取武力行动压制省河中的纠察队时，希望陈友仁了解，英国矛头所向是"海盗组织"，不是广州政府。英方希望尽可能与广州政府友好相处。陈友仁答以政府将努力约束纠察队，避免发生严重事件①。这就使英方对原来最担心的问题摸到了底。

国民政府对英方即将采取的行动感到紧张。9月2日，再度答应制止纠察队在河中开枪②。这时，英方的作战训令已经下达，白利安正按训令争取美国的合作。美方拒绝参加③，英国遂单独行动。

9月4日9时许，费慈指挥两艘英舰突然闯入省河，驶向广州西堤。纠察船已有警觉，纷纷走避。英舰强泊于西堤的两个码头，炮口指向工商检查站，水兵上岸，逐走执勤的纠察队员，捣毁验货棚。国民政府没有动用军队，只派来警察"维持码头秩序"，防止工人和民众同英兵冲突。下午，另一艘英舰开抵检查站旁，放走全部待检的货船，不许任何船只靠近检查站。又有英水兵五十余人携机枪数挺登岸，占据省港澳码头。次日，国民政府提出严重抗议，要求立即撤走英兵、英舰。英方害怕的是国民政府出动正规军队实行武装反击。现在看到不至于发生这种可怕的后果，便迟迟不退。罢工领袖苏兆征当天即将英舰暴行报告国民党中央政治会议，但政治会议没有采取有力措施。此后数日，英兵不断行凶挑衅。汕头英舰也于4日采取了类似行动。

9月5日晚，英舰威警号、嘉禾号从长江上下游两个方向同时突袭万县，威警号同被困在万县的科克查夫号悍然炮轰万县，成为英国20

---

①　*FO*,405,Vol. 252A,pp. 260 - 261.

②　*FO*,405,Vol. 252A,p. 199.

③　*RDS*,NA,B329,893.00/7631.

年代在中国制造的最大惨案。面对英舰的无理挑衅,杨森部自卫还击,三艘英舰远遁①。后来,英国当局因兵力不足,担心四川民众对英侨实行报复,不得不暂停行动,恢复谈判②。杨森在英国武力威胁下,终于按北京政府的旨意释放了被扣英轮,惨案不了了之。

　　武力行动所能取得的成效毕竟是有限的、暂时的。为了达到解决排货的目的,英国需要利用武装干涉的气氛,继续向广州政府施加压力。9月10日,白利安连向陈友仁提出两项照会,一是要求立即命令长江前线北伐军司令官,制止射击英国船舰,一是要求澄清广州市长孙科最近的反英演说是否代表国民政府政策③。

　　9月11日,鲍罗廷在国民党中央政治会议上提出:英国已用兵舰政策,党和政府应设法破坏其计划。政治会议决定从宣传、民众运动、谈判三个环节反对,但特别强调"极力避免冲突"④。政治会议同时议决:"政府人员发表外交上言论应极慎重,演说词尤需先经审查,不得同意而各报自由发表,应严行取缔。"⑤据此,广州国民政府虽对英舰强泊西堤提出了强烈抗议,但又同英方达成谅解:今后由中国警察巡逻保护省河及码头,防止破坏"公共秩序与和平"。英方认为,"这意味着不允许罢工纠察队在码头与河道执勤",驱逐纠察船和破坏排货封锁的目的已经达到了。另一方面,英方惧怕岸上居高临下的攻击,特别是广州政府军开来反击,因而决定顺势下台。白利安通知陈友仁,英国海军暂时停止最近采取的行动,但如果上述谅解未得兑现,或解决排货的谈判未于适当时间内恢复,英方保留重新采取行动的权利⑥。12日,英舰撤走。

---

①　参见本书第一章第六节第二目。

②　*FO*,405,Vol. 252A,pp. 214 - 215,224.

③　*FO*,405,Vol. 252A,pp. 217,219,272.

④　《国民党第二届中央执行委员会第十九次政治会议议事录》。

⑤　《国民党第二届中央执行委员会第十九次政治会议议事录》。

⑥　*FO*,405,Vol. 252A,pp. 216,260 - 261,429,431.

广州国民政府继续缓和局势。9 月 16 日，陈友仁书面答复白利安提出的两项照会，称孙科的讲话只代表个人意见，国民政府将电告蒋介石，制止射击长江中的外国船舰①。白利安得寸进尺，接连胁迫道：英政府的忍耐已到极限，正在考虑处理局势的措施。如果陈友仁不能在一两天内作出解决排货的令人满意的书面表示，就将会发生某种后果十分可怕的事情②。

17 日，陈友仁紧急约见白利安，告诉他政府已同罢工委员会商妥，将在 10 月 10 日或此前结束排货封锁，同时对各国货物平等征收一项特别产销税，以供收束之用。税额与华盛顿会议允许的附加税相等，出口货和进口普通货加征 2.5％，进口奢侈品加征 5％。该项税收不要求英政府正式同意，只要求不反对即可③。次日，陈友仁又按白利安的要求，正式发函证实国民政府的这一决定④。

这时，是进一步扩大武装干涉，甚至公然援助北洋军阀呢？还是继续实行软硬兼施的两手政策，力促广州阵营发生分裂呢？英国的政策面临新的抉择。

英国在华工商业利益集团呼吁英政府进一步打击"激进派"。金文泰数周前还在请求英国对广州政府予以适当承认，现在却力主发出最后通牒，迫使广州政府立即制止辖区内的一切反英宣传，否则便用炮舰封锁广州⑤。

北洋军阀集团也把挽救自己命运的希望寄托在英国的武装干涉上，接二连三地向英国乞援。9 月 10 日，张作霖请英、法干涉北伐，支持自己充当"反赤领袖"和外国利益保护人⑥。12 日，孙传芳的密使求

①　FO，405，Vol. 252A，pp. 227，250.

②　FO，405，Vol. 252A，pp. 227，429.

③　FO，405，Vol. 252A，pp. 227，430.

④　FO，405，Vol. 252A，pp. 227，430.

⑤　FO，405，Vol. 252A，pp. 216 - 217，225，228 - 230.

⑥　RDS，NA，M329，893. 00/7626.

见英国驻沪总领事巴顿(Sydney Barton),吁请英国给予"任何方式的援助",只要能消灭布尔什维克的威胁,他"甘冒奉军滞留长江一带及被指责为把祖国出卖给外国人的风险"。两天后,北洋政客梁士诒拜访麻克类,请求英国援孙反粤①。9月20日,吴佩孚的密使访问英国公使馆,表示愿以盐税担保取得英国借款,与总税务司协商发行新的海关债券,以购买军火,甚至乞求英国以帮助清朝镇压太平天国的同样方式来帮助吴佩孚镇压"赤党",至少立即援助军火和金钱。这位密使宣称吴对英国一向友好,此时英国若帮吴解决燃眉之急,吴为英国"做什么都行"②。

英国驻华外交官们一面将北洋军阀的求助信息报往伦敦,一面向乞援者表示,英国政策是严守中立,不介入中国内战,在广州、万县等地动武,仅仅是为了保卫英国人的生命财产,使之不受任何一方的攻击,是一种"不偏不倚"的行动。麻克类公使建议英国政府修改"不干涉"政策,在南方实行金文泰拟定的武装干涉方案,在北方给孙传芳以物质援助,并直接向一切广州派和国民党的敌人供应武器、弹药和金钱③。

了解广州内情的白利安坚决反对公使和港督的意见。他认为,"孙、张并非我们的真正朋友,为使他们的统治长存而进攻国民运动,只能使中国人长久地怨恨我们"。白利安称:就广州方面的情况而论,英方9月10日的两项照会已得到满意答复,广州政府遵守了不让纠察队干扰河道、码头的协议,香港轮船已能够运送客货进出广州,纠察队也已撤走了封锁沙面的哨卡,广州报纸上充满了拥护收束的宣传。他又称:陈友仁向他私下保证:国民政府不支持反英鼓动,防止任何"非法行动",但又不得不谨慎从事,因为经年历久的反英热潮不可能在一天内平息。关于产销税的征收,陈友仁也表示愿与海关合作。白利安还探

① *FO*, 405, Vol. 252A, pp. 218 - 219.

② *FO*, 405, Vol. 252A, p. 458.

③ *FO*, 405, Vol. 252A, pp. 218 - 219, 239 - 240.

听到:蒋介石害怕英国骚扰后方,曾要求政府立即停止排货;政府其他领导也觉得罢工委员会权力过大,有最终取代政府的危险,因而想力图取消这个组织。他指出:通过强泊西堤,已达到迫使广州政府处理罢工委员会,停止排货的目的;至于收束的方式,以表面上由中国当局自愿解决为好。若英方一味恃强用武,使广州政府无法避免对英彻底失败的形象,则后者即使为了面子也要战斗到底。英国并没有从华南消灭国民党的有效措施,向广州宣战,只会使国民党和其他中国人重新聚集到极端派一边。白利安估计,今后还会存在反英宣传,"这是无法用战争制止的事情,只能用耐心和圆滑的举动克服它"。因此,白利安主张,英国必须审慎地兼用软化与耀武政策。他相信,对付华南"反英煽动"的唯一办法,是通过国民党及广州国民政府之手加以平息。白利安宣称,他已经发现,有可能同广州政府达成妥协,平息所谓的"煽动"①。

强泊西堤前,英国曾将计划采取的行动分别通知美、日、法等国,并请美国"协调行动",遭到美方拒绝,日、法当局也表示爱莫能助。强泊西堤后,美国国务卿凯洛格又于9月9日正式答复英国政府:"来照所述英政府正在采取的行动,本政府不准备参加。"②日本外务省人士也声明:不偏向中国任何党派、不干涉中国内政的政策迄无变化③。英国的陆、海、空部门反复研究了在广州动武的可能性和金文泰方案后,主张维持帝国国防委员会3月份作出的结论,即:使用武力的唯一现实办法是实行封锁,这就需要事先取得国际上的同意;一旦封锁失败,势将引起同中国的大规模战争,这绝非英国独家力量所能进行。就目前情况看,不可能获得国际合作④。另外,英国国防委员会咨询机构认为,即使取得国际谅解,也须具备三个条件:一、最近一次稻米收成很糟;

① *FO*,405,Vol. 252A,pp. 227,246 - 247,257,428 - 430,449.

② *FO*,405,Vol. 252A,pp. 199,272,312 - 313;*FRUS*,1926,Vol. 1,pp. 726 - 727.

③ *FO*,405,Vol. 252A,pp. 319 - 320.

④ *FO*,405,Vol. 252A,pp. 222,249,273.

二、能在全部三角洲及海滩巡逻,用炮舰封锁西江;三、反工人阶级的广州商人阶级正在掌权①。这些条件当时都不具备,所以英国政府认为,没有扩大对广州武装干涉的可行方案。

英国政府还考虑到,支持孙传芳或其他北洋军阀,等于推翻不与中国任何冲突中的派系结盟的政策,可能会"引起深远而危险的后果"。中国军阀长期以来升降沉浮,变幻莫测,如果孙传芳等失败,英国将处于极其尴尬和危险的境地②。

基于上述考虑,英国外交部驳回麻克类、金文泰的建议,重申"英国政府的政策是避免卷入大规模地干涉中国事务,尽可能实行忍耐与怀柔政策","武装行动应限于防卫对英国人生命财产和利益的袭击"③;对广州国民政府,则继续实行威胁利诱相结合的方针。9 月 22 日,英国外交部授权白利安,可正式照会陈友仁,欢迎广州政府关于 10 月 10 日或此前结束排货的保证。另嘱白择机口头表示:在完全取消排货,对一切外国货平等征税这两个先决条件下,"特别产销税"将得到英政府的默认。但如果允许罢工委员会重新进行"非法"活动,英国政府则可能要采取自认为必要的行动④。

英国赖以进行威胁的"必要行动",究竟是什么法宝呢?说来很可笑。英国政府经反复研究,其结论是:万一 10 月 10 日以后广州不停止排货,香港海军司令提出的武装封锁方案仍不可行,除已采取过的针对纠察队的措施和在广州湾武装示威外,并没有什么"有效措施"。英国政府最后决定,让白利安按上述已发之训令,采取自认为最佳的办法,继续努力,促使广州方面取消排货运动⑤。10 月上旬,白利安通知陈友仁,产销税显然破坏了现行条约,英政府在表态之前将等着看排货被

---

① 　*FO*,405,Vol. 252A,p. 222.

② 　*FO*,405,Vol. 252A,pp. 223,249 - 250,273.

③ 　*FO*,405,Vol. 252A,p. 250.

④ 　*FO*,405,Vol. 252A,pp. 242 - 243.

⑤ 　*FO*,405,Vol. 252A,pp. 262,274 - 275.

取消的程度①。

10 月 10 日,广州集会,正式宣告结束对香港的经济封锁和排斥英货运动。历时 16 个月之久的省港大罢工到此告一段落。英国政府虽未完全达到目的,但在广东受到的压力和打击有所减轻,初步实现其政策的"首要目标"。

以征收产销税来代替封锁和排货,广东国民政府也取得了一定收获,但是,毕竟未能取得本来能够取得的成果,更远远没有满足广大爱国民众和罢工工人的正当要求。这笔税收本应用于津贴罢工工人,但只发了两个月,国民政府北迁后,广东当局便将这笔津贴扣发了②。

第四节　北伐进军中列强对
革命阵营的分化

列强的对华政策,经过一番调整,逐步形成软硬兼施、相辅相成的两项基本原则:即软化、分化中国革命与武装保卫重要侵华权益。帝国主义决策者们认为:在中国革命的烈火面前,不以武力保卫重要权益,侵华基业必遭焚毁;但若一味强硬,甚至亲自出马镇压革命力量,又会火上浇油,适得其反。"五卅"以来的历次暴行已经证明了这一点,他们自己经过仔细盘算也确认了这一点,于是,软化、分化便成为其政策的主要倾向。他们想方设法诱引中国革命走向改良,一再表示,愿意经过谈判放弃某些不甚重要的在华权益;在征收附加税、归还会审公廨、华人董事加入公共租界工部局等问题上也作出一些让步。但是,他们坚决不肯在革命的压力下立即放弃在华享有的投资、贸易、航行和海陆军驻扎等重要特权,在关税自主和治外法权等问题上,也不肯作较大、较

---

①　*FO*, 405, Vol. 252A, p. 275.

②　《中国国民党第二届中央执行委员会政治委员会第九次会议速记录》,《中国国民党第一、二次全国代表大会会议史料》,第 1018 页。

快的让步。因此,列强又需要在维护自身重要权益的限度内使用武力威胁,向中国人民表明,存在着一条不得逾越的界限,企图以此削弱以至抵消共产党的影响,便于"温和派"取得领导地位,从而将这场民族、民主革命控制在世界资本主义运行的轨道内。为实现这个目标,就要从中国革命阵营中诱出那些既愿意妥协又有实力"维持秩序"的人物。北伐战争发动以后,列强审慎而狡黠地在上述两项基本原则的指导下行动。

一　调整同中国南北政权的关系

随着南方革命力量的发展壮大,列强逐渐意识到国民政府已不可忽视,将来有可能统治全国,而北洋军阀腐败没落,四分五裂,一直不能按照列强的希望联合起来,建立一个有效而稳定地统治全国的"中央政府"。1926 年春以来,广州发生一系列事件,列强燃起了对那里的温和派和"铁腕人物"的希望,认为不必继续死守支持北京、敌视南方的旧政策。同时,列强为了维护自己在国民政府辖区内的既得利益,也需要同国民政府直接接触和交涉。于是,列强摆出"中立"、"观望"的姿态,开始逐步调整同中国南北政权的关系。它们陆续与广州国民政府建立实际交涉关系,并以"承认"为饵,诱其放弃和压制反帝斗争。对 1926 年4 月段祺瑞垮台后频繁更替的几届北洋短命内阁,列强则一直未发正式承认照会,只作为"事实政权"与之交涉。

当时,广州国民政府因其统治权尚未扩展至全国,为防止列强分裂中国,暂时没有要求各国给予正式承认,只要求各国仿照民国元年、二年间的先例,实行就地交涉;在中国统一政府未建立以前,不得承认任何盘踞北京或各地的军阀政权①。

---

① 《中华民国史档案资料汇编》第 4 辑,江苏古籍出版社 1986 年 9 月版,第1563—1564 页;*FO*,405,Vol. 252A,p. 71.

1926 年初,英国外交部就曾设想,承认广州政府为某种"事实政府",以此作为怀柔措施的一部分,后因认为时机未到而搁置。同年夏,港英当局与国民政府为解决省港罢工从私下接触走向正式谈判。这时,如何对待国民政府地位的问题又提上了日程。

为提高国民政府的外交地位,国民政府新任代理外交部长陈友仁于 6 月初采取了一系列外交攻势。他首先裁撤广东省交涉署,迫使各国领事馆直接同国民政府外交部办理交涉。接着于 6 月 4 日郑重通知英国代总领事白利安,要求英方复函时将其称为"广州国民政府外交部长"。随后他又要求各国领事官员今后来函一律用这一头衔。他解释此事不等于要求各国承认国民政府,但是希望在不承认期间得到官方联系待遇①。当时英国在华南的官员白利安、欧马利、金文泰等都主张放弃北京存在一个能处理全国各地事务的"中央政府"的假想,改变只同北京政府保持外交关系的方针,承认国民政府为地区性的"事实政府",与之直接交涉②。英国在华工商业利益集团支持这种主张③,但偏爱北洋军阀的麻克类公使主张继续静观发展,等待北京"中央政府"的出现④。

英国政府基本上赞成白利安等人的意见,确信"在最近的将来,北京无力继续控制像广东这样遥远而动乱的省份。"因此其立场是,对于当地重要问题,准备通过总领事与广州现政府交涉,但只承认它是广东省行政机构。这一态度将"保持到环境要求我们变更为止"⑤。英国外交部任命白利安为省港谈判正式代表之一,授权他在给陈友仁的公文

---

① *FO*,405,Vol. 252A,pp. 22‑23,71,79,83,137,199;*RDS*,NA,M329,893.00/7550;蓝裕业:《省港罢工交涉之经过及其现状》,广东哲学社会科学研究所历史研究所编:《省港大罢工资料》,广东人民出版社 1980 年版,第 544—545 页。

② *FO*,405,Vol. 252A,pp. 25‑26,137,79.

③ *FO*,405,Vol. 252A,p. 93.

④ *FO*,405,Vol. 252A,pp. 139,183,24.

⑤ *FO*,405,Vol. 252A,p. 31.

中采用"广东代理外交部长"这一称谓,同时又另函说明:"此举必须不含有任何变更英政府对于承认问题的政策的意味。"①

美国驻华官员也在考虑如何调整同国民政府的关系。1926 年 2 月,詹金斯建议美国政府以谨慎的态度同广州政府建立联系②。6 月初,马慕瑞公使指示詹金斯,可用美使馆给北京现政权发照会同样的形式向广州政府发照会。同月中旬,詹金斯得知英国同僚的上述举动后,马上也在照会中称陈友仁为"代理外交部长",另具专函声明此举纯属"礼貌与善意",不意味着承认广州政府。马慕瑞随即予以批准③。随后,法国、日本等国先后仿效。

北伐战争开始后,各国对中国南北政权的关系又有不同程度的调整。

7 月 3 日,列强停开北京关税特别会议,有意观望形势。7 月中旬,北京政府财政部向列强申请每个月从关余中拨款 5 万元,供政府"行政开支"之用。各国使团一致拒绝④。

美国使馆参赞麦耶南行归来后,建议美国采取不承认北京存在"中央政府"的政策,同时以"特别的措辞使广东派理解,我们采取这一政策,其明显度系于意识到对华南美国人及其利益的态度将立即发生变化"。这说明美国政策的主要意图是要诱使广州政府改变反帝立场⑤。马慕瑞根据麦耶的考察报告,于七八月间一再向美国政府说明:北京政府业已丧失对中国各地的统治权,形同虚设,应公开宣布不承认北京"中央政府"的存在,直接同各地方当局交涉,鼓励它们负责保护美国利益⑥。7 月中旬,国民政府获悉吴佩孚、张作霖要求重开关税会议,以

---

①　FO,405,Vol. 252A,pp. 83,86.

②　FRUS,1926,Vol. 1,pp. 691‑693.

③　RDS,NA,M329,893. 00/7550.

④　FO,405,Vol. 252A,p. 578.

⑤　RDS,NA,M329,893. 00/7713.

⑥　FRUS,1926,Vol. 1,pp. 712,671‑680.

利于筹集经费,立即向美国公使馆发出抗议照会,促其阻止①。詹金斯主张借此机会表白美国政府对关税会议和广州政权的态度。马慕瑞果然公开答称,美国认为中国现在没有内得各地支持、外获列强承认的"中央政府",在关税等问题上,美国无意为个别军阀或派系谋利,对陈友仁外长的照会表示"珍重"。接着,他又在北京采取行动,声言美国并未承认北京现政府,"愿为中国全体谋利益",等等②。这些行动立即为华盛顿认可。

美国政府已经开始把国民政府当作中国政局中的一支重要力量来对待,企图以更灵活的姿态,为在华长远利益寻找新的支柱。1926年10月,美国务卿凯洛格通知英国政府,美国的政策是:"随时准备与任何表现出有能力代表中国履行其所负义务的政府建立关系,并进行谈判。"③11月,它又通知意大利:美国尚未考虑承认广州政府,但是,如果那个政权控制了中国大部分地区,美国无疑要考虑承认④。

日本对华南政局持观望态度,在华北和长江流域积极进行经济扩张,在中国东北地区则继续推行逐步殖民化的政策。它强烈反对一切可能加强中国东北与内地联系的政治军事行动,既不允许关内势力染指东北,也不希望奉系向关内发展。段祺瑞倒台后,它对素有反日情绪的吴佩孚不感兴趣,认为吴可能很快被消灭。对于张作霖试图控制北京并"组阁"一事,日本也不热心支持,反而一再警告他,克制武力扩张倾向,专力于东三省的整顿⑤。

北伐战争开始后,日本军方深恐"赤化革命"波及其势力范围,企图进行干涉。1926年8月初,参谋总部第二部部长松井石根提议:一、日

①　《广州武汉时期革命外交文献》,第28—29页。

②　FRUS,1926,Vol.1,pp.846-849;《中国国民党中央执行委员会政治会议第三次会议议事录》,1926年7月29日。

③　FRUS,1926,Vol.1,p.855.

④　FRUS,1926,Vol.1,pp.684,859.

⑤　《日本陆军省档案》,14679;FO,405,Vol.252A,pp.86,235-236。

本单独或与列强共同"劝告"中国各方停战议和；二、警告张作霖，应速与吴佩孚、阎锡山达成谅解，停止进攻国民军，专门致力于东三省的内政整顿，保境安民，并同国民军中的"稳健派"妥协；三、日、美、英协力促成张作霖、吴佩孚结盟，成立新政府，各国予以承认，重开关税会议，从精神上物资上援助新政府；四、日本协助北洋政府进驻库伦，切断苏俄援助中国革命的通道①。

日本外务省同意协助军方，劝告张作霖收兵出关，致力于东三省的"保境安民"，但它认为，英、美、法等国都采取"冷静旁观"的方针，中国各方目前也不可能停战议和，因此，其他事情难以办到②。外务省主张不要公开干涉中国革命，而应打着"中立"的旗号，多方联络能为日本利益服务的实权派。9月5日，币原外相训令长江沿岸各日本领事馆："随着北伐军的推进，中国局势正在发展，我方必须遵守不偏向中国一党一派的既定方针，在此关头保持更冷静的态度，注意政局的变化，适当与各地方实力人物保持接触。"③

同美、日相比，英国对华外交的步调在北伐之初有些紊乱。麻克类公使认为广州国民政府已为极端派控制，英国应采取不承认、不谈判、不借款的方针④。他对北洋军阀集团仍抱有较高的期望。6月中旬，他催促颜惠庆设法调和吴佩孚和张作霖的利益，使他们捐弃前嫌，成立政府，"造成新开端"。6月下旬，由于迟迟不见成效，麻克类又派使馆武官和秘书到保定同吴佩孚面谈，促其尽快解决同张作霖之间的分歧，消灭或诱降国民军，建立联合稳固的"中央政府"。吴佩孚表示同张作

---

① 《松井个人意见》(1926年8月2日)，《日本外务省档案》，S16153。

② 《对中国各军队和平劝告的有关文件》(1926年8月)，《日本外务省档案》，S16153。

③ 《最近对华关系诸问题摘要》(1927年12月)，卷2，《日本外务省档案》，SP166。

④ *FO*，405，Vol. 252A，pp. 24，126。

霖已有所谅解，很快就能消灭国民军，然后他将负责对付广州派①。与此同时，法国公使也对张作霖作了同样的劝解②。

　　港督金文泰总是从香港利益出发，六七月间多次建议"事实上承认"或"法律上承认"广州国民政府为地方政府，甚至不惜抛弃北洋集团，公然向广州提供顾问、军火和资金，武装援助蒋介石，换取国民政府和蒋介石解除排货封锁，驱逐苏俄顾问和共产党人。外交部没有同意这种过于理想化的方案③。7 月 26 日，驻北京公使馆的"中国通"台克满（Eric Teichman）在一份备忘录中指出：中国正处于无可挽救的政治解体过程中，中央政府不能控制各省。段祺瑞倒台后，英国已自动撤销了对北京政府的承认，现在也不必予以承认，只须静观时局发展，同时与各省，包括北京当局交涉他们力所能及的事④。

　　英国外交部对台克满备忘录比较赞赏。外交部顾问、中国问题专家普拉特（John Pratt）指出，外交部与驻京公使的基本分歧在于后者倾向于支持北方军阀，反对广州。这是 1918 年以来就存在的倾向，也是英国在华南陷入困境的主要原因。在广州国民党人有可能在全国树立支配地位之际，这种态度尤为危险⑤。于是，外交部决心继续保持"中立"观望的姿态。它虽然没有像美国那样公然宣称中国不存在所谓"中央政府"，但实际上对北京政府一直没有再予以正式承认；对于已将统治区扩展到长江流域的国民政府，英国由承认其为"广东省行政机构"，调整为承认它是"控制着独立于北京政府区域之外的事实上的地方行政机构"⑥。在巨大的铁的事实面前，英国再也不能紧闭双眼了。

---

①　*FO*, 405, Vol. 252A, pp. 141 - 142.

②　*FO*, 405, Vol. 252A, pp. 141 - 142.

③　*FO*, 405, Vol. 252A, pp. 132 - 135, 271.

④　*FO*, 405, Vol. 252A, p. 183.

⑤　*FO*, 371, Vol. 11658, F301/10/10.

⑥　*FO*, 405, Vol. 252A, pp. 276, 450, 476.

二　维护重要权益与分化革命阵营

　　1926 年秋冬时节，国民革命凯歌行进，北伐战争席卷江南。面对中国政治格局不可逆转的急剧变动，列强加紧拉拢国民党"温和派"，分化国共合作的统一战线。这一时期，他们对由北伐引起的涉及自身侵华利益的事件，采取硬中有软、软中带硬的策略，既维护重要权益，又在不同程度上有所让步，避免同革命阵营发生大的冲突。

　　北伐军推进到长江流域后，蒋介石、唐生智等为保障战事顺利进行，于八九月间先后下令禁止中外船舰夜间穿行战区，白天须按信号在指定地点停航受检后才可放行，违者将遭炮击。美国就此向广州政府声明：限航令破坏了外国船舰"自由航行"的条约权利，美国军舰不能遵行，但除紧急情况外，将尽量遵守其中限制夜航的规定。至于美国商轮，若其自愿遵令受检，美国政府不加干涉①。日本、法国、意大利也采取了相同的立场。英国则在坚持其内河航行特权的前提下，表示可让军舰在指定地点停航，接受中国官员的"礼节性拜访"②。在这一时期，英、美、日、法等国军舰都曾因为穿行战区而遭到北伐军的射击，它们有时还击，有时遁避，但都不准备为此采取进一步的军事行动③。

　　濒于绝境的吴佩孚试图请美国保驾。8 月 30 日，派人到美国驻汉口总领事馆，乞求美国海军在他同北伐军作战时派舰助阵，并在吴军舰艇陷入困境时给予军事援助。美国总领事罗赫德（Frank P. Lockhart）断然拒绝，宣称美国海军当局只关心保护美国人的生命财产④。10 月

---

　　①　RDS, NA, 329, 893. 00/7661, 893. 00/7814, 893. 00/7832.

　　②　RDS, NA, 329, 893. 00/7792, 893. 00/7899, 893. 00/7698.

　　③　RDS, NA, 329, 893. 00/7652, 893. 00/7655, 893. 00/7661, 893. 00/7873, 893. 00/7893；《申报》，1926 年 8 月 23 日，9 月 2 日、4 日、18 日；上海《民国日报》，1926 年 9 月 5 日。

　　④　RDS, NA, M329, 893. 00/7730.

5 日,吴佩孚密使拜访英国公使麻克类,"近乎乞讨般地哀求给予财政援助",结果同样遭到拒绝①。

各国侵华海军所奉训令几乎都是"尽一切可能保护本国生命财产"。9 月间,武汉地区战事吃紧。英、日、美、法等国纷纷向这里增调军舰,派兵登陆,同外国侨民组成的义勇队一道保卫租界。这时,它们的主要目标是防止北军溃兵惯有的劫掠。当北军被歼,国民革命军控制局势后,它们便将登陆水兵撤回舰上②。

作为软化中国人民民族情绪的一个步骤,上海领事团于 9 月下旬公布了同江苏当局达成的归还上海会审公廨的协定,9 月下旬公布,次年 1 月 1 日生效。中国方面收回了一部分上海公共租界法权。

当国民政府决定自行对进出口货征收产销税后,自 10 月 7 日起,列强驻北京外交代表数次开会讨论。美国驻华公使和参赞都主张纠集列强,共同采取海军行动,强行制止国民政府破坏"条约义务"的举动。但美国政府没有同意,仅令他们通过外交途径抗议此税"违约",然后听任事态自然发展③。日本一直坚持以偿还西原借款等无担保债务为中国征收二五附加税的必要条件,因而强烈反对广州政府自行变相征收这笔税款,力主列强一致抗议。但它也不愿为此使用武力,而采取了劝其国民在抗议后纳税的方针④。

英国连抗议也不愿提,因为对它来说,"高于一切的考虑是结束排货"。既然产销税税率相当于华盛顿条约附加税,那就同英国关于立即准许中国各地当局征收二五附税的主张没有矛盾。以对一切外国货物征收不算苛重的附税,换取停止排斥英货和恢复省港贸易,这是英国可以接受的代价。英国政府认为:如果只反对而又不准备使用武力,广州

---

①　*FO*,405,Vol. 252A,p. 278.

②　*RDS*,NA,M329,893. 00/7596,893. 00/7597,893. 00/7630,893. 00/7657.

③　*FO*,405,Vol. 252A,pp. 364 - 365,373;*FRUS*,1926,Vol. 1,pp. 863 - 871.

④　*FO*,405,Vol. 252A,pp. 275 - 279,445,505,572.

政府可能另立征税机构,导致英人把持的海关瘫痪;更有甚者,"国民党人业已出现的可喜变化"可能停止下来,"向更友好关系发展的整个趋势可能发生严重倒退。"①因此,英国力主有条件地默认,并希望由海关征收。美、日等国坚决反对默认产销税,海关也拒绝征收。英国为了"协调一致",于10月末训令麻克类,可以参加联合抗议,但须同时单独发表声明,全面澄清英国的真正立场。但麻克类只参加了11月间的联合抗议,没有另作声明②。英国政府只得另找机会阐明其政策。

　　11月5日,驻广州"领袖领事"致函陈友仁,声称奉驻北京的"领袖公使"之命,抗议广东政府对国外贸易征收产销税,"完全违反条约"③。11月8日,陈友仁退回抗议原函,声明:"领袖公使之存在,本部长以其欠缺法律上之根据,未便承认。"他进一步声明,现在中国国家大权与权威,早已不能在北京行使,而已由民族主义的中国革命及建设势力移交给国民政府执掌,各国倘能明了此中关系,国民政府即愿马上与之讨论④。从此,国民政府不再接受所谓领袖公使、领袖领事的外交文件。

　　11月下旬,列强得到消息:汉口海关的中国职工酝酿罢工,国民政府准备将广东的产销税施之于汉口。这次,英、美决定不顾日本反对,不再提出抗议,而力图说服海关征收此税。它们拒绝用武力保护海关免遭罢工纠察队的封锁,试图将广州的经验运用于汉口,诱使国民政府压制罢工。张伯伦训示:英国政策的主要目标之一是挽救海关,但这只能靠正确的政策,而不是使用武力。所谓正确的政策,就是"尽一切努力用在广州成功地运用过的办法挫败罢工。"⑤

　　正当列强苦心探寻破坏国民革命的良策之际,被它们看作是国民政府中的"实权派"、"独裁者"的蒋介石公开向列强输诚了。8月20

---

①　FO,405,Vol.252A,pp.247,254,274,284-287.

②　FO,405,Vol.252A,pp.278,287-288,350-351,370-373,445,446.

③　高承元:《广州武汉时期革命外交文献》,神州国光社1933年版,第35页。

④　《广州武汉时期革命外交文献》,第34—35页。

⑤　FO,405,Vol.252A,pp.595-598,609,613-614.

日,他在长沙发表对外宣言,认列强为友邦。宣称:"革命之成功,即友邦之利益。"①24日,蒋介石向外国记者表露,自己是国民党员,不是布尔什维克。他身边曾有俄国顾问15人,因为需要他们的帮助以及苏俄的军械与子弹;但是一到武昌,他就立即把他们清除出去②。9月10日,他又通过湖南交涉员向英国长沙代理领事琼斯(G. Jones)透露:"他毫不同情共产主义,因为共产主义同中国人民内心深处的天性本不相容。"③

　　蒋介石的表态,使列强意识到革命营垒内部裂痕正在扩大。于是,它们各显神通,进一步前来探测国民政府的底蕴,施展各种分化手段。

　　1926年9月下旬,美国公使马慕瑞到达广州,进行"非正式访问",成为国民政府在此成立后接待的第一位外国公使。他同陈友仁、宋子文等国府要人"连日酬酢极欢"④。陈友仁向他说明:国民政府认为,欲摆脱帝国主义之羁轭,初不须与列强从事武力战争,深望以谈判及协议手续,解决中国与列强间的一切问题⑤。陈友仁还表示,恢复中国主权必须经过一个过渡时期,国民政府无意单方面废除条约⑥。在此前后,曾发生多起北伐军和民众进占美国教堂、医院、学校的事件,国民政府一接到美国抗议,便力促军队、民众退还。8月26日,鲍罗廷在国民党中央政治会议上提出保护美国教会、医院的三条措施,当即得到通过。国民党中央和国民政府一再将这一精神通知各地执行。马慕瑞通过亲自接触,看出国民党人真心实意地想采取同列强和解的政策,同时又很

----

① 《中华民国史事纪要》,台北版,1926年8月20日。

② 《长沙邮政分局邮务总办致北京邮政总局函》,1926年8月27日,《北京邮政总局档案》,中国第二历史档案馆藏。

③ *FO*,405,Vol. 252A,p,459.

④ 《广州民国日报》,1926年9月27日。

⑤ 陈友仁:《对三中执全会外交报告》,《广州武汉时期革命外交文献》,第154页。

⑥ *RDS*,NA,M329,893.00/7981.

机警地试探能使列强作多大让步。广州政府把宣传反帝作为鼓动民众政治热情和取得民众支持的有效手段,但政府要员在同他私下谈话时却很"通情达理"。马慕瑞一行还发现"广州派有信心有能力在自己所希望的时候摆脱俄国监护人"①。回到北京后,马慕瑞于11月19日以长电致国务卿,报告中国领导人之间的分歧在于:"更稳健、更富于建设性的分子们"打算走日本、泰国式的资本主义改良道路,这正是美国所要鼓励的。然而很不幸,由于"苏维埃破坏性影响","召集了很大一群拥护第三国际政策的中国人",他们相信中国必须走苏俄式的革命道路。马慕瑞称:中国目前正处于"渐进"与"革命"这两种根本对立的学说的十字路口,"我们不论为中国还是为自己,都有责任作些措辞友好的警告"②。

美国政府对国民革命阵营采取反复考察、逐步接近、软硬兼施、伺机分化的政策。11月下旬,美国再度拒绝北洋内阁重开关税会议的要求。国务卿凯洛格告诉马慕瑞,如果广州当局控制了中国大部地区,美国将考虑与之订立条约,在取得最惠国待遇的条件下放弃关税控制权③。国民政府北迁武汉后,美国再次派遣麦耶前去探访④。这一时期,美国外交当局频频直接同国民政府联系,要求它保护所辖地区的美国利益⑤。11月间,长沙当局向美国领事保证:只要军事行动一结束,政府就将镇压工人和学生组织的"反外非法活动"⑥。

在拉拢、软化国民政府的同时,美国外交当局还密切注视着蒋介石的动向及其权势的增长。8月间,他们发现蒋介石在争夺权力的道路

---

① 　RDS,NA,M329,893.00/7981;FRUS,1926,Vol.1,pp.868,899.

② 　FRUS,1926,Vol.1,pp.999-1000.

③ 　FRUS,1926,Vol.1,pp.855-860.

④ 　陈友仁:《对三中执全会外交报告》,《广州武汉时期革命外交文献》,第160页。

⑤ 　《中国国民党中央执行委员会政治会议议事录》,1926年7月—10月。

⑥ 　RDS,NA,M329,893.00/7976.

上遇到了障碍："蒋将军的总司令部发布通告,军事非常时期一切军事民政机关均须服从总司令命令。政治会议(最高行政机构)随即通知总司令,虽然一切军政要务确实由总司令部执行,但该机构之命令须经政治会议批准。"①注意到这种矛盾之后,美国当局一面同国民政府拉关系,一面又常与蒋介石办外交②。即使在 10 月底,接到国民党中央关于集中外交职权于政府外长之手,政府不受蒋介石等将领私订的外交协议约束的通知后,美国依然找蒋办理交涉,蓄意分化革命③。11 月下旬,为了深入了解这位独裁者的身世,美国当局甚至派人查阅了上海公共租界工部局档案中收藏的蒋介石犯罪记录④。

日本政府认为,北伐军进入长江流域后,"形势大致对标榜政治革新的南方派有利",尤可注意的是:"南军在其势力增长的同时,态度逐渐缓和。"外务省决定同南方"要人"广泛接触,探寻对策⑤。11 月 4 日,孙传芳托驻日公使汪荣宝向币原外相求援。币原婉言相拒,称日本为将来在华永久利益计,绝对避免支持一党一派,"对蒋介石,日本也无敌视之理由"⑥。

岂止"不敌视"。日本当局已试图推动他镇压工人运动。11 月间,不堪忍受日本雇主压迫的汉口劳动群众举行同盟罢工,日本驻九江领事奉命急请蒋介石"尽量设法,严命负责官宪紧急取缔罢工"。蒋介石

①　*RDS*,NA,M329,893.00/7603.

②　*RDS*,NA,M329,893.00/7660.

③　*FRUS*,1926,Vol.1,p.683;1927,Vol.2,pp.66 - 68,238.

④　*RDS*,NA,M329,893.00/8005.1926 年 11 月 29 日,美国驻上海代总领事高斯报告称,工部局档案中至少藏有三份关于蒋介石的逮捕状。其一签发于 1914 年 7 月 22 日,指控蒋在小沙渡地区犯罪。其二签发于 1917 年 10 月 13 日,指控他 1910 年参与谋杀住在租界内的一位"中国著名人士"。其三签发于 1918 年 7 月 25 日,指控他参与 1917 年 10 月 18 日西华德路 1421 号武装抢劫案。

⑤　《关于中国时局的对策文件二》(1926 年末),《日本外务省档案》,S16153。

⑥　《币原大臣与汪荣宝公使会议要旨》(1926 年 11 月 4 日),《日本外务省档案》,S16153。

这时还不敢公然站到帝国主义一边反对民众运动，没有满足日方的要求①。

北伐军步步前进，上海日本资本家感到"经济地位有根本颠覆之虞"，劝告日本政府"讲究对国民党左、右派的适当方法，并确定将来的方针"②。

11月间，币原外相派其心腹佐分利贞男南下，同国民党各派要人接触。12月中旬，佐分利赶到武汉，同陈友仁会谈。他发现，国民党人的公开讲话同他们的真实意图并不一致，他们实际上希望以"充分合理的方式"修订不平等条约，而不是全面废约③。经黄郛牵线，他在南昌会见了蒋介石，感到蒋是国民党中"最好打交道的人"④。这位特使风尘仆仆地奔波于上海、武汉、南昌、广州等地，颇有收获。他认为："南北之间，并无绝对歧异之点"，而国民党"党内两派之轧轹，不但意见相左，实利也不一致，今后裂痕恐不免益显"。他还认为，在中华民族已经觉醒的情况下，列强为了软化和分化革命，必须以某种"公道合作"的姿态，调整不平等条约关系⑤。经过一番紧张活动，佐分利同国民政府达成了若干秘密谅解。其主要内容有：日本在华严守绝对中立；国民政府支配大部分地区或在北京设立政府时，日本予以承认；只要不危害日本在满洲和远东的地位，日本就不干涉俄国对国民政府的援助；国民政府

---

① 《最近对华关系诸问题摘要》第2卷（1927年12月），《日本外务省档案》，SP166。

② 《矢田致币原电》（1926年12月26日），《日本外务省档案》，S16153。

③ Akira Iriye, *After Imperialism*: *The Search of a New Order in the Far East*, New York, 1969, p. 120.

④ 上海档案馆编：《上海工人三次武装起义》，上海人民出版社1983年版，第313页；Richard. Burns and Edward M. Bennett, *Diplomats in Crisis*, *United State - Chinese - Japanese Relations*, *1919 - 1941*, Santa Barbara, California, Oxford Press, 1974, p. 212.

⑤ 《申报》1927年4月5日。

不危害长江流域日本工商业，承认日本在东三省的既得权益①。

英国政府不甘落于美、日之后，积极谋划进一步软化国民革命的措施。麻克类公使坚决反对伦敦对华政策设计者们的两个假定，即国民党终将统治中国并摆脱共产党人的影响。他不断要求支援这个或那个军阀以抵抗北伐。伦敦的"中国通"感叹道："使馆在中国骑错了马"，此时"他们根本无权骑马"②。由于麻克类固执己见并一再抗命，外交部决定更换驻华公使。

这一时期，尽管蒋介石已通过不同渠道向列强表明了自己的政治态度，但是，白利安更倾向于认为大权在握的蒋介石是个人野心家。这一看法得到驻沪总领事巴顿的赞同。避居上海租界的伍朝枢向英官员诉说：蒋介石是一个独断专行，容易冲动，为达目的不择手段的人，具有强烈的排外倾向③。因此，英国当局对蒋介石集团没有给予足够的重视，而把交涉与分化的重心放到北迁武汉的国民政府方面。

10月13日，英国驻武汉总领事葛福（Herbert Goffe）托人向兼任国民政府湖北交涉员的陈公博表示，对革命军怀有好感，希望停止反英宣传，并问有何提议，愿为尽力。陈公博迅即回答，希望英国新公使能与陈友仁外长会谈，考虑对国民政府的承认与修约问题。葛福一面表示同情，一面强调以工人运动相威胁很不明智，并立即将国民政府的上述意向飞报伦敦④。英国政府迅速作出反应。新任驻华公使蓝普森次日便奉命在中国协会年宴上声明，英政府对中国人民抱深切同情，认为应由中国人自己决定由谁以及用什么方式来治理国家，英国对目前中

---

① 《币原收内田电》（1927年3月4日），《日本外务省档案》，S16153；参见《FRUS,1927,Vol.2,p.349。

② *FO*,.405,Vol.252A,pp.573-574.；*FO*,371,Vol.11635,F5223/1/10；Vol.11661,F4964/10/10.

③ *FO*,405,252A,pp.459,446-447；*FO*,405.Vol.252,p.302.

④ 陈公博：《湖北外交报告》，《国民党中央和国民政府临时联席会议第三次会议记录》，1926年12月17日；*FO*,405,Vol.252A,pp.270,279.

国时局严守中立,但有责任保卫在华权益①。

11月上旬,当陈友仁退回列强对产销税的联合抗议,表示不承认所谓"领袖公使"制度时,英国代表力阻外交团对此再行反驳。11月19日,张伯伦授权驻汉口总领事,在国民政府提出承认要求时可表示:"一旦国民党建立充分名实相副的政府,并对前政府的一切条约和其他义务负全责时,英国政府准备承认中国国民党政府。"②为了制造缓和空气,张伯伦于11月间一再训令英国驻国民政府辖区的官员,"尽量以同情友好的精神同中国各地现有的国民党事实政权打交道"③。这时,天津英租界工部局应奉军当局要求,逮捕了14名国民党人,经英公使批准引渡给奉方。英外交部电示英使馆:逮捕为非法的,不能事后追认其合法,无权拘押这些人或将他们引渡④。但是这纸训令为时已晚,未起作用。

陈友仁11月中旬离粤北上前曾告知英国外交代表:国民政府希望被承认为中国政府,愿同英国订立新的商务协定和取代治外法权的司法协定⑤。英国新公使蓝普森来到中国后,鉴于迅速变动中的形势,决定在去北京赴任之前,先往汉口面晤国民政府领导人,试探有无可能"达成友好谅解"⑥。英方旋于12月5日通知临时主持国民党中央和政府工作的谭延闿⑦。自12月9日至20日,蓝普森与陈友仁进行了7次非正式会谈,中心议题是外交承认和不平等条约问题⑧。

英国虽然将国民政府当作"事实上的地方行政机构",但无意承认

①　*FO*,405,Vol. 252A,pp. 277‑278.

②　*FO*,405,Vol. 252A,pp. 523,584,585,600.

③　*FO*,405,Vol. 252A,pp. 523,584,585,600.

④　*FO*,405,Vol. 252A,p. 629.

⑤　*FO*,405,Vol. 252A,p. 612.

⑥　*FO*,405,Vol. 252A,pp. 611‑612,619,628.

⑦　*FO*,405,Vol. 252A,p. 629.

⑧　详见本书第四章第二节《武汉国民政府的外交》。

它是区域性的或全国统一的政府。英国认为,前一种承认,将要承担分裂中国的责任,并将得罪存在于中国的其他政权;后一种承认,则"不被实际情况证明为合理",因为国民党政权尚未在全国或中国大部分地区建立持久而有效的统治。另外,英国担心国民政府会拒绝继承旧政府的条约义务。在就条约问题达成协议之前,无论哪一种承认,都可能意味着英国放弃在国民政府统治区内的原条约权利。因此,尽管陈友仁一再让步,甚至答应取消反英运动,仍未能使英方有所承诺①。

关于条约问题,蓝普森主张只"修订"旧条约的某些条款②,英国政府则考虑作较大让步。12月15日,张伯伦电告蓝普森:英政府原则上"对陈氏取消旧条约,谈判一个全新条约的方案没有异议,只要将旧条约的效力保持到新条约谈成为止"③。可惜陈友仁未再坚持原案,而希望以"更改"(Alteration of)旧条约来求得妥协。经验丰富的蓝普森仍未让步。在离汉赴京前,他向陈友仁表示,将再度亲来或派首席参赞欧马利来继续协商。他并赠言称:"对所有这些问题的态度,英国政府无疑在很大程度上受两个因素的影响:甲、国民政府在汉口和其他已控制或将控制地区内获得成功的程度;乙、它们对反英煽动所能够控制的程度。"④

在蓝陈会谈的同时,欧马利于12月18日在北京外交团会议上宣读了《英国对华政策声明》,吁请各国对强有力的国民运动予以"同情"和"谅解"。《声明》称:"一俟中国人自行组成有权之政府时,即与之谈判修订条约及其他悬案";此前也应顺应形势变化,尽可能迎合中国人民的正当愿望;"一俟中国自行制订并颁布新的国家税则时,即承认中国关税自主",当前宜"放弃为枝节问题一味提出无效抗议的方针,而将

---

① 　*FO*,405,Vol.252A,pp.623,628,630,636 - 643,699.

② 　*FO*,405,Vol.252A,,pp.631 - 632,646 - 648.

③ 　*FO*,405,Vol.252A,pp.670 - 671.

④ 　*FO*,405,Vol.252A,pp.628,523,619,648,699 - 700.

抗议保留至重要权益濒于危险之时，以共同行动使其生效"。《声明》还提出，立即无条件允准中国各地华盛顿会议许诺的附加税，税款由各地中国当局自行支配①。英国这时抢先发表这样的声明，主要是想进一步软化、分化国民革命，助长"温和派"力量，造成英国是列强对华"宽大"政策带头人的形象，借以摆脱在中国革命洪流中首当其冲的困境②。但是，当时包括上海在内的多数口岸仍在军阀控制之下，因此，英国提议立即准征二五附加税，遭到了国民政府的强烈反对③。

英国继续探寻分化革命阵营的途径。蓝普森看出：国民政府一面企图利用工人运动逼迫英国让步，一面又担心局势失控，希望同英国早日和解；也看出武汉资产阶级存在着不满情绪。12月下旬，蓝普森建议英国政府迎合国民政府的愿望，继续谈判，因为这至少可以促使国民政府抑制民众的反英运动。他准备亲自或派欧马利、台克满赴汉口，讨论陈友仁最后一次提出的承认国民政府方案，条件是要求国民政府宣布，只有经过谈判才能改订现行条约，谈判期内制止反英宣传。如能达成某种协议，将会增强温和派反对极端派的力量④。蓝普森催促英政府快作决定，改变政策总是落后于事变的被动局面。他警告说："我们正面临着南方全面废约的现实危险"，"随时可能出现迫使我们作出选择的局势，要么用武装行动保卫重要权益，要么放弃它们而向广东派完全投降。"⑤葛福这时也称汉口形势危急，温和派"希望继续与我们合作"，而极端派"倾向于采取排货、罢工等无情的政策"。"我们如果想使温和派分子得势，就必须迅速行动"⑥。

---

① *FO*,405,Vol.252A,pp.687-691.

② *FO*,405,Vol.252A,pp.601-605,623-624.

③ *FO*,405,Vol.252A,pp.652,681;高承元:《广州武汉时期革命外交文献》，第35—36页。

④ *FO*,405.Vol,252A,pp.700,707-710.

⑤ *FO*,405.Vol,252A,pp.701,708,710.

⑥ *FO*,405.Vol,252A,p.701.

他们担心的事情终于发生了。英国政府还未来得及决定下一步应该如何迈出,中国人民便已行动起来,向英国侵华权益发起了英勇冲击。

第五节　汉浔英租界事件与
列强的两手政策

一　中国人民占领汉浔英租界与英国的对策

1926年末,北伐战争胜利推进,中国共产党领导的工农运动蓬勃发展,华中地区的人民反帝斗争迅速高涨。英、美、法、日等国纷纷在汉口、九江等地租界置沙包、布电网、设路障、架机枪,不时派兵登岸,企图以武力威慑,遏制中国人民的反帝运动,维护租界和其他特权。

1927年1月1日至3日,武汉各界民众连续欢庆北伐胜利和国民政府迁汉,集会游行,盛况空前。3日中午,有宣传员数人在汉口江汉关前临近英租界的空地上讲演,听众极多,肩背相接,但秩序井然。英租界工部局深恐民众进入租界,马上动员巡捕和侨民义勇队荷枪持械,沿街布防。又于12时30分急请驻汉口的英国海军长江分舰队司令卡梅伦(J. S. Cameron)派兵支援。卡梅伦陆续将英水兵和陆战队全部调派上岸,试图驱逐中国民众。积愤已久的民众奋起抗争,被英兵刺伤数人,内二人重伤,被称为"一·三"惨案。当时民众越聚越多,毫不畏缩,以砖石抗暴。卡梅伦见事态严重,下令英兵除救命所需外不得开火。英总领事葛福三次打电话请中国当局速派军警前来"平息骚乱","驱逐暴民"。

事件发生时,武汉联席会议正好开会,陈友仁认为如果要求双方同时撤退,未免示弱,应取比较强硬的态度。徐谦主张以军队包围租界,先使群众散退。鲍罗廷则力主先劝群众散去。会议最后按鲍罗廷提出的办法议决:一、立即推定徐谦、蒋作宾去向群众说明:政府将在24小时内决定办法,防止以后再有此等事件发生,并为人民报仇雪耻。在政府未决定办法时,望人民离开租界,以免危险。二、外交部立即与英租界当局交涉,要求撤退武装水兵,保障秩序安全;并对英方切实声明,如不撤退水兵,政府不负保障英人安全责任①。下午5时,国民政府派来大批军警试图维持秩序。公安局长要求英方先将水兵、义勇队等撤到路障后面去,然后又劝民众后退。在此过程中,愤怒的民众动手拆除了租界边缘的路障工事,后在国民政府代表和军警的劝阻下,未入租界而散。当晚,陈友仁召见葛福,告以英人若不检束,则民众将使英租界成为无价值之物,并要求从速撤退水兵。

　　1月4日上午,葛福和卡梅伦分别同陈友仁和汉口市公安局长会晤。中方保证:如果英兵完全撤走,国民政府可保租界安全。双方达成协议,英方撤兵上舰,中方负责维护租界临江地区秩序,保护英人生命财产。当日中午,农工商学各界代表在汉口总商会议定8项对英办法,如要求英界巡捕缴械,由政府管理英租界等。旋又派代表要求武汉政府据以向英领交涉,限于72小时内圆满答复,否则即请武汉政府封锁并收回英租界,收回关税,通知英政府,不负在华英人治安责任②。中国共产党赞同各团体联席会议所提条件,主张引导群众与政府一致合作,绝对制止对外国人个人的暴行以及侵害外国人住宅、商店,极力避免一切原始暴动的状况③。下午,英兵撤离后,愤怒的民众自发涌入租界,拆毁沿街路障。租界巡捕自动放弃职守。傍晚,中央临时联席会议决定全部接受各界代表要求,并应英方之请,加派军警开入租界,维持秩序。国民政府代表随即向人民团体代表宣布了上述决定,希望民众整齐步骤,共争最后胜利,民众遂逐渐散去④。

---

① 《联席会议第九次会议记录》。
② 《时事新报》,1927年1月9日。
③ 《中央政治通讯》第15期,1927年1月。
④ 《时事新报》,1927年1月11日。

5 日,武汉 30 余万市民举行对英示威大会,李立三任指挥。大会一致议决,自即日起严厉禁止买卖英国货。又强调:"民众应一致团结,服从政府,谨守秩序,誓为政府后盾。"①会后游行时,虽然李立三宣布不进租界,但群众再次冲入②。英工部局巡捕及公务人员逃避一空,租界顿呈混乱状态,英方只得将治安管理事宜交国民政府负责③。联席会议遂决定设立以陈友仁为首的汉口英租界临时管理委员会,接管英租界的行政治安。当日下午 4 时,天降大雨,民众散去。英方忙将妇女、儿童撤上兵轮,男侨集中于亚细亚火油公司。事后,国民政府努力恢复秩序,安定人心,但英侨和其他外侨已如惊弓之鸟,纷纷关闭在汉口的银行、工厂、商店,抽走资金,准备离汉④。

紧接着,九江人民也占领当地英租界。

1 月 3 日下午,英人控制的九江海关扣押中国小船,引起民众愤慨。民众冲开与海关相连的英租界铁丝网,虽因英国水兵和闻讯赶来的中国军警阻止而散,但九江的气氛由此紧张起来。汉口英租界事件的消息传来后,英人更加不安,5 日,将妇孺撤上英轮。6 日下午,英海关人员打伤阻止英人雇工搬运行李上舰的罢工纠察,民众再度冲开英租界铁丝网。江中英舰发两响空炮示警,留在租界的侨民极为恐慌,纷纷逃上英轮。中国民众闻炮更加愤怒,群起涌入英租界。英水兵和中国军警、工人纠察队协力阻挡。当时,国民政府财政部长宋子文因公经过九江,应英国领事请求,出面到堤岸上劝解民众,并命驻守九江的贺耀组部派兵"平息骚动"。宋向英方许诺,将采取一切必要措施,确保汉

---

①　《时事新报》,1927 年 1 月 11 日。

②　李立三:《党史报告》,中央档案馆编:《中共党史报告选编》,中共中央党校出版社 1982 年版,第 238 页。

③　FO,405,Vol. 252,pp. 60 - 61,222,271 - 272,853 - 358;FO,405,Vol. 253,pp. 45 - 47,117 - 118,282;湖北省社会科学院历史研究所编:《汉口九江收回英租界资料选编》,湖北人民出版社 1982 年版,第 5—9、14、16—19 页。

④　《国闻周报》,第 4 卷第 3 期。

口的"暴乱"不重演于九江。次日，租界发生抢劫，大部分系贺部乱兵所为。英领事和水兵撤上军舰，请贺耀组负责看管租界财产①。国民政府随后派人组成九江英租界临时管理委员会，予以接管。

英国当局一反常态，未放一枪就撤离两地租界，原因很多，武汉、九江人民在中国共产党的宣传、教育和影响下，在国民革命胜利形势鼓舞下，民族觉悟和革命积极性空前提高，敢于对侵略者的野蛮行径进行如此英勇顽强的反抗，这是一贯骄横的英帝国主义者始料不及的。前一阶段，英国方面在软化革命的政策支配下，从伦敦主管部门到现地文武官员，对汉、浔人民反帝风暴的骤然降临，缺乏思想和军事上的准备，对扩大武装干涉的后果，也顾虑重重。

早在 1926 年 11 月下旬，英外务大臣张伯伦即不赞成增调英军赴华，认为这可能被看成是对国民党明显的不友好举动。他还认为，租界遭公开进攻的危险性很小，至多有些反英宣传和工潮②。11 月 29 日，汉口人民示威时，英水兵在租界登陆布防，结果激起武汉地区反帝运动更猛烈的发展。张伯伦连电嘱咐驻华官员，宁肯暂时中断英国在汉口的贸易，也不要武装干涉反帝运动，"煽动集团的目的很可能就是要造成英中之间的武装冲突，我们必须尽最大努力防止这种危险"，"任何进一步武装冲突的后果都可能是灾难性的"③。这时，恰逢长江枯水季节，大型军舰不能开到汉口。尽管蓝普森、葛福等人曾请求增兵加舰，以防不测，但在上述指导思想和客观条件限制下，直至汉、浔事件发生，英国在汉口仅泊有三艘小型军舰，可用于登陆的士兵一百余人，侨民义勇队不足二百人。在九江则只有小舰两艘，可登陆的水兵五十余人④。

这一时期，英国有关使用武力原则的训令，也是尽量避免同革命力

---

①　*FO*,405,Vol. 253,pp. 174-183;《汉口九江收回英租界资料选编》，第 25—32 页。

②　*FO*,405,Vol. 252A,p. 553.

③　*FO*,405,Vol. 252A,pp. 586,598.

④　*FO*,405,Vol. 252A,pp. 580,598-599;Vol. 253,pp. 45-47,174-183.

量尤其是国民党军发生大的武装冲突,留有必要时撤离租界的余地。
12月6日,英外务次官蒂雷尔(E. G. Tyrrell)电示即将访问汉口的蓝
普森:"英政府和其他列强准备支持诉诸武力或以武力相威胁的唯一目
标是保护英人和外人生命,保卫外国租界和居留地不受攻击。"①然而
五天后海军部却重申其常效训令是:"对英国国民生命财产的保护,应
限于有预先估计采取撤离措施的必要时,向他们提供在轮船上避难的
地方,用舢板将他们从岸边救出。只有当他们实际上处于不能用其他
办法控制的暴力危害之中时,才诉诸武力干预。"②张伯伦也再三强调,
只能把武力用作保护外国人生命的最后手段,而避开了财产和租界问
题③。蓝普森访问汉口时,曾指示葛福和卡梅伦:如果广东政府军有组
织地进攻租界,我方唯一的办法是撤离;如果是"暴民"冲租界,则应毫
不犹豫地派兵登陆,坚决对付,必要时不惜使用武力④。

　　在汉浔英租界事件中,英国现地文武官员都判断中方有预谋、有组
织,"极端派"希望激英兵开火。他们认为:兵力单薄的英军如果开枪,
势必激化矛盾,成千上万的中国民众和军队会从四面八方冲入租界,英
人将遭到可怕的屠杀,租界外和长江中上游各地的英侨也将受害。在
取得国民政府官员关于只要英兵撤走,便负责维持秩序,保护英人生命
财产的承诺后,英官员认为不放一枪撤离租界,是避免更大灾难的唯一
正确的选择。英外交部、驻华海军总司令和蓝普森先后肯定了他们的
处置⑤。

　　当然,英国当局决不会善罢甘休,它要另寻应付危机的良策。蓝普

---

　　①　　*FO*,405,Vol. 252A,p. 619.

　　②　　*FO*,405,Vol. 252A,p. 633.

　　③　　*FO*, 405, Vol. 252A, pp. 586, 598; *FO*, 371, Vol. 11661, F5099/10/10,
F5134/10/10.

　　④　　*FO*,405,Vol. 252A,p. 648.

　　⑤　　*FO*,405,Vol. 252A,pp. 60 - 61,222,271 - 272,341,353 - 358,463;Vol. 253,
pp. 45 - 47,174 - 183.

森提议,只要不引起国民政府军参战,就应立即派出足够的兵力夺回租界。1月6日,伦敦训令蓝普森:"租界的撤退已经确定地改变了局势,在没有对整个态势作进一步认真考虑之前,不应采取强硬行动。"①

英政府也考虑过以武装夺回租界,结果认为,在长江枯水季节,无法调集重型军舰和足够的兵力到汉口作战;即使能够夺回,也没有力量长期坚守;即使能够长期坚守,也不能挽救因中国民众的封锁、排货而造成的贸易瘫痪。英国在华经济活动毕竟不能只在租界警戒圈里进行,更何况英国在租界之外的投资贸易额早已远远超过租界,汉口英国的主要公司也大都设在租界之外,英军无论如何无法对之加以有效的保护。总之,英国决策者认识到,此时武力解决不了经济困难,只能促使中国人民更加"过激"②。

另一方面,英政府认为更值得一试的是,保持同国民政府的接触,通过谈判,继续软化革命,拉拢"温和派"。它企图以在租界行政管理权上的让步,来迎合中国民族主义者的"合法愿望",诱使国民政府明确保证,今后不经过谈判协议手续,不以任何方式变更租界地位和其他不平等条约特权。同时,它还企图以汉口为试验场所,检验国民政府有无"能力与诚意"制止民众运动,兑现维护秩序的诺言,最终摆脱鲍罗廷和共产党人的影响③。

1月6日,英国外交部专家按照制订《英国对华政策声明》时的设想,拟出了修订英中条约的方案。该方案建议通知中国南北政府:英国方面将立即采取步骤,调整在华治外法权和租界治安权问题,其中将通过地方协定,把九江、镇江、厦门英租界的治安权完全交出,天津、汉口、

---

　　①　*FO*,405,Vol.252A,p.61.

　　②　*FO*,405,Vol.252A,p.698;Vol.252,pp.70,176,‐179,212,271;Vol.253,pp.44,353‐355,383,385.

　　③　*FO*,405,Vol.252,pp.41‐42,61,70,176‐180;Vol.253,pp.48‐49,94‐95,219‐220,354,382‐383.

广州英租界的治安权则在一定条件下交出①。

同日,英驻华使馆头等参赞欧马利和汉文秘书台克满离京赴汉口谈判。蓝普森命他们通知陈友仁:"在任何政治性会谈前,必须把租界的完全控制权归还英国。"但英国外交部同日发给蓝普森的训令,却表示不妨同陈友仁讨论包括租界地位在内的调整条约关系问题②。1月8日,张伯伦进一步训令欧马利同国民政府谈判放弃汉口、九江英租界事宜③。外交部专家还拟定了方案,认为租界已成过时之物,由中国人接管其行政和治安责任,对所有人都更好,但上海公共租界例外④。

汉浔英租界谈判就是在这一情形之下进行的⑤。

二　列强的两手

英国被迫放弃了汉口、九江的租界,但是,却决心保卫它在上海的利益。当时,上海居住着3万外国侨民,公共租界的外国资产总值近2亿英镑,其中英国资产为六千三百余万镑,约占英国在华资产总额(除香港外)的三分之一。如果英国从上海撤退,不仅既得利益受到巨大损失,而且其东方殖民体系将产生灾难性的连锁反应⑥。英国政府宣称,各国应从汉浔事件中吸取教训,"如果中国当局不能或不愿控制暴民,暴民一旦失控,国民党军队就会和他们一道行动","在其他租界也如法炮制"。英国政府鼓动列强以行动表明:现地外国军队兵力不仅足以

---

①　*FO*,405,Vol,252,pp. 12 - 42.

②　*FO*,405,Vol,252,p. 62.

③　*FO*, 405, Vol, 252, pp. 297 - 298; *FO*, 371, Vol. 12398, F231/2/10; Vol. 12456,F181/181/10.

④　*FO*,405,Vol. 252,p. 86.

⑤　见本书第四章第二节第一目。

⑥　*FO*,371, Vol, 12449, F351/156/10; *FO*, 405, Vol. 252, pp. 86, 161 - 162; Vol,254,p. 56.

"控制暴民",而且足以对付汉口那样"以武装部队作后盾的暴民"①。上海是列强在华利益最集中的地区,英国的鼓动自然易于获得响应。

　　还在北伐军主力向长江下游进军,上海工人阶级起义响应之时,列强便加紧筹划上海租界防卫问题。1926 年 12 月 8 日,在有领事团和英、日、美、法、意五强驻华海军最高长官参加的会议上,上海公共租界总董费信惇(Stirling Fessenden)提出,一旦北伐军到达,各国必须协力环绕租界设立防线,为此须调来 4000 名援兵②。美国总领事和海军长官持不同意见,认为此时耀武扬威地向上海调集大量外军,并非明智之举。国务卿凯洛格也不赞成同北伐军发生冲突,特意下令:"本政府不准备使用驻沪海军保卫租界完整";又称:"本政府行动目的是保护上海美侨生命财产。"③英国决定提供 1300 名海陆军部队,增调 3 艘巡洋舰,但陆军及巡洋舰暂留香港待命。张伯伦担心陆军赴沪将引起中国"广泛而严重的反应"。他指示驻华使馆:北伐军占领上海后,可能建立永久性政权,但外国贸易却不可能长久地在外军警戒圈内进行,因此必须尽一切努力同上海未来的国民党政权建立融洽的关系④。日本外交当局密切注视着"极端派"与"温和派"之间的分裂,并接待了国民党"温和派"派到东京的密使,听其解释国民党的政策,决定暂不出兵上海⑤。

　　汉浔英租界事件后,列强深恐自己在上海的巨大利益遭到同样的命运,英、日、美、法驻沪总领事立即达成协议,共同调集四五千兵力保护上海租界,其中日兵 1500 名、美兵 1400 名,英兵 1300 名,法兵250—500 名⑥。不过,他们在登陆时机和保护范围等问题上有分歧。

---

①　*FRUS*,1927,Vol. 2,pp. 56 - 58.

②　《矢田致币原电》(1926 年 12 月 8 日),《日本外务省档案》,S16154。

③　*FO*,405,Vol. 252A,pp. 649 - 650.

④　*FO*,405,Vol. 252A,pp. 698,703,705.

⑤　*FO*,405,Vol. 252,pp,211 - 212.

⑥　《英国对华出兵经纬》(1927 年 2 月),《日本外务省档案》,S16154。

英国支持公共租界工部局的请求，立即派兵登岸，并越出租界设置防线。美国总领事认为不到"骚乱"迫在眉睫，不宜令外兵上岸，否则，"将被这里的鼓动家抓住把柄，作为煽动更大的反帝舆论的口实，演成星火燎原之势"。美政府也再三重申前令，不肯对租界防线和其他外侨的安全承担明确责任。日本同意与英国分守租界防线，但认为派兵登陆为时尚早①。法国拟调两连越南兵驰援上海，防守法租界，但暂不登岸，也不准备抵御来自"暴民"之外的军事进攻②。

　　尽管有以上分歧，美日仍按协议调兵赴沪。1927 年 1 月 7 日，美国亚洲舰队总司令威廉士（C. S. Williams）上将奉命从马尼拉赶赴上海，并陆续将所属舰艇调入中国水域。至 2 月末，美国到沪水兵达 850 名，陆战队 300 名。另有 1500 名陆战队正从关岛等地开赴上海，3 艘巡洋舰和 500 名陆战队在檀香山待命，1540 名陆战队在菲律宾待命。美国摆出这种引弓待发的架势，用马慕瑞的话说，是为了"使国民党领导人确信，外国列强的忍耐已达极限"。他坚信，"唯一可能避免使用武力的办法，是公开作好使用武力的一切准备"③。为使这种威慑政策发生效力，麦耶于 1 月 20 日通过秘密渠道，再次怂恿蒋介石等："我们要的是行动，不是辞令。国民党人在我们眼中恢复名誉的唯一办法，是采取具体行动，证明他们愿意并能够在其控制区内保护美国人生命财产。"④

　　日本除原在上海停泊的军舰和 300 名陆战队外，又在佐世保、横须贺等地准备了十几艘军舰和 1200 名陆战队，陆续开往上海，同时在中国东北、华北、台湾及朝鲜等地集结重兵待命。1 月 14 日，日本内阁会议通过《关于汉口帝国租界的文件》，决定不在中国人民的革命压力下

---

①　*FRUS*, 1927, Vol. 2, pp. 46, 51, 56, 59, 61, 65, 78 - 81.

② 　*FO*, 405, Vol. 252, p. 79.

③ 　*FRUS*, 1927, Vol. 2, p. 47.

④ 　*RDS*, NA, M329, 893. 00/8339.

放弃汉口租界①。文件要求当地日本总领事就治安问题同中国有关当局保持"特别密切的联系",并且要让国民政府领导人了解:"万一中国官方和民众,依照收回英租界的经验,采取轻视日本租界、危害租界宁静的盲动",日方决心"采取断然处置"。文件还制定了汉口发生"群众运动"时,防卫租界和疏散侨民的若干具体对策,例如以领事馆警察和陆战队专任保护侨民,命上游各地领事立即撤侨,在上海增加相当兵力等。阁议通过前,币原即迫不及待地将这一文件的精神,通知了驻沪总领事高尾亨,随后又通知他:汉口等地若有紧急事态,可从上海调兵②。这就为日后屠杀中国人民的汉口"四三"惨案埋下了伏笔。

英政府却认为原计划已经过时,防卫上海租界将不仅针对"暴民"和北军溃兵的骚扰,完全可能要抵御国民政府正规军的进攻,因此只派海军陆战队是远远不够的,必须增调大批陆军,才能防止汉浔事件重演于上海。英国军事当局重新研究了新形势下的上海公共租界防卫计划,认为至少需要一个师的兵力,才能遏制国民党军可能对租界发动的进攻,但这个师最好是以日本为首的国际部队,英军只占三分之一③。

英国政府虽然考虑到大举出兵可能引起的诸种不利后果,如中国举国一致的反对,同国民党军发生冲突等,但为利益所驱使,权衡之后,仍决计出兵。对不利后果,则另图补救。1月17日,英国内阁批准调一个陆军师赴上海。由于说服日、美参加的希望不大,英国决心独力承担上海防卫,从印度、地中海和本土各派一个旅,加上辅助部队和海军

---

① 《日本陆军省档案》,14679.

② 《英国对华出兵经纬》,《币原致高尾电》(1927年1月12日、20日),《日本外务省档案》,S16153。

③ *FO*, 371, Vol. 12398, F/188/2/10; Vol. 12457, F317/264/10; *FO*, 405, Vol. 253, pp. 44 - 47.

陆战队,共约 1.6 万人①。此举构成了两次世界大战之间,英国在海外采取的最大规模的军事行动。

1月下旬,英国外交部继续努力,争取列强合作。日本首先拒绝了派一个旅团赴沪的请求,也不肯保证在万一发生紧急事件而英远征军尚未到达上海的情况下,先派足够的兵力保卫公共租界②。美国总统柯立芝(Calvin Coolidge)发表演说,声称英美对华政策有所不同,美国在中国领土上没有自己的租界,保护美侨不须调遣大批军队③。然而,日、美两国并未停止增派海军部队来华。

日、美政府拒绝追随英国向上海调派陆军大部队的主要原因在于:第一,各国在华利益不完全一致,英国一贯把长江流域视为自己的势力范围,美、日则一直企图削弱这个竞争对手的地位,因而此时除以必要兵力维护自身利益外,不愿为英国火中取栗④。第二,各国国情不同,美国国会和舆论此时仍保持孤立主义传统,强烈反对在海外采取大规模军事行动,这是制约美国政策的重要因素。日本占有地利,其陆军随时可从本国、朝鲜和我国东北、华北、台湾等地开到上海,不必像英国那样提前兴师动众⑤。第三,美、日政府得知国民政府及蒋介石关于不以武力收回租界、负责保护外侨的保证后,权衡各自在华利益,认为派海

---

① *FO*,371,Vol. 12449,F351/156/10,F304/156/10,F363/156/10;F449/156/10;*The Times*(London),Jan. 18,1927,p. 14;《英国对华出兵经纬》;《芳泽致币原电》(1927 年 1 月 26),《日本外务省档案》,S16154。

② 《英国对华出兵经纬》;《最近中国关系诸问题摘要》,1927 年第 2 卷;《日本外务省档案》,SP166;*FRUS*,1927,Vol. 2,p. 57.

③ Dorothy Borg,*American Policy and the Chinese Revolution*,1925‐1928,American Institute of Pacific Relations and the Macmillan Company,1947,p. 270.

④ *RDS*,NA,M329,893,00/8337;《最近中国关系诸问题摘要》,《日本外务省档案》,SP166。

⑤ *FRUS*,1927,Vol. 2,pp. 61,65,73;*FO*,405,Vol,252,pp. 112,361‐362;Vol. 253,p. 342.

军部队便足以遏制"暴民骚乱"。若再以国民党军为假想敌,派遣大批陆军赴沪,不仅可能导致同国民党人不必要的对抗,而且势必激起中国人民更汹涌的反帝怒潮,使自己在上海以外地区的利益遭受更大损失①。第四,美、日皆已洞悉革命营垒内部的矛盾正在激化,将"维持秩序"的希望寄托在蒋介石和"温和派"身上,因而尽量避免采取使他们难于得势和妥协的行动②。

英国还请法国提供必要兵力,保卫上海法租界,并同上海英军合作,保卫共同利益。法国答以将在"中立"、"不干涉"原则下,采取适当措施保护法国利益,当危险来临时,将与英国及列强合作,但现在尚不必采取更多的预防措施,也不打算脱离列强,单独追随英国行动③。

列强虽然在出兵种类与数量、登陆时机、保护对象等问题上存在分歧,但武装保卫侵华权益和威慑革命力量的基本原则是一致的。尽管美军总司令威廉士宣称:仅奉命保护美侨,不负责保卫租界完整和抵抗国民党军可能对租界发动的进攻,但当2月下旬,国民党军逼近上海,工人阶级准备再次起义时,美军仍与英、日分工合作,在租界内负责镇压"骚乱",使英、日部队得以集中兵力守卫租界防线④。

帝国主义列强一面挥舞大棒,一面又频频摇动橄榄枝。1月17日,英政府内阁会议在批准派遣大军去上海的同时,决定"向国民党人

---

① *RDS*,NA,M329,893.00/8014,893.00/8021,893.00/8118,893.00/8151,893.00/8219;*FRUS*,1927,2,pp.59,61,66‐67;《币原致松井电》(1927年2月9日),《日本外务省档案》,S16154;《英国对华出兵经纬》,《日本外务省档案》,S16154;《最近中国关系诸问题摘要》,1927年第2卷,《日本外务省档案》,SP166.

② *RDS*,NA,M329,893.00/7981,893.00/8110,893.00/8184,893.00/8160,893.00/8166,893.00/8170,893.00/8182,893.00/8219;*FRUS*,1927,Vol.2,pp.56,60,61;《最近中国关系诸问题摘要》,《日本外务省档案》,SP166;《币原在枢密院的报告》(1927年2月2日),《日本外务省档案》,S16153。

③ *FO*,405,Vol.252,pp.123‐125,145‐147,234‐235,290.

④ *FRUS*,1927,Vol.2,pp.75‐79.

作出宽大让步"，以补救因出兵而带来的不利后果①。

1月27日、28日，英国政府分别向中国南北政府提出备忘录，表示准备作单方面的让步，对治外法权、租税、租界管理、教士购地等条约权利，进行七点具体修改②。一二月间，张伯伦和首相包尔温（S. Baldwin）等头面人物也在各种场合发表演说，宣称出兵上海只是为了保护英人生命财产和英国利益，此外没有其他目的。而且这也只是英国对华政策的一个方面，英国不改变"忍耐与和解的政策"，不放弃同国民政府谈判达成妥协的努力。张伯伦甚至扬言：准备帮助陈友仁先生和其他任何表示有意以政治家和解方式处理问题的中国当局③。

英国政府坚持实行"忍耐与和解"的政策，不仅是为了缓和国内、国外舆论对它大举出兵的强烈抨击，也不仅是为了平息中国各界的反英声浪，更主要的是为了继续贯彻其分化革命阵线，拉拢国民党温和派的战略意图。

英国政府此时已经获悉，去年10月，国民党中央和各省区及海外党部代表在广州举行联席会议，议决请汪精卫销假复职，从而表明了对蒋介石的不满④。但国民党中央在北迁前的最后一次会议上，却下令压制工会和纠察队的活动⑤。1926年末至1927年初，国民党温和派人物及其同情者不断向英方密报革命阵营内部的分歧⑥。英国驻华官员之间也广泛讨论了对国民党的政策问题。意见虽有不同，但主要倾向是，认为国民党的性质不同于共产党，它有自己的主义和社会基础，出于一定的目的而利用苏俄。国民党政权是中国未来的统治者，虽然

①　*FO*, 371, Vol. 12399, F749/2/10; Vol. 12449, F600/156/10; Vol. 12459, F472/472/10, F484/472/10.

②　*FO*, 405, Vol. 252, pp. 311‑313, 398‑400.

③　*FO*, 405, Vol. 252, pp. 129‑133, 176‑179, 220‑227, 234‑235.

④　*FO*, 405, Vol. 252A, pp. 624—625.

⑤　*FO*, 405, Vol. 252, p. 152.

⑥　*FO*, 405, Vol. 252A, pp. 134‑129, 156, 301‑307.

不能断定这一天到来时是右派还是左派掌权,但这两派间存在着斗争和分裂的可能性。一些对国民党了解较深的官员力主同国民党和解并给予适当鼓励,至少应同情和支持国民党右派,以此削弱共产党人的影响。同时应将武力作为不许其损害英人生命财产的最后武器①。

英国政府这时也关注蒋介石的动向,但情报不够灵通。2月上旬,外交部获悉蒋介石两个多月前发表的将要废除一切不平等条约的讲话,判断蒋"是一个极端的民族主义者,但不能忍受布尔什维克的控制"②。同月中旬,驻华公使在呈送外交部的《中国名人录》中,认为蒋"内心里不是共产主义者"③。3月4日,伦敦得到来自上海的机密情报:"蒋介石的公开演讲使他颇像一个极端共产派","但可以料想,他不得不说一些鲍罗廷及苏俄同伴硬塞给他的词句"。情报称蒋介石对汉口的局势厌恶极了,尤其憎恨工会"无法无天"的活动④。五天后,蓝普森进一步报告:蒋介石"现已显示出国民党温和派领袖的本色。看来他和他的朋友们终于走到挫败极端派及其俄国顾问的转折点"。蓝普森认为这是英国长期坚持分化政策产生的果实,所以应"尽我们的力量增强这些温和分子"⑤。但是,这一时期,英国政府基于过去从白利安和伍朝枢等处得到的情报,仍然不很信任蒋介石,继续将国民党武汉集团作为分化的重点⑥。汉浔租界协定签字后,台克满继续以英国公使代表的身份留驻武汉,以示对国民政府的重视⑦。

3月中旬,蒋介石集团进占上海前夕,曾派伍朝枢同英国领事馆秘

① *FO*,405,Vol.252A,pp.194-207,237-238.

② *FO*,405,Vol.252,pp.135,238-139,217.

③ *FO*,405,Vol.252,p.253.

④ *FO*,405,Vol.252,p.349.

⑤ *Lampson to Chamberlain*,Mar.9,1927. *FO*,800,Vol,260.

⑥ *FO*,405,Vol.252,pp.134-139,302;*FO*,371,Vol.12464,F597/580/10.

⑦ *FO*,405,Vol.253,pp.61-62.

密谈判,英官员旋即劝告上海报界,小心避免对蒋介石有任何批评①。同月 20 日前后,诺曼(Robert Norman)、柯亨等人也受蒋介石集团派遣,向英国驻广州总领事介绍蒋介石即将同共产党决裂的详情,探询"列强能否给蒋介石某种支持的保证",可是这份重要情报 4 月 30 日才到达唐宁街②。美国则在继续分化武汉政府的同时,积极和蒋介石集团发展关系。

英国提出《对华政策声明》后,美国不甘落后,也打算发表一项声明,表示愿在关税和法权等问题上让步,并准备在重开关税会议之前,便允许中国各地立即征收华盛顿条约规定的附加税③。武汉国民政府外长陈友仁得到消息后,于 12 月 29 日紧急约见美国总领事罗赫德,要求暂缓发表这项声明,武汉政府将于 48 小时内电告华盛顿一份重要宣言,坚决反对目前实行华约附税,因这等于向北洋军阀提供数百万美元的军费④。美国政府显然考虑了国民政府的要求,从声明稿中删去了有关文句。汉浔事件后,凯洛格国务卿赶紧于 1 月 27 日抛出这项对华政策声明,并特意补充了两点重要内容:美国准备单独与中国各方协议任命的共同代表谈判修约;美国海军驻华系履行保护美国公民生命财产的基本义务⑤。

1 月 23 日,美国驻福州领事普赖斯(Ernest B. Price)秘密会见了蒋介石的主要干将何应钦,探听虚实。何应钦为福州刚发生的反帝事件"由衷道歉",透露已处决了一批肇事者,撤换了一批共产派官员。普赖斯乘机以撤侨相要挟,怂恿何"通过赔偿过去,保障现在的具体行动,毫不含糊地表明国民党当局对美国人生命财产和合法权益的态度"⑥。

---

①　*RDS*,NA,M329,893.00/8405,8406.

②　*FO*,405,Vol.253,pp.113-115.

③　*FRUS*,1926,Vol.1,pp.130-940.

④　*FRUS*,1926,Vol.1,p.930;《广州武汉时期革命外交文献》,第 35—36 页。

⑤　《中美关系资料汇编》第 1 辑,世界知识出版社 1957 年版,第 472—475 页。

⑥　*RDS*,NA,N329,893.00/8148.

　　为免遭汉浔英租界同样的厄运,美国还力图实现上海租界"中立"方案。凯洛格原拟分别照会张作霖、张宗昌、孙传芳、陈友仁,请他们保证上海租界及附近地带为非军事区。恰在此时,传来消息:蒋介石已向美国驻沪领事馆建议,各方皆不派兵开入上海,以防发生中国内地美侨和传教士正面临的那些危险①。这正好符合美国的心意。原来,王正廷事先征得蒋的意见,于1月26日与美国驻沪代总领事高斯秘密会谈。双方愿今后经常保持联系,互通情报。王正廷告诉美方:国民政府的控制权并未落入极左派手中,国民党军也不是布尔什维克,可以不进驻上海地区,以免与外国军队发生冲突。他还透露,正在设法收买守卫上海的军阀,上海可能不战而易手,届时将成立一个委员会进行统治。必要时,用警察和某些"志愿人员"来"维持秩序"。王强调:"在这种情况下,最大的威胁来自工人和学生。"②通过这次密谈,王正廷向美国交了底。美国政府下令,将要求支持上海租界中立的正式照会改交蒋介石和张作霖二人,以示器重,而只将抄本送陈友仁等③。

　　2月6日,罗赫德向蒋介石委派的武汉行营参谋长朱绍良递交了这份照会,朱当场保证立即电告蒋介石④。不难看出,在提高党权运动高涨之际,美国当局这种违反外交常规的行动,从精神上、政治上鼓励并支持了蒋介石。

　　陈友仁接到照会抄本后,严厉谴责美国当局直接同蒋介石联系的做法"极不正当",是故意分裂国民政府外交,助长军事独裁⑤。国民政府拒绝支持上海租界中立,命令蒋介石制止王正廷的非法活动⑥。蒋

---

①　*FRUS*,1927,Vol,2,pp. 60 - 61.

②　*RDS*,NA,M329,893.00/8336,893.00/8564

③　*FRUS*,1927, Vol. 2, pp. 66 - 68.

④　*FRUS*,1927,Vol. 2,pp,68,70.

⑤　*FRUS*,1927,Vol. 2,pp. 70 - 71.

⑥　《汉口民国日报》,1927年2月11日。

借故推诿,拒不执行①。朱绍良经国民政府追查,不得不将美国照会呈送外交部,但旋于 2 月 7 日暗赴南昌,向蒋汇报②。鉴于国民政府已公开驳回美国的建议,蒋介石暂不便表态,但他的嫡系部队一开入上海,就宣布要严惩扰乱租界的"不法之徒",终于履行了先前的诺言。

　　蒋介石出于反共的政治需要,也急于同美国政府建立联系。2 月 15 日,蒋介石的亲信柯亨拜访美国驻广州总领事馆,向詹金斯诉说,蒋介石同鲍罗廷已严重不和,造成两人间"几乎是永久性的破裂","列强若想将俄国人赶出中国,他们现在就应与蒋将军建立明确的联系"。柯亨强调"蒋恨俄国人,只是因为苏维埃政府给他提供武器弹药,他才勉强与鲍罗廷合作",如果列强肯承担俄国人正在做的事情,"蒋将军将立即同鲍罗廷决裂,制止其反帝国主义、反资本主义的暴力活动"③。3 月初,蒋介石的美国朋友诺曼又向美国官方表示了同样的意向:"除非美国和其他列强能以某种方式重新确立国民党内温和分子的自信心,俄国在华势力将强大到可能多年无法消除的地步。"④

　　美国驻华代表迅速将蒋介石的这些信息转报华盛顿。马慕瑞公使等一再提醒美国政府,注意正在酝酿中的政变和武汉革命阵营内部存在的严重裂痕⑤。在这种形势下,美国政府谨慎而圆滑地处理同中国各派政治力量之间的关系。它既不放松对国民党武汉集团的分化拉拢,又特别注意支持蒋介石集团的利益,而这一切又都在"中立"、"不干涉"的外衣下,不露痕迹地进行。

　　3 月中旬,为进一步笼络武汉国民党人,美国政府拟仿英国先例,

---

　　①　蒋介石:《告黄埔同学书》(1927 年 3 月 12 日),黄埔军校政治部:《蒋校长最近之言论》,1927 年 5 月版,第 32 页。

　　②　《汉口民国日报》,1927 年 2 月 8 日、13 日。

　　③　RDS,NA,M329,893.00/8502.

　　④　RDS,NA,M329,,893.00/8360.

　　⑤　FRUS,1927,Vol. 2,p. 2;RDS,893.00/8312.893.00/8335,893.00/8342,893.00/8351,893.00/8360,893.00/8367,893.00/8411.

委派麦耶为"公使代表"常驻汉口。马慕瑞权衡利弊之后指出：此举会被看成美国"有意支持和鼓励激进派亲苏分子，反对温和派及几乎注定正要同集结于汉口的极端势力分道扬镳的民族主义者"。美国政府顿时省悟，欣然收回成命①。

与此同时，何应钦、伍朝枢等人正秘密同英、美等国驻沪领事馆联系，以求避免蒋军到上海后同列强发生冲突。至于怎样才能确实保障这一目标实现，高斯用外交辞令指出："相信随着国民党军到达上海，对国民党左右两派的真正考验也将来临。"②

除美国而外，1926 年冬至 1927 年春，日本政府同蒋介石集团的关系也有相当深入的进展。

日本政府根据前述各方面的情报和建议，决心利用革命阵营"内部萌发的暗斗"，继续"选派有志奔走者"进行分化活动，劝说蒋介石和以奉系为中心的北洋军阀妥协，实现"和平统一"③。一时间，日本政客、军官、浪人纷至沓来。1926 年 11 月，参议员藤村义朗和池田长康到南昌拜访蒋介石，劝蒋派人去日本政界游说。他们回东京后鼓吹：日本"当以平等之友谊对待南北两方及各有势力者"④。前首相清浦奎吾也于这年冬天到武汉窥探，公开主张日本"对于南方势力应予相当之考虑，本此意义，对华政策须大革新"⑤。众议员大内畅三则南北奔忙，于1927 年 1 月向国民党驻北京的代表李石曾提出中日妥协的六条纲领，并企图促使南北合流⑥。二三月间，日本最大在野党政友会的议员山

---

①　FRUS,1927,Vol.2,p.2;RDS,893.00/8408,893.00/8420.

②　FRUS,1927,Vol.2,p.2;RDS,893.00/8405,893.00/8406.

③　《矢田致币原电》(1927 年 1 月 9 日、10 日)，《日本外务省档案》，S16153。

④　《向导》第 180 期，第 1882 页；蒋永敬：《鲍罗廷与武汉政权》，台北传记文学出版社 1972 年版，第 91—92 页。

⑤　《向导》第 180 期，第 1882 页，1926 年 12 月 5 日出版。

⑥　《李大钊主持之北京政治分会报告书》，1927 年 1 月 25 日，《中华民国史档案资料汇编》第 4 辑，江苏古籍出版社 1986 年版，第 1028—1029 页。

本条太郎和森恪等人游历上海、南昌、汉口等地,遍访鲍罗廷、陈友仁、孙科、蒋介石和西山会议派,探查底细①。蒋介石向山本表示,要"坚决贯彻三民主义",希望"日本朝野人士对革命军的真意善加谅解和同情",并流露出期望日本援助之意②。

1月18日,外相币原喜重郎发表对华政策演说称:"南军向长江沿岸进军,高揭以政治及社会变革为目的的旗帜,使中国内战的性质为之一变。"他表示,日本"同情中国人民的合理愿望,协力助其实现",但是,他又同时表示,将尽力维护日本"正当且重要的权益"③。

蒋介石感到要抛弃同苏俄的联合,镇压中国共产党,就必须与日、英两国"首谋谅解",因而决计委托戴季陶赴日,为他作"转风试探"④。1926年底,蒋介石特邀与日本颇有瓜葛的换帖兄弟黄郛南来相助。黄郛和币原在华盛顿会议上相识,彼此对中日关系见解相投。在北京关税会议期间,黄又与币原的心腹佐分利贞男过从甚密,引为知己。当佐分利奉币原之命,于1926年末到长江流域考察时,黄郛充当了他同蒋介石联系的中间人⑤。

1927年1月,黄郛奉蒋介石派遣,到汉口进行经济和外交方面的活动。他向日本总领事高尾亨通报了蒋介石的反共真实意向,表示"对日本的方针十分谅解"。他还代表蒋介石向日本保证:"国民党军断不会对租界发难","目前只希望对租界组织实行改良(例如给中国人参政权等)便可满足,并打算采取缓进的、合理的、和平的手段实现这一目的"。他们甚至承认:"在发生汉口这样的不良事件的情况下,日本派陆

①　《时报》,1927年3月1日、2日、14日、16日。

②　《最近中国关系诸问题摘要》1927年第2卷,《日本外务省档案》,SP166。

③　《日本外交年表并主要文书(1840—1945)》下卷,第88—91页。

④　沈亦云:《亦云回忆》,台北传记文学出版社1980年版,第259页。

⑤　沈亦云:《亦云回忆》,台北传记文学出版社1980年版,第254页;《上海工人三次武装起义》,第313页。

战队上岸保护本国人是必要的。"①

　　日本军部势力也在积极设法破坏中国革命。陆相宇垣一成认为，中国如果赤化，日本将陷于困境。因此特于1926年底命令久留米步兵联队大队长铃木贞一前往游说蒋介石反共。铃木先到汉口找老朋友黄郛商量，黄立即通过蒋的总参议张群，安排铃木到九江同蒋介石会见。铃木转达了宇垣对蒋的希望："断绝和共产党的关系，搞纯粹的国民革命。"蒋介石当即保证："我打算用三民主义统一中国，请放心！我到南京就正式表明态度，你等着瞧吧！"②

　　日本海相财部彪的老相识、蒋介石留日时的老师小室静也于1月底来到庐山，探询蒋介石的立场。蒋再度保证："我们不欲以武力收回上海租界。""如果由于工人跋扈，造成国际关系危机时，我们可能采取紧急措施。"他告诉小室："我不知道俄国援助是出于对革命的理解，还是为了利用我们。"又称："苏俄不可能重现于中国。""如果日本正确评价我们的主义和斗争，我将乐于同日本携手。"③

　　蒋介石既同日本军部的势力联络，又同日本外务省接触。1月25日，他接见日本驻九江领事大和久义郎，说明自己奉行的外交方针是：尊重历来的条约，不采取非常手段和直接行动加以废除；一定负责偿还外债；充分保护外国企业。他通知日本外交当局：将派戴季陶为代表，去澄清"革命军的真相"。他表示相信："通过各种了解，日中亲谊毫无疑问。"④从1927年2月14日至3月31日，戴季陶受蒋重托，在日本到处宣讲国民革命的"真义"。2月26日，他拜访了日本外务次官出渊

---

　　①　《亦云回忆》，第259页；《币原大臣在枢密院关于中国时局报告纲要》（1927年2月2日）；《高尾致币原电》（1927年1月2日），《日本外务省档案》，S16154。

　　②　土肥原贤二刊行会编：《土肥原秘录》中译本，中华书局1980年11月版，第9页。

　　③　*FO*, 405, Vol. 252, pp. 431 - 433.

　　④　《最近中国关系诸问题摘要》，第2卷。《日本外务省档案》，SP166。

胜次①。

2月中旬,币原的特使佐分利回到东京,他断定蒋介石是温和派。币原以前曾认为蒋介石是"理论上的极端派,实际上的温和派"。听取佐分利的汇报后,他将这一看法作了少许修正。3月1日,币原告诉英国大使,他现在认为蒋介石是温和派,如果共产党人做得过火,这位寡言的将军将进行干预②。

以上大量事实表明,列强此时都已不同程度地获悉革命阵营内部矛盾激化和蒋介石可能采取反共行动的情报,因而在武装保卫重要侵华权益和威慑革命力量的同时,力争从内部攻破革命营垒。它们各以不同的手段和途径来拉拢软化国民党上层势力,分裂国共统一战线。

这时发生的南京事件,成为列强与蒋介石等进一步结合,破坏革命的契机。

三　南京事件与汉口"四三"惨案

1927年3月24日,南京发生排外抢劫。停泊在下关江面上的英、美军舰以此为借口,违反国际公法,悍然炮轰南京,制造侵略暴行,使中国军民生命财产遭受严重损失。事件经过如下:

3月23日,中央军江右军攻抵南京,直鲁联军战败后退入城内,大肆劫掠,然后逃往下关,争抢渡江工具,未能渡江的溃兵当晚又折回城内抢劫。不过,此时除两名在街上走动的外侨及两所外侨已撤走的空房之外,各国领事馆及其他侨民住宅并未遭抢③。24日凌晨,江右军各部开始入城。他们沿途鸣枪搜索,认真清查了英、美、日领事馆附近

---

① 　*RDS*,NA,M329,893.00/8541.

② 　*FO*,405,Vol.252,pp.436-437;Vol.253,pp.77-78.

③ 　《上海民国日报》,1927年3月25日;《国民革命军宁垣特派员章杰关于南京浦口一带秘密工作情况敬告民众书》,《国民政府档案》(1)5714,中国第二历史档案馆藏;*FO*,405,Vol,253,p.32.

的街区，并曾进馆询问有无战犯藏匿。至 7 时许，江右军所属第二、六、四十军主力部队未经激烈巷战，便顺利占领了全城及下关①。此后不久，忽然发生大规模的排外抢劫，从上午 8 时延续到下午 5 时，城内各处外国领事馆、侨民住宅及外国教堂、商店、学校等都遭抢劫，下关趸船上的外侨也被抢②。据江右军将领和某些人士报告，抢劫者为残留城内的直鲁溃兵和地痞流氓，并疑有反动分子煽动③。可是各国驻南京领事馆人员和绝大多数外侨却从抢劫者的口音、军服和抢劫发生的时间、规模等方面判断，抢劫者是湘、粤、赣籍国民党军士兵及下级军官④。据中国记者事后前往调查，主要肇事者是江右军各部违纪乱兵⑤。

当 23 日晚直鲁溃兵劫掠时，即有外侨见到许多有组织的工人到各处去制止骚扰⑥。24 日排外抢劫发生后，江右军第二军第六师党代表、共产党人萧劲光曾赶到日本领事馆，逐退正在抢劫的乱兵，布置卫士保护领馆，又贴出布告："外侨住所，不准入内，如有侵犯，立予枪决。"⑦某政治部接到美国领事馆求助的消息，也立即派多名政工人员，持书面命令前往美孚油行，竭力劝阻正在抢劫的违纪乱兵，但他们的力量不足以控制局势，自己反遭乱兵洗劫⑧。

----

① 　*FRUS*，1927，Vol. 2，p. 153；《时报》，1927 年 3 月 29 日；《矢田致币原函》，1927 年 4 月 5 日，《日本外务省档案》，PVM26。

② 　《申报》，1927 年 3 月 26 日；*FRUS*，1927，Vol. 2，pp. 146 - 165；《日本外务省档案》，PVM26。

③ 　罗家伦主编：《革命文献》第 14 辑，台北正中书局 1956 年版，第 602—606 页。

④ 　*RDS*，NA，M329，893. 00N/121；H. G. W. Woodhead，*China Year Book*，1928，pp. 723 - 726.

⑤ 　《国闻周报》第 4 卷第 22 期。

⑥ 　《时事新报》，1927 年 7 月 27 日；《上海民国日报》，1927 年 3 月 29 日、4 月 29 日。

⑦ 　《矢田致币原函》，1927 年 4 月 5 日，《日本外务省档案》，PVM26。

⑧ 　*FRUS*，1927，Vol. 2，p. 156.

英、美、日驻南京海军当局早有应付"排外骚乱"的合作方案,3月7日又制订了《南京联合警备计划》,相约"彼此协力进行部署"。他们估计可能发生以下几种情况:北军败退时,会有危及外人生命财产的掠夺;南京变成战场;南军占领南京后,鼓动"排外热"。因此他们计划逐步撤侨,在军舰和领事馆之间设立视觉通信装置,组织登陆分队,必要时联合行动,夺门入城,掩护外交人员和侨民撤出①。

各国驻南京的海军官兵共267人,有英舰绿宝石(Emerald)号,美舰诺亚(Noa)号,普雷斯顿(Preston)号,日舰榛、桃、桧、滨风等。3月21日战事迫近南京后,英、美、日皆派出小股陆战队携枪弹、电台等潜入城中,到领事馆等处进行戒备②。可是,24日发生的排外抢劫之大,完全出于他们的意料。他们更没想到,江右军主力入城后有许多军人参加抢劫。他们认为,在此情况下派兵冲城,将导致同中国正规军队开战,由于兵力悬殊,因而未敢实行原计划。下午3时许,英、美军舰按照逃到美孚油行所在小山上的美国领事戴维斯(John K. Davis)的信号,炮轰南京③。江右军总指挥程潜一面采取措施制止抢劫,一面托红卍字会代表同英、美军舰联络,请其停止炮击。英、美军舰开炮一个多小时后停射,抢劫风潮至下午5时基本上平息。据各方调查,中国军民在外舰炮击下死39(一说36)人,伤数十人,房屋财产被轰毁十几处④。在抢劫风潮中,英国死2人,日、美、法、意各死1人,英、日各受伤2人,

---

① 《矢田致币原电》,1927年4月6日;《南京事件始末》,(日期缺)《日本外务省档案》,PVM26;B. D. Cole, *Gunboats and Marines, the United States Navy in China, 1925 - 1928*, Associated University Press, 1983, pp. 93 - 94.

② 《矢田致币原电》,1927年4月6日;《南京事件始末》,(日期缺)《日本外务省档案》,PVM26;B. D. Cole, *Gunboats and Marines, the United States Navy in China, 1925 - 1928*, pp. 93 - 94.

③ 《矢田致币原电》,1927年4月6日;《南京事件始末》,(日期缺)《日本外务省档案》;*FRUS*, 1927, Vol. 2, pp. 153 - 159.

④ 《革命文献》第14辑,第606—607,612—615页;《南京市总工会关于南京事件的调查报告》,1927年4月,南京市档案馆藏。

美伤3人，财产损失无算，另有一英水兵在炮轰南京时被还击的江右军击毙①。

日本政府虽然也有在"必要场合"以武力护侨的政策，但南京日侨普遍害怕从前武装干涉苏俄时发生的尼港事件重演，再三泣请日本领事和海军长官不要开炮，避免城内的日本人全部遇难。日本现地官员接受了这个请求②。然而十天之后，日本水兵却在国民革命的中心武汉大打出手，制造了又一起杀害中国人民的血案。

自中国人民占领汉口英租界后，日本政府便担心汉口日租界遭到同样命运。1月14日，内阁会议通过《关于汉口帝国租界的文件》，决定不放弃汉口租界，并制定了具体的对策③。

经武汉政府调查，"四三"惨案经过如下：

　　据住居日租界市民等金称：日人自本政府收回英租界后，对于我国民众时有挑衅之事。当惨案发生前三数日内，侨汉日人稍有重资之家及妇孺等辈，均搬入军舰，似早已有所准备。适4月3日午后4时半，车夫刘丙戌即刘炳喜，引空车至日租界燮昌小路，突有日水兵两名硬欲共乘其车。丙戌以违背警章不允，该水兵一人将其车踢翻，一人即抽刺刀猛刺其胸倒地，血流如注，顿时晕绝。群众见状，义愤难遏，大呼日兵杀人，集者渐众。除凶手中之一人由租界副巡捕长姜柄瀛、12号巡捕徐利常扭送入警署，交副署长小川要之助看管外，余一凶手逃往日本小学校内潜匿，由日警署部长鹭山赶入，未知如何下落。当时因日水兵陆续赶到，形势汹涌，群众冒死徒手擒获日水兵6名，并嫌疑者4名，其余日人分赴日领署及军舰报告，日水兵蜂涌登岸，从大新街、新新街及江岸各口均布

---

①　《日本外务省档案》，PVM26；FO，405，Vol. 253，pp，20‐21；《时报》，1927年3月30日、4月6日。

②　币原喜重郎：《外交五十年》，东京原书房1975年版，第108—109页；《矢田致币原函》，1927年4月5日，《日本外务省档案》，PVM26。

③　见本节第二目。

满,初放步枪,继放机关枪,群众闻枪奔避。该日兵等越界追杀,其日界侨商军警,凡有手枪、猎枪者,亦争先出门射击。故被杀之地,不只一处,枪声亦至6时半始息。兹以死伤地点论,如刘丙戌系在燮昌小路被杀;熊四元、刘亨惠之身死,陈海子之中枪,均在同仁医院侧;张泽文、李寿堂及不知姓名之一人等身死,均在本愿寺侧;杨海清、江心海之身死,在大正街;王秋生中枪,在华界三元里茶馆内;刘志元即刘之元、周勇伢、杨文藻等中枪,均在华界铁路孔。地点不一,相距甚远,而三元里、铁路孔均在日租界范围以外。该日人如非故意挑衅,蔑视中国国权,何至越境杀人?对于徒手民众,何故开枪射击?时间何以许久?此皆证明其确非登岸时误会者可比①。

据此项调查统计,日本人在"四三"事件中,打死中国民众9人,打伤8人。死伤者年龄在17岁至42岁之间,均为男性。

四 列强对蒋介石的诱迫

上海工人第三次武装起义和南京事件相继发生后,英、日、美、法、意等国政府更为恐慌,分别训令驻华南各地的领事馆,进一步"劝告"本国侨民,迅速全面地撤出国民政府辖区。同时,它们加紧向上海等地增调大批援兵和军舰,保卫租界,威胁革命。据当时调查,至3月下旬为止,列强在上海已集中重兵约二万人,军舰近六十艘②。3月21日,上海公共租界和法租界当局宣布戒严,将全部"防卫计划"付诸实施。同时,列强仍在力争从内部攻破革命营垒,以各种方式诱迫蒋介石和其他国民党"温和派"动手反共。

---

① 《汉口"四三"惨案调查委员陈廷璧(司法部)、张善孚(总工会)、谢冠生(外交部)调查报告》,原件,1927年4月12日,转引自蒋永敬:《鲍罗廷与武汉政权》,第141—142页。

② 育干:《列强驻华海军之现势》,《东方杂志》第24卷第6号。

蒋介石等也加快了和帝国主义结合,发动政变的步伐。3 月 22 日,东路军前敌总指挥白崇禧一到上海,就派人会见美国总领事高斯,邀请他于次日来访,但高斯却不肯与白见面,他请来人转告说:"武装的工人、煽动家和学生正在实行恐怖统治,中国当局却没有采取措施恢复秩序和控制局势的任何迹象。"他要求白崇禧"毫不拖延地行动",声称"一旦形势变为和缓,法律与秩序得到维护,我很乐于有机会会见白将军"①。次日上午,英、日、法等国领事在上海总商会长陪同下访问白崇禧,法国总领事弦外有音地问:商会业已开市,"惟罢工不知究于何日始能恢复原状?"白崇禧答:"余意明日当可复工。"各国领事听后,"均露满意之色"②。

白崇禧到上海前,便已发出布告,声言要严惩"假借名义、藉端煽动"的"不法之徒"。他要上海工人阶级"认清楚时势和环境","在这军事时期,第一是不要破坏秩序,妨碍军事进行"③。得知高斯等人的意图后,白崇禧便命令罢工工人复工,并开始收缴部分工人的武装④。

3 月 24 日上午,日本驻沪总领事矢田七太郎一接到南京出事的消息,即警告前来回访的白崇禧:"希望该事件不要波及本埠,阁下应以全力维持目前的秩序。"白崇禧连称:"一定维持上海治安。"⑤当晚 9 时,正在芜湖的蒋介石派代表向当地日本代理领事藤村表示:关于南京事件善后问题,蒋亲自负完全责任,请转告英、美当局停止炮击。藤村立即将此事转报矢田和日本驻沪海军司令。11 时,蒋听说有南京日本领事馆人员在芜湖,又派人重申上述意向,许诺将亲赴南京解决这一事件⑥。次日凌晨,正在南京的美国长江分舰队司令豪夫(Henry H. Hough)也收到蒋介石的口信,称蒋将赶到南京,负责控制局势,保

①　*RDS*,*NA*,*M*329,893.00/8722.

②　上海《民国日报》,1927 年 3 月 24 日。

③　上海《民国日报》,1927 年 3 月 22 日。

④　*FO*,405,Vol.253,p.434.

⑤　《矢田致币原电》(1927 年 3 月 25 日收),《日本外务省档案》,PVM26。

⑥　《藤村致币原电》(1927 年 3 月 25 日),《日本外务省档案》,PVM26。

护一切外国人的生命财产安全。于是,英、日、美驻华海军总司令一致决定:"尽可能避免采取进一步的激烈行动,直至蒋介石将军有机会履行他为所有外国人提供充分保护的诺言。"①

3月25日中午,蒋介石乘舰抵达南京。他没有登岸,只在舰上接见了江右军总指挥程潜等将领,令其追查南京抢劫的责任②。下午2时许,程潜派第十七师师长杨杰,陪同前来交涉的日本第二十四驱逐舰队司令吉田,到日本领事馆视察实况。杨杰竟对日本领事说:"此次事件诚为遗憾,但这决不是党军干部的意思,而是军队内部一部分不良分子与共产党南京支部成员串通谋划和组织进行的","已下令解散南京党支部,并以诚意交涉善后措施。"③这番毫无根据的诬词,为帝国主义与蒋介石集团合谋反共提供了借口④。

3月26日下午,蒋介石乘舰抵达上海,旋即住进上海交涉公署。法国租界当局马上派黄金荣等人与蒋联系,并与公共租界当局一起给蒋颁发了"特别通行证",准其自由穿行租界⑤。

美国政府在蒋介石到沪的前一天接悉两项重要情报:一、柯亨再次拜访美国驻广州总领事,解释蒋介石与汉口激进派的妥协只是权宜之计。蒋急于知道,若与鲍罗廷决裂,可从列强方面得到什么支持。柯亨促请美国政府"看清时局真相"⑥。二、白崇禧将要袭击被民众武装占

① FRUS,1927,Vol.2,p.147.

② 《时报》,1927年3月27日;上海《民国日报》1927年4月1日。

③ 《森冈致币原电》(1927年3月25日);《矢田致币原函》(1927年4月5日),《日本外务省档案》,PVM26。

④ 关于杨杰这时候的政治态度,参见中共中央档案馆编:《北伐战争(资料选辑)》,中央党校出版社1981年版,第16页;欧振华:《北伐行军日记》,光东印书局1931年6月印行,第113—115页;李世璋:《回忆国民革命军第六军和福建事变的情况》,《党史研究资料》(中国革命博物馆编)1981年第12期;吴岳泰:《国民革命军第六军参加北伐及其被解体的经过》,《广东文史资料》第31辑。

⑤ 《时报》1927年3月27日;RDS,NA,M329,893.00/8906.

⑥ RDS,NA,M329,893.00/8427.

领的警察署,但他并没有流露将采取强硬而严厉的措施的迹象①。3月26日,美国国务院获悉蒋介石关于南京事件的口信,随即又收到驻福州总领事的报告:"控制军事部门的温和派与控制政治部门的激进派之间的分裂是不可避免的。""这种分裂已在蒋介石和鲍罗廷之间发生了。"报告以大量事例证实,已开入上海的蒋系东路军是一支反共并能认真保护外国利益的军队。国务院对于在关键时刻收到的这份报告极为欣赏,赞扬它"有特殊的帮助","好极了"②。于是,美国继续以圆滑的伎俩,"假他人之手进行干涉"。

3月26日,上海领袖领事奥尔(N. Aall)受美国亚洲舰队总司令威廉士之托,往见白崇禧,以有"工人纠察队将袭击租界"的流言为由,要求白制止可能危害租界安全的行动。白当即保证:"国民党军无论如何无意进攻租界","已下令严禁任何人携械或送枪进入租界"。他还通过奥尔宣告:"极愿尽力维持秩序,且有办法做到这一点",他对国民党和工会"负完全责任"③。

这时,美国舆论主张除保护美侨生命财产外,不宜采取将会导致战争的强硬措施。美国总统柯立芝于3月26日表示,目前再向中国增兵没有什么好处④。3月29日,他又宣称,中国迄未发生对美国人有组织的军事进攻,但时而发生零散袭击,这绝非出于任何"郑重当局"的唆使,纯系"暴徒"所为⑤。

同日,日本外相币原命矢田设法劝告蒋介石:日本朝野对南京抢劫均感意外,同情南军的日本舆论已有发生巨变之兆,英、美两国也说不

---

①　*RDS*,NA,M329,893. 00/8430.

②　*RDS*,NA,M329,893. 00/8444.

③　《矢田致田中电》(1927年4月27日),《日本外务省档案》,S16152;《时报》,1927年3月27日。

④　Dorothy Borg,*American Policy and the Chinese Revolution*,*1925 - 1928*,New York,p. 318.

⑤　*FRUS*,1927,Vol. 2,p. 97.

定将采取"非常手段",事态颇为严重。蒋应尽早处理此事,自动实行令各国满足的解决①。矢田当夜即与黄郛联系,次日会面时向黄转达了币原的劝告。黄郛告诉矢田:蒋介石急来上海,就是为了承担南京事件的交涉,同时决心集中全力维持上海的秩序②。黄郛与蒋商讨后,又于27日晚上答复矢田:蒋已接受忠告,28日即派代理交涉员到各"被害国"领馆道歉,一俟查清事件真相后,便负责进行处罚和赔偿③。

币原3月27日获悉杨杰的诬告后,决心进一步利用"宁案交涉"来促使蒋介石镇压革命。3月28日,他训令驻北京公使芳泽谦吉,命他与各国公使商量条件,协调推进有利的共同交涉④。当天下午,币原又向美国驻日本大使通报:"南京暴行是广东派中企图使蒋介石丧失信誉的激进派造成的","日本已提醒蒋介石,他和广州政府的前途有赖于维护秩序,镇压暴乱。如果维持不住秩序,便意味着蒋介石和广州政府完蛋。"他表示相信,"蒋介石既愿意也能够维持秩序","目前任何强国采取压制手段都是错误的,因为这只会帮助蒋介石的敌人,并使广东派中的激进派能够取得广州政府和军队的控制权。"⑤

与美、日不大一样的是,英国力图以武汉作为交涉重点。3月24日晚,台克满接到南京急电后,立即会见陈友仁,要求国民政府马上采取一切措施,保障南京外国人的安全,并在汉口提供保护,维持秩序。次日,他再访陈友仁,威胁称:若不尽最大努力保障南京外侨撤出,英国将再次开炮;如果英国对国民政府维持汉口秩序的保证感到怀疑,将自行采取措施⑥。驻北京的蓝普森于28日拜会日、美公使,磋商解决宁案办法。蓝普森称:陈友仁听到台克满转述的南京事件消息时,"表现

① 《币原致矢田电》(1927年3月26日),《日本外务省档案》,PVM 27。
② 《矢田致币原电》(1927年3月27日),《日本外务省档案》,PVM 27。
③ 《矢田致币原电》(1927年3月28日),《日本外务省档案》,PVM 27。
④ 《币原致芳泽电》(1927年3月28日),《日本外务省档案》,S16153。
⑤ *FRUS*,1927,Vol.2,p.164.
⑥ *FO*,405,V01.253,pp.290-291.

出真诚的不安和震惊",尽管他不相信这是南军所为,但答应调查,并承担政府应负的责任。他建议,关系列强派代表同武汉政府联合调查,以便"给国民政府一个表示诚意的机会"。日使芳泽反对同武汉政府交涉。他转述了杨杰的诬告和矢田对蒋的工作,认为"可以期望蒋介石方面对于惩办肇事者采取令人满意得多的迅速行动"。三国公使商定,向蒋介石提出通牒,随后又将法国和意大利公使拉入行列。通牒草案要求蒋惩办肇事者、赔偿损失、书面道歉并保证制止"一切形式的暴行和骚乱",还拟定由各国总领事通知蒋介石:列强将限定时间;逾期不办,列强将保留"采取自认为适当的措施"的权利。对此,蓝普森主张写明期限是几天,美、日公使都认为留有余地为好。但他们一致认为:"各关系国政府应下狠心贯彻这些要求。"①

美、日政府都赞成借"宁案交涉"之机,要求蒋介石迅速处理局势,但它们又都不愿意逼得太紧,所以反对通牒草案中有关限定时间的提法②。英政府决策层意见不一,有人力主制裁,也有人主张适当照顾蒋介石的特殊处境,避免危害他反布尔什维克的斗争。前者的意见略占上风。英内阁通过了上述通牒草案,决定如得不到满意答复,就实行制裁。具体措施包括封锁长江和广州,禁止汉口、南京的铁路渡口通行,扣押国民党军舰等③。法国倾向于美、日,意大利追随英国,于是,列强间进一步磋商。

3月28日夜,黄郛密访矢田,诉说上海的"共产派"工人、学生已夺得武器和粮食,如果蒋介石目前发表为南京事件"惩凶"和赔偿的声明,

　　① 　FRUS,1927,Vol.2,pp.165-166;《芳泽致币原电》(1927年3月28日、29日),《南京事件善后交涉纲要》(1927年3月31日),《日本外务省档案》,PVM27。

　　② 　FRUS,1927,Vol.2,P170。

　　③ 　F.O.371,Vol.1240 3,F2939/2/10,F2990/2/10;Vol.12454,F2938/156/10,F3085/156/10;Vol,12476,F2974/1530/10,F3006/1536/10,F3043/1530/10,F3085/1530/10,F3130/1530/10,F2938/1530/10。

就会给他们一个发动反蒋暴动的良好口实，希望列强谅解蒋介石的"苦衷"①。30日上午，矢田到上海交涉署与蒋秘密会谈。矢田称："今日实为千钧一发的重大关头，弥漫着某些细小事端都可以引起重大事件的危险性。"他要求蒋"深刻考虑"上海的"治安问题"。蒋介石回答："业已谅察尊意，一定严加取缔。"②

30日晚，币原训令芳泽公使：日本政府同意和英、美、法、意联合向蒋介石发出"宁案通牒"，迫其接受四项条件，但应删除有关限期照办的措辞。训令称：蒋介石目前正处于困境，列强若持强硬态度，正迎合了武汉共产派的倒蒋计谋。"最佳方案莫如通过中国人之手维持中国治安"，让蒋介石等"健全分子"有施展身手的机会③。

实际上，日本当局对蒋介石反共的决心与能力并不完全信赖。驻华武官本庄繁认为：日本固然希望蒋介石与张作霖携手，镇压共产党，"但从时局对帝国的重要性着想，不应依赖这种不确实的事"。他建议日本立即采取"积极自卫政策"，派陆军进驻中国各枢要地点，派海军夺取扬子江上的制航权④。币原本人也认为："蒋氏对于取缔共产派的跋扈缺乏决心，惧怕内部和外部的压力"，"不了解我方的苦心"。共产派搞垮蒋介石的意图现已甚为明白，上海和其他地方都有同南京事件类似的"阴谋计划"。"现已到了决定国民军自身和蒋介石及其一派命运的重大关头"。"蒋今欲取得内外普遍信赖，只有成功平定时局之大业。"3月31日，币原命矢田向蒋转达这些意见，促蒋"深刻反省与决意"⑤。

　　与此同时,日本政府还做好了与各国共同实行武力镇压的另一手准备。外务省与海军达成协议;决定分三期进行战争准备:第一期,暂不提出限时通牒,争取时间从汉口上游撤侨;第二期,提出限时通牒,同时从长江中下游和广东、福建撤侨;第三期,限期一过,便与列强联合行动,占领上海、汉口等地。海军方面特别提出:鉴于长江上游水量至4月中旬才能通行炮舰,所以采取强硬行动前,绝对需要两三周的余地,完全同意删除通牒中的时限①。

　　4月1日夜,矢田向黄郛传达了币原3月31日训令的精神,黄称明晨即转告蒋介石。他解释说:"蒋之诚意不必怀疑,唯其实行能力尚可疑虑。"蒋目前需要断然处理的紧急事务为:紧急解决南京事件;解除上海工人武装。但是蒋"唯忧虑汉口共产派",希望列强将关于南京事件的第一次正式抗议也向国民政府外交部长陈友仁提出,并向汉口集结军舰,加以威压。共产派正在对英、美炮击南京作夸大宣传,给蒋加上帝国主义走狗的恶名,蒋必须考虑以什么方法解决,才不至于给他们提供有利的攻击口实。黄郛透露,蒋介石"特别注意解决工人武装的时机和方法"②。经过这番推心置腹的恳谈,币原充分了解到蒋介石的策略考虑,一切疑惑都消失了。4月2日,币原令芳泽劝说英、美公使,将通牒提出的时间推延数日,以等待蒋介石方面采取行动③。英、美公使虽感到遗憾,但还是同意了④。

　　同日,英国驻日大使奉命与币原磋商"宁案通牒"和制裁问题。币原称:日领矢田正在劝说蒋介石自动声明,承认惩凶、赔偿、道歉、保障等四项解决条件。如果这时列强提出最后通牒式的强硬抗议,蒋就只有或屈从或拒绝这两条路可走。如果屈从,便完全破坏了蒋的立场,将

---

　　①　《木村亚洲局长与海军军务局长的协定》(1927年3月31日),《日本外务省档案》,PVM27。

　　②　《矢田致币原电》(1927年4月2日),《日本外务省档案》,PVM27。

　　③　《币原致芳泽电》(1927年4月2日),《日本外务省档案》,PVM27。

　　④　《芳泽致币原电》(1927年4月4日),《日本外务省档案》,PVM27。

使他被逐出国民党。因此蒋势必拒绝列强的强硬抗议,而列强却没有
任何有效的制裁手段。何况实行武力制裁只能摧垮国民政府及其军
队,不能使共产派和"暴民"屈服,不如用"和平"的方法,通过蒋介石去
收拾时局。英大使询问,列强可否给蒋介石等稳健分子提供物质支援。
币原认为,那样就太露骨了,蒋会因此被斥为"卖国奴"而引火烧身①。
三天后,币原又将这番谈话的要旨转告美国驻日大使②。

就在4月2日夜间,黄郛通知矢田:"蒋已下定决心整肃国民政府
内部,刻下正召集将领仔细商议","一俟准备就绪,即当断然实行,其时
间当在四五天以内。"黄郛还透露,蒋介石的大致计划是:由在上海的国
民党中央执委和监委对武汉派发难,公开排斥共产党。而在这之前,
"第一件事是解除工人武装"。在整肃共产党之后,便着手解决南京事
件。蒋打算仿效土耳其的凯末尔,驱逐鲍罗廷。并称:今后希望日本援
助云云③。

日本政府得知上述信息后,决定不再催促蒋介石发表接受列强宁
案四条件的声明。同时,币原同意英国的意见,下令将"宁案通牒"也向
武汉国民政府提出,以施加"重大压力"④。4月3日,日本水兵在汉口
借端寻衅,疯狂杀害中国民众。日本当局先后调集十余艘军舰到武汉
示威,扬言"要不惜一切代价保卫租界"⑤。

美国驻华官员提出了许多制裁方案⑥。马慕瑞力主向京津地区和
上海大举增兵,准备封锁华南一切港口⑦。威廉士提议,必要时以炮轰

---

① 《英国大使就南京事件访问币原外相文件》(1927年4月2日),《日本外务
省档案》,PVM27;*FO*,405,Vol. 253,pp. 165 - 166.

② *FRUS*,1927,Vol. 2,pp. 183 - 184.

③ 《矢田致币原电》(1927年4月3日),《日本外务省档案》,PVM27。

④ 《币原致芳泽电》(1927年4月4日、4月6日),《日本外务省档案》,PVM27。

⑤ *FRUS*,1927,Vol. 2,pp. 277 - 278,283.

⑥ *FRUS*,1927,Vol. 2,pp. 90 - 94,97,167;*RDS*,NA,M329,393. 11/506,
893. 00/8481,893. 00/8547,893. 00/8601,893. 00/8722.

⑦ *FRUS*,1927,Vol. 2,pp. 95 - 96,99 - 100,104 - 105,167.

江阴要塞和南京军事要地为报复手段①。4月初,美陆军参谋长萨莫拉(CPSummerall)在专备应付中国"紧急事件"的《黄色方案》基础上,拟定了依次从菲律宾、夏威夷、旧金山派遣大批陆军驰援上海和天津的计划。但他不主张立即实行,认为"我国目前在中国带头增加外国军队,尤为不智"②。美国政府同意这一看法,认为"花费如此巨大的人力、财力,实不值当",遂令马慕瑞在必要时撤出外交人员和侨民③。

美国政府只想用通牒的方式来敦促蒋介石迅速行动,而不愿实行武力制裁。4月2日,凯洛格接连训令马慕瑞,同各国一道向蒋介石和陈友仁分别提出不带时间限制的通牒,要求他们迅速解决南京事件所造成的局面,同时通知蒋介石:"如果他不能令人满意地表明,他打算迅速答应这些条件,关系列强将不得不采取自认为必要的措施。"训令强调:"本政府不希望该通牒含有最后通牒式的限定时间的措辞","美国政府对于实施何种制裁,将保留意见"。凯洛格随即向马慕瑞和英、日等国说明,上述保留意味着美国不承担实行制裁的义务,甚至不准备讨论制裁问题④。

英国政府在美、日政府同意以武汉政府为"宁案通牒"的主要对象后,试图继续说服美、日,在原则上赞成通牒要求被拒绝时,就实行武力制裁。4月3日,英国纠集列强驻华海军最高司令官在美舰匹茨堡号上开会,讨论制裁问题。由于美、日将领事先没有取得政府的授权,这次会议没有达成协议。英、美、法海军将领先后提出的制裁措施有:炮轰吴淞炮台、江阴炮台、汉口兵工厂和其他某些军事要地,扣押南军舰艇和中国商船,封锁长江,没收上海关税收入。到会的日本海军将领表

---

① *FRUS*,1927,Vol. 2,p. 167.
② *FRUS*,1927,Vol. 2,pp. 102 - 103.
③ *FRUS*,1927,Vol. 2,pp. 107 - 108,171.
④ *FRUS*,1927,Vol. 2,pp,175 - 177,181 - 183.

示保留意见。美、日政府都没有批准上述方案①。

英国政府不甘心放弃制裁，但也不愿伤害蒋介石。4月5日，又向美国表示："有理由相信蒋介石正在努力组织与国民政府内部的极端派相对立的温和派核心，这个核心将会成为中国未来的希望。目前不适当地使蒋介石受辱是违背列强利益的。"所以英国力主向武汉政府提出正式通牒，而将抄本交蒋。但是，"万一国民政府最终拒不满足要求，列强原则上赞成实行制裁，根据此种理解，英国政府同意省略前方案（即通牒草案）B款中的时间限制"②。凯洛格立即电训马慕瑞：英、美政府间根本不存在上述谅解，"美国政府不承担实施制裁的义务，也不准备讨论制裁问题，对此不容有丝毫含糊"③。

在美、日政府的共同抵制下，英国虽不愿放弃必要时实行武力制裁的主张，但更不愿联合阵线发生破裂，于是不再坚持原议。4月7日，英、日、美、法、意五国驻华公使达成协议，联合向武汉国民政府和蒋介石分别提出不带时限的通牒，要求迅速解决南京事件所造成的局势④。9日，五国公使训令各自驻汉口和上海的总领事，务于4月11日向武汉政府和蒋介石分送"宁案通牒"，同时发表由美国公使马慕瑞起草的一项声明，宣称列强关于南京事件的各种要求是针对"中外之一种势力"而发⑤。

武汉政府外长陈友仁拒收联名通牒。五国总领事于4月11日分别向陈友仁递交了同文通牒⑥。蒋介石的代表白崇禧在上海不仅接收

---

① 《南京事件交涉经过概要》(1927年4月18日)，《日本外务省档案》(缩微)，PVM27；*RDS*，NA，M329，893.00/65.

② *FRUS*，1927，Vol.2，p.180.

③ *FRUS*，1927，Vol.2，pp.181-183.

④ *FRUS*，1927，Vol.2，p,185；《芳泽致币原电》(1927年4月7日)，《日本外务省档案》，PVM27。

⑤ 《南京事件交涉经过概要》(1927年4月8日)，《日本外务省档案》，PVM27。

⑥ 《中国国民党中央执行委员会政治委员会第十一次会议速记录》，《中国国民党第一、二次全国代表大会会议史料》，第1042—1043页。

了五国联名通牒的抄本,而且通过郭泰祺向日领矢田保证:"上海时局可望顷刻之间彻底安定。"①

果然,通牒送交后不到十小时,蒋介石集团就发动了政变。

第六节 蒋介石发动政变与建立南京国民政府

一 赣州惨案与南昌、九江、安庆事件

由于迁都之争,武汉国民党和蒋介石之间形成对立;恢复党权运动使这种对立进一步尖锐化。武汉左派们企图以群众大会、通电宣言、决议等约束蒋介石,而蒋介石则以暴力相回答。3月6日,新编第一师师长倪弼下令枪杀赣州总工会委员长陈赞贤,成为蒋介石开始镇压革命力量的讯号。

陈赞贤,江西南康人。1896年生②。辛亥革命后考入江西陆军讲武堂学习。曾参加"二次革命"、五四运动和孙中山领导的北伐军队。1926年初加入中国共产党。历任广东南雄总工会委员长、国民革命军第二军第五师政治部宣传科长等职。同年7月,自动申请回江西工作,以配合北伐③。曾策动赖世璜起义。10月,调任赣南党务及民众运动指导员,同时任中共赣州特别支部书记。11月,在赣州工人第一次代表大会上当选为总工会委员长,随即发动罢工,要求"保障职业,增加工资,改善待遇,实行八小时工作制",获得胜利。不久,又成立工人纠察队,使赣州的工人运动名盛一时④。但是,运动中也出现了"左"的倾

---

① 《矢田致币原电》(1927年4月12日);《日本外务省档案》,PVM27。

② 关于陈赞贤的生年,诸说不一,此据1927年印行的南康《陈氏族谱》。

③ 刘少奇:《论陈赞贤在赣被害事》,《汉口民国日报》,1927年3月17日。

④ 刘鼎福:《江西工人运动先驱陈赞贤同志》,《江西工人运动史研究资料》第9辑,第25—27页。

向,如捕捉店主,捆绑游街,要求增资十几倍等现象①。

　　赣州工人运动的发展遭到敌视。12 月 30 日,洋货业店员工会几个店员因去第二女子师范学校看文明戏遭拒,在墙上涂写污辱妇女的字画,该校校长、国家主义派分子欧阳魁等在县党部支持下,借此召开各公团联席会,要求解散洋货业店员工会,激起工人反对,大批工人包围县署。据说,县党部主席筹备员、临时政务委员会主席陈铁被殴②。1927 年 1 月 3 日,赣县临时政务委员会致电蒋介石,声称"连日发生工潮,扰乱秩序,捣毁县署,属会无力维持,请示办法"③。同日,赣县县党部筹备处也致电蒋介石,指责店员工会"罢工捣乱,破坏党务,殴辱党员,摧残女界",要求"严办工贼"④。其后,所谓赣州教职员联合会、学生会、教育会、妇女解放协会等组织纷纷电蒋,指责陈赞贤等"纠合工友,目无法纪","恳请严惩"⑤。事后,工会方面处分了个别工人,但欧阳魁等仍不满足,勾结新编第一师党代表倪弼,准备镇压工人运动。倪原是孙文主义学会分子,到赣州后,即接收贿赂,为商会说话⑥。1 月26 日,赣县临时政务委员会召集各团体负责人开会,倪弼企图乘机捕杀陈赞贤等,陈事前获悉有关消息,化装离开赣州,赴南昌请愿。倪弼等即议决,以"私藉工会团体,扰乱秩序,危害国民革命,以谋其个人大利"的罪名,呈请拿办陈赞贤等,"由人民组织审判委员会,讯明议处"⑦。会后,倪弼派兵至总工会捕去办事人员。倪的举动遭到第一师左派军官的反对,230 人联名致电总司令部,要求将倪撤差严办。31

　　① 刘勉玉:《陈赞贤》,《中共党史人物传》第 2 卷,第 116 页。

　　② 《赣州妇女解放协会执行委员主任呈文》,《中华民国史事纪要》,1927 年 1月 2 日。

　　③ 《蒋介石收各方电稿摘由》,抄本。

　　④ 《蒋介石收各方电稿摘由》,抄本。

　　⑤ 《蒋介石收各方电稿摘由》,抄本。

　　⑥ 《赣州各工会请愿团的报告》,《汉口民国日报》,1927 年 3 月 22 日。

　　⑦ 《新编第一师政治部等呈文》,《中华民国史事纪要》,1927 年 1 月 2 日。

日,倪弼与师长张与仁召集干部会议"解释",结果,适得其反,倪弼被殴。会后,倪弼赴南昌"控诉",张与仁则在致蒋介石电中表示:"乞示办法,死所不辞。"①

倪弼到南昌后,在蒋介石面前哭诉,蒋大骂说:"你有脸来见我,有本事回赣州去!"②同时,陈赞贤秘密率领的工人请愿代表团也到达南昌,他们在总司令部等候了半个月,始终得不到蒋介石的接见,最终只等到了一个批示:"该案交总政治部、省党部工人部会同新编第一师张师长办理。"③国民革命军总政治部副主任郭沫若支持赣州工人,他要求蒋介石将倪弼调开,蒋口头答应而始终不实行④。

在倪弼离开赣州后,经新编第一师团党代表周学昌调解,劳资纠纷已接近解决。倪回到赣州,赣州商人立即变卦,大批开除工人。2月21日,商人彭益三等杀伤工人十余人。随后,省党部工人部特派员贺其燊跟踵而至,命令陈赞贤停职,并要求新编第一师及县署拘捕陈赞贤。此时,陈赞贤已在江西第一次工人代表大会上被选为省总工会执行委员,但他没有开完会就回到赣州。3月1日,在赣州总工会召开的欢迎大会上,陈赞贤表示:"坚决与反动派势力作斗争,为工人阶级谋利益。"6日,陈赞贤被骗到县署开会,倪弼等限陈在三分钟内签字解散赣州总工会,为陈严词拒绝。倪称:"蒋总司令有令在此,今晚要枪毙你!"倪的左右即向陈开枪。陈身中十八弹,英勇牺牲⑤。

还在1月中旬,蒋介石去武汉期间,就对工人运动的发展表示不满。杀害陈赞贤,说明他已由不满发展为仇视。

在陈赞贤被害之后不久,左派掌握的南昌、九江市党部、安徽省党

①　《赣州张与仁来电》,《蒋介石收各方电稿》,抄本。
②　《赣州各工会请愿团的报告》,《汉口民国日报》1927年3月22日。
③　《赣州各工会请愿团的报告》,《汉口民国日报》1927年3月22日。
④　郭沫若:《请看今日之蒋介石》,《革命春秋》,人民文学出版社1979年版,第133页。
⑤　《陈烈士赞贤事略》,赣州各界追悼陈烈士赞贤大会印行。

部等先后被捣毁。

南昌市党部拥护武汉左派们提出的恢复党权运动。3月6日，召集全体党员大会，议决拥护武汉中央党部宣传大纲，敦促汪精卫复职，从速组织审判土豪劣绅特别法庭①。14日，右派掌握的江西省党部即决议解散南昌市党部，通缉该会执、监委员。15日，南昌市党部为纪念孙中山逝世二周年，召集有20万群众参加的大会，提出"提高党权"等口号。当时，蒋介石在场，立即责问：是谁提出此种口号？会场应声云："群众公意。"蒋介石愤愤地说："我有我的口号，就是拥护江西省党部。谁反对江西省党部，就打倒谁。"②当夜，蒋介石离开南昌。16日，江西省党部召集流氓、警察及部分党员，沿途高叫"打倒左派"、"打倒赤化"、"打倒鲍罗廷"、"拥护蒋总司令"等口号，冲入南昌市党部，逢人便打，遇物便毁③。随后即封闭学生会、济难会及左派创办的《贯彻日报》，宣布解散工会、农协。23日，右派在南昌召开了所谓"江西民众拥护中国国民党示威运动大会"，议决组织"江西民众拥护中国国民党大同盟"，反对武汉中央④。

蒋介石离开南昌后，16日到达九江。17日，九江市党部、总工会、第六军政治部、农协、《国民新闻》社等处即被手持刀械的几百个流氓捣毁，当场杀害九江市党部职员三人、总工会干部一人、工人十余人，抛河致死者十余人，重伤第六军政治部工作人员九人⑤。工人纠察队要求解除暴徒武装，蒋介石却派卫队掩护暴徒出市，并命第六军留守唐蟒为

①　《黑幕重重之江西党务》，《汉口民国日报》，1927年3月25日。

②　《蒋介石竟反对恢复党权》，《汉口民国日报》，1927年3月19日。

③　《南昌之白色恐怖》，《汉口民国日报》，1927年3月23日。

④　《赣省来电两则照录》，《申报》，1927年4月2日；参见《中国国民党执委会第二届常委会第四次扩大会议速记录》，《中国国民党第一、二次全国代表大会会议史料》，第900页。

⑤　江西省委党史研究室：《江西人民革命史资料》，第73页。

戒严司令官,禁止工人罢工①。

安徽临时省党部在恢复党权运动中也很活跃。当时,该党部正流亡于武汉,曾先后发表《最近宣传大纲》等文件,谴责"昏庸老朽分子"宰割中枢,垄断党务,呼吁"救党"②。国民革命军进军安徽后迁回安庆,公开活动,迅速组成省、市总工会、省农协筹备处、妇协筹备处、省学联等群众团体。但是,安庆也存在着一个由右派组成的省党部,它用收买地痞流氓等办法,也成立起总工会、农协、商协、妇协一类组织,与左派势力相抗。3月20日,蒋介石抵达安庆。当日,左派省市两级党部联合召开万人欢迎大会,宣言称:"我们热诚地欢迎总司令是因为总司令始终站在革命战线上,向我们的敌人帝国主义者及其走狗奉系、直系、安福系等进攻不息。"宣言号召打倒"在革命旗帜下活动"的西山会议派、伪党部和安福系余孽③。他们怎么也料不到,这位被欢迎者两天之后就下了毒手。21日晚,省市两党部宴请蒋介石。席上,蒋介石声称安徽"派别多,不团结",要求各方合作,成立省党部,左派周骏当即表示:"我们要健全国民党的组织,必须纯洁队伍,我们决不能把西山会议派和帮会头子都吸收到党内来。"气得蒋介石未终席即离去④。

3月22日,国民党安徽第一次全省代表大会开幕。同日,总政治部命令伪总工会停止职权,听候审查。该会抗不服从,他们在总司令部特务处副处长温建刚指挥下,蜂拥到设在省长公署的总司令行营前,要求蒋介石接见。蒋居然表示同情说:"你们受了压迫,本总司令要秉公

---

① 郭沫若:《请看今日之蒋介石》,《革命春秋》,第135页。

② 《安徽省党部之救党主张》,《汉口民国日报》,1927年2月27日。

③ 《安徽欢迎蒋总司令大会》,《申报》,1927年4月5日第9版。

④ 周新民(即周骏):《回忆大革命时期国民党左派组织的建立及其进行的斗争》,《安徽文史资料选辑》第4辑,第84页;参见周范文口述:《关于1922年至1928年安庆革命斗争情况》,中共安徽省党史工作委员会编:《安徽现代革命史资料长编》第1卷,安徽人民出版社1986年版,第470页。

办理。"①适值省党部常委光明甫等来见蒋介石,暴徒们遂一拥而上,将光明甫殴伤。事后,蒋对闻讯赶来的郭沫若说:"你以后对于民众团体的态度总要不偏不袒才好。"又敷衍光明甫说:"好啦!好啦!我警诫他们一下好啦!"②

事实上,蒋介石"警诫"的是左派。3月23日,安庆反动分子以省农协、总工会、商协、学联、妇协等五个团体的名义召开"市民大会",欢迎蒋介石。事前,出钱收买流氓,组织了一百多人的敢死队。会后,在总司令部参议刘文明、西山会议派张秋白和青帮头子杨虎率领下,捣毁左派省市党部和省教育会等群众团体,殴伤职员及出席国民党安徽全省代表大会的代表数十人③。"所有家具杂物,无一留存"④。有一个男同志和一个女同志到省党部开会,被暴徒们剥去外衣,打得半死不活之后拉去游街,诬指他们在省党部白昼宣淫,说这就是共产公妻的赤化分子的榜样⑤。暴徒们沿途高呼"蒋总司令万岁"、"打倒赤化分子"等口号,把被打伤了的人拖到总司令部门前一哄而散⑥。当日,李宗仁为此事去见蒋介石,蒋仍然假托民意,声称:"是民众打了的,我有什么办法呢?"⑦

蒋介石一口一句"民意",事实真相如何呢?1928年,温建刚有一封致张静江的信很能说明问题,该函说:"去春在南昌,以徐谦、邓演达

①　郭沫若:《请看今日之蒋介石》,《革命春秋》,第124—126页。

②　郭沫若:《请看今日之蒋介石》,《革命春秋》,第124—126页。

③　《汉口民国日报》,1927年4月1日。

④　《皖党部被毁见闻》,《申报》,1927年4月3日。

⑤　郭沫若:《请看今日之蒋介石》,《革命春秋》,第137页;参见李亚男、林世良:《蒋介石亲自策动的"三二三"反革命事件始末》,《安徽文史资料选辑》第4辑,第109页。

⑥　郭沫若:《请看今日之蒋介石》,《革命春秋》,第137页;参见李亚男、林世良:《蒋介石亲自策动的"三二三"反革命事件始末》,《安徽文史资料选辑》第4辑,第109页。

⑦　《革命春秋》,第138页。

等劫持中央,危害本党,首在介石先生前建议,扑杀共逆,免滋燎原。由九江而安庆,而南京,奋斗不遗余力。"①原来,这是在南昌时期就已经确定的预谋。

3月24日,蒋介石乘船离开安庆。临行前擅行委任了28名安徽政务委员,以陈调元为主席,其中右派占绝对优势。

二　蒋介石等在上海策划清党

上海是蒋介石的旧游之地。在这里,他外可以争取列强支持,内可以得到江浙资产阶级的援助,还可以利用黑社会充当打手,具有其他地区不具备的优势。因此,蒋介石一到上海,立即召见白崇禧,面示清党决心②,随即夜以继日,紧张筹划,准备政变。

首务是确定清党反共方针,组成反共营垒。

在国民党二大所选出的中央监察委员会中,右派占多数。因此,蒋介石采纳陈果夫在南昌时的建议,企图通过这一组织提出清党反共方针③。3月27日,吴稚晖、李石曾、蔡元培、张静江及邵元冲、马叙伦、蒋梦麟等迁入龙华交涉公署,吴稚晖提出,为保密计,在清党明令未公布前,均不得外出④。同日,蒋介石等举行会议。吴稚晖主张,"由中央监察委员会提出弹劾共产党员及跨党分子谋危本党,摇动后方及卖国之行为","然后再由监察委员会召集中央执行委员之非附逆者开会商量",至于"开除及监视一切附逆及跨党之首要等",则"听候代表大会裁

---

①　中国第二历史档案馆藏,原件。

②　《白崇禧先生访问记录》,上册,台北版,第73页。

③　陈果夫:《十五年到十七年间从事党务工作的回忆》,《陈果夫的一生》,台北1971年版,第109页。

④　李书华:《吴稚晖先生生平略述》,见《吴敬恒述传》,台北世界书局1987年版,第3479页。

判"①。

28 日，继续讨论，当日会议情况，据《邵元冲日记》所载为："介石谓湘芹(指古应芬——笔者)处已去电促其速来，而李德邻(宗仁)、黄季宽(绍竑)、李任潮(济深)日内皆先后将至，故拟待彼等到后再行决定。"②同日，李宗仁应蒋介石之邀到达上海。

在武汉时，李宗仁就认为两湖地区的群众运动"越轨"，以致"市况萧条，百业倒闭，市上甚至有时连蔬菜也买不到，而工人店员等则在各级党部指导之下，终日开会游行，无所事事"③。到上海之际，又适逢工人向白崇禧请愿，途为之塞，更增加了反感④。他和白崇禧都认为"上海一团糟"。白崇禧说："现在不仅上海工人行动越轨，第一军也不稳。共产党正在暗中积极活动，企图取国民党而代之。如不抑制，前途不堪设想。"见过了白崇禧，李宗仁便去见蒋介石，建议蒋"以快刀斩乱麻的方式清党，把越轨的左倾幼稚分子镇压下去"，并提出将第七军一部调到南京附近，监视不稳部队等设想，蒋介石表示说："我看暂时只有这样做了。"⑤

当日晚，蔡元培、吴稚晖、张静江、古应芬、李石曾等举行所谓中央监察委员会常务委员会⑥。首由吴稚晖报告"共产党谋叛情形"："陈独秀明言二十年内实行共产，已入国民党之共产党员谋叛国民党及不利于中华民国之种种行为"，提议纠察，实行所谓"护党救国运动"。蔡元培附议，要求"取消共产党人在国民党之党籍"。李石曾则表示，"护党救国运动"乃是向前革命之性质与决心，以与变相之帝国主义专制政体

①　《邵元冲日记》，1927 年 3 月 27 日，上海人民出版社 1990 年版，第 314 页。

②　《邵元冲日记》，1927 年 3 月 28 日。

③　《李宗仁回忆录》，第 435—436 页。

④　《李宗仁回忆录》，第 453 页。

⑤　《李宗仁回忆录》，第 435—436 页。

⑥　《革命文献》第 17 辑，台北版，第 128—129 页。这次会议不久即改称中国国民党第二届中央监察委员会第三次全体会议。

奋斗,并非退后或保守之运动,如共产党所诬加于国民党者①。这次会议后来被视为清党反共的发端,实际上,一切在 27 日的会上已经决定,此会不过是过场而已②。

继李宗仁之后,李济深、黄绍竑也于 4 月 1 日自广州抵沪。二人此行极为秘密,为此黄绍竑登程时甚至剃去留了六七年的胡子。4 月 2 日,蒋介石、何应钦、吴稚晖、李石曾、陈果夫、陈立夫、李济深、李宗仁、白崇禧、黄绍竑等在东路军前敌总指挥部会议,蒋介石说:"十三年国共合作,共产党加入国民党的时候,他们就不怀好意,他们的组织仍存,并且在我们党内发展组织。自十五年三月二十日中山舰事变之后,这种阴谋日益暴露。北伐军到了武汉,中央某些机关和某些个人受了分化或者受了劫持,把武汉和南昌对立起来。因此,现在如果不清党,不把中央移到南京,建都南京,国民党就要被共产党所篡夺,国民革命军就不能继续北伐,国民革命就不能完成。"③但是,他又表示,自己手中所指挥的军队,很多中下级军官都是共产分子,不服从调遣,若着手清党,恐怕激成剧变,没有什么办法了,只好即刻回奉化去④。

与会诸人都反共。李济深叙述了彭湃领导的海陆丰农民运动的情况,他说:"如果不早日清党,早日镇压,其他各县的农民都将起来效尤,广东就无法维持了。"

黄绍竑也对广西东兰的农民运动不满。他说:"现在要镇压是很容易的。其所以不敢镇压,是因为碍于中央党部和省党部的那些共产党人和他们的同路人用党部的名义维护着农民。"他表示:"必须早日清党反共。"

何应钦报告了南京事件的情况,他把事件的责任加到共产党人的

---

①　《中国国民党第二届中央监察委员会第三次全体会议第一号会议录》。
②　这次会议是否真正开过、实际参加人员,均有疑点。
③　黄绍竑:《四一二政变前的秘密反共会议》,《文史资料选辑》第 45 辑。
④　白崇禧:《十六年清党运动的回顾》,《南宁民国日报》,1932 年 4 月 12 日。

身上，说是："共产党鼓动士兵和地痞流氓抢了、打了外国领事和外国侨民，才引起外国兵舰开炮轰击的。"

白崇禧对上海工人纠察队最反感。他说："上海自我军占领之后，工人就组织纠察队封锁租界。他们有自己的武器，有自己的指挥系统，不服从军事长官的指挥。他们要冲入租界，占领租界。现在外国领事团已经提出严重警告，黄浦江上布满了外国兵舰，兵舰上的大炮都卸了炮衣指向我们。租界里新近调来了不少外国军队。如果发生冲突，不但全国精华的上海完了，北伐事业也完了。"他指责共产党离间军队，说："第一军驻在上海的两个师，第二师师长刘峙老实些，执行命令认真一些，他们就贴标语，散发传单，要打倒他；第一师师长薛岳灵活些，与他们表面上接近一些，他们就贴标语，散发传单表示拥护。如果这种情况长此下去，我们的军队也要发生变化。"①他表示："你们让我先在上海动手，把共产党窠巢肃清之后，各地自好办了。"②

吴稚晖大讲了一通，国民党已经变成了"火中取栗的猫脚爪"。他满口无锡话，别人不大听得懂。

没有任何反对意见，"反共清党"的方针就这样确定了。

当日晚，吴稚晖、蔡元培、张静江、古应芬、李石曾、陈果夫、黄绍竑、李宗仁等举行所谓国民党中央监察委员会第二届第三次全体会议第二次会议，讨论吴稚晖 4 月 1 日提出的《呈中央监察委员会文》，吴称："现在共产党在各地已公然提出打倒国民党、打倒三民主义之标语，去年武汉所发之印刷品，亦公然有推翻本党及卖国之言论。我辈为中国国民党党员，对此自应急行断然之处置。"他并说："至于叛逆分子，因其有危险行为，故必须先行看管，以待中央执行委员会之判决。"③接着，蔡元

---

①　黄绍竑：《四一二政变前的秘密反共会议》，《文史资料选辑》第 45 辑。

②　白崇禧：《十六年清党运动的回顾》，《南宁民国日报》，1932 年 4 月 12 日。

③　《中央监察委员会第二届第三次会议详纪》，上海《民国日报》，1927 年 7 月 1日。

培提出了一份《共产党在浙祸党之报告》,计有阻止入党,煽惑民众,扰乱后方,压迫工人等四项①。会议根据吴稚晖的建议,将国民党中央执行委员分为三类:甲类,纯为本党忠实分子,计汪精卫、谭延闿、胡汉民、蒋中正、丁惟汾、戴季陶、李济深等31人;乙类,态度可疑之分子,计恩克巴图、经亨颐、王法勤、屈武、吴铁城等8人;丙类,共党分子及附和共党分子,计谭平山、林祖涵、李大钊、徐谦、于树德、吴玉章、杨匏安、恽代英、毛泽东、许苏魂、陈其瑗、夏曦、邓演达、董用威、邓颖超、詹大悲、顾孟馀等79人。此外,并开列了中央监察委员及各省党员179人,与丙类同属于"应先看管者之列"②。会后提出了一份《国民党中央监察委员会咨》,要求中央执行委员会"以非常紧急处置,姑将所开各人及各地共产党首要危险分子,经党部举发者,就近知照公安局或军警,暂时分别看管监视,免予活动,致酿成不及阻止之叛乱行为"③。4月8日,吴稚晖等继续举行监察委员会第三次全体会议。9日,由邓泽如领衔、黄绍竑、吴稚晖等8人联名的所谓《护党救国通电》完成,该电指责武汉联席会议及二届三中全会的种种措施和决议,认为有"不合者二","可痛心者"十一。电文称:"险象如此,讵能再安缄默?爰痛切陈词,望我全体同志,念国之危机,凛丧亡之无日,披发缨冠,共图匡济,扶危定倾,端视此举。"

国民党第二次全国代表大会选出中央监察委员12人,候补中央监察委员6人。尽管吴稚晖等举行的所谓全体会议并不足法定人数,但清党反共的"法律"程序总算勉强完成。蒋介石准备采取的措施虽然是中世纪的野蛮的屠杀,他仍然力图掩盖在"合法"的外衣下,做到尽可能符合组织原则。历史在进步,新旧军阀们不能不跟着转换手法。

---

① 《共产党祸党证据》,上海《民国日报》,1927年7月2日。
② 《中国国民党中央监察委员会在上海开会记录》,《革命文献》第17辑,第129—134页。
③ 《中国国民党清党运动》,第18页。

　　在确定清党反共方针的同时,蒋介石力谋得到列强的谅解和支持。南京事件后,蒋介石和帝国主义双方都力图利用这一事件。在公开的场合,蒋介石声明这一事件的煽动者是直鲁军的宣传队长何海鸣等人[①],而在背后,却通知日本方面,事件系共产党人所为,企图转嫁责任,使列强明确支持他镇压共产党。与此同时,帝国主义也不断对蒋介石施加压力,拉拢、诱迫他打击共产党人和急进力量,维护帝国主义在华权益。3月26日到4月2日期间,通过黄郛和日本驻上海领事之间的密切接触,蒋介石和日本政府之间就反共问题达成了默契。

　　为了发动政变,蒋介石必须拥有充裕的经费,因此,又竭力拉拢江浙资产阶级。早在南昌时期,蒋介石就和上海资产阶级的代表之间有过协议,到上海后,又一再甘言蜜语,以取得资本家们的欢心。3月26日,蒋介石在接见虞洽卿时表示,"抱维持资本家主张"[②]。28日,上海商业联合会代表迎见蒋介石,蒋介石再次表示:"此次革命成功,商界暗中助力,大非浅显。此后仍以协助为期。关于劳资问题,在南昌时已议有办法。所有保商、惠工各种条例,不日当可颁布,决不使上海方面有武汉态度。"[③]蒋介石的表态使上海资产阶级感到满意和放心。月底,蒋介石以总司令部的名义任命江苏兼上海财政委员会委员15人:主任陈光甫,系上海商业储蓄银行总经理;委员虞洽卿,时任上海商业联合会主席;钱新之,"北四行"联合准备库副主任;吴荣鬯,中国银行总文书;秦祖泽,钱庄业代表;汤钜,交通银行代表;顾履桂,面粉业代表;王晓籁,闸北商会会长;徐国安,盐商和纱厂业代表;陈其采,浙江财政委员会主任。通过这个组织,蒋介石将江浙资产阶级紧紧抓在手里;这个组织也积极为蒋介石筹措经费,当时,蒋介石以"前方军需紧急"为理

---

　　① 《上海商业联合会听取虞洽卿会见蒋介石等情议事录》,《1927年的上海商业联合会》,上海人民出版社1983年版,第46页。

　　② 《1927年的上海商业联合会》,第46页。

　　③ 《上海商业联合会代表迎见蒋介石新闻稿》,《1927年的上海商业联合会》,第48页。

由，要求该会迅速筹款 1000 万元。4 月 4 日，通过陈光甫、陈其采的活动，以二五附税作抵，银行公会提供借款 200 万元，钱业公会提供借款 100 万元，月息 7 厘①。上海工商业联合会并向蒋介石的军需处长徐桴表示，自动认捐 500 万元，"惟求商界与总工会平等待遇，免受压迫"②。此后，江浙资产阶级继续以各种方式提供了大量经费，保证了蒋介石的需要。

上海黑社会是蒋介石的理想打手。开埠之后，在帝国主义和封建地主阶级的庇护下，上海逐渐形成了一个盘根错节的流氓、帮会阶层。其成员盲从、拼命，适宜于供驱使。蒋介石到上海后，即指派帮会分子董福开、张伯岐等组织上海工界联合会。工部局警务处 4 月 2 日情报称："蒋介石正在组织上海工界联合会，以对抗目前的上海总工会的活动，其成员均为蒋介石的党徒。"③3 日，该会挂牌出笼④。同时，蒋介石又指使帮会头目黄金荣、杜月笙、张啸林成立中华共进会，积极准备向上海工人阶级进攻。工部局警务处情报称："闸北及高昌庙上海总工会武装工人的非法活动，已经在蒋介石的参谋人员中引起强烈不满"，"共进会正准备突袭上海总工会办事处，解除其中人员的武装。突袭将由青帮分子进行，便衣士兵协助"⑤。这一情报显示，蒋介石等已经制订出周密而细致的行动计划。

当时，驻扎上海的国民革命军为第一军第一师与第二师。第一师驻扎闸北，师长薛岳左倾。上海总工会为表示欢迎，开过几次联欢会，士兵和工人的关系比较融洽。白崇禧不放心，即将第一师调往南市，另调刘峙的第二师进驻闸北，以便严密监视上海总工会及工人纠察队总

---

①　《上海钱业公会讨论为蒋介石筹垫 300 万元饷款等情会议录》，《1927 年的上海商业联合会》，第 51 页；参见该书第 53、57—58 页。

②　《徐桴致俞飞鹏电》，《1927 年的上海商业联合会》，第 71 页。

③　*Police Intelligence Summary*，April 2，1927.

④　《工界联合总会已开始办公》，《申报》，1927 年 4 月 5 日。

⑤　*Police Intelligence Summary*，April 2，1927.

指挥部。刘部进驻后,上海总工会继续以联欢会的方式,联络第二师士兵。4月5日,蒋介石下令将第一、第二师全部调离上海,并令第二十六军周凤歧部于6日起到上海接防。周凤歧的队伍刚刚脱离军阀营垒,执行反共任务自然较为可靠。

至此,蒋介石的清党反共部署已经完成,剩下的只是选择恰当的发动时机了。4月6日,蒋介石派兵封闭了总政治部在上海的派出机关,攻击以邓演达为首的总政治部"淆惑军心,背叛主义,违反军纪,分散国民革命军势力,破坏国民革命军战线"。同日,开始检查新闻,下令自即日起,所有来自武汉的电报、函件、报道,总政治部的各种"反宣传广告",一律不许刊登及转载,如故意违抗,即按戒严条例惩办。蒋介石的这一行动既出于钳制舆论的需要,也显示了他对于武汉国民政府的对抗。8日,蒋介石指派吴稚晖等15人成立上海临时政治委员会,统揽全市军事、政治、财政、党务各种权力。这就在实际上取消了为武汉中央所承认的上海临时市政府,为政变作出了又一项准备。

三　汪蒋会谈与汪陈联合宣言

正当蒋介石积极准备政变之际,汪精卫于4月1日到达上海。

尽管迎汪运动喧腾一时,但汪精卫却因病滞留欧洲,迟迟不能动身。3月8日,他由德抵俄,从苏联政府和共产国际方面得到了全力支持他的保证①。4月1日,回到上海,即处于蒋介石、吴稚晖等人的包围中。3日,汪精卫、蒋介石、李济深、黄绍竑、李宗仁、白崇禧、宋子文、蔡元培、古应芬、李石曾、邵元冲、吴稚晖等12人在莫利爱路孙中山故居开谈话会。会上,蒋介石等提出"赶走鲍罗廷"与"分共"两件事,要汪

---

① M. N. Roy, *My Experiences in China*, Renaissance Publishing Company Bombay, 1938, p. 70.

精卫赞成，同时希望他留沪①。吴稚晖则怒气冲冲地声言："此次监察委员会提出对共产党之弹劾案，必将采断然之处置，故只任通知，而非商榷。"②汪精卫对吴稚晖的态度极为不满，他对蒋介石说："总理改组国民党，便是我与你同着仲恺三人，最深知之。"③又说："我们不能说反共，反共即是和张作霖、孙传芳一样。"④"政策关系重大，不可轻变。""如果要变，应该开中央全体会议来解决。"⑤他并自任前往武汉，提议将中央党部和国民政府迁往南京，开第四次中央全体会议。双方激烈争辩。吴稚晖等人危言耸听地声称："共产党破坏国民党"，"打倒三民主义"，"亟谋破坏租界"，"引起外交纠纷，造成大恐怖局面"，"情形急迫"。李宗仁、黄绍竑则以和缓的态度转圜，"如精卫有良策，不妨共商"⑥。在此情况下，汪精卫提出了三项"暂时应急之法"。其内容，各种记载多有不同，据李济深等人的电报为："1. 共同负责通告共产党首领陈独秀，立即制止国民政府统治下之各地共产党员，应于开会讨论之前，暂时停止一切活动，听候开会解决。2. 中央党部及国民政府迁鄂后，其命令如有妨碍党国前途者，于开会之前不必执行。3. 各省党部、各级机关如有捣乱分子在内阴谋破坏者，在汪主席所拟召集之会未能解决以前，应由各最高级长官饬属暂时制裁。"⑦这三项"暂时应急之法"后来在报上公布时，又变为四条，增加了"凡工会、纠察队等武装团

① 汪精卫：《武汉分共之经过》，《汪精卫言行录》上册，上海广益书局1932年版，第106页。

② 《邵元冲日记》1927年4月4日。按：应为4月3日。邵元冲这一阶段的日记系追记，故误。

③ 吴稚晖：《书汪精卫铣电后》，《吴稚晖先生全集》，台北1969年版，第861页。

④ 《陈其瑗同志报告蒋逆叛党经过》，《汉口民国日报》，1927年5月17日。

⑤ 《武汉分共之经过》，《汪精卫言行录》上册，第106页。

⑥ 《邵元冲日记》，1927年4月4日。

⑦ 《李济深、甘乃光、陈孚木支电》（1927年4月4日），见《汪主席及中央执监委员在沪决议整理党务之重要办法》，《广州民国日报》，1927年4月9日；另陕西省档案馆藏李济深等1927年4月5日致谭曙卿电，内容亦同，惟详略及文字有异。

体,应归总司令部指挥,否则认其为对政府之阴谋团体,不准存在"。

自开展迎汪运动以来,汪精卫声望日隆。为了欺骗舆论,笼络汪精卫,蒋介石于 3 日通电称:"汪主席在党为最忠贞之同志,亦为中正生平最敬爱之师友。"他表示今后将"专心军旅,戮力北伐","所有军政、民政、财政、外交诸端,皆须在汪主席指挥之下,完全统一于中央"①。蒋介石一生善于做作,此电即是一例。

4 月 3 日会议前后,汪精卫和蒋介石之间还有一次长谈。据蒋介石称,汪精卫当时说:"介石,这一回东南同武汉开战时,如果你失败了,我们国民党就要从此消灭,共产党必就从此起来。如果你得胜了,国民党就要恢复民国十三年以前状况,要是恢复这种状况的时候,无论左派的军队,左派的党员,一定不会同你蒋介石合作,你蒋介石在党里的生命,怕要从此消灭。"②这段话比较典型地反映出汪精卫当时的心态:既不满共产党,也不满蒋介石,企图在夹缝中走自己的路。在和吴稚晖、胡汉民等人谈话时,汪精卫对中国共产党和苏联的不满情绪有更多的流露。例如,他曾对吴稚晖说:"共产党实以本党为利用品。本人亦不赞成共产党的阶级革命及劳农专政,且据本人观察,国民党与共产党亦不易继续相安;但本人希望暂能维持合作,自己愿负调和之责。"③这段话,也反映了汪精卫的真实思想。

4 月 3 日会谈后,汪精卫即会见陈独秀,质问吴稚晖等提出的共产党准备"打倒国民党"及冲入租界等事,陈力称纯属谣言,遂由陈起草,以汪、陈二人名义共同发表联合宣言④。该宣言称:"中国共产党坚决的承认中国国民党及国民党的三民主义在中国革命中毫无疑义的需要","中国所需要的是建立一个被压迫阶级的民主独裁来对付反革命,

① 《蒋介石专心军旅之通电》,《申报》,1927 年 4 月 4 日。

② 蒋介石:《在南京总司令部第五次纪念周中的演说词》,《广州民国日报》,1927 年 5 月 8 日。

③ 《中国国民党中央监察委员会会议录》,1927 年 4 月 2 日。

④ 《中国国民党中央执行委员会政治委员会第十一次会议录》。

不是什么无产阶级独裁"。又称："中国国民党及多数同志凡是了解中国共产党的革命理论及其对于中国国民党真实态度的人,都不会怀疑孙总理的联共政策。"宣言表示,所谓"共产党将组织工人政府,将入租界,贻害北伐军,将打倒国民党",以及国民党领袖将驱逐共产党,将压迫工会与纠察队等说法,均系谣言。宣言称："我们应该站在革命的观点上,立即抛弃相互间的怀疑,不听任何谣言,相互尊敬,事事开诚,协商进行。政见即不尽相同,如兄弟般亲密,反间之言,自不得乘间而入也。"①在蒋介石等人策划清党反共之际,说明中国共产党在中国民主革命时期的主张,澄清对共产党人的造谣和恶意中伤,强调两党团结、合作,这是必要的。但是,蒋介石等人明明已在磨刀霍霍,却还为之粉饰,说什么"上海军事当局表示服从中央",这实在是自欺欺人。

宣言发表于 4 月 5 日。当天,汪精卫、蒋介石、柏文蔚、宋子文、李济深、李宗仁、黄绍竑、白崇禧、古应芬、甘乃光、蔡元培、李石曾、吴稚晖等人再次举行谈话会,吴稚晖对宣言强烈不满,当面质问汪精卫："中国从此即由两党共同统治了吗?"汪解释说："全篇宣言说两党不可发生误会,并无两党共同统治中国的话。"但吴稚晖仍然不满意,絮絮叨叨地表示："他们既要拥护共产党,我们也要拥护国民党。如果他们拥护共产党的言行,超出了友谊的范围,要来共治中国,甚至想独治中国,那我们拥护国民党的力量更不能不大增。"他并对汪精卫说："我相信你终有一天来同我们相对痛哭,我所以不望你马上加入我们这一边来。"②当日会议不欢而散。

汪精卫到达上海之初,曾致电告知武汉国民政府。4 月 5 日,武汉国民政府和国民党中央执行委员会致电汪精卫,通知他已被选为常务委员兼政治委员会主席团成员,并被任命为国民政府及军事委员会主

---

①　《国共两党领袖联合宣言》,《申报》,1927 年 4 月 5 日。
②　《书汪精卫铣电后》,《吴稚晖先生全集》卷 9,第 858 页。

席团成员,"工作重要,务请立来鄂担任。时局严重,切勿稍延"①。谭
延闿、孙科等23人也联名电汪催促。同日,汪精卫从宋子文处得知,李
宗仁主张将他软禁起来,以免"放虎归山"②。于是,匆匆于当晚秘密登
轮。6日,启程赴鄂。在船上,他分别致函蒋介石、张静江、李石曾三
人。致蒋函称:"改组之精神及其方策,实总理苦心孤诣所独创,而吾弟
实左右之,铭不过追随之一人。"又称:"以铭之愚,一线生机惟在开第四
次全体会议于南京。"③致张函说明离沪去汉的目的,在于争取"多数同
志之同意"④。致李函则重申他的两项基本主张:一、民国十三年来改
组之国民党,其精神与方策决不可牺牲;二、如以党为不必要则已,如以
党为必要,则党之纪律不可不守,否则党必为之破碎糜烂⑤。由于汪精
卫企图以纪律来约束蒋介石等人,后来右派曾讥之为"党纪先生"⑥。
该函末称:"左派何在? 谁是左派? 我将寤寐以求之,旁皇以觅之。"风
浪即将大作,而汪精卫却迷茫失路,连"左派何在"都不知道了。

　　汪精卫的归国和汪陈联合宣言的发表使上海出现了和缓气氛。罗
亦农在中共上海区委活动分子会议上说:汪精卫"政治观念很稳定,与
CP可以合作下去,甚至于到建设社会主义制度"。又说:蒋介石本已下
动员令,因汪来即收回⑦。上海临时市政府通电称:"行见革命领袖,同
心戮力,一致进行。"⑧杨杏佛也在国民党上海市党部会议上说:"党务

---

①　《汪精卫来往要电汇录》,《申报》,1927年4月8日。

②　《陈璧君狱中交代》,抄件。

③　转引自吴稚晖:《书汪精卫铣电后》,《吴稚晖先生全集》卷9,第860—861
页。

④　《汪精卫致张静江书》,《时报》,1927年4月30日。

⑤　《寄李石曾的一封信》,《汪精卫先生最近演说集》,第167页。

⑥　吴稚晖:《书汪精卫铣电后》,《吴稚晖先生全集》卷9,第869页。

⑦　《中共上海区委召开活动分子会议记录》,《上海工人三次武装起义》,第447
页。

⑧　《市政府拥护汪蒋之歌电》,《申报》,1927年4月6日第13版。

前途，如拨云见日。"①天真的人们以为，蒋介石策划中的政变可能受到制约，至少也会推迟。当时，共产国际代表和中共中央一再电催陈独秀赴汉，于是，继汪精卫之后，陈独秀也匆匆离开了上海。

四　武汉国民政府和中国共产党人的应变方略

在很长时期内，鲍罗廷和国民党左派们一直担心蒋介石抵达东南后，会和帝国主义以及中国大资产阶级发生关系，因此，也力谋控制南京、上海，进一步限制和削弱蒋介石的权力。3 月 21 日，上海发生工人第三次武装起义，武汉国民党中央政治委员会立即召开会议，讨论应付方案。会议决定派外交、财政、交通三部部长赴沪；又指定孙科、顾孟馀、陈友仁、宋子文、徐谦为外交委员会委员，以陈友仁为主席，研究上海方面的外交策略，派郭沫若为上海军队中的政治工作指导员。3 月 23 日，北伐军攻克南京，武汉国民党中央立即任命程潜等 11 人组成江苏省政务委员会，以程潜为主席，其中共产党人和左派占绝对优势。27 日，武汉政府电令上海各机关，所有江浙财政均须经宋子文办理，否则概不承认。这一切，都是为了加强武汉政府对南京、上海地区的控制，限制蒋介石的权力。

蒋介石不理睬武汉政府这一套，继续任命行政、外交等方面的人员，并且干涉武汉政府的用人权。3 月 28 日，孙科在政治委员会会上提出：上海方面交通部派员不能接事，一定要总司令委派才可以。会议决议，由国民政府电令各省军事机关，嗣后不得干涉用人行政。4 月 1 日，鲍罗廷提出："现在反动分子自由委派重要官长，损伤党权。"于树德提出："军事领袖擅自拜访各国的外交官是否合法？"孙科说："现在越闹越不像话，好像是他总司令的世界，为所欲为，把党的威权弄得扫地。

---

① 　《市党部执行委员会纪》，《申报》，1927 年 4 月 7 日第 14 版。

我们如果再不下决心,何必还革什么命!"①会议根据鲍罗廷和孙科的提议,将二届三中全会统一外交、财政各决议案通知蒋介石以及各军,"饬令遵照,并警告不得违反,否则以反革命论"②。武汉政府很天真,以为蒋介石还会按照它的命令行事。蒋介石也在某些方面麻痹武汉政府,不仅于3月30日发电请示军事、外交进行方针,而且同时呈报安徽省政务委员名单,要求委派钮永建为新编第七军军长。这一切也给了武汉政府以错觉,似乎蒋介石还准备听它的话。4月2日,孙科提出:蒋总司令到上海后,即被反动势力包围与利用,形成反动中心,建议立刻训令蒋介石,要他立即到南京去,专负军事方面的责任。会议决定命令蒋介石离沪,声称"同志在沪,已有不能团结革命之表征,徒为外人所乘,于此紧急之外交形势殊属不利,必同志离沪,中央始可对上海之严重形势指挥自如,而负完全之责任"。决议要求蒋介石"对于外交未得政府明令以前,切勿在沪发表任何主张,并勿接受任何帝国主义口头或文字之通牒"③。武汉政府以为,只要蒋介石离开上海,就可以使他摆脱反动影响。鲍罗廷说:"假使我们不是爱惜蒋同志,就任从他在上海,听他将来弄到一个失败的结果给我们看的。现在我们要他离开上海反革命的重心,免他受包围走去反革命。"④

　　4月5日,武汉国民党中央决定废除总司令,改为集团军,任命蒋介石为第一集团军总司令,冯玉祥为第二集团军总司令,朱培德为总预备队总指挥,杨树庄为海军总司令。这是武汉政府削弱蒋介石军权的重大措施。同日,武汉国民政府下令蒋介石、冯玉祥分率军队,于最短期间消灭张作霖。但是,这两道命令对蒋介石都不可能有制约作用。

　　武汉政府有党权,蒋介石有军权。武汉政府的基本策略是以党权

---

①　《中国国民党中央执行委员会政治委员会第八次会议速记录》。

②　《中国国民党中央执行委员会政治委员会第八次会议速记录》。

③　《明令蒋总司令离沪赴宁电文》,《中国国民党中央执行委员会第二届常务委员会第五次扩大会议决议案》。

④　《中国国民党中央执行委员会第二届常务委员会第五次扩大会议速记录》。

限制军权,幻想党纪、命令、舆论可以制服蒋介石。但是,事实证明,胜利者是军权,而不是党权。

此外,武汉政府还准备了一手。

3月下旬,武汉政府草拟了一道候机逮捕蒋介石的密令,由谭延闿亲笔写在一块绸子上,准备交给程潜执行,同时责成第二、第六两军控制南京地区。3月27日,林祖涵将密令缝在衣缝内,以代表国民政府慰劳前方将士的名义东下①。同时,张国焘则以机密方法,通知在上海的中共中央,要求就近予程潜以协助②。28日,中央军事委员会总政治部任命林祖涵为驻宁办事处主任,林未到任前,由李富春代。

武汉政府将希望寄托在程潜身上,但是,程潜却并不愿意执行命令。林祖涵东下之际,程潜正与何应钦一起应蒋介石之召,赴上海商谈。到沪后,程潜力主调和,并表示愿意去武汉劝说③。此外,程潜还和李石曾、吴稚晖作了交谈,了解到他们正准备"清党"。程潜担心自己被蒋介石软禁,便于30日离沪返宁。当晚,林祖涵也到了南京。程潜得悉交给他的任务后表示:"那不行,我不能做分裂国民党的罪魁祸首。这样对不起孙中山先生。"④第六军政治部主任李世璋以形势危急相劝,告诉程潜:"蒋介石已经把何应钦派进来了,他们已经占领了高地,恐怕来意不善。"程潜却满不在乎地说:"不要怕!"⑤

程潜的态度有他本身的原因,但是,逮捕蒋介石的时机也已失去。南京事件发生的第二天,蒋介石便乘舰过宁,没有上岸。这以后,他一直处在重兵的护卫中,要逮捕蒋介石几乎是不可能的。

---

① 程潜:《对谢慕韩〈关于"东征""西征"和第六军被消灭的片断回忆〉一文的订正和补充》,《湖南文史资料》第4辑,第31页。

② 《张国焘回忆录》,第3章。

③ 程潜:《对谢慕韩〈关于"东征""西征"和第六军被消灭的片断回忆〉一文的订正和补充》,《湖南文史资料》第4辑,第31页。

④ 李世璋:《关于北伐前后的第六军》,《江西文史资料》第2辑,第42页。

⑤ 李世璋:《关于北伐前后的第六军》,《江西文史资料》第2辑,第42页。

林祖涵也没有其他办法。在南京期间,第二、第六两军都有人表示对蒋介石"深致怀疑","希望中央早日讨伐"。林祖涵只能含混地回答。4月1日,程潜下令,除渡江部队外,其余概行集结南京,同时,以全体官兵名义通电拥护武汉三中全会决议,即随林祖涵返汉。他将军长职务交杨杰代理,将卫戍南京任务交贺耀组负责。程潜自以为万无一失,他无论如何想不到,杨、贺二人的政治态度都已经发生变化①。

程潜离宁后,蒋介石即一道接一道地下令驻守南京的第二、第六两军于4月6日全部渡江,沿津浦路北上,同时命何应钦的东路军火速向南京集中。苏联顾问勃拉戈达托夫(Благодатов А. В.)曾向蒋介石建议,第六军在战斗中损失很大,需要补充、复元,应该暂留南京,为蒋拒绝②。在此情况下,国民党江苏省党部的左派曾向第六军进言,为巩固革命的新根据地,发展革命势力起见,不可轻离南京③。第六军密电程潜请示,程复电不得渡江。不幸,程电被蒋介石的总司令部截获。其间,鲁涤平也知道二期北伐尚在计划中,蒋介石此举,必系排除异己,别有他图,急电武汉请示,但未能打通。这样,第二军和第六军的大部分都被派北上,留守的少数第六军战士被包围缴械,南京完全落到了蒋介石手中。

武汉政府虽然下了逮捕蒋介石的决心,但是,并不感到政变迫在眉睫,还在准备北伐,并订于4月5日誓师,同时庆祝中央军事委员会成立和沪宁克复。4月1日,军事委员会对全体将士训令称:"国民革命军将士目前最急切的任务,便是打倒张作霖,消灭奉系势力。"④4月4日,程潜到汉,报告了上海方面准备"清党"的情况,李富春也密电陈述蒋介石、何应钦即将来宁建立政治组织的消息。这样,武汉政府才紧张

---

① 李世璋:《关于北伐前后的第六军》,《江西文史资料》第2辑,第42页。

② 《中国革命纪事》,三联书店1982年版,第269页。

③ 《张曙时报告》,《中国国民党中央政治委员会第十六次会议速记录》,见《中国国民党第一、二次全国代表大会会议史料》,第1092页。

④ 《汉口民国日报》,1927年4月2日。

起来。当日以"筹备尚未就绪"为理由,宣布将北伐誓师典礼展期①。4月7日,武汉中央政治委员会召开紧急会议,决定"为适应革命势力之新发展及应付目前革命之需要",将中央党部及国民政府迁到南京,迁移日期另行决定。会议指定顾孟馀、邓演达、谭平山三人负责迁都的宣传工作,下令军事委员会制订以南京为中心的作战计划②。当夜9时,军事委员会开会,决定军事进行计划。武汉政府决定迁都的理由,据孙科、谭平山等人所述,基于五个方面:一、对付帝国主义。武汉政府认为,英、美帝国主义正联合日本,准备武力干涉中国革命,封锁上海、南京、天津等口岸。武汉政府必须先发制人。迁都南京,坐镇南京,帝国主义就不敢明着进攻。二、统一外交。武汉政府感到,地处武汉,不便于"对付长江下游的外交"。三、掌握财政。长江下游是富庶之区,迁都有助于控制下游财政。四、团结下游革命力量,控制蒋介石③。五、沿津浦路北伐。武汉政府认为,京汉路北伐有确实把握,必须将注重点转移至津浦线。在上述五项理由中,最主要是第四项。8日,常务委员会听取孙科的说明。孙科慷慨激昂地表示:"帝国主义与残余军阀勾结,将革命转为反革命,所以为应付外交,要下一决心,拼命移至南京。""全体送去受压迫,看蒋介石有无决心?"④孙科的话博得了与会者的热烈掌声。会议决定接受政治委员会的决议。当日,举行了东下的誓师典礼。

　　武汉政府这次确实准备行动了。

　　据吴玉章等人回忆:当时,武汉政府已决定派张发奎率第四军和第十一军去加强南京的防御,支持上海的革命力量。军队中迅速作了动员,运输的船只和粮秣枪弹都已准备就绪。4月9日,第四军登轮,准

---

①　《国民革命军北伐誓师典礼筹备处紧急通告》,《汉口民国日报》,1927年4月5日。

②　《中国国民党中央执行委员会政治委员会临时紧急会议决议录》。

③　《在中央宣传委员会第十五次会议上的报告》,《湖南民报》,1927年4月18日。

④　《中国国民党中央执行委员会第二届常务委员会第六次扩大会议速记录》。

备东征。同时武汉方面命令第六军留在南京,不要听命于蒋介石。又命令已进至长江北岸的第二军回师南京,协同第六军卫宁反蒋。但是,就在此刻,有人提出,不应该把铁军调到南京去。理由是:一、长江下游和帝国主义太靠近,会引起冲突和干涉。二、汪精卫已从国外回到上海,将要来武汉。如果和蒋介石完全闹翻,蒋一定要扣留汪。(事实上,汪精卫已于6日启程来汉。)参加会议的共10人。瞿秋白、邓演达支持吴玉章的意见,加伦将军也表示:"从北伐的军事观点来看,加强南京方面是合理的。这样我们可以一方面从武汉沿京汉路北上,一方面可以从南京沿津浦路北上。"但是,与会者大多数不同意吴玉章的意见。第四军登轮的当天,就得到在船上待命的通知。11日,又得到命令退回原地①。第四军、第十一军东下的计划就这样搁浅了,迁都南京的决议也就成了一纸空文。

吴玉章说:"假使第四军按照原定计划调去南京,长江下游左右派的力量对比便会发生重大的变化,蒋介石的反革命政变也就不会那样顺利。"但是,事实上,第四军东下的决定也已为时过晚。在武汉政府作出有关决定后的第四天,蒋介石就在上海发动了政变。在一场紧张的争夺时间的赛跑中,武汉政府落到了后面。

武汉国民政府的动摇和共产国际有关。当年3月,共产国际总书记布哈林(Н. И. Бухарин)在莫斯科报告称:只要蒋介石暂时尚未变节,"能积极的进行反对军阀、反对帝国主义战争,无产阶级的政党是可以帮助他的"②。同月31日,共产国际的机关刊物《国际新闻通讯》发

① 《吴玉章回忆录》,中国青年出版社1978年版,第143—144页;黄霖:《八一起义前后的几点回忆和认识》,《中国共产党在江西地区领导革命斗争的历史资料》第1辑,江西人民出版社1970年版,第17页;朱雅林:《一九二七年底回忆》,第101—102页;勃拉戈达托夫:《中国革命纪事》,第293页;巴库林:《中国大革命武汉时期见闻录》,中国社会科学出版社1985年版,第128—134页。

② 莫斯科中山大学编:《国际评论》,中共中央党校出版社1981年版,第571页。

表文章称："国民党内的分裂和工人阶级与革命军士兵之间的敌对情绪,在目前绝无可能","像蒋介石这样的一位革命家不会去和反革命的张作霖合作行动。"4 月 5 日,斯大林在莫斯科发表演说称:"既然我们有多数,既然右派听从我们,为甚么把右派赶走?只要有用场,农民连一片疲蹶的老马也需要,他不把它赶走。我们也一样,等到右派对我们没有甚么用场,我们就把它赶跑。目前我们需要右派。它有的是能干的人,这些人尚率领军队且指导它去反对帝国主义者。蒋介石也许对革命没有同情,但他正带着军队,且除了引导他去反对帝国主义之外,便不能干别的事情。"①这种情况,当然不可能对中国革命作出正确的指导。

和武汉国民政府以及共产国际比较,中国共产党人,特别是上海区委,对形势的认识要清醒一些。

3 月 25 日,陈独秀在特委会上说:"中国革命如不把代表资产阶级的武装打倒,中国就不想要革命,同时只要把此武装打倒,资产阶级就可以服从革命的力量。上海现在资产阶级与右派勾结,党军也很右倾。我们如果情愿抛弃上海,就很容易;如果争斗,就要马上动作。"②26 日,罗亦农在区委会议上说:"蒋在江西已开始杀我们的同志,所以我们现在的责任,就是挽救这个全国的危机。"③同日,蒋介石来到上海,区委又召开活动分子会议,指出"蒋来别有用心","他将集中势力与 CP 算账"④。这些地方,说明中国共产党人已经清晰地看出了局势的严重性。

3 月下旬,陈独秀、彭述之、周恩来、罗亦农等研究以后认为,除了

---

①　转引自伊罗生(Harold R. Isaacs):《中国革命史》中译本,上海向导书局 1947 年版,第 183—184 页。

②　《特委会议记录》,《上海工人三次武装起义》,第 389 页。

③　《中共上海区委会议记录》,《上海工人三次武装起义》,第 391 页。

④　《中共上海区委召开活动分子会议记录》,《上海工人三次武装起义》,第 406 页。

坚决采取行动反蒋外,别无其他出路。周恩来并提出,薛岳很可能站过来。但是,陈独秀不敢作出如此重大的决定,要求彭述之去武汉和共产国际代表及多数中央委员商讨。4月初,彭述之过宁时,召集李富春、李世璋及南京市委书记谢文锦等会议,会上,一位苏联顾问从军事力量上作了分析,大家一致要求立即向蒋介石进攻,并要彭述之代表中央下攻击令。彭述之答称:"这个问题太重大","必须中央经过严肃的讨论,才能决定。"①

　　这一时期,陈独秀和中共上海区委准备采取的第一项对策是扩大反帝运动,实行总同盟罢工,收回上海租界。3月26日,陈独秀在区委会议上提出:"号召反英,要蒋反英","反英运动要扩大,可逼蒋对民众的进攻减少。"②同日,区委在活动分子会议上部署:"所有华租各界一切工厂办事人员都罢下工来,要使租界死寂,不能不交还租界。"③陈独秀等幻想以激化民族矛盾的办法缓和阶级矛盾,迫使蒋介石追随群众斗争。他认为,倘使蒋介石镇压工人,将完全失去群众的信仰,政治生命也将结束。27日,汪寿华根据区委指示,在上海工人代表大会上提出:工会今后在政治上的责任,其第一条即为收回租界④。但是,陈独秀等并不敢贸然实行。28日,陈独秀又提出,罢工先决条件是"要得民党及老蒋同意"⑤。29日,汪寿华在欢宴北伐军将领时声明,收回租界"应由民众组织的国民政府来解决,决不是我们工人的意旨如何就如何的"⑥。此后,国民党上海市党部、上海学联等团体都曾为收回租界做

---

① 彭述之:《评张国焘的〈我的回忆〉》,香港前卫出版社1975年版,第14—16页。

② 《中共上海区委会议记录》,《上海工人三次武装起义》,第392页。

③ 《中共上海区委召开活动分子会议记录》,《上海工人三次武装起义》,第408页。

④ 《全上海工人代表大会纪》,《申报》,1927年3月28日。

⑤ 《中共上海区委主席团会议记录》,《上海工人三次武装起义》,第428页。

⑥ 《总工会昨晚欢宴北伐军将领》,《申报》,1927年3月30日。

过舆论准备。31 日,国民党上海市党部号召"对英经济绝交"①。4 月
3 日,上海对南京惨案各团体代表大会决议,组织反英帝国主义大同
盟②。这个大同盟在 10 日召开了首次会议,已是政变的前夜了。

　　陈独秀和中共上海区委准备采取的第二项对策是保存工人武装。
区委决定将工人纠察队的大部分兵力集中于闸北湖州会馆与俱乐部,
严阵以待,以防御战对付右派军队的进攻。罗亦农说:"我们要准备一
个很大的防御的流血的牺牲。"③即指这一计划。3 月 31 日,共产国际
指示中国共产党采取退却方针,电报说:"在群众中开展一次反右派运
动。鉴于力量对比上处于非常不利的地位,我们不要仓促进行公开斗
争。武器不要交出去,必要时须隐藏起来。"④罗亦农对共产国际的这
一指示强烈不满,愤怒地将电报摔在地下。4 月 6 日,他在区委活动分
子会议上说:"我们决定不收藏枪械,坚不缴械","严取防守态度,无论
他们怎样进攻,我们决不投降与退却"⑤。罗亦农的态度表现了中国共
产党人宁折不弯的英勇斗争精神,但是,蒋介石拥有压倒优势的武装力
量,少数工人纠察队不可能守住几个孤立的据点,更无从防止政变。在
报告中,罗亦农还提出了一个"以民众的力量去镇压蒋之反动"的计划,
主张"尽力拉住商人,积极帮助工人","使学生明了争斗的意义",准备
罢工罢课,"如果蒋介石来缴纠察队的械,所有工人都罢工,到华界来援
助,缴蒋军的械"⑥。这一计划自然比死守据点,被动挨打略胜一筹,但
是,以群众的血肉之躯和武装军队对抗也并不现实。报告中,罗亦农还

---

　　①　《市党部昨开党员大会》,《申报》,1927 年 4 月 1 日。

　　②　《发起反英帝国主义同盟启事》,《申报》,1927 年 4 月 6 日。

　　③　《中共上海区委会议记录》,《上海工人三次武装起义》,第 391 页。

　　④　曼达梁:《中国共产党领导为何失败》,《真理报》,1927 年 7 月 16 日;参见布
哈林:《中国革命问题》,法文本,第 56 页。

　　⑤　《中共上海区委召开活动分子会议记录》,《上海工人三次武装起义》,第 449
页。

　　⑥　《中共上海区委召开活动分子会议记录》,《上海工人三次武装起义》,第
448—449 页。

提到:"如果上海的工人能与江、浙、武汉左派势力联合,一致把新右派势力打倒,则中国革命运动前途将大放光明,而建立革命的民主政权。"①这不失为正确的方针。但是,要执行这一方针,必须和武汉国民政府统一步伐,做大量的工作,也已经为时过晚了。

中共上海区委曾企图寻找联盟力量。军事方面,区委决定挽留薛岳师长驻上海,选派工人参加薛师,并将薛岳选入闸北区政府和上海临时市政府。3月24日,上海总工会致电蒋介石,表示对薛师他调无任骇异,要求命其"坐镇沪上"②。随后又召开5000人的集会,并组织群众代表200人向白崇禧请愿③。区委企图以此和薛岳在军事上建立同盟。此外,周恩来还出面做过刘峙和第二十一师师长严重等人的工作。

政治方面,区委企图以上海临时市政府作为最重要的联盟力量。3月20日,区委主席团会议决定,"拿住"市政府,有人辞职,即尽量以小商人加入。"造成工商政府,由CP操纵"④。4月1日,区委提出,市政府"无论如何要办事"。3日,上海市民代表大会召开第五次会议,议决致电武汉国民政府,请其即日电饬上海市政府委员,立即办公⑤。4日,上海市政府委员召开第二次会议,补选王晓籁、孙科、汪寿华为常委,王晓籁为主席,在武汉国民党中央执行委员会的支持下,上海临时市政府于8日通告,"依法行使职权"⑥。10日,召开第七次会议,通过政纲107条。中共上海区委的意图是"以市政府与蒋冲突"⑦,但是,上海临时市政府实际上是个空架子,并不足以和蒋介石的军事力量相

---

① 《中共上海区委召开活动分子会议记录》,《上海工人三次武装起义》,第448页。

② 《总工会挽留薛师永留沪上之函电》,《申报》,1927年3月26日。

③ 《民党大会挽留薛岳》,《申报》,1927年3月27日。

④ 《上海区委主席团会议记录》,《上海工人三次武装起义研究》,第215页。

⑤ 《市民代表大会第五次大会记》,《申报》,1927年4月4日。

⑥ 《市政府消息》,《申报》,1927年4月9日。

⑦ 《上海区委主席团会议记录》,《上海工人三次武装起义研究》,第219页。

抗衡。

为了加强工人纠察队的建设，显示保卫这一支工人武装的决心，上海总工会于4月6日举行纠察队授旗典礼，罗亦农发表演说，指出"现在上海不少反动分子从中捣乱，工人纠察队须一致起来，消灭一切反动派"①。同日，上海总工会发表《敬告全上海市民书》，声明"对此区区之工人武装，实有绝对拥护之必要"，同时表示，"本会之纠察队，可以使商人得不少之利益"，力图使上海资产阶级放心②。7日，总工会召开代表大会，议决倘有破坏本会纠察队的行动，"全上海工人当起而一致拥护（纠察队），以群众之行动制止之"③。与总工会相呼应，国民党上海市党部也于9日议决，凡背叛、破坏革命原则，助长帝国主义势力，为反动派张目者，誓以革命手段，严讨而歼灭之④。

武装的政变必须以武装的军队或武装的群众来制止。上海总工会等团体的上述会议、措施，可以争取群众，振奋精神，但都不足以制止政变。

上海的形势日益紧急，远在武汉的中共中央和共产国际代表自然缺乏切肤的感受。4月上旬，中共中央和共产国际的代表连续三次会议，讨论江浙及上海方面的工作。大约是在10日的会上，维经斯基认为蒋介石"有办法"，罗易也认为蒋介石"还有办法"，主张国际代表团中一人去上海会见蒋介石⑤。中国共产党人坚决反对，声称如果这样做，"我们一定把他禁锢起来"。会议最后决定派李立三、陈延年、聂荣臻和维经斯基去上海，与赵世炎、周恩来组成特务委员会，决定沪区工作计划，报告中央。4月13日，罗易又致电蒋介石，声称"一切革命力量的

---

① 《总工会纠察队昨行授旗礼》，《申报》，1927年4月7日。

② 《申报》，1927年4月6日。

③ 《总工会昨开代表大会纪》，《申报》，1927年4月8日。

④ 《市党员昨开迎汪复职大会》，《申报》，1927年4月10日。

⑤ 李立三：《党史报告》，中央档案馆编：《中共党史报告选编》，中共中央党校出版社1982年版，第245页。

团结是最大的需要"，表示"将乐于访问南京"①。而在这前一天，政变已经发生了。

五　"四一二"政变

上海工人阶级做好了战斗和牺牲的准备，完全没有想到，等待他们的是阴谋和欺骗。

蒋介石到上海后，多次肯定工人纠察队的合法性。3 月 27 日，蒋介石对记者称："他们如有组织，有纪律，按照党义，可以武装自己。"②28 日，在会见上海总工会代表时又表示："纠察队本应武装，断无缴械之理"，"余可担保不缴一枪一械"③。30 日，又对日本记者表示，纠察队"系工人自卫上所必要者"④。4 月 6 日，工人纠察队举行授旗典礼，他赠送"共同奋斗"锦旗一面，以示鼓励⑤。蒋介石企图以这些做法麻痹中共和上海工人阶级，同时，则磨刀砺刃，准备动手。4 月 8 日晚，蒋介石觉得一切就绪，便离开上海，前往南京，让白崇禧放手行动。

9 日，根据蒋介石的命令，颁布《战时戒严条例》12 条，成立淞沪戒严司令部，以白崇禧和周凤歧为正副司令。11 日，杜月笙派人持帖邀请汪寿华到杜公馆赴宴，商量"机密大事"。当夜，汪寿华被害。同日夜，杜月笙亲自拜见工部局董事费信惇，为流氓、打手取得了通过租界的许可。12 日晨，各处流氓、军队按照预定计划同时动作，向工人纠察队发起进攻。

上海总工会会所设于闸北湖州会馆。当日 4 时，约有六十余名便衣，臂缠工字袖章，向会所放枪。工人纠察队被迫抵抗。不到 10 分钟，

---

① 《中国新闻》，1927 年 4 月 14 日。

② 《申报》，1927 年 3 月 27 日。

③ 《蒋总司令与总工会代表讲话》，《申报》，1927 年 3 月 29 日。

④ 《申报》，1927 年 3 月 31 日。

⑤ 《总工会纠察队昨行授旗礼》，《申报》，1927 年 4 月 9 日。

大批第二十六军士兵开到，缴去所有便衣的枪械，并用绳索捆绑。纠察队见状，热情招呼士兵入内吃茶抽烟。第二十六军团长邢霆如邀请纠察队总指挥顾顺章去师部商议解决办法。行至半途，邢团长突然变脸说："他们的枪械已经缴了，你们的枪械也应该缴下才好。"于是，士兵立即卸下了顾顺章及随行队员的枪械。邢团长随即要求顾顺章回会，下令全部纠察队员缴械，遭到拒绝。邢团长便改令纠察队将枪架好，后退三步，并用机枪瞄准。纠察队员无奈，只好照办。至此，总工会即被占领。

　　商务俱乐部（东方图书馆）是上海工人纠察队总指挥处所在地。5时20分左右，有身穿党军服式，臂缠工字符号的二三百人向俱乐部冲锋，击毙纠察队副队长杨凤山。工人纠察队奋勇抵抗。8时许，第二十六军派第五团前来，携函称："贵处与某方发生误会，此种不幸之事件，应即双方停战（吹号为记），敝部特派第五团邢团长前往调停，如有某一方面不服从调停者，即解决某一方面，调停时间以11时为限。"邢霆如要求纠察队派代表前往总工会交涉。正谈判间，周恩来赶到，表示可负全责，即随邢至第二十六军第二师司令部①。在那里，周恩来严词斥责了国民党右派的背叛行为。在此期间，邢霆如回到俱乐部，召集工人谈话，宣称第二十六军系"民众之军队"，保证不缴纠察队的枪，要求派一连徒手士兵与纠察队徒手游行，"表示切实联络"。在纠察队出发游行时，该团即乘机入内，占据俱乐部。

　　闸北商务印书馆印刷所是工人纠察队的重要据点。当日5时，有六名便衣手持盒子枪自租界出来，向印刷所冲击。正在双方对射之际，大批第二十六军士兵开来，大喊："不要打，都是自己人，不要误会，我们是来调解的。"随即令守卫开门谈话，一拥而入。

　　除上述地点外，闸北天通庵路栖流所、南市华商电车公司、三山会馆、浦东、吴淞等处的工人纠察队，也都受到流氓、军队的围攻，陆续被

---

　　①　《淞沪工人纠察队昨被缴械》，《申报》，1927年4月13日。

缴械。总计当日纠察队牺牲 120 多人,伤 180 多人,被缴步枪 3000 余支,机枪 20 挺,手枪 600 余支。事后,白崇禧、周凤歧等张贴布告,诬称工人械斗,为保障"地方安宁秩序","不得不严行制止",企图以墨写的谎言掩盖真相。但是第二十六军第一师师长伍文渊当时就对《新闻报》记者承认,此次行动"系因白总司令奉蒋总司令密令"①。1933 年,白崇禧在一次演说中交代了其中底细:他从蒋介石那里接受了"清党"任务后,即向租界各领事交涉,"请允许清党军队通过租界进攻共党";他之所以派便衣队暗藏短枪,假扮工人进攻,是为了"出其不意"②。

工人纠察队被缴械后,上海总工会立即发布总同盟罢工令,声明"军事当局与租界中敌人默契,昭然若揭,事实俱在,证据确凿。本会至此,惟有宣告上海总同盟罢工,以为抵抗。本会所领导八十余万工友,誓死奋斗"③。同时,通电全国,说明有关情况,电文沉痛地说:"此等举动在帝国主义军阀为之,吾人亦视若寻常,今乃竟由革命之北伐军对于革命之工人纠察队为之,实为国民革命之污点,吾工人甚为耻之。"④

当日上午,由济难会发起,在闸北青云路广场召开市民大会,提出交还纠察队枪械,肃清工贼、流氓及一切反动派,保护工会等五项要求。会后,工人齐往湖州会馆,要求交还总工会会所。"不顾性命,号哭冲进"。同日,原定在南市公共体育场召开的迎汪复职大会也临时改变主题,由主席团提议去龙华向白崇禧请愿。白崇禧托词公务忙碌,由秘书主任潘宜之接见代表,数万群众则鹄立于门外。在群众浩大声势的压力下,潘宜之接受了代表们提出的部分要求,实际上不过是虚与委蛇,旨在欺骗群众散去⑤。这一天,浦东、沪西工人因参加南市大会被阻,只能分头开会,决议罢工。

① 《"四一二"大屠杀纪实》,《党史资料》1953 年第 7 期。
② 《十六年清党运动的回顾》,《南宁民国日报》,1932 年 4 月 12 日。
③ 《蒋逆铁蹄下之东南》,小册子。
④ 《蒋逆铁蹄下之东南》。
⑤ 《各界市民为解除工人武装大请愿》,《申报》,1927 年 4 月 14 日。

　　13 日，上海总工会在闸北青云路广场召开工人群众大会。由于军队沿途堵截，仅闸北工人到会，但人数仍达 10 万人左右。赵世炎、周恩来出席了会议。会后整队赴宝山路第二十六军第二师司令部请愿，要求立即释放被拘工友，发还枪械。行至三德里附近，突有兵士多人从各里弄内冲出，向群众开枪，旋复用机枪扫射达十五六分钟。群众因大队拥挤，不及退避。士兵们在街上横冲直闯，如疯如狂，逢人即打，遇旗即撕，群众当场伤毙约百人①。

　　事后，刽子手们为了掩饰罪行，将上次俘获的直鲁联军俘虏数十名押解游街，前导大旗，指为总工会通敌证据，声言工人及直鲁军围攻司令部，士兵不得已而自卫。但是，这种欺骗同样不能遮住人们的眼睛。郑振铎、胡愈之、周予同、李石岑等人当时住在闸北，目睹惨剧，于次日致书蔡元培、李石曾、吴稚晖三人，愤怒抗议："受三民主义洗礼之军队，竟向徒手群众开枪轰击"，"'三一八'案段祺瑞之卫队无此横暴，'五卅'案之英国刽子手无此凶残"。郑振铎等要求：一、国民革命军最高军事当局立即交出对于此次暴行直接负责之官长士兵，组织人民审判委员会加以裁判；二、当局应保证以后不向徒手群众开枪，并不干涉集会游行；三、在中国国民党统辖下之武装革命同志，应立即宣告不与屠杀民众之军队合作。郑振铎等沉痛表示："党国大计非弟等所愿过问，惟目观此次率兽食人之行为，则万不能苟安缄默。"②15 日，《时报》以《闸北居民致政治委员会函》为题，刊登了这封信的大部分内容。

　　屠杀后，白崇禧即派兵重占湖州会馆总工会会所。下午 3 时，工界

---

　　①　群众牺牲的人数，没有确实统计，作新《蒋介石屠杀上海工人纪实》称在三四百人以上，见《向导》第 194 期。上海总工会报告称："当场受击毙者在百人以上，伤者更不可计数。"见《蒋逆铁蹄下之东南》，第 43 页；《时报》4 月 14 日报道称：连行人死伤者共约 20 余人；联合社调查称：工人死 30 人，工人及民众受伤 56 人；士兵死 12 人，受伤 5 人（含浦东地区），见《纠察队缴械之死伤者》，《时事新报》，1927 年 4 月 18 日。此据郑振铎等《致政治委员会函》，《时报》，1927 年 4 月 15 日。

　　②　《文史资料选集》第 70 辑，第 1—2 页。

联合会的董福开等人赶来,殴打并驱逐原总工会职员,霸占文件、印信,宣布奉白崇禧面谕,将上海总工会与工界联合会一律取消,成立上海工联总会。4时,工人纠察队总指挥部也再次被军队占领。与此同时,其他进步组织、团体纷纷被取缔。上海特别市临时市政府被封,十余名正在开会的执行委员被捕;国民党上海特别市党部被陈群、潘宜之、吴倚沧、罗家伦等武装接收;学联、各界妇女联合会被改组;上海总工会机关报《平民日报》被关闭;中国济难会被占领……

"四一二"政变立即了得到了中外反动派的欢呼。4月14日,黄金荣、张啸林、杜月笙联名通电,宣称:"不忍坐视数千年礼教之邦,沦于兽域,干净之土,蒙此秽污。同人急起,邀集同志,揭竿为旗,斩木为兵,灭此共产凶魔,以免遗害子孙。"[①]日本报纸发表文章称:"上海政变固然意味蒋介石一派与武汉派之决裂,同时亦意味驱逐在武汉派后面之鲍罗廷以下之俄国势力。""此一目的与北方军阀之主张实属一致,孙传芳与蒋介石一派,除此问题以外殆无相争之理由。"[②]

六　四川、浙江、福建、江苏、广东
　等地的拥蒋反共活动

在"四一二"政变前后,四川、浙江、福建、江苏、广东、广西各地先后发生拥蒋反共活动。它们既加强了这一政变的声势,又是这一政变的实际组成部分。

(一)重庆"三三一"惨案与刘湘进攻泸州起义军

刘湘在成为国民革命军的第二十一军军长后,有一段时期,和重庆莲花池左派省党部的关系比较密切。他的左倾姿态很迷惑了一些人。川康督办衙门前经常有无数民众结队请愿,男女学生们更直接称他为

---

① 《时报》,1927年4月14日。

② 《上海のクーデター》(上海政变),《东京日日新闻》,1927年4月14日。

"刘同志"。但是,刘湘担心左派会挖他的"墙脚"①,当他摸清楚国民革命军内部也有左右派之分时,就迅速和右派勾结起来。

自1927年1月起,刘湘和蒋介石之间信使往来频繁。刘湘派往蒋处的有军法处长李子骏,蒋介石派往刘处的有川康政治宣传员黄明豪和一批黄埔学生。黄向刘湘传达了蒋介石对四川将领的希望,刘湘则表示"愿效前驱"②。3月5日,右派卢师谛密函张静江、蒋介石,声称"川中党务,全操共派之手,三民主义已失领导群众之权与地位,惟今犹可救,缓则无及"。他要求张、蒋二人"毅然断然,忍痛一割",自称"尚能以川省多数之力,为诸兄后盾"③。16日,蒋介石所派四川宣慰使吕超和四川党务特派员向育仁(传义)到渝,和刘湘"商洽一切"。23日,蒋介石再派戴弁到川。通过这些往来,刘湘得悉蒋的反共意图,待机而动。

当时,正值南京事件之后,中共重庆地委决定以工农商学兵反英大同盟的名义召开群众大会,并游行示威。消息为刘湘得知,立即密报蒋介石,蒋电复刘湘,并派卢师谛传达指示,嘱其镇压④。3月30日,团阀曹燮阳约集江北、巴县、綦江、南川四县联团首领及重庆卫戍司令王陵基密商反共⑤,同日,刘湘指使师长罗仪三恫吓杨闇公,要他取消预定的大会。次日晨,又派人利诱:"若能不去赴会,军座定有好音。"⑥这些,都遭到杨闇公的拒绝。

31日,会议按计划在重庆打枪坝广场举行,参加民众、学生约二三万人。在会议即将开始之际,王陵基和曹燮阳等预伏在会场里面的便

①　刘伯承:《纪念杨闇公同志》,《忆杨闇公同志》,四川人民出版社1980年版,第3页。

②　《重庆川康政治宣传员黄明豪2月11日来电》,《蒋介石收各方电稿》,抄本。

③　卢师谛:《致张静江密函》,中国第二历史档案馆藏,原件。

④　《吴玉章回忆录》,第168页。

⑤　《四川军阀史料》第4辑,四川人民出版社1987年版,第321页。

⑥　吴玉章:《忆杨闇公同志》,《吴玉章回忆录》,第168页。

衣队和布置在会场周围的武装,里应外合,刀枪并举,"对着那手无寸铁的民众和小孩子,杀,打,射击"①。总计,当场被打死、踩死者约达五百多人,其中身穿童子军制服的小学生约二百余人,工人代表五十余人②。有些女学生被打死、踩死后又遭到侮辱。亲历者记述说:"于是他们又动起手脚来了,几撕,几拉,几翻,几跌,居然就把她们剥得精光","他们狞笑着,踢弄着,好似别饶风味。她们的阴户,有被贯入石子的,有被贯入甘蔗头的。"③面对这种惨不忍睹的情景,反动派们却感到兴奋。有一封报告曹燮阳的信说:"将乱党打死七八十人,带伤者不暇计及。内中惟学生占多数,甚有女生衣裤多被撕毁,竟成裸体者。似此惩创,实系痛快!"④反动派们就是这样地丧失人性。

当日,刘湘和王陵基出告示说:"本日市民大会,工学冲突,已派兵弹压矣。"

在打枪坝实行疯狂屠杀的同时,刘湘又派人到莲花池省党部、省农会、市总工会、妇联、中山、中法等学校进行搜剿。左派陈达三、冉钧等先后被杀,漆南薰的尸体被砍成数段,扔在路旁。杨闇公于4月3日启程赴武汉报告,4日被捕。刘湘、王陵基和蒋介石派来的特务共同审讯他,杨闇公坚毅不屈,表示:"我头可断,志不可夺。"6日,被割舌,挖去双眼,剁去双手,连中三弹,壮烈牺牲。

4月9日,刘湘、刘文辉、邓锡侯、杨森、刘成勋、赖心辉、田颂尧联名通电,指责武汉国民党中央:"提高党权者,乃提高异党之权,而非提高本党之权也。""所谓统一势力者,统一于异党,而非统一于本党也。"电报称:"值此是非未明,群言淆乱之际,尤必以自决之精神,作救国救党之运动。"⑤自此,四川再度沦入黑暗统治之下。

---

① 《重庆三三一惨案纪念特刊》。
② 周非:《重庆三三一惨案亲历记》,《中华民国史事纪要》。
③ 《重庆三三一惨案纪念特刊》。
④ 《四川军阀史料》第4辑,第323页。
⑤ 上海《民国日报》,1927年5月3日。

同月 13 日,刘湘组织川黔联军,以赖心辉为总指挥,用 28 个团的兵力进攻泸州。20 日,刘伯承和起义军各路司令致电武汉政府,呈请讨伐刘湘,表示"愿率所部,报命前锋"①。同时多次击退敌军的进攻。5 月上旬,在吴玉章等的推动下,武汉政府任命泸州顺庆起义军为国民革命军暂编第十五军,以刘伯承为军长,黄慕颜为副军长。但这并不能解决起义军的任何实际问题。5 月 12 日,刘湘自任总指挥,增调军队,加紧进攻。泸州起义军至此已坚守一个多月,弹尽粮绝,陈兰亭、袁品文等也发生动摇。16 日,刘伯承等三人缒城撤离,辗转奔赴汉口报告。23 日,起义军乘夜突围,泸州陷落。6 月初,起义军到达贵州桐梓,陈兰亭将队伍拉出,投奔杨森,袁品文等余部为贵州军阀周西成收编。

(二)杭州"三三〇"、"四一一"与宁波"四九"事件

正像许多地方一样,浙江省也存在着两派工会组织。

杭州总工会为共产党人和国民党左派所掌握,拥有产业工人约二十万。但是,杭州还有大量职业工人,如泥水、木匠等。1927 年春,蒋介石派陈希豪等将这部分工人组织起来,成立职工联合会,也达到四万人之众。他们大部分是东阳人,后来,温台帮工人也参加进来,声势更大②。该会负责人张浩原是旧国会议员,后依附陈果夫。其他负责人不是官僚、旧军人,就是讼棍、鸦片鬼。当年 3 月,张静江从南昌回到浙江,通知陈希豪等已决定"清党",并给予陈等以经费支持③。

3 月 28 日,浙江省党部函请省政府转令公安局解散职工联合会。29 日,政务委员会决议接受省党部要求。30 日,职工联合会召开成立

---

① 《汉口民国日报》,1927 年 5 月 5 日。

② 陈希豪:《陈希豪、张静江利用杭州职工联合会的一幕》,浙江省政协文史资料未刊稿。

③ 《民国十六年浙江清党资料》,陈立夫档,美国哥伦比亚大学珍本和手稿图书馆藏;陈希豪:《致张静江书》,1927 年 8 月 30 日,中国第二历史档案馆藏档案。据该函,从当年 3 月至 4 月中旬,陈希豪共从张静江处取得 2.9 万元,大部分用于职工联合会。

大会,到火腿、柴炭、泥水等 33 个工会,号称 10 万人。会后游行,一路毫无阻碍,显然事先得到军警当局的默契。行至杭州总工会门前时,突然有一部分人手持木棍,闯入捣毁。因总工会已有戒备,双方对敌,受伤五十余人①。事后,职工联合会的游行队伍又围攻了浙江省党部。次日,杭州总工会、杭州学联、各界联合会、总商会等团体决定罢工、罢市、罢课,发动 10 万人游行请愿。途中,巡警及驻军开枪阻止,捉去工友三四十人。当晚,工人派代表向省政府、省党部请愿,提出撤换公安局长章烈、解散职工联合会、发还纠察队器械、惩凶等五项要求②。同日,东路军前敌总指挥部杭州留守主任罗为雄派队到总工会,收缴纠察队的铁棍、长枪、刺刀等物,出告示称:“该工会纠察队,行为横暴,秩序因之紊乱,实属扰乱后方,应即解散,以维公安。”③4 月 1 日,被拘工友陆续释放。然而,这不过是缓兵之计。

4 月 10 日,章烈自沪返杭,奉密令,查办各机关“反动分子”。11日,全城戒严。职工联合会“工人”会同士兵进入浙江省政务委员会,搜捕查人伟、丁济美、戴学南等,押出游街,一路高呼“打倒把持政权的跨党分子”等口号④。当日,共捕 32 人。宣中华避至上海,在车站被第二十六军捕杀。同日,总工会及纠察队均被解散。

杭州发生政变的同时,宁波也发生类似事件。

4 月 9 日,宁台温防守司令王俊下令戒严,派兵分头驻守宁波市党部、总工会、农民协会及民国日报社,同时传讯报社经理庄禹梅。宁波市政府、党部、总工会、商会等派代表质问王俊,王竟将代表扣留。当夜,王派出武装士兵将党部、总工会、农协等团体一律解散。10 日,铁路总工会、海员工会等组织宣布罢工、罢市、罢课,召集市民大会。王俊

---

① 《杭州之大工潮》,《申报》,1927 年 4 月 3 日。
② 《杭州工会冲突续闻》,《申报》,1927 年 4 月 5 日。
③ 《杭总工会纠察缴械》,《申报》,1927 年 4 月 3 日。
④ 《杭州之党潮又起》,《申报》,1927 年 4 月 11 日。

派兵向到会工人及纠察队开枪，击毙三人，重伤二十余人，捕三十余人。同日，王俊也召集所谓市民大会，但到者仅一二百人，当场宣布：改组市党部；将总工会改为工人同盟会；组织"人民裁判会，审判被捕诸人"①。

宁波事件是蒋介石直接操纵的结果。行动前，王俊曾赴沪向蒋介石请示②；事后，又致电蒋介石报告：宁波"反动派"鼓动总罢工，"图行暴动"③云云。

（三）福州"四三"与厦门"四九"事件

国民革命军入闽后，左右派都积极发展自己的力量。左派掌握着国民党福建省党部筹备处、民众运动委员会、福州学生联合会、店员总工会，以《民国日报》为喉舌，代表人物有省党部筹备处宣传部主任委员马式材、工人委员会主任李培桐、民众运动委员会主任徐琛、《民国日报》编辑主任潘谷公等。右派掌握着临时政治会议、福州市县党部筹备处、福州总工会，以《求是日报》为喉舌。代表人物有临时政治会议主席方声涛、政治委员会委员黄展云、前独立第三师师长林寿昌等，此外，右派并形成了独立厅同志社、参谋团，青年奋进社、晶社、国民党青年俱乐部等小组织。1927年3月4日，在省党部筹备处主任、共产党员戴任主持下，东路军各级政治部联合办事处和福建民众运动委员会召开联席会议，决定成立福建民众运动委员会，负责审查民众团体备案，解决民众团体纠纷等事宜。左派的这一决定堵塞了右派假群众团体名义进行活动的路子，因此，遭到强烈反对。

3月8日，在方声涛、冷欣等人策划下，福州总工会集会并游行，要求取消民众运动委员会，解散店员总工会等左派团体，驱逐马式林、李培桐、潘谷公、徐琛等"四凶"。同日省临时政治会议分会议决，取消民众运动委员会职权及马式材等人职务。右派的这一决定也遭到左派的

① 《宁波总罢工之风潮》，《申报》，1927年4月13日。
② 《宁波党潮之大风波》，《申报》，1927年4月14日。
③ 《宁波总罢工之风潮》，《申报》，1927年4月13日。

强烈反对。9日,店员总工会联合四十多个团体举行拥护党权大会,公推中共中央特派员王荷波主持会议,呼吁各界支持福建民众运动委员会,要求省临时政治会议解散福州总工会。会后游行时,林寿昌等指使暴徒数十人,持枪械冲击,殴伤国民革命军总政治部特派员共产党人江削五。此后,右派即连续秘密会议,派遣周一志、冷欣、方绍美等人赴各地联络,策划反共。

4月3日,福州右派总工会等团体,召开拥护蒋介石及护党运动大会,方声涛任主席。会议议决16条,主要为:一、拥护蒋介石在军政时期行使全部职权;二、肃清跨党分子;三、取缔一切违反三民主义及本党政策之口号、标语、传单、出版物;四、惩办破坏福建党务,"扰乱北伐后方"的戴任、马式材等人;五、改组福建省党部筹备处;六、收回《福建日报》。会议还决定组织福建各界拥蒋护党运动大会执行委员会,公举谭曙卿、方声涛、林寿昌等为委员①。会议进行中,新编第二师五团二营党代表方毅威等五人挺身而出,登台指责会议"淆乱群众听闻,实为西山(会议)派捣乱北伐后方"。方声涛恼羞成怒,命人捆缚方毅威,宣布"反动派应枪决",台下哄然举手。混乱之间,四人逃走。右派总工会的纠察队在方毅威的背上插上纸旗,大书共产党三字,于散会后拥令游街,在行至万寿桥时,用手枪击毙,抛尸江中②。当夜,谭曙卿召开联席会议,决定全省戒严,以谭为全省戒严司令,张贞为福州戒严司令,同时议决派出侦探、军警进行搜捕。6日,由福州市党部筹委会主任、右派黄展云出面兼任省党部筹委会主任,《福建民国日报》被迫停刊到9日,改名《福州民国日报》。

面对右派的凶焰,中共福州地委曾于3日晚商讨对策,决定于次日召开各界群众大会,声讨右派。4日上午在店员总工会集议,计划召集工人游行,被谭曙卿派部队解散。随后,福州地委书记徐琛、宣传部长

---

① 《福州各界拥蒋大会通电》,《申报》,1927年4月7日。

② 《闽垣最近之政潮》,《申报》,1927年4月11日。

方尔灏、组织部长陈兴钟三十余人先后被捕。

继福州之后，厦门于9日发生政变。

8日夜，方声涛、谭曙卿密电厦门海军警备司令林国赓，令其逮捕共产党员和工、农、青、妇等团体领袖。9日，由"建筑总工会"出名召开拥蒋护党大会①。会后，林国赓即派军警搜查厦门总工会，逮捕正副委员长罗扬才、杨世宁，封闭厦门学生联合会，逮捕该会主席黄树埔（以上三人均为共产党员）。当日晚，有四五百人到海军司令部请愿，要求释放罗、杨等人，被林国赓下令驱逐。11日晨，军警手持"扰乱公安，格杀无论"的旗帜，游行街市。

（四）南京"四九"、"四一〇"事件

江右军攻克南京后，蒋介石即委派温建刚任公安局长，杨虎为特务处长，帮会头目、孙文主义学会分子陈葆元为特务员，加紧准备镇压革命力量。同时，中共上海区委也力谋协助国民党左派掌握南京，发展革命形势。南京成为双方必争的要地。

3月30日，周恩来在中共上海区委特委会上提出："南京非常重要，省党部赶快迁去。"②4月2日，国民党江苏省党部自上海迁宁，与左派南京市党部计议，加紧党务、政治各方面的工作。5日，省、市党部在金陵大学召开党员大会，通过拥护武汉中央、拥护三大政策等21项议案③。即在此时，东路军入城，有人称奉蒋总司令命令，另组市党部。第六军政治部当即予以查封。同时，又有所谓劳工总会出现。该会系陈葆元等以每人两块银元的代价收买流氓所组织。第六军政治部接受省、市党部要求，准备查封，但温建刚即出面保护，声称劳工总会是真正的工人团体，总司令准许组织的④。6日，江苏省政务委员会举行筹备

---

① 《厦声报》，1927年4月14日；参见《厦门戒严后整理党务》，《申报》，1927年4月11日。

② 《特委会议记录》，《上海工人三次武装起义》，第437页。

③ 《江苏省党部代表张曙时报告》，《汉口民国日报》，1927年4月29日。

④ 《江苏省党部代表张曙时报告》，《汉口民国日报》，1927年4月29日。

会议,推选李富春、李隆建、张曙时、侯绍裘四人为筹备委员,决定于 4 月 11 日成立省政府。同日,农协开会,但公安局随即布告,各界如集会,须经公安局核准,否则即予取缔①。

左派们感到了局势的严重。4 月 8 日,召开军民联欢大会,只有第六军政治部及少数军人到场,第一军无人参加。会议决定严厉处置伪市党部和劳工总会。当日下午,省党部宴请各军、各机关长官,侯绍裘与温建刚发表了针锋相对的训话。侯称:"现在反革命派势力尚未完全消灭,当秉总理遗训,继续工作。"温称:"如有发现违背三民主义及妨碍革命工作者,当以权力手段,扫除一切障碍。"②同日深夜,侯绍裘召集省党部常委和监察委员会议,提出要作好准备,防止蒋介石的突然袭击③。9 日,原订召开欢迎汪精卫复职大会,因蒋介石于当日到宁,临时改为欢迎大会。下午开会之际,陈葆元率领劳工总会的流氓,口称"奉蒋总司令命",先后捣毁省、市党部及总工会,将戴盆天、黄竞西、张曙时、高尔柏等二十余人绑架,送入公安局。正在开会的群众得到消息,决议到总司令部请愿,要求保护省、市党部及南京市总工会,封闭劳工总会。10 日,江苏省党部召开南京市民肃清反革命派大会,提出将反动分子交人民委员会审判、武装工人纠察队自卫、释放张曙时等 7 项要求。会后整队到总司令部请愿,派刘重民等六人为代表同蒋介石交涉。自上午 10 时至下午 3 时,群众在风雨中等候了五个多小时,代表出来报告说,交涉毫无结果,蒋称:"此时皆是民意,无所谓有真伪。"④下午 5 时多,突然拥出一批流氓向群众大打出手,同时警卫用排枪射击,便衣匪徒以短枪响应,计打死请愿群众数十人。当夜,省市党部、市总工会等团体的共产党主要负责干部集会,商议应变措施,突遭包围,

---

① 《南京快信》,《申报》,1927 年 4 月 7 日。

② 《宁垣之两欢会》,《申报》,1927 年 4 月 15 日。

③ 《南京省市两党部被捣毁之沪讯》,《申报》,1927 年 4 月 16 日。

④ 南京市党部代表郑旺华报告,《中国国民党中央执行委员会第二届常务委员会第八次扩大会议速记录》,油印件。

侯绍裘、刘重民、谢文锦、陈君起等被捕。蒋介石企图以江苏省政府主席的位置收买侯绍裘，侯严词拒绝，被活活戳死，装入麻袋，抛入秦淮河。刘重民及女共产党员张应春等同时遇难。

（五）广州"四一五"大逮捕

上海反共会议召开后，李济深、古应芬诸人即匆匆回粤。4月14日，李济深、古应芬、徐景唐、钱大钧、李福林、邓彦华、陈孚木等议决，于15日戒严，搜捕共产党人，收缴工会纠察队枪械。同时，任命钱大钧为广州戒严司令，督同公安局长邓彦华处理一切。

15日凌晨2时，广州紧急戒严。钱大钧首先派出军队控制电报、电话，随即包围全国总工会广东办事处、广州工人代表会、省港罢工委员会、粤汉铁路总工会、广九铁路总工会、广三铁路总工会等地，中山大学、妇女解放协会等地则由公安局派保安队搜索，总计逮捕二千一百余人。以工人占多数，其次为学生，仅中山大学一校就捕去学生四十余人。逮捕者并不熟悉被捕者的情况，邓彦华不得不致函孙文主义学会、机器工会等右派组织，要他们派人前来指认。结果，发现其中居然有"极端信仰总理三民主义，反对共产党的工友"在内①。黄埔军校是李济深的清党重点。事前，他对方鼎英说："黄埔已经共产化，要用武力解决。"方担保不会出问题，可不必动用武力。当日学生队紧急集合，宣布共产党人名单，按名逮捕，其中不少并非共产党员，最后共逮捕近五百人②。

同日下午，李济深、古应芬、李福林等会同省党部召开联席会议，决议组织特别委员会，执行广东党务、政治、军事最高权力，以李济深、古应芬、李福林、陈孚木、邓彦华为特别委员，黄居素为秘书长。当日决定成立民众运动委员会、军政督察委员会及宣传委员会。据称：民众运动委员会的任务为统一民众运动，使一切民众集中于中国国民党指挥之下；军政督察委员会的任务为侦察并惩治一切反动分子；宣传委员会的

---

① 《粤省举行清党活动之情况》，《申报》，1927年4月23日。
② 《陆军军官学校校史》第6册，第41页。

任务为主持一切宣传事项,检查报纸及一切书籍、印刷品。会议通令各级党部限三日内将共产分子检举,同时限令 CP 及 CY 分子于十日内到军政督察委员会自首。会议并决定以古应芬代理财政部长及广东财政厅长,以原中央银行副行长黄隆生代理中央银行行长,派陈孚木接管《广州民国日报》,曾养甫接管《民国新闻》。16 日,钱大钧宣布:"所有一切集会结社,非得本司令许可,不得擅自开会。"①17 日,省农民协会、省港罢工委员会、妇女协会、全国总工会等群众组织纷纷被改组。

广州的大逮捕、大检举造成了严重的恐怖气氛。军政督察委员会下令组织工人检举委员会。黄埔军校也组织了清党检举审查委员会,凡阅读《中国青年》、《向导》的,"平时吵嘴闹事的",均被视为共产党员,属于检举之列。有些非军政机关,任意逮捕人民,擅自讯办,迫使公安局不得不出面禁止。22 日,刘尔崧、李森、萧楚女、何耀全、毕磊、沈春雨、刘剑雄、邓培、容保辉、陈辅国、熊锐等共产党人英勇就义。其中,何耀全被装进麻袋,投入白鹅潭。

继广州之后,汕头也于 16 日发生政变。当地驻军武力接收市党部、总工会等 27 种组织,封闭岭东日日新闻社,同时下令逮捕杜国庠、李春涛、杨石魂等四十余人。

政变之前,在广州的中共党人有一定警觉。4 月 1 日,中共海员工会党团书记陈郁专程到上海,向陈独秀提议,组织以南方海员工人为主的总同盟罢工,然后号召全国其他行业工人响应。陈独秀认为这样做"会把事态扩大,造成不可收拾的后果"②。此后,中共曾准备组织黄埔学生教导团、军官训练班、工人纠察队、农民自卫军等进行抵抗,"背城一战"③。4 月 13 日,中共广东区委召开全市党团负责干部紧急会议,

① 《广州民国日报》,1927 年 4 月 16 日。

② 周焱、王景泰等著:《陈郁传》,工人出版社 1985 年版,第 63 页。

③ 《广州四一五惨案之真象》,《汉口民国日报》,1927 年 5 月 4 日。

号召共产党员、青年团员提高警惕,准备战斗①。14 日,李森、刘尔崧、何耀全又在全国总工会广州办事处召开各工会领导人特别会议,决定发动总罢工,组织工人自卫队②。但是,政变"来得太快,无从集中力量"③,只有奉命进抵西郊的农军和部分铁路工人进行了抵抗,因寡不敌众而失败。22 日,在陈郁和广州市委工委书记周文雍的领导下,广州部分工人举行政治总同盟罢工,抗议广州当局逮捕、杀害革命群众,要求释放被捕工人。海员工人们举着打倒帝国主义、打倒蒋介石的横幅在中山路等地游行④。23 日,广州当局处决了散发传单、鼓动罢工的周翼华等五人。报载:"三男犯不发一语,且无畏惧之色,而两女犯皆属妙龄少女,装束时髦,毫无瑟缩之态,且沿途高呼打倒反动派,中国共产党万岁种种口号。"⑤

广东清党之后,往日蓬蓬勃勃的气象消失净尽。6 月 13 日,陈可钰致胡汉民函称:"当事者往往不择手段","劣绅土豪以为是他世界","今日之现状,如以十五年眼光观之,是开倒车也。"⑥

(六)广西清党

上海反共会议之后,黄绍竑本拟和李济深一起回南,但蒋介石认为有李济深就够了,李宗仁也邀黄协助在第七军中清党,于是,黄绍竑便留了下来⑦。他打电报给广西黄旭初(第七军参谋长兼旅长)、黄剑鸣(第七军政治部副主任)、黄华表(省党部委员,代宣传部长)、朱朝森(省

---

① 《刘尔崧》,《中共党史人物传》第 8 卷,第 183 页。

② 林健柏、李致宁:《李启汉》,广东人民出版社 1984 年版,第 99—100 页。

③ 广东代表韩麟符报告,《中国国民党中央执行委员会第二届常务委员会第十一次扩大会议速记录》,油印本。

④ 《陈郁传》,第 65 页;参见《广州清党运动改期举行》,《申报》,1927 年 4 月 24 日。

⑤ 《广州共产党阴谋再举》,《晨报》,1927 年 5 月 10 日。

⑥ 胡汉民档,美国哈佛燕京学社图书馆藏。

⑦ 黄绍竑:《"四一二"事变前后我亲身经历的回忆》,《广西文史资料》第 7 辑,第 24 页。

政府秘书长)等四人,要他们根据上海会议的精神,组织清党委员会,可以权宜行事,不必遇事请示。同时,命刘日福旅派兵全力进攻东兰韦拔群所领导的农民武装①。

黄旭初接电,立即组织九人清党临时委员会。其成员为黄旭初、朱朝森、黄华表、黄剑鸣、伍廷飏、吕竞存、蓝呈琪等,又指定龚杰元、黄华表、伍廷飏、黄同仇等为梧州、南宁、柳州、桂林的分区代表。

4月12日,黄旭初等开始行动,逮捕国民党广西省党部委员梁六度、雷沛涛、曾天壮、陈立亚、周仲武,国民党南宁市党部委员冯荫西、邓哲等。7月,黄华表提出,要在全省洗监,将在狱的人全部杀光,因伍廷飏等反对,决定择要处决。9月1日,雷沛涛、邓哲、梁六度、雷天壮、陈立亚、周仲武、梁西园、冯荫西、梁砥等13人牺牲②。当时广西共产党员很少。据黄绍竑说:"不管是不是共产党,凡是过去反对政府的,只要不是容县人,不经过审讯就杀害了。"③7日,在梧州逮捕一百余人,在南宁杀害12人。10月9日,邓匡等14人牺牲。

(七)云南内争与龙云"清共"

"二六"政变后,云南形成胡若愚、龙云、张汝骥、李选廷四镇守联合统治的局面。

政变后,云南先后成立了三个国民党省党部。左派设立于法政学校内,被称为"法政党部";右派设立于圆通街,被称为"圆通党部";龙云舅子李培天成立的省党部设立于议会大楼,被称为"舅子党部"。5月7日,龙云派兵查封左派省党部及省农协,逮捕共产党人、省农协主席李鑫、省工会负责人黄丽生及国民党左派王复生等人。

① 黄绍竑:《"四一二"事变关于广西方面资料的补述》,《广西文史资料》第7辑,第44页。

② 杨赐章:《缅怀英烈,忆"四一二"事变国民党在南宁的大屠杀》,《广西文史资料》第7辑,第53页。

③ 《"四一二"事变前后我亲身经历的回忆》,《广西文史资料》第7辑,第26页。

在四镇守使中,出任省务委员会主席兼军政厅长的胡若愚自认资历较深,首倡倒唐,对龙云占据昆明不满;龙云年岁居长,其兵力达3万余人,实力在各镇守使之上,对只获得省务委员会委员也意有未足。二人矛盾日深①。6月13日深夜至14日凌晨之际,胡若愚派兵包围龙云住宅,逮捕龙云,囚禁于铁笼中。史称"六一四"政变。7月1日,胡若愚宣布云南"易帜"。

龙云虽然被囚,但其部队依然存在。龙云的表弟、亲信旅长卢汉等人乘夜逃出城外,集结部队,并请出滇军老将胡瑛暂代第三十八军军长,率军东下反攻。双方在祥云县清华洞、云南驿一带激战,胡若愚、张汝骥部不支,败守禄丰。卢汉攻城,旬日不下。胡瑛乘机率部直指昆明。7月24日,胡若愚被迫挟龙云撤离,到达昆明东郊大板桥时,将龙云释放。胡部南退至昭通,张部绕道退到曲靖。

8月13日,龙云出任代理省务委员会主席。同月,蒋介石派李宗黄以中央驻滇代表身份到达云南。1928年1月17日,蒋介石任命龙云为云南省政府主席。同日,龙云成立清共委员会,大规模地镇压云南共产党组织。

七　南京国民政府的建立

按照蒋介石的计划,政变之后,紧接着的节目就是在南京召开中央执行委员会全体会议,成立国民政府。蒋介石的这一目的虽然部分达到了,但是,情景却相当冷落。

中央执行委员会的会期订在4月15日。14日,开预备会,以胡汉民为主席。15日,因人数太少,改称谈话会。萧佛成提出八项主张:一、以南京为国都;二、取消不合法之中央党部;三、取消汉口伪政府;四、取消跨党分子党籍;五、通缉捣乱分子;六、恢复十五年七月所订革

---

① 《云南现代史研究资料》第5辑,第5页。

命军总司令职权；七、以武力征讨奸党；八、通电报告。当日，并以中央监察委员会名义致电中央常务委员会，要求他们克日赶赴南京①。17日，根据胡汉民建议，另换名目，召开所谓中央政治会议第七十三次会议，柏文蔚、蒋介石、吴稚晖、张静江、甘乃光、陈果夫、胡汉民、李石曾、蔡元培九人出席，以吴稚晖为主席。他声称："自南昌、武汉间发生中央地点问题以后，武汉以中央自居，其决议案及命令中发见多量危害国民革命之行动，因此经监察委员会全体会议决定举发案以后，确认南京有继续南昌中央政治会议开会之必要。"②蒋介石称：总理北上时，因北京时局紧张，曾加添中央政治委员会委员数人，在北京开会。现在武汉之中央同志未来，北伐方在进展，客观的需要与总理北上时相同，请加派萧佛成、蔡元培、李石曾、邓泽如、何应钦、白崇禧、陈可钰、陈铭枢、贺耀组 9 人为委员。吴稚晖又称：应时局之需要，国民政府应即开始办公。本席提议国民政府于本月 18 日开始在南京办公，同时举行庆祝典礼。议决通过。

会议决定：以钮永建为国民政府秘书长；以吴稚晖暂代国民革命军总政治部主任，陈铭枢为副主任，并以吴稚晖、李石曾、蔡元培为国民革命军政治训练指导员。

同日，召开第七十四次会议，到陈铭枢等 11 人，以胡汉民为主席。会议决定组织以吴稚晖为首的中央宣传委员会，胡汉民为首的组织委员会。同时通过吴稚晖起草的《奠都南京宣言》、蔡元培起草的《接受监察委员会宣言》。会议并通过李石曾提议，设立中央研究院③。开过这两次会议，算是从法理上确立了南京国民政府的地位。

4 月 18 日，南京国民政府以原江苏省议会为办公地址，即在议会门外举行成立典礼。台上横额称："建设民主政治"，两旁对联称："人民

---

①　《致各中央常务委员电》，1927 年 4 月 15 日，《中华民国史事纪要》，台湾版。

②　《中央政治会议第七十三次会议记录》，《革命文献》第 22 辑，总 4211 页。

③　《革命文献》第 22 辑，总 4213—4215 页。

平等，世界大同。"由蔡元培授印，胡汉民代表受印。接着，在公共体育场举行"庆祝国民政府迁都南京与恢复党权"大会。吴稚晖、胡汉民、蔡元培、李石曾、蒋作宾、蒋介石等相继演说。胡汉民称：建都南京，是为实现总理的精神和意旨，"在国民党之下，无论何人，须服从党义，认定党以外无党，而党以内更不能有其他之跨党分子捣乱"①。会议通过八项提案，有"请中央执、监联会训令各级党部从事清党运动"，"请全国国民一致打倒谋害三民主义的、欺骗无产阶级的、扰乱北伐后方的共产党"等，显示出这个新成立的政府将反共列为首要任务。会后，举行了游行和阅兵式。

当日发表的文件有《中国国民党中央执行委员会政治会议宣言》、《国民政府奠都南京宣言》、《国民政府告国民革命军全体将士文》，以及蒋介石的《告中国国民党同志书》、《告全体民众书》等。这些文件除宣称"三民主义为救中国之唯一途径"，"造成新世界之唯一工具"外②，主要篇幅均用于攻击中国共产党"破坏国民革命"，"不惟自绝于党国，抑且自绝于世界"③。《奠都南京宣言》称："凡反对三民主义者，即反革命"；"凡不利于三民主义之反革命派在所必除"。蒋介石《告全体民众书》称："政治不是群言庞杂，莫衷一是可以解决的，必须有一般艰苦卓绝的人，抱一种审慎考虑适合国家情形的主张，统一坚强的意志，作联合的战线，才可以产生出一点良好的结果。"④这就说明，尽管南京国民政府以"建设民主政治"相标榜，但上述言论显示，蒋介石们所要建立的是一个没有思想、言论自由，不允许其他党派存在，不要"民权"，而由少数寡头专政的政府。

同日，南京国民政府发出秘字第一号令，通缉共产党人和国民党左

---

① 《国民政府建都南京之盛典》，《申报》，1927 年 4 月 22 日。
② 《奠都南京宣言》，《国民政府公报》宁字第 1 号。
③ 《中国国民党中央执行委员会政治会议宣言》，《国民政府公报》宁字第 2 号。
④ 《国民政府公报》，宁字第 1 号。

派 197 人,命令称:"此次逆谋,实以鲍罗廷、陈独秀、徐谦、邓演达、吴玉章、林祖涵等为罪魁,以及各地共产党首要、次要危险分子,均应从严拿办。"

20 日,杨树庄、何应钦、白崇禧等在南京举行陆海军将领会议,议决六项,主要者为"拥护南京中央党部国民政府,恢复党权","打倒破坏国民党及国民革命之共产分子及一切叛卖党国之党员","陆海军团结一致,完成北伐"等。会后,由杨树庄领衔通电,表示"誓以忠诚,求其实现"①。没有军人刺刀的保护,就不会有南京国民政府,杨树庄等人的迅速通电显示了军人在这个新政权中的独特地位和影响。

在举行成立典礼的时候,南京国民政府还是个空牌子。19 日,中央政治会议任命古应芬为财政部长、伍朝枢为外交部长。这个政府算是有了两个成员。20 日,任命蔡元培、李石曾、汪精卫为教育行政委员会委员,行使教育部职权。同日,江苏兼上海财政委员会在南京成立。21 日,蒋介石电称,军事委员会由广州迁移南京,开始办公。4 月 27 日,中央政治会议议决以胡汉民、丁惟汾等九人为中央法制委员会委员。至此,这个政府才粗粗地搭了个架子。

尽管南京国民政府的成立符合列强的愿望,但是,列强暂时还不准备承认它。民国以来,中国政局派系林立,统治势力更迭频繁。在这场动荡不安的战乱之中,南京政权究竟能够存在多久? 它是否具备统一全国的能力和前景? 它会不会超越列强所能容许的速度和范围去实现自己的民族要求? 这一连串的问号,都有待时间来作出回答。在国民革命阵营大分裂后,没有一个国家决心把自己的在华利益和前途押在南京政权身上。谁也不急于同这个政权解决南京事件,进一步发展关系。各国都在维护自身主要权益的前提下,耐心观望局势变化,同时与中国各地事实上的统治当局打交道。

---

① 《国民政府公报》,宁字第 1 号。

八　"二期清党"

"四一二"政变前后,蒋介石等人在各地逮捕并杀害了一批共产党人,但是,在孙中山实行国共合作政策以后,大量共产党人加入国民党,积极工作,成为各级组织中的骨干,其力量,其影响,都是巨大的。这种情况,自然使刚刚建立的南京国民党当局难以安枕,因此,力谋进一步肃清共产党人。

5月5日,南京国民党中央常务委员会及各部长联席会议决定,组织中央清党委员会,通过由胡汉民、吴倚沧起草的《清党原则》六条。17日,中央清党委员会正式成立,委员为邓泽如、吴倚沧、曾养甫、萧佛成、段锡朋、冷欣,郑异七人,以邓泽如为主席委员。其后,南京、上海、广东、广西、福建、安徽、浙江各地陆续建立清党委员会,海外华侨和军队中也建立了相应的组织。6月1日,中央清党委员会通告:限定清党日期为6月1日至8月31日,各地清党委员会须于9月30日呈报结果。

据清党委员会组织大纲规定,其职责为:"秉承中央执行委员会训令,肃清党内共产分子、土豪劣绅、贪官污吏、投机分子及一切腐化、恶化分子。"①但实际上,所清者完全为"共产分子"。这一点,胡汉民说得很老实。他说:"我们这次的清党,是进一步把共产党的死灰都要送还给俄罗斯,不能让他留在中国的,干脆地说,这次的清党,就是要消灭中国共产党。"②由于它有别于"四一二"前后各地发生的政变,因此,蒋介石称之为"第二期清党",他说:第一期清党为"紧急处分",目的在于"打倒共产党领袖及其著名活动分子";第二期清党为"根本整理",其范围"遍及一般跨党分子"。蒋介石认为,后者较前者更加困难,是"本党真

---

① 《中华民国史事纪要》,1927年5月17日。
② 《清党之意义》,《革命文献》第9辑。

正生死关头",必须"以至大至久的恒心与毅力肃清潜伏之共产分子,绝其根株"①。

《清党原则》、《清党条例》等规定:在清党时期中,停止入党;所有党员经过三个月之审查再发党证;各党部于接到清党文告之日起,限令所属党员于半月内填就审查表,呈报当地清党委员会;党员须每半月将其工作向所属区分部报告,然后逐级呈报当地清党委员会;无故一月不报告工作者加以警告,三个月不报告工作者取消党员资格②。但实际上,这些大都是具文,各地清党委员会的真正兴趣和主要工作均为逮捕并审判共产党人。为此,专门成立了清党审判委员会。5月25日,南京国民政府通令各行政机关遵行《清党条例》:"遇有反动分子捣乱本党,阻碍清党进行者,当地清党委员会得直接通知该地军警或行政机关,严行缉拿。"③6月14日,南京国民政府再次训令军、政、司法各机关,"严查所有各地之共产党余孽,机关悉数解散,并分别逮捕共产党分子,毋稍宽纵,以绝乱源"④。这就说明,所谓"二期清党"仍然是暴力清党。

"四一二"政变后,陈群、杨虎二人在上海滥捕、滥杀,使得某些坚决反共的人士也表示不满。5月8日,张静江致电蒋介石,认为"除重要及阴险分子之外",应待全国代表大会发落,要求严令陈、杨二人,"毋得过事杀戮,致招反感"⑤。6月1日,白崇禧也致电蒋介石,批评自清党运动以来,上海一隅"任意逮捕杀人"⑥。但是,这些意见和批评都未能动摇蒋介石对陈、杨二人的信任。6月中旬,杨虎亲自率队破获中共江苏省委机关,逮捕新任省委书记陈延年。

---

① 《对于第二期清党之意见》,《中央》半月刊第1期。
② 中国国民党浙江省清党委员会编:《清党运动》,第3—4页。
③ 《国民政府公报》宁字第4号。
④ 《(南京)国民政府第二十四次会议记录》,1927年6月14日,油印本。
⑤ 《上海张人杰来电》,《蒋介石收各方电稿》,抄本。
⑥ 《五河白崇禧来电》,《蒋介石收各方电稿》,抄本。

吴稚晖立即致函,吹捧杨虎为"天人",要求将陈"明正典刑","寒通国共党之胆"①。21 日,蒋介石应宁波商会之请,派陈、杨赴宁波清党②。二人甫抵甬,即处决了共产党人王鲲、杨眉山、胡蕉琴、陈良义、吴德元、甘汉光六人。当时,曾有人向陈群询问处刑标准,陈答:"人共产党满六个月者杀,国民党员跨党者杀。"③同月 29 日夜,陈群在上海连破四个中共机关。次日,秘密处决十余人④。陈延年大概即就义于此时。7 月 19 日,著名共产党人赵世炎被害。在二期清党中各地被害的共产党人还有王宇椿、郑采臣、何赤华、李征凤等,究竟有多少优秀的中华儿女在此期间牺牲,目前尚难以作出精确的统计。

在杀害之外,南京国民党当局也采取"自首"、"自新"的办法诱惑少数意志不坚分子。6 月 21 日,上海特别市清党委员会通告称,对"盲从走入歧途之分子,准其来本会自首,予以从宽发落"⑤。浙江省清党委员会则经南京中央清党委员会批准备案,成立了"反省院",这一措施后来为国民党当局长期沿用。

由于南京国民党当局实行滥捕,大量无辜者受到牵累。6 月 15 日,南京清党审判委员会开庭,受审十一人。其中三人"实无共产证据可寻",宣告无罪;五人"均系无知愚民",交保释放;另三人"系过路受累,无证可指",即予开释⑥。由此不难想见当年捕人的轻率。

在国民革命高潮中,各地土豪劣绅不得不蛰伏一时。南京国民党

① 《共党巨憝陈延年正法》,上海《民国日报》,1927 年 7 月 5 日。

② 俞霭堂:《大革命时期宁波商会残害共产党人之罪行》,浙江省政协文史资料未刊稿。

③ 金臻庠:《长兴清党见闻》,《浙江文史资料》第 2 期,第 82 页。

④ 《上海陈群陷日来电》,《蒋介石收各方电稿》,抄本。

⑤ 上海《民国日报》,1927 年 6 月 1 日。

⑥ 《清党审判委员会开幕第七日》,上海《民国日报》,1927 年 6 月 20 日。

当局实行清党，各地土豪劣绅纷纷蠢动。5月初，江阴即有人致电南京国民政府，指出"清党后，土豪劣绅乘机报复，地方行政长官有扶助土豪劣绅恢复旧势力之倾向"①。同月，浙江长兴土豪蒋玉麟指使暴徒捣毁县党部，逮捕常务委员等人，所有文书印章搜卷殆尽②。6月，温州国民党员蔡雄被诬指为共产党人，擅行枪决③。其他诬告、陷害之类，更比比皆是。

对于南京国民党当局的清党方针及措施，广大国民党员态度冷淡，不少人拒填所谓"党员审查表"和"半月工作报告表"。南京市清党委员会于8月下旬通告承认，将表格"送缴本会者，仍属寥寥"④。该委员会威胁说，对此类党员将以不愿受审查论，清除其党籍，但这也无济于事。

清党的结果是，国民党失去了大量的精英，新旧官僚、政客、投机腐化分子乘机聚结，国民党的腐化现象日益严重。8月22日，白崇禧沉痛地说："此次清党后，即发生许多以党营私之假革命党，尤其在上海一隅，更加其甚，藉清党之名，奸人妻子，掳人财物，敲榨剥削，随便杀人，以致人民怒声载道。上海是舆论中心，故民众对本党已渐失信仰。"⑤9月1日，规定结束清党的日期已届，上海市清党委员会发表宣言称："本党自去岁北伐以来，得到民众之欢迎，箪食壶浆，惟恐未至，正有东征西怨之概。乃今岁四月，克复江浙，假革命者冒充忠实，竟将本党令名几付诸东流。嗟呼！清党运动固如是耶！"⑥白崇禧和上海清党委员会道出了一个使他们难堪的事实——国民党已失去人民的信仰，这是有勇气的。但是，他们却无论如何也不能了解发生这一现象的真正

---

① 《（南京）国民政府委员会第十次会议记录》，1927年5月10日，油印本。
② 《（南京）国民政府委员会第二十次会议记录》。
③ 《（南京）国民政府委员会第二十九次会议记录》。
④ 《宁市清委会通知》，上海《民国日报》，1927年8月23日。
⑤ 《军事委员会纪念周纪》，上海《民国日报》，1927年8月26日。
⑥ 《清委会发表宣言》，上海《民国日报》，1927年9月1日。

原因。

　　同日,南京国民党中央清党委员会通告:"现以时局影响,交通阻滞,各省市多有不能依期竣事者,自应延期,继续办理,以利进行。"①这一通告既宣告了"二期清党"计划的失败,也宣告了南京国民党的反共政策将长期延续。

---

① 《中央清党委员会通告》,上海《民国日报》,1927 年 9 月 9 日。

第四章　武汉国民政府的内外政策与汪精卫集团分共

第一节　武汉国民政府的内政

一　财政经济措施

财政是国家或政团的命脉，一个政权要存在并发展，必须实行有效的财政经济政策，有充足的财政收入，否则，绝对无法支持长久。

武汉国民政府成立于硝烟弥漫的战争环境中，此前的湖北财政又是个烂摊子，因此，财政经济问题始终困扰并威胁着武汉政权。为解决这一生死攸关的难题，武汉国民政府领导人作出了巨大努力。

湖北原有地方金融机构湖北官钱局，在军阀控制下，长期滥发纸币。临时联席会议成立伊始，即决定在武汉设立中央银行，办理国民政府所属各军民机关的存款与汇兑。同时决定，自1927年1月1日起，发行整理湖北财政公债与整理湖北金融公债。前者总额为通用银元1500万元，6年以内，只付利息，自第7年起，用抽签法分5年还清；后者总额为通用银元2000万元，以每年6月30日、12月31日为给付息金之期。两者均可随意买卖、抵押①。发行公债所得除用于收回湖北官钱局纸币，偿还此前债款外，尚余2600万元，均用于军政费。同月25日，财政部又决定发行国库券900万元，年息6厘，6个月后由国库

---

① 《银行周报》第11卷第2号。

付给本息①。

当时,湖北地区流通的票币种类不一,为统一货币,由中央银行汉口分行发行兑换券。财政部于1月19日规定:湘鄂赣通用大洋券,在中央银行汉口分行开幕日起兑现使用;湘鄂桂三省通用毫洋券,待湘鄂桂三省中央银行分行成立后兑现;国民革命军总司令部所发临时兑现券,另行兑兑。财政部并规定,严禁故意抑勒中央钞票,倘有此类情事,定即拿办。20日,中央银行汉口分行开业,以宋子文为行长,陈行为经理。宋子文讲话称:"本行为国家性质,非专以营利为目的,应注意流畅国库金融,防止国际资本主义之侵略。"②该行声称有现金准备500万元,已发行兑换券400万元。宋子文保证,决不滥发纸币:"今后再发行兑换券时,以中央银行所有现金之相当额为度。"对于早就在湖北地区流通的中国、交通等银行发行的兑换券,宋子文表示,因为上述各行均有相当准备金,而且基础巩固,因此,国民政府不加干涉,准其自由营业③。

中央银行号称有现金准备500万元,实际上并无此数,仅靠以湖北金融公债向汉口各商业银行抵借,得到现款316万余元④。以此为保证,发行兑换券400万元。后来钞票发行到3600余万元,完全没有现金保证,成为武汉经济生活中的恶性肿瘤。

为了加强中央银行汉口分行的地位,3月4日,财政部致函湖北政务委员会,按照广州中央银行总行办法,汉口分行代理国库、省库,各属税收机关收入税款,应随时汇解汉口分行,收入国库;本埠各税收机关,应逐日交存该行。倘有存放其他银行、钱号及发生危险等事,各该征收员及出纳保管人员,除负责赔偿外,并应惩处⑤。为了加强国币的地

---

① 《银行周报》第11卷第4号。

② 《汉口民国日报》,1927年1月21日。

③ 《宋子文谈国民政府财政方针》,《申报》,1927年1月28日。

④ 《第一次全国财政会议汇编》,第56页。

⑤ 《一切税款须存放中央银行》,《广州民国日报》,1927年3月4日。

位,3月17日,财政部又公布《取缔外币条例》,规定除外贸外,外国货币只准在市上银钱号或兑换店兑换、买卖,所有市面直接交易,概用国币。如有违反,一经查明,即将该项外币没收①。通过上述种种措施,国民政府所发行的"中央票"的流通地区日益扩大,有报道说:"凡曾经军阀摧残各地,币制紊乱,金融停滞,如江西、湖南及湖北之鄂西,均有非大宗中央票前往不可之势。"②

　　税收通常是财政收入的重要来源。临时联席会议第一次会议决定:国家税与地方税暂不划分;同时决定筹划公平税则,在此之前,暂时维持现行的各种"苛细杂捐","俟筹得良好之代替税则后再行取消"③。1月9日,财政部发表征收田赋布告,规定每地丁1两,征收银元1元4角;漕米每石征银元2元8角。12日,公布《征收内地税条例》,规定中国各省或外国商品,无论为出产或运销,一律征收暂时内地税,其税额照现海关或常关所征税率加征半数,奢侈品则加征一倍;如不照章纳税,除将货物充公外,处以3年以下之监禁,或处以该项货物所值10倍之罚款④。随后,财政部又统一卷烟税,规定"值百抽12元5角",通令湖南、湖北、江西三省实行⑤。4月初,公布《湘鄂赣征收煤油特税暂行简章》,规定凡煤油输入商须呈请特税局转呈立案,方准营业;煤油税率为每10加仑纳税1元⑥。

　　随着北伐战争的胜利进展,武汉国民政府的辖区不断扩大。1927年3月至4月,武汉国民政府先后任命宋子文兼江、浙两省财政处长,于右任为甘肃、山西、陕西三省财政专员,钮永建为安徽、浙江视察财政专员,同时并准备在上海设立中央银行分行,以便整顿各地财政。在一

① 《广州民国日报》,1927年3月17日。
② 《国民政府积极整顿各省财政》,《一周时事述评》第14期。
③ 《财政部征收田赋之布告》,《汉口民国日报》,1927年1月20日。
④ 《广州民国日报》,1927年1月12日。
⑤ 《汉口民国日报》,1927年1月16日。
⑥ 《汉口民国日报》,1927年4月4日。

段时期内,部分省份的收入情况曾有所改善。例如 1927 年 3 月,湖南省收入 140 万元,江西省收入 160 万元,湖北省收入 400 万元,广东省除留省部分外,协饷 400 万元。但是,武汉政府开支浩繁,入不敷出的情况日益严重,仅军费一项,1926 年 12 月为 564.5 万余元,1927 年 4 月激增为 1189.4 万余元①。

为了开辟财源,掌握长江下游的财政,宋子文于 3 月 29 日到达上海,设立财政部驻沪办事处。他随身携带湖北金融公债票券 500 万元,企图推销,结果分文都没有卖出②。他又多次会见银行界人物,要求借款 300 万元,但上海银行界要求武汉国民政府"发表其政纲及保护金融业之方针",同时表示借款用途仅限于江苏省③。宋子文在上海的唯一收获是从苏联远东银行取得了 50 万元借款。这当然只是杯水车薪,解决不了多大问题。

"四一二"政变后,南京方面对武汉实行经济、金融封锁,进一步加剧了困难。物价飞涨,纸币贬值,工商业主纷纷转移资金。财政部则"库空如洗","常被军需人员包围",濒于绝境④。4 月 15 日,武汉国民党中常会根据鲍罗廷提议,组织战时经济委员会,以汪精卫、谭延闿、孙科、宋子文、苏兆征五人为委员,决定采取特殊办法渡过难关。

战时经济委员会的第一项措施是实行现金集中。17 日,公布《集中现金条例》,宣称"现值出师北伐之际,首在巩固财政"。除重申完纳国税,流通市面,均以中央银行所发汉口通用纸币及中国、交通银行所发之通用钞票为限外,特别规定:一、凡持有现币(硬通货)或其他商业银行纸币者,得向中央、中国、交通三银行及各邮局随时兑换中央、中国、交通三银行纸币;二、纸币每元法定 7 钱 1 分,不得自由增减;三、非

---

① 余捷琼:《民国十六年武汉的集中现金风潮》,《社会科学杂志》第 7 卷第 4 期,1936 年 12 月。

② 《全国财政会议汇编》,《审查报告》(四),第 57 页。

③ 《申报》,1927 年 4 月 16 日;《晨报》,1927 年 4 月 17 日。

④ 《张肇元回忆录》,台北正中书局 1976 年版,第 78—79 页。

经财政部特许，绝对禁止现洋、现银出口。《条例》并规定：凡拒收中央、中国、交通三银行纸币，或收买现币，或抑勒纸币价格，或抬高物价者，经人民告发，查明确实者，按律严办①。《条例》的核心是由武汉政府控制并掌握硬通货，作为准备金，以维持纸币信用。为了保证《条例》的执行，武汉政府并派出军队和纠察队对各银行进行监视。18日，各银行一律停止兑现。

战时经济委员会的第二项措施是发行国库券和有奖债券。4月，发行直鲁豫陕四省通用国库券900万元，付息6厘，分3个月发行，自发行月起满足6个月，由国库照付②。5月，决定以庆祝北伐胜利为名，发行有奖债券500万元。每张金额银元5元，奖金最高2.5万元，最低10元。中奖者凭券付奖，不另还本，未中奖者自开签之日起，3个月内向有奖债券局兑换整理金融公债或用以承购逆产。

战时经济委员会的两项措施都没有取得良好效果。《集中现金条例》公布后，封存各银行现金共400万元，但是，汉口立即成为纸币世界，物价上涨百分之五十，米价由每担10元涨至20元，而且每人每次仅限购一斗。据报道，米店前"叫嚣凌乱之状，直如群犬争骨"③。为拒用纸币，人们纷纷以高价购买铜元，甚至竞相购买邮票保值。不少商店关门歇业，转为黑市交易。19日，财政部召集银钱商会代表讨论维持办法，决定组织金融讨论会，由汉口商会推举5人，银钱公会各推举3人，中国、交通两行各推1人，加上财政部部长及中央银行行长共15人组成。该会于4月20日成立。23日会议决定，由该会暂行办理汇兑，中外商人在沪或在沪采办货物需要现银或现洋，可由该会指定之汇兑机关如期照兑现款；商人倘能确实证明赴某地采办货物，可持护照携带

---

① 《武汉政府组织战时经济调查委员会》，《晨报》，1927年5月3日。

② 《国民政府最近经济政策》，《一周时事述评》，第19期。

③ 《武汉政府集中现金经过概况》，国民政府资源委员会档案，28,863；参见《金融市况》，北京《银行月刊》第7卷第6号。

现金出境。其后又议决：洋价最低定 3200 文钱；限令征收机关筹备铜元，以备无限制兑现；禁抬物价；汇兑交中国、交通两行活动。这些措施，缓解了现金集中后出现的困难，但并不能从根本上解决武汉政府面临的经济危机。

上海等地的金融资产阶级强烈反对武汉政府的现金集中《条例》。4 月 18 日，上海银行公会致电蒋介石，指责武汉国民政府"破坏金融，贻害社会，显系实行赤俄共产政策"。电报宣称："本会各行为保全金融大局，维持人民生计起见，即日停止武汉往来。"电报要求蒋介石采取措施，"应如何挽回制止之处，出自鸿裁"①。同日，又致电北京、天津各地银行公会，通知这一决定。北京等地的银行公会早就指示武汉各行"收缩"，接到上海方面的通知后也立即决议，与上海银行公会采取同一态度②。28 日，蒋介石发出布告，规定凡有汉口地名的中国、交通两行钞票不得在他省兑现。次日，南京政府通电，禁止长江下游各地的现金运往武汉，同时禁止汉票在各地行使③。上海金融资产阶级和南京政府的这些做法使武汉政府的经济困难犹如雪上加霜。

与此同时，武汉政府的公债也乏人承购。5 月 9 日，武汉国民党中央政治委员会决定，机关职员薪俸搭发国库券，100 元至 200 元搭 1 成，200 元至 300 元搭 1 成 5，300 元至 400 元搭 2 成，400 元以上搭 3 成。这实际上是在强迫摊派。至于有奖债券，虽然奖金不低，但也未能激起人们的购买欲。据孙科 6 月 15 日报告，100 万只卖出了十余万。武汉政府的月支出约需一千多万，但 1927 年 5 月的月收入不到 180万，巨大的财政赤字压得武汉政府透不过气来，以致纸币都发光了。武

---

① 《上海银行公会致蒋介石电稿》，《一九二七年的上海商业联合会》，上海人民出版社 1983 年版，第 77 页。

② 《北京银行公电》，上海工商联档案，其 173—1—61；《武汉金融孤立》，《晨报》，1927 年 4 月 21 日。

③ 《上海商业联合会资料》，第 78 页。

汉中央银行曾向美国订印大批纸币,运至上海时被扣①。5月2日,财政部代部长张肇元说:"我们只有一千四百万纸币,都发完了,既无现洋,又无纸币,还有什么生意?"②

除了财政赤字,武汉的煤荒也日益严重。武汉用煤一向依靠日本,"四三"事件后来源断绝,不得不改为依靠萍乡,但汉冶萍公司已长期停工。4月20日,孙科在中央执行委员会会上提议,将汉冶萍暂时收回,由财政、交通、劳工三部组织委员会管理。同时,武汉政府并决定,对武汉用煤实行计划分配。此外,由于湖南农民协会禁止大米出口,米荒也不时困扰武汉政府,以致北伐军的军米不得不到上海采办。5月21日,武汉国民党中央决定由劳工部、省党部、总工会、农民协会四机关的名义组织食米采办委员会,函请湖南开放米禁。

上述措施,都只是权宜之计,不能从根本上解决武汉政府面临的经济问题。

除财政外,交通是武汉政府注意的另一重点。

交通部是最早迁鄂的四部之一,于1926年12月29日开始办公,内设秘书、邮政、电政、航政、国道、无线电管理七处。它在整顿交通、电报线路、收回邮政、航政主权等方面做了不少工作。

自中国兴办邮政之日起,邮政大权即掌握在外国人手中。国民革命兴起后,各界群众特别是工会方面积极要求收回邮权。孙科对此表示积极支持,认为是"极正大应办之事"。向例,各省邮务长均由北京邮务总办委任。交通部于1927年2月命令湖北邮务长转知北京邮务总办,所有国民政府辖下各省邮务长,均须呈由本部委任,否则概不生效;外国邮务人员,只能任为顾问。其后,又命湖北邮务管理局转达北京邮务总办,将民国十五年全年邮政盈余详细列明数目,全部解部核收,不得再由北京政府提取。孙科并宣布,在国民政府统一全国时,将收回完

---

① The Maritime Custome: *Decennial Report 1922 - 1933*, p. 558.

② 《中国国民党第一、二次全国代表大会会议史料》,第 1107 页。

全管理权,并将由该部完全行使邮务行政权①。在航政方面,孙科也力图收回部分主权。他声称:"内河航权让之外商,本为世界各国所无,而我国独有,诚为怪事。"但他又认为,当时不平等条约尚未完全撤销,以前外人商船,可暂允在内河航行,但须遵照中国的管理章程,向交通部注册缴费;凡未在交通部注册领照的轮船,均不能在国民政府所辖地方河道行驶。

现代战争中,电讯有重要作用。北伐开始以后,广州、福州、汕头、武昌各地的无线电台均由国民革命军总司令部派员管理,商业使用受到影响。经协商,改归交通部管理。1927 年 2 月,交通部制订整顿全国电政计划,决定将革命军辖下各省暂分三区:两粤、长江一带、此外各省,要求认真修葺原有路线,迅速增设新线,同时命令各地整顿修理无线电台②。交通部并计划在全国添设电台 44 座,南昌、南宁、西安、重庆、长沙、杭州 6 台先行动工,4 个月建成;在国民政府所在地建立大电台一座,以便与欧美直达通报。此外,交通部并计划建立无线电机制造厂。

粤汉铁路自 1906 年开工,当时尚有二百余里待建。交通部决定三年完成,其后,兴建西北干线(将陇海路延展至陕西、甘肃、新疆、青海等地)与西南干线(连贯广东、广西、贵州、四川诸省)。孙科乐观地宣布,革命统一后,不藉外力,国民政府每年将建筑铁路一二千里。三十年内,完成十万里③。

为了与粤汉路南段相接,交通部决定自 1927 年 3 月起兴建自江西赣州至广东韶关的公路。

1927 年 1 月,中央政治会议在江西决定,国民政府增设实业部,以孔祥熙为部长,兼代广东省财政厅厅长,先行在粤成立,然后根据情况

---

①　《国民政府交通部报告书》,《汉口民国日报》,3 月 14 日、17 日、24 日、26 日、28 日。

②　《广州民国日报》,1927 年 2 月 9 日。

③　《孙科之交通计划谈》,天津《大公报》,1927 年 1 月 1 日。

迁往中央政府所在。同月 29 日,孔祥熙在广州回答记者,声称"欲抵制列强之经济侵略","第一当从改良生产入手"。他主张集中群众余资,建立股份公司工厂,使工人一律投资,劳资不分界限①。不过,孔祥熙并没有使这一主张付诸实施,他也没有到武汉就职,实业部一直未能成立。1927 年 4 月,武汉国民政府曾准备在汉口召开全国银行实业界大会,讨论发展全国经济与实业诸问题,未成②。7 月 4 日,武汉国民政府根据孔祥熙的呈请,公布《实业部组织法》,以后就没有下文了。

二　司法改革与文教事业

武汉国民政府司法改革的推动者是徐谦。徐谦于 1926 年随冯玉祥访苏,考察了苏联司法状况,萌生按苏联模式进行司法改革的念头。8 月归国,任广东国民政府司法行政委员会主席暨大理院院长。他于 9 月 7 日向国民党中央政治会议第十七次会议提出司法改良意见,要求对现行司法制度实行"根本改造",提倡"党化的与革命化的司法"。他认为,司法机关必须与政治方针相统一,司法人员应受政治党务训练,现行法规、法律与革命精神相反,须全部审查,做根本修改,因此,主张从司法观念、司法人员和司法法规三方面进行革新。他尤其反对"司法独立"、"司法官不党"等提法。他说:"观苏联之政治组织,立法行政,固属合一,即司法机关,亦非独立,此即打破司法独立之新制也。"徐谦建议在国民党中央领导下,吸收地方党政、司法机关及各群众团体代表,组织司法制度改造委员会,拟定方案③。9 月 9 日,中央政治会议接受徐谦意见,议决司法行政方针为:"实行党化、革命化司法,夺回军阀官

---

① 《实业部长孔庸之与记者谈话》,《广州民国日报》,1927 年 2 月 9 日。
② 《汉口民国日报》,1927 年 3 月 5 日。
③ 《徐季龙对改造司法之主张》,上海《民国日报》,1926 年 9 月 20 日。

僚及存留乡村封建势力所操纵之司法权,并以司法为工具拥护农工利益及保护被压迫之妇女。"①此后,徐谦的司法思想遂成为广州、武汉国民政府进行司法改革的主导思想。

11月11日,国民政府任命徐谦为司法部长。同日,在广州召开改造司法制度委员会,徐谦任主席,通过改造司法制度案。同月,国民党中央政治会议通过司法改革要点,其主要内容为:一、改用法院名称,采二级二审制,即设最高法院于国民政府所在地;设控诉法院于各省省城,此为中央法院;设县市法院于市或县,设人民法院于镇或乡村,此为地方法院。二、废止法官不党之法令,非有社会名誉之党员兼有三年以上法律经验者,不得为法官;三、废止厅长制,组织行政委员会处理院内行政;四、撤除检察厅,酌设检查官,配置于法院内执行职务;五、采用参审陪审制;六、减轻诉讼费、状纸费,征收执行费。② 同年12月,国民政府北迁。月底,在武汉召开司法会议,司法改革逐次展开。

(一)废除旧法律。北洋时期的《惩治盗匪法》,规定可由军人审问处罚"盗匪";《新法律补充条例》、《暂行新刑律》等规定禁止集会、结社、罢工自由;否认卑幼对于尊亲的正当防卫权,承认纳妾,认定和奸无夫妇女为犯罪等条文:司法会议均决议废止。1927年1月27日,宣布废除北京政府所定继承法,规定财产继承以亲生子女及夫妇为限,如果没有上述继承人及生前所立合法遗嘱,则将其遗产收归国有,作普及教育之用。

(二)建立新法院。1926年12月27日,临时联席会议第七次会议决定设高等法院于武昌,将广东大理院改为最高法院广东分院。12月,国民政府派刘芬、余恺湛、戴修瓒为湖北法院筹备委员,筹划改造事宜。次年1月1日,将湖北高等审、检两厅改为湖北控诉法院,武昌地方审、检两厅改为武昌县法院,夏口地方审、检两厅改为汉口市法院。

---

① 《国民政府司法部司法工作报告》,国民党二届三中全会会议文件。
② 《国民政府司法部司法工作报告》,国民党二届三中全会会议文件。

同时,电令广东照改。其后又陆续向湖南、广西、福建、江西等省派出筹备委员,对当地司法机关进行改革。为了审判守城顽抗的陈嘉谟及刘玉春,1月17日,临时联席会议推举徐谦为人民裁判委员会主席。

（三）制订新法律。司法会议期间,还来不及起草并制订新法律,仅作了一些大体规定,如:工人问题,议决适用广东政府的工会条例;地主及佃户问题,议决应以不违背现存经济社会制度为原则,对于佃农加以保护;婚姻问题,议决应根据婚姻自由原则斟酌社会情形办理等。其后,司法部委派潘振亚、戴修瓒等为委员,编订新法规,曾根据形势需要,陆续制订了一些法律或条例。其重要者有《反革命罪条例》、《处分逆产条例》等。

当时,已经发生人民群众自发处分土豪劣绅的情况。1927年2月7日,临时联席会议议决:一、禁止人民自由直接处罚;二、训令各法定机关对于广大民众所公认之反革命犯及土豪劣绅等严予惩罚;三、惩罪必须由政府执行。17日,通过由司法部提出,经于树德、林祖涵、徐谦审查的《反革命罪条例》17条。该条例规定:凡意图颠覆国民政府或推翻国民政府之权力,而为各种敌对行为者,以及利用外力或勾结军队或使用金钱而破坏国民革命之政策者,均认为反革命行为,其首魁处死刑并没收其财产,执重要事务者处死刑、无期徒刑并没收其财产;帮助实施者处无期徒刑至二等有期徒刑,并没收其财产。该条例特别规定,在反革命势力之下利用官绅势力,对于革命运动或工农运动,曾有积极压迫行为者,处一等以下有期徒刑,并没收其财产,其有杀伤行为者,依俱发罪之例处断①。

《处分逆产条例》公布于同年5月,规定:"凡与国民革命为敌者,或为帝国主义之工具者,或压迫人民以巩固封建制度社会者,或侵吞国家地方收入,剥削人民生活利益,以饱私人贪欲者,或操纵经营以动摇革命势力者,例如军阀贪官污吏土豪劣绅,及一切反革命者,其财产皆为

---

① 《广州民国日报》,1927年2月26日。

逆产。""一经合法发觉，即没收之。"所谓"合法发觉"，据条例解释：一、由革命战争显然发现者；二、广大群众或民众团体所证明者；三、由个人具合法文书报告经查明确实者；四、由法院或其他审判机关依审判程序发现者①。

除自订条例外，司法部批准各省分别情形，规定惩办土豪劣绅条例，设立人民审判委员会进行审判。据此，湖南、湖北、陕西等省都制订了部分法律条文。

1927 年 1 月 15 日，国民党湖南省党部通过《湖南省惩治贪官污吏暂行条例》，共 20 条，规定赃款未满 500 元者，处三等有期徒刑，并科以 1000 元以下的罚金；赃款在 3000 元以上者处死刑、无期徒刑，或一等有期徒刑，并没收其财产②。同月 28 日，通过《湖南省惩治土豪劣绅条例》，共 10 条，规定凡凭借政治、经济力，或其他特殊势力（如团防）在地方有下列行为之土豪劣绅者，均依本条例惩治：一、反抗革命或阻挠革命者；二、反抗本党或阻挠本党所领导之民众运动者；三、勾结逆军盗匪蹂躏地方者；四、杀害人民及纵火、决水、强奸、掳掠者；五、压迫平民因而致人有死伤或损失者；六、苛索民财，或假借名义敛财肥己者；七、擅理民刑诉讼，或包揽词讼压迫平民者；八、破坏或阻挠地方公益者；九、侵蚀公款者。条例规定，凡犯上述各条者，除分别处以徒刑、死刑、罚金、没收财产外，一律终身剥夺公权；本党党员加一等处断③。

继湖南之后，国民党湖北省党部也分别于 1927 年 3 月、4 月制订了《惩治土豪劣绅暂行条例》和《惩治贪官污吏条例》。

陕西在制订法律方面有着自己的特色。1927 年 3 月，颁布《临时劳动法》，规定实行 9 小时工作制，将来"须采取 8 小时"，"幼年工人 7

---

① 《汉口民国日报》，1927 年 5 月 10 日。
② 长沙《大公报》，1927 年 1 月 18 日。
③ 长沙《大公报》，1927 年 1 月 29 日。

小时";"禁止雇佣 14 岁以下之童工";女工给予产假 16 周等①。同月，颁布《新公安法原则》，规定公安局的任务为保护工会、农民协会、学生、妇女组织；保护人民革命团体及一切革命群众集会；禁止一切反革命团体及一切反对新政府之言论②。4 月，陕西法制改订委员会决定起草《婚姻法》。其后，陆续完成《暂行婚姻条例》和《暂行婚姻条例细则》。前者共五章四十条。它规定："男年满 16 岁，女年满 14 岁者始得缔结婚姻预约，男未满 20 岁，女未满 18 岁者不得成婚";"结婚由男女决定之";"当事人无结婚意思，婚姻无效"，又规定："订立婚约或已成婚双方，自愿离异，可听其自由";还规定："妻子成婚时所有及成婚后所得之财产，为其特有财产，除自愿交夫管理使用收益外，夫不得干涉";"离婚后妻得收回特有财产"。这就从各方面保障了婚姻自由和妇女的经济权益，在武汉政府辖区内是仅有的③。

（四）建立参审陪审制度。2 月 7 日，临时联席会议通过司法部提出的参审陪审条例，规定人民法院设参审员，参与法律及事实之审判；县市法院及中央法院设陪审员，参与事实之审判。如党员、农民、工人、商民或妇女诉讼，分别由人民法院所在之党部、农民协会、工会、商民协会、党部妇女部推选参审员或陪审员参审④。2 月 8 日，通令各省司法机关执行。

（五）训练司法人才。广州国民政府期间，曾举办法官政治党务训练班，聘请苏联顾问及国民党人讲授司法革新知识。迁鄂后，该班在武昌继续招生，于 1927 年 3 月 6 日开学，6 月 19 日结业。

（六）改造律师制度。1 月 28 日，司法部通令各省司法机关，律师承办案件除照章收受公费外，不准另受酬金。2 月，公布《律师章程》，

---

① 长沙《大公报》，1927 年 3 月 8 日。
② 《陕西国民日报》，1927 年 3 月 1 日。
③ 《陕西司法公报》，1927 年第 11、12 期。
④ 《大公报》，1927 年 2 月 25 日。

规定:无分男女均得充当律师;律师必须是党员;律师公会废止会长制,改用执监委员制;严定免试资格;曾有反革命行为者,剥夺律师资格。同时公布《律师复验章程》,要求以前律师于6个月内按照新章复验。

(七)华洋诉讼统归法院受理,拒绝观审。旧例,中国人为被告,由中国地方官审判;享有领事裁判权的外国人为被告,由该国领事审判,并相互派员观审。1月19日,司法部提请临时联席会议议决,夏口县公署停止审理华洋诉讼,改归夏口市法院审理,拒绝观审。

(八)减轻诉讼费及状纸费。司法部认为,北洋时期所收诉讼费、状纸费过高,"无产阶级无力负担",通令将诉讼费减少50％,状纸费减少60％①。

北洋政府的法律基本上沿袭清末旧章,不少条文源于日本和德国,有着严重的封建专制色彩;加上当时司法界腐败日甚,积弊日深,已经到了必须彻底改造的地步。广州和武汉国民政府的司法改革以剔除旧法律的封建部分和祛除司法界积弊为目的,制订了一些保护人民、打击敌人的新法律,因此,具有革命性和民主性。但是,徐谦等人笼统地反对司法独立的原则,提出建立所谓"党化司法",这又为党、政、军等当权者干涉司法和破坏法制等活动开辟了极大空间。

在文教事业方面,武汉国民政府也做了不少工作。

广州国民政府期间,教育行政委员会曾制订过不少法规,如《教科书审查规程》、《私立学校校董会规程》、《学校立案规程》、《三民主义教科书审查规程》等。国民政府迁汉后,继续制订了若干法规。1月7日,教育行政委员会通过中学规程。其总纲规定:中学教育以根据三民主义,完成小学之基础训练,并增进学生之知识技能,以适应民族生活之需要为宗旨;初级中学实行普通教育,高级中学分设普通、师范、农业、工业、商业务科;采用选科制、学分制;初级中学定为180学分,高级

---

① 《国民政府司法部工作报告》。

中学定为150学分,每上课1小时,或实习2小时为1学分。2月7日,通过大学规程。规定大学分设文、理、法、医、农、工、商、师范、美术、音乐等科;设有两科以上者,方能称为大学;单设一科,称为某科大学;同时规定,大学可以设立研究院、专修科及函授部、推广部。同月,公布《国民政府教育方针草案》,提出"党化教育不但要革命化和民众化,而且要科学化和社会化",同时要求:"以最短时间实行义务教育","学校的课程与训练须适合社会的需要","指导学校毕业生到民间去",增设军事训练并注重体育训练①。

"党化教育"的口号始于广州国民政府时期。这一口号的提出,有对抗封建教育、殖民主义教育的意义,但是,它过于狭隘、片面,后来国民党更借此在教育界推行文化专制主义。

为了集中办学力量,2月20日,武汉国民政府决定将国立武昌大学、商科大学、湖北省立文科、法科、医科大学等合并为国立武昌中山大学。

武汉国民政府在文教方面的突出成绩是武汉中央军事政治学校的创立。

1926年10月,国民党中央和各省区联席会议决定在各省设立军事政治学校。16日,国民革命军总政治部在武昌成立政治训练班筹备处,以包惠僧为主任。同月22日,蒋介石致电国民党中央和国民政府,建议将中央军事政治学校中的政治科移设武昌,并于11月2日任命邓演达为主任。12月,原在黄埔的中央军事政治学校政治大队、炮兵大队、工兵大队陆续迁到武汉。1927年1月9日,武汉临时联席会议决定将中央军事政治学校政治科更名为中央军事政治学校武汉分校,以蒋介石为校长,汪精卫为党代表。由于蒋、汪当时都不在武汉,以邓演达为代理校长,顾孟馀为代理党代表。张治中任教育长兼训练部主任及学生总队长,周佛海任秘书长兼政治部主任,恽代英任政治总教官,

---

① 《汉口民国日报》,1926年3月1日。

蓝腾蛟任军事总教官。先后在该校任政治教官的有李达、沈雁冰、许德珩、李汉俊、吴文琪、陈启修等。2月12日，分校与总司令部学兵团联合在两湖书院举行开学典礼，正式开学。同年3月，武汉、南昌之间的矛盾已经尖锐化。为了限制蒋介石的权力，防止蒋利用军校实行独裁，国民党二届三中全会决议：军校须确立于党的指导之下；改校长制为委员制。22日，国民党中常会通过吴玉章提议，将中央军事政治学校武汉分校改名为中央军事政治学校，以谭延闿、徐谦、恽代英、邓演达、顾孟馀为军校委员，恽、邓、谭为常委。在这三个人中，谭延闿挂名，邓演达忙于总政治部等方面的工作，因此，军校实际由恽代英主持，完全处于中共领导之下。同年5月，陈毅被派到军校，与恽代英、施存统共同组成中共军校党委，陈任书记。

军校最初有学生2900名。4月21日，在武昌南湖设立军校二部，将总司令部南湖学兵团改编为军校入伍生队。至5月间，发展至3700人。全校设学生总队，下设政治、炮兵、工兵三个大队。另女生200人，设政治女生队。

军校实行军事教育和政治教育并重的方针。"军事科加紧政治训练，政治科加紧军事训练"[1]。在教学上，强调多留时间，使学生发问或发表意见，同时强调学生须实际参加政治工作和群众运动。在收回汉口英租界等反帝斗争和支持湖北农民运动中，军校的宣传队都发挥了积极的作用。在提高党权运动和反蒋斗争中，军校的大多数学生也都旗帜鲜明地站在武汉政府方面。5月中旬，夏斗寅偷袭武汉，军校五、六两期学生奉令成立中央独立师，开赴前线作战，为平定叛乱、保卫武汉政府作做出了贡献。

军校中同样充斥着左右派的斗争。3月10日，湖北全省总工会在汉口血花世界召开宣传会议，反对蒋介石的军事独裁行为。军校少数右派学生闯入会场，非法拘捕四名工人。12日，军校方面议决，派代表

---

① 《汉口民国日报》，1927年5月16日。

赴总工会道歉,同时决定调查肇事分子的事实确据,以便提交惩办。4月9日,军校方面宣布,开除党籍、学籍,通缉归案者13人,开除党籍、学籍,撤差拘留并通令官署以后不得任用者15人,开除党籍、学籍者18人①。"四一二"政变后,军校又开除、惩处过少数学生。这是当时激烈的社会斗争在军校中的反映。

汪精卫集团决定分共的当日,武汉国民政府军事委员会命令军校学生到洪山进行野外演习,被唐生智派部队秘密包围。叶剑英当时在张发奎的第二方面军第四军当参谋长,劝张接受这一支武装力量。7月18日,军校第五期学员毕业,大部分派入第二方面军所属叶挺和贺龙的部队。第六期学员等被张发奎改编为第二方面军教导团。

军校之外,各种讲习所、训练班以及各类工人学校、农民补习学校、妇女补习学校发展迅速,其中著名的有国民党中央农民运动讲习所②、湖北省党部汉口特别市党部工人运动讲习所、国民党中央妇女党务训练班、湖北省党部党务干部学校等。

随着武汉成为政治中心,它也迅速成为新闻中心。新的报刊不断出现,原在广州、上海出版的《中国工人》、《中国农民》、《农民运动》、《商民运动》、《中国学生》、《海外周刊》和中共中央机关刊物《向导》等纷纷迁汉出版。至1927年上半年,武汉地区有报纸30余种,刊物60余种。

武汉地区当时最有影响的报纸是《汉口民国日报》。该报为国民党湖北省党部机关报,创刊于1926年11月20日。经理董用威(必武),总编辑最初为宛希俨,1927年3月改为高语罕,4月以后再改为沈雁冰,均为共产党人,因此,这是一份实际由共产党掌握的报纸。

其他重要报刊有:

《革命军日报》,国民革命军总政治部机关报,1926年8月创刊于湖南衡阳,同年10月迁汉。1927年1月,由共产党人潘汉年出任总

---

① 《革命生活》,1927年4月9日。

② 参见本书第二章第四节。

编辑。

《革命生活》，中央军事政治学校校刊。1927年2月12日创刊，由共产党人袁澈、陆更夫等编辑。

《中央日报》，武汉国民党中央机关报。1927年3月22日创刊。社长顾孟馀，主编陈启修，副刊主编孙伏园。

《一周时事述评》，国民革命军总政治部编。创刊于1926年12月。

《武汉评论》，周刊，创刊于1926年春，武汉克复后成为国民党湖北省党部机关刊物。

《群众》，周刊，中国共产党湖北区委机关刊物，创刊于1926年11月1日。

武汉地区之外，湖南、江西、福建、陕西等省的新闻事业也有所发展。湖南地区的重要报纸有《湖南民报》，江西地区的重要报纸有南昌《民国日报》、《贯彻日报》，陕西地区的重要报纸有陕西《国民日报》等。

随着汪精卫集团的日益右倾，武汉地区的文教事业日渐失去生气。7月18日，董用威辞去《汉口民国日报》经理职务，由汪精卫集团派人接收。《向导》、《革命生活》、《楚光日报》、《武汉民报》等被迫停刊。

三　土地委员会工作经过

1926年11月，共产国际执行委员会在莫斯科召开第七次扩大全会。23日，布哈林在报告中声称："虽然中国共产党的路线总的来说是正确的，但它所犯的主要错误就在于，党对农民问题注视得不够，过分畏惧农民运动的开展，在国民党占领区进行土地改革不够坚决。"①30日，在讨论中国问题时罗易也认为："土地问题是目前中国革命最迫切

---

① 《共产国际有关中国革命的文献资料》第1辑，中国社会科学出版社1981年版，第157—158页。

需要解决的问题","必须尽量明确地提出土地革命问题"①。同日,斯大林发表演说,认为"把中国农民卷入革命愈迅速愈彻底,中国反帝国主义的战线就愈有力愈强大","归根到底应该引导到土地国有化"②。参加会议的中国代表谭平山接受了布哈林的批评,承认"还未制定出明确的土地纲领,这是我们的主要缺点"。③ 12 月 16 日,会议通过罗易起草的《关于中国形势问题的决议》,认为"惧怕资产阶级中某一部分势力会不坚决、不真诚地合作,而拒绝在民族解放运动的纲领里把土地问题提到显著地位,这是不对的。这不是无产阶级的革命策略。共产党不应该犯这样的错误"④。会后,罗易受命前来中国,共产国际的观点逐渐为中国共产党人和部分国民党左派人士接受。"四一二"政变前后,武汉政府面临重重困难,左派们愈来愈多地把希望寄托在解决农民的土地要求上。

　　1927 年 2 月,罗易与谭平山到达广州。3 月底,在长沙考察农民运动。4 月 2 日,到达武汉。当日,邓演达向武汉国民党中央常务委员会第五次扩大会议提出:要革命真能成功,非得到广大民众,尤其是中国最大多数的农民拥护不可。农民问题的焦点是土地问题⑤。会议推邓演达、徐谦、顾孟馀、毛泽东、谭平山 5 人组成土地委员会。该会的任务是"确定一个实行分给土地与农民的步骤"⑥。

　　当日,召开首次会议,邓演达宣称,中央现在决心解决农民目前的迫切问题——土地问题,他说:"土地问题若果不能解决,我们可以说革命

---

①　《共产国际有关中国革命的文献资料》第 1 辑,中国社会科学出版社 1981 年版,第 240 页。

②　《共产国际有关中国革命的文献资料》第 1 辑,中国社会科学出版社 1981 年版,第 270 页。

③　《共产国际有关中国革命的文献资料》第 1 辑,中国社会科学出版社 1981 年版,第 167 页。

④　《共产国际有关中国革命的文献资料》第 1 辑,中国社会科学出版社 1981 年版,第 280 页。

⑤　《中国国民党第一、二次全国代表大会会议史料》(下),第 914—915 页。

⑥　《中国国民党第一、二次全国代表大会会议史料》(下),第 914—915 页。

不能成功。""一切的问题,一切的矛盾,都集中到农民问题,亦即集中到土地问题了。"他要求会议用一种"革命的敏捷的手段,定出确定的方案来"①。第二次会上,出现了两种意见,顾孟馀提出:"解决土地问题时,农村秩序必然扰乱,耕种停顿,恐发生饥馑,更加上帝国主义者的经济封锁,恐将成不了之局。"②谭平山则提出,解决土地问题有推翻封建制度与保护革命势力双重意义,他特别说明:"现下财政问题已达到最危险时期,要度过这个难关,也要解决土地问题。"毛泽东把问题说得极为简单、明了,他说:"所谓土地没收,就是不纳租,并无须别的办法。现在湘鄂农民运动已经到了一个高潮,他们已经自动的不纳租了,自动的夺取政权了。中国土地问题的解决,应先有事实,然后再用法律去承认他就得了。"③由于觉得问题重大,土地委员会又于4月19日至5月6日期间,举行过六次扩大会议,有湖南、湖北、广东、河南、直隶等15个省区的代表及国民革命军部分将领参加。此外,还组织了审查委员会,审查各种议案。

　　会议最初讨论的问题是解决土地问题的意义。第一次扩大会上,毛泽东从三个方面对此作了阐述,他认为,革命正面临危机,"此后非有一支生力军必归失败,要增加生力军,保护革命,非解决土地问题不可"④。夏曦、彭湃对毛泽东的意见作了补充,顾孟馀也改变观点,认为必须有农民政权,把土地问题解决了,才有利于抵抗国际财政资本⑤。经过讨论,会议确定解决土地问题的意义为:一、解放农民;二、增加农业生产力;三、保护革命;四、打破整个的封建制度及推翻帝国主义的基础;五、促进中国工业化;六、提高文化⑥。会议本拟由毛泽东起草一篇详细文字,但毛因病未能完成。

---

① 《土地委员会第一次会议录》。
② 《土地委员会第二次会议录》。
③ 《土地委员会第二次会议录》。
④ 《土地委员会一次扩大会议记录》。
⑤ 《土地委员会一次扩大会议记录》。
⑥ 陈克文:《土地委员会开会经过》,《中国农民》第2卷第1期。

　　会议紧接着讨论没收和分配土地的标准问题。第二次扩大会上，毛泽东提出："没收土地问题为解决土地问题的中心问题。"①会议推选邓演达、毛泽东、苏联顾问岳尔克（И. С. Иолю）及陆沉（湖北农协代表）、易礼容（湖南农协代表）组成专门委员会，研究没收分配标准。4月22日，该专门委员会向第三次扩大会议提出了《中国土地调查》及《土地问题决议草案》两项文件。《草案》共八条，其第一条规定："凡土豪劣绅贪官污吏军阀及一切反革命分子在乡村的土地，由区乡土地委员会没收，并分配于土地不足之农民。"第二条规定："农民分配土地以每户人口为标准，每人所得土地之数，又以年龄为差等。"②邓演达作了说明。他认为，现时农民的力量尚未十分充实，因此，不能像俄国十月革命那样立即宣布土地国有，只能分为两个步骤：第一步政治的解决，"把政治上的仇敌扑灭，把他们经济上的特殊利益打毁"；第二步经济的解决，达到最终目的——土地国有③。《草案》引起了热烈的讨论，徐谦认为仅仅"政治没收"不够，他说："为唤起农民革命，只没收逆产是不够的，现在必须连大地主的一并没收，始能得分配与需求符合。"汪精卫认为"政治的没收，似嫌笼统"，他说："所谓耕者有其田，是否今日即须做到，如没有明确规定，即可用政治的没收其名，而做经济的没收其实，因为一切大中小地主都可以加反革命头衔，而没收其土地。"夏曦主张：百亩以上无偿没收，百亩以下政府与以债券，年年付息。彭泽湘则提出"无条件的没收"。会议决定由夏曦、徐谦、汪精卫、毛泽东、易礼容、陆沉、岳尔克、邓演达、谭延闿、孙科、唐生智、何键、李品仙等为审查委员，进一步对该草案进行审议④。

　　第一、第二次扩大会上，都有人提出士兵与土地的关系问题。唐生

---

① 《土地委员会第二次扩大会议记录》。
② 《土地委员会会议记录附件》。
③ 《土地委员会第三次扩大会议记录》。
④ 《土地委员会第三次扩大会议记录》。

智表示:"对士兵必须有个办法","无办法,则兵士必感极大不安"①。在审查委员会会议上,谭延闿进一步表示:"军人多来自田间,他们必念及他们本身的利害,长官纵如何鼓励他们,如事实上他们失了利益,亦实无效。"②何键声称:"没收士兵的土地可动摇兵士作战的精神,因兵士及官长有许多是有土地的,本军便有这种情形,此种实在情形是应注意的。"③于是会议委托谭平山、何键、徐谦三人起草了《保障革命军人土地条例》。其主要内容为:政府对于军人现有土地,应予以特别保障;其无土地者,于革命战争终了时由政府给以土地,资其耕作④。

　　第四次扩大会上提出了保护佃农问题。当时,谭延闿提出:"没收大地主的土地,不没收小地主的土地恐事实做不到,不如通通没收还实在些。"⑤汪精卫称:"现在须决定要不要佃农,如不要佃农,则已经没有地主了。"针对谭、汪的意见,陆沉提出:"现在没收的只是军阀、土豪、劣绅、反革命派的土地,并不是所有一切的土地,佃农当然存在。"⑥会议委托谭平山、徐谦、顾孟馀起草《佃农保护法》,其主要内容为:佃农缴纳租税等,不得超过所租地收获量百分之四十;所有额外苛例,一概取消;如遇岁歉、战事等,佃农有要求减租或免租之权利;佃农对于所耕土地,有永租权⑦。对于这个条例,徐谦表示:"给地主百分之四十的田租实在是太不公平。"⑧邓演达提出:"可减至百分之三十或三十五。"谭平山提出:"要使佃户得到良好的生活,非减至仅纳百分之二十不可。"对此,毛泽东解释道:"所谓百分之四十,不过最高的数目,应由各地方的党和

---

①　《土地委员会第一次扩大会议记录》。
②　《土地委员会审查委员会会议记录》。
③　《土地委员会审查委员会会议记录》。
④　《土地委员会开会经过》,《中国农民》第 2 卷第 1 期。
⑤　《土地委员会第四次扩大会议记录》。
⑥　《土地委员会第四次扩大会议记录》。
⑦　《土地委员会开会经过》,《中国农民》第 2 卷第 1 期。
⑧　《土地委员会第五次扩大会议记录》。

政府按照地方情形酌量减少。"①

　　为了解决政治没收还是经济没收的分歧，会议委托徐谦起草《处分逆产条例》，邓演达起草《解决土地问题决议》。

　　《处分逆产条例》确定了政治没收的原则②。《解决土地问题决议》规定了经济没收的原则：一、将大地主的土地及官地、公地、荒地分配于无土地或土地不足以赡生的农民；对于小地主及为革命而努力之军人的土地，应由国民政府加以保障。二、为使土地问题得以解决，必须使农民有充分的力量以取得政权及保障政权，因此国民政府应援助乡村农民对大地主及其他一切封建势力之斗争。同时，《决议》还规定了实行办法，其主要者为：一、国民政府应从速颁布乡、区、县自治机关组织条例，并选派农政人员前往各乡、区、县指导并扶助其组织。二、各省、市党部应从速会同各省农协，斟酌各省实际状况，拟具解决土地问题之实施法则，呈请中央党部核准后交国民政府令各省政府执行。三、由各省党部、省政府农民协会等人民团体组织人民审判委员会，严厉处分土豪劣绅及一切妨害人民利益之反动分子。四、凡国民政府所管辖之兵器制造机关，应以出品百分之五至百分之十供给农民，组织农民自卫军。五、国民政府应从速调查各处气候、水土及收获数量，确定小地主之标准，大约沃壤每人不过 50 亩，瘠壤不过 100 亩，在此限度之内，得享有地权③。

　　上述决议均在第六次扩大会议上通过。

　　尽管在解决土问题的意义上，会议的参加者取得了一致的意见，但是对要在现实生活中真正解决这一问题，又自然存在着各种各样的疑虑。顾孟馀提出："现在我们规定小地主的土地不能没收，大地主则没收，自耕农、半自耕农的土地亦不没收，办法是很好的，不过乡村里头到

————————

　　①　《土地委员会第五次扩大会议记录》。

　　②　《土地委员会开会经过》，《中国农民》第 2 卷第 1 期。参见本书第四章第二节。

　　③　《土地委员会第六次扩大会议记录附录》。

了分配斗争时,能不能驱使农民遵守此种规定,甚成问题。"他说:"要注意使农民协会服从纪律,否则革命必生危险。"①徐谦忧心忡忡地说:"这样的土地法不啻放一把火,不知烧到敌人,抑或烧到自己?"汪精卫和徐谦怀着同样的忧虑,但他声称:"火已经烧了,我们要使这把火烧向敌人,不要烧向自己。"②这种忧惧感决定了委员会通过的各种决议只能是一纸空文。鲍罗廷和陈独秀应邀参加了第五次扩大会议,他们也不认为已经具备了马上解决土地问题的条件。鲍罗廷说:"必有强健的农村自治组织,才可以执行解决土地的办法,不致发生毛病",他建议,首先由农政部规定农村自治条例,建立农民政权,同时成立专门机关,研究解决土地问题的方案,提交省民会议,议决后施行③。陈独秀也认为:"国民政府下应有详细的办法,与敌人的地方不同,不能卤莽去做。"④

　　5月9日,中央政治委员会第十九次会议讨论土地委员会通过的各项决议。谭延闿提出:"《革命军人土地保障法条例》公布之后,不但不能安抚武装的同志,反而使普通人看了可以反证非革命军人的土地就不受保障。"⑤会议根据邓演达的提议,决定先行公布《处分逆产条例》与《佃农保护法》,而将其余两案留交第二十次会议讨论。第二十次会上,在讨论《解决土地问题决议案》时,陈友仁说:"在俄国,有几百万英亩的大地主;在中国,除了张作霖之外,没有几个够得上称为大地主的。"又说:"如果实行分配土地,帝国主义者更要说我们是共产,蒋介石以及他的爪牙更有辞可藉,当此军事、外交紧急的时候,于我们很不利。"他提出:"湖南已经实行了的,就让他去实行,对于全国应当有点不同。"⑥结果,表决时,林祖涵、邓演达、吴玉章三人赞成通过而不公布,

　　①　《土地委员会审查委员会会议记录》。
　　②　《土地委员会审查委员会会议记录》。
　　③　《土地委员会第五次扩大会议记录》。
　　④　《土地委员会第五次扩大会议记录》。
　　⑤　《中国国民党第一、二次全国代表大会会议史料》(下),第1130页。
　　⑥　《中国国民党第一、二次全国代表大会会议史料》(下),第1150—1151页。

谭延闿、王法勤、孙科、徐谦、宋庆龄、陈公博、汪精卫、陈友仁八人都不举手,只好决定暂时保留。对《革命军人土地保障法条例》,则一致决定:通过而不公布。

在土地委员会最后一次扩大会上,邓演达曾作了一个乐观的估计,他说:"解决土地问题,已有了原则的决定。目前两湖、河南皆可准此原则次第实行,这一次会议在党的历史、革命的历史上,都会有重大意义,使革命得到新的出路。"①事实证明,他过于乐观了。不久,毛泽东、谭平山在报告中即称:"如果说,土地委员会确实具有'历史意义',那仅仅是在一个方面具有意义:它出色地证明,国民党在真正伟大的、真正具有历史意义的事件面前是软弱无力的,国民党具有小资产阶级的全部怯懦性,它完全张皇失措了。"②

第二节　武汉国民政府的外交

一　武汉国民政府前期的外交

迁都武汉以后,国民政府的外交目标是更正不平等条约,争取国际承认;主要策略是分化帝国主义阵线,力求各个击破。具体言之,就是拉拢日本,中立美国,集中力量进攻英国。至于进攻的方法,虽然国民政府在民众运动造成的既成事实的基础上,取得了收回汉、浔英租界行政权的成就,但是它更倾向于通过和平谈判来实现自己的外交目标。

12月9日,国民政府外长陈友仁刚到汉口,就同先一日抵达的英国新公使蓝普森进行会谈,要求承认国民政府为统一全国的政府。蓝表示:中国大部地区尚不归国民政府控制,这一要求不合实际,一旦国

---

① 《土地委员会第六次扩大会议记录》。

② 《国民党中央土地委员会两个共产党员关于土地委员会的工作报告》,巴库林:《中国大革命武汉时期见闻录》,中国社会科学出版社1985年版,第240页。

民党建立名副其实并对前政府的一切条约和义务充分负责的政府，英国即准备承认；在此之前，英政府尽量以同情、友好的精神同中国任何地区的现存国民党事实政权打交道。蓝普森解释道，英国现未承认中国南北任何一方，国民政府至少须承认现行条约，取消反英运动，才能谋求承认。陈友仁答称，这两点皆可办到，能让英方满意。蓝普森对此颇感惊讶，将信将疑。接着陈友仁强调，今后绝不同列强集体谈判承认和修约问题，将取单独交涉的方针。蓝普森暗示英国愿拔先筹①。

　　10日、12日，陈友仁与蓝普森进一步讨论承认和条约问题。陈对9日提出的方案作了修改，要求英国在统治全中国的中央政府建立以前，承认国民政府为代表现有及即将控制地区的政府，而不得承认其他任何中国政府。蓝普森表示，英政府不能接受这一约束。陈友仁指出：国民政府为目下代表全国的唯一政府，已统治多数省份。若在未统治的省份举行总投票，该区域人民亦必赞成归向国民政府。英国在华主要利益集中于华南和长江流域，为自身利益计，英政府也应立即同国民政府谈判。今日中国正当革命时期，英政府应以远大目光度量英国在远东和中国的地位，赢得民族主义中国的好感。英政府若与国民政府谈判关于全国的问题，就不能同时与北京政府进行此类交涉。蓝普森听后似有所动，但仍坚持不受上项约束。

　　关于条约问题，陈友仁提议：双方以平等、互惠原则为基础，另订新约，取代现行的不平等条约，同时国民政府负责在其控制区内减弱反英情绪，并于谈判无结果之前，保持旧约有效。蓝普森宣称：英方准备作出的最大让步是修订现行条约中的某些条款，而不是废除全部条约，另订新约。陈友仁指出：必须取消旧约，代以新约，但可经双方协商，将旧约中的部分条款保留在新条约中。陈氏又称：汉口劳工运动在中英会谈期间暂趋平静，如果会谈破裂，恐怕工人会突然生变。蓝普森认为此话隐含威胁，希望国民政府保持秩序。会谈至此陷入僵局，双方各自

---

①　FO,405,Vol.252A,pp.627-628.

请示训令①。

12月13日,武汉临时联席会议召开第一次会议,听取陈友仁报告,鲍罗廷提出:一、赞同外交部现在与英使的协商,以求探知英政府对本政府的态度,并使其知道必须在修正不平等条约的基础上承认本政府;二、若英方坚持以承认一切不平等条约或接受北京政府所任一切义务为基本条件,方能承认本政府为全国政府或区域政府,则切不可与之协商;三、训令外交部依上述方法进行协商,俾不致与英发生破裂,并可保证,在国民政府统治区内,英人的生命财产可得到安全保障;四、外交部应速将此次协商向人民公布,以披露英国现时只改变其态度,未改变其政策,其目的只在保障其特权及发展其商业,实无何等实质上的让步。中英人民的相互利益将因英政府拒绝达成谅解而发生危险②。

这些策略,除宣传成分外,要旨在于尽量维持同英国的协商对话不致破裂。为此,谈判基调从历来主张的"废除"或"取消"不平等条约,降为"修正"或"更正",把要求承认自己为全国政府,降为要求承认自己为"区域政府"。但是,英政府这时只准备在修约问题上让步,还不愿承认国民政府为全国或区域性政府。12月5日,外务大臣张伯伦电告蓝普森:原则上对陈氏"取消旧条约,谈判一个全新条约的方案没有异议,只要将旧条约的效力保持到新条约谈成为止"③。

在此关头,国民政府方面未能坚持原来的立场。15日,双方第四次晤谈。陈友仁主动询问,可否用"更改"一词代替原提案中的"取代"一词。蓝普森答应考虑④。在随后两天的会谈中,除"更改"条约问题外,他们还讨论了附加税问题。蓝使10日即向陈透露,英国打算立即无条件地批准中国各地征收华盛顿条约所允二五附加税,请国民政府

---

① 　*FO*,405,Vol. 252A,pp. 631 - 632,646 - 648;陈友仁:《对三中执全会外交报告》,高承元:《广州武汉时期革命外交文献》,第151页。

② 　《联席会议第一次会议记录》。

③ 　*FO*,405,Vol. 252A,pp. 670 - 671.

④ 　*FO*,405,Vol. 252A,pp. 672 - 673.

同意由海关收税。陈友仁强烈反对,指出北洋军阀将因此获得大笔经费,但他表示,只要国民政府辖区内的海关服从国民政府统治,国府便负责维持海关机构。他还告诉蓝使,国民政府将依广州先例,在汉口征收"产销税"。蓝普森对此不表示反对①。

12月20日,双方最后一次晤谈。蓝普森代表英政府表态:一、对坦率会谈极为满意;二、尚不能提出有关承认国民政府的方案;三、英方正在研讨修订条约之事,蓝使将离汉口去别处考察。陈友仁答以如果会谈中断,将对民族主义舆论产生可悲的影响,本地形势会立即恶化。他提出新的妥协案,希望蓝使留在汉口继续协商。此案为"英政府准备承认国民政府为有资格代表其已统治或将统治的领土谈判立即更改中英条约的政府当局",即不明文约束英政府不得承认中国其他政府。蓝普森未置可否,婉辞而去。他声称,绝对无意破裂,决心再度亲来或派首席参赞欧马利来协商②。

接着,美国代表麦耶、日本代表佐分利也分别会见陈友仁,探问国民政府外交政策。陈友仁告以更正不平等条约,按照平等原则缔结新约,为国民政府目下外交的主要目的。其中如租界、治外法权、关税等项,俱为目前所必须立即从事更正者。美、日代表未作任何承诺,但陈友仁认为两国对国民政府的态度"尚属良好"③。

至此,国民政府与列强的和平谈判没有取得任何重要进展,可是人民大众的反帝爱国运动及英帝制造的汉口"一三"惨案,却遽然将打破不平等条约体系,收回租界的问题提上了议事日程。

武汉地区久已孕育着反帝尤其是反英的风暴。早在一年前的"五卅"运动中,英水兵就在汉口开枪打死、打伤中国民众数十人,造成震惊

---

① 　FO,405,Vol.252A,pp.632,682,684.

② 　FO,405,Vol.252A,pp.698-699.

③ 　陈友仁:《对三中执全会外交报告》,高承元:《广州武汉时期革命外交文献》,第159—160页。

全国的"六一〇"惨案。北伐军光复汉口后,英租界如临大敌,遍设电网、沙包,水兵与义勇队轮流布防,多次阻止北伐军穿行,几致冲突。英人报纸不断诋毁国民政府和民众运动。各国领事联名向武汉当局抗议租界华人仆役的罢工,要求立予取缔。英水兵经常干涉甚至逮捕租界内的罢工工人。11月下旬,天津英租界当局悍然逮捕国民党人,并引渡给军阀张作霖。12月中下旬,英国又不顾国民政府的反对,公然提议列强立即准许中国各地当局征收二五附加税,这将使当时尚控制全国大部分海关收入的北洋军阀有可能获得巨额资金。凡此种种,无不使武汉民众对英帝国主义的仇恨蓄久必发。中英会谈中断后,反英斗争迅即走向高潮。

12月20日,湖北全省农、工、商、学各界联合会在汉口开成立会,许多代表发表强烈的反英演说,通过了反英议案。22日,鲍罗廷在武汉临时联席会议中提议加强对民众和军队的反英宣传,并考虑应否采取对英经济绝交等报复措施。他指出:"租界已成为反革命大本营,即革命之陷井,革命即须打破此陷井者,此后收回租界应为革命运动之事实问题。"①26日,在李立三、刘少奇、董必武等共产党人领导下,汉口、武昌各界民众分别举行了有20万人和10万人参加的反英大会,一致决议实行对英经济绝交,要求政府立即收回妨害革命工作的租界②。当天又传来英国油轮在汉口下游团风水面撞沉一艘中国商船,淹死四百余中国乘客的消息,武汉人民的反英情绪益形高涨。

然而,这时国共两党领导机关的意图都是以民众运动为后盾,尽量用外交手段达到目的,以避免英国借口发动武装干涉。当北伐军初下武汉时,中共中央即认为"国民政府之外交政策,更须十分小心,不可有过分的急进举动,因为现时国民政府的实力,尚不能单独与英抗"。主张一面争取英国工人和在野党牵制英内阁,一面缓和与日、美的冲突,

---

① 《联席会议第四次会议记录》。

② 《广州民国日报》,1927年1月10日。

并极力避免军事冲突和造成国际共同干涉的借口①。12月5日,中共中央仍主张国民政府的外交"当按照全部斗争的形势审慎的进行"②。鲍罗廷12月末为国民党中央宣传委员会拟定的宣传报告中也指出:"加紧促进对英斗争,但须避免武装冲突。"③直到次年1月2日,鲍罗廷仍在强调:我们还没有充分的武力对英国等开战,只有各界民众团结起来,才能强迫帝国主义者同我们坐下开谈判,重订平等的条约,不用费一兵一将④。冲占汉口租界之举,实为英国水兵制造的"一三"惨案所激成。

中国人民占领汉、浔英租界后,如何引导民众情绪,维护胜利成果,同时又保持和发展必要的对外关系,特别是经济贸易关系,就成为摆在武汉国民政府面前的外交难题。

1月6日晚,陈友仁造访英国总领事,声明民众运动是反对英水兵的屠杀暴行,对英国侨民绝无仇视之意,不必自相惊扰,总工会虽有对英总罢工之警告,但现在已不致任便实行。听到英、美侨民纷纷离汉的消息后,陈友仁又约美国总领事及重要美商谈话,着重声明,国民政府当始终切实保护在汉美侨及各国人士,望各安各业,照常工作。7日,国民政府命工人纠察队完全撤出英租界,另组警务处,颁布暂行规则,不准群众在英界停留,不准以石击人、窃取物件和殴击外人,违者严惩,并将英界内的各种反英标语洗除。当日,联席会议又致电九江卫戍司令贺耀组转告各界:对英交涉由外长负责办理,民众运动应避免直接冲突。联席会议还通电所辖各省,保护英人生命财产⑤。

中国共产党和民众团体号召民众严守纪律,拥护国民政府,同时也

① 《中央局报告》,1926年9月20日,《中共中央文件选集》(2),第338页。
② 《中央局报告(10、11月)》,《中共中央文件选集》(2),第491页。
③ 《鲍罗廷在中国的有关资料》,中国社会科学出版社1983年版,第138—139页。
④ 《鲍罗廷在中国的有关资料》,中国社会科学出版社1983年版,第150页。
⑤ 《国闻周报》第4卷第3期。

督促国民政府在对英交涉中依靠民众,保持坚定立场。1 月 7 日,湖北省总工会发布紧急通告,命令工友服从军警维持,不得聚集英租界,"码头工友,尤不得在租界上叫闹";中外各厂工友,"均须安心上工"①。12日,中共中央发表宣言,指出英帝国主义的策略是"假意退出,并迫国民政府来保护他们,抵御群众的愤怒"。宣言要求:民众帮助国民政府并自己努力争取胜利,国民政府也要依靠民众,坚持到底②。

英国迅即于 1 月 6 日派代表赴汉口谈判。国民政府十分希望通过谈判使英方接受既成事实,并进一步改善相互关系,以至承认自己为中国唯一政府。为此目的,国民政府试图限制民众运动。外交部于 1 月10 日通告,"暂停一切反英、反教运动"③。通告发表后,引起各界质问。陈友仁一周后出面解释:"查此项通告,系转译之误,原文之意义,并非停止反英运动,乃指避免一切危害外人生命财产之行动。"④

1 月 11 日,英公使代表欧马利偕秘书台克满抵达汉口。次日,开始与陈友仁及秘书吴之椿谈判。起初,欧马利要求国民政府退还英界,恢复以前状态。陈友仁告以如此办理,将引起民众的罢工和拒货,使租界无法生存。国民政府想同英国重建友好关系,已电告各省停止反英运动,引导人民支持政府同英国达成解决。现在若恢复租界原状,国民政府将丧失声誉甚至垮台,不可能再控制愤怒的民众,保护英人生命财产。因此,现在双方的交涉,只能以新的状况为根据,国民政府的意向是仿照前德、俄租界的先例,改为特别区。陈友仁要求汉口英国银行立即开业。欧马利则要求武汉政府约束罢工,陈答应尽力避免⑤。

自 1 月 21 日起,会谈进入关键阶段。欧马利宣称:英政府的政策

---

① 《汉口民国日报》,1927 年 1 月 7 日。

② 《向导》,第 183 期。

③ 《汉口民国日报》,1927 年 1 月 11 日。

④ 《汉口民国日报》,1927 年 1 月 18 日。

⑤ 陈友仁:《对三中执全会外交报告》,《广州武汉时期革命外交文献》,第 153页;FO,405,Vol. 252A,pp. 335‐336,339,340。

是与任何响应其 12 月 18 日对华政策声明精神的中国当局交朋友，绝不向中国任何一方的暴力和武力屈服投降；已增派海军来华，英中关系正处于紧要关头；既然国民政府一再宣称保证英人生命财产安全，那么目前形势就是对国民政府的信誉和意图的一个考验。22 日，陈友仁发表《国民政府宣言》，指出英政府 12 月政策声明的出发点是以国际共管的态度来对中国略施恩惠，民族主义中国的主要目的则是恢复被英国等列强剥夺的完全的独立与自由。宣言重申，国民政府深望不通过武力，而"以谈判及协议之手续"解决中国与列强间的一切问题，表示愿与列强中的任何一国单独开始谈判，讨论修改两国条约及附属问题。英国代表虽得到了所希望的允诺，却明确拒绝陈友仁的意见，表示只愿协商解决租界问题，为进一步谈判廓清道路①。

经过反复谈判，英方终于同意将汉口英租界改为中国的市政特别区，由国民政府颁行新市政局章程。特别区管理机构为中英人士联合组成的市政局董事会，市政局长兼董事长由中国政府选派。一切管理事项皆由董事会以过半数议决，交局长执行。局长在董事会表决持平时有决定权，国民政府外交部对董事会议决案有最终否决权。英方还同意过渡期间由中方负责租界内的治安、工务、卫生事宜，但坚持此期内先恢复英市政机关，由它尽快召集租界纳税人年会，通过年度预算，解散英市政机关，授权将租界行政移交中英合组的新特别区市政机关。该区将实行英方草拟的经国民政府同意的章程。该章程保障外国人的承租房地权，承认领事裁判权和外国富有居民在选举中的优越特权，保证外国纳税人能够有效地监控特别区的市政、财税和立法。陈友仁起初主张过渡期间不能恢复英市政机关，过渡期后英租界即应无条件地归国民政府控制，但在英方坚持下，出于政治上的种种考虑，终于同意英方上述要求，只是删除了协定中提及恢复英市政机构的词句。协定

①　FO，405，Vol. 252，pp. 341-342，350，369-370，399-400；《广州武汉时期革命外交文献》，第38—43页。

发表时含糊地称:"英国当局将按照土地章程,于 3 月 1 日召集纳税人年会,届时英国市政机关即行解散。"①

英国继续用软硬兼施的双重政策对付中国革命。1 月 24 日,英国宣告将调遣三个陆军旅开赴上海,组成"上海防卫军"。27 日,欧马利向陈友仁递交特别区市政章程的草案,同时递交英国政府备忘录,宣称愿作单方面让步,对不平等条约权利作出七点广泛的修改。欧马利声明:如果汉、浔英租界问题圆满解决,国民政府并能切实声明,除用谈判手续外,不许以任何方式变更在华英租界及国际居留地,英政府准备"承认中国国民党对于英国大部分之要求"②。陈友仁表示这两点都可予以满足。28 日,武汉临时联席会议听取陈友仁关于谈判进展情况的报告后,决定由外交部长继续与英代表磋商,完成收回租界的手续③。29 日,陈友仁向英方提交一份声明,对向上海调集军队提出抗议,同时说明国民政府虽对英国修改若干条约权利的计划不能满意,但愿视为同英国圆满合理解决各项事件的基础;前提之一是谈判须完全脱离英国调集军队所造成的恫吓气氛④。当日双方紧张工作后,敲定了协议和各附件文本。

这时,武汉政府有些成员表示须进一步研究协定条款。30 日,陈友仁通知英方推迟签字⑤。次日,鲍罗廷将陈友仁、宋子文召至寓所商议,认为就军事、财政而言,以早签字为有利,但英国一面谈判,一面陆续调兵来沪,在此情形下签字,似为受其胁迫而屈服,人民将对此发生怀疑。因此,不能立即签字。当天的武汉临时联席会议采纳了这一意

---

① 　*FO*,405,Vol. 252,pp. 342 - 343,350 - 352,369 - 373.

② 　*FO*,405,Vol. 252,pp. 398 - 340;《广州武汉时期革命外交文献》,第 46—48 页。

③ 　《联席会议第十九次会议记录》。

④ 　*FO*,405,Vol. 252,pp. 401 - 402.

⑤ 　*FO*,405,Vol. 252,p. 403.

见①。2月1日，陈友仁会见英代表，将29日给英方的声明加以修正，声称不能在英军继续集中上海的情形下签署协定。随后发表了这一声明。

在此后的谈判中，陈友仁要求英国不再派更多军队赴沪，公开宣布已赴沪英军的目的仅在保护租界内的生命财产。英代表则要求国民政府明确保证，不用也不支持用武力实际变更租界地位，并在英方作出相应保证后立即签订汉、浔英租界协定。双方代表皆答应满足对方要求②。

英国方面认为：国民政府多数成员一直希望与英政府达成协议，而极端势力却一直企图阻止国民政府同英国接近③。为了缓解极端派的反英宣传，消除温和派和国民党军方的疑虑，取得国民政府的妥协，张伯伦2月10日在下院宣布：英国出兵上海，仅在于对付"暴徒之蠢动，军队之骚扰，或其他武力袭击"，"保护其侨民之生命利益"，绝不打算用作此外之行为。赴沪英军对中国内争严守中立，"除非有严重事变发生，必不越租界之范围而行动"。张伯伦并称：如果国民政府签订汉、浔租界协定，承受有关保证，则除已从印度开赴上海的英军之外，其他英军将在香港集中，除非另有重大意外危险，将不再赴上海④。

陈友仁问清按此演讲将在上海登陆的英军数额之后，向英代表声明：国民政府将此事视为英方的一种让步，此项让步足使汉口英租界协定有签订的可能，但国民政府仍将对英方登陆驻扎上海公共租界提出抗议⑤。

2月19日，双方代表准备按各自政府的授权，签订交接汉、浔英租

---

① 《联席会议第二十次会议记录》。

② FO，405，Vol. 252，pp. 403‐404，415；Vol. 253，pp. 131‐133.

③ FO，405，Vol，253，pp. 133‐136.

④ FO，405，Vol. 252，pp. 224‐227；《广州武汉时期革命外交文献》，第50—51页。

⑤ 《汉口民国日报》，1927年2月16日。

界协定,但欧马利却突然拿出一份备忘录,宣称由于孙传芳防线的崩溃,上海租界面临战乱,英政府可能在近期内在沪登陆更多的军队,并将其一部开出租界驻防。备忘录保证,继续对中国内战严守中立。面对英方的突然变卦,陈友仁十分气恼,但不愿再拖延签字,他建议英方先签订协定,再递交备忘录。欧马利同意。双方当即签署了交接汉口英租界的协定及有关换文。交接九江英租界的协定也于 19 日签订,但署期为 20 日,内容为:汉口英租界协定适用于九江;国民政府将负责赔偿因政府官吏的行动或重大疏忽而造成的英侨损失①。

英代表签字后即递交上述备忘录。陈友仁告诫说,此事必将激怒中国公众,事态可能发展到国民政府难以控制的地步②。数日后,陈友仁又专函提出强烈抗议,同时告诉英方,目前不打算公布这两个文件,以免激起新的事端③。

从 2 月 21 日起,双方继续讨论九江英租界问题。最后英方决定将九江租界区域行政事宜,无条件地移交国民政府办理。此后英人即不再干预该区市政管理④。

3 月 15 日,汉口、九江英租界的行政管理权正式收归武汉国民政府之手,这是中国人民反帝斗争的一次胜利,也是武汉政府外交上的一大成果。这对以后中国争取民族独立、恢复国家主权的运动产生了深远的影响。

在汉、浔英租界谈判期间,国民政府还借助民众反帝斗争的声势,通告收回汉口领事区华洋诉讼案的领事观审权⑤。3 月 2 日,国民党

---

①　*FO*, 405, Vol. 253, pp. 59 - 62, 135 - 136.

②　*FO*, 405, Vol. 253, pp. 60 - 61, 136, 146.

③　*FO*, 405, Vol. 253, pp. 70, 136, 146.

④　《中央执行委员会政治会议决议录》,1927 年 3 月 2 日,油印件;《国民政府近三年来外交经过纪要》,第 59—60 页。

⑤　徐谦:《国民政府司法部工作报告》,1927 年 3 月 7 日,《国民党二届三中全会速记录》,附件。

中央政治会议决定命外交部交涉收回牯岭外侨居留地的管理权。4日，又着外交部迅速交涉收回汉口法、日租界及广州沙面英、法租界①。23日，国民党中央政治委员会命外交部长发表宣言，要求撤退上海外兵，用谈判方法磋商收回上海公共租界②。同年六七月间，武汉、南京国民政府分别收回了牯岭外侨居留地和镇江英租界的行政管理权③。

然而，由于在谈判中武汉政府一再作出束缚自己手脚的承诺，加之政治形势急剧逆转，致使它在外交方面未能取得更大胜利。武汉外交的高潮在汉、浔英租界协定签订后很快就结束了。

蒋介石集团的分裂活动严重损害了武汉国民政府的外交权威，武汉政府不得不努力应付这一形势，维护统一、集中的外交领导权。

早在北伐发动后不久，国民政府就发现列强接连不断地越过自己，直接同蒋介石发生交涉关系。蒋介石每到一处，也都要发表对外讲话、宣言，同外国记者或列强领事及代表接触。1926年10月，国民党中央决议将外交职权集中于国民政府外交部长之手，并即将这一决议通知列强④。但是列强同蒋介石之间的明来暗往有增无已。1927年3月，国民党二届三中全会通过《统一外交决议案》，规定："一、本党党员对于外交方面，有擅自发表变更本党外交政策之主张，或直接间接向帝国主义列强接洽任何条件者，以违背党纪论，应予除名处分。二、政府职员，非外交当局或未受外交部长之委托，私擅与帝国主义者为外交的接洽或进行秘密交涉者，一经发觉证实，应即免职查办。三、在国民政府统治下之地区，所有外交人员，均由外交部直接任免，地方政府及军事长官不得再有任免交涉员之事"⑤。但是，拥兵自重的蒋介石对此置若

---

① 《中央执行委员会政治会议决议录》，油印件，1927年3月4日。

② 《中国国民党中央执行委员会政治委员会第四次会议议事录》，《中国国民党第一、二次全国代表大会会议史料》，第975页。

③ 《国民政府近三年来外交经过纪要》，第8—9、11—12页。

④ *FRUS*, 1926, Vol. 1, p. 683.

⑤ 《国闻周报》第4卷第12期。

罔闻。

另一方面,这一时期民众运动中盲目排外的自发倾向也愈演愈烈,逸脱了国共两党的控制和领导,发生许多违反政策的事情,给武汉外交造成很不利的影响。1927年2月上旬,陈友仁曾向联席会议报告:"外交部大部分时间,都用在中国工人与外国人间之争执问题上,致许多应办之重要外交事件,无暇进行。"①实际上,调解外国银行、工厂、商店、航运业此伏彼起的罢工纠纷,恢复财经贸易的运营,已成为武汉政府外交部的一项主要工作。

二　宁案交涉与分离英日政策

南京事件发生后,日、美等国政府与蒋介石集团逐渐形成默契与配合,国民革命阵营迅速分化,武汉政府的外交从此陷入困境。

3月24日晚,上海方面电告武汉国民党中央:在宁英舰炮击狮子山,恐上海市民与英兵冲突,催陈友仁赴沪主持外交②。25日,英、美总领事到武汉外交部,陈述南京发生攻击外国领事馆、抢掠外人住宅,造成生命损失等事。英国并为此提出抗议。国民党中央政治委员会随即电令江右军总指挥程潜,详细查复肇事者究系何种军队,并详查外国兵舰开炮情形,同时令其保护南京外侨及房屋③。

3月31日,陈友仁根据江右军前敌各将领的报告,召见英国代表,声明南京袭击及劫掠外国领馆和侨民的事件,实为反动派及反革命派煽动逆军余孽及地方流氓所造成,国民政府对此"深知痛恶";对外侨伤亡及英国领事受伤,表示"甚深之歉意"。另一方面,也对英、美兵舰炮

---

① 《联席会议第二十二次会议记录》,1927年2月9日。

② 《中国国民党中央执行委员会政治委员会第五次会议议事录》,《中国国民党第一、二次全国代表大会会议史料》,第981页。

③ 《中国国民党第一、二次全国代表大会会议史料》,第983—984页。

击南京之举提出严重抗议①。但列强坚持认为，南京抢劫系国民党军所为，要求国民政府立即处置。列强又以这一事件和民众运动中的盲目排外倾向为口实，在国内和侨民中大肆煽动危机感，乘机向上海增兵遣舰，并从长江流域撤退侨民。它们从政治、经济、军事各方面施加重压，竭力诱迫中国革命阵营中的"稳健分子"转向。

武汉国民政府在与帝国主义抗争的同时，急谋约束蒋介石分裂外交、勾结列强的活动，并设法制止民众中的盲目排外倾向。

在3月30日和4月1日的中央政治委员会会议上，陈友仁力陈，汉口屡次发生抢掠日侨财产等事，殊于外交不利，应即设法消灭。他还报告说，蒋介石等在上海擅自进行外交活动②。为此，武汉国民党中央决定将三中全会通过的《统一外交决议案》等文件正式通知蒋介石，警告他再有违法行动，就免职除名③。4月2日，国民党中央常委会又决定训令蒋介石离沪赴宁，专任筹划军事，不得擅自接受任何帝国主义口头或文字通牒。会议还决定将蒋介石私委的上海交涉员郭泰祺永远开除党籍，着国民政府明令拿办④。但是，这些措施都不可能对蒋介石发生作用。

面对危急局势，武汉政府力图避免列强的武装干涉，并将日本拉出帝国主义联合阵线。4月1日，中央政治委员会接到宋子文上海来电，说是英、日联合，上海危险很大。鲍罗廷提出，分离英、日，使帝国主义者分化。他赞成保护日侨和其他各国侨民的意见，同时建议加强对日本民众、英国民众和工党的宣传，并向世界人民发表宣言。会议通过鲍

① 《汉口民国日报》，1927年4月1日。

② 《国民党中央执行委员会政治委员会第七、八次会议速记录》，《中国国民党第一、二次全国代表大会会议史料》，第993、1005页。

③ 《国民党中央执行委员会政治委员会第八次会议速记录》，《中国国民党第一、二次全国代表大会会议史料》，第1009—1010页。

④ 《国民党中央执行委员会第二届常务委员会第五次扩大会议速记录》，《中国国民党第一、二次全国代表大会会议史料》，第908—911页。

罗廷提议,组织专门委员会起草各种宣言①。4月2日,陈友仁召见日本总领事,介绍佐分利来汉谈判情形及国民政府的对日方针,说明南京事件后,中日两国颇有谅解可能,日本对中国国民革命的成功不必恐惧。接着,又准备起草争取日本谅解的宣言②。

陈友仁的工作没有任何效果。4月3日,日本水兵在汉口行凶杀人,造成惨案。日本驻汉口的军舰和登陆部队遵命武装保卫租界。日侨也关闭在汉的工厂商店,撤上轮船。武汉的气氛顿时紧张起来。

这时,武汉民众的情绪非常激昂。湖北省总工会于惨案发生当天即发出通电,号召"全体民众一致奋起,誓死力争";同时又指出:帝国主义正想藉口实行武力干涉,反动分子也企图乘机捣乱,要求工友们严肃团结,为政府外交后盾,不得"自行主张,妄作妄为,致陷交涉于不利"③。4日,省总工会又派出宣传车多辆,高树标语旗帜,要求"各安所工","静候政府解决"。同日下午,武汉各团体召开紧急会议,议决组织武汉人民对日委员会,向国民政府请愿,要求即刻撤退日本水兵,收回日租界,凶手交中国法庭严办,赔偿死伤损失,日本政府正式向国民政府谢罪,担保以后不得有同类事件发生等④。

武汉政府颇感外交方面应付之难。惨案发生当天,政府即派军警赶赴日租界外围维持秩序,对各特别区和华界内的日人商店、工厂也一律加以保护。外交部致函省总工会,请将民众在惨案中冒死捕获的10名日本人解送卫戍司令部看管。省总工会遵命照办,但在信中叮嘱:"在交涉未完全解决以前,望贵处万勿轻于释放。"⑤另一方面,外交部

---

①　《国民党中央执行委员会政治委员会第八次会议速记录》,《中国国民党第一、二次全国代表大会会议史料》,1005—1008页。

②　《国民党中央执行委员会政治委员会临时会议速记录》,1927年4月9日,油印件。

③　《汉口民国日报》,1927年4月4日。

④　《一周时事述评》,第17期。

⑤　《汉口民国日报》,1927年4月4日。

也派员去日本领事馆抗议,要求立即撤退登陆水兵,并声明国民政府保护日人一切安全,倘日水兵仍在陆上示威,激起民众愤慨,发生事端,则由日本方面负完全责任①。

武汉政府仍然企图维系联日方针。4月4日,陈友仁再次会见日本总领事,声明前日谈话所示对日态度不变②。5日,外交部将被拘日本凶嫌中的4名商人送还日方③。同日,国民党中央政治会议再次研讨对日政策。鲍罗廷认为,现在的趋势是欧美各国要联合起来,压迫亚洲各国的民族独立运动,在这种状况下,最适宜的莫过于中、日联合起来反对英、美的联合。陈友仁提出,还有6名日本水兵关在卫戍司令部,主张在领事裁判权尚未取消的情况下,照成例送给日本领事处置。会议决定在预审之后,送给日本领事④。

为了进一步缓和对日关系,陈友仁受命于4月9日拟出对日宣言书。其大意为:"一、日本从前虽然也是行的侵略政策,但现在有放弃这种政策的趋势;二、同佐分利谈话的结果,知道中日现有谅解之可能;三、在中日未真正谅解之前,认日本为友邦;四、由南京事件可以证明日本有为中国友邦之诚意;五、虽然有日租界事件发生,但国民政府并没有改变态度;六、将来如有事件发生,有随时解决之必要。"⑤由于日本咄咄逼人的态度,宣言始终未有适当时机发表,但它却真实地反映了武汉当局对日本所抱的不切实际的期望。

4月10日,日本政府与英、美、法、意共同派代表到武汉政府外交部,要求次日递交关于南京事件的通牒。陈友仁当即表示,如果取共同通牒的形式,接见是办不到的,如果不是联合通牒,可以逐个接见,但接

---

① 《汉口民国日报》,1927年4月4日。

② 《国民党中央执行委员会政治委员会临时会议速记录》。

③ 《汉口民国日报》,1927年4月6日。

④ 《国民党中央执行委员会政治委员会第九次会议速记录》,《中国国民党第一、二次全国代表大会会议史料》,第1023页。

⑤ 《国民党中央执行委员会政治委员会临时会议速记录》。

见不能认为是接受的解释，也不能作为后来的成例。次日上午，五国代表分别向国民政府递交了同文通牒，要求迅速处罚南京抢劫责任者，赔偿外人损失，国民党军总司令作出书面道歉并保障今后外人生命财产的安全。照会声言，上述条件若得不到满足，各国政府将采取自认为适当的措施①。同日，列强驻沪总领事也向蒋介石的代表递交了同样内容的联合通牒。

4月14日，武汉政府分别答复五国通牒，大意为准备赔偿南京外国领事馆所受一切损失；对于外侨所受伤害及损失，国民政府也准备在合理及必要的范围内给予赔偿，但经切实证明为英美炮击或敌军及挑拨者造成的损失除外；至于惩罚与道歉两项，应待调查后再解决；国民政府对南京事件"深为抱憾"，重申不能容许任何人侵害外人生命财产，答应令国民革命军主管当局作出书面担保并以有效办法保护外侨。同时，国民政府也要求取消致乱的根本原因，即不平等条约。在给日本的答复中，国民政府特别表示，希望日本谅解中国民族主义势力，派代表根据平等互惠原则，同国民政府谈判，以期保证日本合法利益，改善两国关系。在给英、美、法的答复中，国民政府则要求一并调查解决英美炮轰南京案、英法沙面屠杀案和英国制造的上海五卅案、炮击万县案，等等②。

利用帝国主义之间的矛盾，防止列强协以谋我，武汉政府的分离英、日政策不失为一种正确的思路。但是，武汉政府对币原外交的实质认识不足，对日本国内的军国主义力量也估计不足，不久，币原内阁垮台，推行对华强硬路线的田中内阁上台，武汉政府的分离英、日政策也就彻底失败了。

---

①　《国民党中央执行委员会政治委员会第十一次会议速记录》，《中国国民党第一、二次全国代表大会会议史料》，第1042—1043页。

②　《国民政府近三年来外交经过纪要》，第62—66页。

第三节　汉宁对峙下的北伐军事

一　武汉国民政府的讨蒋活动与决策北伐

汪精卫在 4 月 10 日到达武汉。

中山舰事件发生，汪精卫避居国外之后，就不断有人主张迎汪回国，以抵制蒋介石日益增大的影响。在 1927 年春天的"恢复党权"运动中，迎汪的口号更喧腾一时。人们对蒋介石愈不满，对汪精卫的期望也就愈殷切。现在，汪精卫终于回来了。

4 月 13 日下午，武汉国民党中央政治委员会正在开会，得到蒋介石的通电，要求中央各执、监委员在 14 日以前赶到南京开会，随即又得到上海市党部的来电，工人纠察队被缴械，汪精卫当即表示："这件事比南京会议还要严重，简直是反了！"①会议决定以中央执行委员会的名义致电蒋介石，要求查办事件的责任者，即刻停职拘捕，听候国民政府查明事实，依法惩办。电文称："总司令及总指挥未能事前防范，亦应依法严重处分，并应饬令将已缴枪械退回纠察队。"②随后，汪精卫又在湖北省市两党部的欢迎宴会上说："反革命派已经与帝国主义、军阀妥协，已经把真正革命同志的血献给军阀、帝国主义了，国民革命军的总司令已经变做讨赤联军副司令了。"他表示，"我现在什么嫌疑也不怕了，非为这些工人复仇不可！就如有一批数十年的老师友，像吴稚晖，现在就都该杀，杀了来填几十个工友的命。"③当日在会上演说的还有徐谦、何香凝、孙科、高语罕等人。何香凝说："现在蒋介石却公然摧残工农了，

---

①　《中国国民党中央执行委员会政治委员会第十二次会议记录》，《中国国民党第一、二次全国代表大会会议史料》，第 1057 页。

②　《汉口民国日报》，1927 年 4 月 14 日。

③　《汉口民国日报》，1927 年 4 月 14 日。

我们怎样对付呢？就只有照廖先生说的话，打倒这些反革命。"14日，武汉中央监察委员会开会，提出处分蒋介石、张静江；取消蒋介石一切本兼各职，开除党籍，由国民政府将其撤职查办。

15日，汪精卫手书《对三大政策之解释》："总理所定联俄、容共、农工三政策是整个的，破坏一个政策，即是破坏整个政策，即是将改组本党的精神根本取消。一切革命同志应该起来，拥护此整个的政策。"[①]同日，武汉国民党中央常务委员会第七次扩大会议讨论惩蒋问题。参加者28人，列席者鲍罗廷、唐生智、张发奎3人。主席徐谦。先后发言的有董用威（必武）、邓演达、潘云超、詹大悲、高语罕、彭泽民、孙科、林祖涵、江浩、吴玉章、顾孟馀、何香凝、陈公博、谭延闿、朱培德等，普遍态度强烈，要求改变既往的迟疑态度，作出决定。董用威说："务希中央毅然决然加以处置，以申党纪。"彭泽民说："如再犹豫，不是蒋氏自杀，是我们自杀。"孙科则要求与会者一一表态，他说："蒋介石是革命敌人，尤其是中央执行委员会敌人，无论对蒋介石有无私人感情，今日皆不能缄默的。"[②]在如何对待蒋介石上，会议出现两种意见。一种是免去职务，明令讨伐，以邓演达为代表。另一种意见以顾孟馀为代表，认为对一个人只有惩办，不必用讨伐。会议最后同意顾孟馀的意见，一致决议开除蒋介石党籍，免去本兼各职，"着全国将士及各革命团体拿解中央，按反革命罪条例惩治"[③]。该项决议至18日以国民政府命令形式发表。

18日同时发表的文件还有《为惩治蒋中正训令全体党员》，历数蒋介石自中山舰事件以来的种种表现："凡此种种，皆为极端反革命行为，既不能感之以诚，复不能喻之以理。似此罪大恶极，是已自绝于党，自绝于民众，本党为前途计，不能不决然毅然执行党纪，加以严厉之惩

---

① 《汉口民国日报》，1927年4月17日。

② 《中国国民党中央执行委员会第二届常务委员会第七次扩大会议速记录》，油印件。

③ 《革命生活》第58期，1927年4月19日。

治。"①

　　21日，国民党中央执行委员、国民政府委员、军事委员会委员汪精卫、谭延闿、孙科、徐谦、顾孟馀、谭平山、陈公博、吴玉章、唐生智、邓演达、宋子文等40人联名发表通电，指责蒋介石由反抗中央进而自立中央等行为。通电号召："凡我民众及我同志，尤其武装同志，如不认革命垂成之功毁于蒋介石之手，惟有依照中央命令，去此总理之叛徒，中央之败类，民众之蟊贼。"②上述种种，都是对蒋介石一种政治上的谴责，较之武汉政府以前的态度，是坚决、鲜明多了，但是，政治上的谴责不能代替军事上的打击，这方面，武汉政府仍然顾虑重重。15日的国民党中央常务委员会上，在慷慨讨蒋的高调声中，也时时可以感到这种低调的存在。詹大悲说："今日中央应行决定，失败是不必顾虑，更不应该顾虑。"邓懋修说："纵败犹荣，终有胜利之一日。"吴玉章："如果是革命的，是不怕强力，不怕武力的。"这些语言诚然是壮烈的，但却反映出武汉政府的领袖们缺乏斗争胜利的信心。何香凝说得很坦率："我对军事上、财政上很是担心。"③正是这种担心，使武汉政府回避马上和蒋介石决战。

　　奉吴河南战争中，张学良、韩麟春率奉军主力第三、四方面军团倾巢南下。4月3日，奉军占领许昌，靳云鹗三次反攻，都被奉军击退。4月中旬，奉军继续占领京汉线上的重要城市临颍、郾城、西平、遂平等地。下旬，前锋进至驻马店附近，威胁湖北④。4月底，传说张学良将联合吴佩孚残部贾万兴等，兵分三路，进窥武汉。这样，就使武汉政府处于两面受敌的境地，军事方针陷入动摇不定中。当时出现了两种意见：一种主张东征讨蒋，一种主张北伐讨奉。两种方针各有利弊。向东讨蒋吧？担心奉军南犯；向北讨奉吧？蒋介石打过来怎么办？这是很

---

①　《革命生活》第59期，1927年4月21日。

②　《汉口民国日报》，1927年4月22日。

③　《中国国民党中央执行委员会第二届常务委员会第七次扩大会议速记录》。

④　《晨报》，1927年4月22日。

难解决的问题。这一矛盾不仅表现于武汉政府领导人之间，也表现于苏联顾问、共产国际代表和中国共产党人中。

　　当时，鲍罗廷认为，东南地区帝国主义力量强大，蒋介石可能联合张作霖共同对付革命，广州、上海无产阶级的力量还很弱小，因此，中共应该和国民党一起北伐，会合冯玉祥，并且打通苏俄通道。鲍罗廷的设想是，"从政治上和军事上向西北发展，对东部和东南地区则只从政治上发展"，在六个月或者更晚些时候，再到东南去"奠定基础"①。罗易则认为：新的军事行动对革命有害。"它的目的是增加国民政府的军事力量，以便摆脱群众的影响。""政府必定以战争为借口，呼吁后方的安宁。这样，将给予反动派以时间，恢复他们失去的地位，并且采取攻势。"罗易建议，在武汉政府控制下的各省推行土地革命，以加深它的社会基础。他提出：一、消灭农村的反动力量，即地主、高利贷者和乡村绅士；二、向广东、江西等南方省份扩展实力；三、为了实现上述目的，向南调动在国民政府实际控制下的军队②。4 月 14 日，鲍罗廷在中共中央和共产国际代表会议上声明：国民党已原则上决定北伐，他已表示支持；如果会议作出反对北伐的决定，他就马上辞去在国民党中担任的职务。罗易认为鲍罗廷的声明等于提出最后通牒，如同举着手枪"对准我们的脑袋来强迫我们"③。在激烈的争辩中，双方都作了一定妥协。16 日，中共中央通过一项《关于继续北伐的决议》，认为在目前情况下，立即北伐去占领京、津等地，不仅不符合革命的需要，而且有害于革命。采取北上扩大领域的军事行动之前，必须将早已在国民党统治下或革命已经完成的那些地区的革命基地加以巩固④。为此，中共中央认为，

---

　　①　《中共中央局与共产国际代表团会谈纪要》，1927 年 4 月；参见 M. N. Roy, *My Experiences in China*, Bombay, 1938, pp. 56 - 57.

　　②　M. N. Roy, *My Experiences in China*, pp. 56 - 57.

　　③　《中共中央局与共产国际代表团会谈纪要》，1927 年 4 月。

　　④　《关于继续北伐问题的决议》，《罗易赴华使命》，中国人民大学出版社 1981 年版，第 176 页。

只能采取占领河南省南部、安徽西部等"防御性的军事行动"。问题汇报到莫斯科,莫斯科调和鲍罗廷与罗易的意见,既主张北伐,又主张同时在国民政府领域内发展革命①。这样,中共中央便于4月18日作出决议,同意立即派军队北上。大约在此期间,李宗仁也派参谋长王应榆赴汉,向武汉政府领导人建议,宁汉双方承认既成事实,大家分道北伐,待会师北京,再开和平会议解决党内纠纷。武汉政府领导人接待了王应榆,表示先将"北方之敌击溃再说"②。关于东征还是北伐的这一艰难的决策过程,邓演达回忆说:"往东——打南京——往北的计划前后变更了四五次,卒之为如下之理由取决往北去,把张作霖在河南的队伍肃清,把冯玉祥的队伍接出来,然后把对付张作霖于京汉路线上责任托付给他,我们的队伍专力于东南的肃清。"③当时,冯玉祥队伍号称30万人,确是一支可以和奉系匹敌的力量。此外,还有个阎锡山,号称有军队十余万人,武汉政府认为,有可能倒向自己方面。因此,毅然决策北伐。

4月19日,武汉政府在武昌南湖举行盛大的北伐誓师典礼并庆祝军事委员会成立。据称,与会团体一千五百余个,约五十余万人。典礼以北伐誓师为主调,但带着浓重的讨蒋色彩。誓师词宣布此次出师目标在于讨伐"最淫暴、凶残的奉系军阀","凡与张作霖勾结者,不论他过去行为若何,都是民众的敌人"。誓师词豪迈地声称:"我们要消灭敌人的武力,使敌人片甲不回;就是我们一时不利而打败仗,我们也要自己片甲不回,直与敌人奋斗到最后一粒子弹,最后一把刺刀为止。"但誓师词也同时宣布,"凡是压迫农工、损害农工利益者,不管他过去行为若何,也都是本党的敌人",这就将矛头指向了蒋介石。在演说中,汪精卫

---

①　M. N. Roy, *My Experiences in China*, p. 597.

②　《李宗仁回忆录》,第467页。

③　《中国革命最近严重局势之由来》(1927年8月17日在莫斯科的报告),中国革命博物馆党史研究室编:《党史研究资料》,1987年第3期。

则更明确地宣称:"我们要打倒帝国主义与军阀,尤必须要打倒本党的内奸蒋介石。"①次日,各军开始由京汉路进入河南,集中驻马店。

尽管武汉政府的领导人这时唱的是响入云霄的高调,但是,高调中仍然可以觉察出细微的低音。这就是武汉政府处境很困难。4月27日,徐谦说:"是要往北,才能打出一条生路。"②5月13日,汪精卫说:"如果外交形势变换,我们应该与西北革命军同心协力,将大陆拿到手内,这也是革命的唯一出路。"③所谓外交形势变换,实际上是帝国主义干涉的委婉说法。可以看出,汪精卫视为"出路"的正是鲍罗廷的"西北学说"。

武汉政府寄希望于冯玉祥和阎锡山,没有想到,这两个人都靠不住。武汉政府既失去了东征的时机,北伐也中途夭折。

二　唐生智率军北上与冯玉祥东出潼关

南湖誓师的第二天,武汉国民政府军队陆续开拔,由京汉路进入河南,集中驻马店,待命出击。武汉政府的计划是,以唐生智的第一集团军由京汉路北上,以冯玉祥的第二集团军由陇海路东出;阎锡山的第三集团军则自正太、京绥两线进攻。

4月27日,武汉国民党中央委员会在中央党部欢送北伐将士。30日,唐生智、张发奎进抵驻马店,各军分左、中、右三路北进。中路军以第三十六军刘兴部组成,担任正面作战,自广水出发,沿京汉路前进。右路由张发奎部第四、第十一军及贺龙的独立第十五师组成,经汝南、上蔡,进取开封。左路由第三十军及豫中靳云鹗、贺国光、梁寿恺、魏益

---

① 《革命生活》,第 59 期,1927 年 4 月 21 日。

② 《中央执行委员会欢迎北伐将士大会纪要》,油印件。

③ 《中国国民党中央执行委员会第二届常务委员会第十一次扩大会议速记录》,油印件。

三、庞炳勋等部组成,沿京汉路西侧进攻。第三十五军何键部为总预备队,继第三十六军之后推进。除李品仙的第八军卫戍武汉外,唐生智的第一集团军全部投入了。总兵力约十余万人。5月13日,下令总攻击。

当面之敌为张学良、韩麟春所率奉系三、四方面军团。该军团以遂平、西平、上蔡为据点固守。其第十七军荣臻部集中郾城、漯河,沿沙河北岸据险固守,配置骑兵和铁甲车,往来游弋,河东、逍遥镇、邓河、周家口,皆有奉军精锐布防。

第三十六军首战的任务是拿下遂平与西平。当时,东双河、柳林一带为红枪会盘踞,威助北伐军后路。刘兴先命第二师唐哲明部由信阳回师,红枪会闻风四散。后顾之忧既解,刘兴遂于5月14日挥军北上。以地理位置论,遂平在南,西平在北,应先攻遂平,但刘兴却出人意表,以第三师的部分兵力看守遂平之敌,以第一师为主力绕道进攻西平。奉军凭险顽抗,并利用大炮及铁甲车轰击。激战两昼夜,北伐军伤亡很大。苏联顾问建议刘兴撤退,刘却故意入睡,以镇定军心,终于在17日将西平攻克。西平既下,遂平奉军不攻自撤①。第三十六军乘胜追击,5月20日再克漯河。奉军沿沙河、澧河布防,企图固守郾城。刘兴将所部分为左中右三路渡河,合围郾城,奉军因险要已失,退走临颍。5月21日,第三十六军攻克郾城。

右路军首战的任务是拿下上蔡。5月14日,第四军第二十五师朱晖日部在上蔡卧龙岗一带与奉军第十一军第十二旅富双英部遭遇,将富部击退。15日,第十二师缪培南部在上蔡城北十里铺也取得胜利。16日,张发奎命令部队向驻守东洪桥、西洪桥的奉军主力第十一军赵恩臻部发起进攻。赵部为奉军精锐,有常胜铁军之称。国民革命军经过苦战,在付出巨大牺牲后取得胜利,占领华陂及扶台集之线,使困守

---

① 《三十六军奋战经过》,《汉口民国日报》,1927年6月26日;刘兴:《回忆国民革命军第八军》,《湖南文史资料选辑》第6辑,第84页。

上蔡城内的富双英部成为瓮中之鳖,不得不献城请降①。17 日,余敌溃退,据守沙河北岸的逍遥镇②。23 日,独立第十五师贺龙部自邓城渡河,向逍遥镇攻击前进。当时,奉军第八军据守沙河北岸,防御严密。北伐军几次强渡,均未成功,于是,避实就虚,以少数兵力自南岸佯攻,而以独立第十五师之第四团迂回敌后,攻其不备。奉军没有料到这支部队会从背后出现,惊惶溃退。贺师跟踪追击,经过激烈的巷战,当日下午攻克逍遥镇。25 日,张发奎、邓演达抵达逍遥镇,布置第二阶段作战计划。

按原定方案,右路军应继续北上,进取开封,由于中路溃退之敌集结临颍,奉军第十军王树棠部又自郑州来援,因此,张发奎奉命改变计划,引军西向,协助第三十六军进攻临颍,消灭奉军主力。

临颍为许昌屏障,是奉军固守的战略要地。东、西洪桥之战后,奉军集中精锐于临颍城东,计有第八军万福麟一部,以及赵恩臻的第十一军、汲金纯的第十五军、荣臻的第十七军、李镇亚的第十九军等,约 3 万余人,凭漯河天险,抗击北伐军正面,同时在临颍附近修筑坚固工事,阻挡北伐军左翼。为确保该地,张学良亲赴前线,痛哭誓师,并处决了自西平、漯河退却的军官数人。

第三十六军攻破郾城之后,于 27 日进逼临颍。第一师的前卫部队第一团在攻城时遭到巨大损失。同日,张发奎命副军长黄琪翔指挥,以第十二师及第二十六师攻击临颍城东、北两地区,以独立第十五师攻击临颍城南地区,自率第二十六师为总预备队,随正面攻进。双方在在七里头一带展开激战,奉军倾所有兵力据壕固守,相持终夜,未能突破。张发奎乃命第十一军第二十六师七十七团蒋先云部开赴辛庄,抄敌左翼,命第十二师第三十四、三十六团任正面,第三十五团任左翼,于拂晓

---

① 《第四军讨奉作战经过》,《汉口民国日报》,1927 年 5 月 20—24 日;参见张发奎编:《第四军纪实》,沈云龙主编《近代中国史料丛刊》续辑本,第 151—156 页。
② 《十一军战史》,《汉口民国日报》,1927 年 6 月 22 日。

全线进击。奉军兵力数倍于北伐军，双方交互冲锋，形成混战状况，北伐军伤亡惨重。抄敌左翼的蒋先云部也受到巨大损失。蒋先云身中数弹，负伤后仍在辛庄死力支持，因伤重牺牲。张发奎、黄琪翔均亲到前线指挥，同时调在鄢陵方向警戒的第十师蔡廷锴部增援，奉军阵地摇动，弃城退走。当日，北伐军进占临颍，打开了通向郑州的大门。此役，奉军伤亡逾万，被俘千人，北伐军也有很大损失。第四军、第十一军伤亡达 3000 人。张发奎承认，北伐以来，"战斗之烈，伤亡之大，实以此役为最"①。

蒋先云，湖南新田人。1922 年加入中国共产党。1924 年进入黄埔军校第一期学习。曾任北伐军总部秘书。迁都之争后离开蒋介石，到武汉任工人纠察队总队队长。蒋先云牺牲后，周恩来惋惜地说："蒋先云是个将才，这是革命的损失！"②

临颍战后，张学良本拟在郑州、开封一带作第二次顽强抵抗，因冯玉祥的第二集团军已占领洛阳，与第一集团军形成两面夹攻之势，决定退出郑、汴。行前，张学良留函刘兴，说他留下了许多军用品相送，末尾表示也要参加革命③。

奉军的主力部署于京汉线，武汉北伐军为击溃奉军主力付出了巨大牺牲。总计，第四方面军各部在西平、上蔡、漯河、临颍一带伤亡达 1.4 万名之多④。而东出潼关的第二集团军由于没有遇到强敌，仅伤亡四百余人，进展也顺利得多。

西安解围后，国民军取得陕西作为地盘，东出潼关的任务便逐渐提到面前。

1927 年 2 月 8 日，李大钊致函冯玉祥，介绍张作霖、张宗昌、孙传

---

① 《第四军纪实》，第 167 页。
② 《黄埔军校回忆录专辑》，广东人民出版社 1982 年版，第 143 页。
③ 刘兴：《回忆国民革命军第八军》，《湖南文史资料》第 6 辑，第 81—82 页。
④ 一说牺牲两万余人，见李汉俊报告，《晨报》，1927 年 7 月 7 日。

芳等部的兵力和驻防情况,说明奉军"将出兵河南",建议国民军"出长安,会师郑州"①。2 月底,冯玉祥决定率兵出陕,"援鄂攻豫,会师中原",开始对将士进行动员。3 月 11 日,发布《讨奉布告》,要求各界同胞"共同参与革命战争,以期一举歼敌,完成全功"。4 月 26 日,武汉国民政府任命冯玉祥为国民革命军第二集团军总司令。

国民军与晋军长期存在仇隙,冯玉祥要东出潼关,必须要进一步改善和阎锡山的关系。

1 月 30 日,阎锡山致电冯玉祥,问候起居。2 月 1 日,冯玉祥复电,在客套中略露"同志辅仁,至希予助"之意。9 日,冯玉祥到潼关慰问将士,阎锡山特派崔廷献为代表,赶到当地见冯。冯玉祥对崔表示:国家大事,非与阎锡山合作不能成功;革命是曲线的,未便直进,只好渐进,山西环境不同,自有因时因地之机。冯并绘一小画赠阎,题诗云:"铁练捆缚全地球,重层压迫世人愁。列宁主义行天下,解放人类得自由。"崔临别前,冯声言接济困难,要求阎的兵工厂协助制造子弹②。2 月 21 日,阎锡山又派南桂馨赴陕,与冯玉祥会商③。南表示,当劝告阎锡山,"以爱国为重,速行出兵"。3 月下旬,冯派李兴中到晋。其后,双方在赵村成立国晋联合办公处,双方合作有了具体形式。但是,阎锡山仍然害怕冯玉祥假途灭虢,一再坚持,在唐生智率部北伐,冯玉祥率部东进,抵达洛阳后,才自正太、京绥两路出兵④。

尽管冯玉祥无法消除阎锡山的戒心,但是,国民军与晋军的关系毕竟已从敌手变为盟友,冯玉祥便大胆东进了。

冯玉祥接到武汉国民政府的任命后,即于 5 月 1 日在西安红城召开军民纪念大会,同时宣誓就职,表示愿在"国民党指导之下,誓死为中

---

① 于志恭:《关于冯玉祥吊李大钊诗》,《人物》,1980 年第 4 期。
② 《民国阎伯川先生锡山年谱长编初稿》,第 729 页。
③ 《冯玉祥日记》,1927 年 2 月 21 日。
④ 《民国阎伯川先生锡山年谱长编初稿》,第 746 页。

国贫苦工农解放而奋斗”，“并为全世界贫苦工农及被压迫民族解放自由而奋斗”。冯玉祥、于右任并联名致电第三国际，声称：“国民军的一切努力，就是祝贺工人们胜利的忠实礼物。我们已经望见五一节的红光，从第三国际的中心地方映射到全世界！”①会后，任命石敬亭为参谋长，同时通令全军，将西北所有军队重新编制，改名换旗，冯自领中央军，以刘镇华领东路军，岳维峻领南路军，宋哲元领北路军，孙连仲领右路军，徐永昌领左路军，号称 30 万人。在上述各军中，刘镇华根本靠不住，徐永昌尚在阎锡山麾下，岳维峻不听指挥。冯玉祥用以进攻河南的主要是中央军，下辖方振武、孙良诚、韩复榘、马鸿逵、冯治安、刘汝明、韩德元等部，共 6.1 万人，拥有枪 4.1 万支，炮 80 门，机关枪 300 挺，迫击炮 107 门，子弹每个士兵不过 50 粒②。5 月 5 日，冯玉祥命令中央军由阌乡东进。

5 月 7 日，冯玉祥赴潼关督师，途次渭南，以四事电告驻陕将领，要求他们拥戴于右任，特别提出，在军队中提高党的工作和政治工作权力，极力援助地方党部及各种社会团体的发展③。冯玉祥亲书口号，制成胸章：“我们是为取消不平等条约誓死拼命。”所有官长士兵一律佩于胸前右方。这时，正值李大钊等二十余人在北京为张作霖杀害，冯玉祥闻讯，特在潼关开会追悼，并电令各部队、各地方机关开展追悼活动。

西安围解后，刘镇华部退据豫西，曾接受冯的驻豫军总司令的委任，但他并非真心归附，仍然依违于阎锡山、张作霖等诸种势力之间。冯军中央军东进后，进展顺利，先后占领河南西部的灵宝、陕州、卢氏、洛宁、渑池各县，刘镇华部退据铁门、新安，构筑工事，预备作最后挣扎。22 日，冯军围攻新安，刘镇华部缴械投降。23 日，方振武率部挺进磁

<hr>

① 《陕西国民日报》，1927 年 5 月 1 日、3 日。
② 《冯玉祥令刘骥呈汉口国民政府电》，《北洋军阀》(5)，武汉出版社 1990 年版，第 686 页。
③ 《国民军革命史》，第 292 页；《汉口民国日报》，1927 年 5 月 29 日。

涧,奉军万福麟率众 5 个旅,汇合原镇嵩军张治公部约 4 万余人,在娘娘庙一带设立防线三道,方部攻击未下。26 日拂晓,孙良诚、石友三等部赶到,发动总攻。万福麟部沿铁路东逃,张治公残部遁入终南山中。同日,冯军攻克洛阳。

洛阳攻克后,冯玉祥即令孙良诚率部沿陇海路向郑州进军,方振武率部由登封向禹州进军,协助武汉北伐军队,同时命石友三部由洛阳,经孟津、偃师向郑州进军。27 日,石友三部占领孟津。28 日,过偃师,奉军增援部队凭借黑石关之险竭力抵抗,企图抢运当地兵工厂机械。在冯军猛烈攻击下,激战终日,奉军退走,兵工厂得以保全。30 日,冯军占领孝义。奉军四面楚歌,向东北溃退。31 日,石友三部占领郑州,骑兵旅追至黄河南岸,因铁桥被炸,遂在南岸警戒。

冯军东出加强了武汉政府的北伐力量,奉军两面作战,形势不利,阎锡山的态度又迅速变化,随时有加入对奉作战行列的可能。6 月 1 日,奉方发表声明,宣称"战线太长,且东南两路军队苦战累月,亟待休养","为保存实力,相机攻守起见,不欲作重大之牺牲,决计变更战略,退守河北。"[1]同日,北伐军第三十六军刘兴部与冯玉祥军会师郑州。6 月 2 日,张发奎、加伦、邓演达到汴,并行骑马入城。

三　阎锡山易帜

阎锡山长期统治山西,晋军拥有十余万兵力,因此,南北各方都极力争取阎锡山。有一段时期,聚集太原的各方代表竟达三四十人之多。为了割据自保,阎锡山则以"严正中立,保境安民"相标榜,观望风色,多头应付。北伐开始后,国民革命军一路势如破竹,迅速进抵长江流域;在北方,五原誓师之后,国民军再度崛起。阎锡山看到这些情况,权衡形势与利害,不得不逐渐修改自己的航向。

---

① 《奉军扼守大河北岸》,《晨报》,1927 年 6 月 2 日。

还在国民革命军进抵武汉时,李大钊就曾致函阎锡山,劝他参加北伐。国民革命军进军江西后,李大钊又以国民党北京政治分会的名义,询问阎锡山的驻京代表温寿泉,希望知道阎"对于国民党的真实态度,为敌抑为友"①。阎经过二十多天思索,表示决与国民党合作,将待机行动。11月14日,张作霖在天津召集北洋军阀各派代表会议,以"霸主"姿态规划军事,指挥一切。为了解决"西北问题",他电令阎锡山:消灭绥远、包头一带的国民军;进攻甘肃、陕西的国民军;如一、二两项做不到,则请以京绥全线让给奉方,奉方将单独进攻。阎锡山答以愿接受第三项,同时向李大钊报告,声称冯玉祥军"在包头大张旗鼓的作起来,颇使晋方为难"。为此,李大钊于同月24日复电阎锡山,首先肯定阎在辛亥革命时期的功绩,次述阎多年来"事齐事楚"、"卑身屈节"的艰难,勉励他认清时机,投身国民革命。电称:"百川今日所处之境,真所谓千载一时之良机,不容或失者矣!""倘来岁春深反奉战起,百川果能率其十数万健儿加入我革命军方面作战,则榆关以内胡骑全清,易如反掌耳!"②同电中,李大钊并告诉阎锡山,冯玉祥已离包头,赴平凉督战,不必担心。

在张作霖咄咄逼人的气焰下,阎锡山被迫命归化都统商震将大部分晋军撤回山西,将绥远让给了奉系。为了抵御奉系的进一步胁迫,阎锡山不得不向国民党方面求助。11月26日,阎锡山致电温寿泉,命其转告李大钊等称:"本号与田君(国民党)同行,早下决心。"③其后,张作霖调动奉军占领京绥线,决心进攻为国民军占领的五原,阎锡山担心牵及山西,再电李大钊等报告,要李和李石曾及北京政治分会商榷。李大钊和中共北方区委经讨论后决定,认为五原决不能放弃,晋军应集中正

① 《守同志来信》,《中央政治通讯》第14期,1926年12月15日。

② 《守同志来信》,《中央政治通讯》第14期。

③ 《北方区关于国民政府与晋阎关系给中央通讯之二》,《中央政治通讯》第13期,1926年12月9日。

太路,防止奉军进攻太原,在奉军前进时,应监视并准备作战,"待河南局势发展,即向大同方面进攻,以击奉军之背"①。事后,李大钊又致电阎锡山,告以奉方此举,目的不仅在于取得五原,而且还要威胁山西,"此时山西不必露出何种行动,但须准备一切枪〈械〉,必要时行动"②。阎锡山同意李大钊等人的意见,但要求联络陈调元、靳云鹗等,自成势力,由他组织一个不属于冯玉祥国民军系统的北方国民革命军。李大钊、中央中央、共产国际远东局都同意阎锡山的要求,中共中央致函北方区委,告以已要求鲍罗廷和加伦"切实向国民政府建议"③。中共中央称:"中国南方革命势力与奉张反动军阀的斗争,谁能拉住阎锡山便是谁占胜利。"中共中央并指示:"阎锡山现在联南的态度,若尚动摇,则我们当催促他迅速发动,与奉反脸;如他联南态度十分坚决,则我们可授他以阴谋,此时仍虚与奉张敷衍,不使奉张对阎起一点恐怖疑心,俟奉军精锐南下后,再突出保定,截断他的归路。"④其后,阎锡山又派孔繁蔚到北京,面见李大钊,详陈组织北方国民革命军和进攻奉系的计划,建议在北伐军攻下浦口时,由陈调元、靳云鹗首先发难,占据陇海路,截断津浦线,同时,北伐军、国民军分别自武胜关、潼关出击,进攻郑州,山西方面则出兵截断京汉、京绥两线。李大钊赞同阎锡山的计划,建议阎与国民党中央及国民革命军总部"发生密切关系",通盘筹划,听国民政府的命令行事⑤。

　　阎锡山一面与国民党北京政治分会李大钊、李石曾等联系,一面派赵丕廉秘密南下。12月1日,赵丕廉抵达南昌,向蒋介石转达阎锡山的意见,表示愿加入国民革命军:一俟国民军、北伐军入豫,或北伐军进

---

①　《陕西最近军事状况》,《中央政治通讯》第13期。

②　《北方区关于国民政府与晋阎关系通讯之一》,《中央政治通讯》第13期。

③　《其嘉致胡海、白和信》,《中央政治通讯》第13期。

④　《其嘉致胡海、白和信》,《中央政治通讯》第13期。

⑤　《李大钊主持之北京政治分会报告书》,《中华民国史档案资料汇编》第4辑,第1025—1027页。

抵津浦线,即起而响应①。同月 28 日,赵再到南昌,对蒋介石称:"(山西)被军阀包围、环伺,非至最后关头,不宜轻有表露。"②1927 年 1 月 31 日,蒋介石根据预定安排,向武汉国民政府提出,任命阎锡山为国民革命军北方总司令。此项呈请,经国民党中央政治会议通过,并于 3 月 11 日经武汉国民政府批准。3 月 16 日,阎锡山收到委任状后复电武汉国民政府委员孔庚等,表示"此间已准备好,一俟西北军发动,当即一致动作"③。此后,阎锡山即跨出了易帜的步伐。4 月 1 日,阎锡山宣布废除北京政府任命的山西督办名义,改称晋绥军总司令,以南桂馨为政治部主任,武汉特派员罗任一为副主任。同时,着手改组省政府,示意军人及各方人士加入国民党。5 日,致电在汉口的赵丕廉,告以本日已下动员令,并向省民宣布服从三民主义。但是,这一时期,武汉国民政府和蒋介石之间的矛盾已经激化,彼此间正在准备进行一场生死斗争。6 日,赵丕廉密电阎锡山,告以"此间内部分化,局势骤变",北伐将会延缓,山西不能独当劲敌,要阎"相机审度"④。这样,阎锡山易帜的步伐又放慢了下来。

"四一二"政变后,出现了武汉、南京、奉系三大政治势力鼎立的局面,各方都加紧了对阎锡山的拉拢。4 月 22 日,武汉国民党中常会任命阎锡山为国民革命军第三集团军总司令。5 月 4 日、12 日,王法勤两次提出,山西方面,奉天、蒋介石都派了人,我们赶紧也要派一两个代表,因而,武汉国民党中央决定以孔庚为山西特派员⑤。孔庚与阎锡山同为留日陆军士官学校学生,长期与阎共事,交谊很深。武汉政府派他赴山西,是很恰当的任命。

---

　　①　《民国十五年以前之蒋介石先生》第 8 编 7,第 3、8、44 页。

　　②　《民国阎伯川先生锡山年谱长编初稿》,第 718 页。

　　③　《民国阎伯川先生锡山年谱长编初稿》,第 735 页。

　　④　《民国阎伯川先生锡山年谱长编初稿》,第 741 页。

　　⑤　《中国国民党中央政治委员会第十八、二十次会议速记录》,《中国国民党第一、二次全国代表大会会议史料》,第 1120、1149 页。

　　在武汉国民政府的军事序列中,第三集团军总司令是很高的位置,但是,这一时期,阎锡山已决心倒向蒋介石一边。4月25日复孙传芳电云:"赤党嚣张,争夺为心,虽蒋尚且不容,足征其不能与人合作也。"①5月6日,又致北京温寿泉电云:"武汉不倒,南京必失败","应排除一切,专对武汉"②。他多次密电其驻北京代表,劝说张作霖,和蒋介石等各方妥协,"一致讨赤"③。6月初,又两次致电张学良、韩麟春,劝其取消安国军,改组为河北国民革命军,联络南京及各方,组织讨共大同盟④。

　　阎锡山和武汉国民政府及冯玉祥之间本有成约:晋军负责自正太、京绥两线进攻奉军,一俟唐生智率军北上,冯玉祥出潼关经洛阳东进之际,晋军即可发动。5月下旬,奉军在河南战败。26日,冯玉祥军攻占洛阳。次日,唐生智军攻占京汉线侧的军事重镇临颍,两军会师在即。但是,阎锡山并没有践约出兵。同月底,奉军放弃郑州、开封等地,撤至黄河北岸,阎锡山才于6月2日派部队进驻娘子关外的东天门及河北井陉、获鹿等地。3日,在石家庄设立正太铁路护路司令部。但是,阎锡山的这些举动以防御为主要目的,并无立即进攻奉军的企图。6月13日,汪精卫在总结武汉军北伐状况时曾埋怨说:"所不足的是第三集团军爽了约,如果当奉军由郑州后退的时候,第三集团军出兵断其后路,我们早已到北京城了。"⑤不过,尽管如此,阎锡山增兵河北的举动仍然引起了奉方的深刻猜忌。

　　奉军的北撤象征着这个曾煊赫一时的军阀集团已经转入劣势,阎锡山觉得时机成熟,决定走完易帜步伐。6月5日,以国民党山西省党部、山西省农民协会、妇女协会、学生联合会、商民协会、工人代表联合

----

① 《民国阎伯川先生锡山年谱长编初稿》,第745页。
② 《民国阎伯川先生锡山年谱长编初稿》,第746页。
③ 《民国阎伯川先生锡山年谱长编初稿》,第747页。
④ 《民国阎伯川先生锡山年谱长编初稿》,第751—752页。
⑤ 《中国国民党第一、二次全国代表大会会议史料》,第1230页。

会等团体名义召开"国民大会",通过反对日本出兵山东、拥护南京国民政府和蒋介石、电贺国民政府建都南京等决议。会议既"推举"阎锡山为国民革命军北方总司令,同时又自拉自唱,通电拥护国民革命军北方总司令。会议并"电请"省党部清党。为了表示自己不同于"赤化",会场标语一律用蓝色纸书写。会后,由大会主席团代表赴总部,请阎锡山就职。据报道,阎"再三谦让始允"。当晚,总部通知:全城挂青天白日旗;军官须将旧式领章、肩章取消,换用青天白日新帽花;学生须穿新制服。一时之间,各成衣店利润陡增数倍。

6日,阎锡山举行就职典礼,派出飞机抛撒就职宣言。在宣言中,阎锡山除炫耀同盟会的老资格外,特别着意为自己辩解,声称因环境恶劣,强敌环伺,他过去14年中,"为保留此大河以北之革命势力",不得不"与三民主义之障碍者虚与委蛇"。宣言称:"一切反革命之势力,已到最后崩溃之时期,凡我南北真实之革命同志,急宜集中革命势力,以打倒军阀帝国主义,俾统一的国民政府早日实现。"①

阎锡山就职后,将所部分为10个军:各军司令官分别为商震、杨爱源、徐永昌、傅存怀、傅汝钧、丰玉玺、张荫梧(副)、谭庆林、郑泽生、李维新,阎锡山自兼第七军正司令②。同时下令裁撤山西省长、镇守使、道尹各职,以南桂馨、李鸿文、赵丕廉等分任民政、财政、农工各厅厅长。

阎锡山长期实行高压专制统治。当年3月,右派苗培成、杨笑天等操纵"山西工人代表总会"捣毁太原总工会,中共山西临时省委立即组织工人义勇队包围右派大本营平民中学,捉拿并公审国民党省党部常委、右派韩克温。阎锡山即以此为借口宣布戒严,禁止私行集会、结社、散发传单,所有五一、五四、五七、五九各纪念日,一律禁止举行活动,违者拘送卫戍司令部惩办③。当年的五一节纪念活动,即因此未能举行。

―――――

① 中国第二历史档案馆藏原件。

② 《时报》,1927年6月22日。

③ 《时局扰攘中之晋局》,《晨报》,1927年4月24日。

5月9日,中共山西临时省委以西北革命同志会、太原学生联合会等左派组织名义,在山西国民师范学校召开李大钊追悼会,贴有"拥护武汉政府"、"打倒新军阀蒋介石"等标语,阎锡山即派兵包围学校,先后捕去共产党人张勋等六人。

国民党山西省党部原是左右派的联合组织,在九名执行委员中,国民党员占五席,共产党员占四席。阎锡山易帜后,即遵照南京方面的命令,成立国民党山西党务改组委员会,开除在省党部工作的共产党人;以南桂馨、苗培成、韩克温,温寿泉、梁永泰、杨笑天等为委员,又成立清党委员会,登报通缉山西共产党主要领导人颜昌杰、崔锄人、王瀛、薄书存(一波)等32人。不久,又要求各县设立清党宣传会,集中精力,肃清"跨党分子"①。国民师范、第一师范、第一中学等校并开展清校运动,驱逐左派和共产党员师生。6月底,逮捕山西法学院进步教授胡遽然。9月5日,原中共山西临时省委宣传部长、国民党山西省党部执行委员王瀛及其夫人自武汉回山西,在崞县被捕。10月11日,王瀛被害。

为了加强和蒋介石的联系,争取蒋的支持,阎锡山在易帜前即派温寿泉南下,与宁方接洽。易帜后,再派南桂馨赴宁。6月8日,南桂馨途经北京,向奉方解释出兵井陉等地,目的纯系"自卫",劝奉方与宁、晋合作,组织"讨赤"三角同盟。但奉方强烈表示了对阎锡山增兵河北的不满,张作相公开指责晋方:"表面上虽日言合作,实际上则增兵直境如故,尤失合作之真义。"②在此前后,阎锡山又派人赴宁,表示"准备出兵"攻奉。他向蒋介石献策:"先奉后共,灭奉则有八分把握,灭奉以后灭共亦有八分把握。"③

6月中旬,蒋介石派刘芙若、何澄(亚农)、彭凌霄三人到晋视察,受到国民党山西省党部等的热烈欢迎,但姗姗来迟的武汉代表孔庚则受

---

① 《雷厉风行之晋省清党运动》,《晨报》,1927年6月22日。

② 《张作相昨对新闻记者发表谈话》,《晨报》,1927年6月11日。

③ 《民国阎伯川先生锡山年谱长编初稿》,第758—760页。

到了分外的冷遇。

孔庚因交通阻隔，于6月17日才到达太原。阎锡山称："本预备出兵的，因为北伐军不曾过河，兵力很单薄，不敢冒昧；再则有两个政府，也不知道何所适从。"又称："据一般人的观察，武汉是共产党的政府，南京才是真正国民党的政府。"阎锡山并称："山西人听说要实行共产，也很害怕。"①18日，山西省党部等纠集了一部分人要求驱逐孔庚；太原街头贴满"打倒共产党走狗孔庚"一类花花绿绿的标语和漫画。19日，孔庚被送离山西，武汉国民政府争取阎锡山的努力彻底失败。

易帜后，国民党山西省党部宣布过一些改革方针，如建设廉洁政府，严禁收受贿赂，裁撤闲散机关，禁止高利盘剥，提高工人、农民生活，实现男女平等之类，但大都是具文。只有在实施"党化教育"以及加强社会控制方面，倒是做了不少工作。

在宁汉对立中，阎锡山公开拥蒋对武汉政府是一个严重的打击，自此，武汉政府更形孤立。同时，阎锡山易帜对奉系也是一个严重的打击，昔日的盟友化为腰背附近的尖刀，使之无法自安。6月8日，张作霖在接见日本记者团时坦率地承认："奉军因背后有阎锡山军队之牵掣，自不得不后退。"②这说明，阎锡山易帜对奉军北撤，以至后来退出关外都是有积极作用的。

四　吴佩孚势力的败亡

在奉吴河南战争中，吴佩孚的残余势力再一次受到打击。

3月16日晚，吴佩孚仓皇率队退至巩县孝义镇兵工厂。次日，奉军占领郑州。19日，阎锡山致电其在吴部的代表梁汝舟，建议吴暂驻

---

①　《国民党中央政治委员会第三十三次会议速记录》，《中国国民党第一、二次全国代表大会会议史料》，第1289—1290页。

②　《张作霖招待日本记者团谈话》，《晨报》，1927年6月9日。

洛阳，以观变化。阎锡山并应允接济吴佩孚每日所需给养600元。23日，他又亲自致电吴佩孚，劝吴到山西休养。张作霖在狠狠地打了吴佩孚一拳后，也装腔作势地邀请吴佩孚入京，"或在豫代为指挥敝军军队"①，仿佛什么事情也没有发生过一样。当时，吴部在巩县粮食给养发生困难，奉方大将韩麟春派人送去米、面、现洋，表示欢迎吴回郑，愿与吴合作到底。河南各种部队牌号复杂，其中一部分人仍然效忠于吴，因此，奉方企图依靠吴的力量收抚各部，稳定豫局。吴佩孚当然不愿上钩，但他也不愿投奔阎锡山门下。同月26日，梁汝舟复阎锡山电云："玉帅刚毅成性，但能支持，决不作退一步想。"4月14日，张学良亲赴巩县，迎吴回郑，遭到拒绝。吴表示："本人决无返郑或来京之意，如必要时，返回蓬莱原籍，闭门读书，不问理乱。"②其间，阎锡山派人到巩县邀吴到太原，也被吴以"此间军事无人负责"为由加以拒绝③。

但是，吴佩孚并不能在洛阳一带安居。4月下旬，吴佩孚得知冯玉祥即将东出潼关，召集镇嵩军将领王振、柴云陛及张治公等会议，磋商抗击。与会者各怀异志，意见分歧。5月10日，被冯军战败的张治公到郑州乞援，奉军决定西进，因此，吴佩孚在巩县也难于立足。

当时，吴佩孚所能依靠的力量主要有于学忠、张联陞两部，一驻豫西，一驻鄂西，不过三四万人。5月12日，吴佩孚离开巩县，经嵩山、方城到达南阳。途经嵩山时，曾拟削发为僧，为部下所劝阻④。26日，张其锽电称："大帅本拟引退，不问军事，复因将领恳切陈词，不得不暂时维持，以顾危局。连日磋商结果，将领意见分歧，多请大帅勉为其难，竭诚调解，

　　① 《张作霖致阎锡山电》，1927年3月23日，《民国阎伯川锡山先生年谱长编初稿》，第738页。

　　② 《吴佩孚将向蓬莱》，《晨报》，1927年4月22日。

　　③ 《吴佩孚不愿赴太原》，《晨报》，1927年4月25日。

　　④ 吴佩孚离开巩县时间，诸说不一，此据蒋雁行电：《吴佩孚再出马》，《晨报》，1927年5月4日。

大帅仍本初衷，支撑危局于一时也。"①可见当时吴部分崩离析的状况。

南阳地方偏僻。5月30日，吴佩孚致电孙传芳称："党军猖獗，战局突变，外传纷纷，真相莫明，究竟大势如何，殊觉沉闷之至！务请详示近情，以释鄙怀。"②其间，吴佩孚曾有与奉鲁军合作的打算，陆续派殷嘉祥、马开礼等人赴济南，会见张宗昌，要求接济饷弹。③

郑州会议后，冯玉祥取得了河南的统治权，一面分兵北上、东进，一面派方振武、岳维峻、樊钟秀等部进攻南阳、邓县的于学忠军，以便消灭吴佩孚的最后一支力量。6月25日，吴佩孚离开南阳，企图向张联陞借道，经鄂西入川。④30日，在灰店铺遭到土匪袭击，吴的参谋长张其锽被击毙。张为湖南人，与谭延闿为同年进士，民国初年在谭手下当南武军统领，后以湘军代表名义做吴的座上客，与吴结为异姓兄弟。张的被击毙，使吴丧失了一个忠实的追随者。

张联陞是吴的旧部，但1926年12月已被唐生智改编为独立第九师⑤。1927年6月又被冯玉祥委任为第三十八路总司令。吴佩孚自南阳出逃后，武汉国民政府即命张派兵堵截。张随即封锁由老河口至襄阳的河道。7月2日，吴佩孚企图在竹筱铺一带偷渡襄河，在中流受到张部袭击。吴佩孚指挥卫队冲击过河，率百余人向南漳逃窜⑥。至此，曾经纵横中原、煊赫一时的吴佩孚军阀集团遂彻底被消灭。

7月13日，吴佩孚逃到巴东，受到杨森代表的欢迎。杨指定夔府为吴的驻地，吴的旧部陆续来归。杨森对外声称，已将吴佩孚卫队武装解除，放置绥定。12月22日，南京国民政府电令杨森严拿吴佩孚，解宁惩办。30日，杨森复电称：吴佩孚已闻风逃向陕边，该处已无吴佩孚

---

①　《吴佩孚贯彻终始》，《晨报》，1927年5月28日。

②　《晨报》，1927年6月2日。

③　《吴佩孚密使到济南》，《晨报》，1927年6月27日。

④　《吴逆逃亡之经过》，《汉口民国日报》，1927年7月6日。

⑤　《广州民国日报》，1926年12月30日。

⑥　《张联陞陈报围剿吴逆详情》，《汉口民国日报》，1927年7月8日。

踪迹①。实际上,吴佩孚一直处于杨森的庇护之下,但已掀不起什么风浪。

五　南京国民政府军队的北进

孙传芳、张宗昌败退江北后,仍拥有兵力约 20 万人。其中孙部约 5 万人,张宗昌、褚玉璞部约 15 万人。他们乘着蒋介石清党反共之机,陈兵江北,积极准备南犯。

孙军的首攻目标是里下河的门户泰州。4 月 5 日,周荫人、郑俊彦部以优势兵力自如皋来攻,守军独立第十二师张中立部迎战,因寡不敌众退往江南。10 日,孙军袭占苏北重镇扬州,第十七军曹万顺部受到重创,狼狈退往镇江。这样,东起南通,西至扬州的广大地区就完全被孙军占领。孙传芳除在瓜州、都天庙构筑炮台,射击长江南岸外,又在扬州十二圩等地试图强渡,准备重占江南。

张宗昌部的首攻目标是滁州。4 月 8 日,滁州失陷。12 日,第三军程国瑞部、第七军许琨部 3 万余人自淮河南下,围攻合肥,守军独立第五师马祥斌部与独立第四旅王金韬部死守待援。随后,张宗昌以白俄铁甲车直薄浦口,同时进驻和县、巢县等地,企图割断芜湖、合肥之间北伐军的联系,进取安庆。16 日,直鲁军炮击南京,蒋介石的定都之地受到威胁。

孙传芳与蒋介石之间的谈判一直若断若续。4 月中旬,蒋介石任命陈仪为江北宣抚使,企图通过他收抚孙传芳。陈仪受命后,即请张君劢拟稿,劝孙发布宣言,与蒋合作。在"反赤"这一点上,蒋、孙已经有了共同语言,但孙不愿与蒋共同北伐。5 月 1 日,谈判破裂。② 3 日,孙传芳通电,指责蒋介石"藉共产党之势力以破坏敌军,沪宁既下,乃捕杀共

---

① 《时报》,1927 年 1 月 8 日。

② 《张嘉璈日记》,未刊稿。

产党人以释天下之疑""利之所在,虽仇必亲;利之所去,虽亲亦仇"。
通电表示:"(传芳)虽三战三北,而耿耿此心始终不懈者,诚以此贼不
除,国家断无幸存之理。"①

孙蒋谈判既破裂,蒋介石乃于 5 月 1 日制订三路北伐计划:第一路
以何应钦为总指挥,由镇江渡江,进攻扬州,夺取淮、海;第二路蒋介石
自兼总指挥,以白崇禧代理,由南京附近渡江,进攻津浦路南段;第三路
以李宗仁为总指挥,由芜湖渡江,进攻津浦路侧面,救援合肥被围守军。
在这三路中,重点在第二路;第一路军暂在沪宁线集结,待二路、三路得
手之后再行出击。

在南京受到威胁的状况下,蒋介石被迫作出继续北伐的决定,但
是,他视为心腹大患的还是共产党和武汉国民政府。5 月 7 日,他在南
京发表演说称:"立在主义上说,共产党实在是我们国民党唯一的敌
人。"他要求各将领"一星期内扫清江北的北洋军阀",打下徐州、济南,
"再回来同共产党作战"②。蒋介石的这一演说表明,随着南京国民政
府的成立,他的战略重心已经发生变化。

白崇禧指挥的第二路军分三个纵队,分别以贺耀组、杨杰、陈调元
为指挥官,以陈调元兼前敌总指挥。5 月 11 日,第三纵队陈调元部自
马鞍山渡江。12 日,攻克和县。13 日,第二纵队杨杰部由江宁镇、慈湖
镇渡江,进占乌江镇,浦口之敌不战北撤。15 日,第一纵队贺耀组部由
下关、大胜关之间渡江,未遇抵抗即进占江浦。17 日,三个纵队同时告
捷,分别占领全椒、东葛。18 日,第二纵队杨杰部克复滁县。19 日,继
克沙河集等地。张宗昌因直鲁军节节失败,下令总退却,至蚌埠、临淮
关一带集中。至此,原定第一阶段的计划顺利完成,津浦线明光以南之
敌肃清。

第三路军分五个纵队,分别以叶开鑫、夏威、胡宗铎、王天培、柏文

---

① 《孙传芳痛诋蒋介石》,《晨报》,1927 年 5 月 7 日。
② 秦孝仪编:《先总统蒋公思想言论总集》卷 10,第 259—260 页。

蔚为指挥官,以王天培为前敌总指挥,另以王普为总预备队指挥官。自5月5日起陆续在芜湖、大通等地渡江。13日,攻克含山、柘皋。15日夜,张宗昌军得到蚌埠方面的援军,由第十五军军长马济指挥,夜袭梁园,许琨、程国瑞等都亲自临阵,马济并调动白俄骑兵千余人冲锋。第三路军以为敌军新败,解甲安卧,被迫仓皇应战。同日夜,被围于合肥的马祥斌、王金韬部得悉援兵接近,下令出击。第七军李宗仁部、第十军王天培部、第二十五军王普部等包抄敌军后路,张宗昌军不得不向西北溃退,被困一个多月的合肥因此解围。18日,第一纵队进至明光附近,张宗昌亲至临淮关督师,命津浦线南段的军队退守定远一线。19日,夏威、胡宗铎部攻克定远,马济殒命。20日,攻克临淮关、凤阳。21日,攻克蚌埠。远在北京的张作霖企图为直鲁军打气,致电张宗昌称:"皖蚌为全军枢纽",要求张集结兵力,作破釜沉舟之战①。张宗昌尽管已败退徐州,却还要大言不惭地吹嘘:"一俟布置就绪,仍当驰赴前方","昌平生身经百战,类从千钧一发之危机,收最后五分钟之胜利。"②

第一路军分四个纵队,分别以曹万顺、赖世璜、刘峙为指挥官,何应钦自兼第四纵队指挥官。由于第二、第三路军进展顺利,何应钦便于5月13日向蒋介石提出,要求提前渡江进击,得到同意。20日,各路陆续渡江。协同自浦口东进的第二路军第一纵队贺耀组部横扫孙传芳军。孙军自退守江北后,粮饷困难,子弹缺乏,士兵患病者十有八九,普遍厌战,加上苏北是平原地带,无险可守,因此,何应钦部没有遇到顽强的抵抗。21日,占领六合。22日,占领仪征。23日,第十七军第二师进占扬州。

蚌埠、扬州既克,蒋介石于5月24日下达追击命令,要求以主力进攻徐州、砀山间之敌,以一部进取海州、台儿庄,直逼鲁南。

孙传芳军于扬州失陷后,即分两路退却。一路沿运河退守淮阴,一

①　《晨报》,1927年5月28日。

②　《晨报》,1927年5月27日。

路自南通、如皋、东台、盐城退守海州。将领之间攻守分歧,愈形涣散。孙传芳曾通电各将领"巩固内部团体,消弭意见","严守各地阵线,以待时机"①,但无济于事。5月26日,何应钦部第三纵队进占南通。28日,第二十一师陈诚等部经激战后克复邵伯。6月1日,攻克高邮。孙军第八师崔景桂、第十师郑俊彦、第十三师刘士林等部望风披靡。6月5日,攻克淮安、涟水,孙军彭德铨部第三团缴械投降。

　　第二路军的任务为协助第一路军自皖北进攻苏北重镇淮阴,并以部分兵力由津浦路以东地区向徐州攻击前进。6月2日,击败直鲁军第三军程国瑞部,占领灵璧。其后,陆续占领宿迁、洋河。9日,占领海州,俘敌六千余人。孙军第十七师冯绍闵部、第十师郑俊彦部被歼,第五师白宝山残部投降,第十二师周荫人残部退往山东的滨海城市日照,第二、第四、第九、第十一、第十二各师则退据桃林、红花埠、劳沟一线,企图顽抗。10日,第二纵队、第三纵队协力进攻,孙军精锐丧失殆尽,残部经临沂向胶济路退却,第二路军克复剡城,进入山东境内。第三路军在攻克蚌埠、临淮关之后,以第一、第二、第三各纵队整顿待命,以第四纵队沿津浦路北进,第五纵队攻取六安。5月25日,六安攻克。28日,张宗昌因接到张作霖缩短战线的命令,节节后退。第三路军顺利突破张宗昌部在浍河流域固镇等地的防线,连克蒙成、颍上、阜阳、宿县等地。29日,蒋介石进驻蚌埠。31日,张宗昌弃城北走。6月2日,第四纵队兵不血刃地占领徐州。

第四节　奉鲁军阀组建安国军政府

一　查抄苏联使馆与镇压革命党人

　　吴佩孚、孙传芳集团先后惨败,北洋军阀的统治日益陷入困境,列

---

① 《晨报》,1927年5月30日。

强将目光更多地转向准备发动反共政变的蒋介石。奉系军阀为振作残局，不得不高举"反赤"旗帜，极力向列强邀宠。

张作霖入京后，曾以安国军总司令部外交处处长吴晋为特使，一再向英国公使蓝普森表示，不惜"破裂与俄国的关系"，加入国际反苏阵线。① 3月1日，张宗昌部下在浦口非法扣押苏联商轮巴米亚列宁娜号，拘捕在船上的鲍罗廷的夫人及苏联外交通信员等人，押往济南。同月下旬，张作霖遍访列强驻华使节，"探询可否由外人协助，抗拒布尔希维克主义"②。不久，即命奉系军警制造了查抄苏联使馆事件。

奉系第二次入关后，疯狂制造白色恐怖，迫使国民党工作转入地下。1926年夏，李大钊和国共两党的北方领导机关一起，迁入东交民巷苏联使馆所属的一个废弃的兵营。这一秘密据点被法、日公使馆相继发现。他们互相联系，将情况通报给安国军总司令部，并一起鼓动奉系军警采取行动③。于是，奉系军警立即"购线侦查"，获得确证，便与列强公使商议，企图搜查苏联使馆。

公使们对于搜查苏联使馆一事并无异议，只是认为中国军警进入东交民巷违反《辛丑条约》，应由外交部出面商请。于是，安国军总司令部将此意通报顾维钧，顾不愿负此责任，便推诿延宕。奉系见此，派吴晋与列强公使接洽。4月4日，领袖公使欧登科（William James Oudendijk）召集列强公使秘密会议。欧登科称："张作霖元帅的随员一再向他提出，俄国人正在滥用使馆区的庇护，组织叛乱。据说，有4000支手枪被偷运入旧俄卫队的兵营，从那里分散给北京的不法分子。"④会议一致同意准许中国军警进入使馆区搜查。

---

① 　*FO*,405,Vol. 253,pp. 333‑334.

② 　《申报》,1927年3月31日。

③ 　王之相口述，白晶泉、武育文整理：《我所了解的张作霖及其杀害李大钊烈士的经过》，《沈阳文史资料》第1辑，第35页；参见《张国忱与柴寿安谈话记录》，1978年9月7日，未刊稿。

④ 　*FO*,405,Vol. 353,p. 334.

4月6日上午10时,京师警察厅总监陈兴亚率领警察、宪兵、便衣侦探三百多人赶至东交民巷。陈向欧登科递交的公文称:"大批共产党人躲避在使馆区内远东银行、中东铁路办事处、庚子赔款委员会","煽动学生、工人,预谋在首都暴动",必须"采取果断措施"①。欧登科立即代表公使团在该公文上签字,并通知使馆区捕房:有中国军警入界,不得拦阻②。接着,大批军警闯入苏联领事馆西侧进行搜索,与此同时,东交民巷的外国巡捕加岗布哨,毗邻苏联使馆的英国使馆的高墙上,出现了荷枪实弹的士兵。

这次搜查的重点并非警察厅公函中所指明的三处,而是属于苏联使馆的旧兵营。当日共逮捕五十余人,计苏联使馆工作人员甘布克等15人,中共北方区执委会书记李大钊等二十余人,国民党中央候补执委路友于等十余人。

下午2时,军警在搜查时,设于旧兵营第一门内的苏联使馆武官室起火。据警方报告说:"发现俄人数名盘踞屋内,在彼肆行焚毁文件","即行逮捕","旋即查获证据多件"③。搜查一直持续到当日晚7点。在远东银行、中东路驻京办事处,军警们一无所获;在使馆所属旧兵营中,检获枪支、弹药、旗帜、印章以及大批重要文件。

当日傍晚,首席公使欧登科向外交部递交照会,抗议警方"逾越所准许之权力范围",搜查苏联使馆所属的旧兵营④。同时,因为奉系军警"非法"搜获的"叛乱"武器,不足其向公使团指控的百分之一二,公使团又同意将原先的搜查许可延展两日⑤。

4月7日,天津警察厅会同法国巡捕搜查了法租界内苏联驻华商

---

① *FO*,405,Vol. 253,p. 336.

② 《国闻周报》第4卷第13期。

③ 《京师警察厅侦缉处为遵饬抄办俄使馆旁庚款委员会等处情形报总监呈文》,1927年4月21日,北京市档案馆藏档。

④ 《首席公使欧登科致外交部照会》,1927年4月6日,北京市档案馆藏档。

⑤ *The China Press*,April 10,1927.

业贸易机构。同日，上海公共租界发生外国巡捕包围苏联领事馆举动。事件立即引起中苏外交关系的急剧恶化。

事件发生的当日深夜，北京政府外交部照会苏联使馆，抗议其"容纳共产党人，阴谋扰乱中国治安，并藏有种种之武器、宣传赤化之物品"①。对于这种抗议的"正义性"，连主持外交部的顾维钧都心怀异议②。至于其他事先并未与闻的外交官，更是丈二和尚摸不着头脑。驻苏代办郑延禧答复苏联政府质询时，竟断然肯定说："一定是强盗抢劫！"③

7日清晨，苏联驻华代办齐尔内赫（Черных）照会北京政府外交部，对于武装军警"强行侵入"，"肆行剽掠"，提出强烈抗议④。9日，苏联副外交人民委员召见中国代办，递交致北京政府的抗议照会。提出：一、立即撤退军警；二、释放被捕人员；三、归还武官室文件；四、归还被抢劫钱物。在未得到满意答复前，将撤回驻华代办及全馆人员⑤。为了打破列强建立国际反苏阵线的企图，苏联政府的抗议比较克制。

16日，北京政府外交部致电驻苏代办，表示对苏联政府的四项要求，"目前碍难照办"，至于撤回驻华使馆人员，愿"听其自便"⑥。19日，苏联驻华代办率领全体馆员出京回国。

查抄苏联使馆后，张作霖急电察哈尔外交特派员张国忱，命其"星夜来京"，任苏联使馆文件编译会会长⑦。数日后，张作霖秘密召见张国忱，指示他"注意搜查激起国际上注意"的"宣传赤化的材料"，并暗示

---

① 《外交部致苏联驻华使馆照会》，《晨报》，1927年4月8日。

② 《顾维钧回忆录》第1分册，第364页。

③ FO,405,Vol.253,p.105.

④ 《苏联驻华使馆致北京政府外交部照会》，1927年4月6日，北京市档案馆藏档。

⑤ FO,405,Vol.253,p.336.

⑥ 《外交部致驻苏代办郑延禧电》，《北洋政府外交部档案》，1039.12。

⑦ 张国忱：《编译〈苏联阴谋文证〉经过》，柴寿安记录整理，政协天津文史资料委员会，未刊稿。

说,为此应不惜手段,否则无法向列强公使"交差"①。张国忱心领神
会,立即请编译会特邀译员、白俄记者米塔列夫斯基(N. Mitarevsky)
"帮助制作一份共产国际宣传赤化的文件"。经过一番煞费苦心的编
造,一份所谓苏联《致驻华武官训令》出笼。4 月 18 日,京师警察厅公
布了这份文件,其中有"为引起外国干涉",不惜"抢掠和杀人","组织反
欧暴乱"的"指示"②。它立即在政界、舆论界掀起轩然大波,成为第三
国际唆使共产党人制造南京事件的"铁证"。

　　李大钊等人被捕的消息引起极大震动。各阶层人士纷纷奔走
营救。北京 25 所大学校长,杨度、梁士诒、司法总长罗文斡等纷纷要
求移交法庭办理③。京津各报相继呼吁:"党狱"万不可兴。北京铁路
工人还组织了劫狱队,准备不惜代价,武力抢救,但被李大钊
劝阻④。

　　社会各界的强烈呼声未能遏制一意孤行的奉鲁军阀。警察厅根据
查抄使馆所获名册,严令各侦缉队"认真踩缉,务期弋获。"⑤4 月 16
日,中共党员、国民党北京市农民部部长莫同荣等被捕入狱。与此同
时,军阀残害革命者的气焰越来越烈。张宗昌从山东前线拍来电报,说
李大钊是"赤党祸根","巨魁不除,北京终久危险。"⑥中国青年党首领
曾琦也向张作霖献计,力主"处以极刑"⑦。

　　在严刑拷打下,李大钊始终坚贞不屈,"自称为马克思学说的崇信
者,其他一切,概不知晓。"⑧他在《狱中自述》中慷慨陈词:"钊自束发受

　　①　《习五一等访问张国忱谈话记录》,1983 年 10 月 31 日,未刊稿。
　　②　京师警察厅编译会编:《苏联阴谋文证》第 1 册,摄影目次 12。
　　③　《晨报》,1927 年 4 月 11 日、13 日。
　　④　张次溪:《李大钊先生传》,第 75 页。
　　⑤　《侦缉处为解送莫同荣等请讯办事致京师警察厅呈》,1927 年 4 月 17 日,北
京市档案馆藏。
　　⑥　张次溪:《李大钊先生传》,第 74 页。
　　⑦　张次溪:《李大钊先生传》,第 74 页。
　　⑧　《国闻周报》第 4 卷,第 13 期。

书,即矢志于民族解放之事业,实践其所信,励行其所知。"①4 月 27
日,京师警察厅宣布,由安国军总司令部、京畿卫戍总司令部、京师高等
审判厅和京师警察厅组织军事特别法庭。28 日,宣判对李大钊等人处
以绞刑,立即执行。李大钊第一个走上绞刑台。由于绞刑架陈腐失修,
上下反复两三次,但是李大钊始终神色不变,视死如归②。一代英豪,
壮烈捐躯,终年仅 38 岁。

　　与李大钊同时就义的国共两党重要干部有:国民党中央候补执委
路友于、中共北方区委杂志《政治生活》主编范鸿劫。国共两党联合领
导的国民党北京市党部执委会的干部,除个别幸免外,其余全部遇难,
他们是:国民党员、执委会主席邓文辉;中共党员、组织部长谢伯俞;中
共党员、执委兼文书谭祖尧;中共党员、农民部长莫同荣;国民党员、妇
女部长张挹兰;国民党员、商民部长姚彦。同案牺牲的烈士还有:张伯
华、杨景山、陶永立、方伯务、吴平地、李昆、阎振山、郑培明、李银莲、谢
承常、英华,一共 19 人。

　　奉系查抄苏联使馆、镇压革命党人的主要意图是向国内外表示,北
洋政府是国际反苏、反共阵线的得力干将。张作霖在同美国公使马慕
瑞谈话时称,"他正在中国进行反对布尔什维克主义的斗争,决心苦战
到底!"③在致日本首相田中义一函中,张作霖又称:"深惧神明华胄将
就沦胥,故不惜重大牺牲,力图挽救。"④

　　奉系的暴行是国内外反苏、反共逆流的产物,反过来它又推动了这
股逆流的恶性发展。5 月 12 日,伦敦英国警察步张作霖后尘,搜查了
苏联驻英国商务机构。事后,英国外相张伯伦宣称:共产国际在"世界
到处图谋扰乱",已训令在中国煽动排外运动,所以英国决心"与苏联断

---

①　稿本,中国革命博物馆藏。

②　《张国忱与柴寿安谈话记录》,1978 年 8 月 26 日,未刊稿,天津政协藏。

③　*FRUS*,1927,Vol.2,p10.

④　《张作霖致田中义一函》,日本山口县文书馆藏。

交"云云①。同一时期，日本政府也大肆搜捕苏联侨民，加紧迫害本国进步人士，形成了东西呼应的局面。

二　安国军政府的成立

1927 年初夏，奉系在北京组建安国军政府，拉开了北洋政权历史上的最后一幕。

当年春夏之交，奉系被迫由战略进攻转入战略防御，力谋以政治手段挽救军事败局。奉军总参议杨宇霆力主"南北妥协"，"共同反赤"。6月，杨宇霆、张学良联名复电南京方面称："弟等信仰三民主义，已非一日"，目前"吾人惟有一致服从先总理主义，同心协力以救中国之危亡"②。杨宇霆多次与阎锡山驻京代表李庆芳接洽，谈判"由三民主义解决国是"的具体途径③。张学良则亲笔致函阎锡山，表示"赞成三民主义"，请阎向宁方斡旋④。新派将领希望以此稳住奉系残局，但旧派将领反对和谈。黑龙江督办吴俊陞、吉林督办张作相等主张将奉军撤往关外，实行保境安民。

面对新旧两派的分歧，张作霖一如既往采取倚重新系，兼顾旧系的办法。6 月 6 日，吴晋代表总部发表谈话说："此次奉方讨赤，原在消灭过激之共产党，并非与国民党为难。""现蒋介石既反对共产党，并对于过激党徒极力取缔，是其主张已与雨帅主张相同。阎百川现既出任调停，而蒋介石在最近又有与雨帅合作之表示，雨帅自无不赞成。"⑤同时，奉方又极力摆出一付强硬的姿态。同月 8 日，张作霖在接见日本记者团时再三强调，宁奉议和，"须蒋真能反对共产主义，且能将俄人逐

---

① 《益世报》，1927 年 5 月 28 日。
② 《杨宇霆、张学良复电》，《时事新报》，1927 年 6 月 13 日。
③ 《李庆芳与记者谈话》，《晨报》，1927 年 6 月 8 日。
④ 上海《民国日报》，1927 年 6 月 5 日。
⑤ 《吴晋谈话》，《晨报》，1927 年 6 月 7 日。

尽,并完全脱离过激赤化主义。"又称:"若三民主义真以国利民福为宗旨,则予亦自赞成。若徒以国利民福为假面具,而实质上仍行共产主义,则予辈固将竭力以声讨排斥之。"①张作霖企图表明,宁奉和谈,并非是奉方屈从宁方的三民主义,而是宁方归顺奉方的"讨赤"旗帜。

此时,阎锡山已经易帜,正将斡旋宁奉议和当作自己最重要的政治筹码。6月8日,阎锡山特派政务处长兼警察厅长南桂馨为议和专使抵京,偕同李庆芳拜访杨宇霆。晋方提出,宁奉合作的先决条件是奉方易帜,除赞同三民主义外,应悬挂青天白日旗,改称国民革命军②。张作霖期望对等议和,晋方提出的条件自然难以接受。6月9日,奉系首脑会议决定可以容纳三民主义,但不挂青天白日旗,更不能放弃安国军的旗帜。会议认为:当前首要问题在"共同讨赤",晋方既主张"奉晋宁三角同盟",应速各派军队"会剿赤化军",希望晋方将开入直隶境内的军队,即日移向黄河北岸一带。至于国家大局,俟"赤化敉平"后,召开国民会议从长计议。③ 当晚,杨宇霆与韩麟春将奉方决议转告南桂馨。由于差距太大,南桂馨只得放弃原订由京赴宁的计划,折回太原。

奉系的态度虽然强硬,但并没有关上政治解决的大门。为了与南方抗衡,张作霖竟然提出了"四民主义"的论调。6月14日,吴晋发表谈话说:"雨帅的意思","中国为礼义之邦,自来对道德异常重视。现在人心不古,道德沦亡","拟于三民之外,增加民德一项,共成四民,以维国本。"④同日,张作霖宴请应召北上的张宗昌、孙传芳及吴俊陞、张作相、张学良、韩麟春、杨宇霆、潘复等人。席间,张作霖建议在座诸将领,除张学良外,"重换兰谱,以明合作到底之精神"⑤。当即各开年庚,确

①　《张作霖接见记者团谈话》,《晨报》,1927年6月9日。

②　《南桂馨与电通社记者谈话》(1927年6月9日),《世界日报》,1927年6月10日。

③　《张作相与记者谈话》,1927年6月10日,《世界日报》,1927年6月11日。

④　《吴晋对新闻记者谈话》,《世界日报》,1927年6月15日。

⑤　《世界日报》,1927年6月16日。

定长序。众人议定,政治上决不易帜,安国军应于"三民主义之外,添一民德主义,以固邦本"①。

16日,奉系首脑会议进入关键时刻。杨宇霆强调:为抵御北伐军,各派军队应统一于安国军旗帜之下,一致服从安国军总司令的命令。孙传芳立即表态说:"军事与政治系联贯的","即政治方面,亦应受总司令之支配"②。吴俊陞也表示,应请张作霖高升一步,"藉以振动军心"。于是,有人主张拥戴张作霖为临时总统,有人主张仍用临时执政的名义。会议最后决定,即日由孙传芳领衔通电,拥护张作霖为陆海军大元帅,将从前直鲁军、苏军、镇威军、吉军、黑军等名目,一律取消,统称安国军,由张作霖重新编制。同时决定"在大元帅之下设一内阁","特任潘复正式组阁"③。在北洋残余各派军阀的一致推戴下,张作霖终于在名义上登上了国家权力的巅峰。

同日,张作霖通电称:"此后海内各将帅不论何党何系,但以讨赤为标题,即属救亡之同志,不特从前之敌此时已成为友,即现在之敌,将来亦可为友。"④奉系企图在组建安国军政府的同时,再次向南方伸出和谈的触角。

18日,张作霖在怀仁堂就任陆海军大元帅。就职宣言称:"赤逆一日不清,即作霖与在事诸人之责一日未尽。"⑤同时,公布《中华民国军政府组织令》七条,其主要者为:一、陆海军大元帅统率中华民国陆海军。二、大元帅于军政时期代表中华民国行使行政权,保障全国人民法律上应享之权利。三、军政府置国务员辅佐大元帅执行政务。四、国务员为:国务总理、外交部长、军事总长、内务总长、财政总长、司法总长、教育总长、实业总长、农工总长、交通总长。五、大元帅之命令,国务总

① 《晨报》,1927年6月16日。
② 《晨报》,1927年6月18日。
③ 《晨报》,1927年6月18日。
④ 《张作霖通电》,《北洋政府档案》,1039,14。
⑤ 《陆海军大元帅就职宣言》,《政府公报》第4008号。

理须副署之，其关于各主管部务者，各部总长须连带副署，惟任免国务员不在此例。根据上述命令，军政府之上，没有任何代议机关或民意机构，大元帅总揽陆海军全权，并代表中华民国行使统治权，不对任何机构负责，所有国务员均由大元帅任免。因此，这是一种任何障眼法都不要的军事独裁制度。尽管张作霖长期垂涎于总统的权位，表示总要"干它一下"①，但实行军事独裁的"大元帅"制，显然更适合他的需要。

由于前线军事形势严峻，18日晚，孙传芳、张宗昌南下，声明"不荐阁员"②。19日，张作霖以大元帅资格召集会议，商议组建内阁。会议气氛出奇地冷清。新派将领张学良没有出席会议。韩麟春虽然与会，但一言不发。旧派首领张作相、吴俊陞也默默无语。在讨论内阁人选时，推辞者有，竞争者无。以阎锡山为背景的胡惟德，当然不肯出任内务总长。孙传芳的幕僚原农工总长杨文恺，也再三电请开去原缺。就连奉系政客郑谦，也不愿充任阁员。相对独立的外交系名流，也放弃了因袭外交部长的传统，拒绝执掌外交部。左商右议，才勉勉强强凑够了内阁大员。

20日，内阁名单发布：以王荫泰为外交总长，何丰林为军事总长，沈瑞麟为内务总长，阎泽溥为财政总长，姚震为司法总长，刘哲为教育总长，张景惠为实业总长，刘尚清为农工总长。潘复兼交通总长。这个内阁班子除沈瑞麟、姚震两人外，其余均为纯粹奉系人物。

整个官场冷淡的空气由上及下，一般官吏纷纷递交辞呈。举家出京者络绎不绝。安国军政府成立前夕，驻法公使陈箓即领衔代表驻欧各使馆致电北京，声称"流为饿莩，即在目前"，如不设法解决，将停止办公，全体回国③。7月初，北洋政府派驻国际联盟的代表朱兆莘发表宣

---

① 《北京政治分会报告书》，《中华民国史档案资料汇编》第4辑，第1021页。

② 《晨报》，1927年6月21日。

③ 《驻欧使领各馆致外交部电》（1927年4月6日），《时事新报》，1927年5月6日。

言,公开声明"脱离北京政府关系,此后代表国民政府"①。这种惨淡的局面,预兆着日益逼近的北洋末日。

安国军政府从成立的第一天起,就面临着严重的外交信誉危机,争取列强的承认,成为它奋斗的首要目标。

张作霖在宣誓出任陆海军大元帅的当天下午,就亲自出马,约请各国公使到外交部举行茶话会。他信誓旦旦地表示:"反对布尔什维克主义,保护外国人的生命财产,以谈判方式修改条约。"②但是,张作霖的殷勤并未能挽回列强日益冷却的心意。各国公使收到请柬后,十分踌躇。他们担心贸然出席,会给人造成觐贺新元首的印象。经再三讨论后,一致认为,该请柬系张作霖以个人名义于就职前签发,可以回避承认新政权。为避免节外生枝,各国公使穿便服前往参加。数日之后,他们以同样谨慎的态度,回答了外交部关于大元帅就职及新内阁组建的正式公文。在简短的收据式的外交照会中,列强公使们"小心翼翼地避免了任何承认新政府的词句"③,其冷淡程度超过了以往历届北洋政府的遭遇。只有日本资本家大仓喜七郎和大阪每日新闻社拍来贺电。

安国军政府外交信誉的危机,是与国内政治舞台上各种势力的消长演进密切相关的。"四一二"政变后,蒋介石集团的反共铁血手腕和宽和外交姿态,对列强产生了巨大吸引力。就连与奉系素有渊源的日本政府,也把希望寄托在蒋介石身上。田中首相在接见英驻日大使蒂利(John Tilley)时明确表示:"非常希望蒋介石能成功地组建其政府。"④在这种状况下,北洋政府的地位自然每况愈下。美国驻华公使马慕瑞向国务卿报告时,指责张作霖"抛弃法律","不顾宪法程序","行使军事独裁者的权力"⑤。英国驻华公使蓝普森虽然对张作霖不乏私

---

① 《大公报》,1927年7月9日。
② *FO*,485,Vol. 254,p. 174.
③ *FRUS*,1927,Vol. 2,p. 18.
④ *FO*,405,Vol. 253,p. 457.
⑤ *FRUS*,1927,Vol. 2,p. 17.

人敬意,但他刚一听说英国企业家梅杰·内森(Major Nathan)计划向张作霖贷款 500 万英镑时,立即极力劝阻①。

如果说,外交危机是安国军政府难医的外痈,那么财政危机便是其致命的内伤。

由于连年内战,经济凋残,北洋政权的统治区越来越小,但军费开支却有增无减。大大小小的军阀巧立名目,横征暴敛,使整个财政面临"竭泽而渔","明年无鱼"的危境。安国军的高级幕僚曹汝霖毫不隐讳承认说:"税目愈繁而收入益形其短绌,搜括愈甚而国用弥觉其不敷。"②为解燃眉之急,张作霖请号称"财神"的梁士诒出面向天津银行界借款。各银行纷纷以闭门停业来应付。开源无路,只好设法节流。6 月 24 日,潘复宣称将对于中央官制大加革新,"以期节省靡费"③。他引荐其友人阎泽溥为财政总长,请他主持规划裁员减政方案。阎提出各部院官吏限额 1800 人,中央政费每月不得超过 80 万元。据此,财政部每司只留 20 人,盐务总署只留十分之一,内务部至少须裁员三分之二。此方案立刻激起强烈反对,大批被裁人员群起攻击潘复和阎泽溥,吓得潘复每日上班都要派"宪兵净街警卫"④。

内外交困使奉系难以继续作战,只好又把和谈作为中心议题。6 月 25 日,张作霖发布"和平革新令"。同日,通电全国,除强烈指责"过激分子",表示坚决讨伐"甘心赤化者"外,特别提起 1922 年、1924 年与孙中山建立反直同盟一事。电称:"作霖与中山为多年老友。十一、十三两年之役,均经约定会师武汉,信使往还,物质援助,彼此精神契合,始终如一。"电报再一次向南京方面表示:"凡属中山同志,与真正三民主义不相违背,平时为共产党徒胁迫,无可赴诉者,仍当本中山合作之

①　*FO*,405,Vol. 253,pp. 459 - 460.

②　曹汝霖:《报告讨论财政集议经过情形并附呈财政整理计划大纲》(1927 年 8 月),《北洋政府档案》,1027,167。

③　《潘复接见中外记者谈话》,《世界日报》,1927 年 6 月 25 日。

④　《申报》,1927 年 6 月 24 日。

初衷，一律友视。"①28 日，张作霖致电阎锡山称："非停战不可以救民，非议和不足以歼赤"，要阎继续"斡旋南北，议和罢兵"②。同日，派遣卫戍司令邢士廉为特使赶赴太原。同时，张学良也致电阎锡山，解释前次南桂馨来京受挫，乃系奉方内部"有一二人未明世界潮流趋势"所致。电称："现征得各方同意，甚愿息事宁人。"③29 日，邢士廉抵达太原，但阎锡山托病不见，指派其总参议赵戴文及参谋长朱绶光代为接待。邢士廉虽再三表示奉方议和的诚意，但仍不肯允诺以"悬挂青天白日旗及改称国民革命军"为先决条件④。一连三日，邢士廉始终没有见到阎锡山。其后，张学良又分别派人和蒋介石、冯玉祥联系，表示"服从三民主义"之意，甚至表示愿"让出关内"⑤。

　　奉系的"和平"呼吁得到了蒋介石的响应。"四一二"政变后，蒋介石在"反赤"上和奉系已经一致。7 月初，蒋介石为稳住苏鲁防线，以便西征武汉，陆续派李征五等人北上，与张宗昌、张作霖谋和⑥。在致张宗昌函中，蒋介石表示："讨共宗旨，大体既同，自无不可商量之处。"⑦同月 16 日，阎锡山再派南桂馨赴京，力劝奉方改旗易帜。29日，何成濬受蒋介石委派，前往山西，途经北京时，和张学良、杨宇霆进行了会谈。杨宇霆表示：奉方与国民党各自成一团体。国家大政可以合作，内部之事彼此不必过问。国民党不自居正统，奉方亦不以中央自居。杨宇霆同时表示：先军事后政治。第一步商停战办法，第二步商合

————————

　　①　《张作霖通电》，《北洋政府档案》，1039，14。

　　②　《大公报》，1927 年 7 月 1 日。

　　③　《新闻报》，1927 年 6 月 30 日。

　　④　《邢士廉对新闻记者谈话》，《晨报》，1927 年 7 月 6 日。

　　⑤　《洛阳孔祥熙寒日来电》（1927 年 7 月 14 日），又，《洛阳冯玉祥来电》（1927年 7 月 18 日），均见《蒋介石收各方电稿》；参见《葛光亭谈话》，《世界日报》，1927 年 7 月 27 日。

　　⑥　《张宗昌致潘复电》（1927 年 7 月 15 日），《世界日报》，1927 年 7 月 16 日；《李征五谈话》，《晨报》，1927 年 8 月 1 日。

　　⑦　《晨报》，1927 年 8 月 5 日。

作方案①。奉方所提条件，是和蒋介石搞对等合作，何成濬未作负责表示，不过谈判气氛则相当融洽②。不久，直鲁联军在皖北大胜，奉方又提出，以长江为界，划江分治③。因蒋介石已兵败下野，奉蒋和谈中断。

在山穷水尽之际，张作霖组建安国军政府，登上元首宝座。

三　日本第一次出兵山东与东方会议

币原的外交方针受到日本军部和某些利益集团的攻击，被斥为"软弱"和"辱国"。驻华武官本庄繁在4月5日即向军部首脑提出：蒋介石能否压住共产党，同张作霖携手，尚属疑问。日本应采取"积极自卫"政策，在中国各要地驻兵，同时用海军封锁长江④。陆相宇垣一成也于4月7日警告日本政府：帝国在长江流域培植多年的利益和企业已全部萎缩，日侨长年努力而获得的权利和资产也被迫放弃。如果继续袖手旁观，共产运动迟早会波及直隶和满蒙。日本必须变消极雌伏之态为积极雄飞之姿，引导列强协力包围共产派，出兵占领从山东到广东各沿海要点，阻断苏俄的军火输入，由列强向南北稳健分子供应军费和武器⑤。4月中旬，在国内政潮和金融危机的冲击下，币原随若槻内阁一起倒台。强硬派推出前陆军大将田中义一出面组阁并兼外相。

田中一上台便迫不及待地宣布，中国政局正酿成整个东亚的危机，对此，日本决不能漠视不顾⑥。不久即悍然出兵山东，扩大侵华。

5月中旬，武汉政府与南京政府先后出兵继续北伐。奉鲁军节节败退。山东是日本侵华势力密集的地区，其投资总额仅次于东北。田

---

① 《一周间国内外大事述评》，《国闻周报》第4卷第30期。
② 何成濬：《八十回忆》，第28—29页。
③ 《杨丙致蒋介石等密函》，中国第二历史档案馆藏。
④ 《上原勇作关系文书》，东京大学出版会1976年3月版，第439—440页。
⑤ 《宇垣一成日记》第1册，东京みすず书房1968年版，第568—570页。
⑥ 高仓彻一：《田中义一传记》下卷，第544—548、569—570页。

中内阁认为,战争继续北进,不仅会损害日本在山东的侵略权益,而且将危及东北,决定动用武力。5月27日,内阁会议决定,派遣驻东北日军第十师团步兵第三十三旅团开赴青岛。次日,田中内阁发表宣言,声称此次出兵,旨在"保护侨民"①。6月1日,日军2000余人在青岛登陆,强占军事要隘,张贴布告,宣布将严厉镇压对侵略军"表示敌意"的反抗者②。7月5日,田中内阁进一步决议,命日军由青岛侵入济南。田中希望,此举能中止国民革命军北伐,以便趁机向张作霖诈取某些垂涎已久的权益。

　　日本出兵山东,立即在我国激起愤怒的浪潮。6月1日,武汉、南京、北京三个鼎足对抗的政权分别提出抗议。武汉政府的抗议书指出,日军入侵山东,无异于"二十一条"密约的复活③。与官方再三推敲的外交公文相比,民众的抗议呼声更为激昂。尽管南京政府一再密令,"力避冲突","不得迳行有罢工及排货之举"④,并向日方表示,将"极力设法阻止"民众激烈的抗议运动⑤,但仍无法遏止人民愤怒的烈火。上海工、商、学各界人民团体发起对日经济绝交运动,组成委员会,制定并实施种种措施,使日本对华贸易受到巨大打击⑥。

　　日本出兵山东后,为了进一步研究并确立新的对华政策,从6月

---

①　《田中内阁出兵声明》,《东方杂志》第24卷第12号。

②　《日军派遣军司令官乡田布告》,中华民国外交问题研究会:《国民政府北伐后中日外交关系》,第130—131页。

③　《武汉政府外交部长陈友仁致日本政府抗议书》,《东方杂志》第24卷第12号。

④　《南京国民党中央委员会致江苏省政府密令》,1927年7月23日,《东方杂志》第24卷第12号。

⑤　《上海外交交涉员郭泰祺回复驻沪日代理总领事清水》,1927年6月23日,《东方杂志》第24卷第12号。

⑥　《上海市市长黄郛致国民革命军总司令蒋介石电》(1927年7月16日),沈云龙编:《黄膺白先生年谱长编》上册,第291页;《满铁调查时报》,1927年7月25日。

27 日至 7 月 7 日,田中义一在东京亲自主持召开"东方会议"。这次会议的具体策划者是著名的强硬扩张主义者、外务省政务次官森恪。应召出席的有:外务省、驻华各使领馆、关东厅、陆军省、海军省等机构的首脑人物。会议共举行 11 天,但只留下 5 天全体讨论会的议事记载,其余 6 天均为小型秘密会议,至今仍不知其详情①。

　　会议的中心议题是制定"对华政策的根本方针"。森恪和日本驻沈阳总领事吉田茂等主张以武力为后盾,急进扩张;驻华公使芳泽谦吉等主张慎重行事。在田中义一的支持下,森恪等强硬派明显占了上风。会上,森恪提出 4 点建议:一、为维护日本在华权益,不论是中国关内地区还是"满蒙"区域,均应出兵;二、东三省和内蒙是日本的国防安全线,必须坚持该区域的治安秩序;三、东三省政权如能保障日本的特殊利益,日本应予支持;四、国民政府如变更东北的政治组织,日本应不惜使"满蒙"与中国分离,另立政权。

　　7 月 7 日,田中义一宣布会议最终文件——《对华政策纲领》。共 8 条,前 4 条基本上是外交辞令,后 4 条是侵华方针的实质所在。第 5 条规定:"帝国在华权益及日侨生命财产,有受非法侵害之虞时,将断然采取自卫措施以维护之。"第 6 条规定:"关于满蒙,特别是东三省,由于在国防和国民生存上具有重大利害关系","对此,作为接壤邻邦之我国,不能不负有特殊的责任。"第 7 条规定:"在东三省实力派中,对尊重我国在满蒙之特殊地位,认真谋求该地方政局之稳定者,帝国政府应予以适当支持。"第 8 条规定:"万一动乱波及满蒙,治安紊乱,有侵害我国在该地特殊地位与权益之虞时,均应加以防护。"②可以看出,纲领完全采纳了森恪的建议。

　　为了落实"东方会议"的对华强硬方针,同年 8 月中旬,日本政府又

_____

①　正式会议记录见《日本外务省档案》,PVM41,第 176—407 页。

②　日本外务省:《日本外交年表和主要文书(1841—1945)》下册,第 101—102页。

召开"大连会议",由森恪主持,召集日本驻华使节、关东厅长官、关东军司令官等,进一步研究侵略东北、蒙古的具体步骤,策划"武力治安"、"获取商租权"、"扩大'满铁'权限"、"修建铁路"等议题的实施方略。

"东方会议"与"大连会议"制定的扩大对华侵略的强硬方针,导致日本与美国等在远东地区矛盾的激化,埋下了此后太平洋战争的导火线。

"东方会议"之后,中国的战局又发生变化。蒋介石反攻徐州失利,宣布下野。直鲁军与孙传芳的残军接连发起反攻,把战火又推回到长江沿岸。日本内阁于8月24日决定撤兵,并于30日发表声明称,此次出兵是"成功"的"自卫"之举①,为再次出兵山东埋下了伏笔。

四 胶州事变与苏鲁前线的拉锯战

1927年6月下旬,蒋介石统军进攻鲁南。山东是张宗昌的老巢,命脉所在,自然要孤注一掷,全力防御,但退入鲁境的孙传芳残军,却与鲁军貌合神离,军心涣散,不战自退。不少高级将领主动向南军暗送秋波。因此,除临沂屡攻不克外,南京北伐军未经激烈战斗,即相继占领日照、莒县、枣庄、滕县等地。

孙传芳见部队无意替鲁军看守门户,托病赴津就医,将兵权交给彭德铨代管。彭受命后,于6月14日派代表向南京白崇禧输诚,要求"予以相当机会"②。不久,彭被委任为第十九军军长。同月22日,周荫人表示"无法节制所部",将兵权交给驻扎胶州的第十二师师长陈以燊,旋即通电辞职③。周荫人没有想到,此时,陈以燊正与冯玉祥暗通声气,密谋倒戈。

6月28日,张宗昌召集孙传芳、褚玉璞等高级将领,在济南开会,

①　[日]参谋本部:《昭和三年支那事变出兵史》,第37—40页。
②　《彭德铨致白崇禧函》,《新闻报》,1927年6月25日。
③　《申报》,1927年6月26日。

决定：东路暂取守势，将退守胶州、潍县地区的孙传芳军主力调往津浦线作战；中路，令鲁军方永昌部继续固守临沂，遏制南京军队北进的锋芒；西路，全力反攻，以直鲁军主力集结于兖州，以孙传芳军为援军，沿津浦线反攻，夺回徐州①。鲁军悍将第六军军长徐源泉自告奋勇，担当突击主力。张宗昌立命拨款30万元，作为攻克徐州的赏银。

6月底，南京北伐军在鲁南战场捷报频传，西路沿津浦线推进到滕县。张宗昌为挽救危局，下令将胶州一线孙传芳军主力西调。陈以燊认为机会已到，便与驻守高密的陆殿臣共谋。7月2日，陈、陆联名通电，宣布分别就任国民联军援鲁总司令兼第三十九军军长及第四十军军长职务，"追随蒋、冯二公之后"，加入北伐行列②。陈以燊一面派重兵驻守胶济路，掘毁路轨，截断青岛、济南间的交通③，一面通告青岛鲁军将领祝本祥，胁迫该部一致行动。

7月4日晚，张宗昌召见孙传芳，怒气冲冲地加以指责，孙传芳则指天誓日，说明实不知情，表示愿率部前往迎击。随后，孙指使联军将领郑俊彦出面调和④。张宗昌同意先以和平方法调停，如不奏效，再以武力解决⑤。6日，郑俊彦率联军二师出发。张宗昌不仅命鲁军总参谋长李藻麟指挥白俄军、骑兵、炮兵、铁甲车队督阵同行，而且迅即委任褚玉璞为安国联军东路总司令，以郑俊彦为副司令，限令"即日剿平"⑥。7日，孙传芳抵达胶州事变前线潍县，连电劝诱陈以燊取消军长名义，撤去青天白日旗，并命郑俊彦派代表与兵变部队谈判。但陈以燊态度倔强，要求划出青岛、胶东一带为防区⑦。孙传芳只好下令武力

①　《晨报》，1927年7月5日。

②　《陈以燊、陆殿臣通电》，《时事新报》，1927年7月7日。

③　《晨报》，1927年7月7日。

④　《晨报》，1927年7月12日。

⑤　《牛渭麟致王华电》(1927年7月7日)，《新闻报》，1927年7月22日。

⑥　《晨报》，1927年7月9日。

⑦　《晨报》，1927年7月9日、10日

解决。

　　胶州事变,异军突起,但是,冯玉祥军尚未进入鲁南战场,蒋介石又忙于收缩北伐军事,抽调兵力西征武汉,未能采取相应支援措施。于是,日本政府以周荫人旧部倒戈,出现"混乱状态"为理由,乘机出兵。

　　7月5日,日本内阁会议决定,命派遣军进入济南。翌日,田中义一将阁议上奏天皇,获得批准①。随后,已在青岛盘踞月余的日军第三十三旅团立即向济南进军,驻扎大连的第八旅团则开往青岛增援。对于日军扩大出兵山东,张宗昌明忧暗喜。7月7日,他通电表示"严重"抗议②。但暗地里则命济南督察长及宪兵司令等人到车站"招待"抵济的日军③。日军一面限令双方不准在胶济沿线作战,一面在城阳、白沙河附近严密布防,与青岛鲁军在城阳设置的防线,恰成犄角之势。陈以燊原企图乘东线空虚,攻占青岛,至此,遂不敢轻动。8日,陆殿臣突然宣布与陈脱离关系,并将陈军驻守车站一部缴械。陈以燊自觉孤掌难鸣,立刻率少数嫡系潜逃,退往日照。余部推举代表向孙传芳"输诚"④。胶州事变至此平息。

　　此际,西路反攻的直鲁军正与南京北伐军展开激烈的拉锯战。

　　7月初旬,南京北伐军按照蒋介石回师西征的指令陆续南撤,仅将第十军王天培部留置津浦铁路正面,扼守临城。王部本非精锐之师,此时又值"士兵闹饷,纷纷鼓噪"⑤,军营内外盛传武汉军队已深入安徽,南京危急,因此,军心动摇,士气颓靡。这样,就为直鲁军的反攻造成了可乘之机。

----

　　①　［日］高仓彻一:《田中义一传记》下卷,第632—633页。
　　②　《张宗昌、林宪祖致北京国务院外交部电》,北洋政府档案,1039,15。
　　③　《申报》,1927年7月13日。
　　④　《张宗昌通电》,《世界日报》,1927年7月10日;《李藻麟致王琦电》(1927年7月8日),《晨报》,1927年7月9日。
　　⑤　陈训正:《国民革命军战史初稿》卷3,第124页。

　　7 月 4 日凌晨,直鲁军突然发起反攻。第三、第五、第六军在铁甲车猛烈炮火的掩护下,由界河分三路沿铁路两翼出击①。蒋军只略微抵抗了几下,便一败涂地,丢盔弃甲,退至运河南岸。直鲁军轻而易举地战领滕县、临城,于 6 日至 8 日相继抵达运河北岸,架炮向对岸轰击,南京北伐军竭力反击,隔河炮战,但因南岸河堤较低,又无掩蔽,受敌俯射,伤亡惨重。王天培见防线岌岌可危,电请第四十军军长贺耀组设法应援。贺复电相约同时渡河,协力反击。7 月 9 日拂晓,北伐军反击战打响。双方激战至午后,直鲁军不支,开始溃退,蒋军乘势攻占韩庄。次日,再经苦战,又克临城,基本恢复了原防。此役血战两昼夜,第十军自旅长以下,伤亡达 2000 人,残部已不足以设防,但第四十军仍奉命南撤,于同月 19 日向徐州集中。

　　南京北伐军陆续南撤之际,直鲁军再次反攻。7 月 19 日,褚玉璞指挥第六、第七两军,分三路向临城猛攻。北伐军阵地先后被突破,被迫弃城后撤。20 日,退至运河南岸,部署未竣,直鲁军即跟踪迫近,双方隔河对峙。直鲁军一面以重炮轰击对岸,一面分兵渡河,进军苏北,袭击南京北伐军侧背。22 日,南京北伐军前线总指挥王天培下令向徐州撤退,固守待援。途中,不断遭到红枪会等地方武装袭击,兵心慌乱,草木皆兵。到徐州时,立足未稳,直鲁军便衣队便潜入东车站,乘机扰乱,大街小巷,枪声四起。各部队自相惊扰,争先恐后,夺路而逃。24日,苏北重镇徐州落入直鲁军之手。

　　西路失利,南京北伐军全线动摇。东路自临城失守后,陈以燊率胶州兵变的残军,逐次南移。直鲁军尾随跟进,占领日照。第一路军退守青口镇、沙河镇一线。中路进攻临沂的白崇禧所部于 7 月 22 日撤围西援,退守郯城、马头镇一线。至此,费时一月攻克的鲁南要地,丧失殆尽。

---

　　①　《张宗昌致潘复电》,《世界日报》1927 年 7 月 7 日。

第五节 武汉国民政府的"战略退却"与中共"五大"的召开

一 列强对宁汉分裂的态度

"四一二"政变后,蒋介石集团一面厉行反共清党,一面同列强联系,寻求支持。武汉国民党集团也开始动摇和分化,逐步滑向反对人民革命的道路。列强面对风云突变、宁汉分裂的中国政局,开始探寻新的对策。

英国驻外使臣们四处游说,希望五强一致驳回武汉政府对"宁案通牒"的答复,联合实行武力制裁。4月14日,英国公使蓝普森奉命请美、日、法、意驻京代表协商:一、是否接受陈友仁的答复?二、制裁的性质是什么?三、限制对方接受通牒条件的期限为多久?他表示,如果各国意见不一致,"英国保留采取自认为必要的行动的自由"①。15日,五国公使再次讨论,认为武汉政府正为共产主义势力所支配,陈的答复"万难接受"。他们建议各国政府再次共同提出更强硬的通牒,宣称第一次"宁案通牒"所提各款,"不是供讨论的建议,而是各有关强国决心实现的基本要求","国民党当局若不迅速明确地宣布打算全部履行所提各项条件,各关系国政府将不得不考虑采取迫其屈从的必要措施。"②

然而,英政府已经接到北军即将反攻到长江北岸及蒋介石已发动政变的消息,感到应继续向武汉施加压力,同时避免可能危害蒋介石集团的措施③。4月19日,外长张伯伦电示北京英使馆:"我们的打击应

---

① 《芳泽致币原电》(1927年4月14日),《日本外务省档案》,PVM 27;*RDS*,NA,M329,893.00N/81。

② 《芳泽致币原电》(1927年4月15日),《日本外务省档案》,PVM27。

③ *Cabinet Papers and Conclusions*, Public Record Office, London, 以下简称 *CAB*, 23/54。

指向国民党极端派,而不是蒋介石。"他命令各地使节继续同日、美磋商适当的方式,设法将他们拉入制裁行列①。英国外交部希望日、美政府同意发出驻京公使们起草的第二次通牒,哪怕删掉最后一句会导致实行制裁的话也行。远东司和英国军事部门则认为制裁时机已经失去,转而考虑今后采取"即时报复"和重占汉口英租界的问题②。

日本政府业已获悉:武汉政府仍想"联合日本",决心取缔民众的"动乱";刚到汉口的汪精卫极为赞同这一方针,当地情况将随着他的到来而逐步改善。4 月 13 日,驻汉口总领事高尾亨向日本政府建议,利用武汉方面煞费苦心企图解决南京事件的机会,依靠"稳健分子"来实现中国统一。他强调,应把武汉政府同共产派过激分子绝对区别开来。如果列强一味嫌恶和压迫武汉政府,就会使共产党更加活跃③。币原同意高尾亨的意见,随即训令芳泽公使和矢田驻沪总领事:陈友仁企图分离日本与英、美。列强利害相同,应依各国协调之办法,达成维护我国权利之目的。英国主张强硬制裁,我方正应利用参加共同交涉的机会予以缓和。币原要他们向陈友仁表示,日本政府对国民运动抱满腔同情,希望国民政府自行抑制和清除"黑暗面",迅速承认列国要求,表现出自己有诚意、也有实力解决南京事件④。

币原下台后,田中兼首相、外相于一身,上台伊始,便于 4 月 20 日宣称:日本对中国的共产党活动,不能不关心,必要时将与各国取一致行动⑤。26 日,田中新内阁拒绝英国关于共同向京津地区增兵的建

---

①　*CAB*,24/186.

②　*FO*,371,VOl.12478,F3834/1530/10,F3795/1530/10,F3756/1530/10.

③　《矢田致币原电》,1927 年 4 月 13 日,《日本外务省档案》,PVM 27。

④　《币原致矢田、芳泽电》,1927 年 4 月中旬,《日本外务省档案》,PVM 27。

⑤　《中国国民党中央执行委员会政治委员会第十五次会议速记录》,1927 年 4 月 25 日,《中国国民党第一、二次全国代表大会会议史料》,第 1083—1084 页。

议,但赞成列强联合向武汉提出第二次通牒。不过,田中认为,武汉政府的实力已大为削弱,即使以制裁相逼,也无力贯彻列强的要求。因此,田中主张各国在适当时机,抛开武汉,转而以南京为交涉对手。但田中又认为,目前不必急于要求南京政府解决宁案,而应给蒋介石以"精神上的援助",俾其巩固政权,平定南方局势,方可满足列强要求①。

为了把美国拉进第二次共同通牒,田中指示将原草案中的过分强硬的措辞加以删改②。英国也同意暂将制裁与否搁置不议,先由五强共同向陈友仁发出通牒③。

英、日再发通牒之议,遭到了美国的拒绝。"四一二"当天,美国政府便获悉蒋介石政变的情报④。美国外交官认为:武汉国民党内的反共力量正在日益增强,将试图像上海、广州那样镇压共产党⑤。4月18日,南京国民政府宣告成立。几乎与此同时,美国总统柯立芝收到上海商业联合会某负责人的密电。电文说明:"蒋介石将承担南京事件的完全责任","重要的是请美国人民对蒋介石将军完全信任","不要让外国军队介入目前的形势"⑥。这些情况,使美国政府更为确信,目前列强的一切强硬措施都是蛇足之笔,应该小心翼翼地避免可能激化中外矛盾而不利于中国革命阵营分化的举动。4月18日,副国务卿格鲁(Joseph C. Grew)答复前来探询的法国使节称:"美国总的来说完全反对实施任何制裁","我们觉得这种行动只会给中国的排外情绪火上浇油,使局势更难收拾"⑦。

----

① 《最近对华关系诸问题摘要》,1927年,第2卷;《田中致芳泽电》,1927年4月23日,《南京事件交涉经过概要(二)》,《日本外务省档案》,PVM27。

② 《田中致松平电》(1927年4月23日);《田中致芳泽电》(1927年4月23日),《南京事件交涉经过概要(二)》,《日本外务省档案》,PVM27。

③ *RDS*,NA,M329,893.00N/99.

④ *RDS*,NA,M329,893.00/8655,893.00/8662,893.00/8691,893.00/8701.

⑤ *RDS*,NA,M329,893.00/8802.

⑥ *RDS*,NA,M329,893.00/8801.

⑦ *RDS*,NA,M329,893.00N/94.

　　英、法、意政府都同意不应妨碍蒋介石"维护秩序"，但认为应对武汉政府实行制裁。它们批准各自的驻京公使与美、日一道向武汉政府提出第二次通牒①。美国公使马慕瑞也催促国务院尽快批准这一行动②。显然，这是一种打击武汉、支持南京的办法。但美国政府仍不为所动，决心贯彻分化武汉、支持南京的政策，同时避免过分地疏远、压制武汉和露骨地亲近、支持南京。

　　4月20日，国务卿凯洛格训令马慕瑞：美国不参加第二次通牒，因为"稳健派正作出努力，将激进派逐出国民政府中枢"。训令还透露美国准备单独同武汉政府交涉③。同一天，凯洛格又通知英国大使：美国内阁会议普遍赞成国务卿的意见，认为"此时若提出进一步的要求，势将驱使蒋介石和温、桂派投入激进派怀抱"；"今日之计，莫如对陈友仁的复照暂不作答，静观发展"。"这一观点同样适用于制裁问题"④。

　　马慕瑞强烈反对美国自行其是，认为这将使美国丧失在列强对华事务中的领导地位。凯洛格解释道："领导地位本来既存在于温和行动之中，又存在于武力行动之中。国务院觉得你应代表温和行动施加影响。国务院不相信美国在华商业利益要靠列强的武力才能获得"。"外国凭借武力占领中国领土或保持贸易特殊势力范围的时代已经过去了"⑤。

　　鉴于日本催请再提通牒，凯洛格于4月25日向日本大使松平指出：据美国情报，武汉政府正在动摇，形势马上会有变化，聪明的办法是稍等一时，静观发展⑥。松平大使承认美国的政策很"明智"⑦。

---

　①　*RDS*,NA,M329,893.00N/94,893.00N/108,893.00N/97, 00N/97.

　②　*RDS*,NA,M329.893.00N/97.

　③　*RDS*,NA,M329,893.00N/84.

　④　*RDS*,NA,M329,893.00N/98.

　⑤　*RDS*,NA,M329,893.00N/110.

　⑥　*RDS*,NA,M329,893.00N/154;《南京事件交涉经过概要（二）》。

　⑦　*RDS*,NA,M329,893.00N/154;《南京事件交涉经过概要（二）》。

4 月 25 日、26 日，芳泽公使在北京连续邀集英、美、法、意同僚磋商日本的修改稿。日、英、法、意公使最后同意：如果美国执意不从，就由四强向武汉提出第二次通牒，再得不到满意答复，便对汉口实行制裁，并开始与蒋介石政权交涉①。凯洛格闻讯，立即询问松平，日本到底对制裁抱什么态度？ 松平称，日本政府没有授权芳泽赞同制裁原则并讨论制裁汉口的问题，只是主张各国共同提出第二次通牒，然后暂停交涉。凯洛格重申美国不赞成制裁，也不同意提出第二次通牒②。

日本驻外使节步调上的不和谐，反映了田中内阁对华政策中的矛盾和紊乱。田中终于同意了美国的方针，下令暂缓向汉口再发通牒③。

为使分化政策进一步生效，美国驻汉口总领事罗赫德于 4 月 23 日出面敦促陈友仁："应立即采取各种步骤，挽救当前的混乱局面，此事刻不容缓。否则，所有美国商人实际上将在一周或十天内出港。"陈友仁急忙约见美商代表，详细阐明国民政府最近已采取各种措施，帮助恢复外资工商业，解救经济危机。罗赫德立即向白宫报告：由于蒋介石、张作霖、杨森、李济深的四面包围，以及本地工商金融的瘫痪，武汉政府已处于十分窘迫的境地，"政府官员们正以全部时间和精力争取中外人士的普遍支持"④。

然而，对于尚未彻底摆脱革命影响的武汉政府，美国的政策是继续分化，而不是支持。它要支持和鼓励的是彻底同共产党决裂了的南京政权。4 月 25 日，柯立芝总统亲自出马，宣布美国在华目标就是帮助和鼓励一切谋求自由、统一和建立共和制政府的合法愿望。美国深信："动乱终将平息，某种形式的政权终将出现，该政权无疑准备对我们所

---

① 《芳泽致田中电》，1927 年 4 月 26 日，《日本外务省档案》，PVM27。

② 《南京事件交涉经过概要（二）》；RDS，NA，M329，893.00N/115.

③ 《田中致芳泽电》，1927 年 4 月 28 日；《田中致芳泽电》，1927 年 5 月 1 日，《日本外务省档案》，PVM27。

④ RDS，NA，M329，893.00/8783，893.00/613.

遭遇的错待予以适当解决。"①

为了向列强证明自己就是能够作出"适当解决"的政权,南京政府特意任命同美、英关系密切的伍朝枢担任外交部长。蒋介石集团完全明白,南京事件是他们改善同列强关系的最棘手的问题。列强将坚持满足自己的要求,而南京政府又不敢过分屈从,因为这会遭到广大人民的唾弃②。于是,南京政府多方伸出外交触角,谋求各国的谅解与协作。

4月16日,黄郛告诉日本领事矢田:蒋介石有意负责解决南京事件③。同月21日,郭泰祺又奉命向矢田探询田中新内阁对华强硬政策的内容等问题,矢田指出:南京政府的政策基础在于保护外国利益和取缔共产党,如能充分实行,列强自然愿同"有充分权力和实力的人"交涉④。郭泰祺随后表示,南京政府欢迎列强可能施之于汉口的任何制裁⑤。蒋介石还于4月25日通知日方,已决定派与田中义一有旧交的蒋方震、刘厚生秘密赴日,向田中介绍情况,寻求谅解和援助⑥。

蒋介石集团在长江下游站稳脚跟后,立即设法处理南京事件,清除与列强建立正式关系中的障碍。4月末,武力解除留守南京的第六军第十九师的武装,下令通缉林祖涵,以图进一步嫁祸于共产党⑦。5至7月间,南京政府分别同美、日、英、法等国代表进行非正式会谈,基本接受五国宁案通牒的条件。南京政府要求英、美对炮轰南京表示歉意,但不必赔偿;还要求各国放弃不平等条约。其代表向美国外交官解释,这两项要求都为了应付中国舆论,并不指望得到赞成的答复⑧。

---

① *RDS*,NA,M329,893.00/8802.

② *RDS*,NA,M329,893.00N/135.

③ 《南京事件交涉经过概要(二)》,1927年5月5日,《日本外务省档案》,PVM27。

④ 《矢田致外务省电》,1927年4月22日,《日本外务省档案》,PVM27。

⑤ *RDS*,NA,M329,893.00/8780.

⑥ 《最近对华关系诸问题摘要》,1927年第2卷。

⑦ 《革命文献》第14辑,第615—616页。

⑧ *RDS*,NA,M329,893.00N/202.

　　5月12日,田中接见了蒋方震等人。经过恳谈,对蒋介石及其计划有了"亲切了解"①。20日,田中训令驻华外交代表:"蒋介石的真面目就是逐步消灭共产党,努力维护秩序。我方宜酌情给予精神上的援助,帮他们实现政治计划。只要蒋介石一派向武汉进兵,张作霖等北方派就应避免在侧面妨碍蒋的行动。望你们共同促进南北妥协。"②

　　在日本的斡旋之下,蒋方震与张作霖的代表张厚琬在东京秘密谈判。双方一致同意:负责在各自势力范围内消灭共产党;由各方代表召开政治会议,然后再召集国民会议,实现统一。但是,蒋方要求以陇海铁路为线划分势力范围,奉方则要求以长江为界,而且反对将来的统一政府以三民主义为纲领及实行一党制。双方争执不下,谈判没有成功。日本撮合南北妥协的计划又一次破产③。

　　在日、美都不愿制裁国民政府的情况下,英国对集体制裁已不那么热心,更不愿损害蒋介石和国民党"温和派",于是,打算单独派兵夺回汉口英租界。4月21日,英驻华海军派遣两艘巡洋舰开赴汉口,停泊在原英租界岸边④。英内阁也于27日作出决定:从"上海防卫军"中抽调两个营或更多兵力去重占汉口英租界⑤。但是,这一打算遭到包括蓝普森公使在内的外交官和军界人士的广泛反对。他们指出:此举在政治上将激怒中国人民,给蒋介石造成的伤害同极端派一样大,还会引起美国的反感;军事上只能坚守到11月的枯水期前,不可能在武汉常年维持足够的兵力,更不可能保护英租界外十倍以上的英国利益;经济上势必引发中国各地对英国贸易的长期抵制,得不偿失。5月2日,英

　　①　《大臣会见录(六)》,1927年5月13日,《日本外务省档案》,PVM27。
　　②　《最近对华关系诸问题摘要》,1927年,第2卷。
　　③　《最近对华关系诸问题摘要》,1927年,第2卷;《研究俄国对华问题的几点主要考虑》,1927年6月10日;《松井少将关于中国时局的演讲纲要》,1927年6月13日。《日本外务省档案》,S16136。
　　④　*FO*,371,Vol.12478,F3744/1530/10.
　　⑤　*CAB*,25/54.

国内阁决定放弃这一打算,不实行制裁,因而也没有必要向武汉发送通牒①。

5月9日,张伯伦在下院发表讲话,声称"南京事件已经促成国民党阵营酝酿已久之分裂","真正的肇事者,即共产派煽动家们,已遭国民党人自行惩处"。"汉口国民政府已丧失统治地位,现仅徒有其名"。"一个新的国民政府正在南京组成"。他说:"列强对待南京事件的态度改趋缓和,主要为一个愿望所鼓舞,即不要使该政府或其他任何新政府在其统治区内建立秩序时感到为难"。他还宣布,出于同样考虑,英国目前放弃对宁案的制裁和第二次通牒②。

作为对上述决策的补充,英政府于5月11日决定不再反对英国民间给张作霖等军阀提供借款,但英政府不用武力或其他手段保护借款利益③。同日,英海军部授予驻华舰队更大权限,对英人生命财产所遭攻击可当即进行报复④。

随后,英国又采取了两个外交行动,一疏一亲,态度鲜明。5月17日,一个月前刚刚接替台克满的英公使驻汉口代表牛顿(B. C. Newton)照会陈友仁,声称"鄙人驻在地之政府,完全缺乏实践文明国家责任之能力",随即离汉⑤。此前一天,英公使离京赴沪,名义上是同当地英国文武官员"磋商形势",暗中则通过王宠惠,同南京政府交换解决宁案的意见⑥。

此后,武汉政府外交上困境愈深。

---

① *CAB*, 23/54;*FO*, 371, Vol. 12479, F3964/1530/10, F4098/1530/10;Vol. 12480, F4336/1530/10;Vol. 12435, F4119/67/10, F3913/67/10;Vol. 12404, F3599/2/10, F3784/2/10.

② *FO*,405,Vol.253,pp. 218‐219.

③ *CAB*,23/55.

④ *FO*,371,Vol. 12504,F4580/4068/10,F4118/4118/10,F4580/4118/10.

⑤ *China Year Book*,1928,p. 752;《汉口民国日报》,1927年5月20日。

⑥ *FO*,405,Vol. 255,pp. 254‐260.

二 武汉国民政府的"战略退却"与政策调整

自国民政府迁鄂起,财政困难的阴影就一直笼罩着它。"四一二"政变前后,财政困难更有了恶性发展。这种困难逐渐波及社会生活的各方面。首先是工厂倒闭,工人失业,至 4 月下旬,武汉失业工人已达 30 万。其次是煤荒、米荒。有一段时期,汉口存米仅有 8 万担,只能维持 11 天。为了解决财政经济困难,武汉国民政府成立了战时经济委员会,颁布《集中现金条例》,禁止现金出口,但是,上海金融资产阶级和南京国民政府立即采取反措施,对武汉实行金融封锁,武汉地区的经济因而更为艰难。

困扰武汉政府的还有群众运动中的"过火"倾向问题。

南京事件后,湖南民众宣布对英罢工,同时接收青年会,封闭正大煤油厂,湖南省政府为此向武汉国民政府请示外交策略。汪精卫、谭延闿等觉得"反帝国主义的运动太自由了,适足以逼得他们形成一条联合战线",又责怪湖南省政府"未得中央的许可,擅自任由民众处理外交的事件,不加阻止"。他们推汪精卫起草电报加以告诫,内容是:"关于外交的事,省党部同省政府应先向中央请示,不得擅自处置;民众如有对外交的运动,应先向当地的党部及政府商议,不能自由行动。"4 月 13 日,中央政治委员会决议追认上述告诫并通告各省党部。会上,陈友仁转述了美日侨民想维持或恢复营业,但因劳工要求过高,进行抵制、恐吓,难以营业的种种抱怨。孙科大怒说:"这简直是自杀,把一些工厂都逼得关了门,政府又没有几多钱来救济,试问他们吃什么?"他要劳工部长苏兆征下令,要工人"不得故意同外国人为难"。陈还报告,现在日本人一出来就要遭打,"这种排外的方法也是不对的"。会议最后通过汪精卫的提议,由国民党中央工人部长陈公博、国民政府劳工部长苏兆征、外交部长陈友仁组成委员会,处理劳工涉及外交的各种问题①。

在政治、经济、军事、外交各方面日趋险恶严峻的形势下,鲍罗廷不得不提议实行战略退却。

4月20日,鲍罗廷在中央政治委员会上作了长篇发言,说明:"自从东南的反动气焰高涨,增加了帝国主义者向我们进攻的力量","为应付这种恶劣的环境,只有暂时采取战略上退却的办法"。他说:"他们凭武力而施压迫的唯一理由,就是说在国民政府之下,外国的侨民不能继续经商。而我们自己的民众也常常误解了打倒帝国主义的意思,以为打倒了一家洋行,或打倒了一家商店,就是整个的帝国主义授命之时。"他指出汉口失业工人的数目正逐日增多的事实后又说:"这一个退却的政策,一方面是要减少我们失业工人的数目,苏解失业工人的困苦;一方面要使帝国主义者无所藉口,他们的人民不至于赞成他们的政府对于我们的武装干涉。"②

汪精卫等人支持鲍罗廷的提议,认为"退却真是有利益,退也是可以的"。会议决定:一、中央指定政府及工会人员组织一委员会,其目的是在工人之中,特别是在外国商店工人中执行革命的纪律。同时由工会组织一个惩戒委员会,检查与处罚一切违犯革命纪律的工人。二、政府立即与主要外国商店及银行协商,使之能在各地公开贸易,并由政府与职工会代表组织委员会,执行协商结果。三、除得第二条所规定之委员会的同意外,外国商店与银行内之工人不得罢工。四、政府应尽快规定一切必需品之最高价格。政府与银行协商规定铜元价格。五、立即设立失业局与失业者饭堂③。同时,国民党中政治委员会还决议委托

①　《国民党中央执行委员会政治委员会第十二次会议速记录》,《中国国民党第一、二次全国代表大会会议史料》,第1053页—1056页。

②　《国民党中央执行委员会政治委员会第十四次会议速记录》,《中国国民党第一、二次全国代表大会会议史料》,第1074—1075页。

③　《国民党中央执委员会政治委员会第十四次会议决议录》,《中国国民党第一、二次全国代表大会会议史料》,第1074页。

工人部去指挥外国银行的罢工者让步,以使外国银行复业。又针对军队的习惯做法和民众反教运动中的倾向,作出决议,外国学校及教堂等房产均受国民政府法令保护,租借与否,悉听外人自愿,无论何人不得强行占据①。

随后,国共两党领导人举行联席谈话会,汪精卫等国民党中央政治委员会主席团成员和鲍罗廷、罗易,中共负责人陈独秀、张国焘、瞿秋白等出席。会议认为:现在最重要的工作,一是积极北伐,二是肃清东南的反革命派。至于外交方面,则不妨暂时退却,保护外人生命财产,恢复外人商业。会议决定由国民党中央派员去湖南、江西宣传对外方针。会议也讨论了恢复商务和交通问题,认为恢复商务最重要的是汇兑,决定由外交、财政两部会同中外财政专家讨论"完美的办法",交通则由外交部、交通部分别与太古、怡和、招商、三北等公司接洽,并由国民政府明令保护长江航运业。此外,会议认为,武汉失业工人已达 30 万之多,须寻找办法解决②。

鲍罗廷还在战时经济委员会中提议:由政府召集英美烟公司劳资双方协议复工办法,凡在国民政府区域内的中外各工厂应予切实保护,所出产品一律自由行销,不得抵制;同时决定组织大规模的中外合资公司,专营出口,资本 500 万,争取由英或日商投资五分之二。此前,湖南人民曾于 4 月 12 日没收美孚公司煤油,组织人民煤油公卖委员会。对此,鲍罗廷提议,应由中央电令湖南省党部和省政府:立即取消人民煤油公卖办法;嗣后凡关于外人商业和财产事项,绝对不得由省党部或省政府决定办理,应报告中央听候解决③。

在 4 月 30 日举行的"大局讨论会"上,鲍罗廷进一步提出,应利用

---

①　《国民党中央执委委员会政治委员会第十四次会议决议录》《中国国民党第一、二次全国代表大会会议史料》,第 1074 页。

②　《国民党中央执行委员会政治委员会第十五次会议速记录》,1927 年 4 月 25 日,《中国国民党第一、二次全国代表大会会议史料》,第 1079—1081 页。

③　《战时经济委员会第二次会议记录》。

美、英、日各国的内部矛盾,实行不同的对策。据他分析:美国、英国有财政资本派和商业资本派的不同,日本有军人派和工商业资本派的不同,前者主张武装侵略,后者主张和平经商,因此,应该联络商业资本派,允许他们的工商业在国民政府之下有合法的发展①。

方针既定,武汉国民政府外交部即努力落实。4月23日,陈友仁特意接见美国驻汉总领事和美商代表,绝对否认外人所传摧残外商在华营业为国民政府政策之说,宣称政府现正解决长江流域的特殊经济问题,决定恢复商务和使外人可以安心营业的各种计划,并声明工人现已自己决定实行革命纪律,协助政府策略的实施②。外交部还积极同亚细亚、美孚、怡和、太古、日清等公司商讨复业、复航问题。本来在反帝运动高潮中,外交部曾拟定废除领事裁判权的五项具体办法,为了贯彻“退却”原则,决定通告司法部:“照此条款办,但不必发表”,实际并未贯彻执行③。

4月25日,陈友仁与日本驻汉总领事就“四三”惨案商定6条办法:1.日方撤退水兵、撤除防御武器;2.日商复业,发给华人工资;3.中方撤退军警和纠察队;4.工人服从政府命令,决不仇视外人;5.国民政府负责保护日人财产;6.“四三”案保留,俟适当时期再开谈判④。5月下旬,日方向国民政府提出道歉、抚恤日本受害侨民,赔偿损失,担保以后不再发生类似事件等要求。陈友仁答以应由双方组织委员会调查事实之后再议⑤。“四三”惨案就这样搁置起来⑥。

---

① 《武汉大局讨论会第一次会议速记录》。

② 《时报》,1927年4月29日。

③ 《国民党中央执行委员会政治委员会第十五次会议速记录》,《中国国民党第一、二次全国代表大会会议史料》,第1086页。

④ 洪钧培:《国民政府外交史》第1集,上海华通书局1930年版,第106—107页。

⑤ 《国民党中央执行委员会政治委员会第二十三次会议速记录》,《中国国民党第一、二次全国代表大会史料》,第1195页。

⑥ 1929年4月,南京国民政府以接受日方上述要求了结此案,见日本外交史料馆档案,A1 106。

4月下旬,经国民党中央工人部出面干预,武汉外国银行的中国职工结束罢工,银行方面接受了工人部分条件,但对罢工期间的工资,只允许付给一半,另一半由国民政府津贴了事①。为了避免发生意外事端,吴玉章在国民党中央会议上主张武汉不搞"五一"游行,最后议决限定游行路线,不入租界,并派大批军队随同纠察队弹压②。中华全国扩大对英经济绝交会拟开代表大会,呈请国民政府拨给两万元经费,国民党中央常务委员会不仅未给经费,而且决议:"此会无设立之必要。"③中央青年部与湖北省及武汉市青年部都主张收回武汉青年会,改成国民党青年俱乐部。国民党中央政治委员会因顾虑对美国的外交,也决定暂不办理此事④。2月28日发生的汉口农民与日商三宜洋行冲突,该行被毁一案,一直未得到解决,5月初也由国民党中央决定"通融办理",以赔偿日商5000元了结⑤。

为了将"战略退却"方针推向湖南、江西,4月27日,武汉国民党中央特派林祖涵、陈其瑗分赴两省进行传达与指导。湖南省党部表示"完全接受中央的意旨",但请示说:湘省民气素称激昂,"未便抑之过甚","应如何处置始能两得其平"⑥? 武汉国民党中央的答复是:"外人商业应照常保护";"长、岳两关由财政部派人接受",湖南人民接受关税委员

① 《国民党中央执行委员会政治委员会第十六次会议速记录》,《中国国民党第一、二次全国代表大会会议史料》,第1097—1099页。

② 《国民党中央执行委员会政治委员会第十五次会议速记录》,《中国国民党第一、二次全国代表大会会议史料》,第1090页。

③ 《国民党中央执行委员会第二届常务委员会第八次扩大会议议事录》,《中国国民党第一、二次全国代表大会会议史料》,第936页。

④ 《国民党中央执行委员会政治委员会第十六次会议速记录》,《中国国民党第一、二次全国代表大会会议史料》,第1097—1099页。

⑤ 《国民党中央执行委员会政治委员会第十八次会议速记录》,《中国国民党第一、二次全国代表大会会议史料》,第1121页。

⑥ 《国民党中央执行委员会政治委员会第十七次会议速记录》,《中国国民党第一、二次全国代表大会会议史料》,第1103—1106页。

会应"速办移交,并以后不得再行收税";准许亚细亚火油公司经理回湘复业①。5月12日,湖南代表熊亨瀚向武汉中央报告:除坚持煤油由政府管理外,其他涉外问题皆服从中央命令;省党部已与中共湖南区委召开联席会议,组织经济委员会,制定工商业保护法,添课遗产登记几种新税;以后逮捕土豪劣绅须经告发;同时决定,组织革命纪律裁判所,宣布九条戒令,违抗者以反革命罪论。熊并称,湖南现在所行的只是政治没收,绝对保护革命军人的家属同财产②。

江西方面,在陈其瑗到达南昌后,立即于5月5日召开省市党部、省政府联席会议,决定完全接受新的外交、经济政策。6日,召开各界联席会议,决定"缓和"政策七条,如提出"打倒劣绅,保护正绅","不妨害小地主"(自耕农)等口号③。

战略退却的实施,在争取部分外侨复业,缓和严重经济危机,减轻列强的联合干涉压力等方面收到了一定效果。陈友仁4月27日报告说:"日租界的情形现在好得多。日本水兵业已撤退了一部分","商店已开门,交通也恢复了。"④英亚细亚火油公司经理对陈表示,要去长沙复业。外国轮船公司恢复长江航运问题也有进展。

但是,武汉政府的战略退却并没有使列强萌生改善关系的诚意。4月下旬,日本田中内阁通知武汉政府:日本继续保持与各国一致行动的立场。随后,田中认为武汉政府"无实力","不负责任",开始考虑以南

①　《国民党中央执行委员会政治委员会第十七次会议速记录》,《中国国民党第一、二次全国代表大会会议史料》,第1103—1106页。

②　《国民党中央执行委员会政治委员会第二十次会议速记录》,《中国国民党第一、二次全国代表大会会议史料》,第1141—1144页。

③　《国民党中央执行委员会政治委员会第二十次会议速记录》,《中国国民党第一、二次全国代表大会会议史料》,第1145—1148页。

④　《国民党中央执行委员会政治委员会第十六次会议速记录》,《中国国民党第一、二次全国代表大会会议史料》,第1100页。

京政权为交涉对手①。5月9日,英国外长张伯伦公开否认武汉国民政府的存在及其统治权力②。同月17日,英国公使代表牛顿奉命离汉。此后,列强驻汉领事官员虽继续同武汉政府保持联系,但目的是诱迫武汉国民党集团压制民众,保护各国利益。武汉政府的外交活动已难有所作为。

与外交上"战略退却"的同时,武汉国民政府也在内政上推行一系列新政策,其重点在于联络工商业者(武汉国民政府称为"小资产阶级"),纠正工农群众运动中的"过火"行动。5月9日,汪精卫说:"在国民革命的过程中,农工商非联合起来不可,如果农工只顾农工的利益,国民革命一定要失败的。"③从5月份起,武汉国民政府陆续发布了一系列条例和训令。

5月9日,公布徐谦草拟的《禁止民众团体及民众执行死刑条例》,规定判处死刑应报告政府核准,如审判机关不报告则执行者,解散该审判委员会,另行组织;各地民众团体拿获反革命派,或劣绅土豪等,即交政府严办,不得自由枪决。

5月14日,公布《取缔擅行逮捕令》、《禁止擅行没收人民财产令》。前令规定,逮捕须由司法机关,或武汉公安局奉上级机关命令执行,当场拿获的现行犯,须交政府之机关审讯。后令规定,凡不依《处分逆产条例》而擅行没收人民财产者,政府予以严厉制裁;其为团体行动者,解散团体,处罚负责个人。

5月19日,武汉国民党中央执行委员会训令各级党部,批评长江流域农工团体"忽视共同作战之工商业者同盟者",如,"常向雇主提过

---

① 《国民党中央执行委员会政治委员会第十五次会议速记录》,《中国国民党第一、二次全国代表大会会议史料》,第1084页;《田中致芳泽电》,1927年4月23日,《日本外务省档案》,PVM27。

② 《国闻周报》第4卷第18期。

③ 《中国国民党中央执行委员会政治委员会第二十次会议速记录》,《中国国民党第一、二次全国代表大会会议史料》,第1155页。

度之要求,甚或以武装纠察封闭厂店,强迫雇主行不可能之条例",认为其结果,"徒使农工孤立而入自杀之途","要使国民革命之基础,日益摇动",因而,特令国民政府执行以下决议:一、制定劳资仲裁条例;二、制定劳动法,三、制止工人及店员过度要求;四、严禁工会或纠察队对店员或厂主恐吓罚款及擅自逮捕;五、外人在华经营工商业者应由外交当局根据上列四项原则办理。训令称:凡属党员如有违反及不执行者,各级党部应加严厉之制裁;各级党部如不能领导民众服从上项决议,中央予以相当惩戒。

同日,训令湖北省总工会,声称"工人于参加国民革命中取得其本身之利益,同时须要不忘其同盟者工商业者之利益,否则,工商业者将离国民革命之战线,而使其本身与农工两败俱伤,危及革命之前途"。训令共三条:一、工人有违反纪律者,该工会得加以制裁;二、违反纪律之工人,如情节重大时,仍应交政府机关办理;三、除对工人以外,工会不得有逮捕、罚款及其他压迫之情事①。

5月20日,武汉国民党中央向各级党部发出关于"纠正农运"的训令,略称:"剥削农民与压迫农民必须行迹显著、证据确凿者,始得交由法定机关依法惩办,至乡里公正及丰裕之户不反对国民革命者,皆在国民政府保护之列。"训令声言:"其有藉端扰乱、破坏公共秩序以快意者,既有损于革命之利益,即无异于反革命。"

同日,颁布"制裁越轨行动"训令,声称中央已决定组织特别委员会,亲赴各地指导,切实执行中央决议。

5月24日,武汉国民政府令各省政府分饬所属各机关,一律严禁侵犯军人土地财产,凡已被分割者,务须清查发还②。

5月30日,武汉国民党中央训令各县党部,不得干涉地方行政,如再有自由逮捕、惩罚人民情事,定将该县党部解散。

---

① 《汉口民国日报》,1927年5月20日。

② 《汉口民国日报》,1927年5月26日。

6月2日,武汉国民党中央对各级党部发出训令,要求:一、对党员之选择,务须严格,决不可使投机分子乘间而入,已经厕名者务须淘汰;二、注意对党员进行主义之认识,政策之运用,服从纪律之习惯等方面的训练;三、对民众应先注全力于宣传党义;四、注意克服各种民众运动的幼稚举动。

6月4日,武汉国民党中央及湘、鄂、赣三省党部联席会议通过关于成立乡村自治机关的决议案:"在过渡时期,设置县、区、乡自治筹备会,在国民政府农政主管机关特派员指导下,筹备县、区、乡民会议及政务委员会,代行职权","以杜民众之幼稚及不合于中央训令之行动"。

任何革命都不能超越各种主客观条件的制约,同样,任何健康的群众运动也都必须接受一定的政策和策略的指引。那种以为群众运动具有天然合理性,爱怎么做就怎么做,不能加以限制的观点实际上是无政府主义思想。当时的工农运动中确实存在着"过度"或不讲政策、策略的"左"的倾向,武汉国民政府的上述训令旨在纠正这些倾向,不能认为完全是错误的。但是,真正的力量存在于工农群众之中,因为工农运动中出现了"左"的倾向就否认发动群众的必要性,不要群众,其结果必然是孤立和削弱自己;如果因此而敌视以至镇压群众,那只能促使自己走向反面。不幸的是,武汉国民政府领导人正是逐步走上了这条道路。

自5月中旬起,武汉国民党中央陆续惩处了汉阳县党部等组织和团体。当月11日,汉阳县公署根据汉阳县党部的要求,逮捕汉阳商会会长周文轩等,没收八处工厂,罪名是破坏党部、组织机器工会与十人团,同蒋介石通电等十一条。汪精卫认为:"当现在极力联络小资产阶级的时候,汉阳县党部居然不呈请上级党部,擅行逮捕,显系违背中央的政策。"[①]鲍罗廷并提出,解散汉阳县党部。他说:"革命最注重的是纪律,汉阳县党部近在咫尺,竟敢违背中央保护小资产阶级的政策,则

① 《中国国民党中央执行委员会政治委员会第二十一次会议速记录》,《中国国民党第一、二次全国代表大会会议史料》,第1160—1165页。

离中央较远的地方,更要不服从中央的命令!"①孙科说:"今天跑一个店东,明天跑一个工厂主,都是增加失业工人数。试问不联合小资产阶级、革命如何能够成功?"②会议决议:严重警告汉阳县党部,如再违法,即行解散;令武汉公安局将查封财产发还,释放周文轩、周仲暄;由司法部重新审理此案。

同月30日,武汉国民党中央决议,河南各级党部、各农民协会、各妇女协会均应停止活动,听候调查。孙科并提出,湖南农民协会也要全体停止活动③。

6月2日,武汉国民党中央下令解散黄冈县党部和县农民协会。5月下旬,黄冈团风烟酒公卖分处处长罗永泽控告"黄冈农民铲挖烟苗,妨碍国家税收"。汪精卫得知此事后,愤愤地说:"他们简直要饿死靠烟酒吃饭的人,照他们这样胡闹,打到湖南,湖南完了;打到江西,江西完了;打倒河南,河南又完了。中央只好关门,还革什么命!"孙科则更进一步说:"他们就是反革命,他们比蒋介石打来还要凶!"④孙科的话,把敌视群众的感情表露得再明显不过了。

武汉的战略退却和政策调整只实行了很短一段时期,便因国民革命阵营内"左"、右两种倾向的冲击而迅速改变了性质和初衷。一方面,国民党武汉集团在严峻形势下日趋右倾动摇,将有原则的退却变成无原则的退却;另一方面,民众运动中盲目排外等"左"的倾向也加重了武汉外交的困境,使战略退却无法实行下去。中国共产党内部在如何对待群众运动的问题上也存在着尖锐的分歧,未能得出统一而正确的结

---

　　①　《中国国民党中央执行委员会政治委员会第二十一次会议速记录》,《中国国民党第一、二次全国代表大会会议史料》,第1160—1165页。

　　②　《中国国民党中央执行委员会政治委员会第二十一次会议速记录》,《中国国民党第一、二次全国代表大会会议史料》,第1165页。

　　③　《中国国民党中央执行委员会政治委员会第二十五次会议速记录》,《中国国民党第一、二次全国代表大会会议史料》,第1125—1127页。

　　④　《中国国民党中央执行委员会政治委员会第二十六次会议速记录》,油印件。

论。曾以左派自居的大多数武汉国民党领导人则以民众运动失控为由，走向取缔和镇压民众运动的道路。同时，帝国主义和反动派则利用民运中的"左"倾现象造谣诬蔑，挑拨离间，分化革命。当年领导湖北工人运动的中共负责人刘少奇十年后深刻批评了这一时期的种种"左"倾错误，指出"这种左倾错误至少帮助了反革命"①。

三　中共"五大"的召开

中国共产党第四次代表大会召开于 1925 年 1 月。蒋介石在上海清党之后，中国革命到了一个紧要关头，部分共产党人要求迅速召开第五次全国代表大会，改变中共中央的现行政策。陈独秀和彭述之感受到了这种情绪，计划将会议推迟到 1928 年，但是，共产国际代表团反对拖延，主张马上召开②。

1927 年 4 月 27 日至 5 月 9 日，中共在武汉召开第五次全国代表大会。到会代表有陈独秀、蔡和森、瞿秋白、毛泽东、任弼时、刘少奇、邓中夏、张国焘、彭湃、方志敏、恽代英、罗亦农、董必武等 80 人，代表党员 57,963 人。共产国际代表鲍罗廷、罗易、维经斯基，国民党代表谭延闿、孙科、徐谦、汪精卫也出席了会议。

陈独秀在会上作了《政治、组织报告》。他回顾了中共四大以来的形势发展，认为北伐是无产阶级和资产阶级合作的结果，"四一二"政变后，中国的资产阶级完全脱离了革命，但是，工农和小资产阶级的联合战线得到了巩固。关于小资产阶级，陈独秀称：我们总是需要与小资产阶级建立联盟，因此，必须向他们做某些让步。在土地问题上，陈独

---

①　《关于大革命历史教训中的一个问题》，《党史研究资料》(2)，四川人民出版社 1981 年版，第 315 页。

②　米夫：《紧急时期中的中国共产党》，《六大以前》，人民出版社 1980 年版，第 947 页。

秀称:过去党限制了农民运动,现在必须没收大地主和中等地主的土地,但是,他又提出,"在相当时期内,或许是在很短期间内,我们必须保持中间路线。"他说:"我们目前是加深农民革命呢,还是等待北伐继续向前推进,等待农民运动扩大以后,再来加深农民革命呢? 我以为后一种做法要更可靠得多。因为旧军阀仍然存在,还有所谓新军阀,如蒋介石。"关于无产阶级领导权问题,陈独秀作了一个乐观的估计。他认为,"小资产阶级和国民党左派处于无产阶级的领导之下","说无产阶级根本没有取得领导权,是不对的"。关于军队,陈独秀称:当时国民政府的军队是由旧军阀的部队发展起来的,军官是地主子弟,不能作为革命的依靠力量。因此,他主张"改组军队",让大多数工农加入军队,使军队革命化。关于武汉国民政府,陈独秀认为,在汪精卫回国之后,它"开始成为无产阶级同国民党左派的联盟","向革命民主专政的方向前进了一步"。但是,陈独秀又说:这个政权中"没有工农群众,只有几个工人领袖"。"我们必须利用这种机构,以便今后建立起工农和小资产阶级的政府,并进而走上工农和小资产阶级民主专政的道路"。陈独秀并称:"我们不再是在野党,而是真正要领导革命了。"①

　　陈独秀报告后,有38个代表要求发言,讨论了好几天。代表们严厉地批评了中共中央在中山舰事件期间的退让策略,认为中共中央"企图缓和城市及乡村中阶级的冲突;企图减弱,或甚至于完全拒绝中国无产阶级底阶级的独立的发动"②。瞿秋白、任弼时指责陈独秀犯了"右倾投降主义"的错误。瞿秋白还在会上散发了他写的小册子《中国革命中的争论问题》。

　　5月4日,罗易向会议解释共产国际第七次扩大会议关于中国革命决议案。会议在短暂的讨论后,未加修改就通过了由罗易起草的相

---

①　《在中国共产党第五次全国代表大会上的报告》,《中共党史资料》,1982 年第 3 辑。

②　米夫:《紧急时期的中国共产党》,《六大以前》,第 950 页。

应决议："第五次大会认为现在革命阶段的特质是需要建立一个工农小资产阶级的民权独裁制。只有这个政权,以无产阶级做领导,才能解决现在革命中的重要问题,并引导革命向非资本主义之方面进行。"①

汪精卫参加了当日的会议。他非常注意地听了罗易的讲话,讨论时头一个发言,慷慨激昂地宣称:"国民党完全接受共产国际关于革命的非资本主义发展的解释。没有人能够指责国民党支持资产阶级利益。相反,国民党正遵循一条革命的道路。"②同日,汪精卫在政治委员会第十八次会议上介绍了会议情况,并将决议和孙中山的三民主义加以对照,他说:"第三国际的决议案,同国民党的政纲可以互相帮助,并无冲突","国共两党是可以携手合作的"③。

罗易是中共五大会议的明星。他在会上作了多次讲话,反对鲍罗廷的"战略退却"和工人阶级的"自我约束",主张加强阶级斗争,加深革命基础,在此基础上建立工农小资产阶级的民主专政。因此,他提出,当时的任务是:一、进行土地革命;二、武装农民,保卫土地革命的胜利果实;三、建立农村自治政府,摧毁农村封建地主的政权;四、建立国家机构,进而实现民主专政;五、在巩固的社会基础上组成一支革命军队④。会议通过的《政治形势与党的任务》、《土地问题》、《职工运动》、《组织问题》等一系列议决案,部分地反映了罗易的观点。

会议认为:"五卅"运动以后,党只注意了反帝和反军阀的斗争,忽略了与资产阶级争夺领导权的斗争。《政治形势与党的任务议决案》提出:"本党的任务是继续去争取领导权,建立一个左派的革命联盟,包含工农小资产阶级,以反对封建分子资产阶级的领导。"

会议通过的宣言提出,在封建的及资产阶级的分子退出后,国民党

---

① 《中共中央文件选集》(3),中共中央党校出版社1989年版,第47页。

② 《罗易赴华使命》,中国人民大学出版社1981年版,第83页。

③ 《中国国民党第一、二次代表大会会议史料》,第1116页。

④ 《中国革命问题和无产阶级的作用》,《罗易赴华使命》,中国人民大学出版社1981年版,第205页。

"日益成为工农小资产阶级的革命的民权同盟","联合民权派的一切成分于国民党旗帜之下,以强健这个革命的同盟,是无产阶级在这个革命阶段中的主要职任。革命的民权同盟,是国民革命的指导者。"①《政治形势与党的决议案》则称:"共产党与国民党的关系,比以前应当更加密切。""共产党不仅与国民党共同担负责任,而且共同担负政权。"

会议还认为:在争取领导权的斗争中,无产阶级应该在农民中得到同盟者,当时革命的主要任务是"土地问题的急进的解决"②。会议通过的《土地问题议决案》提出:"现在的革命趋势,是要推翻土豪劣绅的政权,没收大地主及反革命派的土地,以贫农为中坚,建立农民的政权,实行改良农民的经济地位,一直到分配土地。"该议决案中的《农民政纲》提出:没收一切所谓公有的田地以及祠堂、学校、寺庙、外国教堂及农业公司的土地;除小地主和革命军人现时已有的土地外,无代价地没收地主租与农民的土地;取消地主绅士所有的一切政权及权利,建立农民的乡村自治政府;解除乡村中反动势力的武装,组织农民自卫军等。毛泽东曾向会议提出普遍解决农民土地问题、大力武装农民、建立农村革命政权等提案,但在陈独秀影响下,大会拒绝讨论。

会议还认为:共产党应当竭力执行深入革命的职任,以巩固革命的根据地。《政治形势与党的任务议决案》批评先完成北伐而后进行土地革命、建立民主政权的主张,提出当时的重要任务是在湖北、湖南、广东、广西、福建、浙江诸省,"毫不留情的与反动势力作战"。

会议提出:当时"职工运动的新方针"是:极力从政治上、经济上向资产阶级勇猛的进攻,一直到要求没收一切银行、矿山、铁路、轮船、大企业、大工厂,收归国有③。会议还提出:工人纠察队是保障工人、农

---

① 《中国共产党第五次全国代表大会宣言》,《中共中央文件选集》(3),第106页。

② 《政治形势与党的任务决议案》。

③ 《职工运动议决案》,《中共中央文件选集》(3),第74页。

民、小资产阶级民主政权的武装之一；要使军队革命化，建立真正的革命军队，必须有多数的工人去当兵等。

领导权问题涉及党权、政权、军权等许多方面。北伐期间，中共长期以在野党自居，自外于政权、军权，"五大"在这两个问题上有进步。但是，不管是陈独秀，还是罗易，都还没有充分感到形势的严峻，也没有感到汪精卫和武汉政府正在急剧地向右摆动，因此，会议仍然没有提出解决领导权问题的具体方案。

大会选举了新的中央委员会。在随后举行的五届一次中央委员会上，选举产生了中央政治局，陈独秀、蔡和森、周恩来、李立三、李维汉、瞿秋白、谭平山、张国焘、苏兆征为政治局委员，陈独秀、李维汉、张国焘为政治局常委，周恩来为秘书长。由于陈独秀作了部分自我批评，会议在没有任何异议的情况下继续选举他为总书记。这样，就使得以后中共中央的路线、政策、策略未能发生任何重大变化。

当时商业凋敝等问题严重困扰着武汉当局，徐谦参加了五大后，曾在国民党政治委员会上表示：第三国际第七次扩大会议的决议固然对，但理论是理论，事实是事实；理论尽管不错，还要有方法。他要求具体解决"保护小资产阶级的问题"。5月13日，新成立的中共中央政治局对小资产阶级的政策作了若干规定，如：在劳工部下设立仲裁厅，解决雇主和店员间的冲突；劳工部颁布劳工法；调和店员过分要求；商民享有政治和公民的权利等①。5月22日，湖北全省总工会与汉口特别市商民协会共同讨论，就改良店员待遇、店员工作时间、工商界线、劳动童子团、用人、营业收歇、营业管理、工商谈判、抑平物价、工商联合等问题作出了具体规定。这些方面显示，中共中央政治局仍然在实行鲍罗廷的"战略退却"。

中共五大之后，很快发生夏斗寅叛变和马日事变两项事件。5月

---

① 《关于小资产阶级问题共产党于国民党的关系》，《中共中央文件选集》(3)，第117—118页。

24 日，中共中央政治局会议，两个共产国际代表之间爆发了又一次争论。鲍罗廷作了长篇发言，其大意是：一、现在的国民党左派还是好的，一切错误都是工农运动过火，领导湖南农民运动的是"地痞"与哥老会。二、现在必须向左派让步，继续取得与他们的合作是中心问题。三、国民党的中央现在还是好的，离开或者推翻国民党中央，不是决裂，便是政变。应该攻击党内的这种危险倾向。四、农民运动只要能做到减租减息，乡村自治等，便是胜利，便是土地革命。五、中共中央及一切工会农会应发表宣言，号召群众拥护国民党中央及其政府公布的取缔民众运动过火和错误的法令。罗易的意见与鲍罗廷针锋相对，他认为当时的国民党中央已是土豪劣绅、地主、军阀的代表，应该号召左派群众起来推翻他们，实行工农民主独裁。同时，他提出，中共中央应发表宣言，反对国民党中央及其政府最近公布的反对工农运动、保护封建制度的反动法令。蔡和森对二人之间分歧的印象是："老鲍是有办法而无原则，罗易是有原则而无办法。"[①]在"原则"和"办法"的分歧面前，这次，中共中央选择了鲍罗廷的"办法"。

5 月 25 日，中共中央政治局通过湖北省委草拟的《工人政治行动决议案》，规定政治停工须得总工会令，非十分重大政治示威，决不下停工令；非得政府令，商店不得停市；又规定：工会无政府令，不得拘捕、审判非工人。同日，通过《对于湖南工农运动的态度》，提出："乡村中的农运问题，一切非本党政策所规定的幼稚行为，必须依本党的力量，切实矫正。"文件并称：中国土地问题尚须经过相当宣传时期，并在建立乡村政权之后才能解决。

同日，鲍罗廷与陈公博、谭平山赴湘处理马日事变。26 日，中共中央政治局召开会议，认为还不能立即和敌人发生武装冲突，应该争取时间，保存自己的力量，为不可避免的战斗作准备。会议决定同左派国民

---

① 《机会主义史》，《蔡和森的十二篇文章》，人民出版社 1980 年版，第 76—77 页。

党领导人,特别是汪精卫建立更密切的关系,以便结成一个联盟,反对国民政府领导下的国民党内的军阀反动势力。同时,会议也决定,在充分利用各个"左派军阀"领袖之间的矛盾的同时,创造自己的武装力量,武装工人、农民,并将士兵争取到革命方面来。政治局还具体提出了多项应变计划,如:建立党的秘密机构,隐藏工人、农民组织所拥有的武器,用派自己人参军的办法扩大叶挺和陈嘉祐的部队,掌握第二军和第六军,同时在占领郑州之后,鼓动第四军和第十一军回师南向,收复广东等①。政治局并决定,将本决议立即通知鲍罗廷和谭平山,要他们按此路线行事,未经政治局批准,不得执行在原则上不同于本决议的路线。在马日事变的血的教训面前,中共中央对形势不能不有所警觉,但是,后来的事实证明,这一应变计划执行不力。

6月1日,中共中央政治局通过《农民运动策略大纲》,认为当时贫农与地主之间急剧的冲突,是革命发展的当然现象,并非所谓"过火",但是,在既无靠得住的军官和具有阶级觉悟的军队的情况下,冲突的继续发展,将危害全国的革命形势和联合战线。政治局要求:迅速执行"五大"的农民政纲——不没收军官家属的土地和财产;在秋收,即在等到本党对于中小地主的态度完全解释清楚,乡村自治政权已经开始建立,再没收大地主的土地。《大纲》批评当时农民运动中的"无组织的行动",如:自由逮捕、罚戴高帽子、游街示众、均分财物、罚款、用强迫手段禁烟禁酒等,认为这种斗争方法,"都带着中国原始的平民暴动之性质,一概都要努力避免而与以正确的指导"②。

维护统一战线,纠正群众运动中的不符合于政策与策略的行为,将群众运动引入正确的轨道都是必要的,但是,陈独秀和鲍罗廷不懂得,一味退让并不能维护统一战线,更不能制止武汉政府已经向右转动的

---

① 《关于湖南事变以后的当前策略的决议》,《中共中央文件选集》(3),第138—139页。

② 《中共中央文件选集》(3),第156—163页。

车轮。

在退却与进攻两种策略并存的情况下，武汉国民政府后期的群众运动出现了复杂的形势。

5月17日，中共中央政治局常委会改组中央农委，以谭平山、毛泽东、陆沉、瞿秋白、陈独秀等组成。30日，毛泽东与谭延闿、谭平山、邓演达、陆沉等以中华全国农民协会临时中央执行委员会常务委员名义发出训令，要求湖南、湖北两省农协"采用新政策"。6月7日，再次发出训令，提出为"新政策"的顺利实施所必须执行的规定。两次训令都作了部分政策调整，如：要求与小地主及革命军官家属合作；注意革命同盟者的利益，与农村中的小商人建立亲切的革命同盟；注意改良乡村旧习惯之步骤，不可操切从事；注意强固组织，严肃纪律，"如有不良分子发现，必须立即执行革命纪律，予以严厉制裁"，以及尽可能使谷米流通，活跃农村金融，等等。但是，上述训令也要求：继续发展农协组织；创设区乡县的自治机关；解除土豪劣绅武装，用以武装农民；没收土豪劣绅及大地主的土地。这些方面，体现了继续进攻的方针。6月13日，第三次发表训令，要求各级农协一致请求国民政府命令保护工农组织及工人纠察队、农民自卫军，惩办一切屠杀工农、扰乱后方的反动派。训令同时号召各级农协团结农民，严密组织，武装自卫。6月19日至21日，湖北省农协举行扩大会议，确定坚决反击土豪劣绅的方针。此后，农民运动逐渐"上山"，转入武装反抗。

这一时期的工人运动也存在退却与进攻两种因素。

5月20日至26日，共产国际领导下的赤色职工国际在汉口召开太平洋劳动会议。中、苏、日、美、英、法、朝鲜、爪哇八个国家和地区的代表33人出席。中国代表团由中共代表瞿秋白，中华全国总工会代表苏兆征、刘少奇、李立三，湖北全省总工会代表项英、林育南，上海总工会代表郑复他，中国国民党代表陈公博等15人组成。会议由苏兆征主持，李立三作了关于中国职工运动的报告。会议通过"联合世界各工会，对中国时局加以援助"等多项决议。6月19日至29日，第四次全国劳动大会在汉口举行。到会代表 420 人，代表 290 余万有组织的工人。会议以"工农小资产阶级的革命联盟"为中心口号。通电称："誓与国民政府、国民革命军同生死、共患难，反对帝国主义者之武装干涉，反对反动派对于农工之屠杀及农工自由之限制，并绝对赞助农民获得土地之一切争斗。"①汪精卫和陈独秀参加了 28 日的会议。当日，代表临时提议：请国民政府禁止停止工农运动；明令朱培德恢复工农运动，迎回被迫离赣的政治工作人员；全体代表向国民政府请愿，立刻出兵讨蒋②。会议通过的《政治报告决议案》认为工农运动"过火"的说法是大资产阶级煽动小资产阶级的口号，必须坚决予以驳斥。但是，决议也表示，要"纠正过去非组织的行动"③。会议选举李立三、邓中夏、林育南、刘少奇、项英、苏兆征、向忠发等 35 人为中华全国总工会执行委员，陈为人等 20 人为候补委员，以苏兆征为委员长。

　　两次会议增加了武汉政府后期工人运动的声势和色彩，但是，它们都无法挽救已经形成的颓势。6 月 28 日，湖北省总工会发表声明："自动停止纠察武装，请政府保护，以示拥戴之诚意。"④6 月 29 日，国民党军占领全国总工会和湖北总工会机关。自此，武汉地区的工人运动逐渐被迫转入地下。

　　当时，不少人认为讨伐蒋介石是国民革命的唯一出路。7 月初，武汉地区各团体纷纷请愿，要求东征。武汉国民党中央党部门前再一次出现川流不息的游行队伍。7 月 3 日，华侨协会在武汉召开全体代表大会，推彭泽民为主席。会议决定呈请国民政府速下讨蒋令⑤。7 月 6 日，长江流域商民代表大会在汉口召开，至 15 日闭幕。出席湖北、湖

---

①　《中国第四次全国劳动大会主席团为大会开幕通电》，《晨报》，1927 年 6 月 30 日。

②　《第四次全国劳动大会秘书厅通报》，《晨报》，1927 年 7 月 8 日。

③　《中国工会历次代表大会文献》，工人出版社 1984 年版，第 244—245 页。

④　《汉口民国日报》，1927 年 7 月 3 日。

⑤　《汉口民国日报》，1927 年 7 月 5 日。

南、江西、四川四省代表 57 人,推经亨颐为主席。会议通过拥护三大政策、请求明令讨伐蒋介石等通电及"巩固工商联合战线"等议案①。

7 月 15 日至 20 日,全国学联在武汉举行第九次全国代表大会,出席代表 51 人。会议邀请汪精卫、孙科为名誉主席,但是,二人都已无到会兴趣。郭沫若在会上演说称:"在四面楚歌之中,此刻我们应当团结我们的力量,打出一条生路来。"②会议认为中国革命仍在高涨,号召一切革命力量团结起来,讨伐蒋介石,支持农村革命。同时,号召学生"到农村中去,到军队中去"③。这是北伐时期革命群众团体的最后一次代表会议。

7 月 30 起,武汉人力车工人连续罢工三日。向忠发企图在 8 月 1 日发动总罢工,未成。武汉国民党中央旋即派人接收湖北省总工会④。8 月初,汪精卫集团反共活动加剧,学总工作人员纷纷逃避。同月上旬,国民党中央青年部下令学总停止活动⑤。至此,北伐时期轰轰烈烈、叱咤风云的群众运动遂画上了休止符。

第六节　汪精卫集团分共与中共
发动武装起义

一　杨森、夏斗寅叛乱与武汉政府的平叛军事

"三三一"事件是刘湘决心公开反对革命的标志。4 月 4 日,刘湘致电武汉国民政府和蒋介石,声言:"联俄容共,虽为总理遗策,然宾主之间,固已明定界说;跨籍党员,亦有其应守之分际,今则喧宾夺主,渐

---

① 《汉口民国日报》,7 月 9 日、15 日。
② 《汉口民国日报》,1927 年 7 月 16 日。
③ 《汉口民国日报》,1927 年 7 月 17 日、21 日。
④ 《汉口民国日报》,1927 年 8 月 5 日。
⑤ 《汉口民国日报》,1927 年 8 月 12 日。

走极端。"他提出：以三民主义为依归,严定范围；一致拥护蒋介石①。8
日,川军将领在重庆召开军事会议,确定出兵进攻武汉,公推杨森为总
指挥。② 9日,刘湘、刘文辉、邓锡侯、杨森、刘成勋、赖心辉、田颂尧七
人联名通电,攻击国民党二届三中全会的各项决议："所谓提高党权者,
乃提高异党之权,而非提高本党之权。"电报同时攻击国民党四川省党
部,表示"必以自决之精神,作救党国之运动"③。至此,曾经竞相归入
北伐军麾下的四川军阀都亮出了反共旗帜。

"四一二"政变后,蒋介石本欲立即进兵武汉,但为江北的孙传芳、
张宗昌军所牵制,不得不先行渡江北击。于是,他便竭力怂恿西南军阀
进攻武汉,分别任命刘湘、周西成、邓锡侯为第五、第六、第七路总指挥,
杨森为第五路前敌总指挥。蒋介石默许杨森进入武汉后,控制汉阳兵
工厂。25日,刘湘密电蒋介石："闻钧座决心以武力制裁,川省亦公决
向鄂出兵,听候钧座调遣。"④5月4日,通电就第五路总指挥职。刘湘
的如意算盘是,以杨森为先锋,自万县出兵,同时联络邓锡侯、周西成、
由襄樊、湘西分道进兵,会师武汉⑤。但是,西南军阀矛盾重重,并不肯
按刘湘的指挥行事。只有杨森利令智昏,又受西山会议派石青阳、黄复
生、卢师谛等人鼓动⑥,在和刘湘谈妥条件之后,决定出兵,刘湘答应拨
兵5000人,接济饷款5万元。

蒋介石在南昌时,杨森即在当地派有常驻代表。5月2日,杨森所
派代表陈维新到南京,和蒋介石再度取得联系⑦。同时,杨军的政治部

---

① 《刘湘对党国之意见》,《申报》,1927年4月25日。

② 上海《民国日报》,1927年5月21日。

③ 上海《民国日报》,1927年5月3日。

④ 《殷汝耕转刘湘来电》,《蒋介石收各方电稿》,抄本。

⑤ 《殷汝耕转刘湘来电》,《蒋介石收各方电稿》。

⑥ 《杨森九十忆往》,台湾《传记文学》,第31卷第2期,第104页。

⑦ 《杨森代表赴宁》,上海《民国日报》,1927年5月3日。

主任段远谋也受蒋之命返川,面交蒋手谕及开拔费10万元①。5日,杨军自万县东下。8日,第七师范绍曾部突袭宜昌,驻军独立第十四师夏斗寅部不战而退,双方旋即达成反共协议,决定分由长江南北岸进军。9日,范部占领荆州、沙市。同日,杨森通电讨伐武汉政府②。25日,杨军占领仙桃镇,逼近汉阳。

继杨森之后,夏斗寅也公然叛乱。

夏斗寅原驻鄂北应山,自以为有功,一直觊觎军长职务,经常命令部下招兵,扩大编制。应山民众举行孙中山诞辰纪念时,夏斗寅读遗嘱至不能成句③。1927年初调驻宜昌,因仇视工农群众,并与唐生智有矛盾,通过蒋作宾与蒋介石发生联系,蒋要他协同反共。同时,旅沪、旅宁的部分鄂籍绅商也几次派人凑款,要夏举事④。4月底,何键、李品仙等密谋在汉口、长沙、宜昌等地同时反共,夏斗寅不仅应允参加,而且态度最为激烈⑤。杨森叛变后,夏斗寅即在沙市召集部将计议,决定一面致电武汉军事委员会请援,以便抽出武汉驻军,削弱防御能力;一面致电杨森,要求停止进攻,共同反共;又致电蒋介石,以占领武昌为信号,请何键、刘佐龙部在襄河沿岸和鄂东开始行动。会后,夏斗寅派参谋长蓝文蔚前往宜昌联络杨森⑥。

夏斗寅原计划在部队集中沙市后,乘长江水涨之势,偷越岳阳附近的城陵矶,然后在金口登陆,突袭武昌,但夏顾虑危险太大,改在嘉鱼登陆,以便进攻不成可以向鄂东撤退。5月13日,夏斗寅发表《讨共通电》,声称湖北地区"商叹于市,农怒于野,百业萧条,游民日众,四境骚

---

① 《杨森回忆录》(三),台湾《中外杂志》第13卷第6期,第80页。

② 《四川军阀史料》第4辑,第360页。

③ 《昨日三镇讨夏大会》,《汉口民国日报》,1927年5月20日。

④ 天津《益世报》,1927年5月25日。

⑤ 何键:《在马日铲共纪念会上的演词》,《大公报》,1933年5月23日;参见魏镇:《马日事变亲历记》,《文史资料选辑》第45辑,第20页。

⑥ 蓝文蔚:《我是怎样策动夏斗寅叛乱的》,《武汉文史资料》第15辑,第75页。

动,皇皇然如不可终日",是所谓"有史以来未有之奇变",通电说:"我父老昆季之环泣于斗寅等之左右者,亦几户限为穿。"①其实,夏斗寅的所谓"父老昆季",不过是被农民运动打击得丧魂落魄的地主和部分商人。14日,夏斗寅为了表示反共决心,枪杀了与自己有旧交的武汉政府代表任剑若。同日,夏军乘舟东下,由嘉鱼上岸,进占岳州,捣毁武昌至长沙间的铁轨。16日,进入咸宁,进逼武昌。一路解散党部,释放在押的土豪劣绅,屠杀农运工作人员,抢掠、奸淫,无所不为。

　　杨森、夏斗寅叛乱时,第二十五军周西成、袁祖铭残部、第四十三军李燊、吴佩孚残部于学忠、张联陞也纷纷蠢动,企图响应。其时,何键已经入豫,李品仙、刘佐龙等因不满杨森与于学忠、张联陞合作,又摸不清唐生智的态度,决定暂不介入②。

　　武汉政府对杨森、夏斗寅的叛变完全缺乏思想准备。4月9日,刘湘等发表反共通电后,武汉政府组织专门委员会,处理四川问题,成员有汪精卫、谭延闿、吴玉章、孙科等七人。18日,武汉政府根据吴玉章的提议,命杨森、刘文辉、邓锡侯等查办刘湘与赖心辉,同时任命高语罕为杨森的第二十军党代表及四川特派员。高在赴川途中,才发现杨森已经举兵。至于夏斗寅叛变,是在电讯不通经过调查后才得知的。当时,武汉政府的军队已经大部入豫,因此,风声鹤唳,浮言蜂起,武汉居民纷纷他迁,或避入租界。大批人拥向中央、中国、交通三银行挤兑,大小米店关门停业,不收政府纸币。

　　武汉政府一面调兵准备作战,一面企图对夏斗寅采取绥靖政策。邓演达召见包惠僧,要他去说服夏斗寅,应允将夏的队伍扩充成军③。5月15日,包惠僧衔命西上,行至嘉鱼时即被软禁。

　　面对严重形势,中共中央政治局召开紧急会议,蔡和森与李立三提

　　①　《夏斗寅出师讨共之通电》,上海《民国日报》,1927年5月22日。

　　②　参见《湖北清党促进会刘鸿逵报告》,南京中政会第一一一次会议记录。

　　③　《包惠僧回忆录》,人民出版社1983年版,第333页。

议,由第二十四师师长叶挺及中央军事政治学校全部武力迎击①。17日,李品仙宣布戒严,所有驻军及武装纠察队,均归节制。同日,国民政府接受中共中央建议,急派叶挺率所属七十二、七十五两团奔赴武昌南面的纸坊,阻遏夏军。武汉中央军事政治学校的学生也在恽代英倡议下,组成中央独立师。其第一团随叶挺赴前方作战,第二团卫戍武昌,女生则组织宣传救护队,随军活动,谢冰莹在此役中写作的《从军日记》曾轰动一时。

18日,武汉国民政府宣布夏斗寅“称兵谋叛,罪状昭著”,下令“褫职拿办”②。19日,武汉三镇召开讨夏大会,号召各阶层人民“认清我们在严重局面的责任,要一律武装起来,帮助革命的军队”③。武汉总工会也发出通告,号召工人武装,4小时之内,应征者即达千人左右。同时,湖北农协则供应军需,并为革命军担任运输、侦探、向导等工作。

19日晨,双方在纸坊遭遇,激战后夏军溃退。平叛军乘胜追至土地塘,包围夏军。夏军死力抵抗,叶挺亲临前线,枪决怯战士兵,传谕全军,如有临阵退缩者,以此为例。全军士气大振,夏军畏惧叶挺英名,闻风丧胆,平叛军夺回土地塘车站。21日,平叛军进抵咸宁。夏斗寅留函称:“本人并非反抗中央”,“完全是要驱逐武汉的赤化分子”,“希望武汉方面自己有觉悟,不使党成赤化”云云。同日,平叛军追过汀泗桥,武汉解严。

夏军最初向鄂东南的崇阳、通山溃退,其后经阳新、大冶,至黄石港偷渡长江,逃窜鄂东。溃退途中,继续捣毁党部、农协及人民团体,土匪、青红帮、地痞等闻风而起。在罗田,夏军将剪发妇女用绳索穿乳,游

---

① 蔡和森:《党的机会主义史》,《蔡和森的十二篇文章》,人民出版社1980年版,第74页。

② 《国民政府令》,《汉口民国日报》,1927年5月19日。

③ 《讨夏告民众书》,《汉口民国日报》,1927年5月19日。

行示众,又用刀剥削皮肉,擦以砂石,并曝晒石上,至死方罢①。6月10日,夏斗寅在蕲水接受蒋介石任命的新编第十军军长职务。其后,蒋介石并派朱怀冰前去劳军,命其由安徽太湖移防安庆。

平夏战斗取得胜利之后,武汉政府即着手解决杨森问题。5月25日,下令讨伐杨森,随即以程潜为总指挥,以第二军为主力,第六、第八军各出一部组成西征军,前往兜剿。29日,第二军鲁涤平部戴岳师与李云杰师进攻襄河杨军。6月4日,第六军占领天门。6日,杨部分三路自仙桃镇、潜江、天门进攻,拟截断京汉路,途中与西征军相遇,双方激战于仙桃镇。9日,杨军败退,其前敌总指挥范绍曾受重伤,杨森本人匆忙中拉了一条毛驴,仓皇逃命②。据报道,杨军所过之处,"十室十空,惨不忍睹"③。15日,西征军占领沙市。

正当杨森仙桃镇惨败之际,刘湘以出兵助战为名,派人率兵进驻万县,攫取杨部防地,企图拒杨于夔门之外。同时,唐生智也派代表到达成都,策动邓锡侯、刘文辉、田颂尧等乘机袭取重庆、万县④。一时,上川东战云密布。6月23日,刘湘电杨森告急。26日,杨森率范绍增及军部人员逃回万县,保住了下川东大部防地,但与重庆邻近的江北县已为刘湘所占。

二　马日事变

湖南农民运动的发展激起了城乡反动派的强烈仇恨。1927年5月21日,第三十五军三十三团团长许克祥在长沙发动叛乱,因为这一

---

①　《夏逆张部又扰罗田》,《汉口民国日报》,1927年6月4日;《白色恐怖下之罗田》,《汉口民国日报》,1927年6月6日。

②　程潜报告,《中国国民党中央执行委员会第二届常务委员会第十五次扩大会议速记录》,油印件;参见马宣伟、肖波:《杨森》,四川人民出版社1989版,第97页。

③　《沙市沙洋相继克复》,《汉口民国日报》,1927年6月17日。

④　《重庆刘湘来电》(1927年6月21日),《蒋介石收各方电稿》。

天的电报代号是"马",史称"马日事变"。

这年三四月间,第三十五军正在汉口整装待发,准备进军河南,不断有从湖南逃出的土豪劣绅向该军军长何键诉苦,参谋余湘三乘机进言:"非用大刀阔斧,不足以斩祸根。"[①]但何键顾虑唐生智反对,不敢轻举。5月初,余湘三返湘,串联驻长沙的许克祥,阴谋蠢动。12日,何键密派黄某,携款游说第八军师长张国威,要他以便衣枪兵团"剿灭共匪各机关,拘杀共匪首领",约定两湖同时并举。张国威以所属部队已开往湖北为理由,答以力不胜任。在此情况下,何曾考虑回师单干。他对李品仙说:"湖南已给共产分子闹得天翻地覆,如果不把他们铲除,我们自己的命也要被他们革掉了。"李品仙劝他忍耐一时,先赴河南作战,待回师后,三个军一致联合,向唐生智表示"清共的愿望和决心"。[②]李品仙并提出,届时他可以去找唐生智的法师顾和尚,要他一起请愿。5月13日,何键率军北上。

何键虽然北上了,但湖南的反动派仍在加紧准备。

5月21日晚,许克祥召集各营长及参谋人员举行秘密会议,宣布反共。夜12时,许团士兵分三组出发,进攻国民党湖南省党部、农民协会、湖南省总工会等机关团体。除郭亮、夏曦、滕代远、王基永等逃亡外,省农协牺牲10余人,省工会牺牲4人,党校牺牲2人,工人运动讲习所死伤6至7人。所有农工纠察队均被缴械,所有民众团体及党校机关均被抢掠一空,省特别法庭被捣毁,监狱人犯均被释放。至22日上午止,共封闭机构七十多个。当日,许克祥派蔡翊唐取道广东,向蒋介石报告事变经过。

同日,许克祥假惺惺地缮写报告,声称"于万分紧张的时机中,擅作紧急处置,未能事先请命,理应自请处分",请求湖南省主席张翼鹏转报

---

① 余湘三:《马日铲共之始末》,湖南《国民日报》,1930年5月21日。

② 《李品仙回忆录》,台北中外图书出版社1975年版,第81页。

唐生智。① 许并要求张出示安民，张当即照办，但许又认为张所出的布告"态度暧昧"；改用团部名义出示。在许克祥的压力下，湖南省政府致电武汉国民政府，攻击农民自卫军"授以武器，转成跋扈"，诬指共产党人"近复有命令全省自卫军集中近省各县，肆行屠杀之确耗"。电报声称：19日夜，省城纠察队分三路进攻第三十五军留守处；20日夜，分两路袭击兵工厂及第八军教导团；21日夜，纠察队分途进攻第四、第八、第十五、第三十五各军留守部队。明明是许克祥等猖狂进攻，屠杀革命人民，但是，在湖南省政府的电报中，却成了纠察队进攻军队，颠倒黑白，一至于此。② 次日，又致电武汉中央党部及驻马店唐生智等处，认为造成"马日事变"的原因在于"工农运动操之过激，忍无可忍，遂致酿成武装同志起而自决自卫"，要求"准予全体辞职，严重处分"。③ 24日，发表省政府布告："嗣后工农团体，务须严守革命纪律，不得有越轨行动，并应受各该当地县长之指挥监督，倘敢凭借团体鱼肉人民，一经查觉，轻则即予拿办，重则即行正法。"④在致部队、各县县长的电报中，更明确宣称："对于工农团体及其自卫队，务须严加监视，不为暴徒利用，倘有越轨行动，即当令同驻军及挨户团严加围剿。"⑤

许克祥发动叛乱时，靠的是武力。迟至24日，才成立起所谓湖南救党临时主席团，成员为许克祥、周荣光、李殿臣、王东原、张敬兮五人。许等随即通电称："现在钱荒、盐荒、米荒，到处见告，厘税、盐税概无收入，公私破产，救济乏术"，同时宣布"幡然改图"的四条方针，其一为："本合作之精神，使农工商为平均之发展，亲密之联合，不蹈畸轻畸重，相倾相轧之覆辙。凡从前未经政府核准之捕押，一律释放；未经政府核

---

① 许克祥：《马日铲共回忆录》，台北中央文物供应社1956年版。

② 《湖南省政府养电》，《湖南省政府公报》第44期。

③ 《湖南省政府养电》，《湖南省政府公报》第44期。

④ 《湖南省政府布告》，《湖南省政府公报》第44期。

⑤ 《湖南省政府敬电》，《湖南省政府公报》第44期。

准之没收，一律发还。"①27 日，召开所谓救党扩大联席会议，到会二百余人。由张翼鹏、许克祥报告事变经过，诬称共产党人拟于"五卅"运动之日举行大屠杀，并抢劫军队枪支。会议决定成立救党委员会，领导省政，推定唐生智、张翼鹏、萧翼鲲、彭国钧、许克祥、周荣光、李殿臣、王东原、陈其祥、张敬尧、仇鳌等 15 人为委员。负责拟定"全省清党、组党一切办法"。会议作出的其他决议还有："取缔暴徒分子大本营的各学校"，请政府明令悬赏通缉暴徒首领，格杀勿论，私藏暴徒首领者同罪等②。会上，许克祥提出，鲍罗廷等已于昨日下午到达岳州，他们"为武汉政府所派，不啻就是共产匪党的代表，应在铲除之列"。当时，一致决定将鲍罗廷就地枪决，张翼鹏未表态，其余各人均表示赞成，许克祥并要有跨党嫌疑的仇鳌主稿，张翼鹏领衔。仇、张二人处于被包围的状况下，只好照办③。29 日，救党委员会发表就职通电，诬称："三湘七泽，已成群魔乱舞之场；城市乡村，尽陷鸡犬不宁之境"，宣布要厉行清党运动，"彻底开除冒牌的国民党员"④。

　　马日事变的消息迅速传到了河南和武汉。

　　何键本是事变的策划者，但却装作并不知情。他一面通电指责两湖农民运动令"军中不安"，要求拿办乘机捣乱后方的"暴徒"，以期从舆论上配合事变，对唐生智和武汉国民政府施加压力，一面则自誓"效忠党国"，"至诚服膺"总理主义及三大政策，力图掩盖自己和事变的关系，以便待机一逞⑤。

　　唐生智的最初反应是：电告武汉国民党中央，建议派员赴湘疏解；派政治部主任彭泽湘回汉口，向中共中央请示办法；同时致电张翼鹏，

①　《长沙之救党大运动》，《广州民国日报》，1927 年 6 月 5 日。

②　《救党委员会之组织》，《广州民国日报》，1927 年 6 月 9 日。

③　许克祥：《马日铲共回忆录》。

④　《湖南救党委员会唐生智等通电就职》，上海《民国日报》，1927 年 6 月 8 日。

⑤　《何军长漾电》，《湖南省政府公报》第 44 期；《何军长通电》，《汉口民国日报》，1927 年 6 月 12 日。

要求他打消辞意,妥筹善后,其办法为:一、长沙各军统归张翼鹏指挥,维护治安,非有命令,不得有任何举动;二、召集军官会议,由各部队联合张贴拥护三大政策等标语。三、饬令各部队照标语意旨切实执行,收缴枪支,一律发还①。26 日,唐生智电告张翼鹏,决定派叶琪、周斓两副军长克日返湘,要张"以刚毅不挠之态度镇慑一切"②。此后,他多次发表谈话,声称"反共产就是反革命"。"本军拥护总理农工政策到底,决不会压迫农工群众。现在派员查办长沙事件,对受蒋逆运动的军官,决不宽容"③。但后来的事实证明,唐生智的这些训话不过是唱高调。他的实际处理与此大相径庭。

　　武汉国民政府接到唐生智等的有关电报后,于 24 日夜电告长沙,要求军队维持治安,同时要求农工纠察队严守秩序,不得报复。25 日晨,政治委员会主席团决定派谭平山、陈公博、彭泽湘、周鳌山、邓绍汾五人组织特别委员会,代表中央驰往查办。汪精卫要他们"谋一个根本的解决","对于民众既得的利益,要加以保障;过度的行为,须加以制裁"④。26 日,特别委员及鲍罗廷出发。27 日,国民党中央委员会根据陈独秀的意见发表训令,要求消除误会,纠正错误,杜绝反革命的挑拨离间,各团体及个人间如有纠纷,应向党部及政府陈述意见,"不得各逞愤怒,轻启衅端"⑤。同日,鲍罗廷等一行抵达岳州,随即得知许克祥要求军方枪决鲍罗廷等人的消息,不得不中止赴湘,返回武汉,特别委员会的任务就这样结束了。

---

　　① 《唐生智致湖南省政府电》,《汉口民国日报》,1927 年 5 月 25 日。

　　② 《唐生智电》,《申报》,1927 年 6 月 4 日。

　　③ 《唐生智在西平对将士及政治工作人员之训话》,《汉口民国日报》,1927 年 5 月 31 日;《唐生智在郑州召集军官讲话》,《汉口民国日报》,1927 年 6 月 7 日。

　　④ 《中政会第二十四次会议速记录》,《中国国民党第一、二次全国代表大会会议史料》,第 1203 页。

　　⑤ 《中央执委会沁电》,《湖南省政府公报》第 44 期;参见《中共中央常委会第十二次会议记录》,1927 年 5 月 27 日。

　　夏斗寅事变发生后，中共湖南省委曾指示各县，农民自卫军遇到攻击时，须予以抵抗。5月20日晚，省委会议决定，夏曦、李维汉、郭亮等几个公开负责人分路转移，另立秘密临时省委。次日，推郭亮代理省委书记。事变后，郭亮、柳直荀等决定组织中国国民党湖南工农义勇队进攻长沙，反击许克祥。不久，听到武汉国民党中央派人到湘调查，并解释误会，认为"不可暴动，破了面子，将来难于修复"，又决定停止进攻①。5月31日，浏阳农民自卫军因未接到新指示，仍按原计划扑城，但旋即失败。

　　同日，汪精卫、谭延闿致电张翼鹏，声称："湘省农工运动幼稚失当，中央早思制裁"，"对于此次军队与农工纠察队冲突，亦能谅解。从此统一党的威权，对于农工运动加以严格训练、取缔，未始非湘省前途之福"，实际上对马日事变表示容许和肯定②。电报宣布派第三十六军副军长周斓前来宣慰军队，要张发电表示欢迎。6月3日，武汉国民党中常会召开第十四次扩大会议，听取陈公博代表特别委员会所作报告，会议决定：一、湖南省政府暂维现状，由中央体察情形，决定改组办法；二、湖南省党部及农民协会、省工会均应改组；三、长（沙）、岳（阳）一切部队归周斓指挥；四、军队及农民武装团体均应即行停止军事活动，各部队之进止须听周斓指挥，各农工武装团体应回原地，两方均绝对不得有寻仇报复举动；五、其他一切事宜均归特别委员会办理③。

　　6月6日，周斓随带军队一团抵达长沙，在欢迎宴会上，周斓表示："湘省农工运动不良，原属无可讳言，以致前方武装同志及一般均感受极端不安状态。"他说："对方如仍抗命啸聚，不服中央处理，则惟有严切剿办。"④7日，召开军事联席会议，许克祥等参加，决定各级党部及农

---

　　①　柳直荀：《湖南马日事变之回忆》，《布尔什维克》第20期。

　　②　《中央汪、谭两主席电》，《湖南省政府公报》第44期。

　　③　《中国国民党中央执行委员会第二届常务委员会第十四次扩大会议速记录》，油印件。

　　④　《长沙军工冲突事件》，《晨报》，1927年6月20日。

工团体一概停止活动；各地聚集农工全体解散，各归原地①。

6月13日，武汉国民政府军事委员会讨论，决定对湖南事件不用武力解决，唐生智并表示愿亲自到长沙一行，以和平的方法改组农协，实行农政部所提出的乡村自治条例。军事委员会决定，责成唐生智全权办理此案。当日召开政治委员会第二十八次会议，湖南请愿代表团报告了事变情况，对中央还没有下令讨伐许克祥表示失望。汪精卫冷冰冰地表示："悲愤之余，还是要用慎重的手段。"②由于张翼鹏已于6月7日致电唐生智辞职，因此，会议决定以周斓代理湖南省主席及军事厅长。

当日，湖南请愿代表团三百余人整队到中央党部请愿。6月15日，再次向唐生智请愿。唐表示："绝不能以农工运动发生幼稚行动，对整个的农工运动发生怀疑，我们对于总理之三大政策，应始终拥护。"他并称："许克祥未奉长官命令，擅行屠杀革命民众，不但违反党纪，并且违反军纪。"③18日，唐生智致电湖南，要求所有驻湘部队悉听周斓指挥，"内清奸党，外御寇贼"④。同日，三十五军军长叶琪受唐生智之命回省，催促周斓就职，他表示："唐总指挥前在河南，对于湘民如何痛苦，暴徒如何挟持，均已明了。"并称："湖南马日事变，因暴徒分子肆意蹂躏，武装同志忍无可忍，起而自决自卫，唐总指挥已极谅解。"又说："从前农工团体组织不好，不能因噎废食，仍然一律恢复，不过改良组织，注意人选。"还说："西皮分子在湘，至多不过二三百人。以最少数人行动，使湖南三千万人备受痛苦，实为不平，唐总指挥决心改正。"⑤同日下午，周斓就职。他说："此后执行职务，自当遵守中央命令及唐总指挥意

①　《讨共军包围中之湖南》，《晨报》1927年6月22日。

②　《中国国民党中央执行委员会政治委员会第二十八次会议速记录》，《中国国民党第一、二次全国代表大会会议史料》，第1235页。

③　《唐生智对湘请愿代表周表示许克祥背叛党纪军纪》，《汉口民国日报》，1927年6月27日。

④　《右倾中之湘省新局面》，《晨报》，1927年7月1日。

⑤　《右倾中之湘省新局面》，《晨报》，1927年7月1日。

思,中央命令如有不合湖南情形,必定拼命去请求改善变更。"①叶琪也散布,唐生智绝无惩戒许克祥之意,相反,却嘉奖许的"大无畏精神"。20日,唐生智致电许克祥,声言:"士兵起而自卫,自是正当,该副师长秉性忠直,因知实有苦衷"云云②。其间,唐并致电周斓与叶琪,声称:"容共虽为本党政策之一,不可遽行抛弃,但湘省党部改组,决不使共派参加。"③

6月17日,中共中央政治局常委会议。蔡和森提出,湖南问题"静候政府解决无出路",等候唐生智也一样,"要用自己的力量来解决"。周恩来提出在湖南举行暴动,集中力量攻下反动势力薄弱的城池,在反动势力强的地方则"到各乡打土豪劣绅,在可能范围内成立乡村自治之临时委员会"④。陈独秀同意这一计划,并表示经费问题已可解决。会议决定派周恩来、邓中夏先后赴湘。但是,由于共产国际代表反对,这一计划未能实行。

6月26日,唐生智抵达长沙,随即公然改变既往态度,致电武汉国民党中央说:"工农运动领导失人,堤流溃决,迭呈恐怖","留省军人目睹恶化,身受压迫,乃作自决自卫之谋。"他提出:"党部及各民众团体停止活动,听候改组",对许克祥,则表示系"激于义愤,实误触纪律","请从轻记过一次,留营效力"⑤。电报到达武汉中央后,于右任曾表示,对许克祥未免处置得太轻了,但汪精卫表示,只要唐生智"能镇压下去,可以照准"⑥。唐生智未到长沙前,救党会曾决定,无论如何,不能动摇,但唐生智一到长沙,救党会即作鸟兽散。27日,湖南省党部、市党部、

---

① 《右倾中之湘省新局面》,《晨报》,1927年7月1日。

② 《湘人讴歌什么》,《晨报》,1972年7月6日。

③ 《湘人讴歌什么》,《晨报》,1972年7月6日。

④ 《中共中央常委会第二十四次会议记录》。

⑤ 司马璐:《1927年的国共分家》,香港自联出版社1977年版。

⑥ 《中国国民党中央执行委员会政治委员会第三十二次会议速记录》,《中国国民党第一、二次全国代表大会会议史料》,第1281页。

省学联、省农协以及各工会在城厢散发传单，主张恢复事变前的革命状态，严办许克祥，唐生智下令从严究办，28日，曹树生等四人被枪决。周斓布告称："倘再有前此事情发生，则为有心扰乱后方安宁秩序，一经拿获，无论首从，定予军法从事。"①

6月29日，武汉国民党中央政治委员会批准唐生智的意见，任命周斓、刘兴、赵墨农、冯天柱、李荣植、黄士衡、谢晓钟、曹伯闻、唐生智为湖南省政府委员，唐生智为主席，同时任命周斓、李荣植、雷孟强、李毓尧、曹伯闻、黄贞元、尹松乔、冯天柱、唐生智九人为湖南省党部委员。随后，唐生智召开湖南省党部成立会，自述态度变化经过，声称自回湖南之后，"各方面调查考察，才晓得是全体民众不安，军队不能不起来解除全民众之痛苦"。他说："湖南以前种种惨劫，完全是湖南的共产党所造成。"他同时要求在军队中做政治工作的共产党人"自行报明"，否则，一经查出，一定加以严厉处分②。

许克祥与周斓有旧交，在周返湘之初，曾到周家探询来意，不得要领，随即潜赴湘潭，不久又率军移驻湘乡。唐生智到长沙时，派叶琪带亲笔信到湘乡见许，要他赶回长沙，共商"军国大计"，但许托病坚辞。唐生智回武汉后，下令将许团改为第二师第九团，任命许为该师副师长兼团长，限一星期内开到宝庆，听候改编。其时，许克祥接到蔡翊唐从广东来电，说是蒋介石对马日行动"极表关切"，委任许为独立第二师师长。7月初，许克祥率部队转移湘桂交界的酃县（今炎陵县）③。

三　江西遣送共产党人

"四一二"政变前后，江西政局变化剧烈。

---

① 《湘省共产党又遭迫害》，《申报》，1927年7月5日。
② 《唐生智在湖南省政府纪念周演词》，《湖南省政府公报》1927年7月5日。
③ 许克祥：《马日铲共回忆录》。

　　蒋介石离开南昌使右派失去靠山。3月20日,国民党中常会第三次扩大会议议决,派刘一峰、李松风、邓鹤鸣、傅惠忠、黄实、方志敏、王枕心、李尚庸八人为改组江西省党部筹备员,筹备改选,代行省党部职权。同日,武汉国民政府免去李烈钧等人的江西省政府委员职务。30日,任命朱培德、杨赓笙、姜济寰、张国焘等人为委员,以朱培德为主席。这样,就建立起以左派为核心的政权。中共江西省委根据这一形势,决定对反共组织AB团进行一次打击。在与国民党左派首领商讨后,取得一致意见。

　　右派感觉身陷险境。3月下旬,程天放赶赴安庆,向蒋介石报告,建议迅速决策,与共产党分家。蒋介石认为时机还不成熟,要程暂时忍耐。程天放无奈,于月底回到南昌①。

　　4月1日夜,省总工会、省农会、省学联、军官教育团的代表方志敏等人集会,决定举行大规模的示威。次日,南昌各界召开反AB团大会。会后,组成2000人的队伍,由共青团省委书记袁玉冰和省委组织部林修杰指挥,冲击右派江西省党部,将其捣毁。随后,又去程天放、罗时实、曾华英等七名首要分子处,将其抓获。各民众团体随即发表宣言,认为这是"用革命手段来制裁反革命分子的一日"②。

　　4月3日,南昌市各界群众三万余人集会欢迎朱培德改组江西省政府及中央特派员改组省党部。会上,斗争了程天放、罗时实等人。当工人纠察队将他们押入会场时,"打倒反革命,枪决反革命"的口号声大起,程天放吓得跪在台上求饶。会后,举行示威游行,程天放等被押着游街。

　　除程天放等人之外,段锡朋于4日化装潜逃,辗转到达南京。李烈钧也于同日逃往上饶,在当地另立江西省政府。

　　"四三"事件使江西的右派受到了一次致命的打击,但是,左派的内

---

① 《程天放早年回忆录》,台北1968年版,第73—74页。

② 《南昌民众党部之大争潮》,《申报》,1927年4月12日。

部也存在着隐患。

宁汉对立期间,朱培德虽站在武汉方面,仍和蒋介石集团保持联系,并力图做调人,双方信使不断。

"四一二"政变后,蒋介石即致电朱培德,"劝他不可自毁历史",并要他负责保护程天放等人①。胡汉民也致书称:"国民党须提高本身的党权,而不应任人操纵,任人支配,且任人捣乱、破坏。"②5月1日,朱培德致电蒋介石,告以武汉国民政府所辖第四、第八、第十一各军集中河南驻马店,已由京汉线北进;冯玉祥进驻洛阳,预料黄河南岸不难肃清,倘宁方军队同时进军江北,则会师幽燕,为期不远。朱并通知蒋,已派处长刘体乾为代表赴宁③。与此同时,蒋介石也派雷光藩到赣,在雷的斡旋下,朱培德电邀李宗仁来赣会晤。

5月12日,李宗仁自芜湖到达湖口,双方在船上见面,一直谈到14日。会谈中,李宗仁声称,武汉的行动并不是要真正的北伐,乃是要讨伐长江下游④。但他表示:"南京国府已立,欲罢不能。目下当务之急,不是辨是非,而是解决实际问题,如何避免宁汉双方之军事火并,然后再缓图彻底解决。"他建议:宁汉双方承认既成事实,将错就错,暂时相安","津浦、京汉两线分路同时北伐,直捣燕京,内部问题,缓图解决"⑤。朱培德则声称:一、根本与共产党不能合作,惟须避免激烈举动;二、目前双方均受敌人压迫,彼此应努力击破奉鲁军后,再将两湖共派妥为解决。他担心蒋介石的军队自广东、福建方面进攻江西,因此提出:"为使汉方全力向奉军作战起见,盼粤、闽部队切勿入赣,以免入豫军心摇动⑥。他并称:目前军事紧张,如果粤,闽军队向江西前进,汉方

---

① 《程天放早年回忆录》,第 76 页。
② 《胡主席致朱培德函》,上海《民国日报》,1927 年 5 月 25 日。
③ 《九江朱培德冬日来电》,《蒋介石收各方电稿》,抄本。
④ 《中国国民党中央执行委员会政治委员会第二十一次会议速记录》,油印件
⑤ 《李宗仁回忆录》,第 468—496 页。
⑥ 《芜湖李宗仁来电》,《蒋介石收各方电稿》。

必定铤而走险,回兵进扰两粤,势必两败俱伤。他不忍置大敌不顾,互相残杀,只能率队回滇。李宗仁同意朱培德的意见,双方协议:"上下游军队均一致北伐,后方则中止军事行动,以免误会自残。"①5月16日,李宗仁致电蒋介石,建议将入赣之兵撤回粤、闽边界,避免和朱培德冲突②。

蒋介石接到李宗仁的电报后,复电朱培德,要求得到武汉国民政府的保证。于是,朱培德即派人往武汉劝说,其主要精神为:"内部一经发生军事行动,无论如何必致使已倒之军阀复兴,而革命同志非同归于尽不可。"③武汉国民政府领导人的态度是:"不打到北京,不谈政治。"④这样,宁汉双方就在事实上达成了默契,将彼此的分歧搁置起来,先行北伐。5月20日,朱培德派刘体乾、杨冰、厉式鼎三人随雷光藩赴宁报告。他并建议,刘驻宁,雷驻赣。

朱培德一面和李宗仁、蒋介石联系,一面积极贯彻武汉国民政府的"退却"与"和缓"措施,并筹划"分共"。

5月4日,陈其瑗到达南昌,召开一系列会议,宣布武汉政府新的外交、经济政策。同时决定暂缓开展收回教育权运动,暂缓执行程天放的死刑,组织工商联欢会,提出"打倒劣绅,保护正绅"等口号⑤。17日,朱培德在南昌召开省党部、省政府联席会议,议决八条:不准非法捕人;严禁妨碍工人运动;不准自由没收财产;保护庙宇;保护正绅;保护外人生命财产;信仰自由;非法杀人抵罪⑥。20日,国民党江西省第三次全省代表大会开幕。中央特派员李松风、

---

① 《南昌朱培德来电》(1927年5月20日),《蒋介石收各方电稿》。
② 《芜湖李宗仁来电》(1927年5月20日),《蒋介石收各方电稿》。
③ 《南昌朱培德来电》(1927年5月20日),《蒋介石收各方电稿》。
④ 《南昌朱培德来电》(1927年5月20日),《蒋介石收各方电稿》。
⑤ 《中国国民党中央执行委员会政治委员会第二十次会议速记录》,《中国国民党第一、二次全国代表大会会议史料》,第1145—1148页。
⑥ 《江西之革命纪律》,《汉口民国日报》,1927年5月20日。

李尚庸,省政府主席代表朱克靖,委员刘一峰,中国共产党江西区执行委员刘九峰,全省工农商学团体代表方志敏等三百余人出席。会议决定组织人民审判委员会,负责处理 AB 团反革命案件。会议提出的口号有"三民主义与共产主义合作万岁"等①。29 日,会议闭幕。

国民党江西省第三次代表大会仍然是左派的胜利。但是,也就在这一天,朱培德以召开全军政治工会议为名,请全体政治工作人员去谈话。朱培德不出面,由第三军参谋长代表,说是江西军队中的武装同志和做政治工作的几位人员发生了一点意见,请那几位暂时离开江西,以免引起不好的后果。会上,有人表示,要走大家走,要留大家留,成为僵局②。当夜,驻南昌的第三军第七、第九两个师忽然连夜出动,撕毁各处革命标语,代以"欢送共产党离赣"、"凡共产党员请赶快离赣,免得费力"等口号。30 日,第三军全部政治工作人员 142 名被遣送出境。

同日,武汉国民政府任命朱培德、黄实、陈其瑗三人组织江西特别委员会,以朱培德为主席。

走出第一步以后就是第二步。6 月 5 日,朱培德下令释放程天放等人。同时,继续遣送省、市党部及农工左派代表人物刘一峰等 20 人,并且出动军警,查封江西省总工会、市党部、学生会、农民协会、《贯彻日报》、《民国日报》等处。6 日,朱培德布告称:凡共产党员应完全退出,个人之身体财产,政府当负责保护;省内一切农工运动着暂时自行停止,听候中央指导;各民众团体及民众对于共产党及农工运动之人,不得寻仇报复,有胁迫强暴行为,并不得轻以共产党员名目诬陷他人,违者以军法从事③。9 日,朱培德致电何应钦,声称赣省不动声色,已勒令共产党出境,以后政治问题当易解决。电文表示,欢迎何应钦所派参

---

　　①　《江西第三次全国代表大会》,《汉口民国日报》,1927 年 6 月 2 日。

　　②　《中国国民党中央执行委员会政治委员会第二十八次会议速记录》,《中国国民党第一、二次全国代表大会会议史料》,第 1236 页。

　　③　《韶州钱大钧来电》,《蒋介石收各方电稿》;参见《蔡熙盛电告朱培德肃清江西共党》,《广州民国日报》,1927 年 6 月 15 日。

谋潘某来赣①。10 日，再电李宗仁等，声称郑州、徐州相继攻克，为大局计，建议宁汉双方"宜并力一向，乘胜逐北，荡取燕京"；关于党内纠纷，朱培德表示，"尽力由政治上从容解决"，"共产分子完全退去本党"，"但使两方意见得以和衷商榷，武汉方面似乎无成见可言"②。

　　朱培德遣送共产党人出境之后，担心共产党人会以"暴动"来反对他，因此竭力说明："农工运动系本党重要政策之一，暂时停止系欲于方法上有所改善，不久中央即有方针指示，仍当积极进行，切不可误会为反对农工运动。"又称："本人绝对拥护中央，誓与武汉国民政府同生死，共存亡。蒋逆摧残农工运动，非打倒不可。"③6 月 7 日，朱培德致电武汉中央，要求迅派党务及农工下层人员 40 名赴赣指导一切，同时要求派陈公博、何香凝、朱霁青三人赴赣处理善后。他主动采取措施，安定人心。6 月 13 日，他一面下令恢复农工活动，撤走驻守农会、工会的军队，一面向武汉政府请辞特别委员会主席一职。武汉政府赞许朱培德在江西的行为，陈其瑗向武汉中央报告说，朱培德"为人很忠实"，"这次的事件，是他苦心孤诣在为大局着想，不然，江西会闹得长沙一样"④。武汉国民政府决定慰留朱培德，并派陈公博赴赣指导党务。当时，全国总工会准备对江西政局有所表示，武汉政府决定制止。18 日，朱培德派黄实到汉口，会见被遣送的第七、第九三师的政治部主任，表示歉意，声称"他一生就是这一次做出了这样对不住人的事"，"真是吃了屎啦，请几位多多原谅"，"要他们重回江西帮忙"⑤。7 月 7 日，何应钦密报蒋介石："共产分子仍在浔大活动"，"拥护三大政策及打倒新军阀等标

---

　　①　《朱培德实行清共》，《广州民国日报》，1927 年 6 月 18 日。

　　②　《徐州李宗仁来电》，1927 年 7 月 3 日，《蒋介石收各方电稿》。

　　③　《朱总指挥最近之演说》，《汉口民国日报》，1927 年 6 月 17 日。

　　④　《中国国民党中央执行委员会政治委员会第二十八次会议速记录》，《中国国民党第一、二次全国代表大会会议史料》，第 1237 页。

　　⑤　梅原：《朱培德对政治工作的欢迎欢送》，《文史资料选辑》第 45 辑，第 66—67 页。

语随处皆有"①。

7月8日,南昌总工会代表大会决议恢复江西全省总工会和南昌市总工会。尽管形势险恶,但江西群众仍在不屈不挠地进行着斗争。

四　郑州会议、徐州会议与蒋冯合作

宁汉对峙,冯玉祥成为举足轻重的力量,双方都竭力拉拢他。

冯的基本态度是调和宁汉,共同北伐。他认为:"目前正是军事紧急时期,我们的唯一目标就是打倒军阀,完成国民革命,所有力量,都当集中于此,不容分化。"②当时,唐生智在冯部的代表汪某主张"倒蒋",潼关一带贴满"倒蒋"标语,冯对此均不赞成,质问说:"你们昨天还是拥护蒋总司令,今日忽又翻脸要打倒他,究竟是什么道理?""你们打倒他去,我还是照常干我的。"③5月31日,毛以亨到潼关。毛携有蒋介石及蔡元培、吴稚晖、李石曾等人亲笔函件,内称:"经济一端,极愿于此克复江浙之时,竭力救济。"④见冯后,毛称:蒋允每月接济50万元。冯当即表示:蒋介石是"始终合作之革命同志,不受任何方面所转移",希望蒋"早复徐州,俾陇海可以联络"⑤。

武汉政府不了解冯蒋联系的情况,急于拉冯反蒋。当时,唐生智一再电请"负责同志赴前方指导政治军事"⑥,6月5日,武汉国民党中央决定移樽就教,派汪精卫、徐谦、谭延闿、顾孟馀、孙科等政治委员会主席团到郑州与冯会商,并先期派邓演达到潼关相迎。

①　《扬州何应钦麻日来电》,《蒋介石收各方电稿》。
②　冯玉祥:《我的生活》(下),第554页。
③　冯玉祥:《我的生活》(下),第554页。
④　《南京中政会第七十五次会议记录》,1927年4月19日。
⑤　《潼关毛以亨来电》(1927年6月3日),《蒋介石收各方电稿》,抄本;参见毛以亨:《俄蒙回忆录》,香港亚洲出版社有限公司1954年版,第244页。
⑥　《中国国民党中央执行委员会政治委员会第二十次会议速记录》。

邓演达到潼关后,冯即召集会议,邓演达通报武汉政府的意见,大意有三方面:一、蒋介石叛变和蒋叛变后的形势;二、郑州会议的时间与内容,包括团结革命力量讨伐蒋介石等;三、国民革命军第二集团军的饷项装备问题。冯对前两个问题不感兴趣,对第三个问题"发言特多","几乎到了大发雷霆的地步"①。6月9日,冯玉祥抵达郑州,汪精卫、徐谦等均到站迎接,头、二等车厢均不见冯氏踪影,正狐疑间,出现了下列颇有戏剧性的场面:

> 忽然看到铁篷车内,钻出一个大汉,军服褴褛地扛着一把雨伞和一个军用水壶,招呼汪、徐等说:"我在这里,我在这里。"大家一看,原来就是冯氏②。

郑州会议于6月10日举行,参加者除前述汪精卫等人及冯玉祥外,武汉方面有于树德、王法勤、邓演达、唐生智等,西北方面有于右任、鹿钟麟等。

会议首由谭延闿致词,赞扬冯打出潼关,对于加速北伐的进展起了很大作用,希望冯"今后在军事上对北方担起更大的责任"。汪精卫继称:"蒋介石要把党和政府放在他的军事控制之下,这是我们所反对的。"③冯玉祥对反蒋仍不表态,仅称:万不可分散革命力量,授敌以离间我之机会④。会议决定:一、河南全省及陕甘两省均为冯玉祥防地,豫东、豫北之敌由其肃清,唐生智等部回师武汉,巩固后方。二、成立河南、陕西、甘肃三省政府委员会,分别以冯玉祥、于右任、刘郁芬为主席。三、撤销原北京、西安政治分会,成立开封分会,以冯玉祥、于右任、徐谦、顾孟馀、王法勤、于树德、鹿钟麟、薛笃弼及原西安分会委员刘伯坚、郭春涛、杨明轩等为委员,冯玉祥任主席。四、第二集团军改编为七个

---

① 马文彦口述:《回忆潼关会议》,陕西政协文史资料未刊稿。
② 宣侠父:《西北远征记》,文史资料出版社1981年版,第174页。
③ 刘骥:《南行使命》,《文史资料选辑》第4辑,第71页。
④ 《郑州冯玉祥来电》(1927年6月10日),《蒋介石收各方电稿》。

方面军,以孙元良、靳云鹗、方振武、宋哲元、岳维峻、于右任、刘郁芬分任总指挥①。至此,冯玉祥不仅掌握了河南、陕西、甘肃三省的党政实权,而且部队已发展至四五十万人,成为当时最大的军事力量。

会议期间,汪精卫等人和冯玉祥谈过两湖情况,认为"许多方面,看不下去","以商业一项来说,就有百业俱废的趋势"。徐谦、孙科二人说,他们曾在衣铺定做两套衣服,过了约期,老是取不到手,质问老板,老板说:我们现在都是处在打而不倒的境地,工人每天出去游行示威,工作连天地停顿着。何键则称:湖南"糟成一团","兵们带了 3 元、5元、或 10 元、20 元回到家乡,当地农民协会就要对之收税,甚至加以拘禁"②。汪精卫等人所说的情况极大地影响了冯玉祥。在陕西时,冯就对群众运动中的一些"幼稚"做法不满,这时就进一步发展为恶感了。

郑州会议只开了两天,汪精卫等即接到朱培德电报,声称蒋介石要窥取江西。6 月 12 日,汪精卫等草草结束会议,留徐谦、顾孟馀在汴指导政治,其他人均匆匆返汉③。

会议过程中,冯玉祥曾告诉汪精卫,蒋介石给他打过几次电报,劝他不要出兵,待第四方面军歼灭河南奉军之后,再会师中原。冯并称,有许多人劝他同蒋介石合作,他都一笑置之,收到那些电报之后,越发觉得蒋介石是"狼心狗肺,不齿于人类之东西了"④。然而,事实是,郑州会议开幕的当天,冯玉祥就给蒋介石打过一个电报,建议迅速攻下济南,使黄河南岸俱无敌踪。电称:"上游方面决不与我兄为难,弟可负其全责也。"⑤郑州会议甫一结束,冯玉祥又立即派毛以亨赴徐州,与李宗仁、白崇禧商量和蒋介石会见问题。16 日,冯玉祥再电蒋介石:"专候

---

① 《中国国民党中央执行委员会政治委员会第二十八次会议速记录》,《中国国民党第一、二次全国代表大会会议史料》,第 1230—1231 页。

② 冯玉祥:《我的生活》,第 557—558 页。

③ 《中国国民党第一、二次全国代表大会史料》,第 1232 页。

④ 《中国国民党第一、二次全国代表大会史料》,第 1230 页。

⑤ 《郑州冯玉祥来电》(1927 年 6 月 10 日),《蒋介石收各方电稿》。

我兄晤谈种切,未知大驾现到何处,请即飞电指示,以便早日趋候,面倾渴想。"①17日,蒋介石偕李鸣钟、方本仁由南京抵达徐州。同日,冯玉祥三电蒋介石,声言即来徐州,接洽北伐,表示将和阎锡山联络奋斗,"均惟吾兄马首是瞻"②。为了保密,他精心设计了行车计划:先命铁路局备车往西,及至车头发动,突然下令东行。

蒋介石接到冯玉祥来徐的电报后,即派方本仁、何成濬等西上迎冯。19日晨,蒋介石又亲率在徐将领专车西上,到徐州前一站——郝寨迎接。"一时冠盖如云,仪仗队,军乐队器械鲜明,金光灿烂,大家屏息以待",于是,再次演出了与郑州类似的戏剧性场面。布衣、敝履、腰束布带的冯总司令与革履佩剑、光彩耀目的欢迎人群形成了鲜明的对比③。蒋的远迎使冯备受感动。他觉得蒋介石"地位甚高,而犹如此谦下,如此周到,真是从学养中来"④。冯玉祥即在车站演说:"西北军整个加入革命,一致北伐,极愿与蒋合作,共同奋斗,以达到打倒军阀及帝国主义者之目的。"⑤当夜,蒋介石为冯玉祥接风,冯在答词中又说:"曾忆张作霖攻南口时有言:勿使南北两赤结合;勿令冯蒋携手。今吾等竟得以结合而又携手,北伐之胜利可预卜矣!"⑥

徐州会议的日程极为紧张。20日晨5时,冯玉祥即赴蒋介石行营与蒋及李宗仁、白崇禧等会谈。下午,冯玉祥与李烈钧谈话,建议:一、联晋制奉,援助阎锡山,牵制奉张;二、消除内部隔阂,宁汉两方,宜集中势力,乘胜北伐,使敌不得休息。夜10时,召开第一次特别会议,出席者有张静江、蒋介石、胡汉民、黄绍竑、李宗仁、白崇禧、李鸣钟、何其巩、

①　《冯到徐前致蒋总司令电》,上海《民国日报》,1927年6月23日。
②　《冯到徐前致蒋总司令电》,上海《民国日报》,1927年6月23日。
③　《李宗仁回忆录》,第475—476页。
④　冯玉祥:《我的生活》,第561页。
⑤　《冯玉祥抵徐谒蒋续讯》,《广州民国日报》,1927年6月23日。
⑥　《各报通讯记录》,国民党中宣部驻沪办事处编:《徐州会议与国民革命》,第59页。

冯玉祥、蔡元培、钮永建、李石曾、李烈钧、黄郛、吴稚晖15人。议题八项,其主要者为对于共产党之办法、继续北伐、武汉政府问题等。胡汉民发言称:"共产党欲藉寄生我党来支配我国","毁灭吾党实力,使永无作为"。冯对此表示"极能了解"①。21日上午,蒋介石打电话给冯,声称:"如武汉军东下,请派兵直捣武汉。"冯答以绝无此事②。当日续开第二次会议。冯称:"自陕出,不知一切,所见止京报。应宁汉合一。""赴郑后更明了","至徐方知可合","所难合者因共(产党)托国(民党)行恶"。冯并称:"鲍(罗廷)太骄";唐生智主张"自(己人)不杀自(己人)"③。冯还转述了他从汪精卫等人口中听到的湘鄂地区"店员打店主,农人打地主"的情况,吴稚晖听得高兴,自愿为冯起草致汪精卫、谭延闿等人通电,但冯认为吴稿"不像调停者的口气",又作了修改。通电复述了郑州会议时冯玉祥与汪精卫诸人分头谈话时的意见,认为武汉地区"社会根本摇动,国民无一安宁","补救之方"一是设法使鲍罗廷回国,一是"在武汉之国民政府委员,除愿出洋暂资休息者外,余均可合而为一"。电报称:"宁方同志闻之,无不悲喜交集,一致欢迎,现在双方处境之苦,业已完了了解,值此风雨飘摇之际,千钧一发之秋,既异地而同心,应通力而合作。"电报要求汪精卫等"速决大计,早日实行",同时要求唐生智调集所部于郑州,协力北伐④。冯称:"我这个电报,一定有个结果,否则我对他们便当实行相当手段。"⑤同日,蒋介石、冯玉祥还联合通电全国,声称:"谨偕全国革命军,誓为三民主义而奋斗。凡百诱惑在所不顾,凡百艰险在所不避,凡百牺牲在所不惮,必期尽扫帝国主义之工具,以完成国民革命使命而后已。"⑥该电宣告,冯蒋合作局面正式

---

① 《徐州会议与国民革命》,第56页。

② 《冯玉祥日记》1927年6月21日。

③ 《徐州特别会议记录》,中国第二历史档案馆藏。

④ 上海《民国日报》,1927年6月24日。

⑤ 蒋介石:《对于上海全市党员之报告》,《徐州会议与国民革命》,第50页。

⑥ 上海《民国日报》,1927年6月24日。

形成。

会议期间，蒋介石决定每月协济冯玉祥所部军饷200万①。21日下午，冯玉祥带着第一批50万银元登车西去②。

22日，冯玉祥回到开封，即命令省政府"严防共党"③。26日，集合政工人员讲话，要他们"认清主义，勿受共产党所诱惑，勿为第三国际所利用"④。28日，致电河南、陕西、甘肃省政府，要他们与南京一致行动，1.不准跨党；2.共产党跨党领袖，一律解除职务，开除党籍，必要时，得以严重监视；3.在国民革命时期，不准以共产党名义活动，亦不准假国民党名义做共产党工作，违者按反革命条例治罪⑤。7月7日，在洛阳官佐及总部人员朝会上宣布："不经军长、师长之许可，一律禁止开会"；"对于共产党之办法，第一是要注明何时入党、何人作保，愿意走者发给川资，其不愿走而愿加入国民革命之战线者，必须宣言脱离共产党，听国民党之指导，守国民党之规则"，"各级各处政治人员一律开缺。俟调开封训练后再行另派职务"⑥。但是当240名政治工作人员集中以后，冯又对他们诉说："你们到我这里帮了忙，你们要反蒋，我是不能干的，我要和蒋介石合作反张作霖，在我的军队里穿二尺半的不能反蒋，你们要反蒋，愿意到哪里去就去哪里吧！"冯送给刘伯坚1000元，科长以上每人100元，其余每人50元，用大刀队将全部人员押送到武胜关，强迫遣散⑦。

徐州会议是蒋介石的一个重要胜利，对武汉国民政府则是一个巨大的打击。自此，力量的天平倒向南京一边。7月6日，蒋介石在上海

---

① 毛以亨：《俄蒙回忆录》，第245页。

② 黄绍竑口述：《徐州会议的回忆》，全国政协文史资料未刊稿。

③ 《冯玉祥日记》。

④ 《关于清党措施致豫、陕、甘省政府密电》，中国第二历史档案馆藏。

⑤ 《冯玉祥日记》。

⑥ 《冯玉祥日记》。

⑦ 李世军：《回忆徐州会议前后的冯玉祥》，《党史研究资料》，1981年第10期。

全市党员报告会上说:"现在中国政治重心,在南京国民政府,吾们党国最重要的,就是徐州会议。吾党之成败,吾国之存亡有关于此。"又称:"从此一切权力不久将完全归于我们的党了,我们的党也愈臻稳固了。"①有了冯玉祥撑腰,蒋介石真是高兴之至。

五　汪精卫集团分共

汪精卫早有在适当时期和共产党"分家"的打算,到武汉后,受到徐谦、顾孟馀、谭延闿、陈公博等人的影响,右倾日益明显。但是,罗易仍然对汪精卫怀有好感,视之为"小资产阶级急进主义的领导人",力图使他成为武汉政府的有力领袖,从而挽救日益迫近的危机。为此,他一面致电莫斯科,要求重申对汪精卫的支持,一面向汪精卫提出了一项计划,其内容是:召开地方代表大会,制订国民革命纲领,选举紧急党代表会议的代表;在紧急代表会上通过国民革命纲领,重新选举党的领导,排除那些不能无条件赞成国民革命纲领的人。汪精卫同意这一计划,但要求迅速兑现必要的帮助②。

5月18日至30日,共产国际第八次全会在莫斯科召开。会上,托洛茨基和斯大林进行了激烈的争论。托洛茨基向会议提交了《中国革命和斯大林的提纲》,认为武汉政府是"空架子",主张在中国立即成立工农兵代表苏维埃。24日,斯大林作了《中国革命和共产国际的任务》的报告,认为"农民土地革命是资产阶级民主革命的基础","必须首先在全中国展开土地运动"。他没有发现武汉政府正在发生的变化,仍然认为它是"中国革命的中心",主张共产党人"参加武汉国民党及其革命政府,以保证无产阶级及其政党在国民党内外的领导作用"③。30日,

① 《徐州会议与国民革命》,第50页。
② M. N. Roy, *My Experiences in China*, pp. 68-71.
③ 《斯大林全集》第9卷,人民出版社版,第259、267、275页。

会议通过的决议重申："武汉政府是国民党左派的政府,它还不是无产阶级和农民的专政,但是,它已走上这种专政的道路。"决议批评中国共产党"有过许多摇摆现象","对于国民党领导人的批评并不总是表现得十分坚决","而对群众运动的发展,有时流露出某些惧怕情绪"①。会议期间,共产国际致电中共中央,批评中共对土地革命态度不坚决,要求迅速改变,否则将在国际机关报上公开批评。共产国际还提出,要迅速反攻并解决许克祥,发动农民自动起来没收土地。此外,共产国际还给鲍罗廷和罗易二人打了一份电报,通称为 5 月指示,内容为:

> 没有土地革命,就不可能胜利。没有土地革命,国民党中央委员会就会变成不可靠的将军们的可怜的玩物。必须反对过火行为,但不能用军队,而要通过农民协会。我们坚决主张从下面实际夺取土地。

> 国民党中央委员会的某些老领袖害怕事变,正在动摇和妥协,必须从下面吸收更多的工农领袖到国民党中央委员会里去。这些新的工农领袖的大胆呼声会使老头们坚定起来,或者使他们成为废物。国民党的现存机构必须予以改变。国民党的上层必须加以革新,以土地革命中提拔出来的新的领袖来补充它,必须靠工会和农民协会的千百万会员来扩大地方组织,否则,国民党就有脱离实际生活并丧失全部威信的危险。

> 必须根除对不可靠的将军们的依赖性②。动员两万左右的共产党员,加上湖南、湖北约五万的革命工农,编成几个新军,用军官学校的学生来充当指挥人员,组织(目前还不迟)一支可靠的军队,否则就不能保证不失败。

> 组织以有声望的、不是共产党员的国民党人为首的革命军事

---

① 《共产国际有关中国革命的资料》第 1 辑,第 328—329 页。
② 陈独秀《告全党同志书》作"必须根除不可靠的将军们"。

法庭,惩办和蒋介石保持联系或唆使士兵残害人民、残害工农的军官①。

上述指示在6月初到达中国。罗易认为电报来得太迟了,但仍想在这关键时刻,去进行一次最后的努力,以恢复汪精卫的信心②。同月5日,罗易邀请汪精卫谈话,向他传达来自莫斯科的电报,并且将副本交给了他。汪读了之后,非常吃惊,觉得"严重的时期已到了",表示"这件事很重要,要交政治委员会主席团看了以后再说"③。次日,汪精卫赴河南参加郑州会议。

6月6日,中共中央政治局讨论5月指示。陈独秀逐条分析,认为无法实行。他说:农民运动如果不过火,反动派的统一战线就不能形成,因此,现在不能解决土地问题;国民党未开代表大会,怎样增加领导成员;建立军队问题,不是言过其实,就是幻想;组织革命军事法庭也行不通④。此后的一段时期,中共中央即陷于意见分歧和摇摆不定中。

6月9日,中共中央政治局召开会议。罗易提出:"我们只有向敌人进攻才有出路。"蔡和森支持罗易,主张向"反动的国民党中央下总攻击","准备一进攻的政纲,待汪精卫等由郑州回来与他们正式公开谈判,揭破他们的假面具"。陈独秀主张:"当前的形势是复杂的","我们必须有一种复杂的政策来应付,而不是简单地退却或简单地进攻。"⑤会议推罗易起草宣言及政纲,同时通过罗易提出的两点建议:一、武汉全体工人总罢工,反抗国民政府纵容许克祥;二、发表反对朱培德、冯玉祥、许克祥的宣传大纲,要求罢免朱培德的职务,讨伐朱培德⑥。

---

①　《斯大林全集》第10卷,第31—32页。

②　*My Experiences in China*, pp. 72 - 73.

③　《中国国民党中央执行委员会第二届常务委员会第二十次扩大会议速记录》,油印件。

④　《中共中央政治局会议记录》,中共驻共产国际代表团档案,英文。

⑤　《中共中央政治局会议记录》。

⑥　蔡和森:《机会主义史》,《蔡和森的十二篇文章》,第81页。

　　罗易计划在汪精卫回来之后，宣布一天的总罢工，三镇的全体工人集会听国民党领导人发表演说，在讲坛上，共产党的代表要求按照党的决议行动，如果国民党领导人不同意，就监禁他们，以之作为起义的信号，汉阳兵工厂附近的工人立即占领工厂[①]。鲍罗廷得悉这一计划后，极为生气，谭平山也大骂罗易"左派幼稚病"。于是，再次召开政治局会议，要求取消原案。瞿秋白表示："我们进攻应是有准备的，全无准备而冒然进攻是无益的。"[②]会议接受李立三的意见，将示威罢工改为欢迎北伐军凯旋的罢工。6月13日，汪精卫等自郑州回到武汉。15日，武汉各界召开欢迎第二期北伐将领及武装同志凯旋大会，议决讨伐蒋介石，恳请中央拿办许克祥，抗议江西驱逐农工领袖等多项。会后，各团体向武汉政府请愿，湖北总工会经过中共中央秘书厅同意，散发了反对国民政府纵容许克祥的宣言，喊出了"打倒纵容反动势力的国民政府"等口号。汪精卫怀疑共产党人联络军队反对他，流泪切齿地对鲍罗廷、陈独秀说："我是一个文弱书生，其实他们何必联络武人来倒我！"[③]

　　鲍罗廷认为，只有东征才能解决武汉国民政府的危机。郑州会议之后，鲍罗廷即企图动员唐生智东征。他一再申言："我们箱内还有草，他还要吃我的草，还不至于跑掉。"[④]汪精卫也主张东征，对人说："郑州下后，肃清内部，蒋为死敌。"[⑤]他一面在部分将领中宣布共产国际的5月指示，要他们在军队中留心防范，听候中央决议，努力奉行。同时要求唐生智先行率部东征，推倒南京政府。6月15日，武汉国民党中央根据军事委员会报告，将唐生智的第四方面军扩充为第四集团军，以唐生智为总司令，下辖两个方面军。以第八、第三十五、第三十六军为第

---

①　*My Experiences in China*, p. 67.

②　蔡和森：《机会主义史》，《蔡和森的十二篇文章》，第81—82页。

③　《蔡和森的十二篇文章》，第86页；参见米夫：《中国革命》，莫斯科1932年版，第81页。

④　蔡和森《机会主义史》，《蔡和森的十二篇文章》，第85页。

⑤　《中共中央常委会第二十二次会议记录》。

一方面军，唐生智兼总指挥；以第四、第十一、暂编第二十军为第二方面军，张发奎为总指挥；以黄琪翔为第四军军长，朱晖日为第十一军军长，以贺龙为暂编第二十军军长。徐州会议蒋冯合作的消息传来后，汪精卫非常震怒，更加大力宣传反蒋①。7月6日，汪精卫提议，命令财政部与军事委员会筹议东征计划。他说："现在集中兵力、财力，比北伐还有把握，一定可以打胜仗。大家要鼓起勇气，一致来对付东南的叛徒。"②

但是，当时唐生智及其将领中的分共情绪已日趋强烈。多数人主张以分共为东征的先决条件③。唐生智提出："送谭部长、苏部长出洋考察。"汪精卫受到军方的压力，曾在国共两党联席会上表示："被人强奸"，担心"不能在武汉立足"④。6月下旬，汪精卫与谭平山谈话，要他和苏兆征立即上呈，退出国民政府。27日，何键发表宣言，内称："两湖地方民众团体时常发现越轨行动。而湖南各县闹得更是极糟。"宣言否认所谓"农工运动幼稚"、"工作过火"的说法，认为纯系"共产党中暴徒之策略"。宣言并诬称，共产党决议：凡年满25岁未入彼党者，一律屠杀。宣言要求武汉政府及唐生智"明令与共产党分离"⑤，随即出动军队占领并捣毁五金业、木船、染织业等工会。同日，李品仙出动军警查封全国总工会、农民协会、工会纠察队，看管苏联顾问，准备遣送出境⑥。

---

① 《瞿秋白在八七会议上的报告》，《八七会议》，中共党史资料出版社1986年版，第69页。

② 《武汉国民党中央政治委员会第三十五次会议速记录》，《中国国民党第一、二次代表大会会议史料》，第1318页。

③ 《李品仙回忆录》，第90—91页；参见《郭廷以与李将军问答记录》，未刊稿，美国哥伦比亚大学珍本和手稿图书馆藏。

④ 《瞿秋白在八七会议上的报告》，《八七会议》，第60—70页。

⑤ 《中华民国史事纪要》，1927年6月28日。

⑥ 李品仙晚年回忆称：他的行动系出于汪精卫密令，见《李品仙回忆录》，第91页。

　　对于突然发生的情况,鲍罗廷、罗易和中共中央都缺乏必要的准备。6 月 14 日,中共中央召开常委会议,蔡和森提出,"以鄂做中心,湘、鄂、赣三省左派为基础",形成左派队伍。周恩来提出"东南讨蒋"。陈独秀提出,在国民政府中提高唐生智、于右任的地位,反攻谭延闿、顾孟馀等取消派,准备与国民党谈判①。15 日,中共中央政治局召开会议,讨论罗易提出的《国民革命纲领草案》。鲍罗廷认为"国民党还是致力革命的",主张在两党政治、群众运动的控制、工商业等三个问题上让步,否则,"与国民党破裂是不可避免的"。鲍罗廷特别提出,"土地问题不要再提了"。陈独秀主张将土地问题提交两党联席会议,反对农政部掌握农民自卫军,认为"国民党会把这看作是对它的权力的威胁"。罗易反对鲍罗廷和陈独秀的意见,认为那样将只能帮助反革命。他主张加速国民党的阶级分化,"当国民党中央委员会拒绝在国民革命基础上与我们合作时,共产党就越过国民党领导人,向其广大党员揭露和谴责这些领导人是国民党党纲和国民革命事业的背叛者。"②会后,陈独秀根据政治局意见致电共产国际,声称国际的指示是"正确而重要的",但是,"短时期内不可能实现","整个军队对农民运动的过火行为都抱有敌意","必须采取让步政策","必须纠正过火行为"。电报声称:"用改组的办法驱逐汪精卫尤其困难","必须与国民党和国民革命军将领保持良好关系"③。28 日,中共中央在鲍罗廷住宅召开紧急会议,周恩来报告说,何键准备在汉口制造"马日事变",会议决定,为了消除何键制造事端的借口,公开宣布解散纠察队,实际编入张发奎军。

　　此际,中共中央仍然把希望寄托在汪精卫身上,并且企图以不断让步来争取汪精卫等人继续革命。29 日夜,汪精卫在鲍罗廷住处抱怨:"CP 似不与之合作。"30 日,中共中央常委会决定作函答复,解释

---

①　《中共中央常委会第二十三次会议记录》。

②　《罗易赴华使命》,第 332—338 页。

③　《罗易赴华使命》,第 324—325 页。

"误会"①。同日,谭平山在武汉英文报纸《人民论坛》上发表启事,声称由于未能"纳农运于正轨",引咎辞职②。7月3日,中共中央政治局在武昌召开扩大会议,陈独秀称:"对于将来,我们有三条道路:一、脱离国民党并执行独立的政策。二、实行退却,以便留在国民党内。三、执行自己的政策,但留在国民党内。"陈独秀认为,第一条路"不正确",第三条路"行不通",唯一的出路是第二条③。会议通过国共关系的11条政纲,承认国民党"当然处于国民革命之领导地位";"工农等民众团体均受国民党党部之领导与监督";"工农武装均须服从政府之管理与训练"④。4日,中共中央常委会讨论湖南问题,毛泽东认为唐生智或者有决心解决何键,陈独秀认为何键与冯玉祥、蒋介石一致,唐生智与左派一致,会议决定"拥唐反蒋"⑤。

当鲍罗廷、罗易争吵不休,陈独秀一心一意"让步"之际,共产国际迅速对有关问题作出了决定。7月8日,共产国际执委会致电中共中央,批评谭平山的离职决定是"错误的"、"怯懦的",认为武汉政府已经"转到工农的敌人的阵营里","共产党人必须示威地退出国民政府",但"必须留在国民党内","为改变国民党的政策,改组其领导机关进行坚决的斗争"。电报并要求中共召开紧急代表会议,"纠正党的领导所犯的根本性错误"⑥。10日,布哈林公开发表文章,严厉批评陈独秀和中共中央政治局⑦。同时,共产国际作出《关于中国革命目前形势的决定》,明确指出:"采取种种办法,纠正中国共产党中央底机会主义错误,

　　① 《中共中央常委会第三十三次会议记录》。

　　② 瞿秋白:《中国革命与共产党》,莫斯科油印本。

　　③ 《中共中央扩大会议记录》。

　　④ 《中国共产党中央执行委员会告全体党员书》,《八七会议》,中共党史资料出版社1986年版,第27页。

　　⑤ 《中共中央常委会第三十四次会议记录》。

　　⑥ 《苏联新发表的共产国际有关中国革命的档案文件》,《中共党史研究》1988年第1期。

　　⑦ 《中国革命的转折关头》,《真理报》,1927年7月10日。

在政治上健全党的领导机构。"①12日,中共中央根据共产国际指示进行改组,陈独秀停职,成立由张国焘、周恩来、李维汉、张太雷、李立三5人组成的中央常务委员会。新的中央决定:在张发奎的军队中发动军事暴动;在工农运动较好的湘、鄂、赣、粤举行秋收暴动;召开中央紧急会议。13日,中共中央发表《对政局宣言》,指责武汉政府"公开的准备政变,以反对中国人民极大多数的利益及孙中山先生之根本主义与政策",宣布撤出参加国民政府的共产党员,但不退出国民党,不能抛弃与国民党的合作政策②。同日,谭平山、苏兆征联名发表态度强硬的辞职书,宣布辞去民政及农工两部部长的职务。

14日,汪精卫召开政治委员会主席团会议,决定:一、在一个月内开第四次中央执委会会议;二、开会以前,中央党部应制裁一切违反本党主义、政策之言论、行动;三、派遣重要同志前赴苏联,讨论切实联络办法,其人选由政治委员会决定。汪精卫声称:孙中山的联俄政策,乃是"三民主义联合共产主义,三民主义的中国联合共产主义的俄国","若是丢开了三民主义,那就不是联俄,而是降俄了"。又称:"对于本党内的CP同志,应有处置的方法,一党之内不能主义与主义冲突,政策与政策冲突,更不能有两个最高机关。"③陈友仁代表宋庆龄发言反对说:"联俄、联共和扶助农工三大政策是总理手定的,有了三大政策,革命才能够发展成今天的局面;抛弃三大政策必然要向帝国主义和蒋介石屈服。"④

15日,汪精卫继续召开常务委员会第二十次扩大会议。他在会上报告了从罗易处读到共产国际电报的经过,认为这个电报有五层意思,"都是很利【厉】害的"。"随便实行哪一条,国民党就完了。"他说:"现在

---

①　《中共中央文件选集》(3),第213页。

②　《中共中央文件选集》(3),第180—183页。

③　《中国国民党中央执行委员会第二届常务委员会第二十次扩大会议速记录》,油印件。

④　《吴玉章回忆录》,第150页。

不是容共的问题,乃是将国民党变成共产党的问题,国民党的同志想起来,能不痛心!"孙科、顾孟馀积极支持汪精卫。孙科愤愤地说:"第三国际放一个屁,也要说是香的! 我们容纳共产党,真是太过信他们了! 我们现在要下一个决心走第三条路。"顾孟馀说:"本党的主义、政策、组织三要素,差不多都受了容共的影响,我们承认共产党有革命的势力,但不能任他们破坏本党存在的三个要素。因此,不能不对共产党加以相当的制裁。"会上,谢晋、经亨颐、詹大悲、何香凝等沉默不语,于右任、彭泽民婉转地表示了不同意见。于右任说:"当日为什么要容共呢,因为总理看见国民党的党员太不努力,差不多山穷水尽已无路,所以才有这一着。""现在张作霖、张宗昌、蒋介石、阎锡山都有他自己的三民主义,我们再不能随随便便的混了,要晓得共产党不能亡我们,我们自己不努力,那才是真正的亡了。"彭泽民说:"本党中共产分子为本党努力工作者,更不乏人,如果不分良莠,一概拒绝,未免有些失当。"①会议通过了政治委员会主席团提出的三项办法。

7 月 16 日,《汉口民国日报》在公布三项办法的同时,公布了《保护共产党员个人身体自由之训令》及《保护农工之训令》。前者宣称:"有对于共产分子压迫、妨害其个人身体自由,诬指他人为共产分子,意图陷害者","依法严办"②;后者宣称:"不因限制共产分子而停止农工政策之活动。"③19 日,发表《容共政策之最近经过》,攻击中国共产党的《对时局宣言》,声称中共撤回参加国民政府的共产党员,是"破坏本党容共政策的最大表示","既然退出国民政府,则在国民革命军中及各级政府机关中亦无须存在"④。17 日,国民党中宣部派人接管《汉口民国日报》。自此,连续发表《共产党的无望》、《我们的回敬》、《国民革命唯

① 《中国国民党中央执行委员会第二届常务委员会第二十次扩大会议速记录》。
② 《汉口民国日报》,1927 年 7 月 17 日。
③ 《汉口民国日报》,1927 年 7 月 17 日。
④ 《汉口民国日报》,1927 年 7 月 19 日。

一之路》《夹攻之奋斗》等反共文章，号召人们走第三条道路。23日，武汉国民党中央发出通知，定于8月15日召开四中全会，讨论政治委员会主席团提出的统一本党决议案。该决议案提出：一、凡列名本党之共产党员，在本党各级党部、各级政府及国民革命军有职务者，应自即日起，声明脱离共产党，否则一律停止职务；二、在国民革命时期以内，共产党员不得有妨碍国民革命之行动，并不得以本党名义做共产党之工作；三、本党党员未经本党中央许可，不得加入他党，违反者以叛党论①。同日，军事委员会发布训令，要求各军将领尽快查明军队中的共产党人，劝其脱离关系，并禁止秘密会议②。

汪精卫集团确定分共政策之后，反动军官、土豪劣绅们大为活跃。据孔庚报告，发生捣毁党部、残杀党员的县已有35次之多。第三十五军团长段某在一个镇上枪杀了二十几个党员；第十五军一个团长不仅捣毁了汉川的工会、农协和妇协，并强押妇女裸体游行③。7月19日，共产主义青年团发布《告中国青年劳苦群众书》，指责汪精卫集团"屠杀民众"，"已经同南京政府走上了一条路"。汪精卫读后大发雷霆。25日，他在政治委员会上说："我们几时杀过人！""这样毫无道理的造谣，向我们进攻，简直是有心逼得我们翻脸。"他气势汹汹地表示："应该对共产党提出警告，再这样闹，莫怪我们翻脸了。"④。会后，陈公博即根据汪精卫提议，起草并发表了《告中国共产党书》，要共产党"自憬"，"如不放弃对国民党的敌视态度"，就不能不执行"相当的纪律"⑤。同日，

---

① 《汉口民国日报》，1927年7月26日。

② 《汉口民国日报》，1927年7月26日。

③ 《中国国民党中央执行委员会政治委员会第四十次会议速记录》，1927年7月25日，油印件。

④ 《中国国民党中央执行委员会政治委员会第四十次会议速记录》，1927年7月25日，油印件。

⑤ 《武汉国民党中央执行委员会告中国共产党书》，《革命文献》（16），总2832—2834页。

通令各省党部、省政府、军部,严防共产党活动。

27日,鲍罗廷回俄。至此,孙中山确定的联俄、联共、扶助农工等政策均被破坏,轰轰烈烈的国民革命彻底失败了。

汪精卫集团的叛变激起了左派人士的愤怒,邓演达决定出走。他要谭平山转告中共中央,注意"汉口马日事变之来到",并称"何键一定开刀无疑"①。6月29日,邓演达发表辞职宣言,宣布辞去总政治部主任职务。30日,留书武汉国民党中央说:"我始终认为三民主义如果受了曲解,农工如果受了摧残,革命分子如果被摈斥,政治工作如果被威胁,则不独党的革命意义和权威消灭,而且必然招致反革命结果。"②7月3日,他在《汉口民国日报》发表文章,号召人们"为保持总理三民主义的革命性而奋斗"。其间,邓演达曾和苏联顾问铁罗尼一起同张发奎进行过一次谈话。邓称:汪精卫、唐生智的政治生命已经结束,建议张率领第四、第十一、第二十军回广东,重建革命基础,重新开始一切。张答以此事需与和汪精卫商量③。邓再和汪精卫谈话,汪不为所动④。其后,邓演达秘密离开武汉,8月16日到达莫斯科。

宋庆龄长期为贯彻孙中山的革命原则而奋斗。7月14日,她发表了在8日即已拟就的声明:"本党若干执行委员对孙中山的原则和政策所作的解释,在我看来,是违背了孙中山的意思和理想的。因此,对于本党新政策的执行,我将不再参加。"声明说:"孙中山曾明确地说明,他的三大政策是实行三民主义的唯一方法。但是现在有人说政策必然按照时代的需要而改变,这种说法虽然有一部分道理,但是政策决不应该改变到如此地步,以至成为相反的政策,使革命政党失去了革命性,变

---

① 《蔡和森的十二篇文章》,第94页。

② 《邓演达文集》,人民出版社1981年版,第121页。

③ *The Reminiscences of Chang Fa-k'uei*, pp. 276-277. Chinese Oral History Project, East Asian Institute, Columbia University.

④ 吴玉章:《八一革命》,社会科学文献出版社1991年版,第85页。

成虽然扯起革命旗帜而实际上却是拥护旧社会制度的机关。"①随后，宋庆龄即离开武汉。到上海时，蒋介石曾派何应钦前来游说，企图引诱宋庆龄到南京去，为宋拒绝②。30日，她会见合众社记者，明确表示："在国民党现行政策不改变以前，余决不参与任何活动。"③岁寒而后知松柏，在滚滚的政治寒流中，宋庆龄表现了伟大的革命气节。8月22日，再次发表声明："我深信，三大政策是革命的思想与方法的基本部分。"④随即离开中国前往莫斯科。

六　中国共产党人发动武装起义

蒋介石、汪精卫相继反共后，中国国内的形势日趋严峻，中国共产党人决定独立掌握军队，领导武装斗争。

当时，在武汉国民政府的军队中，唐生智任总指挥的第一方面军反共情绪强烈，而张发奎任总指挥的第二方面军则和中共保持着较好的关系。其中，第十一军第二十四师叶挺部、暂编第二十军贺龙部、第四军第二十五师李汉魂部等，或为中共所掌握，或受中共影响较大，因此，中共临时中央常委会于7月中旬决定，在湘、鄂、粤、赣四省发动秋收起义的同时，联合张发奎，将有关部队带回广东，建立新的革命根据地。

7月17日，武汉国民政府军事委员会决定，以唐生智为总司令，率领张发奎、程潜、朱培德、贺龙等部组成东征军，一路由九江、湖口攻安庆，一路由赣东攻浙江，一路由鄂东进入皖北。三路并进，准备直取南京。在此前后，张发奎的第二方面军陆续进入江西。叶挺部、贺龙部驻九江，李汉魂部驻马回岭车站。

---

① 《为新中国奋斗》，人民出版社1952年版，第3—4页。
② 《何应钦致蒋介石电》(1927年7月26日)，《蒋介石收各方电稿》，抄本。
③ 《晨报》，1927年8月3日。
④ 《宋庆龄选集》上卷，人民出版社1992年版，第52页。

　　7月19日,李立三等奉命到达九江,在第四军、第十一军中展开活动,为部队移师广东做准备工作。次日,谭平山、李立三、邓中夏、吴玉章、叶挺,及先前到达的中央军委前敌书记聂荣臻等在九江召开会议。李立三等认为:张发奎虽然反对唐生智,但深受汪精卫影响,正在执行汪的分共指示,要求叶挺等高级军官退出军队或脱离CP,因此,以张为领袖的"回粤运动"很少成功可能,必须"抛弃依张(发奎)之政策,而决定一独立的军事行动,逼迫张、朱与我们一致"①。九江会议决定,赶快集中军事力量于南昌,运动贺龙的第二十军,使之与中共掌握的部队一致,在南昌举行暴动。九江会议的意见得到正在庐山休养的瞿秋白的同意,并由他将意见转达中共中央决定。23日,第二十军军长贺龙到达九江,谭平山征询他对起义的意见,贺表示赞同。24日,李立三、邓中夏、谭平山、恽代英继续会议研究,决定于28日举行暴动。同时,决定"组织中国国民党革命委员会为集中政权、党权、军权之最高机关,以反对宁汉政府中央党部继承国民党正统。"②会后,急电中共中央,请求批准。

　　中共中央常委完全同意李立三等人在南昌发动武装起义的建议,决定由周恩来、李立三、恽代英、彭湃等组成前敌委员会,负责领导。会后,周恩来等即奔赴南昌,进行起义准备。7月26日,加伦在中共中央临时常委会上报告称:与张发奎谈话,张表示:"赞成二十军集中进攻,十一军集中南昌,第四军集中南浔路一带,不再东进。第一步按兵不动,第二步渐次往南昌移动回粤。"③同日,共产国际来电称:"如毫无胜利的机会,则可不举行南昌暴动。"中共中央临时常委会经过讨论,认为

---

　　① 李立三:《八一革命之经过与教训》,中国共产党历史资料丛书《南昌起义》,中共党史资料出版社1987年版,第82—83页。

　　② 李立三:《八一革命之经过与教训》,中国共产党历史资料丛书《南昌起义》,中共党史资料出版社1987年版,第83页。

　　③ 《张国焘致中央临时政治局并扩大会议的信》,《南昌起义》,第69页。

"即在汉口亦可见着必有胜利机会",决定派张国焘前往鼓励①。

同日,准备参加起义的贺龙、叶挺部队相继开抵南昌。次日,前敌委员会在南昌成立。因准备工作来不及完成,决定将起义日期推迟至30日。

张发奎一直停留在武汉。他向汪精卫报告,开往江西的部队内部发生纠纷。7月28日晚,汪精卫偕孙科、张发奎赶赴九江,得知第二十军贺龙部已自动开赴南昌,九江街头遍贴"反对武汉政府","欢迎张总指挥领导革命"等标语,当地报纸《国民新闻》也在指责武汉政府。29日,汪精卫下令封闭该报。30日,召集第四、第十一、第二十军师长以上军官谈话,由汪精卫说明"分共"必要,并出示种种"证据"。当日,久候叶挺、贺龙二人未到,张发奎即判断有异②。

同日上午,张国焘到达南昌,前委立即召开扩大会议。张国焘以共产国际的电文为据,主张"应极力拉拢张发奎,得到张之同意,否则不可动"③。周恩来、恽代英、李立三、彭湃、谭平山等反对张国焘的意见,认为张发奎已明显右倾,不可能再争取他支持革命。会议争论数小时,没有结果。31日晨,前委再次召开会议,周恩来等坚决主张按原计划起义。这时突然接到张发奎来电,声言"准1日到南昌"。在这种形势下,拖延就意味着失败。张国焘被迫转而同意举行起义。当天中午,前委作出决定,起义于8月1日凌晨4时举行。

当时南昌城内中共可掌握的军队大致有:叶挺所部第十一军第二十四师,蔡廷锴的第十一师,贺龙率领的第二十军全军,朱德领导的第三军军官教育团和南昌公安局警察队,共计二万余人。忠于武汉的第三、第六、第九各军在南昌市内和近郊的力量比较薄弱,共有六个团约

---

① 《中共中央复张国焘信》,《南昌起义》,第67页。

② 《李汉魂日记》,未刊稿,美国哥伦比亚大学珍本和手稿图书馆藏。

③ 李立三:《八一革命之经过与教训》,中国共产党历史资料丛书《南昌起义》,中共党史资料出版社1987年版,第83页。

六千余人。

31日晚,朱德以宴请、打麻将为名,软禁了第三军第二十三、第二十四团团长。9时许,发现第二十军副营长赵福生告密。前委决定,起义提前2小时,于8月1日凌晨2时举行。

8月1日1时许,起义的枪声打响。战斗主要在鼓楼、贡院街、天主堂等地发生,经过5个小时的激战,起义部队全歼守敌,胜利占领南昌城。

同日中午,在聂荣臻发动下,驻马回岭的第二十五师七十三团周士第部及七十四团、七十五团部分军人举行起义,向南昌开进。行抵德安时,张发奎、李汉魂乘车追来,聂荣臻下令开枪,张发奎等跳车逃走①。次日,七十三团等开进南昌。

起义胜利后的当天上午,在江西省政府召开国民党中央委员会及各省、区、特别市和海外党部代表联席会议,推宋庆龄、谭平山、张发奎、贺龙、邓演达、郭沫若、恽代英七人组成主席团,又推宋庆龄等25人组成中国国民党革命委员会。革命委员会的主要成员是参加起义、兼有国民党员身份的中共党员,如谭平山、林祖涵、恽代英、周恩来、张国焘、叶挺、李立三等,也包括一些当时不在南昌的国民党左派,如宋庆龄、邓演达、陈友仁、于右任、何香凝、经亨颐等,张发奎、黄琪翔、朱晖日等则是张国焘提议加进去的。会议宣告,将于最短期间确立新的革命根据地,召开国民党第三次全国代表大会,坚持孙中山革命的三民主义与三大政策,继续不妥协的反对帝国主义,继续为解决土地问题,解放农民,打倒乡村封建地主而斗争②。

同日,发表宋庆龄、邓演达、谭平山、彭泽民等22人署名的《中央委员宣言》,谴责"武汉与南京所谓党部政府,皆已成为新军阀之工具,曲解三民主义,毁弃三大政策,为总理之罪人,国民革命之罪人"。《宣言》

---

① 《聂荣臻回忆录》,战士出版社1983年版,第65页。
② 《中央委员各省区特别市海外各党部联席会议宣言》,《南昌起义》,第20页。

表示,将坚持国民党"革命的正统"①。2日,革命委员会主席团发布命令,任命吴玉章为革命委员会秘书长,刘伯承为参谋长,林祖涵为财政委员会主席,郭沫若等为宣传委员会主席,张国焘为农工委员会主席,张曙时为党务委员会主席。起义军仍沿用国民革命军第四集团军第二方面军的番号,由贺龙任兼代总指挥,黄琪翔任前敌总指挥(未到任前由叶挺代),郭沫若任总政治部主任(未到任前由副主任章伯钧代)。下辖三个军:第二十军,贺龙兼军长,党代表廖乾吾;第十一军,叶挺兼军长,党代表聂荣臻;第九军,朱德为副军长(军长韦杵未就职),党代表朱克靖。总兵力为三万余人。江西省政府也进行了改组,免去朱培德江西省政府主席职务,任命姜济寰为代理主席。

8月3日至5日,起义军按照原定南下广东建立根据地的计划,分批撤离南昌,开始了艰难的南征。从南昌撤出后不久,蔡廷锴的第十一师即脱离起义队伍,其他部队也有部分人员离队,起义力量遭受一些损失。部队到达临川后,进行了整顿,纪律得到加强,部队面貌逐渐好转。

起义的当日,张发奎即自九江指挥部队进攻南昌。2日,武汉国民政府下令褫贺龙、叶挺军职,"照谋叛律治罪";命张发奎督饬所部赶紧进剿,逮捕所有"扇乱附逆"的共产党员;命朱培德指挥第五军在赣东、赣南兜截;命唐生智抽调湘、鄂驻军合力围剿②。3日,唐生智、程潜、朱培德致电何应钦、白崇禧等,表示愿"通力合作,歼此祸国殃民之败类"③。7日,张发奎军占领南昌。8月8日,武汉国民党中央宣布开除谭平山、林祖涵、吴玉章、恽代英、高语罕等人党籍。

张发奎军占领南昌后,叶剑英即向张献计:不追,让共产党到东江,李济深就要调兵去打,这样,第二方面军就可以顺利地回到广东④。张

----

① 《南昌民国日报》,1927年8月1日。

② 《汉口民国日报》,1927年8月3日。

③ 上海《新闻报》,1927年8月9日。

④ 《叶剑英谈南昌起义二三事》,《南昌起义》,第227页。

发奎采纳了叶的意见，因而，起义军得以顺利南进。

起义军进军广东，李济深大为恐慌。他生怕起义军会威胁其势力范围，积极出兵，准备在赣粤交界处堵截起义军。桂系的黄绍竑为了笼络李济深，结成粤桂联盟，并趁机将桂系势力向江西扩展，也积极出兵援助李济深。8月8日，第八路军总指挥部在粤北重镇韶关成立。黄绍竑亲任第八路军总指挥部副总指挥，率两个师开赴赣南作战。北伐前蒋介石留驻广东的钱大钧部此时也奉命协同李济深作战。一时间，形成粤桂蒋三方联合对付起义军的局面。

8月底，起义部队到达江西南部的瑞金、会昌时，与钱大钧、黄绍竑等部遭遇，双方展开激战。起义军三战三捷，相继攻克瑞金，会昌。9月初，起义部队折入福建，准备由汀州经上杭进入广东潮汕地区，等待共产国际的海上援助。同月中旬，起义军进入广东，占领大浦、三河坝地区，随后分兵，朱德率二十五师留守三河坝，总指挥部率主力进军潮州、汕头。下旬，占领潮汕后，再次分兵，以一部留守潮汕，而以主力西取惠州。

与此同时，钱大钧、黄绍竑等在得到三个多师的增援后，利用起义部队一再分兵，力量零散的机会，以优势兵力包围起义部队。9月28日，贺龙、叶挺率领的西进部队进至揭阳县汤坑地区，与陈济棠部遭遇，经过两昼夜的激战，起义军伤亡两千余人。30日，被迫撤退。同日，驻守潮州的起义部队也在黄绍竑部两个师的进攻下撤退。10月1日，前委主动撤出汕头。次日，钱大钧部三个师进攻三河坝，朱德所率留守部队激战两天两夜后转移。

起义军在南昌所建立的政权是以共产党员占多数，与国民党左派联合的政权。到瑞金后，认为国民党的名义已为工农所唾弃，继承"国民党正统"只是一种"机会主义的梦幻"，因此，前委会议决定，建立无产阶级领导的工农政权。到汀州后，考虑到应付外交，避免帝国主义干涉的需要，又决定仍沿用国民政府名义，并决定以谭平山为主席，陈友仁等为常务委员。但在汕头失守后，又决定取消国民党的名义①。

由于战场形势急剧恶化，10月3日，前敌委员会在普宁县流沙镇召开有前委及其他军政负责干部参加的会议，周恩来、李立三、彭湃、叶挺等在会上发表了讲话。会议决定武装人员突围，非武装人员愿留下的留下，不愿留下的分批从海上撤退。会议还宣布今后要打出红旗，分田地，继续战斗。

会后，起义领导人相继离开潮汕地区，起义部队约千余人突出重围，转至海陆丰地区，成为创建海陆丰根据地的主力。从三河坝撤离的起义部队，由朱德、陈毅率领，转战于赣粤山区，1928年进入湘南，举行湘南起义。

南昌起义是中国共产党向国民党反动派打响的第一枪，它揭开了中国共产党武装斗争反抗国民党屠杀政策的序幕，在中国人民中树起了坚持斗争的旗帜，具有极为重大的历史意义。

在南昌起义军艰难地进行南征的时候，毛泽东正在湖南、江西为中国革命探索一条全新的道路。

1927年8月7日，南昌起义爆发后不久，中共中央在汉口召开紧急会议，出席代表二十多人。会上听取了共产国际代表罗米那兹（Б. Ломинадзе）的报告和瞿秋白关于党的新任务的报告，选举了新的临时中央政治局，并确定了中国共产党在新的历史阶段中进行土地革命和武装斗争的总方针。

八七会议后，中共中央派毛泽东为中央特派员，赴湖南领导改组中共湖南省委，并准备发动湘赣边界的秋收起义。8月18日，改组后的湖南省委在长沙近郊举行第一次会议，决定在以长沙为中心，包括湘潭、安源等地的湘赣地区组织起义。同时决定成立前敌委员会和行动委员会。前敌委员会由各军事负责人组成，毛泽东为书记；行动委员会由起义地区各地方党政负责人组成，易礼容为书记。

---

① 　李立三：《八一革命之经过与教训》，《南昌起义》，第88—96页。

9月初,毛泽东在安源张家湾主持召开起义地区党的负责人和军事负责人会议,确定将参加起义的部队统一改编为工农革命第一军第一师,分三路在安源、修水、铜鼓发动起义,然后攻占醴陵、平江和浏阳,再对长沙采取包围态势,相机进攻长沙。9月9日,工农革命军第一团首先暴动,二团、三团继起,但在敌人围攻下都失败了。19日,各路起义部队约1500人退到文家市。毛泽东认为敌大我小,敌强我弱,已无占领中心城市的可能,应该转到敌人统治力量薄弱、群众条件较好的农村去。会议经过激烈争论,接受了毛泽东的意见。

20日,工农革命军离开文家市,沿罗霄山脉南下。南下途中,遭朱培德部袭击,总指挥卢德铭战死。9月底,部队到达江西永新县三湾村,将原来的三个团整缩编为一个团,同时在部队中建立中共党的组织,确立支部建立在连上的制度,整个部队由中共前委统一领导,在部队基层成立士兵委员会,实行政治民主,经济公开,废除烦琐礼节,建立新型的官兵关系。部队改编后,面貌大为改观。10月3日,工农革命军到达宁冈县古城,毛泽东主持召开了前委会议,初步总结了秋收起义的经验教训,讨论了在长期退却途中开始酝酿建立革命根据地的问题。27日,部队到达井冈山的中心茨坪,和当地的农民武装王佐、袁文才部汇合。

当时,国民党内部矛盾激烈,李宗仁与唐生智,张发奎与驻粤桂军之间相继爆发战争,井冈山又位于湘赣两省边境的罗霄山脉中段,地形险要,国民党统治力量薄弱,中共前敌委员会决定利用有利的时机和地形,建立革命根据地,保存革命实力,进行军事割据。1927年11月至1928年1月、2月,工农革命军先后攻下茶陵、遂川、宁冈三个县城,成立工农兵政府,开展打土豪的斗争,以宁冈为中心的第一个农村革命根据地初步建立起来。

井冈山根据地的建立,使国民党统治者大为震惊。1928年2月,江西省主席朱培德调集重兵,占据宁冈新城,迫近根据地的中心地带。2月28日,工农革命军抓住有利时机,发动反攻,全歼进入根据地的新城守敌五百余人。

在井冈山革命根据地逐渐站稳脚跟的同时，中国共产党中央内部的"左"倾错误也在发展起来。3月上旬，执行"左"倾错误的中共湖南特委派代表到井冈山，指责工作太右，烧杀太少，没有执行"使小资产变成无产，然后强迫他们革命"的政策。特委代表强令工农革命军离开井冈山去支援湘南的农民暴动。3月下旬，湘南暴动失败，部队重新返回井冈山。

1928年4月，朱德、陈毅率领南昌起义保留下来的部队，汇合湘南部分农军，辗转到达宁冈砻市，与工农革命军会师。5月初，朱德、毛泽东的两支部队正式组成工农革命军第四军（后改称工农红军第四军），朱德任军长，毛泽东任党代表兼军委书记，王尔琢任参谋长，陈毅任政治部主任，下辖三个师六个团，全军约万余人。1928年5月，在宁冈茅坪成立湘赣边界工农兵苏维埃政府。随后，又打垮湘赣两省国民党军的"会剿"，三次占领永新县城。井冈山根据地开始进入全盛时期。

正当井冈山根据地迅速发展的时候，中共湖南省委再次命令红军向湘南冒进。7月中旬，红军大队进攻郴州失败。9月26日，重回井冈山。在此期间，湘赣两省国民党军趁红军主力远离之机，占领大片根据地，并调集四个团的兵力大举进攻。驻守井冈山的红军部队虽不足一营，但据险抵抗，取得黄洋界保卫战的胜利。九十月间，红军又连续打了几次胜仗，收复了大部分失地。同年10月，在宁冈茅坪召开湘赣边界党的第二次代表大会，总结红军盲动导致失败的教训，会议通过了由毛泽东起草的《政治问题和边界党的任务》等决议案。毛泽东认为：中国是一个半殖民地半封建国家，经济的不平衡形成了政治上的封建割据和冲突，因此，"我们只须知道中国白色政权的分裂和战争是继续不断的，则红色政权的发生、存在并且日益发展，便是无疑的了"[1]。会议

---

[1]　毛泽东：《中国的红色政权为什么能够存在》，《毛泽东选集》一卷本，人民出版社1964年版，第49页。

还选举了边界第二届特委,谭震林当选为书记。

毛泽东所创建的井岗山革命根据地在当时还不为人们所注意,然而,正是这条道路,指引中国人民推翻国民党统治,建立了新中国。

在湘赣边界秋收起义同时及稍后的一段时期内,中国共产党还在全国许多地区领导了武装起义。1927年9月,中共鄂中特委和鄂西特委分别领导沔阳、公安农民举行起义,随后在洪湖地区展开游击斗争。同月,广东农民先后攻占陆丰、海丰县城。11月,成立苏维埃。同年9月、11月,中共在湖北黄安、麻城两次领导农民起义,失利后转入山区进行游击战。这一年爆发起义的地区还有海南岛、河南确山等。1928年又先后爆发了江西弋横农民起义、湘南起义及陕西渭华起义等。这些起义,遍及12个省140多个县。它们沉重地打击了国民党的统治,为中国人民的革命事业奠定了良好的基础。

第五章 南京国民政府的北伐和北洋军阀政权的覆灭

第一节 蒋介石下野与特别委员会的成立

一 苏皖溃败与蒋介石下野

汪精卫集团分共后,宁汉双方已无根本冲突,于是,冯玉祥便积极出面调停。

徐州会议后,蒋介石曾希望冯玉祥能出兵进攻武汉,但是冯玉祥的兴趣在北伐,不愿意为宁方打内战。7月7日,孔祥熙作为蒋的私人代表到达洛阳①。冯对孔称:"我不能攻武汉。"②7月12日,冯玉祥电告汉、宁,要求停止攻击,联合北伐,声称"凡有妨碍北伐者,即是反革命"③。14日,又会同徐谦、孔祥熙,通电提议在开封召集紧急会议,"所有本党领袖,除共产党跨党者外,宜共同集合,专讨论党的问题","会议所公认负咎之人均服从决议,各自下野"④。宁方也表现出合流的愿望。18日,胡汉民、吴稚晖、钮永建复电冯玉祥,要冯转告汪精卫,停止东征,如能"幡然携手尤善"⑤。冯接电后,于22日再发一电,提出

---

① 《洛阳孔祥熙蒸日来电》,《蒋介石收各方电稿》,抄本;参见 *The Reminiscences of K'ung Hsiang-hsi*, p. 66. 美国哥伦比亚大学珍本和手稿图书馆藏。

② 《冯玉祥日记》,1927年7月10日。

③ 《冯玉祥日记》,1927年7月12日。

④ 《宁洛汉互商合作之要电》,《广州民国日报》,1927年8月18日。

⑤ 《宁洛汉互商合作之要电》,《广州民国日报》,1927年8月18日。

四点意见：一、武汉所定分离共产党，解除鲍罗廷职，应请明令宣示。二、统一国民党中央。或按原议，政府迁宁；或设南京政治分会，指导东南等省党务政治。三、各领袖在开封开预备会，决定此次党潮，孰应下野，孰应继任，由第四次中央执行委员会全体会议任免。四、未解决前，停止军事行动，以江西、安徽为缓冲地①。

除冯玉祥外，孔祥熙、居正、宋子文等也都在宁汉之间斡旋。汪精卫集团同意合流，但表示必须以自己为正统。7月24日，汪精卫、谭延闿、唐生智、孙科联名致电冯玉祥称：一、分共及解除鲍罗廷职，均已实行。二、中央迁都南京，中央早已决定。三、中央会议须在国民政府所在地召开。四、如有和平统一方法，自不必出于一战。同时，汪精卫声称，他与蒋"只有公愤，别无私仇"，"中央党部及政府之统系，不可失坠，此必以死争"②。对于此时的汪精卫集团来说，反共已经输给南京方面，"中央党部及政府之统系"自然成了必须力争的生命线。不过，汪精卫也感到，自己身上存有易被南京指责的疮疤，不得不作出某种表示。8月3日，汪精卫等再电冯玉祥，表示愿与宁方一致努力，消灭共产党。汪称：如宁方"果能尊重中央，南讨共贼，北伐奉鲁"，他个人的进退，无关轻重③。6日，汪精卫发表《错误与纠正》一文，声称"最大的错误是误解了总理的容共政策"，并称："如今不是引疚的时候，而是补过的时候。"④所谓"补过"，自然是加紧反共。

汪精卫集团一面表示接受冯玉祥等人的调停，一面仍在积极准备东征。汪精卫等深知，宁方不会轻易承认自己是正统，而武汉方面的严重财政经济困难也非东征不能解决。7月27日，武汉国民党中央作出四条关于时局的决议：一、提高党的威权。二、统一军政、民政、财政。

---

① 《国民军革命史初稿》下册，第516—517页。
② 《宁洛汉互商合作之要电》，《广州民国日报》，1927年8月18日。
③ 《国闻周报》第4卷第30期。
④ 《汉口民国日报》，1927年8月6日。

三、打破割据局面,消灭地盘思想。四、党员全体动员,组织民众,训练民众。29日,武汉国民政府发表宣言,指责蒋介石"取舍予夺,为所欲为","在南京僭窃以后,益复横行无忌"①。8月9日,唐生智通电,声称"长江各省之痛苦,皆中正所造成;共产党徒之作乱,亦即中正之暗示",反将红帽子扣到了蒋介石头上。他要求海内同志,共起"平乱"②。随即指挥东征军向南京推进,大有与孙传芳军形成夹击之势。

宁汉对峙,为北洋军反攻提供了机会。

7月24日,徐州为直鲁军许琨等部攻陷后,南京北伐军全线动摇,纷纷自鲁南撤退,南京震动。同日,冯玉祥致电蒋介石称:"徐州不保,诸事棘手。"③在高级将领会上,李宗仁建议各军南撤,固守淮河南岸天险,待武汉局势澄清,再图规复。但蒋介石力主及时夺回徐州,并决定亲自率部反攻。行前,蒋介石声言:"不打下徐州便不回南京。"④25日,蒋介石率嫡系第一军第二十一师抵达蚌埠,会同第六、第十、第三十三、第三十七、第四十、第四十四军发起反攻。27日,蒋介石复电冯玉祥,保证一星期内成功。电称:"宁失宁粤,不愿委弃徐州,以断我两军之联络也。"⑤他要求冯玉祥尽快从豫东派部队夹击。

宁方的许多将领看到宁汉对立和宁方内部蒋桂矛盾的加剧,都力图自保。王天培(第十军)、赖世璜(第十四军)、叶开鑫(第四十四军)、曹万顺(第十七军)、周凤歧(第二十六军)、谭曙卿(新编第一军)、贺耀组(第四十军)等纷纷请求武汉方面加委。这样,在前线的部队自然更不愿积极作战。冯玉祥的东路指挥鹿钟麟因受直鲁军和红枪会牵制,一时也无法逼近徐州。孙传芳、张宗昌见此,故意采取诱敌深入的方针,步步后撤。8月2日,宁方军队接近徐州城垣,孙传芳、张宗昌突然

---

① 《汉口民国日报》,1927年7月29日。
② 《唐总司令讨蒋讨共》,《汉口国日报》,1927年8月10日。
③ 《蒋介石收各方电稿》,抄本。
④ 《李宗仁回忆录》上册,第482页。
⑤ 《蚌埠总司令感日来电》,《蒋介石收各方电稿》。

发起反攻,从右翼迂回到宁方军队侧后。蒋介石因事出意外,一时指挥失措,各军陷入混乱,自8月5日起纷纷向南撤逃。蒋介石也于当日乘车逃到蚌埠,下令全军退守淮河一线,持久防御。可是各军只顾退却,根本无法组织有效防御。8月6日,蒋介石率先逃回南京,各军无心恋战,纷纷自行南撤。8月12日,孙传芳军全线渡过淮河。17日,南京军事委员会鉴于前线部队已不堪再战,下令撤至长江南岸,修整部队,扼险固守。尾追的孙传芳军随即进抵浦口、六合、扬州一线江岸。从8月5日到18日这13天中,宁方北伐军从徐州至浦口溃逃了七百余里,成为北伐出师以来最大的一次败绩。

蒋介石反攻徐州前后,武汉汪精卫集团的反共情绪更趋强烈,从"和平分共"转向暴力镇压。

7月30日,武汉人力车工人发生罢工。8月1日,谭延闿称:"我们对付CP并没有破脸,现在他们鼓动罢工、罢市,是他们先破脸,我们也顾不得许多了。"陈公博称:"我们应当一面抓他们的领袖,一面设法避免军警同工人的冲突。"①南昌起义后,汪精卫集团的情绪更为激昂。8月5日,汪精卫咬牙切齿地说:"这种狼心狗肺的东西,我们再说优容,我们就是叛党!这种叛徒,我们要用对付敌人的手段对付,捉一个杀一个。"同时,他表示:"我们要向第四次中央执行委员会请求处分,因为我们对于容共政策,太不知变通了。"②8日,汪精卫在政治委员会会上再次表示:"现在说是容共的,就不算得是人!"当日,武汉国民党中央决定:一、列名南昌革命委员会的跨党党员谭平山、林祖涵、吴玉章、恽代英、高语罕,开除党籍,免职、通缉拿办;二、列名执、监委员及候补执、监委员的杨匏安、毛泽东、董用威、邓颖超等开除党籍并免职;三、徐特立、李立三、张国焘、彭湃、周恩来等通缉拿办;其他跨党党员及任职者,并即开除党籍及免职。同时,决定《清查共产党员办法》四项:一、各级党

---

① 《国民党中央执行委员会政治委员会第四十二次会议速记录》,油印件。

② 《国民党中央常务委员会扩大会议第二十三次会议速记录》,油印件。

部及国民政府各行政机关任职人员,须一律登记声明有无跨党,以凭考核,而定去留;二、著名CP分子,应由地方军警严重监视,如有反革命行为,应即拿办;三、有共产党嫌疑者,令其于三日内登报声明反对共产党或发表文字反对共产党;四、如有CP分子潜伏各级党部、各行政机关,既不退出,又不声明脱离共产党者,以反革命论①。讨论时,于右任称:"要发表文字反对共产党,你也发表,我也发表,恐怕报纸还没有许多地方登载。"不过,于的发言并没有使与会诸人的头脑冷静下来。会议同时决定:改组湖北省党部及各人民团体;湖北全省党务,暂时一律停止进行,各人民团体,着即停止活动。

汪精卫集团既坚决反共,桂系便企图拉拢汉方,合力排斥蒋介石。

8月8日,李宗仁领衔致电汪精卫与谭延闿,声称读了汪精卫8月3日致冯玉祥的电报之后,"喜极而涕",共党既已退出,则国民党"只有整个善后,并无两派争执",当前大计在于北伐,要求武汉方面及早到南京召开中央全会。该电将白崇禧、何应钦排在联署人的第二、第三位,而将蒋介石排在第四位②。10日,汪精卫等复电李宗仁等,重申武汉的中央党部及政府为"党国之最高机关",但表示可以通过中央全会解决"个人责任"、"机关改组"和"统一全国之政府"等问题③。12日,南京国民党召开中央执、监委员会议讨论。此际,李宗仁称:"请总司令自决出处。"白崇禧也称:"为团结本党,顾全大局计,总司令离开一下也好。"④当时,蒋介石曾表示:"我完全服从监察委员会,愿与中央监委同进退。"蒋的意见立即遭到反驳:"总司令应大权独断,何以须随监委为

---

① 《国民党中央执行委员会政治委员会第四十四次会议速记录》,油印件。

② 《革命文献》第17辑,总3104页。

③ 《革命文献》第17辑,总3104—3105页。

④ 李仲公:《我所知道的何应钦》,《文史资料选辑》第36辑,第210页;参见吴稚晖:《弱者之结语》,《广州事变与上海会议》下编,第44页;《蒋总统秘录》第6册,总1487页。

进退？"①

在内外交困，和既不成、打又不能的情况下，蒋介石决定下野。8月9日，蒋介石下令扣押王天培，后又扣上与唐生智勾结、擅自退却、扣饷等罪名予以枪决。12日晚，蒋介石将军事交给何应钦、李宗仁、白崇禧三人负责，离开南京去上海。13日，宣布辞去国民革命总司令职务。宣言埋怨"武汉同志不察，异议所加，集于中正一身"，声称"今日认中正一退，可解纠纷，中正固无时无刻或忘归隐者也"。宣言向宁汉双方指出三点希望：一、武汉同志克期迁移东来，共同集合于南京；二、分驻湘、鄂、赣各地武装同志，并力北进，会同津浦线作战之军队，一致完成国民革命；三、鄂、赣、湘诸省彻底清党②。

8月13日，胡汉民得知蒋介石辞职消息后，立即与吴稚晖、蔡元培等商定，去上海挽留。但胡等人赶到上海时，蒋介石已转赴奉化。胡汉民挽蒋不成，决定与蒋共进退。14日，胡汉民、张静江、蔡元培、吴稚晖、李石曾联名致电冯玉祥，宣布辞职，要冯玉祥"一柱擎天"③。接着，蒋介石的盟兄、上海市长黄郛也通电辞职。蒋系人物纷纷撂挑子，南京政府无人负责，立即陷入瘫痪状态。8月14日，冯玉祥致电蒋介石称：蒋"一身系党国之安危，为民众之救主"，敦促他"克日返宁，主持大计"。冯并称：如蒋一意坚辞，他本人也只能"一同退伍"④。15日，南京方面召开军委、党务联席会议，推李烈钧为主席。李称："万不任劳苦功高、革命中心之蒋总司令引退"，也不能任胡汉民等"党国柱石""洁身远引"。何应钦、李宗仁也表示，应一致挽留蒋介石⑤。然而，蒋介石却故

① 蒋介石：《致中央执监委员书》，《革命文献》第16辑，总2878页。
② 《蒋总司令为促成宁汉合作下野宣言》，《革命文献》第15辑，总2567—2572页。
③ 《一周间国内大事述评》，《国闻周报》第4卷第32期。
④ 《劝蒋中正勿萌退志电》，《冯玉祥政治要电汇编》卷1，民国史料编辑社1933年版。
⑤ 《首都要人前晚之重要会议》，上海《民国日报》，1927年8月17日。

作姿态,于16日致电南京,声称"自愧谫陋,无补时艰","清夜扪心,益滋惶惑",不仅要求辞去国民革命军总司令一职,而且要求"重治中正以失职之罪"①。17日,南京政府复电蒋介石,劝其"不避劳怨,勉任艰巨"。② 次日,南京国民党中央执行委员会也致电蒋介石,劝他"照常供职,勉成大业"。电报并称:"所请开去总司令职权,重治失职之处分,应毋庸议。"③这样一来,蒋介石的身价反而增高了。

除南京、开封外,广州李济深也反对蒋介石下野。9月4日,广州召开大会,主张挽留蒋介石及胡汉民、张静江等五委员。13日,李济深发表时局宣言,要求"武装同志平心静气,认定蒋为此时此地最优最适之军事领袖";主张请蒋即日复职,请汪即日赴宁,从速召开第二届执、监委员会议,解决一切重大问题。李称:"继续北伐,乃宁汉合作之真目的,汪蒋合作,乃宁汉合作之真精神。"④

在近代中国政坛上,蒋介石是使用以退为进策略的高手。他的下野,一方面使武汉方面失去东征借口,从而减轻了宁方所受的军事压力;一方面使南京政府群龙无首,陷于瘫痪,不得不再次请他出山。

二　孙传芳反攻与龙潭之战

蒋介石、胡汉民相继辞职后,南京方面于8月15日召开军委、党务联席会议,决定每周召开中央党部各机关联席会议,讨论大计;行政事务归国民政府办理;军事方面,在蒋介石未回任前,一切军政、军令由军事委员会负责处理,各部队由军委会统一指挥。17日,军委会命令江北部队全部撤往江南,凭江扼守,于是,孙传芳的军队全面占领江北一

①　《蒋总司令向国民政府辞职铣电》,上海《民国日报》,1927年8月19日。
②　《国民政府公报》,1927年8月,宁字第12号,第99页。
③　《中国现代政治史资料汇编》,第2辑第6册。
④　《李济深之时局宣言》,上海《民国日报》,1927年9月19日。

线。同日,孙军前锋抵达浦口江边,开始攻击南京,与狮子山守军隔江互相炮击。21日,武汉东征军占领安庆,南京政府处于极为困难的境地。

孙传芳部徐州反攻后,张作霖即召开军事会议,讨论全盘计划,决定"暂以恢复江北为止,俟党军内部变化,再乘机进取江南"①。据此,他劝孙传芳不要匆忙渡江,以免逼迫过紧,后防空虚,发生其他危险②,但孙传芳认为,"沪宁一带,自蒋去后,形势已非",决意搜掠民船,乘胜渡江,进攻南京。

面对两面受敌的形势,桂系与何应钦所属蒋系不得不保持合作,支撑危局。蒋系主力第一军和桂系主力第七军全力投入沿江防务。

桂系为了安定上海局面,寻求上海资产阶级的支持,决定由白崇禧出任上海卫戍司令,以白的参谋长张定璠任上海市长。8月18日,白崇禧召集上海各界知名人士开茶话会,请求商界解决财政困难。在虞洽卿等人支持下,获得部分现款③。22日,白崇禧公开发表讲话,严厉指责蒋介石所领导的"第二次清党",声称"民众对本党已渐失信仰"④。这种情况,反映出桂系对蒋介石的不满,也反映出桂系争取人心的努力,当日,杨虎、陈群畏罪潜逃,杨部警备队被改编。

与此同时,桂系继续积极争取同汪精卫集团和解。8月12日蒋介石下野后,宁汉合流的进程随之加快。8月15日,李济深、黄绍竑通电各方,主张武汉政府即行迁宁,以"消除分裂之局面"⑤。16日,李宗仁再电汪精卫催促,要求中止东下之师。同时,李并派胡宗铎赴汉口迎接汪、谭等人到南京"柄政"。17日,武汉国民党中央政治委员会召开会

---

① 《一周间国内外大事述评》,《国闻周报》第4卷第32期。
② 《一周间国内外大事述评》,《国闻周报》第4卷第33期。
③ 《申报》,1927年8月19日、20日。
④ 参阅本书第三章第八节。
⑤ 《汉口民国日报》,1927年8月16日。

议,汪精卫提议迁都南京①。19 日,召开中央执行委员会第二十五次扩大会议,正式通过迁都宣言。汪精卫并提议:撤销对胡汉民、蔡元培、吴稚晖、李济深、张静江、蒋中正、古应芬、萧佛成、陈果夫等人开除党籍的处分②。会后,汪精卫、谭延闿邀李宗仁赴九江商议合作具体办法。22 日晚,李宗仁与汉方中委汪精卫、谭延闿、孙科、陈公博、唐生智、朱培德、程潜等在九江举行会议。李宗仁称:"南京自蒋氏离京后,党、政府人员全已解体,津浦路军事亦颇紧张,非中央即日迁宁,不足鼓舞诸同志的精神,安内攘外。"③他要求唐生智的东征军停止于安庆附近,使宁方军队得以专心应付孙传芳军④。唐生智、程潜不赞成此点,仍主张东进,"共同御敌"。唐生智并主张将部队开至芜湖。经过讨论,双方达成以下协议:一、武汉政府于 9 月 3 日以前迁往南京,与南京政府合而为一;二、9 月 15 日召开第四次中央全会;三、为了使宁方军队放心,谭延闿、孙科偕李宗仁东下;四、东进视此后情形决定⑤。23 日,李宗仁偕谭延闿、孙科由九江赶赴南京。汪精卫等汉方中委继续留在九江,准备东迁⑥。至此,宁汉达成谅解,宁方得以腾出手来,集中全力对付孙传芳。

宁汉两方酝酿合作期间,孙传芳积极准备渡江。8 月 22 日至 8 月 24 日,孙军自浦口炮击南京,以此吸引宁方主力,孙军主力则分别秘密地向南京上游和下游集结。24 日拂晓,孙部乘木船在大胜关上游兔耳矶附近偷渡,被守军第十九军第一师发现,开炮还击。适值李宗仁等人

---

①　《中国国民党中央执行委员会政治委员会第四十七次会议速记录》,1927 年 8 月 17 日。

②　《东南各执监撤销处分原案》,《汉口民国日报》,1927 年 8 月 22 日。

③　《陈公博谈主席团与李宗仁在浔会晤详情》,《汉口民国日报》,1927 年 8 月 25 日。

④　汪精卫:《复驻法总支部函》,《汪精卫言行录》下册,广益书局 1932 年版,第 344 页。

⑤　汪精卫:《复驻法总支部函》,《汪精卫言行录》下册,广益书局 1932 年版,第 344 页。

⑥　汪精卫:《宁汉合作之经过》,《汪精卫言行录》上册,第 92 页。

乘舰下驶,陈调元乘舰上行,路经该处,命令舰上卫队参加战斗。孙部被迫退回江北。25日夜,孙军先在八卦洲、十二圩等处向燕子矶及镇江等地偷渡,吸引宁方军队注意,继则以主力在南京以东的乌龙山、栖霞山、龙潭一带强渡。当夜浓雾,又值北风,孙军左右两翼渡江部队虽被击退,但乌龙山方面强渡成功。宁方部队被迫后撤。8月26日,孙军突然向宁方第一军第二十二师进攻,占领栖霞车站、龙潭车站及栖霞山、乌龙山部分阵地,截断沪宁交通线。

情况紧急,白崇禧自上海赶到镇江指挥,会同在南京的李宗仁、何应钦,火速调桂系的第七、第十九军匆忙赶到南京以东,协同第一军作战。8月27日,第七、第十九军经反复争夺,攻占栖霞山,第一军第十四师卫立煌部夺回龙潭车站。但孙军不断增援,龙潭再告失守。此际,集结于龙潭一带的孙军已达10个师,4个混成旅,五万余人,分别据守龙潭以西之黄龙山及南面之青龙山、虎头山,北面之大石山等险要。孙传芳并亲至龙潭水泥厂督战。28日,宁方军队败退到南京城边,城内各党政机关一片混乱,要人们纷纷出逃。南京危急。

29日,李宗仁、何应钦迅速整顿南京城郊部队,命白崇禧率第一军自东面进攻,命第七军第一、三两个师及第十九军第一师由江边及沪宁路沿线,向龙潭西北攻击,何应钦自率驻扎南京的第一军一部从南面攻击。另电第四十军迅速开进南京,作为总预备队,同时命海军派舰游弋于八卦州、划子口、大河口、乌江镇等处。8月30日,宁方自三面向龙潭发动反攻。

此次孙军反攻江南,采取孤注一掷的战略。官兵渡江后,船只悉数开往北岸,以示有进无退,加之孙军据守青龙山、黄龙山、虎头山、七星洞等高地,凭险顽抗,所以战斗异常激烈。南京国民党军循环冲锋,旋退旋进。当日下午5时,克复龙潭,孙军仓皇向江岸溃退。因天色已黑,宁方军队未便穷追。孙传芳收拾残军,准备再次反攻。

8月31日晨5时,孙军猛攻龙潭水泥厂及龙潭车站。当时,何应钦、白崇禧已在龙潭会合,即令第一、第七、第十九等军协同反击。孙军除一部由柴洲等地渡江北窜外，其余均被缴械俘虏。

龙潭之战，双方动员兵力达15万之多，成为北伐以来的一场恶战。此役宁方俘获孙部官兵三万余人、高级军官数十名，缴械四万余支。孙部死亡及溺毙约万余人。

龙潭惨败后，孙军慌忙渡江北撤。孙传芳化装成士兵，仓皇逃到扬州，率残部约五六千人退往徐州。9月2日，南京军事委员会下令肃清江南残敌，同时命第十八军军长杨杰、第四十军军长贺耀组、第三十三军军长柏文蔚等分头渡江北追，并命海军派舰游弋于和州、采石、南京、镇江、江阴、南通一带江面，掩护陆军渡江。

三　南京特别委员会的成立

宁汉合流，经历了一个很长的酝酿过程。最初是宁沪合作。

1927年春，吴稚晖到上海策划反共，西山会议派骨干之一邹鲁闻讯后，立即找吴商讨"合作清党"问题。吴表示，当时尚不能断然表明废弃联俄容共政策，但与西山会议派的"一致合作，不过时间问题"。[①] 西山会议派感到与蒋合作有望，提出统一党务的四条办法：一、恢复第一届中央执行委员会行使职权；二、粤、沪两方第二届中央执行委员会合并施行职权；三、沪、粤两方中央党部分别举出同等人数，筹备第三次全国代表大会事宜；四、沪中央党部宣告清党目的已达，自行结束。[②] "四一二"政变后，蒋介石一面命白崇禧查封西山会议派在上海环龙路的中央党部，一面指派林森、石瑛、沈定一等为改组委员及清党委员，实际参与清党工作。6月6日，胡汉民在中央党部纪念周上宣布，以后不容有"打倒西山会议派"的口号。7日，根据张静江的提议，恢复林

① 《邹鲁致吴稚晖函》(1927年4月20日)，转引自李云汉：《从容共到清党》，台北1973年影印版，第757页。

② 邹鲁：《回顾录》第2册，台北三民书局1974年初版，第222页。

森、张继、谢持、居正、邹鲁、石瑛、覃振、石青阳、茅祖权、沈定一等人的党籍①。接着，胡汉民、吴稚晖、李石曾等人又联名致函沪方，邀请西山会议派分子到南京，以瞻望孙中山墓地为名，与宁方密议党务统一办法。这时张继正好由日本回到上海，遂代表沪方赴宁，与胡汉民等洽商。7月7日，西山会议派召开中央执行委员会临时会议，决定与南京中央协议统一，双方推举同数委员，组织筹备委员会，筹备召集第三次全国代表大会。会议并推举张继、覃振、刘积学三人为接洽委员，负责与南京方面商量②。会后，张继等赴南京，与胡汉民、吴稚晖等商定，只待蒋介石从徐州前线回来，征求他的意见后，即可实行。

在宁、沪秘密商洽统一时，西山会议派又与武汉的汪精卫集团进行接触。8月初，许崇智派人到汉口，经孙科介绍，与汪精卫见面。汪随即复函许崇智，提出两点意见：一、汉、沪同志开预备会，充分交换意见；二、汉方开第四次中央执行委员会全体会议，请西山会议派同志加入工作③。西山会议派同意召集预备会议，但不同意由汉方开四中全会，另以与宁方商洽合作的各项办法提出与汪协商。汪精卫表示无法接受，理由是，他只能接受西山会议派的个人，而不能接受西山会议派的整个机关。

蒋介石下野后，宁、汉合流的障碍已去，合流条件基本成熟，但是，由于龙潭之战，宁方转危为安，实力增强，态度便转趋强硬。

在接洽过程中，汪精卫和汉方处处以国民党"正统"自居。对此，宁方与西山会议派自然强烈反感。8月21日，张继致电李烈钧、何应钦、李宗仁等，主张"统一汉、宁、沪三党部"。电称："同属一家，无正统与非正统之可争，先后反共，更无谁胜谁负之可夸。"但电报同时提出，汪精

---

①　《（南京）中央执行委员会常务委员及各部长第九十七次联席会议记录》，1927年6月7日。

②　《（上海）中央执行委员会会议记录》，转引自李云汉：《从容共到清党》，第760页。

③　邹鲁：《回顾录》第2册，第228页。

卫"对内对外皆失信仰",宜"暂避要路"。① 9 月 1 日,江苏省党部、南京市党部召集省市各机关、团体代表联席会议,蒋作宾、王伯群、钮永建等依次演说,声称在南京建立中央是"全国忠实党员和一般民众之公意",宁汉合作是"忠实同志团结一致",并非"投降武汉"②。会议通过"电促汪精卫彻底觉悟,即日内下野,以谢党国"等九项议案③。会后即致电汪精卫,指责汪"早已自绝于国人,信用人格,两俱丧失"④。接着,浙江政治分会、江苏省党部、南京特别市党部陆续通电应和。9 月 5 日,谭延闿、孙科专程到沪,邀胡汉民等回南京参加二届四中全会。谭延闿对胡汉民解释说:"宁汉均有过,请谅解。"胡以反共"先进"自居,闻言后立即离座,声色俱厉地说:"余无过,汉方各人实有过。"他指责汉方与共产党合作,致成今日局面,声称谭延闿等"均应负责"。胡并声明:"四次全体会万不能开,汉方亦无主持会议可能。因其多卖党罪人,应受党员裁判,安有资格列席?"⑤彼此不欢而散。

同日,汪精卫偕顾孟馀、徐谦、陈公博、朱培德等抵达南京。在当晚的欢迎宴会上,汪精卫发表演说称:宁汉双方同志均应知道引咎,尤其应该知道补过;一切党国大计取决于第四次中央全会⑥。桂系不愿汪精卫以胜利者的姿态接收南京,因此,一面欢迎,一面又在南京街上遍贴反汪的无头告示,"辞句极尽尖酸刻薄的能事",使汪精卫非常难堪⑦。8 日,南京召开特别会议,李宗仁提出:如欲开四中全会,必须邀请宁方委员胡汉民、吴稚晖、蔡元培、张静江、李石曾等共同出席,方足

---

①　《张继致宁电》,上海《民国日报》,1927 年 8 月 27 日。
②　《首都各团体代表大会详记》,上海《民国日报》,1927 年 9 月 8 日。
③　《首都各团体代表大会详记》,上海《民国日报》,1927 年 9 月 8 日。
④　《致汪精卫电》,上海《民国日报》,1927 年 9 月 8 日。
⑤　《一周间国内外大事述评》,《国闻周报》第 4 卷第 35 期。
⑥　《汪精卫委员演说词》,《汉口民国日报》,1927 年 9 月 18 日。
⑦　《李宗仁回忆录》下册,第 522 页。

以表示宁汉合作的精神①。汪为表示"诚意",只得同意亲往上海"劝
驾"。9月9日,汪精卫到沪,自认过错,但胡汉民、吴稚晖拒不见面,蔡
元培、张静江、李石曾虽然见了面,但都不同意汪的主张。他们以"法
统"问题刁难汪精卫。张静江称:武汉政府并非正统政府,武汉方面所
召开的二届三中全会是联共会议,也是非法的。又称:汪精卫根本没有
召开四中全会的资格和理由。如果汪确有诚意,就应放弃这一主张,衔
接在广州召开的二届二中全会,共同召开三中全会。张静江、蔡元培、
李石曾等人并扬言:若开第四次会议,他们决不到南京②。接着,汪精
卫又专访西山会议派的张继、许崇智等人。他们也同样反对召开四中
全会,而向汪精卫提出,组织"特别委员会",合宁、汉、沪三个中央党部
于一炉,以实现三派的"大团结"。

　　9月10日上午,在法租界莫利爱路孙中山故居举行非正式会议,
宁、汉及西山会议派均参加。汪精卫为迁就沪方,提议在上海召开四中
全会预备会,沪方仍然反对。汪精卫只得放低调子,同意在上海召开
宁、汉、沪三方参加的谈话会。

　　9月11日,三方谈话会在上海戈登路伍朝枢寓所举行。出席会议
的有汪精卫、谭延闿、孙科、伍朝枢、李宗仁、李烈钧、张静江、叶楚伧、蔡
元培、程潜、褚民谊、李石曾、邹鲁、张继、谢持、许崇智、王伯群、杨树庄、
覃振、居正、于右任21人,推谭延闿为主席。会上,汪精卫再次提出召
开四中全会的主张,蔡元培、李石曾、张静江等人群起反对。为了打开
僵局,孙科提出一项折衷办法,即避开三、四次全会之争,由宁、汉、沪三
方共同组织中央特别委员会作为过渡,先使合作告成,再图补救办法。
孙科的提议得到宁方和西山会议派的赞同。汪精卫也未表示反对。经
过激烈争吵,共同商定:

　　(甲)关于党务:一、组织特别委员会,统一党务;二、特别委员会由

---

①　汪精卫:《复驻法总支部函》,《汪精卫言行录》下册,第343页。
②　汪精卫:《复驻法总支部函》,《汪精卫言行录》下册,第343页。

宁、汉、沪三方共同推定若干人组织之;三、宁、汉、沪三方中央党部将其职权委托于特别委员会;四、特别委员会除行使中央执行委员会职权外,应负责统一各地方之国民党党部并筹备开第三次全国代表大会。代表大会最迟于十七年一月一日召开;五、特别委员会委员32人,候补特别委员9人,由三方共同提出;六、中央各部长人选,由特别委员会决定之。

(乙)关于政府,宁、汉两政府之合并及改组方法并人选,由特别委员会决定之。

(丙)统一宣言推汪精卫、谭延闿、蔡元培、谢持起草。

12日,推定特别委员及候补委员名单。汉方推出特别委员谭延闿、孙科、何香凝、于右任、朱培德、程潜;候补特别委员顾孟馀、陈公博、甘乃光。宁方推出特别委员李宗仁、李石曾、蔡元培、王伯群、伍朝枢、李烈钧;候补特别委员褚民谊、缪斌、叶楚伧。沪方推出特别委员林森、许崇智、居正、谢持、覃振、邹鲁;候补特别委员茅祖权、刘积学、傅汝霖。宁、汉、沪三方共同推出特别委员汪精卫、胡汉民、张继、吴稚晖、戴季陶、张静江、蒋介石、唐生智、冯玉祥、阎锡山、杨树庄、李济深、何应钦、白崇禧[1]。

13日,公推特别委员张继、于右任、何香凝、李石曾、蔡元培五人代行监察委员会职权。

上海谈话会确立了宁、汉、沪三方平分秋色的调子,从而否定了汉方的正统地位。这是宁、沪两方策划的一个偷梁换柱的阴谋。开始,汪精卫不明底蕴,未表示反对。会后,孔祥熙宴请宁方委员时,陈公博大谈特别委员会"违背法统",成立特别委员会是"自己取消了执行委员会",暗示此举将使武汉集团失去控制国民党中央的地位[2]。经陈公博点破,汪精卫才恍然大悟。13日,汪精卫在宋子文寓所召集汉方谭延

① 《宁汉沪三方同志接洽统一党务之经过》,中国第二历史档案馆藏。

② 陈公博:《苦笑录》,现代史料编刊社1981年版,第104—105页。

阎、孙科、朱培德、顾孟馀、陈公博等开秘密会议,讨论对特别委员会的态度。谭延闿、孙科力陈舍此"别无他途可循",陈公博、顾孟馀则坚决反对,主张不参加。经过一场激烈争吵,无结果而散①。汪精卫知已无法挽回,决定消极抵制,当夜潜赴九江。行前通电称:对共产党"防制过迟",只因"时局未定,应先补过,不宜遽尔卸责,故隐忍至今",表示愿"及时引退,听候处分"云云②。接着,汪派骨干分子徐谦、顾孟馀、陈公博相继宣布引退。

9月14日,宁、汉、沪三方委员专车赴京。次日,宁、汉两方在南京成贤街中央党部举行中央执监委员临时会议,沪方在中山陵开中央执行委员会会议,分别通过组织特别委员会议案及人选名单。16日,国民党中央特别委员会在南京正式成立。宣言通告:"从前峙立之三党部,均不复行使职权",特别委员会将一面继续清党,一面继续北伐③。

特别委员会成立后,又于16日、17日、19日连续召开三次会议,议决如下各事项:一、推汪精卫、蔡元培、谢持为常务委员,叶楚伧为秘书长。各部不设部长,实行委员制,由各委员互选主任一人统理部务。二、推丁惟汾、于右任、孔庚、王法勤、王伯群、王宠惠等47人为国民政府委员,汪精卫、胡汉民、李烈钧、蔡元培、谭延闿5人为国民政府常务委员;推于右任、方振武、方声涛等67人为军事委员会委员,白崇禧、何应钦、朱培德、李宗仁、李济深、汪精卫、胡汉民、唐生智、程潜、冯玉祥、蒋介石、杨树庄、谭延闿为军委会主席团成员。三、10月1日以前取消中央执行委员会政治委员会各地分会。

20日,国民政府委员和军事委员会委员宣誓就职。同日,发表国民政府成立宣言,宣布六条施政方针:一、继续北伐,削平军阀,完成全国统一;二、贯彻废除不平等条约主张;三、肃清共产党;四、建设革命秩

① Tang Leang-Li, *The Inter History of the Chinese Revolution*, pp. 295-299.

② 《汪精卫通电高蹈》,上海《民国日报》,1927年9月15日。

③ 《中国国民党历次代表大会及中央全会资料》上册,第487页,

序,厉行革命纪律;五、实行总理《建国方略》、《建国大纲》之建国程序;六、扫除文武官吏贪污腐败之积习①。

特别委员会的成立与国民政府的改组,表面上结束了国民党中央分崩离析的局面,使其归于统一,但是,它是由国民党各派系七拼八凑起来的,本身存在着无法克服的矛盾。第一,在国民党党章上没有法理依据,为反对者留下了借口。第二,宁方实力派人物蒋介石、胡汉民、吴稚晖都没有参加特委会,对它持消极态度。第三,汉方汪精卫、唐生智等人极力反对特委会。基于以上几个原因,特别委员会根本无法行使中央职权。它不仅未能消除国民党内各派的矛盾,反而使这些矛盾和纠纷更加复杂化和尖锐化。

第二节 宁汉粤之争与冯玉祥、阎锡山的讨奉军事

一 南京特委会讨伐唐生智

南京特别委员会的出笼,剥夺了汪精卫"合法领袖"的地位,使他继续执掌国民党中央大权的希望成为泡影。正如李宗仁所说:"原来希望在蒋中正下野后便可重操党权的汪兆铭,在特委会成立后,仅获一国府委员的空衔,而其昔日政敌,今均扶摇直上,重据要津,汪氏未免大失所望。"②对于在宁汉合流中的失败,汪精卫感到非常"痛心"。他说:"中央第四次全体会议之被挫,特别委员会之产生,实为宁汉合作以后至可痛心之事,亦本党至可痛心之事"③。但他不甘心就此失败,在九江表面上闭门读书,暗中却操纵唐生智和正在回粤途中的张发奎,企图从湖

---

① 《国民政府宣言》,《革命文献》第16辑,总2850—2851页。
② 《李宗仁回忆录》下册,第526页。
③ 《复驻法总支部函》,《汪精卫言行录》下册,第343页。

北和广东两地分头发动,反对特别委员会①。

　　握有重兵的唐生智也极为不满。当时,唐生智利用东征的机会,部队已进入安徽。9月6日,刘兴的第三十六军由大通入驻芜湖,何键的第三十五军由安庆北上合肥,向蚌埠推进。在唐军的逼人威势前,宁方驻皖部队步步后退,安徽省主席陈调元也退到芜湖以东布防,并向南京求援。9月8日,唐生智抵达安庆。当日宣布:"以前蒋中正所委命的安徽省政府、省党部均应无效","听候中央改组"。② 11日,唐生智由安庆赴芜湖视察,因获悉冯玉祥、靳云鹗发生冲突,即于当日由芜湖折回汉口,出任调停。

　　唐生智由安徽返回汉口后,利用宁汉暂时停止军事行动的机会,整顿后方,解决两湖境内几支非唐系的武装力量,扫平宋鹤庚部,赶走许克强,驱逐湖南的粤军与湘西的黔军,完全控制了两湖地区。14日,唐生智在汉口召集重要军官会议,决定暂缓北伐,以巩固湘、鄂、皖三省防务。由唐生智担任三省联军总司令,何键、刘兴、周斓为副司令。

　　为了与控制特别委员会的桂系抗衡,唐生智需要利用汪精卫的招牌以壮大自己的声势。9月19日,唐生智派人上庐山见汪,邀汪赴汉口共商要事。在反对特别委员会这一点上,汪、唐一拍即合。21日晚,两人商定成立武汉政治分会,以便控制两湖与安徽,与特别委员会分庭抗礼。当即通电称:奉中央政治委员会主席团8月22日训令,在中央党部及国民政府迁宁以后,在武汉设立政治分会,指定唐生智、顾孟馀、陈公博、孔庚、邓寿荃五人为常务委员。同日,又在武汉政治分会下组织财政委员会,以孔庚、邓寿荃、王祺三人为委员。

　　南京特别委员会成立时,曾决议取消各地政治分会。武汉政治分

---

　　①　*The Reminiscences of Chang Fa k'uei*, p. 303. Chinese Oral History Project, East Asian Institute, Columbia University.

　　②　《唐总司令在安庆各机关团体欢迎席上讲演词》,《汉口民国日报》,1927年9月21日。

会成立后,特别委员会便据此通令取消。唐生智置之不理,而且在政治、军事上作出反应,向特委会挑战。于是,国民党由宁、汉、沪三方合流再次转化为宁、汉对立。

9月22日,汪精卫在武汉政治分会成立大会上发表演说,委婉地提出南京特别委员会"代行中央职权",是"迁就事实"的"权宜措置"①。25日,汪精卫又通电声称:本人"政府职务虽已解除,党员责任未敢放弃",今后仍当"以党员资格奔走各方"②。27日,汪精卫回庐山继续"休养"。同日,唐生智以武汉政治分会名义任命何键为代理安徽省政府主席,同时任命各厅厅长,将安徽完全收入自己囊中。28日,武汉政治分会通电称:南京特别委员会代行中央职权,"在党章上毫无根据,且为将来破坏党的组织者开一恶例"。通电表示:在党的合法机关未恢复职权以前,可以将特别委员会产生的政府视为事实政府,进行有限合作;但不承认特别委员会关于党务、政治的决议③。

桂系拥汪本是权宜之计,其真实意图是要将汪精卫拉过去,孤立唐生智,乘机打垮或吞并唐部,控制两湖,使之与广西连成一片。唐生智盘踞安徽,觊觎南京,桂系更感到如芒在背,必欲去之而后快。

谭延闿与唐生智之间有宿怨。8月24日,李宗仁偕谭延闿、孙科自九江赴南京时,即策动谭延闿反唐,谭当即表示支持李。到南京后,在谭延闿的牵线下,李宗仁、白崇禧积极策动程潜参加讨唐战争,保证成功后,由程潜率第六军回湘主政。李并当面向程潜赌咒发誓:"倒唐之后,如果拥蒋,将为天地神明所不容。"④程潜为桂系的许诺所动,自愿充任"讨唐先锋"⑤。桂系还通过谭延闿、程潜的关系,与江西的朱培

---

① 《宁汉合作之经过》,《汪精卫言行录》上册,第93页。
② 《汪主席径日通电》,《汉口民国日报》,1927年9月27日。
③ 《武汉政治分会通电》,《汉口民国日报》,1927年9月29日。
④ 程潜看了谢慕韩的文章后所作的补充,见谢慕韩:《关于"东征"、"西征"和第六军被消灭的片断回忆》,《湖南文史资料》第4辑,第31页。
⑤ 《中华民国史事纪要》,1927年10月19日。

德、驻鄂西的鲁涤平以及唐生智部下何键、张国威取得联系,从内部分化瓦解唐军。

龙潭战役结束后,南京政府已无北顾之忧,讨唐计划便提上了议事日程。当宁、汉、沪三方的政客们正在为争夺国民党大权而喋喋不休时,桂系即开始筹划西征。

西征前,宁方首先展开政治攻势。10月2日,南京特委会派孙科、伍朝枢、张继、许崇智等十余人赴庐山"劝汪复职"。宁方代表提出:一、取消武汉政治分会;二、武汉军继续北伐;三、恢复中央党部。汪精卫也提出三条相答:一、仍照原议迅速召开二届四中全会,全会闭幕后即恢复中央执行委员会,行使职权;二、由四中全会追认特委会,并可允许其继续存在,但不能取代中央常务委员会,而要与其划清职权范围;三、武汉政治分会暂不取消,但须与中央划分权限。双方最后同意,以承认特别委员会作为承认武汉政治分会的交换条件。关于军事问题,宁方提出:一、新编军队须经军委会批准。唐部扩军太快,以后不能自行扩军;二、汉阳兵工厂所出军用品,应由军委会统一分配,各军不能自行提取;三、李宗仁、白崇禧、何应钦、唐生智、程潜应统率部队,同时北伐;四、何键、刘兴两军退出安徽,安徽省政府、省党部改组。

宁方提出的条件,涉及唐生智的切身利益,汪精卫不能替他做主。10月10日,汪精卫偕孙科、伍朝枢等到汉,与唐生智磋商。11日,汪、唐等与特委会代表会谈。唐生智表示:赞同召开二届四中全会,恢复合法的党的机关,组织合作政府,对特委会进行有条件的合作,但他坚决反对改组安徽省政府和交出汉阳兵工厂。在汪精卫的斡旋下,最后双方达成政治协议十一项、军事协议三项。政治协议主要内容有:追认9月15日特委会议决案、恢复监察委员会、中央各部改部长制、于必要地点设特别分会、设国民政府主席等。军事协议则只有厘定兵额,核实兵数,各军不得擅自增减以及统一各地兵工厂等笼统条文①。上述协议,

---

① 《一周间国内外大事述评》,《国闻周报》第4卷第42期。

反映出汪精卫企图恢复领袖地位的良苦用心,但无奈特委会只是借会谈制造舆论,并不诚心与汪精卫合作。因此,汪精卫的努力只能是徒劳而已。

10 月 13 日,孙科、伍朝枢等携带协议回南京复命。同日,谭延闿、程潜、李宗仁、何应钦、白崇禧、孙科、伍朝枢联名通电,表示赞同协议,要汪精卫等来宁开会,以 11 月 1 日为期。电报并诈称:"一、三两路军队已络续渡江,集中津浦路,大举北伐,专候驾临主持一切。"①正当汪精卫洋洋自得,以为"事已大定,党务军事均可转危为安"时②,南京讨唐准备也已就绪。

10 月 20 日,南京国民政府下令褫夺唐生智本兼各职,交军事委员会依法治罪。随即任命程潜为西征军总指挥、李宗仁为副总指挥,分由长江两岸进攻安徽唐军。同时密令朱培德为第五路军总指挥,在江西策应;何应钦、白崇禧则分率第一、第二路军,在津浦线上对奉鲁军取守势,掩护西征。

南京政府讨唐得到两广与冯玉祥的响应。10 月 22 日,李宗仁、白崇禧致电李济深等,要求饬令范石生、方鼎英各部火速向衡阳、醴陵进攻,牵制唐军③。次日,广州政治分会即命李福林率第五军先行开赴韶关,并调回东江各军陆续北上。河南的冯玉祥也致电南京,支持讨唐。22 日,孙连仲奉冯玉祥命,进迫武胜关,与驻守该地的鄂军开火。驻防鄂西的第二军鲁涤平部与川军杨森、黔军李燊合组西路讨唐临时军事委员会,推杨森为主席,沿长江两岸向武汉进击。贵州的周西成也派兵进窥湘西。一时间,形成了对唐生智四面围攻的态势。

南昌起义后,张发奎的第四军即以追击为名回粤,当时已到达广州。汪精卫预感战事将不利于唐生智,便于 10 月 21 日离开武汉,转道

---

① 《中央要人电促汪精卫来宁》,上海《民国日报》,1927 年 10 月 21 日。

② 汪精卫:《复驻津法总支部函》,《汪精卫言行录》下册,第 348 页。

③ 《粤军决三路讨唐》,上海《民国日报》,1927 年 10 月 25 日。

上海赴广州。但是,唐生智仍决心对抗到底。10月21日,通电斥责南京特委会是"政客官僚之集合体",宣称要"谨奉总理遗教",打倒"违法篡党之谋乱机关"①。同日,武汉政治分会宣布与南京特委会断绝关系。

战争发动后,唐生智为了保存实力,避免各个击破,决定对内集中全力解除湖北境内非嫡系部队武装,对外则"弃皖防赣,固守两湖"②。10月24日,唐军放弃安庆,第三十五、第三十六、第八军一部共八万余人集结于鄂皖交界地区,准备与西征军决战。但是,由李宗仁指挥的西征军第三路军进展迅速。11月5日,突破唐生智在广济附近的防线,向鄂东田家镇、蕲东发起进攻。同时,由程潜指挥的第四路军和朱培德指挥的第五路军自赣北向鄂东南的咸宁一线推进,威胁唐生智部沿武(昌)长(沙)线回湘的归路。第二军鲁涤平部则由荆州、沙市继续沿江东下。冯玉祥也派樊钟秀、吴新田部向鄂北挺进。武汉处于四面被包围的困境。

在不利局面下,唐生智所部出现分崩离析局面。刘兴所部第三十六军第四师在安徽境内向程潜投诚。第八军第一师师长张国威秘密接受程潜委任的第八军军长职务。第三十五军军长何键暗中派人向白崇禧接洽,准备在唐生智下野后与刘兴共管武汉。11月9日,唐生智在汉口召集所部将领会议,决定缩短战线,命何键、刘兴两军退守黄州,准备以武昌、咸宁为集合点,与宁方决战。何键因心怀贰志,命所部放弃抵抗,径直后撤武汉。刘兴部受其影响,也只得放弃黄州西撤。唐生智见武汉不保,准备退回湖南。但这时夏斗寅部正窥视长、岳,粤桂军进入湘南,黔军又由湘西侵入,唐生智感到大势已去,便于11日晚在武汉召集高级将领会议。唐生智表示:"各方队伍都要向我们进攻,我们不

---

① 《一周间国内外大事述评》,《国闻周报》第4卷第43期。
② 陈训正:《国民革命军战史初稿》卷3,第397页。

能对付,我只好暂时离开部队到日本去。"[1]他并对善后作了安排,决定由何键、刘兴、李品仙共同负责,将部队撤回湖南,保存军队实力和湖南地盘[2]。会议结束时,他又将第八军第一师师长张国威勒毙。会后,唐生智即发表下野通电,乘日轮东渡。

11月12日午后,李品仙、何键、刘兴、叶琪、周斓、彭振国暨湖北省党部及商会开会,议决吁请宁方息兵言和。13日,宁、汉双方同时下令停战。西征军陆续进驻武汉等地。14日,南京特委会宣布取消武汉政治分会,改设湘鄂临时政务委员会,任程潜、李仲云、王世杰、张肇元、甘介侯为委员,以程潜为主席。15日,南京国民政府下令通缉唐生智。19日,改组湖北省政府,任命张知本、熊斌、张难先、石瑛、王世杰、胡宗铎为省政府委员,以张知本为主席。同时任命胡宗铎为清乡督办、陶钧为清乡会办,在湖北实行白色恐怖,残酷屠杀共产党人和革命分子。

二　宁粤之争与广州政变

在宁汉对立的同时,国民党内又出现了宁粤之争。

中共在南昌发动起义后,张发奎极为愤恨。8月2日致电李济深称,他本人希望有机会回粤,与广东方面"共同奋斗","前后夹击"叶挺、贺龙部队[3]。李济深致电蒋介石请示,蒋本有策反张发奎的打算,于是,李济深即派原第四军代军长陈可钰携款赴赣[4]。陈可钰到南昌后,张发奎所部军官对于"广东政治均表示不满",对于李济深"亦多有微

---

① 《晨报》,1927年11月2日。

② 刘兴遗稿:《回忆国民革命军第八军》,《湖南文史资料》第6辑,第84页。

③ 《张发奎致李济深电》,转引自《广州李济深来电》,《蒋介石收各方电稿》,抄本。

④ 陈可钰:《粤变之内幕》,广州平社编:《广州事变与上海会议》下编,第106页。

词",张发奎甚至表示要拥陈代李①。陈可钰力陈不可,张发奎只得作罢。但张发奎表示,必须支持汪精卫,陈称:李济深对此不会反对②。在得到汪精卫同意后,张发奎即将第四军、第十一军余部交给黄琪翔,命黄以代理第二方面军总指挥的名义率领南下,本人则与陈可钰取道上海,南下香港。9月21日,黄琪翔率部抵达广州,所部分驻广州近郊和石龙、韶关等地,同月27日,张发奎自香港到达广州。

张发奎回粤,并不仅仅是为了觅得一席休整之地,而是要依赖广东,为汪精卫取得重新起家的地盘。9月22日,张部发表《凯旋宣言》称:"感觉到真正革命的势力太单薄了,感觉到改头换面的反革命势力日加扩大了,感觉民间的疾苦不特没有解除而且日益增加,感觉到党国的前途不但没有光彩而且日益暗淡。"宣言表示拥护汪精卫,"建设革命的新广东"③。不久,张发奎即与陈可钰商定,由第十一军军长朱晖日为公安局长,张发奎为代理军事厅长兼省党部组织部长,谢婴白为军事厅参谋长,李济深均表示同意。

各地政治分会的存在威胁南京特别委员会的统一。9月下旬,南京特委会电令李济深撤销广东政治分会。李济深等为了维持广东的半独立状态,复电要求收回成命,同时要求增设军事委员会广州分会。10月5日,南京特委会决定,政治分会应即取消,是否增设军事委员会分会一案,交国民政府核办。10月11日,广州政治分会议决成立临时军事委员会,以李济深、黄绍竑、张发奎、李福林、黄琪翔、陈可钰、陈济棠等为委员,指挥政治分会境内陆海空军及一切军事机关。10月12日,南京特委会再电李济深,要求依前令取消政治分会,但李济深等仍然不加理睬。14日,广州政治分会决定以李济深为临时军事委员会主席,陈可钰为参谋长,黄绍竑、张发奎为副参谋长,陈公博为政治部主任。

①　陈可钰:《粤变之真相》,《广州事变与上海会议》上编,第61页。
②　The Reminiscences of Chang Fa k'uei, p. 295.
③　《广州事变与上海会议》上编,第13—16页。

18日,广州政治分会临时军事委员会正式成立。

其间,张发奎不断提出新的要求,以陈公博为民政厅长,以邹敏初为财政厅长,以朱晖日为军事厅长,李济深的亲信一一被排除,张发奎逐渐控制了广东省政府。"新委的县长,完全由陈公博决定","李济深事前不知道,事后也不能过问"①。李济深感到极大威胁,积极邀请在福建的蔡廷锴部队回粤"休养",企图以之抵制张发奎。蔡部脱离南昌起义部队后不久,即在福建恢复第十一军编制,仍拥陈铭枢为军长。张发奎和陈铭枢之间早已水火不相容,和蔡廷锴的关系在南昌起义后也已经恶化。李济深此举加剧了和张发奎之间的矛盾。在此情况下,陈可钰出面调停。他一面劝张发奎出洋,一面向李济深献计,将张发奎部移驻潮汕②。张发奎表面上同意陈可钰的意见,暗中则在加紧策划。

汪精卫、张发奎等人的计划是一面控制广东,一面支持唐生智出兵南京,共同反对特别委员会。10月6日,张发奎发表演说称:西山会议派的人多经第二次全国代表大会开除党籍,现在居然做中央特别委员会委员,"以无党籍之人而主持本党政务,党纪何在"③? 同日,张发奎通电反对南京特别委员会,主张召开第四次中央全会,正式打出了"拥汪护党"的旗号。李济深不知是计,表示同意迎汪回粤。10月7日,李济深、张发奎在广州召开迎汪回粤大会,要求汪回粤"主持党国大计"。会后并派人到汉口迎接。10月20日,南京特委会宣布讨伐唐生智,汪精卫决定"应召回粤","于国内求一立足地",然后再图"恢复中央"④。

10月29日,汪精卫到达广州,即向报界重申召开第四次中央全会,恢复中央执行、监察两委员会等主张⑤。30日,汪精卫、李济深、何香凝、李福林、陈树人、陈公博、甘乃光等集会。会后,即由汪精卫、李济

①　凌仲冕:《"张黄事变"前后的粤局》,《广州文史资料》第2辑。

②　陈可钰:《粤变之真相》,《广州事变与上海会议》上编,第61页。

③　《广州事变与上海会议》上编,第19页。

④　《汪精卫言行录》下册,第349—350页。

⑤　《一周间国内外大事述评》,《国闻周报》第4卷第43期。

深、何香凝联名发表通电,宣布第四次执、监会议在粤召集,望各委员克日到广州开会;在全体会议未成以前,中央执行、监察两常务委员会及秘书处均照常办公,"庶党之中枢不致动摇"①。当晚,在广州政治分会、广东省政府的联合宴会上,汪精卫发表演说,猛烈指责中央特别委员会"背党非法",表示要"为挽救本党危亡,恪守本党纪律而反对特委会"②。何香凝这时还不能认识汪的本相,也发表演说,表示"有特别委员会即是亡国,愿追随各同志努力救党",1972年11月1日。③。11月1日,在广州的国民党中央执行委员召开会议,通过三项决议:一、国民党中央执行委员会应从速在广州履行最高机关职务。二、国民政府在广州再行设置。三、由常委召开第四次中央全会,解决一切争端④。这样,汪精卫、陈公博、张发奎等就公开在广州树起了国民党中央的大旗,与南京特别委员会对抗。

当时,在粤国民党中委只有六七人,因此,李济深不赞成汪精卫等在广州设立国民党中央。他认为,特委会在党章上"实有不合的地方","但是我们反对人家不合法,应该自己要合法"⑤。他主张和李宗仁、白崇禧磋商,撤废特委会,重开二届四中全会⑥。11月3日,汪精卫致电广西的黄绍竑,征询他的意见。黄复电主张在南京开四中全会,恢复中央党部,裁判各方是非;讨唐军事,既已爆发,可以不问⑦。黄绍竑的回答,不合汪精卫的心意。同时,李济深一派还扬言:"汪为党之中心人物,处广东之边陬地,实非所宜,望速归宁,以为全党尽力"⑧,暗示不欢

---

①　《一周间国内外大事述评》,《国闻周报》第4卷第43期。

②　《汪主席演说要点》,《广州民国日报》,1927年11月1日。

③　《何部长演说之要点》,《广州民国日报》,1927年11月1日。

④　《一周间国内外大事述评》,《国闻周报》第4卷第43期。

⑤　《李济深在南园之报告》,《广州事变与上海会议》上编,第41页。

⑥　陈公博:《苦笑录》,第114页。

⑦　《黄绍竑自述粤变经过》,《广州事变与上海会议》上编,第65页。

⑧　《一周间国内外大事述评》,《国闻周报》第4卷第43期。

迎汪久居广东。陈可钰甚至当面对汪说："先生于此时回粤,有两不可:一则激起两广之纠纷;一则酝成第四军之分裂。"汪精卫听后,非常尴尬地说:"余诚为不祥之人矣。"他表示,将离开广东;到日本去①。至此,汪派与李济深、黄绍竑已格格不入。

面对汪精卫在广东的挑战,宁方委员谭延闿、孙科、吴稚晖、李石曾、胡汉民、戴季陶、褚民谊、蒋作宾、张继、邹鲁等 15 人在上海开谈话会,讨论应付办法。与会诸人认为:在粤召开四中全会,难以达到法定人数,不足为虑;粤方内部分歧,不会长久。据此,桂系主张整顿粤局,把汪精卫、张发奎从广东排挤出去。

桂系的主张正合李济深的心意。因此,他努力在宁、粤间斡旋,企图以开四中全会为名,将汪派中委送出广州,然后再寻机解决张发奎部。在李的斡旋下,宁方同意召开四中全会,并以出国考察为名,将许崇智派往日本,又任命张继、居正为驻日代表,令其赴日,为停止特委会作准备。11 月 1 日,宁方通电,敦促粤、汉各方中委到南京召开二届四中全会②。但是,正在日本访问的蒋介石却突然于此时联汪反桂。

蒋介石于当年 9 月 28 日赴日考察,11 月 8 日回国。其间,陆续派人回国,与汪精卫联系,表示只要汪派驱逐了李济深,蒋介石就回广东,"再办黄埔,再练兵"③。11 月 2 日,蒋介石以吊唁李济深母丧为名,派宋子文赴粤。此时,宋子文已经投入蒋介石营垒,他的实际任务是与汪精卫等密谋,建立蒋汪联盟,反对特别委员会。11 月 4 日,汪精卫、李济深、陈公博、宋子文等在粤中委联名致电宁方,同意在南京召开四中全会,但主张先在广州或上海开预备会。同时,立即取消特别委员会,或宣布停止其职权④。此电说明,宋子文的广东之行已经取得了具体成果。

---

① 《陈可钰之谈话》,《广州事变与上海会议》上编。
② 《中央委员致粤汉各中央委员东电》,上海《民国日报》,1927 年 11 月 2 日。
③ 陈公博:《苦笑录》,第 114 页。
④ 《广州民国日报》,1927年11月7日。

谭延闿、孙科等不赞成变更会议地点，于11月6日复电粤方，希望汪精卫速到南京开会。8日，宁方又致电汪精卫等，声称特委会是根据上海协议正式成立，取消或停止职权，都不是"同人等权力所及"，只能等待中央全会解决。谭、孙并提出，预备会议地点以上海较为适中①。9日，顾孟馀、王法勤、王乐平、潘云超四人应汪精卫电召，抵达广州。当晚，汪精卫约集在粤中委陈树人、何香凝、甘乃光、李济深、李福林、陈公博、顾孟馀、王法勤、王乐平、潘云超、陈璧君等在葵园会议，讨论开会地点。李济深主张在上海，陈公博等坚决主张在广州，两派互不相让②。次日会议时，突然接到蒋介石上海来电，邀请汪精卫、顾孟馀等赴沪，商量召集四中全会预备会议事宜。电称："若欲使本党复归完整，非互相谅解，从速恢复中央执行委员会不可。"③汪精卫接电后，喜出望外。会议决定放弃在广州开会的主张，推汪精卫、李济深二人为代表赴上海，与蒋介石接洽。会议并议决三条作为谈判基础：一、取消南京特别委员会；二、恢复中央执行委员会及中央监察委员会；三、召开第四次中央全体会议，筹备召集第三次全国代表大会④。同日，汪精卫发表演说称："现在本人对蒋同志非常原谅，本人深悔当日之过举。但本人勇于改过，以后仍当与蒋同志益加团结。"⑤汪精卫忽而反蒋，忽而联蒋，毫无政治原则可言。

汪精卫得到蒋介石的支持，加快了驱逐李、黄的步伐。张发奎建议，召开有李济深、黄绍竑参加的会议，将其逮捕。汪精卫不同意，自己设计了一个方案⑥。11月16日，汪精卫以赴沪出席四中全会预备会议为名，挟李济深北上。同时，为了麻痹黄绍竑，张发奎声言决定出洋，

① 《一周间国内外大事述评》，《国闻周报》第4卷第45期。
② 《广州事变与上海会议》上编，第26页。
③ 《东方杂志》第25卷第1号，第198—199页。
④ 《要闻》，《广州民国日报》，1927年11月14日。
⑤ 《汪主席昨日赴黄埔训话》，《广州民国日报》，1927年11月11日。
⑥ *The Reminiscences of Chang Fa k'uei*, p. 304.

离穗赴港①。李济深动身前，电召在广西的黄绍竑到粤，将广东政治分会主席及临时军事委员会主席职务交黄代理。16日晚上，第四军军长黄琪翔、第五军军长李福林的代表及新编第二师师长薛岳在葵园密议驱桂。17日晨，第四军、第五军、新编第二师联合发动，将黄绍竑驻广州的桂军缴械，同时包围第七军驻粤办事处、第八路军总指挥部、新编第四军军部，以及黄绍竑住宅，分别缴械，宣布全城戒严。广州街上遍贴"打倒侵略广东的黄绍竑"、"打倒南京特别委员会"、"打倒桂系"、"打倒西山会议派"的标语。黄绍竑因事先得知有变，化装潜逃香港。桂系部队匆忙向广西边境撤退。

事变当天，张发奎即由香港回广州坐镇指挥。在粤的汪派中委何香凝、顾孟馀、王法勤、甘乃光、陈树人、王乐平、李福林、潘云超等联名致电汪精卫，指责黄绍竑"企图延长非法特别委员会生命，阴阻第四次执监全体会议，擅调七军集中西北两江，又复挑拨粤中部队"等"罪行"②。18日，广州政治分会会议，增补张发奎为广州政治分会委员，朱晖日为广东省政府委员兼军事厅厅长，加派黄琪翔、朱晖日、范石生、方鼎英、陈济棠、冯肇铭为临时军委会委员，以张发奎、李福林、陈公博为临时军委会主席团，在李济深回粤前，由张发奎代理军委会主席职务。会议同时议决褫革黄绍竑军职，开除党籍，通缉究办③。随后又任命顾孟馀为广州政治分会主席，陈公博为广东省代理主席，黄琪翔为广州卫戍司令。汪派完全控制了广东。

三　冯玉祥军与南京北伐军会师徐州

冯玉祥自陕西出兵进军河南后，收编了原直系吴佩孚属下的靳云

①　《广州事变与上海会议》上编，第48页。
②　《留粤中委电报处置黄绍竑经过》，《广州民国日报》，1927年11月28日。
③　《政治分会第七十一次议决案》，《广州民国日报》，1927年11月21日。

鄂部以及其他一些地方杂色武装,总兵力号称 30 万人。1927 年 6 月 12 日,冯玉祥将豫、陕、甘三省军队编成七个方面军,分别以孙良诚、靳云鄂、方振武、宋哲元、岳维峻、于右任、刘郁芬为总指挥。不久,又将河南的镇嵩军刘镇华部编为第八方面军,即以刘镇华为总指挥。以上各部,除冯玉祥的嫡系外,入豫后新收编的靳云鄂、樊钟秀等仍割据一地。靳原系吴佩孚部大将,投冯后不满于只得到河南郾城、漯河一带的小块地盘,暗中与孙传芳、张宗昌勾结,企图利用红枪会,寻机发难。8 月中旬,宁方北伐失利,孙传芳反攻南京,靳云鄂以为时机已至,遂与孙传芳、张宗昌约定,于中秋节(9 月 10 日)共同夹击冯军。商定:成功后,江苏、安徽归孙传芳,河北、山东归张宗昌,北京归张作霖,河南归靳云鄂[①]。此外,在冯玉祥的后方,还有陕军麻振武部和甘肃的张兆钾部等地方势力抗命骚扰。因而,冯玉祥不得不集中精力整顿内部。

7 月中旬,冯玉祥命张维玺、刘汝明剿灭据守陕西大荔的陕军麻振武部。同月 26 日,张、刘所部攻克大荔,麻部被基本消灭。同时,冯玉祥又命宋哲元清剿流散于陕甘地区的张兆钾余部。宋采取奇兵追袭和不降则屠尽俘虏等手段,至 10 月间,基本上扫平了陕、甘两省抗命的地方势力。9 月 6 日,冯玉祥下令免去靳云鄂本兼各职。7 日,冯玉祥指挥孙良诚、孙连仲、郑大章等部由南北两面夹击,相继克复许昌、临颍、郾城等地。靳云鄂只身北逃投靠张作霖,所部或降或俘。冯玉祥随即以孙连仲接任第二方面军总指挥。另以东路军为第九方面军,由鹿钟麟为总指挥。

尽管国民军内部和后方屡生变故,但与直鲁军的激战仍在继续进行。当时,南京政府正酝酿讨伐唐生智,无意大规模北进。冯玉祥便约阎锡山共同行动。双方代表往返磋商后决定:直隶境内以北各地区归晋军担任,山东方面及陇海、豫北等线归国民军担任;10 月 9 日同时发动。

---

① 《告刘镇华免靳云鄂职详情电》,《冯玉祥军事要电汇编》下册。

9 月,奉军以主力进攻山西。27 日,阎锡山命北路商震提前发动。为配合阎锡山,冯玉祥也提前动作。10 月 4 日,冯玉祥致电南京军事委员会,要求宁方在津浦线上的军队从速进兵,"以收夹击之效"①。同月 9 日,冯玉祥下达进攻令。然而,奉命由大名进攻德州的孙连仲部被奉军牵制在豫北,奉命由考城进攻济宁的刘镇华部内部不稳,未能及时发动,只有第一路军鹿钟麟部五万余人,准时在商丘以东的陇海线上投入战斗。

鹿钟麟部发起进攻时,褚玉璞已指挥 10 万直鲁军在其当面展开。10 月 11 日,直鲁军依仗优势兵力和铁甲车掩护,沿陇海路向西反攻,一举突破冯部第一路军的阵地,随即向其右翼包抄。13 日,鹿钟麟率部后撤至豫东归德。此时,冯部第二路军姜明玉、梅发魁、憨玉珍等部突然在豫东倒戈,擒获冯玉祥委派的第二路军副总指挥郑金声,将其送往济南,并联合直鲁军第十二军刘志陆等部,包围鹿钟麟部。鹿钟麟率部激战 5 天,才陆续突围,于 19 日撤至兰封附近。

直鲁军获胜后,张宗昌、褚玉璞等命令所部沿陇海路继续向开封进击,企图一举摧毁河南的国民军。冯玉祥急忙调集石友三、韩复榘等部,连同鹿钟麟部,共集中 10 万兵力,由自己亲自指挥,迎击直鲁军。冯玉祥鉴于敌军的优势在于有白俄军驾驶的铁甲车掩护,精锐也集中于铁路沿线,决定采取口袋战术,诱其深入,一举全歼。10 月下旬,直鲁军沿陇海路节节西进,逼近开封。30 日,冯军开始全线反击,主力向铁路沿线的直鲁军两侧出击,并以骑兵插入直鲁军后方截断其交通。直鲁军因战线拉长,缺少后备队伍,战斗精神又逊于冯玉祥军,在遭突袭后立即全线动摇,各部争相东撤。因后方铁路线已被冯玉祥军截断,褚玉璞不得不丢弃铁甲车,率部徒步突围东逃。冯军乘胜追击,于 11 月 6 日进抵砀山,褚玉璞率败军退守徐州。冯军共俘虏直鲁军三万余人,缴获铁甲车五列。

---

① 《请军委会速攻徐州电》(1927 年 10 月 4 日),《冯玉祥军事要电汇编》下册。

冯玉祥在陇海路豫东段作战获胜后,何应钦所率南京北伐军仍停留在蚌埠,观望不前。徐州有直鲁军重兵据守,冯玉祥不愿单独进攻,于11月6日起,陆续将主力撤回豫东兰封一线,诱敌深入,力求在野战中消灭直鲁军。当时,阎锡山因受奉系大军压迫,已于10月18日退出石家庄,并于11月6日全线总退却,扼守井陉、怀来至雁门关一带要隘。11月13日,冯玉祥致电南京军事委员会,请求抽调西征唐生智的部队北伐,以便合力猛进,解救阎锡山,同时迅调大军,打下山东,使南北革命势力得以"联络一气,长驱燕辽"①。随后,又分电何应钦、李宗仁,均无结果。冯玉祥仍不得不完全依靠自己的力量,独自与直鲁军决战。

张宗昌在豫东战败后,于11月6日在济南杀死冯玉祥部将郑金声泄愤。随后,他见冯军突然后撤,误以为冯部可能有内乱,于是又从山东调集援军,会同后撤下来的原有各军,共12万人以上,统由褚玉璞指挥,再度向豫东进攻。直鲁军吸取前次失败的教训,分三路并进,先锋于11月19日又推进到兰封、考城一线。然而直鲁军内部关系复杂,各部因前次受挫,大都心存观望,相互协同极差。冯玉祥根据直鲁军的弱点,决定各个击破。11月24日,冯军集中兵力,攻击进至考城一带的直鲁军主力刘志陆、潘鸿钧部,翌日即将其包围。因直鲁军其余各部不积极救援,战至11月26日,冯军就将被围的直鲁军大部消灭,击毙潘鸿钧,俘虏二万余人,只有少数人突围逃走。至此,直鲁军再度向东撤退,冯军乘胜以一部沿陇海路向东追击,以一部攻占鲁西南各县。

12月3日,冯军前锋进抵徐州西郊。张宗昌纠合直鲁军残部,连同由津浦路南段撤下来的孙传芳部,向徐州城西郊反攻。冯军与张、孙两军在徐州附近进行了反复争夺。何应钦自11月16日攻占蚌埠后,即顿兵待机。孙传芳见徐州告急,慌忙于12月初自宿州一线沿津浦路北撤,宁方北伐军乘势北上。15日,宁方北伐军进抵徐州南郊,张宗

① 《呈军事委员会条陈北伐军事四端电》,《冯玉祥军事要电汇编》下册。

昌、孙传芳为免遭两面夹击,于12月16日放弃徐州北撤。宁方北伐军率先进入徐州,与冯玉祥军会合。

冯玉祥部在陇海路的开封至徐州段及其附近地区进行了三个月的争夺战,最终攻占徐州。在此期间,冯军以诱敌深入的战术,歼灭了直鲁军的大部精锐,使军阀张宗昌的军事力量遭到沉重打击,自此一蹶不振,从而为后来津浦路上的北伐奠定了重要基础。

四　阎奉之战

阎锡山易帜后,仍与奉系张作霖信使往来,保持一种不即不离的关系。

6月14日,张作霖致电阎锡山,劝其表明态度,提出以奉、晋、宁三方出兵讨赤为妥协先决条件。接着,又派参谋处长于国翰到太原,劝阎与奉系合作。阎均婉言谢绝,声称他是坚决反共的,表示改易青天白日旗,不一定要与张作霖决裂。张作霖见劝说不成,又以安国军政府的副元帅职相诱。阎不为所动,反过来劝张作霖取消安国军,"与蒋介石携手,以三民主义为合作之标帜,共同反共",抑制冯玉祥、唐生智势力的北进①。

8月中旬,孙传芳反攻徐州获胜。张作霖见形势有利,决定放弃与蒋介石、阎锡山言和的打算。同月21日,奉鲁军将领联名通电,威胁阎锡山卸下国民党旗帜,让出京汉线,以便奉军南下对冯玉祥作战。25日,张宗昌派李凤山到山西商谈,表示奉方可以承认晋方易帜,希望晋方撤防石家庄,允许奉鲁军自德州、保定等地通过,进攻河南的冯玉祥军。阎锡山表示让防一事可以办到,下令自石家庄撤防。同时,阎又向南京政府和冯玉祥求援。8月底,宁方龙潭大捷,冯玉祥也表示愿意配合阎锡山的行动。阎见加入国民党一方对自己有利,奉军对晋军又疏

---

① 《一周间国内外大事述评》,《国闻周报》第4卷第22期。

于防备,遂准备在 10 月间对奉军发起突然袭击,一举占领京津地区,约冯玉祥届时一起发动。

9 月 27 日,张作霖派参议于珍为检阅使到丰镇检阅军队。晋军第一军军长商震疑为奉军向晋北进攻,即拆毁京绥线柴沟堡附近一段铁路,切断京绥线,扣押于珍,收缴大同以西奉军的枪械。29 日,阎锡山致电南京国民政府,宣布誓师讨奉。电文指责张作霖"不谋与民合作,只求一己尊荣,且日肆以武力压迫国人","兹不得已,随诸同志之后,誓师讨伐"①。晋军随即兵分两路,右路由阎锡山亲自指挥,左路由商震指挥,分别由京汉、京绥路进攻。

奉军因事起仓猝,准备谋和。9 月 30 日,张学良致电阎锡山,要求释放于珍,停止军事行动,将晋军撤回原地,修复拆毁路轨。阎承认两军冲突起于商震误解,但不肯接受奉方的全部要求。

阎奉之战发生后,张作霖急电张学良、张作相、杨宇霆、韩麟春、张宗昌等到京商议,决定讨伐阎锡山,10 月 2 日,张作霖发表通电,指责阎锡山"被人利诱,甘为戎首",一切均由阎一人负责。张保证:"但期歼厥渠魁,决不穷兵黩武。"②奉方将领连续通宵会议后决定:一、津浦线由第一方面军扼要防守,暂持人不犯我、我不犯人宗旨;二、第二、第七两个方面军依照原定步骤,努力向开封、郑州发展,以断冯、阎之联络;三、京汉线由张学良、韩麟春担任指挥,先取守势;四、京绥线由张作相、汤玉麟担任正副指挥,亦先取守势。4 日,张作霖正式下讨伐令。随后,张作相赴京绥,张宗昌返济南,张学良、韩麟春赴保定,分别指挥战斗。张作霖并命吴俊陞为东三省边防总司令兼黑龙江督办,驻守奉天,代行东三省保安总司令职权。奉军全部入关,参加对阎战斗。

战争初起,奉军因事出意外,兵力一时难以集中,慌忙全线收缩。至 10 月 6 日的一周内,晋军左路连克丰镇、柴沟堡、张家口,并以一部

---

① 《一周间国内外大事述评》,《国闻周报》第 4 卷第 39 期。
② 《奉方昨晚发出讨阎通电》,《大公报》,1927 年 10 月 3 日。

绕北京以北，出击古北口，威胁奉军后方京榆路；右路克正定、石家庄，包围保定。阎锡山本人也赶到正定以北，督促右路军迅速攻下保定，争取尽早会师北京。为了配合阎锡山的进攻，冯玉祥于10月初将其主力分为三路，开始进攻徐州、济宁、大名地区的奉系直鲁军。南京政府也于10月4日正式下令讨伐奉系。

对于阎锡山的突袭，奉系极为恼怒。10月2日，张作霖发表讨阎通电，并于同日召开军事会议，决定分南北两路同晋军作战，以张作相为北路总司令，汤玉麟副之；以韩麟春为南路总司令，张学良副之。同时，又急调吉林、黑龙江两省军队入关，使其在京汉、京绥两线兵力达到17万人。奉军依仗其兵力和装备上的优势，经集结整顿，便于10月7日开始反攻。晋军见突袭已不能奏效，南京政府和冯玉祥又都不发兵北上，便采取保全兵力的办法，迅速收缩。奉军随后追击，至10月17日为止，奉军夺回了正定、石家庄、宣化、张家口、柴沟堡等地。晋军基本上退至发起突袭前的原有阵地。

奉军当时进攻的重点是冯玉祥军，加上山西易守难攻，因此，决定适可而止。10月18日，张作霖下令称："阎锡山首难殃民，罪有攸归。倘有悔祸之诚，本大元帅亦不愿过为已甚。"[①]奉军随即停止攻击，和晋军形成对峙。

自10月中旬以后，涿州攻守战成为晋奉两军作战的焦点。涿州地处北京、保定之间，控制京汉铁路，是一处军事重镇。阎锡山进攻石家庄的同时，将傅作义第四师8000人改为挺进军，命其经由人烟稀少的河北蔚县以东山区，星夜兼程，限期占领涿州，10月11日，傅部前锋便衣队抵达涿州城南。当时，正值驻防涿州的奉军换防，守备不严，傅部混入城内，突袭奉军。后续部队旋即开到。12日，晋军占领涿州。14日，傅作义率全师入据城内，依托高厚坚固的城墙，布置坚守。晋军袭占涿州，切断奉军南北交通，威胁其后方安全。因而，奉军势在必争。

---

①　《政府公报》，1927年10月，第126页。

自 10 月 15 日起,奉军集中兵力三万余人,在第八军军长万福麟指挥下,连续两天,向涿州城垣发起猛烈冲击,均无成绩。自 10 月 19 日起,张学良亲自指挥奉军第八军、卫队旅和邹作华炮兵团,对涿州发起五次总攻。在密集炮火的掩护下,奉军集团冲锋,晋军依托城墙,以步、机枪和手榴弹还击。奉军用铁斗车装炸药炸城墙,架云梯强行爬城,用坦克冲锋,在地下潜挖地道,在空中用飞机掷弹。这种攻城方法,当时被称为"上中下三层战争同时并进","实为旷古所未有"①。傅作义指挥晋军,沉着应战,采取许多反措施,保住了城墙,并击毁奉军参战六辆坦克中的三辆。晋军还在城中加修防御工事,防火防炮,自制地雷、炸药,加固守备,至 10 月 30 日,奉军不得不暂停地面进攻。

张作霖见涿州屡攻不克,严厉谴责万福麟等,并决定使用毒气。11月 28 日,奉军向涿州城内发射毒气弹五百余发,然后以步兵攻城。但奉军所用毒气弹是第一次世界大战中的剩余物资,效力不大,晋军又采取了防毒措施,因而未造成多大伤害。奉军攻城再次被打退。同时,奉军在城外挖掘的地道也被晋军发现,不得不自行炸毁。至 12 月初,奉军停止攻城,转入长期围困。

傅作义率部坚守涿州极大地牵制了奉军,涿州守城战在战术、技术上的许多创新也引起关注。12 月 6 日,南京政府致电傅作义嘉勉,电称:"该师长力撑大局,固守斯城","敌不得逞,民有所归,弥著功勋,实深喜慰。"②然而,南京政府和阎锡山都无法给予傅作义以实际支援。

奉军的长期围困,使晋军和城内居民的处境日益恶化。奉军围攻涿州三个月,向城内发射炮弹 7 万发。"全城民房十之八九皆成灰烬"③。12 月初,全城粮食基本耗尽。晋军和维持会将酒厂酿酒的红高粱取出,按城内 6 万居民人数分配;后来,又将酒糟分配给居民,每人

① 《涿州战后视察记》,《国闻周报》第 5 卷第 4 期。
② 《国民政府公报》,1927 年 12 月,第 4183 号。
③ 《涿州战后视察记》,《国闻周报》第 5 卷第 4 期。

一日只许领半斤。12 月 14 日，妇孺数百人环跪于晋军第四师司令部外，乞求尽快结束战局。守城士兵由于缺粮，许多人也已浮肿，纷纷要求罢战。此时，北京派出的红十字会、山西同乡会的代表及傅作义的故旧也到涿州调处。傅作义见外援无望，涿州又已失去战略作用，遂于 12 月 30 通电求和，宣布将所部挺进军改为国防军，"不再参加内乱"①。同日，奉军攻城主帅万福麟宣布停止攻城。1928 年 1 月 2 日，张作霖派郭瀛洲为专使，进入涿州谈判。傅作义坚持军队出城，至多接受点验一次。奉方主张改编时解除武装，改编后再给械移防。由于互不妥协，双方未能达成协议。6 日，傅作义只身出城，与万福麟相见，随即同赴保定见张学良，商定议和条款。1 月 13 日，守城晋军全部撤离涿州。根据条款，出城晋军被编为第三十六师，规定该部作为国防军，永不参加内战。随后，张作霖将该部调往中苏边境满洲里一带，不久被遣散。傅作义被留置在保定。1928 年 4 月，秘密逃往天津。

涿州之战，傅作义以不足 8000 之兵固守涿州孤城三个月，被称为战争史上的奇迹。傅作义也因此而一举成名。

第三节　国民党二届四中全会与南京国民政府的二次北伐

一　蒋汪合作反对特别委员会

蒋介石辞职下野后，在奉化的雪窦寺住了一段时间。表面上如闲云野鹤，不问政事，实际上仍然将手伸向各地，通过自己的原班人马直接、间接地操纵和影响时局。一位到过溪口的外国记者写道："如果说蒋将军是在隐居，毋宁是一种神话。"②

① 《一周间国内外大事述评》，《国闻周报》第 5 卷第 2 期。
② 董显光：《蒋总统传》，台北中华文化出版事业社 1960 年版，第 112 页。

　　为了寻求日本政府的支持,以便东山再起,蒋介石决定暂时置身于国民党派系斗争的漩涡之外,出访日本。9月28日,蒋介石一行十人自上海启程。10月3日,蒋介石到神户,即与宋子文赴有马温泉见宋母,征求她对自己与宋美龄婚事的意见。宋母表示同意。据当事人回忆:蒋介石显露出"平常所没有的兴奋神情",对旅社老板娘说:"老板娘,成功了!成功了!婚约成功了!哦!对了,给你写字吧!来!来!马上替我磨墨。"①蒋宋联姻,是蒋介石这次日本之行的重要收获。

　　10月23日,蒋介石到达东京。同日,发表《告日本国民书》称:"吾人今后努力亲善之工作,首当扫除国民间从前之误会与恶感,以及其亲善障碍之军阀,并切望日本七千万同文同种之民族,对于我中国革命运动彻底了解,而予以道德及精神上之援助。"②11月5日,蒋介石与日本首相田中义一会谈。田中表示:"日本对于贵国的内乱固然可以一概不予干涉,但共产党如在贵国得势,便断难袖手旁观。根据这一道理,反对共产主义的您如能巩固南方,这对日本来说,乃是最大的希望。为此,在国际关系允许的条件下,或在不牺牲日本利权等条件下,对您的事业,将不惜给予充分的援助。"③蒋介石则称:"中国国民革命军以后必将继续北伐,完成其革命统一之使命。希望日本政府不加干涉,且有以助之。"④田中听到蒋介石说到志在统一全国时,脸色为之一变,他建议蒋介石"不必过分着急于北伐","应以先行整顿江南为当务之急"。对于"北方张、阎、冯的争斗,可让其自找归宿,还是放任不管为上策"⑤。蒋介石不想和田中辩论,进一步提出,中国之所以排日,是"因为日本帮助张作霖引起的"。田中则表示:"日本绝对没援助过张作霖,

---

　　①　古屋奎二:《蒋总统秘录》第6册,台北"中日日报"社1976年版,第218页。

　　②　国民党中央党史委员会编:《中华民国重要史料初编——对日抗战时期》绪编(一),台北1981年版,第107—109页。

　　③　《田中义一与蒋介石会谈记录》,《近代史资料》1981年第2期。

　　④　古屋奎二:《蒋总统秘录》第6册,第228页。

　　⑤　《田中义一与蒋介石会谈记录》,《近代史资料》1981年第2期。

不用说是物资，就是替张作霖说话等也从未有过。日本的希望，只在于满洲的治安得到维持。"对此，蒋介石含糊其辞地说："如果日本支持他完成革命"，则"满蒙问题也便容易解决，排日运动当可绝迹"①。

蒋介石与田中的会谈，未能达成协议。11月8日，蒋介石归国。10日，到达上海，加紧策划，为复出掌权多方活动。

蒋介石要重新上台，必须首先扳倒特别委员会。9月27日，由蒋介石亲信控制的江苏、浙江省党部和南京市党部联合通电，指责特委会"破坏党的系统，破坏第二次全国代表大会之决议"，"万难承认"②。同日，山东、奉天、直隶、绥远、吉林等省及北京特别市党部等也发表宣言，否认特别委员会。11月20日，国民党南京特别市党部召开党员大会，大会主席提出拥护特别委员会议案时，赞成者与反对者当场发生冲突。赞成者指反对者为共产党，反对者指赞成者为西山会议派的走狗。黄杰跳到桌子上历数特委会不应存在的理由。当日，市党部逮捕持反对意见的左元白、黄杰、曹明焕、逄化文四人。第二天，由陈果夫控制的中央党务学校学生一哄而起，捣毁市党部，并向国民政府请愿，迫使国民政府将四人释放。22日，南京各界举行庆祝讨唐（生智）胜利大会。中央党务学校代表谷正纲演说，大呼"打倒特别委员会"、"恢复中央党部及国民政府"等口号，台下随声呼和③。会后，由中央党务学校学生前导，举行示威游行。队伍进至秀山公园附近时，军警出面堵截，勒令解散④。谷正纲出面交涉时，军警突然开枪，当场打死一布店学徒和一浴堂工人，中央党务学校学生袁大煦受重伤，五日后不治身亡；另打伤数十人。史称"一一二二惨案"⑤。

惨案发生后，置身幕后的蒋介石发表了措辞极为严厉的谈话。蒋

①　《田中义一与蒋介石会谈记录》，《近代史资料》1981年第2期。
②　《苏宁浙三党部联名通电》，《汉口民国日报》，1927年9月28日。
③　《南京血花公园前之大流血》，《广州民国日报》，1927年11月29日。
④　《南京血花公园前之大流血》，《广州民国日报》，1927年12月6日。
⑤　《特委会在宁屠杀之伤亡调查》，《广州民国日报》，1927年12月8日。

称："此等举动,在革命的国民政府统治之下,不特前所未有,且为革命历史之污点,只有北洋军阀段祺瑞曾命令军警开枪屠杀请愿之民众,万不料革命政府下之军人亦悍然为此惨案。倘不能将应负责者加以适当之惩戒,则革命政府与反革命军阀毫无区别。"①11月25日,蒋介石在接见中央党务学校代表时更公然表示:"如办理不当,我来领导你们革命。"②同时,南京市各区党部、中央党务学校和市学联等单位组织惨案后援会,指控西山会议派的邹鲁、覃振、傅汝霖、王昆仑、谢持等为主使犯,潘宜之、居正、高方、张贞、沈竞、任西萍等为惨案凶手,要求国民政府严惩③。

西山会议派分子本与此案无涉,不愿背负恶名,邹鲁、谢持等一面发表声明,诬指是共产党有计划的破坏行动,同时要求国民政府查明真相,"拿办凶犯和煽动之人"。谭延闿深知此事内幕,对邹鲁等人说:"假使是单纯的共产党暴动,悉行拿捕,自属易办。实则此事发动,上海有人在主持。党内之争,愈办必纠纷愈多。"④

在蒋介石的明暗操纵下,反对特委会的活动不断升级。

11月28日,中央党务学校党员学生抬着袁大煦的尸体和伤亡民众的血衣游行。并在特委会门前"陈尸请愿"。李烈钧被迫接见游行者,并向死者敬礼⑤。他对学生表示:"当严办凶手,以谢国人。"⑥谭延闿、李烈钧、蔡元培并以"待罪的国民政府常务委员"身份发表声明:"这惨案的负责者之罪,应十倍于'三一八'惨案之段祺瑞;应百倍于'五

---

① 《中华民国史事纪要》,1927年11月22日。
② 《宁代表谒蒋介石》,上海《民国日报》,1927年11月27日。
③ 《屠杀民众真相》,《广州民国日报》,1927年12月6日;参见李云汉:《从容共到清党》,第783页。
④ 邹鲁:《回顾录》第2册,第209页。
⑤ 《南京惨案之近讯》,《广州民国日报》,1927年12月7日。
⑥ 《特委会门前陈列之血尸》,《广州民国日报》,1927年12月10日。

卅'惨案之英帝国主义者。"""负责究竟是谁,自然是政府,尤其是我们三个就职而办事的常务委员! 我们三个人良心上决不愿有所推诿"①。这样一来,特委会组织的国民政府就完全处于被审判的地位。

蒋介石在指使亲信制造事端的同时,又继续联合汪精卫派,以共同对付特委会。11 月 16 日,蒋介石在上海市党员欢迎会上发表演说,声称因汪精卫力促,由日返沪,与汪合作不成问题②。18 日,汪精卫到沪后,立即与蒋介石会谈,争取蒋的支持。19 日,汪对记者称:"商洽结果,颇为圆满,会议前途,可卜乐观。"③

汪精卫此次到沪,携带关于党务、政治、军事等提案多条,本希望顺利实现汪蒋合作,推翻特委会,但风云突变,广州政变后,汪精卫成了国民党内各派集矢的对象。李济深怒不可遏地发表谈话,声称粤变"纯系共产党阴谋",指责顾孟馀、陈公博、张发奎、黄琪翔等,借反对特别委员会之名,发动叛变。同时,吴稚晖、张静江以及西山会议派的李石曾、张继等人也蜂拥而起。吴稚晖连篇累牍地发表文章,指责汪精卫"说话太甘,手段太辣",声称汪精卫反对特委会是"借打破酱油小碟子,来做分家当的理由,只有乡下婆娘才开得出口的"④。西山会议派甚至发表通电,骂汪入粤为"重张艳帜于珠江"⑤。11 月 25 日,汪精卫发表谈话,力辩广州事变"并无共产党关系",声称对于特委会,"兄弟主张和平补救",而陈公博、张发奎、黄琪翔等则"主张激烈反对"。"如果和平方法可以达到目的,不妨采用;否则,不能不出于激烈了"⑥。汪精卫的辩护,不仅未能平息众怒,反而召来了更猛烈的攻击。

---

① 上海《民国日报》,1927 年 12 月 7 日。

② 《申报》,1927 年 11 月 17 日。

③ 《申报》,1927 年 11 月 20 日。

④ 严勘哉编:《汪精卫与吴稚晖的论文集》,上海新时代书店 1928 年版,第 33、48 页。

⑤ 《一周间国内外大事述评》,《国闻周报》第 4 卷第 47 期。

⑥ 广州平社编:《广州事变与上海会议》上编,第 91—94 页。

　　12月3日，国民党二届四中全会预备会议在上海召开。出席会议的执、监委员有谭延闿、何香凝、戴季陶、宋子文、经亨颐、孙科、丁超五、伍朝枢、何应钦、褚民谊、周启刚、王乐平、李济深、王法勤、朱霁青、甘乃光、蒋介石、于右任、汪精卫、丁惟汾、朱培德、柏文蔚、陈树人、吴铁城、缪斌、李宗仁、陈果夫、王宠惠、蔡元培、张静江、邵力子、吴稚晖、潘云超33人，徐谦、白云梯因有共产党"嫌疑"被拒之会外。会议由蔡元培担任主席。一开始，蒋介石即联合汪精卫以对付桂系和西山会议派。会议议决，组织特别法庭，审判"一一二二"惨案关系人员。在审判前，被指控的谢持、居正等十人即行停职监视，听候法庭检举传讯。会议并命汪精卫、戴季陶、丁惟汾、伍朝枢、谭延闿起草第四次全体会议宣言。

　　4日，开第二次预备会议。由汪精卫主席。首先讨论特委会存废问题。吴稚晖提出，汪精卫"曾参与特委会，不应反对"。汪答："本人谅解特委会产生经过，但反对其代行中执会职权。"谭延闿提出特委会"时效已过"，可以取消。当日会议议决：一、特委会于全体会议开会之日取消，在预备会议时，重要军政应由"预备会议商办"。关于第四次会议地点，粤方委员赞同在南京，但须有保障；二、组织中执会常务委员会。常务委员9人，由全体会议推选；三、中央党部各部改组案，推李石曾、甘乃光、戴季陶、陈果夫组织审查委员会。会上，宁方委员再次提出广州事变一案，但为蒋、汪所拒绝。会议决定粤案"于四次大会上解决"①。

　　预备会议上，蒋、汪两派一致行动，宁方处于被动地位。为打破这种局面，谭延闿、蔡元培、孙科、张静江、李宗仁、何应钦、李济深、伍朝枢、吴铁城、李石曾十名宁方委员决定拒绝出席5日的预备会议，改在南园李济深寓所开谈话会，商讨应付汪蒋联盟办法。谈话会决定集中全力对付汪精卫一派。12月7日，中央监察委员会开会，决定审查汪精卫、陈公博、顾孟馀三人与共产党的关系。12月8日，开第三次预备

---

　　①　《国内外一周大事述评》，《国闻周报》第4卷第48期。

会议。由蒋介石任主席。会上，张静江、李宗仁、李石曾、蔡元培、吴稚晖等人联署，提出检举陈公博、顾孟馀、汪精卫三人案，要求停止三人出席四中全会的权利①。李济深也提出"粤委员附逆者应当退席听审案"，指责何香凝、顾孟馀、王法勤、甘乃光、陈公博、陈树人、李福林、王乐平、潘云超等"参与逆谋，甘心附逆"，要求令他们"退出议席"，由监察委员会"查办严惩"②。

　　宁方的提案刺中了汪精卫的痛处，汪精卫于无可奈何之中只能声称，中央监察委员会已被特委会取消，无权作出决议或提出议案。他表示：对吴稚晖等人的提案，将"置之不理"③。两方态度激昂，引起激烈争吵。在乱哄哄的局面中，蒋介石以调人身份出现，他在《致中执监委员诸同志书》中称：只须四中全会正式开成，南京特委会与粤变等纠纷均可迎刃而解。他提出："此次全体会议，为我同志惟一忏悔之机会。忏悔之方法，武装同志宜确实尊重党权，勿再受政客播弄；一般同志尤宜尽蠲前嫌，勿再互相猜忌。"④蒋介石这番貌似不偏不倚的意见，增加了汪精卫等人幻想。12月10日，在预备会议第四次会议上，汪精卫、何香凝、王法勤等11名粤方委员联名提出，请蒋介石继续执行国民革命军总司令职权。提案声称："如此则应付时局，负责有人，而关于根本方法，亦得于会议中从容讨论，期于至当。"汪精卫个人并附带声明：如此案实现，"则兆铭认为对于时局已有良好的办法，少数同志间对于兆铭有不谅解者，兆铭尽可引退，以息纷争"⑤。汪精卫等人的提案当即为会议通过。会上，蒋介石并提出对俄绝交案。他认为："各地方有苏俄领事署做共产党的政治机关，又有苏俄远东银行做共产党的金融机

　　①　上海《民国日报》，1927年12月9日。
　　②　上海《民国日报》，1927年12月9日。
　　③　上海《民国日报》，1927年12月9日。
　　④　《革命文献》第16辑，总2878页。
　　⑤　《汪兆铭等向四中全会预备会议提请蒋总司令复职案原文》，《革命文献》第16辑，总2879—2880页。

关"，必须加以封闭；待"革命成功"后，再设法恢复邦交。会议作为一项秘密议案加以通过①。会议随即议决次年 1 月 1 日至 15 日在南京召集四中全会，由蒋负责筹备。关于党务、军事各案，分别并案交付审查。预备会议至此结束。

提出请蒋复职，是汪精卫玩弄的一个"拥蒋自救"的小花招。对此，李宗仁看得很清楚。他后来说："在汪氏看来，反对南京中央政府，蒋实与渠利害一致，休戚相关。如果汪蒋合作的局面实现，必能左右大局，重振党权。"②然而汪精卫没有想到，中国共产党在广州发动起义后，他的处境就更为狼狈了。

二　中共广州起义与汪派的挫败

1927 年 12 月 11 日，中国共产党继南昌起义、秋收起义后，又在广州领导了一次重大的武装起义，即广州起义。

八七会议后，中共中央临时政治局为了加强对两广、闽南等地政治、军事工作的领导，于 8 月 11 日决定成立南方局，以张国焘为书记，下设军事委员会，以周恩来为主任。同时，决定以张太雷为中共广东省委书记。同月 20 日，张太雷向广东省委传达八七会议精神，决定成立广州、西江、北江暴动委员会，筹备暴动。9 月 19 日，在共产国际代表罗米纳兹倡议下，中共中央临时政治局会议通过《关于"左派国民党"及苏维埃口号问题决议案》，认为国民党已经变成"政治的尸首"，决定在以后组织群众革命斗争时，不再在国民党的旗帜下进行；同时决定，不仅宣传苏维埃思想，而且要在广州、长沙等地成立苏维埃③。26 日，南方局在汕头召开第一次会议，决定改由张太雷任书记。10 月 15 日，南

---

① 蒋介石《对于时局之谈话》，《革命文献》第 16 辑，总 2884 页。
② 《李宗仁回忆录》下册，第 544 页。
③ 《中共中央文件选集》(3)，第 369—370 页。

方局和广东省委在香港召开联席会议，总结南昌起义部队入粤失败的教训。张太雷在报告中提出，今后要：每个地主（包括小地主）的土地都必须没收。改用红旗。名不虚传地成立工农兵代表委员会①。会议通过的《最近工作纲领》提出：废除国民革命军称号，改称工农革命军，"尽死力鼓动农民武装起来争夺土地与政权，大杀土豪劣绅，务使其寸草不留，宁枉杀，不姑纵。没收地主、富商之一切财产，以之充军饷及救济贫苦工农"②。会上，共产国际代表德共党员诺伊曼（Heinz Neumann）③指定张太雷、周恩来、恽代英、黄平、杨殷、彭湃六人为南方局委员，周恩来、张太雷、黄平等为军事委员会委员。

10月22日，张太雷抵达上海，向中共中央请示广州暴动问题。中共中央认为张太雷的计划仍偏重于军事，未能以农民作为暴动主力，决定另作计划。中共中央同时决定撤销南方局。11月9日至10日，中共中央在瞿秋白主持下召开临时政治局扩大会议。在共产国际代表罗米那兹的影响下，会议通过《中国现状与共产党的任务》等决议案，认为当时正处在"重新爆发革命斗争的高潮"，中国革命是马克思所称的"无间断革命"，"必然要彻底解决民权主义任务而急转直下的进于社会主义的道路"。会议要求在各地城乡鼓动革命，"造成总暴动的局面"，"直到造成一省或几省的革命胜利的局面"。《决议案》并称："现时革命阶段之中，党的主要口号就是苏维埃——无产阶级领导之下工农民权独裁制性质的政权。"会议并提出："杀尽土豪劣绅大地主，杀尽改组委员会委员工贼，没收地主的土地，耕地农有，没收中外大资本家的企业"等口号④。会后，张太雷即留在上海，参加研究广州起义计划。

①　《八一事变的经过失败原因和前途》，中共中央党史资料征集委员会等编：《广州起义》，中共党史资料出版社1988年版，第62页。

②　《中共广东省委通告》（第十四号），中共中央党史资料征集委员会等编：《广州起义》，中共党史资料出版社1988年版，第67页。

③　诺伊曼，也译作罗曼、牛曼、纽曼。

④　《中共中央文件选集》（3），第452—459、523、529页。

　　"四一二"政变后,广东海丰、陆丰两县农民曾在中共领导下三次起义。11月13日、18日,在彭湃主持下,召开工农兵代表大会,先后成立苏维埃政府,通过没收土地,杀尽反动派,改良工人、士兵生活等议案。海陆丰起义和成立苏维埃政府等行动,成为广州起义的先声。

　　广州起义是在国民党内部矛盾激化时爆发的。11月17日,在汪精卫、张发奎等人支持下,由黄琪翔出面,在广州发动军事政变。同日,黄绍竑经香港逃回广西,在梧州集结军队,准备进攻广州,粤桂战争爆发。与此同时,散驻广东各地的李济深所部也准备会同桂军进攻,广州形势骤然紧张起来。当时,张发奎任命黄琪翔为前敌总指挥,向各地调兵遣将,准备迎战,广州城内只留有五个团,约五千人的兵力,力量非常空虚。

　　广州事变的同日,中共中央常委会通过《广东工作计划决议案》,认为广东政局的变化"表面是两广实力派彼此争夺广东地盘的军阀之争,但实际上仍是工农群众革命潮流高涨的影响"。中共中央要求广东工农群众利用政变,"坚决地扩大工农群众在城市、在乡村的暴动,煽动士兵在战争中的哗变和反抗,并急速使这些暴动会合而成为总暴动,以取得广东全省政权,建立工农兵代表会议的统治"[1]。11月26日,张太雷回到广州,召开有部分省委常委参加的会议,决定发动广州暴动,成立革命军事委员会,由张太雷、黄平、周文雍等担任委员,张太雷任起义总指挥。

　　革命军事委员会高度重视第四军军官教导团的发动和组织工作。该团一度由第四军参谋长叶剑英兼任团长,中共在该部队中建立了相当严密的组织,是一支可信赖的武装力量。对新编第四军警卫团,革命军事委员会也做了许多工作。此外,还成立了领导广州工人赤卫队的五人委员会,由周文雍担任总指挥,受其领导的广州工人赤卫总队共三千余人。

---

　　① 中共中央党史资料征集委员会等编:《广州起义》,第77—78页。

筹备起义过程中,国际代表诺伊曼主张通过黄琪翔与张发奎对话;张发奎为抗击李济深、黄绍竑,也希望与共产党协商,怎样"共同保卫广州"。他并要求会见中共"最高负责同志"①。11月28日,中共广东省委公开提出六项条件,要求先予实行,其主要内容为:"即刻释放一切革命的政治犯"、"完全恢复言论、出版、集会、示威、罢工及工人阶级组织的自由权"、"立刻武装广州工人"等②。其间,恽代英曾在黄琪翔宅与张发奎见面,但未能谈出结果③。

12月1日,中共广东省委下达紧急通告,要求"全体动员","准备暴动"。7日,张太雷主持召开广州工农兵代表会议,通过广州工农兵代表会议执行委员会名单,决定在12月13日举行起义,接着广东省委也召开会议,讨论苏维埃政纲、宣言以及行动部署。

在上海的汪精卫时刻注意广州动态,于12月初派陈璧君回广州调查。同月9日,汪精卫致电陈公博、张发奎等,声称"黄琪翔兄之容共已为不可讳之事实",要求令黄退休。又称:"苏俄领事署为共产党活动机关",要求"派兵围捕,将俄领驱逐,共党一律拘拿";"所部凡有纵容共党者,立即严加惩办"④。10日,张发奎下令在广州实施特别戒严,搜捕共产党人。前敌总指挥黄琪翔连夜从粤桂前线赶回广州,商议镇压计划。同日,工人赤卫队转运武器的大米店被破坏,教导团内部也有人告密,形势变得十分紧急。革命军事委员会不得已,决定将起义时间提前到11日凌晨。

10日晚11时,叶挺遵照中共中央指示,从香港秘密回到广州,负责起义的军事工作。

---

① 《张太雷给中共中央的报告》,《广州起义资料》,人民出版社1985年版,第62页;参见《广东政治报告》,中共中央党史资料征集委员会等编:《广州起义》,第102页。

② 《中国共产党广东省委会号召暴动宣言》,《布尔什维克》第9期。

③ *The Reminiscences of Chang Fa-k'uei*, pp. 308-309.

④ 《革命文献》第17辑,总3124—3125页。

　　12月11日凌晨2时许,张太雷、叶挺等人来到教导团驻地,召开誓师大会。张太雷作动员讲话,叶挺宣布战斗部署。3时半,教导团开始进攻广州各重要军政据点。警卫团的部分官兵及工人赤卫队也同时行动。经过两个多小时的激战,在黎明前,位于珠江北岸的广州市区大部分为起义军所控制。11日上午6时,宣告广州苏维埃政府成立。苏兆征当选为苏维埃政府主席(当时在上海,由张太雷代),其他成员包括人民内务委员兼人民外交委员黄平、人民肃清反革命委员杨殷、人民土地委员彭湃(赵自选代)、人民劳动委员周文雍、人民司法委员陈郁、人民经济委员何来、人民海陆军委员张太雷、秘书长恽代英、工农红军总司令叶挺等。

　　苏维埃政府甫告成立,便发表宣言和政纲,宣布"广州一切政权属于工人、农民、兵士",要求"没收大资本家和地主的一切财产","消灭一切债务"。苏维埃政府并号召广东农民即刻暴动,"没收一切土地,杀尽地主与富农"①。

　　起义后,广州的形势依然非常严峻。起义军虽然占领了珠江以北的大部分市区,但珠江以南仍控制在李福林的第五军手里,张发奎、黄琪翔等人都逃入李的辖区。起义军几次攻击,均未能奏效。12日凌晨,李福林所部分两路渡过珠江,攻击江北起义部队。各国驻粤领事会议决定,调英军2000人、法军400人、日军300人防守沙面,并派遣军舰掩护国民党军过江。同时,从粤桂战争前线调回的国民党军队也纷纷赶到,从西、北、南三面包围广州。当天中午,国民党军猛烈进攻位于市区北面,由起义军占领的制高点——观音山,双方激烈争夺,阵地几度易手。起义军由于没有后备力量,越来越处于不利地位。国民党军并曾一度迫近指挥部,叶挺、叶剑英沉着应战,指挥教导团和工人反击,转危为安。午后,张太雷乘车赴大北门指挥战斗,遭伏击牺牲,起义军

---

　　① 《广州苏维埃政府告民众》、《广州苏维埃宣言》,中共中央党史资料征集委员会等编:《广州起义》,第120—125页。

失去了主要的组织者和指挥者。

叶挺和聂荣臻冷静地分析了不利形势，决定撤出广州，以保存有生力量。由于当时广州处在激烈的战斗环境下，通讯工作难以保持正常，大部分起义部队在得到撤退命令后离开了阵地，但仍有一些分散作战的赤卫队员及小股部队没有接到通知，未能及时撤退。

13日凌晨，国民党军集结近五万兵力围攻广州。9时许，观音山阵地失守，国民党军冲入市区。下午，各路国民党军向广州苏维埃政府总部合围进攻。下午3时许，广州重新落入张发奎手中。张随即进行大规模屠杀。从13日至19日，广州共有五千余人遭到杀害，其中有参加起义的朝鲜革命者一百余人。苏联驻广州副领事哈西斯（А. И. Фасис）在幕后指挥起义，被捕杀；领事馆被查抄。另有越南革命者24人被捕①。

同日，张发奎、李福林、黄琪翔、陈公博等急电汪精卫、蒋介石等，宣称已将广州共产党肃清，要求"本党各同志益加奋勉，务将共产党徒一网杀绝，并与苏俄断绝邦交"②。次日，南京国民政府发布命令，撤销对驻各省苏联领事的承认，勒令在华苏俄商业机关停止营业。

起义失败后，从广州撤出来的部分起义队伍，约1200人集中到花县，经过短时间休整后，成立中国工农红军第四师，开赴东江，同海陆丰地区的农民武装汇合。撤出广州的另一部分队伍约一百多人，退往广西左右江一带，继续进行斗争。

广州起义是中国共产党进行武装斗争的一次重要尝试，由于众寡悬殊，政策过"左"，起义未能取得成功。当时，革命已处于低潮时期，要占领作为统治中心的大城市的想法是不切实际的。

广州起义在国民党统治阶层内部引起了强烈震动，触发了国民党

①　《聂荣臻回忆录》，战士出版社1983年版，第82页；参见中共广州市委党史研究室编：《中共广州党史大事记》，广东人民出版社1991年版，第59页。

②　《申报》，1927年12月15日。

内的又一次权力斗争。李济深及桂系势力抓住这一事件，联合其他反汪力量，乘机向汪精卫发难，声称广州起义是汪精卫和共产党合演的双簧，并称张发奎、黄琪翔都是共产党。13日，汪精卫、甘乃光、顾孟馀等联合发表声明，声称张发奎"正和共产党作殊死战"，"那些以勾结共产党诬张发奎等并以诬我们的是绝对的不确"①。但这并不能平息事端。14日，浙江省党部致电蔡元培，声称汪精卫的逆迹已彰明昭著，要求不准其参加四中全会。同日，旅宁粤人召开"讨共救粤"大会，要求缉办汪精卫、甘乃光、顾孟馀、张发奎、黄琪翔等人。15日，上海总商会发表宣言，谴责汪精卫指使张发奎、黄琪翔"盲目内讧"，"致共产党得一绝好之机会"，以至"酿成此次之巨变"②。16日，南京国民政府下令查办汪精卫等粤方中委。查办令称："汪精卫、顾孟馀、陈树人、甘乃光、王法勤、王乐平、潘云超、陈公博、何香凝等于事变后，或列席会议参预逆谋，或发表言论公然袒护。舆论哗然，嫌疑难释。本政府为整饬纪纲维护治安起见，特派邓泽如、古应芬迅往查办呈复。在查办期间，汪等居住所在，应责成军警注意，监视其行动。"③当夜，汪精卫秘密登轮，离沪赴港，偕同黄琪翔赴欧。临行前，通电声称不再参与政治。

　　汪精卫、黄琪翔被逼出国后，广东内部两派势力开始火并。李济深急电在东江的陈济棠、徐景唐、在闽的第十一军蒋光鼐及在桂的第十五军等，分路向广州出击。12月20日，李济深系统的粤军首领在汕头开会，议决在汕头设立大本营，由陈铭枢任总指挥，向张发奎部发动攻击。21日，南京政府通过决议，授予李济深返粤整顿粤局的全权。李济深旋即回到广东，亲自指挥对张发奎部的攻击。张发奎等见势不妙，离开广州，让第四军军长缪培南指挥作战。缪培南决定率部离开广州，向东北方向撤退。结果，与李济深部在五华、岐岭一带相遇，展开激战。第

① 上海《民国日报》，1927年12月14日。
② 《上海总商会对于时局之宣言》，《申报》，1927年12月15日。
③ 《国府查办汪精卫等令文》，《广州事变与上海会议》下编。

四军虽号称铁军,但自江西返粤以来长期行军作战,士气低落,在李部与桂军的联合攻击下,连遭失败,被迫放弃抵抗。李济深及粤桂势力又重新控制了广东。

三　蒋介石复职与国民党二届四中全会

宁粤相争,结果两败俱伤:先是西山会议派分子声名狼藉,特别委员会被宣布取消;继而汪精卫逃亡,汪派中委溃不成军。12 月 31 日,邓泽如、古应芬将查办汪精卫等九人的结果报到南京政府,声称汪精卫及其党徒对于广州事变,不独参与逆谋,实为发纵指示;以致"养奸成祸,害国殃民",要求明令通缉归案,依律严办。蒋介石故意拖延处理,以袒护汪派。这样一来,激怒了胡汉民。他认为无法与蒋介石合作,决定不参加即将召开的二届四中全会。1928 年 1 月 25 日,胡汉民与孙科、伍朝枢二人以赴各国考察政治、经济为名,离开上海远游。

只有蒋介石坐收渔人之利。

蒋介石下野后,国民党内顿失重心,各派系长期纷争,北方的冯玉祥、阎锡山不得不单独对奉系张作霖作战。蒋介石自日本归国后,冯玉祥即频频致电蒋介石,拥蒋复出。1927 年 12 月 1 日,冯玉祥电蒋称:"为今之计,惟盼吾兄东山即起,主持一切,使各方军事有统一办法。否则,行见我革命军将逐次为敌军各个击破耳。"①12 月 2 日,冯又致电阎锡山,约其一致拥蒋。阎锡山在奉系的强大军事压力下难于支持,赞同冯的意见。12 月 11 日,冯、阎联名致电蒋介石,要求他复出主持军政。电称:"倘能得如所请,弟等当负弩前驱,愿听指挥。"②20 日,蒋介石嫡系第一路军总指挥何应钦会同徐州前线各将领也联名通电,吁请

---

① 《请蒋中正速出山电》,《冯玉祥政治要电汇编》卷1。
② 《与阎锡山会衔请蒋中正出山电》,《冯玉祥政治要电汇编》卷1。

蒋介石"以党国为重,总领师干"①。26日,上海市各界举行"促请蒋中正复职大会",发表宣言及通电,表示"竭诚拥护蒋氏复职"。在一片拥戴声中,蒋介石于1928年1月4日偕谭延闿、杨树庄、何成濬、陈立夫等人由沪赴宁,筹备召开二届四中全会。1月6日,谭延闿、丁惟汾、陈果夫接收南京特委会机关,宣布国民党中央常务委员会恢复工作。1月9日,蒋介石通电宣布继续行使国民革命军总司令职权。

2月2日,国民党二届四中全会在南京丁家桥中央党部举行。出席的有陈树人、丁超五、白云梯、朱霁青、朱培德、王乐平、何香凝、经亨颐、黄实、谭延闿、于右任、褚民谊,陈肇英、宋子文、王法勤、缪斌、丁惟汾、何应钦、蒋介石、李烈钧、周启刚、柏文蔚、戴季陶等中央委员23人,列席会议的有潘云超、张静江、蔡元培、李宗仁、邵力子、郭春涛、李石曾、陈果夫等人。蒋介石在开会词中称:二届四中全会是"本党中兴的一个会,亦是中国中兴的一个机会",今后要"共同一致反对共产党";"不仅反对他的主义,而且要反对他的理论和方法","务要铲除净尽,不许留在本党,遗害中国。"②蒋介石的这些言论,为会议定下基调。

从2月2日至7日,会议历时六天,共通过有关党务、政府和军队组织等各方面议案二十多项。主要内容如下:

(一)整理党务。《整理各地党务决议案》规定:各地各级党部一律暂行停止活动,听候中央派人整理;各地党员一律重新登记,在登记期间停止征求党员;各省及等于省之党部,由中央指派七至九人组成党务指导委员会,办理党务整理及登记等事宜,并代行该地执行委员职权;党员曾经加入本党以外之政治团体者,须切实声明与该团体脱离关系。《各委员依次递补案》决定开除并撤销谭平山、林祖涵、于树德、吴玉章、

---

① 《鹿钟麟何应钦等将领上中央请蒋总司令复职完成北伐电》,《革命文献》第18辑,总3179页。

② 荣孟源主编:《中国国民党历次代表大会及中央全会资料》上册,光明日报出版社1984年版,第507页。

杨匏安、恽代英、彭泽民，和已故朱季恂、李大钊等人的党籍和中央执行委员职务；停止徐谦的职务，保留党籍；候补中委毛泽东、许苏魂、夏曦、韩麟符、董用威、屈武、邓颖超、邓演达及已故的路友于开除党籍并撤销职务，陈其瑗停止职务。中央监察委员高语罕、候补中央委员江浩开除党籍，邓懋修、谢晋停止职务。以白云梯、周启刚、黄实、王乐平、陈嘉祐、朱霁青、丁超五、何应钦、陈树人、褚民谊递补为中央执行委员；黄绍竑为候补监察委员。大会还通过了蔡元培等人提出的《制止共产党阴谋案》。规定"所有共产党之理论、方法、机关、运动，均应积极铲除"①。《审查宁汉两方决议案》规定："凡与联俄容共政策有关之决议案，一律取消"；"凡因反共关系开除党籍者应一律无效"②。《整饬党纪之方法案》规定：凡属本党党员，无论何人，必须绝对遵守党纪；违反党纪者，必须绝对服从党部之处分；凡属党员非经中央党部之许可，无论党内党外，不得自行组织或加入其他政治团体；凡属党员不得有违反党纲、党章及一切决议案之主张；各级党部不得违犯党纲、党章之决议；凡属党员必须绝对服从党部之决议及命令；下级党部必须绝对执行上级党部之决议及命令；各地政府与党部有冲突时，须分别呈明各上级机关，共同处理；凡党员绝对不准以个人名义代替党发表宣言③。

（二）改组国民党中央机构。会议选举汪精卫、谭延闿、胡汉民、蒋介石、宋庆龄、陈公博、恩克巴图、于右任、程潜、朱培德、顾孟馀、经亨颐、宋子文、柏文蔚、何香凝、伍朝枢、丁惟汾、戴季陶、李济深、甘乃光、陈友仁、李烈钧、王法勤、刘守中、萧佛成、孙科、白云梯、周启刚、黄实、王乐平、陈嘉祐、朱霁青、丁超五、何应钦、陈树人、褚民谊为中央执行委员；缪斌、吴铁城、陈肇英为候补执行委员。吴稚晖、张静江、蔡元培、古

---

①　荣孟源主编：《中国国民党历次代表大会及中央全会资料》上册，光明日报出版社1984年版，第526页。

②　《中国国民党历次代表大会及中央全会资料》上册，第526页。

③　《革命文献》第17辑，第195页。

应芬、王宠惠、李石曾、柳亚子、邵力子、陈果夫、陈璧君、邓泽如、黄绍竑为中央监察委员，李宗仁、郭春涛、李福林、潘云超为候补中央监察委员，并推戴季陶、丁惟汾、于右任、谭延闿、蒋介石五人为中央执行委员会常务委员。《改组中央党部案》决定：取消农民、工人、商民、青年、妇女五部；以戴季陶等九人为委员，李石曾、经亨颐、朱霁青、何香凝、陈果夫为常委。《政治委员会改组案》规定：在第三次全国代表大会前，中央政治会议及各地方分会可以继续存在，各分会"专理政治，不兼管党务"；广东、广西属广州分会；湖南、湖北属武汉分会；河南、陕西、甘肃属开封分会；山西、绥远、察哈尔属太原分会。其他省份，"概由中央政治会议处理"①。

（三）改组国民政府。会议通过的《中华民国国民政府组织法》规定："国民政府受中国国民党中央执行委员会之指导及监督，掌理全国政务。""国民政府由中央执行委员会推举委员若干人组织之；并推定其中五人至七人为常务委员，于常务委员中推定一人为主席"。国民政府设内政、外交、财政、交通、司法、农矿、工商等七部，并设最高法院、监察院、考试院、大学院、审计院、法制局、建设委员会、军事委员会、蒙藏委员会、侨务委员会等五院一局三会。会议推选丁惟汾等49人为国民政府委员，谭延闿、张静江、李烈钧、于右任、蔡元培5人为国民政府常务委员，谭延闿为主席。

会议还通过了《国民政府军事委员会组织大纲》、《国民革命军总司令部组织大纲》、《军事委员会委员人选案》、《军事委员会常务委员及主席人选案》等决议案。规定："军事委员会为国民政府军政最高机关。""特任国民革命军总司令一人，凡属于国民革命军之陆、海、空各军，均归其节制指挥"，总司令"得兼任军事委员会主席"。会议选举于右任等73人为军事委员会委员，指定于右任、白崇禧、李宗仁、李济深、何应钦、阎锡山、谭延闿等12人为常务委员，蒋介石为主席。

---

① 《中国国民党历次代表大会及中央全会资料》上册，第519页。

（四）准备继续北伐。会议宣言称："军阀之命运多一日苟延,即统一的大计迟一日实现,而民众实际之痛苦稽一日解除。"因此,"加倍努力以促进北伐之完成,实为今日不可稍缓之工作"。于右任向大会提出了《集中革命势力限期完成北伐案》,提议由"大会决议,下令全军,责成各总司令、各总指挥,限两个月内会师北京,完成统一,肃清残余军阀,布告人民息兵"。提案由会议通过,并交国民政府责成军事委员会"统筹全局,从速遵办"①。

国民党二届四中全会是国民党历史上的一个重要转折点。它彻底推翻了国民党"一大"、"二大"和二届三中全会确立的各项政策,自此,孙中山的革命三民主义名存实亡。蒋介石成了会上唯一的胜家。不仅"四一二"政变以来的各种行径得到肯定,而且将政敌一一剪除。他当选为中央执行委员会常务委员、国民政府军事委员会主席,重新集党政军大权于一身,为进一步实行个人独裁奠定了基础。

四　蒋介石整顿内部

二届四中全会后,蒋介石准备继续北伐,但当时的国民党派系林立,两湖、两广的内讧尚未结束,后方还很不巩固。因此,蒋介石复职后即集中精力,整顿内部。

蒋介石的第一步棋是剥夺何应钦的军事实权。何应钦统率的第一路军是蒋介石的嫡系部队。总指挥何应钦与蒋介石若即若离,使蒋介石非常恼火。为了切实控制嫡系部队,蒋介石于1928年2月9日偕总参议何成濬悄悄前往徐州,采用汉高祖"入壁夺符"的办法,下令撤销何应钦的职务,并下令撤走何应钦在南京住宅的卫队。此时,何应钦在外打猎未归,不知发生了什么事情。事后,蒋介石电召交通部长王伯群

---

① 　中央秘书处编:《中国国民党第二届中央执行委员会第四次全体会议纪录》,文华印书局1928年版,第52、157页。

（何应钦的妻兄）、国民党中央执行委员会书记长李仲公（何应钦的亲信）及贺耀组、陈调元等到徐州开会。蒋对李仲公称，他之所以撤销何应钦的职务，一是因为何与白崇禧联合逼蒋下野，二是何迟迟不发拥戴电，支持蒋介石复职；三是桂系在外散布蒋介石已不能指挥黄埔系的言论。蒋称："所以，我就来前方试试看，我究竟能不能掌握黄埔军。"①蒋介石说这番话，是希望通过李仲公向何应钦提出警告，不许在嫡系中另立山头。蒋介石先发制人，何应钦只得表示服从。

　　2月11日，何应钦致电蒋介石，声称第一路军辖十余军之多，战线绵亘数百里，运输联络均感不便。请蒋介石改订第一路军编制，并就近指挥，自己则专力于后方事务。蒋介石接电后，即于2月13日下令将第一路军改编为第一集团军。下设三个纵队。第一军、第九军、第十军编为第一纵队，以刘峙为总指挥；第十五军、第二十六军、第三十七军编为第二纵队，以陈调元为总指挥；第二十七军、第三十三军、第四十军编为第三纵队，以贺耀组为总指挥。第一集团军总司令由蒋介石自兼，参谋长由原第一路军总指挥部参谋长王绳祖升任。第一路军总指挥何应钦调任国民革命军总司令部总参谋长②。通过改编，何应钦的实权均被剥夺。何认为面子丢尽，即称病告假两个月，避居上海。蒋介石却又安抚他："待我将部队整理就绪，仍然请你回来统率。"③在蒋介石的安抚和各方劝说下，何应钦于3月7日宣布就任总参谋长职。

　　蒋介石的第二步棋是进一步拉拢冯玉祥、阎锡山两大实力集团。在整顿第一路军的同时，蒋介石电邀冯、阎到徐州参加军事会议。由于冯、阎只派代表出席，蒋介石只好移樽就教，前往开封与冯玉祥相会。2月16日，蒋介石、冯玉祥及阎锡山的代表在开封举行会议。会议决定将冯玉祥的国民联军改组为第二集团军，阎锡山的北方革命军改组为

---

①　李仲公：《我所知道的何应钦》，《文史资料选辑》第36辑，第212页。
②　《蒋总司令为编组第一集团军上国民政府电》，《革命文献》第18辑。
③　李仲公：《我所知道的何应钦》，《文史资料选辑》第36辑，第214页。

第三集团军。会议并商定以第一集团军担任津浦路作战,第二、第三集团军分别担任京汉、京绥路作战①。2 月 16 日,阎锡山致电冯玉祥,表示赞成蒋、冯商定的北伐计划。阎并表示,一俟津浦、京汉线发动,山西方面即"同时由京绥、紫荆关、京汉路三路反攻"②。17 日,冯玉祥陪同蒋介石到郑州检阅部队。18 日,蒋、冯互换兰谱,"以示同心同德,生死相共之义"③。冯玉祥写给蒋介石的帖子是:"结盟真意,是为主义,碎尸万段,在所不计。"蒋介石写给冯玉祥的帖子是:"安危共仗,甘苦同尝,海枯石烂,生死不渝。"④20 日,蒋介石回到南京。29 日,国民政府特任蒋介石兼第一集团军总司令,冯玉祥为第二集团军总司令,阎锡山为第三集团军总司令。

蒋介石的第三步棋是整顿两湖。桂系联合程潜西征占领武汉后,唐生智旧部退往湖南,但仍保留第四集团军的名义。1927 年 11 月 21 日,李品仙、刘兴、何键等和湖南省政府主席周斓在长沙开会,决定:一、暂时保境休养,听第四次执监会议解决;二、在长沙设第四集团军办事处,以李品仙、刘兴、何键、周斓等七人为办事委员;三、第八军驻湘中,第三十五军驻湘西,第三十六军驻湘南;四、推张开琏为代理财政厅长,月筹军费 70 万,并设财务委员会,推周斓等 21 人为委员⑤。会后,即以第四集团军名义扩充第十二、第十七两军,分别以叶琪、周斓为军长。总兵力达到 12 万人左右。

对于这支庞大的军事力量,蒋桂两派都想收为己用。桂系的白崇禧见蒋介石复职已成定局,遂向李宗仁建议,"确切控制两湖(湖南、湖北),以便紧靠两广后方,把两广两湖打成一片"⑥。1927 年 11 月 25

---

① 《开封会议之内容》,《时事新报》,1928 年 2 月 23 日。
② 《阎锡山铣电》,《时事新报》,1928 年 2 月 23 日。
③ 冯玉祥:《我的生活》下册,第 591 页。
④ 冯玉祥:《我所认识的蒋介石》,第 13 页。
⑤ 《时事日志》,《东方杂志》第 25 卷第 2 号。
⑥ 程思远:《白崇禧与蒋介石》,(北京)《传记文学》1987 年第 1 期。

日,李宗仁派李品仙之弟李品芗偕袁家谱赴长沙,与李品仙、何键、刘兴等接洽和平改编。主要条件是:一、取消第四集团军名义,仍存第八、第三十五、第三十六三个军;二、通电服从中央;三、承认程潜率第六军,任省政府主席,并于三个军中抽调两个军北伐①。这时,正在酝酿复职的蒋介石也有意将唐部拉过来,以牵制桂系势力的扩张。蒋介石密遣使者前往湖南,向唐部许诺湖南省长由唐生智部将中推举,不派兵入湘;唐部改编为四个军,军饷由中央政府接济。两相比较,唐部将领决定拒绝桂系的和平改编要求。1928年1月2日,唐部将领发表通电,宣布取消第四集团军番号,静候国民党二届四中全会解决②。

桂系见和平改编不成,决心武力解决,以除肘腋之患③。在李宗仁、程潜等人的催促下,南京政府于1928年元旦起实行征湘动员,并以白崇禧为征湘总指挥,到武汉统一指挥。1月15日,征湘军分东、西、南三路向湖南展开全面进攻。东路由白崇禧指挥,率第七军、第十九军、第六军、第十三军和第四十四军等进攻平江、岳州;西路由鲁涤平的第二军和李燊的第四十三军组成,进攻津市、醴州;南路由朱培德指挥,率第三军和第九军进攻株洲。1月17日,征湘军占领岳阳。18日,程潜由武汉赶到岳阳,召集第六军、第四十四军各将领开会,会后即饬令向汨罗追击。19日,第十七军占领平江,唐部退往汨罗江以南。正当征湘军乘胜向南追击时,叶开鑫的第四十四军在蒋介石的策划下,倒戈反桂,在岳阳地区与湘军李品仙等部配合,猛攻程潜第六军侧面,第六军猝不及防,损失惨重。白崇禧一面调兵围攻叶开鑫部,一面命令桂军主力第七、第十九军猛攻长沙,以切断唐部后路。21日拂晓,第七、第十九军渡过汨罗河,与李品仙部在江边激战,大败李品仙部。第七军乘胜追击。25日,征湘军占领长沙,湘军残部分向株洲、衡阳逃遁。至

---

① 《时事日志》,《东方杂志》第25卷第2号。
② 《晨报》,1928年1月16日。
③ 《白崇禧先生访问记录》上册,第83页。

此,唐部已失去抵抗能力,被迫接受改编。3月11日,程潜、白崇禧将唐军残部改编为第八、第十二、第三十五、第三十六四个军,以李品仙为十二路总指挥,节制第八、第十二、第三十六军沿京汉线北上,参加北伐,而以第三十五军何键部留驻湖南。刘兴则由程潜委为高等顾问,令其出洋。同日,程潜、白崇禧等湘桂将领联衔通电,宣告“两湖军事已告结束”①。

　　征湘军事结束后,南京政府准备重建第四集团军和武汉政治分会,以统辖两湖。在人选问题上,又出现了激烈的争夺。第四集团军总司令一职,南京政府军事委员会最初决定以谭延闿充任,以此作为蒋介石、白崇禧、程潜之间的“缓冲”②。但谭延闿在两湖只有鲁涤平一军,难以驾驭拥有雄厚兵力的桂系和湘系的程潜,而且桂系的李宗仁、白崇禧极力反对。2月25日,蒋介石约李石曾、谭延闿会商两湖军事及党务。28日,由谭延闿、李烈钧出面,宣称:湖南军事结束,已无成立第四集团军的必要。两湖参加北伐部队,由李宗仁担任总指挥,隶属于第一集团军总司令之下③。同日,国民政府特派李宗仁赴武汉,收束两湖军事,筹备北伐④。李宗仁在动身赴汉前,与蒋介石会晤,达成以下妥协条件:一、粤省政府担负北伐军费一部分;二、桂派与西山会议派脱离关系;三、蒋与汪精卫在政治上脱离关系。可以保持汪之体面,但不予汪以政治权力;四、蒋系军队不侵入桂系势力范围⑤。蒋介石并接受李济深的建议,任命李宗仁为第四集团军总司令。李宗仁与蒋介石妥协后,即于3月28日偕第十一军军长陈铭枢抵达汉口,29日转赴长沙,与程潜、白崇禧接洽。4月2日,李宗仁、陈铭枢、程潜、白崇禧等在长沙开会,商定两湖军队组成五个纵队,由李宗仁率部北伐,白崇禧留守武汉,

① 《一周间国内外大事述评》,《国闻周报》第5卷第11期。
② 《一周间国内外大事述评》,《国闻周报》第5卷第7期。
③ 《国府两要人之谈话》,《时事新报》,1928年2月29日。
④ 《国府慰劳西征军》,《时事新报》,1928年2月29日。
⑤ 《一周间国内外大事述评》,《国闻周报》第5卷第12期。

程潜坐镇长沙。4月6日,白崇禧托陈铭枢带亲笔信交李济深,请其转呈蒋介石。除叙述湘鄂近况外,白崇禧表示"服从命令,一致北伐"①。在得到桂系李宗仁、白崇禧的保证后,南京政府军事委员会即于4月8日正式任命李宗仁为国民革命军第四集团军总司令,白崇禧为第四集团军前敌总指挥。

北伐需要巨大的军费。当时,南京国民政府月收入不足300万元,而支出却需要1100万至1600万元,因此,不得不依靠发行国库券过日子。1927年5月,发行第一次二五附税国库券3000万元。7月,发行盐余国库券6000万元。10月,发行第二次二五附税国库券2400万元。1928年1月,宋子文继孙科之后出任财政部长。上任第一天,在张嘉璈宅宴请上海银行家陈其采、李铭、贝祖诒等人,计划发行第三次二五附税国库券1600万元。11日,有关条例出笼,但推销成绩并不理想。2月25日,蒋介石致电上海总商会、银行公会等团体,声称"中正受命于最短期间完成北伐,大宗饷源全在推行二五库券","无论如何困难,务希办到,以应急需"②。在此前后,蒋介石又两次致电张嘉璈,要他偕中国、交通两行行长到南京商量推销国库券一事。张此前已多次提供财力支持,深知此事难办,态度消极。3月4日,蒋介石亲自到沪召开会议,指责张嘉璈"阻挠北伐","勾结桂系、奉系",张静江并提出,要接管中国银行。蒋称:"北伐费必须筹足,每月千万始可进行。"会议商定,增发国库券及纸烟捐国库券各1400万,当场通令中国银行月垫五六百万元③。6日,张嘉璈召集中国银行在沪董、监事会议,一致认为:"一旦决裂,金融风潮即起。"会后,张嘉璈决定垫款600万元,分三个月交清④。依靠江浙金融资产阶级的帮助,蒋介石再次度过了财政

①　《白崇禧函蒋介石》,《时事新报》,1928年4月7日。
②　《申报》,1928年2月28日。
③　《张嘉璈日记》,稿本。
④　《张嘉璈日记》,稿本。

难关。

在整理军事、筹措军费的同时,蒋介石又力图掌握国民党中央党务大权。3月1日,国民党中央执行委员会常务委员会通过中央执行委员会政治会议及政治分会两项暂行条例。《政治会议条例》规定:政治会议为"中央执行委员会特设之政治指导机关",对中央执行委员会负责。一切法律问题、重要政务均须经中央政治会议议决,由中央执行委员会交国民政府执行。《政治分会条例》规定:"政治分会依照中央政治会议之决定,于其特定地域内,指导并监督最高级地方政府,但不兼管党务。政治分会于不抵触中央政治会议之决定范围以内,得对于中央政治会议未经明白或详细规定之事项,为因时制宜之处分。"①

3月7日,国民党中央政治会议任命蒋介石为中央政治会议主席,李济深为广州政治分会主席,李宗仁为武汉政治分会主席,冯玉祥为开封政治分会主席,阎锡山为山西政治分会主席。至此,蒋介石不仅集党政军大权于一身,而且又安抚了地方实力派,在蒋、冯、阎及二李之间保持一种权力均势。13日,国民政府又特任李济深为国民革命军参谋总长,何应钦改任参谋次长。在李济深未到任以前,由何应钦代理。16日,国民党中央决定成立战地政务委员会,统一管理北进战区内的民众、财政、外交、司法、交通等事项,由蒋介石亲信蒋作宾任主席。至此,北伐的组织准备大体就绪。

3月27日,蒋介石离开南京前往徐州,督师北伐。4月1日,在徐州发表《告前方将士书》、《告北方将士书》、《告全国民众书》、《告北方父老书》等四篇文告。在《告前方将士书》中,蒋介石要求前方将士"怀必胜之气,直薄幽燕,长驱关外,使张作霖覆灭而后更无继张作霖而起之人"。《告北方将士书》号召北方将士翻然来归,"自动归义者,即以原职任用;其临阵归附者,亦一律从优待遇"。6日,蒋介石又将第一集团军第一、二、三纵队改为军团,仍以刘峙、陈调元、贺耀组为总指挥,并改冯

① 《一周间国内外大事述评》,《国闻周报》第5卷第9期。

玉祥部第十一路军为第四军团,以方振武任总指挥①。合计第一集团军18个军2个独立师,约29万人;第二集团军25个军,约31万人;第三集团军作战部队11个军,约15万人;第四集团军作战部队16个军,9个独立师,约24万人左右②。

4月7日,蒋介石发布北伐誓词,声称"党国存亡,主义成败,人民祸福,同志荣辱,在此一战"③。随即下总攻击令,第一、第二、第三集团军分别由津浦、京汉、正太铁路挺进。

五　奉军反攻与国民党军合力北进

正当宁方筹谋北伐之际,奉系也在力谋对策。

当时,奉系安国军在军力和财力上已明显弱于南京方面的联合力量。据报告数字,安国军总兵力为60万人,共编为七个方面军,分别以孙传芳、张宗昌、张学良、杨宇霆、张作相、吴俊陞、褚玉璞为军团长。其中张宗昌、褚玉璞的第二、第七方面军团系原来的直鲁军,大多由土匪编成,军纪废弛,且在陇海路上与冯玉祥部作战中受到巨大损失,因而士气低落,战斗力极差。第五、第六方面军团张作相、吴俊陞所部因编组不久,装备和训练也较差。只有孙传芳的第一方面军团和张学良、杨宇霆指挥的第三、第四方面军团军事素质稍好。然而孙传芳部在龙潭战役中损失大半,虽经大力募兵,张作霖也拨款支援,但尚未恢复元气。安国军方面的财源也极其困难,山东、河北两省频经战乱和奉鲁军的搜括,经济已接近破产的地步。东三省的财力也明显不如国民党各派控制区。在国民党军的联合进攻面前,奉系立即陷入难以招架的窘境。

为了摆脱被动局面,1928年2月,奉系将领在北京会议,决定先发

---

① 沈云龙:《黄膺白先生年谱长编》,第330页。
② 陈训正:《国民革命军战史初稿》卷3,第484页。
③ 《中华民国史事纪要》,1928年4月7日。

制人,各个击破,对京汉、津浦路取守势,对山西取攻势。3月底,奉系发现各路国民党军的总攻在即,又决定由张学良指挥安国军第三、第四方面军沿正太路和京汉路展开攻势,以求首先打败阎锡山和冯玉祥,再集中力量打败蒋介石。奉系的这种战略安排便利了蒋介石的第一集团军在津浦线的推进,结果,正太、京汉两线相持不下,在津浦路线的安国军即已崩溃,奉系不得不全面败退。

山西战线:奉军分三路进攻晋军。3月底,张学良、杨宇霆亲到邯郸,与戢翼翘、于学忠等会商。4月1日,奉军主力第三、第四方面军一部在河北平山、获鹿一线开始进攻。主要目标是夺取晋东门户、正太铁路上的要隘娘子关,在晋北雁门关、平型关一线安国军张作相部则采取牵制性的攻击行动。4月5日,奉军占领井陉,向晋边推进。双方在井陉以西的雪花山展开血战。雪花山为由井陉进入山西的孔道,形势险要,晋军在此筑有坚固防御工事,据险扼守。战事发动后,奉军军长荣臻、胡毓坤亲自督师,企图一举攻下雪花山阵地。晋军依据有利地形,居高临下,多次打退奉军进攻。激战至4月底,奉军在娘子关、井陉这一主攻方向只有微小进展,在晋北方向也未能打破相峙局面。奉系首先击败阎锡山部的计划未能实现。4月19日,阎锡山离开太原赴娘子关前线指挥,晋军转守为攻,冲出娘子关,进取石家庄。

豫北战线:4月5日,安国军第三、第四方面军主力在豫北进攻冯玉祥部。奉军攻击的重点是京汉路上的重镇彰德,冯玉祥的第二集团军所属的第九方面军鹿钟麟部依托彰德附近的既设阵地实行防御。张学良亲临前线指挥进攻,奉军的炮兵主力和航空兵也投入了彰德前线。尽管奉军在火力上占优势,但冯部作战意志比较顽强。双方在彰德城下反复争夺。冯玉祥多次致电李宗仁,请求支援。李宗仁派叶琪率部到河南漯河,接替韩复榘军防务。韩复榘军则星夜北调,于4月16日集中到彰德以南,参加鏖战。直至4月28日,奉军一直未能突破这一线阵地。

进攻彰德的同时,安国军第七方面军褚玉璞部又于4月9日进攻直隶大名的冯军刘镇华部。褚玉璞部虽军事素质较差,但刘镇华部归附冯玉祥后一直心怀贰志,不愿为冯玉祥卖命。在褚玉璞部的攻击下,刘镇华军连续后撤。冯玉祥不得不命第二方面军孙连仲部增援。4月22日,褚玉璞部攻占豫北南乐,对孙连仲部阵地造成威胁。同日,上一年归附冯玉祥的豫军樊钟秀部二万余人在洛阳以东叛变,截断陇海路,与在陕西叛冯的李云龙相呼应。冯玉祥急调石友三、宋哲元两部夹击,又吁请李宗仁调兵由京汉路北上增援。

在将近一个月的争夺战中,安国军损耗很大,山东方面蒋介石的部队又已推进到济南一线,威胁豫北奉军的侧翼,因此,张作霖不得不于4月28日下令停止对豫北的进攻。冯玉祥乘机展开反攻,奉军全线溃退。5日,冯军收复大名。

山东战线:张宗昌部几经打击,实力大减,由原来的49万人缩减到6万人左右。孙传芳部经整训扩充,也只有三万余人,而蒋介石指挥的第一集团军则达二十多万人之众,并有航空兵掩护,兵力、装备都处于绝对优势。4月7日,宁方北伐军开始总攻后,第一集团军第一军团刘峙部向兖州推进,第二军团陈调元部由郯城一线向临沂推进,第三军团贺耀组部和第四军团方振武部在微山湖以西向济宁推进。同时,第二集团军第一方面军孙良诚部也由菏泽向济宁推进。4月8日,张宗昌离开济南,到韩庄督师。10日,第一军团第九军顾祝同部等占领台儿庄。12日,包围临城。同日晚,张宗昌下令全军撤退。4月14日,顾祝同部占领临城。16日,进攻界河。张宗昌曾耗资50万,费时半载,聘请德国人在这一带构筑了坚固的防线。18日,第一军团第一军占领界河。

在张宗昌部一触即溃之际,孙传芳部决定集中兵力攻击微山湖以西的宁方北伐军,然后侧击徐州。4月12日,贺耀组的第三军团在鲁西南推进至鱼台一线时,突遭孙传芳部反攻。第三军团内的第二十七军夏斗寅部和第三十三军张克瑶部均系归附宁方不久的杂色武装,战斗力很差,一遭孙军反击,即慌乱不堪地后撤,贺耀组自身指挥的第四十军陷入包围,只得乘夜突围。4月14日,孙传芳部占领丰县,并以一部骑兵突袭沛县,威胁第一集团军的后方基地徐州。

蒋介石在徐州得知丰县失守,急电冯玉祥,调石友三部自兰封由陇海路东进,反攻丰县,又调其嫡系第一军由临城前线撤回徐州,会同贺耀组的第三军团各部阻止孙传芳部继续前进。在孙传芳部向南攻击时,第二集团军第一方面军孙良诚部也在鲁西南向济宁进攻,于4月15日攻占巨野,孙传芳的主力李宝章部全军覆灭。次日,包围济宁。孙传芳见济宁告急,后路有被切断的危险,急率5个师北撤。4月17日,石友三部东进占领丰县,第一集团军西翼出现的危险至此方告消除。孙传芳部北撤后,于4月17日反攻济宁,与孙良诚部展开激战。孙良诚部诱敌深入,同时以骑兵袭击孙军后方,于4月19日占领兖州。与此同时,方振武的第四军团、贺耀组的第三军团也北上参加进攻,孙传芳军在济宁附近陷入包围圈。4月20日,孙军向北突围。由于转战多日,极端疲惫,又遭到北伐军各路的围攻和截击,孙军在突围中大部溃散,被俘甚众。4月21日,孙良诚部占领济宁,孙传芳率残军向泰安、济南退却。

宁方北伐军在鲁西南的战斗是以冯玉祥第二集团军东进部队为主体完成的。此役粉碎了孙传芳的安国军第一方面军主力,从而为第一集团军向北推进扫除了最大障碍。此后,蒋介石的嫡系部队未遇激烈抵抗,即顺利地沿津浦路向济南推进。在临沂方向作战的第一集团军第二军团陈调元部均系归附不久的杂色武装,斗志不强。4月中旬,在临沂城下和张宗昌部形成对峙。鲁西南会战结束后,该军团才以一部穿越沂蒙山区,向莱芜方向推进,于4月22日占领蒙阴。25日,进占莱芜。张宗昌部未经抵抗便纷纷北逃。

4月23日,蒋介石抵达兖州,决定乘孙传芳主力被歼、张宗昌部已趋崩溃之际,迅速北上,占领济南。24日,第一军团刘峙部沿津浦路向北攻击前进,当面的安国军稍予抵抗,即纷纷北逃。27日,蒋介石自徐州前往兰封会晤冯玉祥,会商进攻济南战略。28日,第一军团进占泰安。30日,由济宁方向北进的第四军团方振武部占领长清,逼近济南;

由莱芜方向北进的第二军团陈调元部也切断济南以东的胶济路。孙传芳、张宗昌见局势已不可挽回，决定北撤德州。5月1日，孙传芳、张宗昌两军放弃济南，向黄河以北撤退，并炸断黄河上的津浦路铁桥。同日，宁方第一集团军的第一、第四军团各以一部进占济南。

5月2日上午，蒋介石抵达济南，任命方振武为济南卫戍司令。

六　济南惨案

当蒋介石统军进入济南，准备继续北进时，日本侵略者却于此时制造了震惊中外的济南惨案，打乱了南京方面北伐的部署。

蒋介石1927年访日，本意在寻求日本政府的支持。与田中义一会晤后，蒋介石曾在日记中失望地写道："综核今日与田中谈话之结果，可断言其毫无诚意，中日亦决无合作之可能，且知其必不许我革命成功，而其后必将妨碍我革命军北伐之行动，以阻止中国之统一。"①但是，蒋介石上台后，仍然硬着头皮推行亲日外交路线。2月8日，任命亲日派黄郛为外交部长。3月6日，蒋介石亲自设宴招待应邀来访的日本记者团，发表谈话称："我敢断言日本国民对于北伐，不特不加阻害，必更进而望其成功，不吝与之声援；更确信日本政府今后亦必不为损人不利己之举。"②4月2日，蒋介石以总司令名义发表《告友邦人士书》，保证"国民革命军所到之地，绝对不致有排外之行动；革命军对于外人之生命财产，必与本国人民同为极严密之保护"③。18日，南京政府向日本及其他国家驻沪总领事递交了保护外侨的声明。蒋介石希望通过这些措施，尽量避免列强，特别是日本出兵干涉的可能。

日本政府不理睬南京政府和蒋介石的善意表示。4月16日，日本

① 古屋奎二：《蒋总统秘录》第6册，第230页。
② 《中央日报》，1928年3月10日。
③ 《先总统蒋公思想言论总集》第30卷，书告，台北，第100—101页。

驻济南武官酒井隆呈请参谋总长铃木庄六出兵。同时，青岛总领事藤田荣介和代理驻济南总领事西田畊一也向日本政府陈述："出兵时期，业已到来。"①17日，田中义一与陆军大臣白川义则、海军大臣冈田启介商定出兵山东。次日，召开内阁会议，议决：一、由天津派步兵三中队至济南，由国内派兵至青岛；二、海军须于青岛等地严为警备，并须火速派军队保护胶济铁路；三、即刻发表出兵声明②。19日，即由首相田中奏请天皇批准。同日，田中训示驻上海总领事矢田转告蒋介石，要北伐军绕避济南。声称："如果在济南附近发生战争，日本便会出兵。"③20日，日本正式发布出兵山东声明书，诡称"在山东各地之日人生命财产，复濒于重大危险"，帝国政府"不得不取自卫的措置"④。21日，日本从天津派出的三个中队首先到达济南。随后，由日本熊本开来的第六师团在福田彦助中将率领下也陆续在青岛登陆，向济南推进。福田到青岛后，即发表声明，蛮横地表示："胶济路与日侨之生命财产及日本之经济均有关系，不许任何方面军队破坏。"⑤

　　南京国民政府决定对日本的侵略行径一面抗议，一面交涉。4月21日，黄郛照会日本政府，指责其将"公法条约蹂躏殆尽"，要求日本政府停止向山东派兵⑥。30日，蒋介石派张群以他的个人代表名义赴日，企图劝阻日本出兵。同时，通过日本浪人佃信夫要求将日军由济南移驻青岛，由蒋介石担任所需军费⑦。对此，日方均置之不理。自5月1日起，日军陆续开进济南，在西门外商埠区周围设置铁丝网，堆积沙

①　古屋奎二：《蒋总统秘录》第7册，第22页。

②　日本参谋本部编：《昭和三年支那事变出兵史》，第42—44页。

③　张群：《我与日本七十年》，台北1981年版，第36页。

④　《日本出兵山东声明书》，《革命文献》第19辑，第1288—1289页。

⑤　沈亦云著：《亦云回忆》下册，传记文学出版社1971年版，第373页。

⑥　沈云龙：《黄膺白先生年谱长编》上册，台湾联经出版事业公司1976年版，第332—333页。

⑦　张群：《我与日本七十年》，第38页。

包,并在各路口配置武装士兵,严禁中国军队通行。5月3日上午8时,驻济南代理领事西田和宪兵司令拜会蒋介石,假惺惺地称赞革命军军纪很好,很守秩序,并诈称已派到济南的日本军队和宪兵今天就要撤回去,所以,他和宪兵司令特地前来辞行①。在日方的蒙骗下,蒋介石未采取任何防范措施。上午9时,贺耀组第四十军一名患病士兵在送往医院途中,为日军阻止通行,由于语言不通,发生争执。日军当即开枪射击,打伤中国士兵和夫役各一名,并包围医院。此处枪声一响,驻济南各处的日军乘机制造流血事件。驻在牌税局的一个营,被日军包围,勒令缴械,全营均被俘虏。日军"遇中国人,不论兵民,即开枪射击,一时尸体满街"②。

蒋介石仍然不准备抵抗。5月2日,蒋介石在日记中写道:"不屈何以能伸,不予何以能取。犯而不校,圣贤所尚。小不忍则乱大谋,圣贤所戒。"③事件发生后,蒋介石严令部队不得还击,在城外的中国部队于下午5时以前撤离济南④。同时,急派在济南的外交部长黄郛到日军司令部交涉。

日方态度异常傲慢,毫无诚意,强迫黄郛在日方提出的文件上签字,承认济南冲突是因中国人抢日本人的东西引起的。这一无理要求为黄郛拒绝,日军就将黄郛扣留18个小时。3日晚9时,日军破坏外交惯例,冲进山东特派员交涉公署搜查,将战地政务委员会委员、外交处主任兼山东交涉员蔡公时及公署人员一一捆绑起来。蔡公时当即向

---

① 蒋介石:《誓雪五三国耻》,《革命文献》第19辑,第1373页。

② 《济南五三惨案亲历记》,中国文史出版社1987年版,第28页。

③ 古屋奎二:《蒋总统秘录》第7册,第26页。

④ 据王芸生《六十年来中国与日本》第8卷第154页记载,济案发生前,蒋介石曾训令部队:"一、不与日军构争,保护侨民,系为国家之政。在个人无论有何如事,亦须忍受;二、对于日本人,绝对不开枪;三、为救一人,虽杀十人亦可;四、若遇有事,日本要求枪支,即以枪支与之;要求作俘虏时,即听其捕作俘虏。"王书未注出处,录以备考。

日军说明自己的身份，并对日军无礼行为表示抗议。疯狂的日军竟割去他的耳鼻、挖掉他的舌头和眼睛，然后枪杀。其他人员，除两人逃脱外，也全部遇难①。接着，日军又闯到外交部长办公处行凶，部长黄郛事先避去，日军遂焚烧了办公处。

5月4日凌晨，蒋介石派高级参谋熊式辉与日军代表、第六师团参谋长黑田周一谈判。日方提出三点无理要求：一、济南商埠街道不许中国官兵通过；二、胶济、津浦两路不许中国运兵；三、中国军队一律退离济南20华里以外。熊式辉不敢签字，以"事关重大"，"须向总司令请示"为由返回。下午，蒋介石致电南京国民政府，报告日军暴行，并请示应付方针。同时，由黄郛再电日本外务大臣田中，提出严重抗议，要求立即电令在济日军先行停止枪炮射击，并立即撤退驻兵，一切问题概由正当手续解决②。在英、美两国驻济领事出面调停后，日军稍有收敛，济南形势"渐趋和缓"③。日军师团长福田并派高级参谋到北伐军司令部见蒋介石，声称"昨天的事情，是他们部下冲突，他们误会了"，表示以后可以设法调解。蒋介石赞成"不使冲突扩大"，希望日军不再乱放枪炮，投掷炸弹④。但到晚上，日军又由青岛派兵增援济南，更不断以飞机、大炮轰击济南驻军及居民，并将中国驻济警备军一千余人悉数缴械拘禁。贺耀组部死伤近六百人。

当晚，蒋介石在济南召集第一集团军前敌总指挥朱培德、总参谋长杨杰、高级参谋熊式辉等会议，决定为避免和日军发生大规模冲突，中国军队大部退出济南，分五路渡黄河，绕道北伐。5日，国民政府委员会召集临时紧急会议，决定：一、令各路大军继续攻击前进，务于最短期

---

① 据蒋作宾报告，遇难者共17人，即主任蔡公时，参议张鸿渐，科长谭显章，科员周惠和、姚成仁、张麟书、袁家达、熊道存、姚成义，书记刘文鼎，勤务员王立泰、张德福、陈普远、黄继曾、陈瑞成、傅宝山；一人姓名不详。

② 沈亦云著：《亦云回忆》下册，第369页。

③ 蒋永敬编：《济南五三惨案》，台北正中书局1978年版，第215页。

④ 蒋介石：《誓雪五三国耻》，《革命文献》第19辑，第1378—1379页。

间完成北伐,并令湘鄂加派主干军队兼程北上;二、济案令外交部继续提出抗议,严重交涉;三、切实宣传,唤起军民团结及奋斗①。会后,电复蒋介石,我方应特别"持重"。

6日晨,蒋介石、朱培德、杨杰、熊式辉等离开济南,退驻近郊党家庄。济南城内仅留第一军第一师李延年部及第四十一军第九十一师第二团邓殷藩部,约三千人,作为卫成部队。蒋介石致函福田称,中国军队已一律离济,继续北伐,城内仅留相当部队,维持秩序,希望日军立即停止"一切特殊行动"②。

蒋介石一味妥协退让,更加助长了日本侵略军的嚣张气焰。5月6日,日军第三十六旅团由青岛调至济南,第二十八旅团和海军一部调至青岛。同日,日军参谋本部向第六师团发出电令,要其切莫"使当前的猎物中国军队逃掉"③。7日,福田向部队下达了《扫荡南军的命令》。下午3时,福田提出五项条件,限蒋介石于12小时以内答复:一、有关骚扰及暴行之高级武官,须严厉处刑。二、对抗之军队,须在日军阵前解除武装。三、在南军统辖区域之下,严禁一切反日宣传。四、南军须撤出济南及胶济铁路沿线两侧二十华里之地带,以资隔离。五、为监视以上事项之实施,须于12小时以内开放辛庄及张庄之营房。当晚8时,蒋介石在泰安拟定六项对案:一、对于不服从本总司令之命令,不能避免中日双方误会之本军,俟调查明确后,当按律处分;但当时日本军队有同样行动者,亦应按律处分。二、本革命军治下地方,为保持中日两国之睦谊,早有明令禁止反日宣传,且已切实取缔。三、胶济铁路两侧二十华里以内各军,已令其一律出发北伐,暂不驻兵,但军队运动通过胶济铁道并有北方逆军之地方,或敌军来犯时,本军亦复派兵往剿。

---

①　《革命文献》第19辑,第1293页。

②　《蒋总司令为改道北伐致日军福田师团长函》,蒋永敬编:《济南五三惨案》,第215页。

③　日本参谋本部编:《昭和三年支那事变出兵史》,第97页,

至于济南，为山东都会，及其附近公物场所，本军有维持治安之责，应驻扎相当军队，保持安宁秩序。四、津浦车站为交通要地，本军应派相当武装士兵驻防，以保卫车站，维持安宁。五、辛庄、张庄之部队，已令其开赴前方作战，两庄之兵营可暂不驻兵。六、本军前为日军所阻留之官兵及所缴之枪械，应即速交还①。8日凌晨，熊式辉与战地政务委员会委员罗家伦携蒋介石答复条件赶往济南，与福田交涉。同时，蒋介石以贺耀组"未遵军令回避日军"为由，免去其第三军团总指挥兼第四十军军长本兼各职，委方鼎英为第三军团总指挥，毛炳文代第四十军军长。蒋介石的上述对案与做法，已经作了巨大让步，熊式辉与福田又是日本陆军大学时的同学，但福田态度傲慢，言语横蛮，"完全暴露出一种更无商量余地之狰狞面貌"②，声称已经逾期，拒不讨论蒋介石所提对案。福田并向蒋介石发出最后通牒，声称："本司令官认定贵总司令并无解决事件之诚意，为军事之威信计，不得不采取断然之处置，以贯彻要求。"③

同日凌晨4时，日方不待答复，再次用大炮猛轰济南。6时20分，东京电令福田，为保护日本侨民及维持"日本皇军之威严"，现地派遣军得自行采取"独断的行动"。7时，福田即以最后通牒限期已过，未获答复为借口，向北伐军发出总攻命令，限令城内守军一小时内缴械离城。守军被迫应战，旋因无援军退守内城。同日，日军占领辛庄、张庄及白马山车站，向党家庄攻击前进，沿途不断扫射无辜平民。下午，日军逼近党家庄，攻击在该站休整的第三军第八师。9日，日本第十一旅团长斋藤沭率所部进攻济南西城门，与李延年部激战。同日，蒋介石再派何成濬与福田交涉，告以第四十军军长贺耀组业经免职，同意济南城内不驻兵，由武装警察维持秩序。福田坚持蒋介石必须完全接受他提出的

---

① 蒋永敬编：《济南五三惨案》，第154—155页。
② 《熊式辉回忆录》，打字本，哥伦比亚大学珍本和手稿图书馆藏。
③ 《黄膺白先生年谱长编》，第342页。

五项条件,并须于日军之前将方振武、贺耀组、陈调元三军团全体解除武装,同时将肇事军官处以严刑。10日晚,蒋介石电令守城士兵"暂行让步",全部退出济南。李延年、邓殷藩等部遂于11日晨突围出城,在城外,又遭日军伏击,死伤数百人,未及退出者,悉被日军屠杀。

济南陷落后,日军举行入城仪式,升挂太阳旗,并以搜索南军为名,肆行奸淫掳掠。住户稍有反抗,即遭枪杀。据调查,在济南惨案中,中国军民死亡3254人,受伤1450人①。

日本帝国主义的暴行激起了全中国人民的强烈抗议。5月6日,全国学生联合会召开紧急代表大会,提出四项对日主张:一、请中央恢复民众运动。二、请中央先与日断绝国交。三、致电蒋总司令,与日本严重交涉,不作丝毫让步。四、对日经济绝交。同日,南京各机关团体代表在金陵大学集会,宣布成立首都民众反对日本暴行大同盟,通过请求中央组织青年救国军、电请蒋总司令驱逐日军出境等多项议案。抗议运动迅速从上海、南京扩展到全国各地。

蒋介石和南京政府千方百计压制和防范民众运动。5月6日,蒋介石通令称:济案应"静候外交当局严重交涉,以谋正当解决"。他要求各地随时取缔"有碍邦交之标语与宣传","勿以一朝一忿,而乱大谋"②。5月8日,南京国民政府也通电称:"查获共产党印刷品甚多,希图煽动,利用罢课、罢工及种种扰乱行为,破坏秩序",要求各界"恪守纪律,各安职业","听候中央处理"③。

---

①　关于济南惨案伤亡人数有几种统计。此据济南惨案代表团的调查,见蒋永敬:《济南五三惨案》,第88—89页。另据国际红十字会济南分会调查,中国军民死亡6123人,伤1700人,见《革命文献》第19辑,第1330—1334页。济南教会也于当年的5月17日发表了一个调查报告,称中国军民死伤均在2000人以上。国民党方面的调查,中国军民被日军杀害者达4704人,见《中华民国史事纪要》,1928年5月11日。

②　《蒋总司令饬各军保护外侨电》,《革命文献》第19辑,第1296页。

③　《国民政府为济案正由外交解决民众应守秩序严防共党煽动电》,蒋永敬编:《济南五三惨案》,第219—220页。

从惨案一开始,蒋介石就将希望寄托在外交交涉上。5月7日,蒋介石电令张群迅速晤见田中首相,表示中日间一切问题都可通过外交方式和平解决。8日,张群拜会田中,田中称:不祖护奉方;北伐将完成时,当相助统一中国;不妨害北伐进行。但他又表示:护侨护路问题属于军事,由福田负责;其他交涉,统由双方外交当局办理①。蒋介石得到张群传达的信息后,非常高兴,于10日致电黄郛表示,如日方能"不妨碍我津浦路交通,予以自由运输,则对于反日运动,中正可以极严厉手段阻止之"。他并称:"中正为增进睦谊计,亦可以向日军道歉,表示真诚也。"②随后,蒋介石又致黄郛一电,要黄以自己的名义转告日方,不要用他的名义。

蒋介石也曾寄希望于英美。5月9日,他致电李济深,要他派人赴港,以"优先经济利益"为条件,与英方共筹制止日本侵略的策略③。但英美都明确表示了不介入的态度。蒋介石无奈,只好仍命黄郛交涉,声称如惩办高级长官以贺耀组部为限,解散军队亦以贺部为度,"则解散军队亦可允许,甚至中正道歉亦所不辞"④。

南京国民政府成立后,蒋介石的权势如日中天,炙手可热。日本军方之所以一再刁难,目的是给蒋以下马威,好进一步提出新的侵略要求。5月17日,黄郛致电东京特派员殷汝耕,要他和田中义一商量,免除蒋"现处地位之困难",不伤蒋"对国内之威严"⑤。但日本政府则竭力维护军方,声称"总须顾及福田面子"⑥。5月18日,日本驻华使节

---

① 沈亦云著:《亦云回忆》下册,第385页。

② 《黄膺白先生年谱长编》,第346页。

③ 黄郛档(缩微胶卷),美国哥伦比亚大学珍本和手稿图书馆藏。

④ 《黄膺白先生年谱长编》,第351页。

⑤ 《电殷特派员》,黄郛档(缩微胶卷),美国哥伦比亚大学珍本和手稿图书馆藏。

⑥ 《殷特派员来电》,黄郛档,(缩微胶卷),美国哥伦比亚大学珍本和手稿图书馆藏。

分别向南京国民政府和北京安国军政府递交备忘录。内称:"满洲治安之维持,在我国极为重要。""故战事进展至京津地方,其祸乱或及满洲之时,我国政府为维持满洲治安起见,或将不得已而采取适当而有效之处置。"①同时,日本驻沪总领事矢田又将日本政府对备忘录的说明书出示黄郛,询问南北和平谈判有无可能,如不能,则对奉系采取下列办法:1. 不战而退,准予出关,但不许南【军】追;2. 战败而退,须先向日军缴械,始能出关,然仍不许南追;3. 张(作霖)出,不准再进。一切说明,日本侵略者准备动用武力,阻止北伐军和南京国民政府的力量进入东北。

南京国民政府接到日方备忘录后,于5月20日召开外交委员会会议,谭延闿、张静江、李烈钧、于右任、蔡元培、何应钦、黄郛等出席,会议决定:一、同意日方要求,由前方速派代表办理临时协定。二、道歉,以我方虽曾有令保护侨民,仍不能避免冲突,引以为歉为辞。三、简单答复日方,大意为连年用兵,为求统一,东省日侨,自当保护,同时口头表示,张作霖能下野,退出北京,自无用兵必要②。会后,黄郛拟偕张静江赴前线与蒋介石商量。

然而,就在此刻,形势却发生了戏剧性的变化。

自"济案"交涉起,黄郛就备受各方,包括国民党内部的指责。5月19日,蒋介石到郑州会晤冯玉祥,对冯称:"膺白外交办失败了,一般老先生均不满意。"③ 20日,蒋介石致电黄郛,要求他"暂辞"外交部长。不久,改以王正廷接任。

"济案"交涉成为一场马拉松式的谈判。1929年3月28日,日本驻华公使芳泽与南京政府外交总长王正廷签署《济案协定》。中国方面既没有追究日本侵犯中国主权的责任,也没有提出赔偿、道歉等任何要

---

① 　《黄膺白先生年谱长编》,第353页。
② 　《黄膺白先生年谱长编》,第354页。
③ 　冯玉祥:《我的生活》,第603页。

求,反而说济案使"中日两国俱复损害"。协定声称:"济南不幸事件认为既往不咎,相互不课军事行动的责任。"在南京政府保证保护日侨的前提下,日本允于两个月内撤退山东日军。济南惨案中中国军民所蒙受的巨大牺牲,就这样被南京政府轻描淡写地处理了。

第四节　北洋军阀政权的覆灭

一　奉系与日本帝国主义矛盾的发展

奉系在其发展过程中,长期争取日本帝国主义的支持,但又不愿完全听其摆布,双方在勾结、利用中潜存着矛盾。国民革命军北伐期间,日本政府的侵华方针日趋强硬,对奉系的需索增多,压力加强,同时,奉系内部的不满与民族主义情绪也有所增长,因而,两者之间的矛盾日渐发展。

东方会议结束后,田中首相立即将对华强硬方针付诸实施。1927年7月20日,田中训令日本驻奉天总领事吉田茂,命他以坚决态度,迫使"东三省方面深思反省",以便阻止奉方"违反条约"的"非法措施",进而谋取新的满蒙铁路修筑权①。吉田茂接到训令,立即以奉天省长莫德惠为谈判对手,展开了一连串的强硬外交攻势。

7月23日,吉田向莫德惠递交备忘录,抗议东北当局的"非法措施":一、自行集资修筑海吉线(海龙至吉林)、打通线(打虎山至通辽)铁路。这些铁路与南满铁路平行,将严重损害日本在东北的经济权益。二、临江地方官宪与各界民众坚决抗拒日本在该地设立领事馆;三、东北海关效法南方国民政府,开始征收"二五附加税"。四、禁止销售日本人出版的中文报纸《盛京时报》。在会晤时,吉田严斥莫德惠"毫无承担

---

① 《外务大臣田中致驻奉总领事吉田的训令》(1927年7月20日,第90号),《日本外务省档案》,P57,PVM23,第940—943页。

责任的诚意",蛮横地要求他"作深刻反省"①。25 日,莫德惠回访吉田茂,吉田限定奉方于四五日之内作出书面答复,并威胁说,如果奉方置之不理,"帝国政府将不得已采取适当措施"②。莫德惠对吉田的危言恫吓非常反感,没有按期给予答复,并拒绝了日方再次会晤的要求。8月 4 日,吉田向奉天当局送交强硬通告,声称日本将立即"禁止京奉线军用列车通过满铁附属地"③。与此同时,驻朝鲜日军应吉田的请求,在临江对岸的中江镇举行军事演习,对奉方实行武力威胁。

吉田茂的强硬交涉,反映出日本政府对东北地区民族主义倾向的敌视加剧,其咄咄逼人的态势,更超越了国际间正常的外交常规。这种赤裸裸的高压殖民政策,立刻激起了中国各地,尤其是东北地区反日运动的高涨,抗议电报犹如纷飞的雪片④。不仅如此,以亲日著称的奉系首领们,对日方的强硬威逼也表示了强烈的不满。

7 月 29 日,张作霖召见日本驻华武官本庄繁,警告说,如果日方强行在临江设立领事馆,将遭到中国民众的暴力反抗⑤。8 月 6 日,本庄拜访杨宇霆时,声称"由于满蒙之间悬而未决的问题一个也没有得到解决,日方对张作霖的诚意加深了怀疑"。杨宇霆毫不示弱,再次指责吉田的强硬交涉。他明确表示:"因为你方威胁,要阻止京奉线的军用列车通行,我方将单独修建铁路。"⑥四天之后,杨宇霆接见日本驻华代理公使堀义贵,逐条驳复吉田的"抗议"照会。第一,吉林省政府 1926 年即自行筹款修建吉海铁路,南满铁路株式会社理事松冈洋右已放弃权

---

① ［日］猪木正道著,吴杰等译:《吉田茂传》,第 358 页。

② ［日］猪木正道著,吴杰等译:《吉田茂传》,第 359 页。

③ ［日］猪木正道著,吴杰等译:《吉田茂传》,第 361—362 页。

④ 参见《日本外务省档案》,P57,PVM23,第 297,217—219,383—391 页。

⑤ 《日驻华武官本庄繁致参谋次长南次郎电》(1927 年 7 月 30 日),《日本外务省档案》,PVM23,第 149—154 页。

⑥ 《日驻华武官本庄繁致参谋次长南次郎电》(1927 年 8 月 7 日),《日本外务省档案》,PVM23,第 245—257 页。

利,现在日方又提出异议,令人奇怪。第二,南方国民政府管辖的区域早已开征"二五附税",为什么日方执意反对北方征收? 第三,《盛京时报》屡次公开指名抨击张作霖,张本人可以不予追究,但奉天地方当局则要求彻底加以取缔。第四,日方未能提出充分理由说服奉天地方当局,却企图单方强行开设临江领事分馆,以致出现中日双方激烈对峙的局势①。同时,张作霖、杨宇霆也不断暗示对方,如果日方能放弃这种威逼强索的高压政策,中方愿意同日本谋求权益上的妥协。

奉系这套软硬兼施的战术果然生效。芳泽公使、堀义贵代理公使、本庄武官都纷纷上书政府,反对吉田交涉。就连素来强硬的关东军司令部也认为,吉田采取这种强硬策略为时尚早②。日方旅顺会议决定,约束盛气凌人的吉田,日奉谈判改在北京,由芳泽向张作霖、杨宇霆进行交涉③。8月下旬,芳泽返京后,立即会见张作霖、杨宇霆,要求逐项解决日方的议案。奉方以推诿拖延战术相抗。张作霖把谈判的责任推给杨宇霆,杨宇霆则表示交涉的地点应在奉天④。

就在杨宇霆巧言搪塞之际,各大报刊不断披露日本企图强行扩大满蒙侵略特权的种种消息。在地方政府的暗中支持下,东三省民众的反日爱国运动迅速高涨起来。

这次波及东北各地的反日运动,起源于拒绝日本在临江设立领事馆的斗争。自1923年起,日方即向奉方交涉,企图在临江县设立领事分馆,但屡遭拒绝。1927年7月下旬,日方通告临江县公署,将"采取

---

①　《驻华代理公使堀义贵致首相兼外相田中义一电》(1927年8月10日,第879号),《日本外务省档案》,PVM23,第237—244页。

②　参见《日本外务省档案》,PVM23,第141—143、149—152、220、245—249、298—301、326页。

③　参见《日本外务省档案》,PVM13,第701—705页。

④　《东方杂志》第24卷第20号,第108—109页。

武装"强设分馆①。临江人民闻讯,聚众上万,要求政府誓死抵抗,表示愿"拼十万头颅,一腔热血,与彼野蛮日人周旋于鸭绿江边"②。在民众的推动下,县知事袁葆真命令所属警甲严阵以待。

临江官民拒日设领的斗争得到奉天朝野各界的有力支持,省政府认为,日方"竟拟率兵入临,强设领馆","殊属恃强无理",决定一面饬令县知事"妥为阻止",一面急电北京外交部,向日使严重交涉③。同时,省议会以"部分同仁"的名义,于8月2日发起组织东三省外交后援会。同月10日,奉天全省商工拒日临江设领后援会正式成立。该会进一步要求"撤废二十一条","撤废领事裁判权","反对东方会议议决事项及田中内阁之满蒙积极政策"④。9月4日,奉天各界举行盛大示威游行。同日,吉林省各界民众团体联名通电全国,宣布成立"吉林国民外交后援会",决心以"数千万之铁血头颅","为最后拼抵之利器"⑤。此后,反日运动迅速在东北各地发展。

东北地区声势浩大的反日运动震动了日本官府。9月7日,芳泽公使奉田中首相命令,向张作霖发出"严厉警告",要求彻底"取缔"。张作霖担心运动失控,危及现存的统治秩序,于是,立即电令奉天省长莫德惠,设法阻止定于10日举行的反日示威大游行⑥。训令称:"如文武官吏奉行不力,滋生意外枝节,惟各该长官是问!"⑦莫德惠立即遵令严

---

① 《临江县知事袁葆真等致北京政府外交部电》(1927年7月27日),《北洋政府档案》,1039,15。

② 《外交部特派奉天交涉员署档案》,4312号,辽宁省档案馆藏。

③ 《奉天省公署致北京国务院外交部电》(1927年7月27日),《北洋政府档案》,1039,15。

④ 《东方杂志》第24卷第19号,第134页。

⑤ 《吉林省国民外交后援会通电》(1927年9月),《北洋政府档案》,1001(2),1413。

⑥ 《东方杂志》第24卷第21号,第130页。

⑦ 《奉天制止排日之电文》,《盛京时报》,1927年9月16日。

行禁止商民游行,并传知各报馆,限制登载"激烈标语"①。杨宇霆并亲自回奉,督察政情。于是,发起反日风潮的中枢奉天省总商会日趋软化,东三省的民众运动渐次低落。

奉方一面严厉收敛民众运动,一面加紧修筑铁路。

奉方自行集资修建铁路,始于1924年。当时,东北爱国官绅和民族工商界要求强烈自办铁路。同年5月,张作霖宣布,由奉天、吉林、黑龙江三省省长联袂出台主持,成立东北交通委员会②。交通委员会为抵制日本借修建铁路扩张侵略势力的企图,拟订了以民族资本自建东北铁路网的规划。1925年,奉天聚集地方官商资本,率先破土,修筑奉海路(奉天至海龙),并以京奉路的盈余,铺设打通支线。接着,黑龙江、吉林两省乘势跟进,分别募集资本,相继兴建呼海(呼兰至海伦)、吉海两线。东北当局首期目标是,将三省省会连为一气,进而逐渐伸展,东西平行,南北相接,构成与南满铁路相抗衡的独立的交通网络③。

奉方自建铁路,将对日本以南满铁路为核心的殖民资本形成致命的威胁,因此,一开始便遭到日方的百般阻挠。除呼海线,日方企图借此向中俄共辖的中东路地区渗透势力,给予暗中支持外,奉海线、打通线、吉海线均举步艰难。日方或借端刁难,或表示"断难默认",不许奉方"擅自"修建④。东方会议后,日方抗议的调子再次升级,竟以严词威吓,勒令奉方立即停工。

东北地方当局面对日方的阻挠刁难,一面在外交上敷衍推搪,一面采取速战速决的施工方针,以既成事实堵塞日方抗议之口。奉海路凿山架桥,日夜兼程,于1927年8月提前竣工通车。其后,奉方集中全力

　　①　《莫德惠致杨宇霆函》(1927年9月),辽宁省档案馆编:《奉系军阀密信》,第245页。

　　②　《奉天省公署档》,第1988号,辽宁档案馆藏。

　　③　参见《东北年鉴》,1931年,第374、390—391、425、432、435页。

　　④　《驻奉天代理总领事蜂谷辉雄致张作霖照会》(1926年12月28日,第861号),吉林省社科院编:《满铁史资料》,第2卷第3分册,第880页。

突击修筑打通路。此路"与南满铁路平行直下,有互相争雄之势"①,被日方视为眼中钉。奉方置日方的激烈抗议于不顾,日夜抢修,于10月全线告竣。不久,与京奉(北京至奉天)、四洮(四平街至洮南)、奉海、吉海等线相继实行联运。

东北地方自建铁路网的伸展使日奉经济权益的对峙日渐尖锐,政治关系也随之恶化。

9月21日、24日,日本政府在田中官邸召集有关军政要员会议,决定要求张作霖、杨宇霆为反日运动向田中首相表示歉意,趁机重开"满蒙交涉"。会议认为:二五附加税、临江设领等非重要议案,可以"采取互让的态度",对"东三省方面热望修筑的铁路",也应酌情"容许",但应力争全部承认东方会议所决定的新的满蒙铁路修筑权②。

根据这个方案,田中义一命令回任的本庄武官向张作霖传递口信,"中国方面对我方简直是采取了欺人太甚的态度"。他危言告诫张作霖:"此次运动给东三省播下祸种,如不及早采取果断措施加以剿灭,恢复当地治安,结果必然导致南方以及俄国方面对阁下问鼎轻重。"③田中的危言恫吓迅速产生成效。张作霖以未能制止反日运动为名,撤换奉天省长莫德惠,调其进京改任农工总长④。其后,又命杨宇霆为代表,正式向日方道歉。

为了进一步打开和奉系谈判的僵局,田中一面训令驻华公使芳泽在北京进行官方交涉,一面委派满铁株式会社社长山本条太郎为私人代表,与张作霖展开"民间"交涉。

山本于10月10日抵达北京,直接与张作霖举行秘密会谈。事前,他曾命助手町野武马(张作霖的军事顾问)和江藤丰二(中日实业公司

---

①　《东北年鉴》,1931年,第391页。

②　《关于解决满蒙悬案问题》,《田中外务大臣致驻华公使芳泽函附件甲号》(1927年9月28日),《日本外务省档案》,P57,PVM23,第514—521页。

③　《日本外务省档案》,P57,PVM23,第522—527页。

④　《政府公报》第4118号,1927年10月2日。

常务理事)多次与奉方要员接触。江藤奉命向张作霖透露,交涉成功可先预支 300 万至 500 万元①。这笔丰厚的现洋对为筹措军费殚思竭虑的张作霖,产生了相当的诱惑力。在日方的频繁敦促下,张作霖表示可以进行铁路方案的"协商"②。

11 日至 13 日,山本接连三次秘密会见张作霖,要求修建敦化至图们江、长春至大赉、洮南至索伦、吉林至五常、延吉至海林、齐齐哈尔至黑河、新丘运煤线等七条铁路。张作霖表示:齐齐哈尔至黑河一线,"因情况不明,容调查后再议";新丘运煤线,因奉方已铺设轻便线,"故难予同意";对其它五线同意修筑③。接着,双方进一步商议"满蒙新五路协约"的大纲。双方议定:一、委托满铁承建这五条铁路;二、日方同意中方修筑吉林至海龙、打虎山至通辽两线,将来与满铁路实行联运;三、五路的总建筑费预定为一亿四千八百万元,日方同意新路获利前,延期支付利息;四、日本委派工程师、会计,并监督营业;五、"协约"签字后,立即商订各条铁路的承办合同④。双方最后相约"绝对严守秘密"。在此期间,山本与杨宇霆就利率问题举行会谈。由于杨宇霆斤斤计较,"交涉颇费周折"⑤。大纲确定后,山本即回国复命。

14 日,町野、江藤两人携带"协约"文件,"直接要求张作霖签署"。在场的杨宇霆对文件条款多所指责,声称"此事非大元帅所能专断"⑥,迫使满铁代表同意删除在新路干线上"开设商埠"与"营业监督"两项。

---

①　《芳泽驻华公使致田中外务大臣函》(1927 年 10 月 14 日),《日本外务省档案》,P58,PVM24,第 47—52 页。

②　原安三郎:《山本条太郎传记》,第 564 页。

③　《日驻华武官本庄致军省次官电》(1927 年 10 月 13 日,第 612 号),《日本外务省档案》,P58,PVM24,第 23—29 页。

④　原安三郎:《山本条太郎传记》,第 578—580 页。

⑤　《日驻华武官本庄致陆军省次官电》(1927 年 10 月 13 日,第 612 号),《日本外务省档案》,P58,PVM24,第 23—29 页。

⑥　《日驻华武官本庄致陆军大臣电》(1927 年 10 月 15 日),《日本外务省档案》,P58,PVM24,第 64—71 页。

次日,张作霖在文件抄本上亲书"阅"字,作为"同意之证据"①。

张作霖对"协约"的签署表明,久拖不决的"满蒙铁路交涉"似乎有了重大进展。日方获准修筑的五条铁路,均具有重大军事、经济价值,尤其是敦图路。该路系吉会线(吉林至会宁)的最后一段,建成后,以朝鲜的罗津港作为出口港,将大大加快东北物产输向日本的速度,是日本侵略扩张的多年宿愿。

日本发动的"满蒙铁路交涉"之所以能有所突破,就奉方而言,除了巨额金钱的诱惑外,还有其他因素。其一,交涉以私人密谈方式进行,万一将来时局对奉方不利,可以借口无官方法律程序,推翻"协约"。其二,山本在索要铁路修筑权时,曾提议缔结日奉经济合作及满蒙治安协约,类似于军事经济同盟。因此,奉方当即欣然赞同,并立即与日方正式换文。

尽管张作霖已经签署"满蒙新五路协约",然而田中义一对此仍忧心忡忡。田中认为,张作霖缺乏"诚意","签有'阅'字的协约,亦系无充分诚意的文件"②。他指令芳泽公使,要他迫使张作霖向日本公使送交"请求谅解"的交换函件③,以期将山本与张作霖之间的秘密"协约",改换为政府之间的正式协定。芳泽公使对山本越权订约甚为不满。他竭力支持田中的主张,再三向奉方施加外交压力。

日方不放心张作霖的承诺是有原因的。张作霖在军阀混战中崛起,争霸称雄,常常需要借助日本的强大实力。然而,他对日本咄咄逼人的求索,又深感头痛。于是,便采用了一套随机应变的江湖战术。"如果认为有利用日本的必要时,即不惜任何牺牲,允许日人所提条件。

---

① 《日驻华武官本庄致陆军大臣电》(1927年10月15日),《日本外务省档案》,P58,PVM24,第64—71页。

② 《田中外务大臣致芳泽驻华公使电》(1927年11月7日,第492号),《日本外务省档案》,P58,PVM24,第83—89页。

③ 《田中外务大臣致芳泽驻华公使电》(1927年11月7日,第492号),《日本外务省档案》,P58,PVM24,第83—89页。

迨事过境迁,感到对他不利时,则又坚不承认或借故拖延,不肯履行诺言"[1]。日方有鉴于此,便步步紧逼,力图彻底落实"协约"。

正当日奉双方为交涉程序唇枪舌战之际,又传来一则轰动一时的消息。美国摩根公司准备向满铁贷款3000万美元。"这笔贷款将由日本政府担保",用以"开发满洲"[2]。这一消息震动了中国朝野内外,谴责抗议之声此起彼伏。北京政府外交部连续致电驻美公使施肇基,命他向美国政府表示异议,告诫对方这笔贷款"不啻助长日本侵我满洲,且将引起华人对美恶感"[3],与此同时,张作霖又派遣私人特使两次拜访美驻华代办麦耶,表示"极为欢迎美国资本在满洲寻求适当投资",并愿尽可能提供一切"便利条件"。但奉方声称:如果"美国政府赞成直接贷款资助日本政府开发满洲","这只能有助于日本控制满洲","对弱小的奋力挣扎的民族是一种不友好的行动"。"如果这项贷款被通过",奉方将与美国"一刀两断"[4]。

随着满铁将获得美国巨额贷款的消息越传越盛,奉方的抗议也由私下交涉转为公开指责。11月29日,杨宇霆接见外国记者时,一面矢口否认张作霖曾与山本议定"满蒙铁路协约",一面对美国向满铁贷款,表示"大为愤懑"[5]。同时,南方各界也群起反对。12月1日,南京国民政府外交部长伍朝枢致电美国国务卿,反对美国向满铁贷款[6]。

南北两大政治集团的抗议使美国政府感到,如果它批准该项贷款,将会产生"助纣为虐,帮助日本侵略南满,剥削中国"的恶劣政治影

---

①　罗靖寰:《我所知道的张作霖的对日外交》,《天津文史资料选辑》第2辑,第21页。

②　FRUS,1928,Vol.2,p.483.

③　《外交部致驻美公使施肇基电》(1927年11月17日),《北洋政府档案》,1039,19。

④　FRUS,1928,Vol.2,p.482,487-488.

⑤　《时报》,1927年11月30日。

⑥　FRUS,1928,Vol.2,pp.490-491.

响①。美国金融界人士也纷纷表示，支付这项"显然使远东政治复杂化"的贷款是不明智的②。向满铁贷款 3000 万美元的意向书终于被搁置。

奉系的公开谴责使日方大为恼火。11 月 29 日晚，芳泽刚一获悉杨宇霆接见美、英记者的谈话内容，"立即以私函向杨发出攻击性质问"③。对此，奉方也不示弱。次日，张作霖在接见日驻华武官本庄时，对日方的质询表示"大为激愤"④。同时，张作霖指责日方泄露与山本谈判的内容，使"本人处境极为困难"。他说："南方对本人不断发动攻击"，"社会舆论风传本人已成为日本的傀儡，东三省已变为日本的殖民地"，"这样，实使本人处于自取灭亡地步"。在此时刻，日方坚持要求履行与公使交换函件的手续，这无异于为"宣传提供材料"⑤。他表示："如定必索取"，"除通过外交部别无它途"⑥。

张作霖将皮球踢向没有实权的外交部。日方无奈，决定作些枝节性让步。田中电训芳泽公使，同意张作霖以个人名义致函田中外相。12 月 5 日晚，张作霖命人向日方送交了一封措词含混的短函，作为"诚意"的表示⑦。

---

① *FRUS*，1928，Vol. 2，p. 483.

② *FRUS*，1928，Vol. 2，p. 492.

③ 《驻华武官本庄致参谋次长电》(1927 年 11 月 30 日，第 711 号)，《日本外务省档案》，P58，PVM24，第 193—198 页。

④ 《驻华武官本庄致参谋次长电》(1927 年 11 月 30 日，第 711 号)，《日本外务省档案》，P58，PVM24，第 193—198 页。

⑤ 《芳泽驻华公使致田中外务大臣电》(1927 年 11 月 30 日)，《日本外务省档案》，P58，PVM24，第 83—89 页；《驻华武官本庄致参谋次长电》(1927 年 11 月 30 日，第 711 号)，《日本外务省档案》，P58，PVM24，第 208—211 页。

⑥ 《芳泽驻华公使致田中外务大臣电》(1927 年 11 月 30 日)，《日本外务省档案》，P58，PVM24，第 83—89 页。

⑦ 《张作霖致田中外务大臣函》(1927 年 12 月 5 日)，《日本外务省档案》，P58，PVM24，第 214 页。

　　张作霖究竟有几分"诚意"，在进一步的谈判中便表现了出来。1928年初，山本条太郎携带合同草案抵京，要求立即签订"满蒙五路"的承建合同。1月9日，双方开始具体磋商。

　　张作霖率先提出谈判前提条件："政治上要取得联系"；谈判"要严守秘密"；交涉不要五路并举，先从一二条线"逐步着手"①。接着，他又要求日方立即兑现"预付款"。对于前提条件，日方口头上表示赞同；对于预付款，日方明确答复，非办完备案手续难以应允②。

　　与此同时，张作霖指定其心腹重臣张作相为奉方全权代表。2月7日，江藤与张作相举行会晤。张作相表示，修建铁路，"事关重大，须待战争结束，回吉林同大家商量之后，才能签字"。日方要求先选定谈判代表，"研究合同"。张作相当即回答"碍难应允"③。江藤与本庄请张作霖干预。张作相又生出一条对策，推说遴选代表，"必须召请代理省长、交涉署长钟毓前来，但钟氏正在守丧，非到下月上旬不能来京"④。日方无奈，只好三天两头催请钟毓来京，张作相却抛下日方代表，径自"前往战地"。

　　转眼一个月过去了，不但钟毓未能到京参加谈判，吉林方面又推出一位反对派、吉林督办参谋长熙洽。于是，日方代表又请张作霖劝说熙洽。直到4月底，钟毓仍不见踪影。张作霖又提出，请江藤去吉林交涉。吉林是当时反对签订《满蒙铁路承建合同》的中心。因此，山本电

　　①　满铁调查部：《新满蒙五路问题和满蒙铁路交涉的突破》，第二节，附录，吉林社科院编：《满铁史资料》第2卷第3分册，第965—967页。

　　②　满铁调查部：《新满蒙五路问题和满蒙铁路交涉的突破》，第二节，附录，吉林社科院编：《满铁史资料》第2卷第3分册，第965—967页。

　　③　满铁调查部：《新满蒙五路问题和满蒙铁路交涉的突破》，第二节，附录，吉林社科院编：《满铁史资料》第2卷第3分册，第965—967页。

　　④　满铁调查部：《新满蒙五路问题和满蒙铁路交涉的突破》，第二节，附录，吉林社科院编：《满铁史资料》第2卷第3分册，第965—967页。

告江藤:"请设法务必在北京签字。"①这样一来,地点又成为谈判的首要议题。

至此,日奉签约谈判已拖延四个月之久,毫无进展。日方代表天天"陷于张作霖制造的麻烦与纠葛之中"。同年5月3日,侵华日军悍然动武,制造了震惊中外的"济南惨案"。日方乘机秘密警告张作霖,如能迅速签订满蒙铁路合同,将有助于奉系摆脱困境。张作霖再次燃起依靠日本实力度过危机的欲望,同意立即解决铁路签约问题。

尽管张作霖已经满口承诺,但奉系内部的反对派依然异常坚决。5月6日,姗姗来迟的钟毓会见江藤,声明:"我尚未经张作相授与正式签字的资格。因此,虽有大帅命令,也不能签字。"江藤见钟毓如此强硬,便向张作霖提出更换谈判对手,改由代理交通总长常荫槐签字。不料常闻讯后表示,"宁可丢官,也不能服从大帅命令"②。为达到迅速签约的目的,日方再次要求重择签约代表。双方议定,由国务院总理潘复出面签署。潘复虽愿意从命,但表示无法取得常荫槐手中的交通部部印,只能用私章。签约的难题最后集中在如何完备法律程序。

日方再次施加压力。山本命江藤转告张作霖,"假如目前不能尽快签字,对大元帅恐将成为值得忧虑的事情"③。5月13日,满蒙铁路合同签订仪式终于举行。由于交通总长常荫槐避走天津,路政司长刘景山临时辞职,张作霖只得命航政司长赵镇以交通次长兼代部务的身份在敦图、长大两路合同上签字用印④。张作霖自己在洮索、延海两路合同上亲笔书写了"阅,准行"等字样,并许诺吉五路(吉林至五常)合同

---

①　满铁调查部:《新满蒙五路问题和满蒙铁路交涉的突破》,第二节,附录。吉林社科院编:《满铁史资料》第2卷第3分册,第969—970页。

②　吉林社科院编:《满铁史资料》第2卷第3分册,第970—972页。

③　吉林社科院编:《满铁史资料》第2卷第3分册,第970—972页。

④　吉林社科院编:《满铁史资料》第2卷第3分册,第973页;参见赵东凡:《吉会铁路签约经过》,全国政协编:《文史资料选辑》第17辑,第79—80页。

"保留到罢免张作相之后签字"①。

满蒙五路承造合同虽然签署了四项,但在法律程序上都存在疵病,敦图、长大两项合同虽有官方正式手续,但签署人赵镇在合同签字后第二天才被任命为代理次长,获得兼管部务的法律资格。洮索、延海两项合同,依然是以张作霖私人名义签署。值得注意的是,这两项合同的落款处,竟没有写上日期和姓名②。日方代表只能在事后补填上日期及"张大元帅阁下"字样。显然,奉方故意疏漏,以留下日后悔约的口实。

与此同时,奉方要人又开始秘密策动反日运动。张作相与钟毓密电吉林省议会,希望各界立即联名通电反对签约。抗议电报应声飞向北京。电文尖锐指出:"将铁路建设权给与外人,将留下大患。"③东三省议会联合会也在密谋举行联合抗议活动。

日奉之间的矛盾愈演愈烈。种种迹象表明,一场更大的危机即将触发。

二　奉军北撤与皇姑屯事件

南京北伐军进入山东后,进展顺利。5月初,张宗昌自济南仓皇出逃,鲁军向山东北端的德州溃退。张作霖眼看着津浦线上的败局即将危及京津地区,下令收缩防线。京汉线上的奉军主力第三、第四军团放弃彰德、邯郸,退守保定。京绥线上张作相统率的吉军放弃大同、张家口,撤至怀来,以期与鲁军共同构成拱卫京津的外围屏障。

---

①　满铁调查部:《新满蒙五路问题和满蒙铁路交涉的突破》,第二节,附录,吉林省社科院编:《满铁史资料》第2卷第3分册,第973—974页。
②　满铁调查部:《新满蒙五路问题和满蒙铁路交涉的突破》,第二节,附录,吉林省社科院编:《满铁史资料》第2卷第3分册,第973—974页。
③　《吉林省议会等致张作霖电》(1928年5月18日),《日本外务省档案》,S177.6192,第2711—2716页。

　　日本出兵山东，制造济南惨案，激起了中国各界的民族义愤。上海、北京的工商团体纷纷致电张作霖，吁请"停息内争，集合全力，以御外侮"①。寓居京津的北洋在野元老徐世昌、段祺瑞、黎元洪、曹锟、王士珍等，以及以陈篆为首的北洋政府驻外公使们，也都通电呼吁"息争御侮"。同时，奉系内部也发生变化。

　　5月5日，日本驻华使馆武官建川美次少将会见安国军政府军事部次长于国翰，要求奉军不得反攻济南，此事激起了常荫槐的愤慨。同日，常致电在石家庄的张学良和杨宇霆，内称："似此无理干涉，既对南军宣战，又来北方牵制。国内政争，致外人乘隙，辱我孰甚！"他要求张、杨二人电请张作霖通电表示，"速息内争，一致对外"②。6日，张、杨回电，对济南事件表示愤慨，声称"弟等虽属军人，究亦同为国民，爱国之心岂敢后人；且事关国家荣辱，讵容漠视不问！"但二人表示，身为统兵大员，不宜轻易表态。张、杨要求常荫槐相机向张作霖"陈明"。二人并提出，通电"既须表同情于国人，又须获好感于友邦"，"万勿昌言对外，致激日方之反噬"③。7日，常荫槐再次致电张、杨，要求二人回京，"会同极谏，务期达到目的，免为后世唾骂"④。5月9日，孙传芳在天津致电国务总理潘复称："南曰讨共，北曰讨赤，宗旨既同，争于何有！"他表示不能再负责前线军事："现在济南事变，日人侮我太甚，本人受良心之督责，不愿再事内争。"⑤潘复随即向张作霖报告，劝张顺应潮流，停战言和。同日，张作霖接受常、张、杨等人意见，通电宣称："特将彰德、正太战胜之兵停止攻击，所有国内政治问题，但期国民有公正之裁决，断不作无谓之坚持。公是公非，听诸舆论。"通电特别提出，要"慎重外

---

　　①　《上海总商会致张作霖电》(1928年5月6日)，《国闻周报》第5卷第18期。

　　②　《常荫槐致张学良、杨宇霆电》，中国第二历史档案馆藏。

　　③　《张学良、杨宇霆致常荫槐电》，中国第二历史档案馆藏。

　　④　《常荫槐致张学良、杨宇霆电》，中国第二历史档案馆藏。

　　⑤　《孙传芳致潘复电》(1928年5月9日)，《申报》，1927年5月17日。

交"①。12日,奉系首领通过北洋外交名流顾维钧,请美、英等国驻华公使出面,迫使南京国民政府"响应"张作霖的停战通电②。16日,又派直隶省省长孙世伟赴南方商谈。

张作霖通电言和,主要是为了保持华北残局,但是,日本政府却企图乘机迫使奉系退出关外。

自二次北伐战事再起,田中内阁即决定乘机进一步向张作霖逼索满蒙特权,同时强迫奉军出关,以免南京国民政府的势力乘胜推进,扩展至东北地区。5月16日,日本内阁会议通过《关于维持满洲地区治安措施的方案》,决定"绝对阻止南军进入关外",至于奉军,如能主动"向关外撤退",则"不必解除其武装"③。17日,芳泽公使奉田中首相之命,深夜向张作霖递交备忘录。同时,芳泽并以"个人名义"再三劝告奉军立即自动撤回东北④。对此,张作霖十分愤懑地说:"若非本人在京坐镇,恐北京且沦于赤化。今日本乃与南方唱同调,欲迫本人失败,殊不合理。"⑤他向芳泽表示,奉军将固守现在的防线,进行自卫对抗⑥。双方各持己见,至凌晨时不欢而散。

为了确保在东北的既得权益,日本军方迅速做好了行动准备。5月17日,关东军司令村冈长太郎刚一收到备忘录,就立即以解除南北两军的武装为目标,策划军事部署,准备明令关东军出兵锦州,并将司令部由大连迁往奉天。村冈并致电参谋本部称:"当前如不动兵,则将失掉时机,有使帝国声明成为一纸空文之虞。"⑦但是,当时关东军司令

---

①　《张作霖通电》,《晨报》,1928年5月10日。

②　FRUS,1928,Vol.2,p.147.

③　日本防卫厅战史室编纂,天津政协编译会译:《日本军国主义侵华资料长编》上,第154页。

④　立坚信之:《昭和军阀·勃兴篇》,东京讲谈社1963年版,第57页。

⑤　《国闻周报》第5卷第20期。

⑥　《顺天时报》,1928年5月19日。

⑦　《日本军国主义侵华资料长编》上,第155页。

的权力仅限于在"满铁"附属地内调动日军,村冈计划中的行动必须得到天皇的"敕命"。20日,铃木庄六参谋总长会见田中首相后,电告关东军,"敕命"预定于21日下达①。村冈随即命令关东军主力迅速向奉天集结待命,并率司令部全班人马迁入奉天。与此同时,日本华北驻屯军司令新井龟太郎中将也积极策动列强,赞同日方关于将防区由租界扩展至京津、京奉铁路沿线二十华里以内的议案②。

　　然而,侵华日军焦急等候的"敕命"并没有下达。由于中国南北两方和国际舆论的反对,田中义一对于立即大规模地动用武力是否适宜,一直犹豫不决。

　　日方备忘录严重侵犯中国主权。5月25日,北京政府外交部正式照会日方,郑重声明:"东三省及京津地方均为中国领土,主权所在,不容漠视。"③同日,又以政府名义发表对外宣言,指责日方违反华盛顿会议九国公约关于尊重中国主权独立暨领土与行政完整等原则④。29日,南京国民政府照会日本,内称:日方备忘录"易涉中国之内政,且与国际公法上列国相互尊重领土主权之原则显相违背,国民政府万难承认"⑤。同日,指令上海交涉员向矢田口头声明:"深望贵国政府万不可有侵犯我国主权之举动,以维两国固有之邦交。"⑥

　　美英等列强也不愿日本独吞中国东北。在日方备忘录发表的当天,美国国务卿凯洛格就电示驻华公使,美国将不参加日本政府为向东北扩展而策动的"联合行动"⑦。他并公开向新闻界重申:"满洲是中国

---

①　参谋本部:《昭和三年支那事变出兵史》,第121—122、620—626页。

②　FRUS,1928,Vol. 2,pp. 223‐224,232‐234.

③　《北京政府外交部致日驻华公使照会》(1928年5月25日),《国闻周报》第5卷第20期。

④　《北京政府对外宣言》,《国闻周报》第5卷第20期。

⑤　《外交部公报》第1卷,第2号。

⑥　《黄膺白先生年谱长编》上册,第356—357页。

⑦　FRUS,1928,Vol. 2,p. 225.

的一部分。"①5月22日,美国驻华公使马慕瑞就日本华北驻屯军司令新井的提案向芳泽提出质询②。次日,美、法、英等国公使分别指令本国驻军司令,反对日本"扩大防区"的议案。24日,各国驻军司令联席会议以超越自卫为由,一致否决了日方的提案。

显然,列强不愿让日本在侵华的角逐中,强恃武力独占鳌头。各种不祥的信息不断反馈到田中首相的办公桌上。他一面电令驻美大使亲赴国务院疏解,声称日本绝无独吞东北的野心③;一面再三拖延下达出兵的"敕命"。31日,田中决定搁置军方请命出兵的议案。

日方悍然出兵的方案虽然被搁置,但是,奉系也已无力继续对南方作战。在日本武力恫吓和北伐军步步进逼的情况下,奉系内部主张谈和撤军的新派势力终于占了上风。

当时,在奉系将领中,极力主战的是其旁系鲁军首领张宗昌。他为了夺回失去的地盘,不惜引狼入室。5月17日,他接见日本记者时公然声称,欢迎日本出兵华北,阻止南军占领京、津。他甚至表示,反对张作霖的息争通电,决心拼命再打,把南军赶到黄河以南④。第三、第四军团长张学良和杨宇霆则主张有条件地言和撤兵。二人对建川美次说:"冯、阎两军业已进逼,此时奉军若退,彼方必尾蹑而至,危险至极。""若日本能与南方交涉,保证不追,则奉方甚愿退兵。"⑤他们一面与南方使者秘密接触,一面轮番向张作霖进言。张学良称:"民族自相残杀无意义,我们可回东北。"⑥杨宇霆称:"张宗昌、褚玉璞不可靠,一旦他

①　*FRUS*,1928,Vol. 2,p. 231.

②　*FRUS*,1928,Vol. 2,pp. 232 - 234.

③　*FRUS*,1928,Vol. 2,pp. 227 - 228.

④　《申报》,1928年5月26日。

⑤　《国闻周报》第5卷第20期。

⑥　赵东凡:《吉会铁路签约经过》,《文史资料选辑》第17辑,第80页。

们切断京奉路，回东北就困难了。"①其间，奉方与晋方代表孔繁蔚已开始谈判，进展迅速。

终于，一直在战与和之间游移不定的张作霖作出最后抉择。5月30日，安国军政府召开最高紧急会议，张作霖、张学良、杨宇霆、张作相、孙传芳、潘复等军政要人出席。会上，张作霖决定以大元帅名义下总退却令。6月1日，张作霖在怀仁堂举行招待会，与列强公使话别。2日，通电宣布："整饬所部退出京师，所有中央政务暂交国务院摄理，军事归各军团长负责，此后政治问题悉听国民裁决。"②它实际上宣告了奉系对北洋中央政权控制的结束。

6月3日，一再延期的张作霖专列从北京发出。4日凌晨5时23分，专列行至沈阳近郊皇姑屯时，突然一声巨响，黑烟飞腾，张作霖所乘铁甲车被炸毁，同车的黑龙江督办吴俊陞登时气绝身亡。张作霖身受重伤，奄奄待毙，被扶入汽车送回帅府，数小时之后，不治身死③。

炸车事件发生后，日本关东军立即"勘察"现场，声称发现"国民军东北招抚使"的书信残片及炸弹。6月12日，日本政府陆军省发表公报，断言皇姑屯炸车案的制造者"为南方便衣队队员无疑"④。

然而，流逝的岁月终于冲散了阴谋者施放的烟幕。二十多年之后，前关东军高级参谋河本大作供认："我杀死了张作霖。"⑤

当时，田中义一主张，"继续与张作霖合作"，"行使武力为威胁"，迫

①　鲍毓麟、温守善：《东北易帜的前前后后》，《天津文史资料选辑》第20辑，第21页。

②　《张作霖通电》，《申报》，1928年6月3日。

③　参见周大文：《张作霖皇姑屯被炸事件亲历记》，《文史资料选辑》第5辑，第130—131页；鲍毓麟、温守善：《东北易帜的前前后后》，《天津文史资料选辑》第20辑，第21—23页。

④　东亚同文会编，胡锡年译：《对华回忆录》，第404页。

⑤　《河本大作笔供》(1953)，中央档案馆等编：《九·一八事变》(1)，中华书局1988年版第28页；参见河本大作：《我杀死了张作霖》，[日]《文艺春秋》1954年12月号。

使其完全傀儡化①。而有些军政要人,特别是关东军将领,则主张乘机解除奉军武装,干掉张作霖②,河本大作就是其中最为激烈的一人。他提出:"干掉头子,除此而外,没有解决满洲问题的第二条路。只要干掉张作霖就行。"③

策划暗杀张作霖的不只河本一人,奉天特务机关长秦真次、奉天省军事顾问土肥原贤二均曾参与其事。这件谋杀案的另一个主要策动人是关东军司令村冈长太郎。村冈对一再拖延下达出兵"敕命"非常不满。他最初计划假手天津驻屯军在北京杀害张作霖,密遣竹下义晴潜往北京,与日本驻华武官建川取得联系。竹下临行前,在河本的追问下,向其泄露了村冈的密令。河本表示,执行谋杀计划由他一手承担,要竹下负责侦察张作霖的行踪,及时密报④。这样,关东军内部酝酿的两个谋杀计划,最后合二为一了。

河本周密布置了整个谋杀方案。6月4日,河本亲临现场监控。事后,日军按预定方案,迅速伪造了现场。由亲手按动爆破电钮的东宫铁男大尉发表"目击谈",指控国民革命军为炸车案主谋。

皇姑屯炸车案是河本阴谋计划的第一步。他的整体方案是:"先杀掉张作霖,再使东三省权力地方军阀化,尔后扰乱治安,最后出动关东军。"⑤5日深夜,奉军兵车在锦州、榆关之间脱轨倾覆,京奉路因此一度中断。10日、12日,奉天城内接连发生投掷炸弹案件⑥。政治流言伴着炸弹声四起。一时间,日本在东北复辟清廷制造傀儡政权之说"甚

---

① 日本每日新闻社,张效林译:《远东国际军事法庭裁判书》,第271页。

② 朝日新闻社:《太平洋战争への道》(1),第304页。

③ 河本大作:《我杀死了张作霖》,[日]《文艺春秋》1954年12月号。

④ 《日本军国主义侵华资料长编》上,第158页;立野信之:《昭和军阀·勃兴篇》,第60—62页。

⑤ 关宽治、岛田俊彦著,王振锁、王家骅译:《满州事变》,第35页。

⑥ 臼井胜美:《炸死张作霖的真相》,《知性》增刊《被掩盖的昭和史》。

嚣尘上"①。与此同时,关东军云集奉天,举行军事演习,高唱"南满是我们的家乡"。当时报刊尖锐地评论说:"观其耀武扬威之情,似有跃跃欲试之心。"②

面对险情四伏的危局,奉天当局决定对张作霖之死秘不发表。6月6日,奉天省公署发电称:主座"身受微伤,精神尚好","省城亦安谧如常"③。大帅府邸依然灯火通明,"烟霞"阵阵。"医官每日仍按时到府上班,填写病案。厨房每日三餐仍按时送饭进去。家人一律不啼哭,不穿孝服"④。日方天天派人"慰问求见",均被"婉言谢绝"⑤。主持家政的五夫人浓妆艳抹,与前来窥探虚实的日本太太们从容周旋。直至张学良微服返奉后,才宣布发丧。

与此同时,为稳定局势,奉天当局下令全城戒严,并要求日方严格取缔浪人扰乱社会治安。6月11日,奉天省长刘尚清致电南京国民政府,表示愿服从国民政府,悬挂青天白日旗,希望勿对东三省用兵⑥。

奉天当局的镇静处置,在某种程度上抑制了日本军国主义分子的扩张阴谋。6月7日,日本内阁会议正式否决白川陆相要求授权关东军出兵的议案。其理由为,根据东北政府现状,没有必要使用武力⑦。

这样,谋杀张作霖,制造事端,激化矛盾,借机出兵,实现侵占东北的全盘计划,仅仅开了个头,便中断了。

---

① 《时事新报》,1928年6月14日。

② 《时事新报》,1928年6月17日。

③ 辽宁省档案馆藏:《张作霖专档》,23号。

④ 张怀英、张怀卿:《回忆我父亲张作霖二三事》,天津政协编:《天津文史资料选辑》第20辑,第38页。

⑤ 周大文:《张作霖皇姑屯炸事件亲历记》,《文史资料选辑》第5辑,第132页。

⑥ 《申报》,1928年6月12日。

⑦ [日]高仓彻一:《田中义一传记》下卷,第957页。

三　北伐军进入京津和北洋军阀政权的覆灭

第一、第二集团军在山东的胜利沉重地打击了安国军。5月9日，阎锡山统率的第三集团军东进占领石家庄、正定。11日，冯玉祥统率的第二集团军韩复榘部也北上抵达石家庄，两军会师。5月13日，蒋介石致电阎锡山，声称"今日唯一方略在速占北京"，要求阎督率所部，努力前进①。5月19日，蒋介石从徐州抵达郑州，与冯玉祥会商进军京津的方略。双方拟定：第一集团军沿津浦线北进；第二集团军由津浦线以西、京汉线以东地区向北推进；第三集团军兵分两路，北面由京绥线向东，南面由正太线向东，转京汉线北进。各军主力于5月25日之前集结待命②。但是，冯玉祥认为阎锡山曾关照过他：彰德以北的事不须管，因此，命令所部停留于石家庄、阜城、武强一线待命③。25日，张作霖下总攻击令，调动兵力围攻第三集团军，使孤军深入的晋军在定县、清风店一线受挫。阎锡山要求前线部队坚韧抵抗，并调兵增援，才转危为安。28日，第二集团军攻克方顺桥，迫近保定。

二次北伐开始前，桂系一直忙于征湘军事，和程潜矛盾日深。征湘军事结束后，桂系的部队一直滞留在武汉及河南南部。为了动员桂系加入北伐，5月21日，蒋介石再赴新乡，同冯玉祥及北上的白崇禧会商。蒋介石当面向白崇禧允诺，第四集团军的粮饷与其他各军同等待遇，两湖北伐部队由白崇禧指挥④。同日，李宗仁在武汉突然扣押奉命前来开会的程潜，并即致电南京国民政府，声称"程潜素行暴戾，好乱成性。西征后更跋扈飞扬，把持湘政"，要求免去程潜本兼各职⑤。桂系

---

①　《北伐简史》，台北正中书局1968年版，第265页。

②　《黄膺白先生年谱长编》上册，第354页。《北伐简史》，第270页。

③　冯玉祥：《我的生活》下册，第601—602页。

④　《申报》，1928年5月24日。

⑤　《李宗仁致国民政府电》(1928年5月21日)，《申报》，1928年5月23日。

的这一举动本是为了排除异己,独霸武汉政治分会,但蒋介石竟采取容忍态度。23 日,国民党中央政治会议作出决议,免除程潜本兼各职,着其听候查办。其后,李宗仁便立即宣布就任第四集团军总司令,并正式任命白崇禧为北伐前敌总指挥,指挥部队北进。26 日,第四集团军叶琪等部抵达石家庄,加入北伐。

蒋介石在命令阎锡山加速进军的同时,力图用政治手段实现京津易帜。

张作霖发表"停战息争"通电后,蒋介石即于 5 月 12 日密电谭延闿表示:"北方宣布停战,如其果确,则中正以为可允其全部集结关外,以固东北国防。至一切国是,当俟国民会议解决,并允奉方参加国民会议。即唯一条件,要求奉鲁军退出关外。"①同日,蒋介石又指令吴忠信和孙世伟磋商。22 日,蒋介石将其拟定的"奉军退出关外,京津由晋和平接收"的方案,电告谭延闿,在取得谭的同意后,随即电令阎锡山进行,限奉军一星期内全部退出关外。同时,又致电冯玉祥,声称"我方如对京津力战,日必强加干涉",希望冯表示赞成由阎锡山接受京津,听候政府处置,以使敌人无从离间,加强内部团结②。在北伐军的四个集团军首领中,晋系阎锡山与日本和奉系的关系都较好,由阎执行和平接收京津的使命,可望得到日本及奉方的谅解与合作。

为使这一方案得到北伐军各路将领的赞同,蒋介石不辞辛苦,四处游说。5 月 27 日,他与北上徐州的谭延闿进一步敲定实施方略。29日,奔赴新乡,与冯玉祥会商。两天前,冯玉祥刚刚以第二集团军特别党部的名义通电全国,声明:"讨伐张逆","无丝毫妥协之余地","如有敢持异议者,愿与国人亟起攻之。"③但是,面对以蒋介石为首的政治解

---

① 《蒋介石致谭延闿电》,《中华民国重要史料初编——对日抗战时期》绪编(一),1981 年版,第 195 页。

② 《中华民国重要史料初编——对日抗战时期》绪编(一),第 201 页。

③ 《第二集团军特别党部通电》(1928 年 5 月 27 日),《申报》,1928 年 5 月 29日。

决的主流,冯玉祥只得附议。二人当即商定了进军部署。30日,蒋介石又马不停蹄地赶到石家庄,与阎锡山面议。他当面允诺,将由晋系推荐京津及河北省的行政长官。阎锡山欣然接受使命。6月2日,蒋介石风尘仆仆地折回新乡,向冯玉祥通报阎锡山决定受命的消息。冯玉祥眼见木已成舟,致电阎锡山称:"万恳以党国为重,幸勿稍事谦抑。"①于是,阎锡山兴高采烈地忙碌起来。与奉方的和平谈判也由地下转为公开。

　　5月28日,北伐军根据蒋介石部署开始总攻。29日,蒋介石电令各集团军"于击破当面之敌,进抵静海、胜芳、永清、固安、长辛店之线后,停止待命"②。30日,奉军下令总退却。次日,蒋介石发布追击令,敦促各军乘机推进。6月初,北伐各集团军相继抵达京、津市郊。第一集团军经沧州进抵静海。第二集团军攻克肃宁、永清、固安,进据南苑。第三集团军占领保定后,沿京汉线开进长辛店。各军沿途虽与奉军有小规模的军事冲突,但没有发生激烈的恶战。

　　随着军事上的缓慢推进,和平移交北京的谈判进入最后阶段,阎锡山委派的国民政府代表孔繁蔚,在北京与奉方代表张学良、杨宇霆频频接洽。双方议定:一、奉军撤离北京,退往榆关,北伐军不进行追击;二、成立以北洋元老王士珍为首的北京临时治安会,主持过渡时期的政局;三、奉军暂留鲍毓麟旅在京执行勤务,待北伐军入城后即行撤退,国民政府负责担保鲍旅完璧归奉。6月1日,谭延闿复电孔繁蔚表示:"国府议决,赞成张意",批准了双方议定的条件③。3日,谭延闿致电北京方面,内称:"该将领等深明大义,殊堪嘉尚。仰该将领等退出津、榆一带,不得扰乱治安,有妨民生,一切听候后命。至京、榆一带,已令第三

---

①　《冯玉祥致阎锡山电》(1928年6月2日),《申报》,1928年6月4日。

②　《北伐简史》,第271页。

③　《谭延闿致孔繁蔚电》,《申报》,1928年6月4日。

集团总司令阎锡山办理。"①同时，谭延闿专电杨宇霆，表示慰勉。奉方首领接电后，决定组织撤退。

6月4日，国奉谈判再次举行。张学良提出，请第三集团军先行入城，双方举行和平交接仪式，然后奉军冠冕堂皇地撤离北京。张并要求保留河北永清、遵化等10个县为张宗昌、褚玉璞、孙传芳屯兵区域。孔繁蔚当然不能轻易允诺这些优惠条件。他针锋相对地提出：一、东三省必须悬挂青天白日旗；二、服从国民政府命令；三、直鲁联军及孙传芳残部必须接受改编。双方相持不下，谈判出现僵局。当天夜晚，这一僵局便被意外的转机打破了。张学良获悉其父在皇姑屯遇害的消息，连夜出京，同时下令长辛店、卢沟桥一线第三、第四军团主力火速向滦河撤退。其后，北伐军第二、第三集团军顺利进入京郊。

同日，京师临时治安维持会通电各方宣告成立。6月5日，治安维持会与孔繁蔚商定，派专人赴保定欢迎阎锡山入京主持政务。8日上午，鲍毓麟旅自朝阳门撤出。稍后，第三集团军在前敌总指挥商震指挥下，以孙楚部为先导，自广安门鱼贯入城。全市高悬青天白日旗，各界均派代表前往欢迎。当晚，维持会议决，将警厅及宪兵移交警备司令部节制。次日，该会通电宣告"解散"②。

就在和平移交北京的工作即将顺利完成之际，却发生了一起意外的风波。8日，奉军鲍毓麟旅按照协议撤退出京，各界名流及列强使节均送至朝阳门外。不料，该旅行至通州，却遭到第二集团军冯治安部的阻拦，被迫折回。当日深夜，第二集团军以重兵包围鲍旅。次日清晨，该集团军前敌总指挥韩复榘亲自出马，将鲍旅缴械③。治安会闻讯后，派汪大燮等人前往说项，韩复榘仅将鲍毓麟一人放出，其他人员全部俘

---

① 《谭延闿致孔繁蔚电》，《国闻周报》第5卷第22期。

② 《京师临时治安维持会通电》(1928年6月9日)，《国闻周报》第5卷第23期。

③ 《申报》，1928年6月21日。

送南苑①。治安会再请商震出面斡旋,韩复榘答称,此举系"奉冯总司令命令"而行②。消息传到东交民巷,领袖公使欧登科立即偕同英、美、日三国公使,前往南苑与韩复榘当面交涉。韩复榘矢口否认曾接到准许鲍旅安全撤退的命令。事情迅速反映到南京和阎锡山处。10日,冯玉祥电令所部开抵京津近郊的各军,撤至固安、静海待命。韩复榘在撤军之前,仅将鲍旅中东北籍官兵遣返归奉,其余则予以收编。

在二次北伐中,第二集团军屡经鏖战,战功居各集团军之首,但蒋介石却将京、津分配给阎锡山,这自然会引起第二集团军官兵的不满。鲍旅事件不过是一次小小发泄的而已。

除鲍旅事件外,和平接受北京的工作大体平顺。相形之下,北伐军进占天津要棘手得多。

盘踞在天津的残余军阀各怀异志,战和不一。孙传芳见大势已去,早与阎锡山的代表南桂馨暗通声气,屡次公开言和。6月3日,孙通电宣布辞去安国军副司令兼第一方面军团长之职,一切听凭"国民公决"③。其部将李宝章、于学忠等五军长也联名通电罢兵;只有张宗昌依然主战。6日,张宗昌登门拜访在天津作寓公的段祺瑞,请其出山为首领,藉以号召残兵败将,遭到婉言"谢绝"④。于是,张再访天津日本华北驻屯军司令新井龟太郎,扬言要据守天津,作最后一战⑤。

蒋介石为迅速瓦解天津残敌,于6月8日密电冯玉祥,力促其北上一线,指挥各军,加强军事压力。电称:"兄如不进,军队散漫,进退不一,危险万分,弟惟有告罪,以谢党国。"⑥同时,他又指令在津人员加紧

---

① 《商震致阎锡山电》,《中华民国史事纪要》,1928年1—6月卷,第1047页。
② 《申报》,1928年6月21日。
③ 《孙传芳通电》(1928年6月3日),《申报》,1928年6月5日,
④ 《国闻周报》第5卷第22期。
⑤ 《国闻周报》第5卷第22期。
⑥ 《蒋介石致冯玉祥电》,《中华民国重要史料初编——对日抗战时期,绪编(一)》,第204—205页。

策反工作。当时,各集团军纷纷向天津派遣特工人员。蒋介石系统的卢和生、张璧,阎锡山的全权代表南桂馨,冯玉祥的特派员丁春膏均是活跃一时的人物。

在强大的策反攻势下,孙传芳残部争先改换门庭。郑俊彦向第三集团军代表南桂馨接洽投降。阎锡山曾计划以该部兵力接管天津,但遭到各方反对。该部又派马宝珩为代表,赴京与阎锡山直接面洽,达成协议,将该部改编为四个军,任命郑俊彦为第三集团军第五军团总指挥①。

与此同时,直鲁联军内部也发生分化。6月7日深夜,卢和生以直隶军事特派员的身份,密见徐源泉,徐源泉同意联合郑俊彦等通电息争②。蒋系另一位特派员张璧与天津著名绅商联络,合谋推荐徐源泉担任过渡性的保安司令,然后将政权移交晋方。张璧将此议转告南桂馨,南表示赞同③。6月10日,第六军军长徐源泉通电辞去直隶军务帮办一职,宣布就任"国民革命军天津临时保卫总司令","暂维持天津治安"④。

张宗昌自知天津难以再守,企图以主动让城换取优惠的撤军条件。11日,张宗昌、褚玉璞派贾济川、关麟书为代表,与晋方代表南桂馨谈判。经过激烈的讨价还价,双方终于达成直鲁军撤出天津的协议。随后,南桂馨请出原安福系亲日派政客姚震等人,争取新井龟太郎赞同。南桂馨表示,主要依靠当地宪警接管,晋军不会大批开进天津。新井见无可挑剔,只好表示同意⑤。次日,阎锡山将双方协议条款,电告南京,请求核准。该项协议要旨为:一、直鲁军自动退出天津,交晋军维持治

---

①　《军事杂志》1928年,第2期,第12页。

②　陈训正:《国民革命军战史初稿》,卷3,第753页。

③　《国闻周报》第5期第23卷。

④　《徐源泉等通电》(1928年6月10日),《中央日报》,1928年6月12日。

⑤　辛公显:《"七七"事变前天津便衣队暴乱真相》,《天津文史资料选辑》第2辑,第39页。

安；二、该军撤军时，无论何方，不许追击、抄袭；三、如有违约追剿者，晋方负责阻止；四、过渡时期的治安，留直鲁军一部维持，以地方民意团体主持之①。

　　6月12日晨，张宗昌、褚玉璞率直鲁联军残部撤离天津，退往芦台、宁河。徐源泉也通电辞职，命令所部全数撤出。同日，傅作义宣布就任天津警备司令，布告安民。不久，徐源泉接受了阎锡山改编，被任命为第三集团军第十一军团总指挥。

　　虽然将领们已协议言和，但结局仍出现动乱。傅作义上任第一天，直鲁残兵持枪荷弹，四处抢劫。警察厅长常之英仓皇出逃。阎锡山应傅作义的请求，命孙传芳旧部陆殿臣、何绍南两个旅开抵天津增援。14日，暴乱的残兵被击溃，退往西郊。15日，第三集团军第十五军分派一个团兵力，由北京驰赴天津，协同维持治安。16日，天津城内秩序渐趋安定。

　　国民革命军平定京津，实现第二期北伐的最终目标。国民政府以胜利者的姿态向海内外宣告北伐成功。6月12日，国民政府发表"对内宣言"，宣布"结束军事"，"开始训政"，公布"励行法治"、"澄清吏治"、"肃清盗匪"、"蠲免苛税"、"裁减兵额"等五大施政方针②。15日，国民政府又发表"对外宣言"，宣布："中国统一告成"，为"建设新国家"，对外关系应另辟"新纪元"，解除八十余年所受的"不平等条约之束缚"，签订"相互尊重主权"的平等新约③。

　　随着京、津地区的易帜，长达十六年的北洋军阀统治终于结束，南京国民政府成为全国的政治中枢，开始了国民党一党专政，统治中国的新时期。

---

①　《阎锡山致南京国民政府军事委员会及蒋介石电》，《中华民国史事纪要》，1928年1—6月卷，第1084—1085页。

②　《国民政府公报》第67期，第1—3页。

③　《国民政府对外宣言》(1928年6月15日)，《申报》，1928年6月16日。

附　录

表一　1914—1930 年各国在华投资趋势

（单位:美元百万元）

项目 年份 国别	企业资本		房地产投资		借款		投资总额	
	1914	1930	1914	1930	1914	1930	1914	1930
合　计	1000.3	1977.1	225.3	726.1	1120.5	1070.1	2346.1	3773.3
英　国	336.3	641.3	141.3	411.1	257.6	201.0	735.2	1253.4
日　本	199.5	892.2	22.5	175.1	78.2	398.5	300.2	1465.8
美　国	36.0	163.2	24.0	68.4	47.1	72.1	107.1	303.7
法　国	56.0	85.3	22.5	65.5	206.5	161.2	285.0	312.0
德　国	136.0	75.0	15.0	6.0	234.7	93.6	385.7	174.6
俄　国	236.5	—	—	—	203.7	—	440.2	—
比利时	未计	41.0	—	—	28.5	48.4	未计	89.4
意大利	未计	4.4	—	—	32.5	74.7	未计	79.1
其　他	未计	74.7	—	—	31.7	20.6	未计	95.3

　　资料来源:据吴承明《帝国主义在旧中国的投资》,人民出版社 1955 年版,页 152 表二、页 155 表三、页 173 表八、页 186 表十五编算。房地产只计英、日、美、法、德五国,其余国家计入该国企业资本内。借款系中国各年结欠额,包括财政借款与铁路借款。

表二　　1914 年和 1930 年各国在华投资比例图

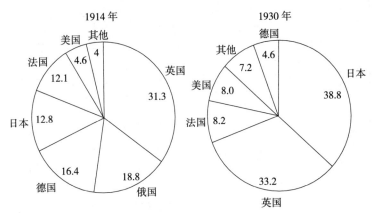

资料来源：据吴承明《帝国主义在旧中国的投资》。

本表承日本创价大学亚细亚研究所武澎东先生协助制作。

表三　1923—1927年各国和地区对华直接贸易额

（单位:海关两）

	1923年		1924年		1925年		1926年		1927年	
	贸易总额	%	贸易总额	%	贸易总额	%	贸易总额	%	贸易总额	%
英　　　国	163,604,359	9.8	176,261,876	9.9	140,780,962	8.2	172,105,202	8.7	133,063,563	6.9
香　　　港	423,879,705	25.3	417,082,283	23.3	291,026,056	16.9	218,274,704	11.0	382,272,655	19.8
英 属 印 度	67,570,288	4.1	50,263,920	2.8	61,586,544	3.6	95,113,114	4.8	64,587,433	3.3
日本（及台湾）	409,541,643	24.4	435,937,789	24.4	486,092,648	28.2	548,650,330	27.6	502,632,570	26.0
朝　　　鲜	42,236,071	2.5	42,360,830	2.4	44,814,925	2.6	58,927,820	3.0	75,573,056	3.9
美　　　国	281,251,423	16.8	291,711,353	16.3	285,666,549	16.6	337,760,189	17.0	288,546,348	14.9
菲 律 宾	5,341,727	0.3	7,602,116	0.4	10,095,847	0.6	12,150,721	0.6	10,636,182	0.6
法　　　国	47,126,313	2.8	55,656,176	3.9	78,516,270	5.9	85,162,415	7.8	66,137,489	5.4
法 属 印 支	22,451,376	1.3	13,858,556	0.8	22,748,905	1.3	70,229,479	3.5	38,513,179	2.0
德　　　国	44,370,785	2.7	54,636,642	3.1	48,938,136	2.8	63,438,010	3.2	59,708,899	3.1
意 大 利	13,203,272	0.8	15,221,030	0.9	15,978,696	0.9	22,416,108	1.1	21,217,943	1.1
其他国家、地区	—	9.2	—	11.8	—	12.4	—	11.7	—	12.8
总　　　计	1,676,320,303	100	1,789,995,145	100	1,724,217,881	100	1,988,516,024	100	1,931,551,286	100

资料来源:据 H. G. W. Woodhead ed.：China Year Book,1929—1930,（Tientsin,1931）,pp.158—164 编算。贸易总额为进出口额之和。

表四　1921—1926年英、美、日对外及对华出口贸易数据

	1921年			1922年			1923年		
英国	至各国	至中国	比例	至各国	至中国	比例	至各国	至中国	比例
	百万英镑	百万英镑	%	百万英镑	百万英镑	%	百万英镑	百万英镑	%
出口总额	703.0	33.0	4.7	729.0	29.0	4.0	767.0	25.0	3.3
棉纺织品	137.1	13.5	9.8	142.4	13.5	9.5	138.3	10.0	7.2
毛纺织品	35.9	2.1	5.7	36.8	2.4	6.5	39.7	3.9	9.7
钢铁及其制品	63.6	3.2	5.0	60.9	1.9	3.2	76.2	2.2	2.9
机器	74.6	4.8	6.4	51.5	3.8	7.4	44.5	1.8	4.0
美国	百万美元	百万美元	%	百万美元	百万美元	%	百万美元	百万美元	%
出口总额				3765.1	126.7	3.4	4090.9	134.7	3.3
谷物				515.9	12.9	2.5	311.3	28.2	9.1
烟草				146.0	11.0	7.5	152.3	11.4	7.5
香烟				23.8	19.4	81.5	23.1	19.0	82.2
棉纺织品				673.2	3.5	0.5	807.1	4.2	0.5
精炼矿物油				312.6	26.5	8.5	326.6	24.8	7.6
钢铁及其制品				188.8	7.4	3.9	234.4	8.1	3.5

（续）

	1921 年			1922 年			1923 年		
	至各国	至中国	比例	至各国	至中国	比例	至各国	至中国	比例
纯铜				89.0	5.8	6.5	110.5	4.8	4.3
机器				239.1	11.8	4.9	287.9	5.1	1.8
日本及库页岛①	百万日元	百万日元	%	百万日元	百万日元	%	百万日元	百万日元	%
出口总额②	1252.8	424.1	33.9	1637.5	470.8	28.8	1447.8	395.4	27.3
棉织品	203.7	128.8	63.2	222.1	137.5	61.9	234.8	126.5	53.9
棉纱	80.6	67.6	83.9	114.7	91.6	79.9	78.5	53.9	68.7
精糖	15.8	14.9	94.3	19.1	19.0	99.5	14.7	14.6	99.3
煤	37.8	19.1	50.5	23.5	13.9	59.1	21.5	15.5	72.1
水产	14.6	12.4	84.9	16.3	14.1	85.5	19.9	17.9	89.9
纸	18.9	15.5	82.0	16.1	13.2	82.0	15.2	12.2	80.3
铁制品	9.1	5.8	63.7	10.3	6.1	59.2	11.4	6.8	59.6
机器及其零件	12.9	10.7	82.9	14.4	13.0	90.3	9.3	7.8	83.9

① 日本 1922 年，1923 年的某些出口货的统计数据不够完整，因横滨的一些贸易档案在大地震中遗失。

② 该总额包括再出口货。其他分项数额为日本国产货。

（续）

英国	1924年			1925年			1926年①		
	至各国	至中国	比例	至各国	至中国	比例	至各国	至中国	比例
	百万英镑	百万英镑	%	百万英镑	百万英镑	%	百万英镑	百万英镑	%
出口总额	801.0	29.0	3.6	773.0	20.0	2.6	652.0	20.0	3.0
棉纺织品	153.4	12.6	8.2	150.6	7.5	5.0	116.1	6.8	5.9
毛纺织品	40.2	4.8	11.9	35.3	2.8	8.0	31.8	3.2	10.0
钢铁及其制品	74.5	2.2	3.0	68.2	1.6	2.3	55.4		
机器	44.8	1.2	2.7	49.1	1.2	2.4	45.5		
美国	至各国	至中国	比例	至各国	至中国	比例	至各国	至中国	比例
	百万美元	百万美元	%	百万美元	百万美元	%	百万美元②	百万美元	%
出口总额	4497.6	135.0	3.0	4818.7	113.6	2.4	4711.5	129.0	2.7
谷物	433.7	16.0	3.7	351.8	7.4	2.1			
烟草	163.0	17.8	10.6	153.4	19.6	12.8	136.7	20.5	15.0
香烟	19.4	14.6	75.2	15.0	9.3	62.0	17.9	12.1	67.6
棉纺织品	950.6	4.3	0.5	1059.8	6.5	0.6	814.4	13.3	1.6
精炼矿物油	392.0	29.0	7.4	422.3	26.6	6.3	494.9	21.5	4.3

① 英美两国1926年为初步统计数字。

② 此项栏目皆为近似额。

（续）

	1924 年			1925 年			1926 年①		
	至各国	至中国	比例	至各国	至中国	比例	至各国	至中国	比例
	百万日元	百万日元	%	百万日元	百万日元	%	百万日元	百万日元	%
钢铁及其制品	221.0	8.4	3.8	223.6	6.4	2.9	121.2	1.1	0.9
纯铜	138.3	8.4	6.1	140.2	1.9	1.4			
机器	317.0	5.0	1.6	384.8	4.2	1.1			
日本及库页岛	百万日元	百万日元	%	百万日元	百万日元	%	百万日元	百万日元	%
出口总额	1807.0	500.0	27.7	2305.6	643.7	27.9	2044.7	574.4	28.1
棉织品	326.6	172.8	52.9	432.9	234.1	54.1	416.3	220.8	53.0
棉纱	109.6	65.5	59.8	123.1	74.9	60.8	70.7	35.0	49.5
精糖	28.9	28.8	99.7	32.3	32.0	99.1	34.0	33.2	97.6
煤	22.4	18.0	80.4	33.2	27.7	83.4	31.0	23.5	75.8
水产	22.5	19.9	88.4	22.7	18.4	81.1	22.7	17.4	76.7
纸	15.6	12.4	79.5	20.2	16.3	80.7	19.0	15.3	80.5
铁制品	12.8	7.7	60.2	14.7	7.4	50.3	13.0	6.9	53.1
机器及其零件	9.6	8.5	88.5	9.7	8.7	89.7	8.7	7.7	88.5

资料来源：The Letter of Mr. E. F. Crowe to Mr. Gwatkin, May 31,1927, Appendix, FO, 405, Vol. 253, pp. 358—360.

表中英国历年至中国的出口额，包括至香港、澳门、威海卫；美国和日本至中国的出口额，包括至香港和东北。

① 英美两国 1926 年为初步统计数字。

表五　国民革命军序列(1926 年 7 月)

总司令　蒋介石

军事总顾问　加　伦

前敌总指挥　唐生智

总参谋长　李济深

总参谋次长　白崇禧

总政治部主任　邓演达

总政治部顾问　铁罗尼

总预备队　指挥官　王柏龄　参谋长　叶剑英

　第一师师长　王柏龄(王　俊代)　副师长　王　俊

　第二师师长　刘　峙　副师长　陆树荣

　第二十师师长　钱大钧

第一军军长　何应钦　党代表　缪　斌

　　　顾问　切列潘诺夫　副军长　王柏龄

　　　参谋长　蒋伯诚

　第三师师长　谭曙卿　副师长　顾祝同

　第十四师师长　冯轶裴

　独立第四师师长　张　贞

第二军军长　谭延闿(鲁涤平代)　副党代表　李富春

　　　顾问　杰卜罗斯基　副军长　鲁涤平

　　　参谋长　岳　森

　第四师师长　张辉瓒　副师长　王捷俊　党代表　李六如

　第五师师长　谭道源　副师长　成光耀　党代表　方维夏

　第六师师长　戴　岳　副师长　朱耀华　党代表　萧劲光

　教导师师长　陈嘉祐　党代表　石陶钧

第三军军长　朱培德　党代表　朱克靖

　　　顾问　马赤利克　参谋长　黄　实

　第七师师长　王　钧　副师长　张近德

　第八师师长　朱世贵

第九师师长　朱培德(李明扬代)　副师长　李明扬

第四军军长　李济深(陈可钰代)　党代表　廖乾吾

　　　　顾问　帕　罗　副军长　陈可钰　参谋长　邓演存

　第十师师长　陈铭枢　副师长　蒋光鼐

　第十一师师长　陈济棠

　第十二师师长　张发奎　副师长　朱晖日

　第十三师师长　徐景唐

　独立团团长　叶　挺　参谋长　周士第

第五军军长　李福林　副党代表　李朗如

　　　　顾问　波尔特宁科　参谋长　刘　敏

　第十五师师长　李　群

　第十六师师长　练炳章　副师长　王若周

第六军军长　程　潜　副党代表　林伯渠

　　　　顾问　康奇茨　参谋长　唐　蟒

　第十七师师长　邓彦华　党代表　陈雁声

　第十八师师长　胡　谦　党代表　李隆廷

　第十九师师长　杨源浚　党代表　张振武

　　　副师长　王邦吉

第七军军长　李宗仁　党代表　黄绍竑

　　　　顾问　库满宁　参谋长　王应榆

　第一旅旅长　夏　威

　第二旅旅长　李明瑞

　第三旅旅长　伍廷飏

　第四旅旅长　黄旭初

　第五旅旅长　刘日福

　第六旅旅长　韦云淞

　第七旅旅长　胡宗铎

　第八旅旅长　钟祖培

　第九旅旅长　吕焕炎

第八军军长　唐生智　党代表　刘文岛

顾问 奥依尼其 参谋长 张一鹏

第二师师长 何 键

第三师师长 李品仙

第四师师长 刘 兴

第五师师长 叶 琪

鄂军第一师师长 夏斗寅

教导师师长 唐生智（周 斓代） 副师长 周 斓

航空处长 林伟成 党代表 张静愚

兵站总监 俞飞鹏

表六 国民革命军序列(1927 年 3 月 1 日)

第一军 军长　　　　　何应钦

第二军 军长　　　　　谭延闿

第三军 军长　　　　　朱培德

第四军 军长　　　　　李济深

第五军 军长　　　　　李福林

第六军 军长　　　　　程 潜

第七军 军长　　　　　李宗仁

第八军 军长　　　　　唐生智

第九军 军长　　　　　朱绍良

第十军 军长　　　　　王天培

第十一军 军长　　　　陈铭枢

第十二军 军长　　　　任应岐

第十三军 军长　　　　白崇禧

第十四军 军长　　　　赖世璜

第十五军 军长　　　　刘佐龙

第十六军 军长　　　　范石生

第十七军 军长　　　　曹万顺

第十九军 军长　　　　陈 仪

第二十军 军长　　　　杨 森

第二十一军　军长　　　刘　湘

第二十二军　军长　　　赖心辉

第二十三军　军长　　　刘成勋

第二十四军　军长　　　刘文辉

第二十五军　军长　　　周西成

第二十六军　军长　　　周凤歧

第二十七军　军长　　　王　普

第二十八军　军长　　　邓锡侯

第二十九军　军长　　　田颂尧

第三十三军　军长　　　柏文蔚

第三十五军　军长　　　何　键

第三十六军　军长　　　刘　兴

第三十七军　军长　　　陈调元

第四十军　军长　　　　贺耀组

新编第一军　军长　　　谭曙卿

新编独立第一师　师长　卢兴邦

独立第二师　师长　　　刘　峙

独立第四师　师长　　　张　贞

独立第十四师　师长　　夏斗寅

独立第二十师　师长　　钱大钧

独立第二十一师　师长　严　重

独立第二十二师　师长　陈继水

中央第一混成旅　旅长　贺对廷

表七　二次北伐序列(1928 年 4 月)

总司令　蒋介石

总参谋长　　何应钦

第一集团军总司令　　蒋介石

　总参谋长　　杨　杰

　第一军团总指挥　　刘　峙

第二军团总指挥　　陈调元

第三军团总指挥　　贺耀组

第四军团总指挥　　方振武

总预备队总指挥　　朱培德

炮兵集团指挥　　陈　诚

后方警备部队司令　　钱大钧

航空队司令　　张静愚

铁甲车司令　　屠金声

第二集团军总司令　　冯玉祥

　总参谋长　　刘　骥

　第一方面军总指挥　　孙良诚

　第二方面军总指挥　　孙连仲

　第八方面军总指挥　　刘镇华

　第九方面军总指挥　　鹿钟麟

　骑兵第一军　　郑大章

　铁甲车集团司令　　刘自珍

第三集团军总司令　　阎锡山

　总参谋长　　朱绶光

　右翼军总指挥　　徐永昌

　左翼军总指挥　　商　震

　中路军总指挥　　商　震

海军总司令　　杨树庄

　参谋长　　李　景

　第一舰队司令　　陈季良

　第二舰队司令　　陈绍宽

　练习舰队司令　　陈训泳

　鱼雷游击司令　　曾以鼎

表八　吴佩孚"讨贼联军"序列(1926 年 4 月)

讨贼联军总司令　　吴佩孚

湖北督理兼第二十五师　师长　陈家谟

湖北暂编第一师　师长　宋大霈

湖北暂编第二师　师长　刘佐龙

湖北暂编第三师　师长　孙建业

湖北暂编第四师　师长　陈德麟

湖北暂编第五师　师长　张联陞

第十八混成旅　旅长　于学忠

汉黄镇守使　杜锡钧

陆军第十八师　师长　卢金山

陆军第八师　师长　刘玉春

第十八混成旅　旅长　余荫森

武卫军总司令　马　济

陆军第七师　师长　王都庆

湖北第二混成旅　旅长　夏斗寅

卫兵旅　旅长　董政国

湘鄂边防督办　李济臣

第九师　师长　寇英杰

河南暂编第一师　师长　郭振中

河南暂编第二师　师长　阎日仁

第三师　师长　吴俊卿

河南暂编第一混成旅　旅长　袁家声

河南暂编第二混成旅　旅长　薛传峰

河南暂编第三混成旅　旅长　李鸿纛

河南暂编第五混成旅　旅长　袁家骥

河南暂编第六混成旅　旅长　王相贤

新编混成旅　旅长　李　鹏

第二十四师第一补充旅　旅长　安锡嘏

豫军第一混成旅　旅长　张继武

豫军第二混成旅　旅长　刘正芳

豫军第三混成旅　旅长　张锦标

豫军第四混成旅　旅长　米国贤

陕潼护军使兼第二师　师长　张治公

浚滑游击司令　王献臣

陆军第十三师　师长　苏运昌

第九师炮兵团　吴德芳

骑兵支队　马德凤

陕西讨贼军总司令　刘镇华

表九　孙传芳五省联军序列(1926 年 4 月)

五省联军总司令　孙传芳

第一师　师长　陈　仪

第五混成旅　旅长　杨赓和

第六混成旅　旅长　彭德铨

第七混成旅　旅长　杨镇东

第八混成旅　旅长　颜景宗

第九混成旅　旅长　张中立

第十混成旅　旅长　孟昭月

炮兵团　司令　张国威

第十师　师长　郑俊彦

第四师　师长　谢鸿勋

第三师　师长　周凤歧

第五师　师长　白宝山

第七师　师长　冯绍闵

浙江总司令兼二师师长　卢香亭

浙江省长兼警备司令　夏　超

安徽总司令兼第六师师长　陈调元

第一混成旅　旅长　倪朝荣

第二混成旅　旅长　马祥斌

第三混成旅　旅长　王　普

第四混成旅　旅长　刘凤图

江西总司令兼中央第一师师长　邓如琢

暂编第一师　师长　蒋镇臣

江西第一师　师长　唐福山（后改岳思寅）

江西第二师　师长　杨如轩

江西第三师　师长　刘宝题

江西第四师　师长　赖世璜

江西第九混成旅　旅长　张凤岐

江西第六师　师长　杨池生

福建军务督办兼第十二师　师长　周荫人

福建第一师　师长　张　毅

福建第三师　师长　李凤翔

表十　张作霖镇威军序列（1926 年 8 月）

镇威军总司令　张作霖

第二方面军团指挥官　张宗昌

第三、四方面军团指挥官　张学良　韩麟春

　第八军　军长　万福麟

　第九军　军长　高维岳

　第十军　军长　于　珍

　第十一军　军长　赵恩臻

　第十七军　军长　荣　臻　胡毓坤

　炮兵司令　邹作华

　工兵司令　柏桂林

　辎重兵司令　牛元峰

第五方面军团指挥官　张作相

第六方面军团指挥官　吴俊陞

表十一　张作霖安国军序列（1926 年 11 月）

第一方面军团长　孙传芳

第二方面军团长　张宗昌

第三、四方面联合军团长　张学良　韩麟春

第五方面军团长　张作相

第六方面军团长　吴俊陞

第七方面军团长　褚玉璞

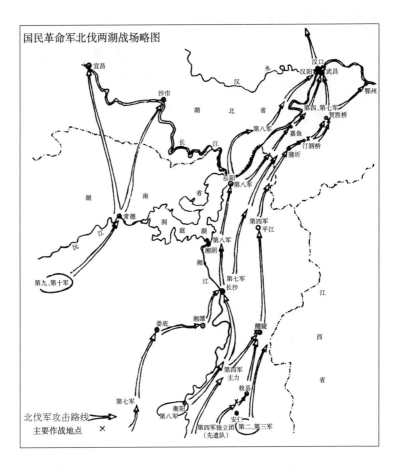

图一　国民革命军北伐两湖战场略图

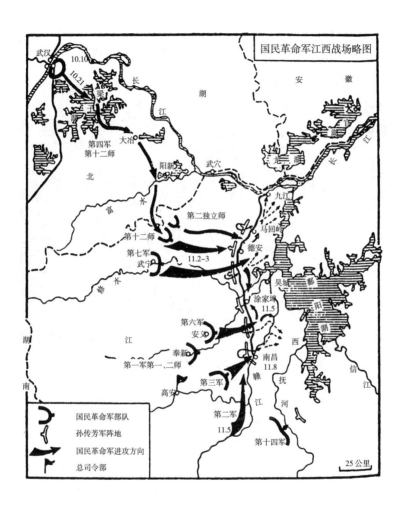

图二　国民革命军江西战场略图

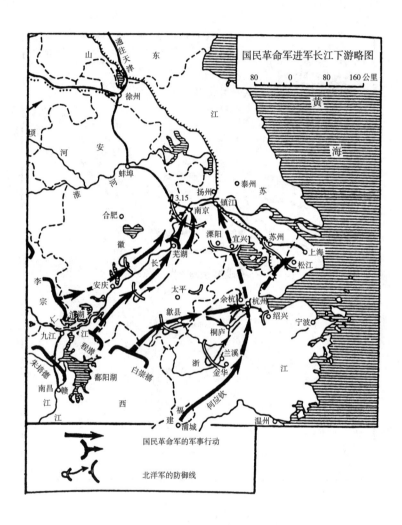

图三　国民革命军进军长江下游略图

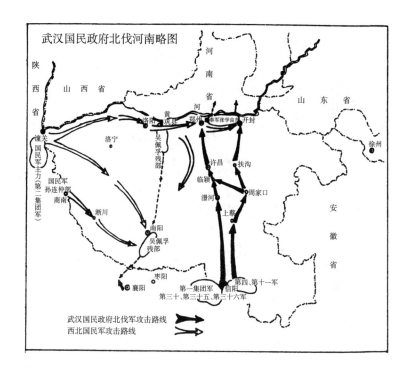

图四　武汉国民政府北伐河南略图

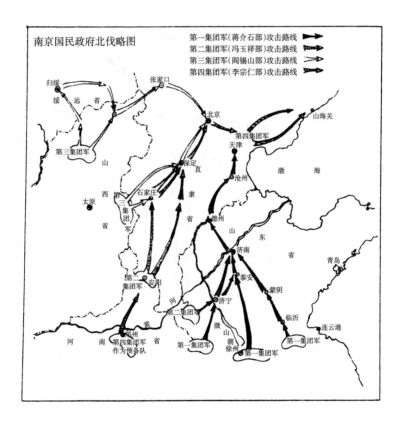

图五　南京国民政府北伐略图

参考文献 [*]

中文档案文献

北京邮政总局档案,中国第二历史档案馆藏,南京

北洋政府档案,中国第二历史档案馆藏,南京

陈立夫档案,美国哥伦比亚大学珍本和手稿图书馆藏,纽约

冯玉祥个人全宗,中国第二历史档案馆藏,南京

奉天省公署档,辽宁省档案馆藏,沈阳

各部产总联席会议记录,1927,藏地不详

各党团会议记录,藏地不详

顾维钧档案,美国哥伦比亚大学珍本和手稿图书馆藏,纽约

广州国民政府档案,中国第二历史档案馆藏,南京

国民党中央执行委员会档案,中国第二历史档案馆藏,南京

国民政府委员会会议记录,1927,中国第二历史档案馆藏,南京

国民政府资源委员会档案,中国第二历史档案馆藏,南京

胡汉民档案,美国哈佛燕京学社图书馆藏,波士顿

京师警察厅档案,北京市档案馆藏,北京

李汉魂档案,美国哥伦比亚大学珍本和手稿图书馆藏,纽约

南京国民政府档案,中国第二历史档案馆藏,南京

《文史资料未刊稿》,全国各地政协藏

---

* 本书目所收为本卷所引的主要参考文献。中文和日文书目以书名汉字的音序排列,西文书目以作者姓氏字母顺序排列。

上海市工商业联合会档案,上海市工商业联合会藏,上海

外交部特派奉天交涉员署档,辽宁省档案馆藏,沈阳

吴稚晖个人全宗,中国第二历史档案馆藏,南京

武汉国民政府档案,中国第二历史档案馆藏,南京

熊式辉档案,美国哥伦比亚大学珍本和手稿图书馆藏,纽约

张发奎档案,美国哥伦比亚大学珍本和手稿图书馆藏,纽约

张作霖专档,辽宁省档案馆藏,沈阳

张静江个人全宗,中国第二历史档案馆藏,南京

中共南京地区委员会档案,南京市档案馆藏,南京

《安徽省政治及党务报告》,1926年10月,油印件,藏地不详

《陈璧君狱中交代》,抄件,藏地不详

《大局讨论会第一次会议速记录》,1927,藏地不详

《妇女部妇女运动报告》,中央妇女部,1926年10月,油印件,藏地不详

《关于南京事件的调查报告》,南京市总工会编,南京市档案馆藏,南京

《郭廷以与李将军(品仙)问答记录》,美国哥伦比亚大学珍本和手稿图书馆藏,
　　纽约

《国民政府司法部工作报告》,1927,油印件,藏地不详

《汉口特别市党部党务报告》,1926年10月,油印件,藏地不详

《江苏最近政治、党务简单报告》,张曙时、侯绍裘,油印件,藏地不详

《蒋介石个人全宗》,中国第二历史档案馆藏,南京

《蒋介石收各方电稿》,抄本,中国第二历史档案馆藏,南京

《解决阳新惨案委员会第一次会议记录》,1927,藏地不详

《民校(国民党)扩大党团会议记录》,1927,藏地不详

《全国农民运动现状报告》,1927年3月,油印件,藏地不详

《商民部工作报告》,1926年10月,油印件,藏地不详

《上海特别市党部报告》,韩觉民,油印件,藏地不详

《徐州特别会议记录》,1927,藏地不详

《狱中自述》(稿本),李大钊著,中国革命博物馆藏,北京

《战时经济委员会会议记录》,1927

《张国忱与柴寿安谈话记录》(1978年10月7日),天津市政协藏,天津

《张蒙璇日记》(1927—1928),稿本,藏地不详

《浙江党务报告》(1926 年 10 月 16 日),宣中华、丁济美,油印件,藏地不详

《(中共上海)特别委员会会议记录》,1927,藏地不详

《中共上海区委会议记录》,1926—1927,藏地不详

《中共上海区委主席团会议记录》,1926—1927,藏地不详

《中共中央、上海区委联席会议记录》,1927,藏地不详

《中共中央常委会会议记录》,1927,藏地不详

《中国国民党中央执行委员会政治会议议事录、决议案》,1926,藏地不详

《中国国民党中央执行委员会政治委员会速记录、会议录、决议录》,1927,藏地
    不详

《中国国民党中央执行委员会常务委员会会议录》,藏地不详

《中国国民党中央执行委员暨国民政府委员临时联席会议记录》,1926 年 12 月—
    1927 年 3 月,藏地不详

《中国国民党中央执行委员会第三次全体会议速记录、会议录及会议文件》,1927,
    藏地不详

《中国国民党中央执行委员会政治会议记录》,1927,藏地不详

《中国国民党中央监察委员会会议录》,1927,藏地不详

《中国国民党中央执行委员会第二届常务委员会扩大会议速记录、议事录》,1927,
    藏地不详

《中国国民党第二届中央监察委员会报告书》,1929,铅印件,藏地不详

《中央妇女部妇女运动报告》(1926—1927),油印件,藏地不详

《中央各省区联席会议录及会议文件》,广州,1926,藏地不详

《中央青年部过去之工作及今后进行计划》,1926,油印件,藏地不详

《中央土地委员会会议记录》,1927,藏地不详

《中央执行委员会常务委员及各部长联席会议记录》,1927,藏地不详

中文著作

《安徽文史资料选辑》,安徽省政协文史资料研究委员会编,出版地、时间不详

《安徽现代革命史资料长编》,中共安徽省党史工作委员会编,合肥,安徽人民出版

社,1986

《爱国将军冯玉祥》,郭绪印、陈兴唐著,郑州,河南人民出版社,1987

《八七会议》,中共中央党史资料征集委员会等编,北京,中共党史资料出版社,
　　1986

《八一革命》,吴玉章著,北京,社会科学文献出版社,1991

《白崇禧先生访问记录》,台北中研院近代史研究所,1985

《白崇禧传》,程思远,香港,南粤出版社,1989

《白坚武日记》,杜春和、耿来金整理,南京,江苏古籍出版社,1992

《百年老店——国民党沧桑史》,蒋永敬,台北,传记文学出版社,1993

《包惠僧回忆录》,北京,人民出版社,1983

《鲍罗廷——斯大林派到中国的人》,[美]丹尼尔·雅各布斯,北京,世界知识出版
　　社,1989

《鲍罗廷与武汉政权》,蒋永敬,台北,传记文学出版社,1972

《鲍罗廷在中国的有关资料》,张注洪等编,北京,中国社会科学出版社,1983

《北洋军阀史稿》,来新夏主编,武汉,湖北人民出版社,1983

《北洋军阀史料选辑》,杜春和编,北京,中国社会科学出版社,1981

《北伐简史》,"国防部"史政局编,台北,正中书局,1968

《北伐前后的革命外交》,李恩涵著,台北中研院近代史研究所,1993

《北伐时期的政治史料》,蒋永敬编,台北,正中书局,1981

《北伐统一六十周年学术讨论集》,台北,1988

《北伐行军日记》,欧振华著,出版地不详,1931

《北伐战史》,中华大典编印会,台北,1967

《北伐战争史》,曾宪林等著,成都,四川人民出版社,1991

《北伐战争史稿》,范忠程著,长沙,湖南人民出版社,1986

《北伐战争(资料选辑)》,中央档案馆编,北京,中共中央党校出版社,1981

《北伐阵中日记》,《近代稗海》第14辑,成都,四川人民出版社,1985

《北洋军阀》,中国史学会编,武汉出版社,1990

《北洋军阀》,来新夏主编,上海人民出版社,1988

《北洋军阀统治时期的社会变迁》,张静如、刘志强主编,北京,中国人民大学出版
　　社,1992

《北洋军阀统治时期史话》,陶菊隐著,北京,三联书店,1959

《被玷污的岁月——布哈林与布哈林问题》,张伟垣、许林森著,北京,世界知识出版社,1989

《布哈林政治传记》,〔美〕斯蒂芬·F·科恩著,北京,东方出版社,1988

《蔡和森的十二篇文章》,北京,人民出版社,1980

《蔡廷锴自传》,哈尔滨,黑龙江人民出版社,1985

《蔡元培先生年谱传记》,孙常炜编著,台北,1986

《长沙工人运动大事记》,王亚文编,长沙,湖南大学出版社,1988

《长沙县、省会近郊区农民运动》,长沙市农民运动调查办公室,1980,油印本

《常德农民运动史略》,常德县农运调查办公室,1980,油印本

《陈布雷回忆录》,沈云龙主编,《近代中国史料丛刊》续辑第43辑,台北,文海出版社,出版时间不详

《陈独秀年谱》,唐宝林、林茂生著,上海人民出版社,1988

《陈独秀书信集》,水如编,北京,新华出版社,1987

《陈独秀文章选编》,北京,三联书店,1984

《陈独秀著作选》,任建树等编,上海人民出版社,1984

《陈独秀传》,任建树、唐宝林著,上海人民出版社,1989

《陈公博传》,闻少华著,北京,东方出版社,1994

《陈果夫的一生》,吴相湘著,台北,传记文学出版社,1971

《陈果夫先生全集》,台北,近代中国出版社,1981,影印版

《陈烈士赞贤事略》,赣州各界追悼陈烈士赞贤大会印行,1927

《陈氏族谱(南康)》,出版地不详,1927

《陈仪生平及被害内幕》,北京,中国文史出版社,1987

《陈毅的早年回忆和文稿》,聂元素等编,成都,四川人民出版社,1981

《陈郁传》,周焱等著,北京,工人出版社,1985

《程潜传》,陈利明著,北京,解放军出版社,1992

《程天放早年回忆录》,台北,1968

《重庆"三三一"惨案纪念特刊》,邓士英等著,出版地不详,1927

《重庆"三三一"惨案纪事》,重庆市政协编,重庆,西南师范大学出版社,1987

《从草莽英雄到大元帅》,陈崇桥等,沈阳,辽宁人民出版社,1991

《从容共到清党》,李云汉著,台北,1973

《〈大本营陆军部〉摘译——日本帝国主义侵华资料长编》,天津市政协编译委员会,成都,四川人民出版社,1987

《大革命时期的重庆》,中共重庆市委党史工作委员会编,出版地不详,1984

《大革命时期的陕西地区农民运动》,中共陕西省委党史资料征集委员会,西安,陕西人民出版社,1986

《党史概要》,张其昀著,台北,"中央文物供应社",1970

《第二次国内革命战争时期土地革命文献选编》,北京,中共中央党校出版社,1987

《第四军纪实》,沈云龙主编,《近代中国史料丛刊》续辑第486辑,台北,出版时间不详

《第一次国共合作在北京》,中共北京市委党史研究室编,北京出版社,1989

《第一次国共合作时期的黄埔军校》,全国政协文史资料委员会编,北京,文史资料出版社,1984

《第一次国内革命战争时期的工人运动》,人民出版社编,北京,人民出版社,1954

《第一次国内革命战争时期的农民运动》,人民出版社编,北京,人民出版社,1953

《第一次国内革命战争时期的农民运动资料》,人民出版社编,北京,人民出版社,1983

《第一次国内革命战争时期农民运动史》,曾宪林、谭克绳主编,济南,山东人民出版社,1990

《邓演达》,中国农工民主党中央委员会编,北京,文史资料出版社,1985

《邓演达年谱》,丘挺编,海口,海南人民出版社,1988

《邓演达生平与思想》,丘挺、郭晓春著,兰州,甘肃人民出版社,1985

《邓演达文集》,北京,人民出版社,1981

《董必武年谱》,北京,中央文献出版社,1991

《杜月笙正传》,徐铸成著,杭州,浙江人民出版社,1982

《对华回忆录》,[日]东亚同文会编,北京,商务印书馆,1959

《俄蒙回忆录》,毛以亨著,香港,亚洲出版社,1954

《方志敏文集》,北京,人民出版社,1985

《醴陵县农民运动史略》,醴陵县农运调查办公室,出版地不详,1980

《冯玉祥的一生》,薛立敦著,杭州,浙江教育出版社,1988

《冯玉祥将军》,高兴亚著,北京出版社,1982

《冯玉祥军事要电汇编》,上海军学社,出版时间不详

《冯玉祥日记》,南京,江苏古籍出版社,1992

《冯玉祥与国民军》,[苏]维·马·普里马科夫著,北京,中国社会科学出版社,1982

《冯玉祥政治要电汇编》,民国史料编辑社,北平,1933

《冯玉祥传》,简又文著,台北,传记文学出版社,1982

《冯玉祥自传》,北京,军事科学出版社,1988

《奉系军阀密电》,辽宁省档案馆编,北京,中华书局,1984－1986

《奉系军阀密信》,辽宁省档案馆编,北京,中华书局,1985

《浮生简述》,王东原著,台北,传记文学出版社,1987

《福建文史资料》,福建省政协文史资料研究委员会编,出版地、时间不详

《革命春秋》,郭沫若著,北京,人民文学出版社,1979

《革命文献》,罗家伦主编,第12—22、25辑,台北,正中书局

《共产国际大事记》,中共中央编译局国际共运史研究所编,哈尔滨,黑龙江人民出版社,1989

《共产国际与中国革命》,郭恒钰著,北京,三联书店,1985

《共产国际和中国革命》,杨云若、杨奎松著,上海人民出版社,1988

《共产国际和中国革命关系纪事》,杨云若著,北京,中国社会科学出版社,1983

《共产国际和中国革命关系史稿》,向青著,北京大学出版社,1988

《共产国际历史新编》,王礼训等著,济南,山东人民出版社,1988

《共产国际人物传记辞典》,[法]布兰科·拉兹齐等编著,西安,陕西人民出版社,1986

《共产国际、斯大林与中国革命》,[西]费尔南多·克劳丁著,北京,求实出版社,1982

《共产国际有关中国革命的文献资料(1919—1928)》,中国社会科学院近代史研究所翻译室译,北京,中国社会科学出版社,1981

《共产国际与中国革命关系史》,黄修荣著,北京,中共中央党校出版社,1989

《共产国际与中国革命资料选辑(1925—1927)》,孙武霞、许俊基选编,北京,人民出版社,1985

《共产国际与中国共产党》,《国外中国近代史研究》(11),北京,中国社会科学出版

社,1988

《顾维钧回忆录》,北京,中华书局,1983

《广东农民运动资料选编》,广州农民运动讲习所旧址纪念馆编,北京,人民出版
社,1986

《广东区党团研究史料(1921—1926)》,广东省档案馆等编,广州,广东人民出版
社,1983

《广东区党团研究史料(1927—1934)》,广东省档案馆等编,广州,广东人民出版
社,1986

《广东文史资料》,广东省政协文史资料研究委员会编,广州,广东人民出版社,出
版时间不详

《广西文史资料》,广西省政协文史资料研究委员会编,出版地、时间不详

《广州农民运动讲习所资料选编》,林锦文编,北京,人民出版社,1987

《广州起义》,中共中央党史资料征集委员会等编,北京,中共党史资料出版社,
1986

《广州起义资料》,广东革命历史博物馆编,北京,人民出版社,1985

《广州事变与上海会议》,广州平社编,台北,文海出版社,出版时间不详

《广州武汉革命外交文献》,高承元编,上海,神州国光社,1933

《广州现代化历程——粤海关十年报告(1882—1941)》,张富强等译编,广州出版
社,1993

《贵州经济》,张肖梅著,上海中国国民经济研究所,1939

《贵州文史资料选辑》,贵州省政协文史资料研究委员会编,出版时间不详

《国共两党关系通史》,王功安、毛磊主编,武汉大学出版社,1991

《国际评论》,莫斯科中山大学编,北京,中共中央党校出版社,1981

《国民党新军阀混战史略》,张同新编著,哈尔滨,黑龙江人民出版社,1982

《国民革命北伐成功史》,文公直著,上海,新光书店,出版时间不详

《国民革命军北伐战争史》,王云五、李圣五著,上海,商务印书馆,1937

《国民革命军第十七军在上杭》,温长添著,《闽西党史资料》通讯第4期

《国民革命军东路军战史记略》,汉口,武汉印书馆,1930

《国民革命军发展序列》,韦显文等,北京,解放军出版社,1987

《国民革命军战史初稿》,陈训正著,沈云龙主编,《近代中国史料丛刊》第79辑,台

北,出版时间不详

《国民革命史》,邝德生,沈云龙主编,《近代中国史料丛刊》三编第 25 辑,台北,出版时间不详

《国民革命史》,李守孔著,台北,1965

《国民革命史》,黄修荣著,重庆出版社,1992

《国民革命战史》(第 2 部),蒋纬国等,台北,黎明文化事业股份有限公司,1980

《国民革命之危机和我们之错误》,陈公博著,出版地不详,1928

《国民军二十年奋斗史初稿》,蒋鸿遇著,朝报社代印,出版时间不详

《国民军史稿》,李泰棻著,出版地不详,1930

《国民政府北伐后中日外交关系》,中华民国外交问题研究会,台北,1964

《国民政府近三年来外交经过纪要》,外交部编,出版地不详,1929

《国外中共党史中国革命史研究论点摘编》,中共中央党史研究室科研局编译处编,北京,中共党史资料出版社,1990

《海陆丰革命根据地》,汕尾市革命老根据地建设委员会办公室等编,北京,中共党史出版社,1991

《汉口、九江收回英租界资料选编》,湖北省社会科学院历史研究所编,武汉,湖北人民出版社,1982

《河北文史资料》,河北省政协文史资料研究委员会编,出版地、时间不详

《何应钦将军九五纪事长编》,台北,黎明文化事业股份有限公司,1984

《贺龙年谱》,北京,中共中央党校出版社,1988

《贺龙传》,北京,当代中国出版社,1993

《衡山农民运动史略》,衡山县、衡东县农运调查办公室编,出版地、时间不详

《湖南党史大事年表》,中共湖南省委党史资料征集研究委员会主编,长沙,湖南人民出版社,1986

《湖南工运史料选编》,湖南省总工会等编,出版地不详,1984

《湖南军事政治概况》,国民革命军总司令部政治部,出版地不详,1926

《湖南农民运动资料选编》,中国革命博物馆等编,北京,人民出版社,1988

《湖南文史资料》,湖南省政协文史资料研究委员会编,长沙,湖南人民出版社,出版时间不详

《黄埔军校史稿》,北京,档案出版社,1989

《黄埔军校史料》，广东革命历史博物馆编，广州，广东人民出版社，1982

《黄绍竑回忆录》，南宁，广西人民出版社，1991

《黄庸白先生年谱长编》，沈云龙编，台北，联经出版事业公司，1976

《回忆冯玉祥将军》，丘权政编，太原，北岳文艺出版社，1990

《回忆上海工人的三次武装起义》，周国强编，上海人民出版社，1959

《回忆与怀念——纪念革命老人何香凝逝世十周年》，北京出版社，1982

《回忆与研究》，李维汉著，北京，中共党史资料出版社，1986

《回忆恽代英》，北京，人民出版社，1982

《回忆张太雷》，丁则勤等编，北京，人民出版社，1984

《吉田茂传》，〔日〕猪本正道著，上海译文出版社，1984

《济南五三惨案》，蒋永敬编，台北，正中书局，1978

《济南五三惨案亲历记》，全国政协文史资料研究委员会等编，北京，中国文史出版
　　社，1987

《纪念黄琪翔》，中国农工民主党中央委员会编，北京，中国文史出版社，1988

《纪念彭泽民》，中国农工民主党中央委员会编，北京，文史资料出版社，1987

《纪念朱蕴山文集》，中国国民党革命委员会中央委员会宣传部编，北京，中国文史
　　出版社，1987

《加伦在中国》，〔苏〕卡尔图诺娃著，北京，中国社会科学出版社，1983

《剑桥中华民国史》，〔美〕费正清编，北京，中国社会科学出版社，1994

《江西党史讲义》，中共江西党史资料征集委员会等编，出版地不详，1984

《江西人民革命史资料》，江西省委党史研究室，出版地、时间不详

《江西文史资料选辑》，江西省政协文史资料研究委员会编，出版地、时间不详

《江浙财阀与国民政府》，〔美〕帕克斯·M·小科布尔，天津，南开大学出版社，1987

《蒋介石和西南地方实力派》，谢本书、牛鸿宾著，郑州，河南人民出版社，1990

《蒋介石年谱初稿》，中国第二历史档案馆编，北京，档案出版社，1992

《蒋介石先生历史及北伐之言论》，新中国社，出版地不详，1927

《蒋介石政府与纳粹德国》，〔美〕柯伟林著，北京，中国青年出版社，1994

《蒋逆铁蹄下之东南》，小册子，出版地不详，1927

《蒋先云烈士传略》，蒋忠文执笔，长沙，湖南人民出版社，1979

《蒋校长最近之言论》，黄埔军校政治部，出版地不详，1927

《蒋中正先生与现代中国学术讨论集》第 2 册,台北,1986

《蒋总统秘录》,[日]古屋奎二著,台北,"中央日报社",1976

《蒋总统传》,董显光著,台北,中华文化出版事业社,1960

《蒋作宾回忆录》,台北,传记文学出版社,1967

《九一八事变》,[日]林久治郎著,沈阳,辽宁教育出版社,1987

《九一八事变》,中央档案馆编,北京,中华书局,1988

《旧中国公债史资料》,千家驹编,北京,中华书局,1984

《旧中国民族资产阶级》,黄逸峰等著,南京,江苏古籍出版社,1990

《军绅政权》,陈志让著,北京,三联书店,1980

《苦笑录》,陈公博著,北京,现代史料编刊社,1981

《老兵忆往》,黄杰著,台北,黎明文化事业股份有限公司,1988

《李春涛文集》,广州,广东人民出版社,1985

《李大钊的军事活动》,肖裕声著,北京,军事科学出版社,1988

《李大钊生平纪年》,韩一德、姚维斗编,哈尔滨,黑龙江人民出版社,1987

《李大钊先生传》,张次溪编,宣文书店,出版地不详,1951

《李济深诗文选》,北京,文史资料出版社,1985

《李立三传》(第 2 版),唐纯良著,哈尔滨,黑龙江人民出版社,1989

《李烈钧文集》,徐辉琪编,南昌,江西人民出版社,1997

《李品仙回忆录》,台北,中外图书出版社,1975

《李启汉》,林健柏、李致宁著,广州,广东人民出版社,1984

《李石曾先生文集》,台北,中国国民党中央委员会党史会,1981

《李宗仁的一生》,申晓云、李静之著,郑州,河南人民出版社,1992

《李宗仁回忆录》,南宁,广西政协文史资料研究委员会编,1980

《历史的回顾》,徐向前著,北京,解放军出版社,1984

《林伯渠日记》,北京,中共中央党校出版社,1981

《林伯渠传》,北京,红旗出版社,1986

《刘伯承传》,北京,当代中国出版社,1992

《刘少奇革命实践和思想研究》,冯毅著,天津,历史教学社,1988

《刘少奇选集》上卷,北京,人民出版社,1981

《浏阳县农民运动史纪略》,浏阳县农运调查办公室编,出版地不详,1981

《六大以前》,中共中央书记处编,北京,人民出版社,1980

《六十年来中国与日本》(第8卷),王芸生著,北京,三联书店,1982

《龙云传》,江南著,北京,中国友谊出版公司,1989

《龙云传》,谢本书著,成都,四川民族出版社,1988

《泸顺起义》,中共四川省委党史工作委员会主编,成都,四川省社会科学院出版社,1986

《泸州顺庆起义》,陈石平著,北京,人民出版社,1982

《罗易赴华使命》,〔美〕罗伯特·诺思、津尼亚·尤丁,北京,中国人民大学出版社,1981

《旅广手记》,巴人著,北京,人民文学出版社,1981

《马日铲共回忆录》,许克祥著,台北,"中央文物供应社",1956

《马日事变资料》,中国革命博物馆等编,北京,人民出版社,1983

《满铁史资料》,吉林省社会科学院编,北京,中华书局,1979

《满洲事变》,〔日〕关宽治、岛田俊彦著,上海译文出版社,1983

《毛泽东年谱》,中共中央文献研究室编,北京,人民出版社、中央文献出版社,1993

《毛泽东文集》第1卷,北京,人民出版社,1993

《毛泽东自述》,北京,人民出版社,1993

《毛泽东选集》,北京,人民出版社,1964

《美国在华领事裁判权百年史》,吴孟霞著,北京,社会科学文献出版社,1992

《米夫关于中国革命言论》,中国社会科学院近代史研究所现代史研究室编译,北京,人民出版社,1986

《民国孔庸之先生祥熙年谱》,郭荣生编,台北,台湾商务印书馆,1981

《民国刘甫澄先生湘年谱》,周开庆编,台北,台湾商务印书馆,1981

《民国人物传》(1—7),中国社会科学院近代史研究所民国史研究室,北京,中华书局,1978—1993

《民国十五年以前之蒋介石先生》,毛思诚著,出版地不详,1937

《民国史论集》,李国祈著,台北,南天书局,1990

《民国钮惕生先生永建年谱》,杨恺龄编,台北,台湾商务印书馆,1981

《民族资本主义与旧中国政府》,杜恂诚著,上海社会科学院出版社,1991

《莫斯科中山大学和中国革命》,盛岳著,北京,现代史料编刊社,1980

《南昌起义》，南昌八一纪念馆编，北京，中共党史资料出版社，1987

《聂荣臻回忆录》，北京，战士出版社，1983

《钮惕生（永建）先生遗札选集》，杨恺龄编，沈云龙主编《近代中国史料丛刊》续辑第 26 辑，台北，出版时间不详

《炮舰与海军陆战队——美国海军在中国（1925—1928）》，［美］伯纳德·科尔著，重庆出版社，1986

《评张国焘的〈我的回忆〉》，彭述之著，香港，前卫出版社，1975

《彭湃文集》，北京，人民出版社，1981

《彭述之选集》，香港，十月书屋，1986

《千千万万中国人——一九二七年中国中部的革命》，［美］安娜·路易斯·斯特朗著，北京，中国社会科学出版社，1985

《瞿秋白年谱长编》，姚守中等著，南京，江苏人民出版社，1993

《瞿秋白思想研究》，丁守和著，四川人民出版社，1985

《瞿秋白文集》，北京，人民出版社，1987－1991

《清党实录》，居正编，沈云龙主编《近代中国史料丛刊》三编第 3 辑，台北，文海出版社，出版时间不详

《清党运动》，中国国民党浙江省清党委员会编，出版地、时间不详

《全国财政会议汇编（1928）》，全国财政会议秘书处编，沈云龙主编《近代中国史料丛刊》三编第 29 辑，出版时间不详

《日本出兵山东与中国排日运动》，乐炳南著，台北，1988

《日本关东军覆灭记》，［日］岛田俊彦著，沈阳，辽宁教育出版社，1991

《日本侵华内幕》，［日］重光葵著，北京，解放军出版社，1987

《日本侵华七十年史》，中国社会科学院近代史研究所，北京，中国社会科学出版社，1992

《日本外交史》，［日］信夫清三郎编，北京，商务印书馆，1980

《日本政治史》（第 4 卷），［日］信夫清三郎著，上海译文出版社，1983

《任弼时年谱》，中共中央文献研究室编，北京，人民出版社、中央文献出版社，1993

《任弼时传》，中共中央文献研究室编，北京，人民出版社、中央文献出版社，1994

《阮啸仙文集》，广州，广东人民出版社，1984

《荣家企业史料》，上海社会科学院经济研究所，上海人民出版社，1980

《三水梁燕孙先生年谱》,凤冈及门弟子编,上海,联合书局,1946

《山西文史资料》,山西省政协文史资料研究委员会编,出版地、时间不详

《陕西革命历史文件汇集(1927—1929)》,中央档案馆编,1990

《上海工人三次武装起义》,上海市档案馆编,上海人民出版社,1983

《上海工人三次武装起义史》,周尚文、贺世友著,上海人民出版社,1987

《上海工人三次武装起义研究》,许玉芳、卞杏英编著,上海,知识出版社,1987

《上海工人运动史》,沈以行等主编,沈阳,辽宁人民出版社,1991

《上海史》,唐振常主编,上海人民出版社,1989

《上海总商会史》,徐鼎新、钱小明,上海社会科学院出版社,1991

《邵元冲日记》,上海人民出版社,1990

《沈阳文史资料》,沈阳市政协文史资料研究委员会编,出版地、时间不详

《省港罢工概观》,省港罢工委员会宣传部编,出版地不详,1926

《省港罢工中之中英谈判》,邓中夏著,省港罢工委员会宣传部,出版地不详,1926

《省港大罢工资料》,广东省哲学社会科学研究所编,广州,广东人民出版社,1980

《史迪威与美国在华经验(1911—1945)》,[美]巴巴拉·塔奇曼著,北京,商务印书馆,1985

《顺泸起义》,匡珊吉等著,成都,四川大学出版社,1988

《双山回忆录》,王凡西著,北京,现代史料编刊社,1980

《斯大林全集》,北京,人民出版社,1953—1956

《"四一二"反革命政变资料选编》,北京,人民出版社,1987

《四川党史人物传》,中共四川省委党史工作委员会,成都,四川省社会科学院出版社,1984

《四川军阀史》,匡珊吉、杨光彦主编,成都,四川人民出版社,1991

《四川军阀史料》(第4辑),四川省文史研究馆,成都,四川人民出版社,1987

《宋子文评传》,吴景平著,福州,福建人民出版社,1992

《宋庆龄选集》,北京,人民出版社,1992

《苏联顾问在中国》,中国社会科学院近代史研究所翻译室译,北京,中国社会科学出版社,1980

《苏联阴谋文证汇编》,张国忱编,北京,1927

《1919—1927苏联〈真理报〉有关中国革命的文献资料选编》,安徽大学苏联问题研

究所等编,成都,四川省社会科学院出版社,1985

《谭平山文集》,北京,人民出版社,1986

《天皇裕仁和他的时代》,祢津正志著,北京,世界知识出版社,1988

《天津文史资料选辑》,天津市政协文史资料研究委员会编,出版地、时间不详

《土肥原秘录》,北京,中华书局,1980

《托洛茨基评传》,李显荣著,北京,中国社会科学出版社,1986

《外交工作的回忆》,金问泗著,台北,传记文学出版社,1981

《外人在华特权和利益》,〔美〕威罗贝著,北京,三联书店,1957

《外人在华投资》,雷麦著,北京,商务印书馆,1960

《外人在华投资之过去与现在》,高平叔等著,重庆,中华书局,1944

《万县九五惨案》,中共四川省委党史工作委员会主编,成都,四川省社会科学院出
    版社,1986

《汪精卫评传》,蔡德金著,成都,四川人民出版社,1988

《汪精卫言行录》,时希圣编,上海,广益书局,1932

《汪精卫与吴稚晖的论文集》,严勖哉著,上海,新时代书店,1928

《维经斯基在中国的有关资料》,杨云若等编,北京,中国社会科学出版社,1982

《伟大的道路(朱德的生平和时代)》,〔美〕史沫特莱著,北京,三联书店,1979

《文史资料选辑》,全国政协文史资料委员会编,北京,中华书局、文史资料出版社
    版,出版时间不详

《我的回忆》,张国焘著,北京,现代史料编刊社,1980

《我的生活》,冯玉祥著,哈尔滨,黑龙江人民出版社,1982

《我的生平》,〔苏〕托洛茨基著,上海,华东师范大学出版社,1980

《我杀死了张作霖》,〔日〕河本大作等著,台北,聚珍书屋,1982

《我所认识的蒋介石》,冯玉祥著,文化供应社,出版地不详,1949

《我所知道的国民军与国民党合作史》,马伯援著,台北,文海出版社,1985

《我与日本七十年》,张群著,台北,1981

《我在六十岁以前》,马敦伦著,北京,三联书店,1983

《我走过的道路》,茅盾著,北京,人民文学出版社,1981

《武汉国共联合政府法制文献选编》,湖北政法史志编纂委员会,北京,农村读物出
    版社,1987

《武汉国民政府史》,刘继增等,武汉,湖北人民出版社,1986

《武汉国民政府资料选编》,武汉国民政府资料选编编辑组,出版地不详,1986

《武汉文史资料》,武汉市政协文史资料研究委员会编,出版地、时间不详

《吴敬恒述传》,汤承业著,台北,世界书局,1987

《吴佩孚先生集》,沈云龙主编,《近代中国史料丛刊》第68辑,台北,出版时间不详

《吴玉章文集》,重庆出版社,1987

《吴玉章回忆录》,北京,中国青年出版社,1978

《吴稚晖先生全集》,罗家伦、黄季陆主编,台北,国民党党史编纂委员会,1969

《西北从军记》,简又文著,台北,传记文学出版社,1982

《先驱者的足迹》,中共浙江省委党史资料征集研究委员会编,杭州,浙江人民出版
　　社,1988

《先总统蒋公思想言论总集》,秦孝仪主编,台北,中国国民党党史会,1984

《湘乡县农民运动纪略》,湘乡县农运调查办公室,出版地不详,1980

《湘潭县农民运动史略》,湘潭县农民运动调查领导小组,出版地不详,1981

《萧劲光回忆录》,北京,解放军出版社,1987

《谢觉哉传》,谢觉哉传编写组,北京,人民出版社,1984

《新民主主义革命时期陕西大事记述》,中共陕西省委党校党史教研室,西安,陕西
　　人民出版社,1980

《徐州会议与国民革命》,国民党中宣部驻沪办事处编,出版地不详,1927

《薛岳将军与国民革命》,陈寿恒等,台北,中研院近代史研究所,1988

《血花惨案》,金平欧、林木艺编,南京,1928

《寻求历史的谜底——近代中国的政治与人物》,杨天石著,北京,首都师范大学出
　　版社,1993

《阎伯川锡山先生年谱长编初稿》,台北,台湾商务印书馆,1990

《阎锡山统治山西史实》,山西省政协文史资料委员会编,太原,山西人民出版社,
　　1981

《杨森》,马宣伟、肖渡著,成都,四川人民出版社,1989

《叶挺研究史料》,中共惠阳地委党史办公室等编,广州,广东人民出版社,1987

《叶挺传》,卢权等著,郑州,河南人民出版社,1987

《一个人和一个时代——瞿秋白传》,王观泉著,天津人民出版社,1989

《一九二七年的国共分家》,司马璐著,香港,自联出版社,1977

《一九二七年的上海商业联合会》,上海市档案馆编,上海人民出版社,1983

《一九二七年底回忆》,朱其华(雅林)著,新新书局,出版地、时间不详

《1927-1934年的反蒋战争》,存粹学社编,香港大东图书公司,1978

《一周间国内外大事述评》,国闻周报社辑,上海出版有限公司,出版时间不详

《亦云回忆》,沈亦云著,台北,传记文学出版社,1971

《远东国际军事法庭判决书》,日本每日新闻社编,张效林译,五十年代出版社,
    1953

《岳阳县农民运动史略》,岳阳县农运调查办公室编,出版地不详,1980

《云南现代史研究资料》,云南省历史研究所编印,昆明,出版时间不详

《云南文史资料选集》,云南省政协文史资料研究委员会编,出版地、时间不详

《在大革命的洪流中》,朱道甫口述,上海人民出版社,1977

《在中国土地上——苏联顾问回忆录(1925—1945)》,[苏]克利莫夫著,北京,中国
    社会科学出版社,1981

《詹森与中美关系》,张贵永著,台北,台湾商务印书馆,1973

《张公权先生年谱初稿》,姚崧龄编著,台北,传记文学出版社,1982

《张静江先生文集》,台北,中国国民党党史会,1982

《张学良的政治生涯》,傅虹霖著,沈阳,辽宁大学出版社,1988

《张学良文集》,周毅、苑红编,香港市场信息出版社,1991

《张学良传》,张魁堂著,北京,东方出版社,1991

《张岳军传略与年谱》,中日关系研究会,台北,1981

《张肇元回忆录》,台北,正中书局,1976

《张治中回忆录》,北京,文史资料出版社,1985

《张宗昌》,吕伟俊著,济南,山东人民出版社,1989

《张作霖》,常城主编,沈阳,辽宁人民出版社,1981

《张作霖和奉系军阀》,土鸿宾主编,郑州,河南人民出版社,1989

《中共中央第一次国内革命战争时期统一战线文件选编》,中央统战部编,北京,档
    案出版社,1990

《张作霖与日本》,陈鹏仁译,台北,水牛图书出版事业有限公司,1988

《张作霖在东北》,[英]加文·麦柯马克著,长春,吉林文史出版社,1988

《浙江工人运动史》,浙江省总工会编,单建元执笔,杭州,浙江人民出版社,1988

《中共党史报告选编》,中央档案馆编,北京,中共中央党校出版社,1982

《中共党史革命史论集》,中国社会科学院近代史研究所编,北京,中共中央党校出版社,1982

《中共党史人物传》,中共党史人物研究会,西安,陕西人民出版社,出版时间不详

《中共党史资料专题研究集(党的创立和第一次国内革命战争时期)》,中共中央党史资料征集委员会征集研究室编,北京,中共党史资料出版社,1989

《中共福建地方史》,中共福建省委党史研究室,北京,中央文献出版社,1993

《中共广州党史大事记》,中共广州市委党史研究室编,广州,广东人民出版社,1991

《中共中央文件选集》,中央档案馆编,北京,中共中央党校出版社,1981—1989

《中共中央政治报告选辑(1927—1933)》,中央档案馆编,北京,中共中央党校出版社,1983

《中国帮会史》,周育民、邵雍著,上海人民出版社,1993

《中国大革命见闻》,[苏]维什尼亚科娃·阿基莫娃著,北京,中国社会科学出版社,1985

《中国大革命史》,华岗著,北京,文史资料出版社,1982

《中国大革命史》,王宗华主编,北京,人民出版社,1990

《中国大革命史论》,曾宪林等著,北京,中共党史出版社,1991

《中国大革命武汉时期见闻录》,[苏]巴库林著,北京,中国社会科学出版社,1985

《中国的军阀政治》,[美]齐锡生著,北京,中国人民大学出版社,1991

《中国妇女运动历史资料(1921—1927)》,中华全国妇女联合会妇女运动历史研究室编,北京,人民出版社,1986

《中国妇女运动史》,中华全国妇女联合会编,北京,春秋出版社,1989

《中国革命纪事》,[苏]勃拉戈达托夫著,北京,三联书店,1982

《中国革命史》,[美]伊罗生著,上海,向导书局,1947

《中国革命与共产党》,瞿秋白著,莫斯科,出版时间不详

《中国革命与苏联顾问》,贾比才等著,北京,中国社会科学出版社,1981

《中国革命中的共产国际人物》,于俊道著,成都,四川人民出版社,1986

《中国革命最近严重局势之由来》,邓演达著,莫斯科,1927

《中国工会历次代表大会文献》，中华全国总工会中国工人运动史研究室编，北京，工人出版社，1984

《中国工会历史文献》，中华全国总工会中国工人运动史研究室编，北京，工人出版社，1988

《中国共产党的七十年》，胡绳主编，北京，中共党史出版社，1991

《中国共产党第二次至第六次全国代表大会文件汇编》，中央档案馆编，北京，人民出版社，1981

《中国共产党湖北历史大事记》，中共湖北省委党史资料征集编研委员会，武汉，湖北人民出版社，1992

《中国共产党历史》，中共中央党史研究室编，北京，人民出版社，1991

《中国共产党历史大事记》，中共中央党史研究室编，北京，人民出版社，1989

《中国共产党史稿》，中共中央党校党史教研室，北京，人民出版社，1981

《中国共产党在陕西》，中共陕西省委党史研究室，西安，陕西人民出版社，1991

《中国共产党组织史纲要》，赵生晖著，合肥，安徽人民出版社，1987

《中国共产党组织史资料汇编》，王健英编，北京，红旗出版社，1983

《中国国民党大事典》，陈兴唐主编，北京，中国华侨出版社，1993

《中国国民党历次会议宣言议决案汇编》，中国国民党中央执行委员会训练委员会，出版地不详，1941

《中国国民党湖南省党部第二次全省代表大会宣言及决议案》，出版地不详，1926

《中国国民党中央执行委员会各省区代表联席会议宣言及决议案》，国民革命军总司令部印，出版地不详，1927

《中国国民党第一、二次全国代表大会会议史料》，中国第二历史档案馆编，南京，江苏古籍出版社，1986

《中国国民党历次代表大会及中央全会资料》，荣孟源主编，北京，光明日报出版社，1985

《中国国民党史纲》，彦奇、张同新主编，哈尔滨，黑龙江人民出版社，1901

《中国国民革命军的北伐》，［苏］切列潘诺夫著，北京，中国社会科学出版社，1981

《中国回忆录》，［苏］达林著，北京，中国社会科学出版社，1981

《中国近代对外关系史资料选辑》，复旦大学历史系中国近代史教研组编，上海人民出版社，1977

《中国近代现代史论集》(第24编),中华文化复兴运动委员会主编,台北,台湾商务印书馆,1986

《中国近代纸币》,戴建兵著,北京,中国金融出版社,1993

《中国农民运动纪事》,高熙著,北京,求实出版社,1988

《中国土地改革史》,赵效民主编,北京,人民出版社,1990

《中国现代历次重要战役之研究》,张秉均著,台北,三军大学印制厂,1977

《中国现代农民运动史》,王全营等著,郑州,中原农民出版社,1989

《中国现代学生运动史长编》,于学文著,长春,东北师范大学出版社,1988

《中国现代政治史资料汇编》,中国科学院历史研究所第三所南京史料整理处,出版地、时间不详

《中国召唤我》,陈丕士著,北京,商务印书馆,1983

《中国职工运动简史》,邓中夏著,北京,人民出版社,1949

《中华民国海军史料》,杨志本主编,北京,海洋出版社,1987

《中华民国建国史》(第3编),台北,1989

《中华民国建国史讨论集》(第3册),台北,出版时间不详

《中华民国开国五十年史论集》,张其昀等著,台北,"国防研究院",1962

《中华民国史档案资料汇编》(第4辑),中国第二历史档案馆编,南京,江苏古籍出版社,1986

《中华民国史事纪要》(1926—1928),台北,"中华民国史料研究中心",1978—1982

《中华民国史文集》,江苏省中国现代史学会编,出版地不详,1984

《中华民国史资料丛稿·大事记》(1926—1928),中国社会科学院近代史研究所民国史研究室,北京,中华书局,1984、1985

《中华民国外交史资料选编(1919—1931)》,程道德等编,北京大学出版社,1985

《中华民国重要史料初编——对日抗战时期·续编》,中国国民党中央委员会党史委员会编印,台北,1981

《中间地带的革命》,杨奎松著,北京,中共中央党校出版社,1992

《中美关系研究论文集》,邵玉铭编,台北,传记文学出版社,1980

《中美关系资料汇编》(第1辑),北京,世界知识出版社编印,1957

《中苏外交关系》,林军著,哈尔滨,黑龙江人民出版社,1990

《中外旧约章汇编》,王铁崖编,北京,三联书店,1982

《郑超麟回忆录》，北京，现代史料编刊社，1989

《周恩来年谱》，中共中央文献研究室编，北京，人民出版社、中央文献出版社，1989

《周恩来选集》，北京，人民出版社，1980

《周恩来传》，金冲及主编，北京，人民出版社、中央文献出版社，1989

《周士第回忆录》，北京，人民出版社，1979

《周雍能先生访问记录》，台北中研院近代史研究所，1984

《朱德年谱》，中共中央文献研究室编，北京，人民出版社，1986

《朱德传》，金冲及主编，北京，人民出版社、中央文献出版社，1993

《朱蕴山》，李正西、洪啸涛著，合肥，黄山书社，1988

《株洲农运史略》，株洲市、县农运调查办公室编，出版地不详，1980

《邹鲁全集》，台北，三民书店，1974

《最近三十年中国军事史》，文公直著，台北，文海出版社，1971

中文报纸

《晨报》，北京

《大公报》，天津、长沙

《革命军日报》，武汉

《广州民国日报》，广州

《国民军政报》，西安

《国民公报》，重庆

《国民日报》，湖南

《汉口民国日报》，武汉

《湖南民报》，长沙

《人民日报》，北京

《民国日报》，上海

《陕西国民日报》，西安

《商报》，上海

《申报》，上海

《盛京时报》，长春

《时报》,上海

《时事新报》,上海

《世界日报》,北京

《顺天时报》,天津

《厦声报》,厦门

《新蜀报》,成都

《新闻报》,上海

《新中州报》,郑州

《益世报》,天津

《中南晚报》,上海

《中央日报》,南京

中文期刊

《布尔什维克》,上海

《党史研究资料》,北京

《东方杂志》,上海

《纺织时报》,上海

《革命生活》,武汉

《工人之路》,广州

《广州评论》,广州

《国民公报》,重庆

《国民政府公报》,广州、南京

《国外中国近代史研究》,北京

《国闻周报》,上海

《黄埔潮周刊》,广州

《湖北政府公报》,武汉

《湖南省政府公报》,长沙

《湖南全省第一次工农代表大会日刊》,长沙

《江西工人运动史研究资料》,南昌

《教育杂志》,上海

《近代史资料》,北京

《近代中国》,台北

《军事杂志》,北京

《陕西党史资料选辑》,西安

《陕西司法公报》,西安

《四川教育公报》,成都

《外交部公报》,北京

《外交公报》,北京

《向导周报》,上海

《一周时事述评》,上海

《银行月刊》,北京

《银行周报》,上海

《云南公报》,昆明

《战士》,长沙

《政府公报》,北京

《政治周报》,广州

《传记文学》,台北

《中共党史研究》,北京

《中共党史资料》,北京

《中国工运史料》,北京

《中国农民》,广州

《中南晚报》,上海

《中外杂志》,台北

《中央半月刊》,上海

《中央政治通讯》,武汉

日文档案文献

日本外務省文書,日本外交史料館

日本外務省文書,縮微膠卷,美国国会図書館

田中義一文書,日本山口県文書館

陸海軍文書,缩微膠卷,美国国会図書館

上原勇作関係文書,東京大学出版会,1976

日本外務省編:日本外交文書

日本外務省:日本外交年表竝主要文书(1840—1945),原書房,東京,1979

日本商工省商務局貿易課:本邦及本邦海外重要相手国貿易統計,1927

中野雅夫編:橋本大佐の手記,東京,1963

幣原喜重郎:外交五十年,東京原書房,1975

宇垣一成日記,東京みすず書房,1986

芳澤謙吉:外交六十年,東京,1958

佐佐木到一:南方革命勢力の実相と其の批判,極東新信社,北京,1927

松岡洋右:《動く満蒙》,東京先進社,1931

原奎一郎編:原敬日記,東京乾元社,1956

日文著作

山上金男:浙江財閥論,日本评論社,1938

山田辰雄:中国国民党左派の研究,慶応通信発行所,1980

日本东亚研究所:列国対支投資と支那国際收支,東京,1941

日本国際政治学会太平洋戦争研究部:太平洋戦争への道,朝日新聞社,1963

(日本)參謀本部:昭和三年支那事変出兵史,岩南堂書店,1971

中西功、西里竜夫:武汉における革命と反革命,民主評論社,1948

中国現代史研究会編:中国国民政府史の研究,汲古書院,1986

戸川猪佐武:昭和外交五十年,学芸書林,1973

立野信之:昭和軍閥,东京講談社,1963

臼井勝美:日中外交史,北伐の時代,東京塙書房,1971

波多野乾一:中国国民党通史,大東出版社,1943

波多野善大:中国近代軍閥の研究,河出書房新社,1973

狭間直樹編：中国国民革命の研究，京都大学人文科学研究所，1992

原安三郎：山本條太郎伝記，東京，1942

高倉徹一：田中義一伝記，东京原書房，1981

鹿島守之助、上村伸一等：日本外交史，東京，1958

野沢豊編：中国国民革命史の研究，青木書店，1974

野沢豊、田中正俊編：講座中国近現代史，東京大学出版会，1978

横山宏章：孫中山の革命と政治指導，研文出版，1983

藤井昇三、横山宏章編：孫文と毛沢東の遺産，研文出版，1992

日文报刊

東京日日新聞，1927

英文档案文献

United Kingdom, Foreign Office (F. O.), Series 228, *Consular Correspondence Respecting China*, Public Record Office, London

—————— F. O. Series 371, *General Correspondence Respecting China*, Public Record Office, London

—————— F. O. Series 405, *Further Correspondence Respecting China*, Public Record Office, London

—————— F. O. Series 800, *Private Papers of The Rt. Hon. Sir Austen Chamberlain*, Public Record Office, London

—————— Cabinet: *Cabinet Papets and Conclusions*, Serieses 23, 24, 25, Public Record Office, London

—————— Parliament: *Parliamentary Debates*, Series 5, Public Record Office, London

—————— Parliament: *British Parliamentary Papers*, China, 1926, 1927, Public Record Office, London

United States of America, Department of State: *Records of The Department of*

State Relating to Internal Affairs of China, 1910 - 1929, Micro copy No. 329(M329), National Archives, Washington, D. C. , 1960

—————— Records of the Department of State Relating to Political Relations between The United States and China, 1910 - 1929, M339, National Archives, Washington D. C.

—————— Records of the Department of State Relating to Political Relations between China and Other States, 1910 - 1929, M341, National Archives, Washington D. C.

—————— Papers Relating to the Foreign Relations of the United States (FRUS), 1925, Vol. I; 1926, Vol. I; 1927, Vol. II; Government Print Office, Washington D. C. , 1940, 1941, 1942,

—————— Department of Commerce, Bureau of the Census; Historical Statistics of the United States, Washington D. C. , 1975

Butler, Rohan, et al. eds. Documents on British Foreign Policy, 1919 - 1939, Series 2, Vol. VIII, Her Majesty's Government Office, London, 1960

Canton Custom Office; Events and Current Rumours, 1926, 1927, Guangdong Province Archives

Commager, Henry S. ; Documents of American History, Prentice - Hall, Inc. , New Jersey, 1973

Julie Lieng - Ying How, The Reminiscences of Chang Fa - kuei, Chinese Oral History Project, East Asian Institute, Columbia University, New York, 1970 - 1983

Kuo T'ing - yee, and Morley, J. W. , ed. , Sino - Japanese Relations, 1862 - 1927; A Checklist of the Chinese Foreign Ministry Archives, New york, East Asian Institute, Columbia University, 1965

Mitchell, B. R. , Abstract of British Historical Statistics, Cambridge University Press, 1962

Shanghai International Settlement Municipal Council Police, Police Intelligence Summary, 1926, 1927; Shanghai Municipal Archives

Trotsky, Leon, Problems of the Chinese Revolution, New York; Monad Press, 1976

Uyehara, Cecil H. , Comp. , Checklist of Archives in the Japanese Ministry of For-

eign Affairs, Tokyo Japan, *1868 - 1945*, Microfilmed for the Library Congress, Washington, D. C. 1954

Woodhead, H. G. W. , *China Year Book*, 1928; 1929 - 1930, Tientsin

Young, John, comp. , *Checklist of Microfilm Reproductions of Selected Archives of the Japanese Army, Navy, and other Government Agencies*, 1868 - 1945, Washington, D. C. , Georgetown University Press, 1959

英文著作

Ash, Robert, *Land Tenure in pre - revolutionary China*: *Kiangsu Province in the 1920s and 1930s*. London: Contemporary China Institute, School of Oriental and African Studies , University of London, 1976

Bamba, Nobuya, *Japanese Diplomacy in a Dilemma*: *New Light on Japan's China Policy*, *1924 - 1929*. Vancouver: University of British Columbia Press, Kyoto: Minerva Press, 1972

Bianco, Lucien, *Origins of the Chinese Revolution*, *1915 - 1949*. Stanford: Stanford University Press, 1971

Bissom, Thomas Arthur, *Japan in China*. New York: Macmillan, 1938

Boorman, Howard L. & Howard, Richard C. eds. , *Biographical Dictionary of Republican China*, 5 Vols. New York: Columbia University Press, 1967 - 1979

Borg Dorothy, *American Policy and the Chinese Revolution*, *1925 - 1928*. New York: Institute of Pacific Relations and Macmillan, 1947

Brandt, Conrad, *Stalin's Failure in China*, *1924 - 1927*. Cambridge, Mass. : Harvard University Press, 1958

Brandt, Conrad, Schwartz, Benjamin and Fairbank, John K. , *A Documentary History of Chinese Communism*. Cambridge, Mass. : Harvard University Press; London: Allen & Unwin 1952

Bubite, Russell D. , *Nelson T. Johnson and American Policy toward China*, *1925 - 1941*. East Lansing: Michigan State University Press, 1968

Burns, Richard Dean and Bennett, Edward M. eds. , *Diplomats in Crisis;U. S. - Chinese - Japanese Relations*, *1919 - 1941*, Cali. ; Santa Barbara, Oxford Press, 1974

Carlton, David, *MacDonald versus Henderson*;*The Foreign Policy of the Second Labour Government*. London; Macmillan, 1970

Chan, F. Gilbert and Etzold, Thomas H. eds. , *China in the* 1920s; *Nationalism and Revolution*. New York and London; New Viewpoints, 1976

Chapmen, H. Owen, *The Chinese Revolution*, *1926 - 1927*, London; Constable, 1928

Cheng, Tien - fang, *A History of Sino - Russian Relations*, Washington; Public Affairs Press,1957

Chesneaux, Jean, *The Chinese Labor Movement*, *1919 - 1927*. Stanford; Stanford University Press, 1968

Chi, Hsi — sheng, *Warlord Politics in China*, *1916 - 1928*. Stanford; Stanford University Press, 1976

Chu, Pao - chin, *V. K. Wellington Koo*; *A Case Study of China's Diplomat and Diplomacy of Nationalism*, *1912 - 1966*. HongKong; The Chinese University of Hongkong Press, 1981

Clark, G. , *Economic Rivalries in China*. New Haven; Yale University Press, 1932

Clunin, V. I. , *The Comintern and the Rise of the Communist Movement in China*, *1920 - 1927*, in R. A. Ulyanovsky, e. d , *The Comintern and the East*, Moscow; Progress Publishers, 1979

Cohen, Warren I. ed. , *New Frontiers in American - East Asian Relations*; *Essays Presented to Dorothy Borg*. New York; Columbia University Press, 1983

Cohen, Warren I. , *The Chinese Connection*; *Roger S. Greene*, *Thomas W. Lamont*, *George E. Sokolsky and American -East Asian Relations*. New York ; Columbia University Press, 1978

Coox, Alvin D. and Conroy, Hilary eds. , *China and Japan*; *A Search for Bal-*

ance Since World War I. Santa Barbara: Clio Press, 1978

Davies, John Paton, Jr. , *Dragon by the Tail* : *American, British, Japanese, and Russian Encounters with China and One Another*. London: Robson, 1974

Dayer, Robert Allbert, *Bankers and Diplomats in China*, *1919 - 1925* : *The Anglo - American Relationship*. London, Totowa, NJ : F. Cass, 1981

Dreifort, John E. , *Myopic Grandeur*: *the Ambivalence of French Foreign Policy toward the Far East*, *1919 - 1945*. Kent: The Kent State University Press, 1991

Eastman, Lloyd E. , *The Abortive Revolution*: *China under Nationalist Rule*, *1927 - 1937*. Cambridge, Mass. : Harvard University Press, 1974

————————,Jerome Chen, Suzanne Pepper, Lyman P. Van Slyke, *The Nationalist Era in China*, *1927 - 1949*. Cambridge: Cambridge University Press 1991

Ellis, L. Ethan. , *Frank B. Kellogg and American Foreign Relations*, *1925 - 1929*. New Jersey: New Brunswick, 1961

Eudin, Xenia Joukoff and North, Robert C. , *Soviet Russia and the East*, *1920 - 1927*: *A Documentary Survey*. Stanford: Stanford University Press, 1957

Fairbank, John K. ed. , *The Chinese World Order*: *Traditional China's Foreign Relations*. Cambridge, Mass. : Harvard University Press, 1968

Fairbank, John K. , Edwin O. Reischauer, Albert M. Craig, *East Asia*: *The Modern Transformation*. Boston: Houghton, Mifflin & Co. , 1965

Fairbank, John K. , ed, *The Missionary Enterprise in China and America*. Cambridg, Mass. : Harvard University Press, 1974

Ferrell, Robert H. , *Frank B. Kellogg*; *Henry L Stimson* (Vol. 11 of *the American Secretaries of State and Their Diplomacy*, ed. R. H. Ferrell). New York, 1963

Fizgerald, John ed. , *The Nationalists and Chinese Society 1923 - 1937*: *A Chinese Symposium*. Parkville: University of Melbourne, 1989

Fung, Edmund S. K. , *The Diplomacy of Imperial Retreat*: *Britain's South China Policy*, *1924 - 1931*. Hongkong : Oxford University Press, 1991

Gillin, Donald G. , *Warlord: Yen Hsi - shan in Shansi Province*, *1911 - 1949* Princeton :Princeton University Press, 1967

Glunin, V. & Grigoryev, A. : *The Comintern and the Chinese Revolution*, *Far Eastern Affairs* (Moscow), 1989 No. 2, pp. 78 - 96

Griswold, A. Whitney, *The Far Eastern Policy of the United States*. New York: Harcourt, Brace, 1938

Harrison, James P. , *The Long March to Power : A History of the Chinese Communist Party*, *1921 - 1972*. New York:Praeger, 1972

Hobart, Alice Tindale, *Within the Walls of Nanking*, London, 1928

Holubnychy, Lydia, *Michael Borodin and the Chinese Revolution*, *1923 - 1925*. University Microfilms International for the East Asian Institute, Columbia University

Ho Ping - ti and Tsou Tang, eds. , *China in Crisis*, Vol. 1, Chicago:University of Chicago Press, 1968

Hofheinz, Roy, Jr. , *The Broken Wave: Chinese Communist Peasant Movement*, *1922 - 1928*. Cambridge,Mass. :Harvard University Press, 1977

Hsiao Liang - lin, *China's Foreign Trade Statistics*, *1864 - 1949*, Cambridge, Mass. : Harvard University Press, 1974

Hsiao,Tso- liang, *Chinese Communism in 1927: City vs. Countryside*. HongKong: The Chinese University of Hongkong Press, 1970

Huang, Philip C. C. , *The Peasant Economy and Social Change in North China*. Stanford: Stanford University Press, 1985

International Press Correspondence. Organ of the Executive Committee of the Communist International. English ed, 1925 - 1935

Iriye, Akira, *After Imperialism: The Search for a New Order in the Far East*, *1921 - 1931*. Cambridge Mass. :Harvard University Press, 1965

— — — — — — *Across the Pacific: An Inner History of American - East Asian Relations*, Harcourt Brace J. Inc. , New York, 1967

— — — — — — ed. , *The Chinese and the Japanese: Essays in Political and Cultural Interactions*. Princeton: Princeton University Press, 1980

Jordan, Donald A. , *The Northern Expedition: China's National Revolution of 1926 - 1928*. Honolulu: University Press of Hawaii, 1976

Kapp, Robert A. , *Szechwan and the Chinese Republic : Provincial Militarism and Central Power, 1911 - 1938*. New Haven: Yale University Press, 1973

Lary, Diana, *Region and Nation: the Kwangsi Clique in Chinese Politics, 1925 - 1937*. London: Cambridge University Press, 1974

Leong Sow - theng, *Sino - Soviet Diplomatic Relations, 1917 - 1926*, Honolulu : Univercity of Hawaii Press, 1976

Liu, F. F. , *A Military History of Modern China, 1924 - 1949*. Princeton: Princeton University Press, 1956

Louis, Willam Roger, *British Strategy in the Far East, 1919 - 1939*. Oxford: Clarendon Press, 1971

Macnair, H. F. and Donald F. Lach, *Modern Far Eastern International Relations*. 2nd ed. , New York, 1955

Martin, Brian G. , *The Green Gang and the Guomindang Polity in Shanghai, 1927 - 1939*. Papers on *Far Eastern History*, Vol. 42, 1990, pp. 59 - 96

McCormack, Gavan, *Chang Tso - lin in Northeast China, 1911 - 1928: China, Japan and the Manchurian Idea*. Stanford: Stanford University Press, 1977

McDonald, Angus W. Jr. , *The Urban Origins of Rural Revolution: Elites and Masses in Hunan Province, China, 1911 - 1927*. Berkeley: University of California Press, 1978

Misselwitz, Henry Francis , *the Dragon Stirs :an Sketchbook of China's Kuomintang, 1927 - 1929* , New York , Harbinger House, 1941

Nathan, Andrew J. , *Modern China, 1840 - 1972 : an Introduction to Sources and Research Aids*, Ann Arbor. University of Michigan, 1971

Noble, Dennis L. , *The Eagle and the Dragon: the United States Military in China, 1901 - 1937*. Westport: Greenwood Press, 1990

Morton, William F. , *Tanaka Giichi and Japan's China Policy*. New York: St Martin's Press, 1980

Nish, Ian, ed. , *Anglo - Japanese Alienation, 1919 - 1952 : Papers of the Anglo -*

Japanese Conference on the History of the Second World War. Cambridge, New York: Cambridge University Press, 1982

North, Robert C. *Moscow and Chinese Communists*. Stanford: Stanford Univ. Press, 1953

Pollard, Robert T. , *China's Foreign Relations, 1917 - 1931*. New York: Macmillan, 1933

Powell, John B. , *My Twenty - Five Years in China*. New York, 1945

Pye, Lucian W. , *Warlord Politics: Conflict and Coalition in the Modernization of Republican China*. Praeger, 1971

Ransome, Arthur, *The Chinese Puzzle*. London, 1927

Remer, Charles F. , *A Study of Chinese Boycotts*. Baltimore, 1935

Sokolsky, George B. , *The Tinder Box of Asia*. New York, 1932

Sheridan, James. *China in Disintegration: the Republican Era in Chinese History, 1912 - 1949*. New York: The Free Press, 1975

Stemski, Richard, *The Shaping of British Policy during the Nationalist Revolution in China*. Taipei, 1979

So, Wai - chor, *The Kuomintang Left in the National Revolution, 1924 - 1931*. Hongkong: Oxford University Press, 1991

Tang, Leang - Li, *The Inner History of Chinese Revolution*. London: George Routledge & Sons, 1930

Tang, Peter S. H. , *Russian Soviet Policy in Manchuria and Outer Mongolia 1911 - 1931*. Durham, NC: Duke University Press, 1959

Trotter, Ann, *Britain and East Asia, 1923 - 1937*. London, New York: Cambridge University Press, 1975

Tung, William L. , *China and Foreign Powers*. New York: Oceanic Publisher, 1970

Tyau, Min - Chien T. Z. , *Two Years of Nationalist China*. Shanghai: Kelly & Walsh, 1930

Ulyanovsky, T. A. , ed. , *The Comintern and the East*: Moscow: Progress Publishers, 1979

Valone, Stephen J. , *A Policy Calculated to Benefit China* : *The United States and The China Arms Embargo* , *1919 - 1929*. Westport, Conn. : Greenwood Press, 1991

Vishnyakava - Akimova, V. Vladimirovna, *Two Years in Revolutionary China.* Cambridge, Mass. : Harvard University Press, 1971

Wheeler, Gerald E. , *Prelude to Pearl Harbor* : *The United States Navy and the Far East* , *1921 - 1931*. Columbia, Mo. , 1963

Wilbur, C. Martin, *A Different Kind of Missionary* : *Soviet Advisers in China in the* 1920s, *Chinese Studies in History* , 1988, Vol, 21, No. 4, pp. 3 - 31

Wilbur, C. Martin, and How, Julie Lien - ying, eds. , *Documents on Communism* , *Nationalism* , *and Soviet Advisers in China* , *1918 - 1927* : *Papers Seized in the* 1927 *Peking Raid.* New York: Columbia University Press, 1956; London : Octagon Books, 1972

Wilbur, C. Martin, and How, Julie Lien - ying, eds. , *Missionaries of Revolution* , *Soviet Advisers and Nationalist China* , *1920 - 1927* , Harvard University, 1989

Wilbur, C. Martin, *The Nationalist Revolution* : *From Canton to Nanking* , *1923 -1928* , *Cambridge History of China* , Chap. 12, pp. 527 - 720

Wilson, David Clive, *Britain and the Kuomintang* , *1924 - 1928* : *a Study of the Interaction of Official Policies and Perceptions in Britain and China.* Unpublished Dissertation for Ph. D. , May 1973, School of Oriental and African Studies, University of London

Wright, Stanley F. , *China's Struggle for Tariff Autonomy* , *1843 - 1930.* Shanghai: Kelly and Walsh, 1938

Yeh, Wen - hsin, *The Alienated Acadamy* : *Culture and Politics in Republican China* , *1919 -1937*. Cambridge, Mass. : Harvard University Press, 1990

英文报刊

The Times , London, 1926, 1927

China Weekly Review, Shanghai, 1926, 1927

North China Herald, Shanghai, 1926, 1927

North China Daily News, 1926, 1927

North China Star, Tientsin, 1926, 1927

New York Times, New York, 1926, 1927

People's Tribune, Hankow, 1927

Shanghai Municipal Gazette, Shanghai, 1926, 1927

South China Morning Post, 1926 - 1927

Peking Leader, Peking, 1926, 1927

俄文档案文献

Акатова Т. Н. , Рабочее движение в Китае. Революция 1924 - 1927гг. СБ. документов и материалов. "Наука",1966.

ҚазаНин М. И. , В штабе Блюхера. Воспоминания о китайской революции 1925 - 1927 годов. "Наука",1966.

Калялин А. Я. , По незнакомым дорогам. Воспоминания военного советника. М, 1969.

Кончиц Н. И. ,Китайские дневники 1925 - 1926гг. "Наука",1969.

Крымов А. Г. (Го Шаотан),Историко-мемуарные записки китайского революционе-ра. "Наука",1990г.

Курлюков И. Ф. ,Советско - китайские отношения 1917 - 1957гг. СБ. документов. "Наука",1959.

Титаренко М. Л. (Отв. ред.), Коммунистический Интернационал и китайская революция. Документы и материалы. "Наука",1986.

Тихвинский С. Л. (Отд. ред),Сунь Ятсен 1866 - 1986. К 120 - Летию со дня рождения. СБ. статей, воспоминаний, документов и материалов. "Наука", 1987.

俄文著作

Березный Л. А. , Политика США в Китае в период революции 1924 - 1927гг. Изд - во ЛГУ, 1957.

Бродский Р. М. , Первый этап китайской новодемократической революции. 1917 - 1927гг. Моск. унт. , 1959.

Глунин В. И. , Никифоров В. Н. , Кукушкин К. В. , Новейшая история Китая. "Наука", 1980.

Делюсин Л. П. , Аграрно - крестьянский вопрос в политике КПК 1921 - 1928гг. "Наука", 1972.

Делюсин Л. П. , Костяева А. С. , Революция 1925 - 1927гг. в Китае. Проблемы и оценки. "Наука", 1985.

Жуков В. В. , Китайский милитаризм 10 - 20 - е годы Х Х в. "Наука", 1988.

Каретина Г. С. , Чжан Цзолинь и политическая борьба в Китае в 20 - е годы Х Х в. "Наука", 1984.

Картунова А. И. , Политика компартии Китая в рабочем вопросе накануне революции 1925 - 1927гг. "Наука", 1983.

Костяева А. С. Крестьянские Союзы в Китае (20 - е годы Х Х века). "Наука", 1978.

Малухин А. М. , Китайское крестьянство в революции 1925 - 1927гг. "Наука", 1974.

Мамаева Н. Л. , Гоминьдан в китйском гражданском революционном движении (1923 - 1927гг.), "Наука", 1991.

Мировицкая Р. А. , Советский Союз в гоминьданской стратегии (20 - 30 - е годы). "Наука", 1990.

Осетров А. Ф. , Советский народ - друг революционному Китаю (1924 - 1927гг.), "Наука", 1967.

Писарев А. А. , Гоминьдан и аграрно — крестьянский вопрос в Китае в 20 - 30 - е годы. "Наука", 1986.

Сапожников Б. Г. , Первая гражданская революционная война в Китае. 1924 - 1927гг. Госполитиздат, 1954.

Сладковский М. И. (Отв. ред.) , Ленинская политнка СССР в отношении Китая 1917 - 1967гг. "Наука", 1968.

Сладковский М. И. (Гл. ред.) , Новейшая история Китая. 1917 - 1927гг. "Наука", 1983.

Сладковский М. И. (Гл. ред.) , Новейшая история Китая. 1928 - 1949гг. "Наука", 1984.

Юрьев М. Ф. , Ролъ революционной армии на первой этапе китайской революции. МГУ, 1952.

Юрьев М. Ф. , Революция 1925 - 1927гг. в Китае. "Наука", 1968.

人名索引 *

---

* 本索引收入本卷中出现的人名,中国、日本、朝鲜、越南人名以其汉字的音序排
列,其他国家的人名以其译音汉字的音序排列,并附其原文,少数不知原文者暂付阙
如。